Novela

Biografía

José María Gironella (Darnius, Gerona, 1917-Arenys de Mar, Barcelona, 2003) se reveló como escritor con su novela *Un hombre*, con la que ganó el Premio Nadal. Es autor de la famosa serie novelesca formada por *Los cipreses creen en Dios* (1953), *Un millón de muertos* (1961) y *Ha estallado la paz* (1966), que luego continuó con *Los hombres lloran solos*. Ganó el Premio Planeta en 1971 con *Condenados a vivir*. También publicó *100 españoles y Dios* (1969), *Los fantasmas de mi cerebro* (1958), *China, lágrima innumerable* (1965), *En Asia se muere bajo las estrellas* (1968), *El escándalo de Tierra Santa* (1978), *Carta a mi padre muerto* (1978) y, en colaboración con Rafael Borràs, *100 españoles y Franco* (1979). Con *La duda inquietante* obtuvo el Premio Ateneo de Sevilla 1988. *Se hace camino al andar* obtuvo el accésit al Premio de Novela Fernando Lara 1997. En 2001 se publicó su última novela, *El Apocalipsis*, y en 2003, de manera póstuma, su testamento literario y personal *Por amor a la verdad*.

José María Gironella
Ha estallado la paz

Planeta

© José María Gironella, 1966
© Editorial Planeta, S. A., 2011
   Avinguda Diagonal, 662, 6.ª planta. 08034 Barcelona (España)
   www.planetadelibros.com

Diseño de la cubierta: Opalworks
Ilustración de la cubierta: Corbis / Cover
Primera edición en esta presentación en Colección Booket: septiembre de 2006
Segunda impresión: febrero de 2008
Tercera impresión: abril de 2011

Depósito legal: B. 17.161-2011
ISBN: 978-84-08-06860-0
Impreso y encuadernado en Barcelona por: **black**print A CPI COMPANY
Printed in Spain - Impreso en España

*Al doctor Adolfo Ley y a su esposa,
Solita, con mi cariño y mi gratitud*

PRÓLOGO

Después de Los cipreses creen en Dios *(época de anteguerra) y de* Un millón de muertos *(época de la guerra), ofrezco hoy al lector* Ha estallado la paz *(época de posguerra).*

Sin embargo, este libro no va a cerrar el ciclo. Es decir, la obra que concebí, centrada en nuestro drama nacional, no será trilogía como fue anunciado. Habida cuenta de que la etapa histórico-política iniciada en 1939 no ha concluido todavía, de que muchas de sus circunstancias perduran básicamente, he decidido dedicar a la posguerra unos cuantos volúmenes. No me pareció válido, en ningún aspecto, finalizar mi retablo un año cualquiera: 1945, 1950, 1958... Tampoco era factible abarcar en un solo volumen tan largo período. Así que opté por fragmentarlo y por escribir una suerte de Episodios Nacionales, que podrían terminar el día en que se produzca la sucesión en la Jefatura del Estado.

El presente volumen, pues, abarca tan sólo la inmediata posguerra. El próximo alcanzará, más o menos, hasta el término de la II Guerra Mundial. Y así sucesivamente.

Ha estallado la paz discurre casi por entero en Gerona, excepto los retazos en que se habla de los exiliados. Los personajes vuelven a sus hogares y la familia Alvear y sus amigos —los antiguos y los nuevos— vuelven a protagonizar la novela. Es el retorno a la intimidad, después de la inevitable dispersión de escenarios a que me obligaron los avatares de la contienda, que dividió a España en dos zonas, la descripción de las cuales hube de simultanear en Un millón de muertos.

Como siempre, he quemado mis pestañas en el intento de narrar fiel e imparcialmente lo acontecido, aun a sabiendas de que en todo relato subyace de modo inexorable la interpretación personal. Y, también como siempre, mi propósito más firme ha sido escribir un libro de ficción y no un ensayo historicista. Los hechos, el Boletín Oficial del Estado, los discursos, etcétera, me sirven de melodía de fondo nada más. Los utilizo como plataforma o trampolín para, por encima de ellos, seguir analizando «las virtudes y los defectos de nuestra raza».

El ritmo de la obra, por tanto, vuelve a parecerse al de Los cipreses creen en Dios. Estimo que cada tema requiere su fórmula específica de expresión. No es lo mismo describir batallas con tanques que conflictos familiares o individuales. No es lo mismo la paz que la guerra. No es lo mismo hablar de Líster o del Campesino que del «Niño de Jaén», fascinado por el baile flamenco o de Agustín Lago, Inspector Jefe de Enseñanza Primaria y miembro del Opus Dei.

Ignacio Alvear sigue con sus dudas, con sus forcejeos en busca de una verdad que lo satisfaga... ¡Qué le vamos a hacer! ¿No es la duda uno de los signos de la época actual? ¿Y no soy yo un hombre de mi tiempo?

Mi gratitud a los autores de los libros que he consultado. Mi gratitud a los periódicos, incomparable fuente de información. Mi gratitud a las muchas personas que me han dicho: «A mí me ocurrió eso.» «A mí, esto.» Mi gratitud a cuantos lectores van siguiendo ese difícil peregrinar de mi pluma a lo largo y a lo ancho de la fascinante problemática de mi Patria.

Barcelona, abril de 1966.

Para aproximarse a la libertad, a la felicidad, no basta con cambiar los sistemas; hay que cambiar los ánimos y los corazones de los hombres, de los gobernantes y de los gobernados, de los poderosos y de los súbditos, de los que mandan y de los que han de obedecer.

PAPINI

PRIMERA PARTE

Del 1 de abril
al 1 de septiembre de 1939

CAPÍTULO PRIMERO

DÍA 1 DE ABRIL DE 1939. «La guerra ha terminado.»

La guerra había durado exactamente treinta y dos meses y once días. El panorama de España era desolador. Imposible precisar el número total de víctimas habidas en los frentes y en la retaguardia. Tampoco podía conjeturarse las que ocasionaría en lo sucesivo la represión iniciada por los vencedores —«¡esto clama al cielo!», seguía gritando mosén Alberto— ni la gente que moriría por haber contraído alguna enfermedad. Según cálculos del doctor Rosselló cabía presumir que, sólo de tuberculosis, sobre todo en la España que fue «roja», sucumbirían, a consecuencia del hambre sufrida, muchos millares de personas. ¡Oh, sí, la guerra era una amputación! Amputación de cuerpos y almas. En efecto, el número de almas muertas en la vorágine era también muy elevado. Las de los que fueron asesinos. Las de quienes andaban repitiendo una y otra vez: «ni olvidaremos ni perdonaremos.» España, de punta a cabo, de Galicia a Cataluña, de Bilbao a Tarifa, se había convertido en una inmensa fosa, sobre la que el cardenal Gomá podía trazar una definitiva cruz.

Materialmente, el desastre era también incalculable. Aparte la expoliación de las reservas de España y las deudas que satisfacer a Alemania e Italia, el país había quedado convertido en solar y se tardaría mucho tiempo en restablecer los medios de comunicación. Los trenes, despanzurrados; las carreteras, intransitables; los puentes, hundidos. Franco parecía dispuesto a adoptar como se adopta a un hijo, como los Alvear había adoptado a Eloy, una lista de ciudades y pueblos que habían sido borrados del mapa, con la promesa de reconstruirlos «alegres y sonrientes»: Madrid, Brunete, Belchite, y tantos y tantos. Ahora bien ¿con qué medios se llevaría a cabo todo eso? El periodista Bolen había dicho: «los españoles tendrán que apretarse el cinturón». Pero es que, además, faltarían los técnicos y la mano de obra especializada. No es que hubieran sucumbido, como pretendía Mateo, «los mejores», pues la muerte es mil veces ciega; pero sin duda habían caído en su garra gran cantidad de hombres maduros, forjados en el duro vivir y que según el profesor Civil constituían la médula de la sociedad. Los «rojos» se habían ocupado de suprimir, en su zona, a la clase burguesa y dirigente; los «nacionales» habían hecho lo propio en la suya con un amplio sector de la masa trabajadora, o la habían encarcelado u obligado a exiliarse, a repartirse a voleo por el mundo. Faltarían, por lo tanto, médicos, abogados, ingenieros, mecánicos, carpinteros, electricistas y también muchos campesinos. La situación sería difícilmente remontable. Tal vez se produjera el milagro. Tal vez la palabra paz, la certeza de que ya no aparecerían en el cielo aviones de muerte y de que las armas de tierra habían también enmudecido, empujara a las familias a arrimar el hombro, a trabajar con redoblado esfuerzo, obedientes a una ley de compensación similar a la que después de las guerras ocasiona un automático aumento de la natalidad. Pero ello no era seguro, ni mucho menos. ¿Quién garantizaba que la hecatombe habría modificado el temperamento de la raza? Numerosos teorizantes afirmaban que sí, que España, liberada del acné político, que atávicamente le intoxicaba la sangre, y canalizada con mano firme en una sola dirección, rendiría el ciento por uno y resucitaría con vigor inesperado. Estos tales argumentaban: «Ahora, en vez de perder el tiempo en los locales de los Partidos y en las huelgas, la gente trabajará. Por lo demás, las mujeres querrán vivir mejor, normalizar definitivamente su hogar e impulsarán a los hombres a rendir al máximo. Y con tantos huecos como se han producido, oportunidades no faltarán...» Por el contrario, los teorizantes pesimistas preguntaban: «¿De qué rendimiento estamos hablando, si puede saberse? Las familias han quedado diezmadas o divididas por odios que durarán dos o tres generaciones. La juventud ha quedado truncada, marcada para siempre. Durante años España será un país de vagabundos, de hombres que se dedicarán al pillaje, a tomar el sol y a pecar contra el sexto mandamiento.»

Se vislumbraba, ¡a qué dudarlo!, un punto de luz en el horizonte. El que había empujado a los gerundenses a reunirse en la Catedral para cantar el *Te Deum*. El que había decidido a los Alvear a entregar al Tesoro Nacional nada menos que la cadena y la medalla que Ignacio rescató del cadáver de César. Cierto, por encima de la catástrofe, de las divisiones y de los recuerdos horribles, se había producido un singular contagio de entusiasmo, que alcanzaba incluso, tal vez en razón del cansancio, a seres que habían militado en el bando de los vencidos. Las palabras Religión y Patria, que durante la contienda habían saltado de monte en monte y se habían arrastrado por las vaguadas, no parecían tan desprovistas de contenido y tan faltas de garantía de continuidad como hubieran podido sospechar los componentes de la Logia Ovidio. Era preciso evocar la figura del doctor Relken cuando le dijo a Julio García, en el Hotel Majestic: «El enemigo ha conseguido la unidad.» Unidad cimentada sobre dos pilares: Dios y España. Unidad de millones de españoles que creían que Dios amaba a España con amor de predilección, de lo cual era prueba concluyente la victoria alcanzada por quienes combatieron enarbolando a la par la bandera nacional y el crucifijo.

Este contagio, perceptible en las calles de las urbes y en las más remotas aldeas, se veía afianzado por la conciencia de haber prestado, con dicha victoria, un servicio inapreciable a la civilización occidental. Espíritu mesiánico, subrayado con la sangre de tantos y tantos mártires como Laura, como mosén Francisco, como el anónimo falangista Octavio. Mesianismo contra la Rusia Soviética primero, y luego contra las «podridas democracias» de que hablaba «La Voz de Alerta» cada día en el periódico. La antigua Iberia, como en tantas otras ocasiones de su historia, «había hecho sonar sus trompetas contra el lejano invasor asiático y contra la cercana herejía». La antigua Iberia había gritado: «¡basta!» Y ahora el mundo tendría que agradecérselo, a la corta o a la larga. Porque una cosa no ofrecía la menor duda: de haber ganado los «rojos», España se hubiera convertido en la cabeza de puente de Stalin en el Oeste, haciendo tambalear toda la zona geográfica adscrita al cristianismo.

El sentimiento de orgullo era fuerte, intenso. La gesta podía compararse a la de Colón, a la Reconquista y a la victoria contra los turcos. De ahí que existiese el proyecto de invitar a todos los municipios de España a que regalasen a Franco una espada conmemorativa, réplica de la del Cid. De ahí que se pensase en reconstruir cuanto antes el monumento al Sagrado Corazón del Cerro de los Ángeles, que los milicianos de Madrid habían fusilado, y en poner a España, de una vez para siempre, bajo la advocación de la Virgen del Pilar. De ahí que se hablase de Imperio y de influir doctrinalmente en el mundo, dándole ejemplo de coherencia, decisión y espiritualidad.

Tratábase, era evidente, de un propósito nacional de signo totalitario, pero con características peculiares, originales, según habían admitido los propios Aleramo Berti, representante del fascismo italiano, y Schubert, delegado, en Burgos, del nazismo alemán. La originalidad del Alzamiento nacionalista capitaneado por Franco consistía en incorporar al sistema jerárquico de gobierno y a la idea de raza, de patria y de pueblo, la idea anteriormente apuntada: la idea de Dios. En fundirlas, por así decirlo, de tal manera, que servir a la Patria y a su Caudillo fuera, por modo automático, un acto religioso. Si acaso, tal actitud podía parangonarse en un orden simbólico con la del Japón, donde también desde siglos se habían unido y solidificado los conceptos de Dios y de Emperador.

Por supuesto, la responsabilidad de semejante planteamiento era enorme y parecía exceder a las posibilidades humanas. Pero el mar colectivo de fe y de esperanza ahogaba cualquier titubeo, como la adolescencia del Perrete había quedado ahogada en el frente de Aragón. Por otra parte, el Alzamiento español había sido denominado, por la propia jerarquía eclesiástica, Cruzada, lo cual no podía decirse de ningún otro movimiento político contemporáneo. Y por si cupieran dudas, ahí estaba el mensaje radiofónico que Pío XII acababa de dirigir a España: «Con inmenso gozo Nos dirigimos a vosotros, hijos queridísimos de la católica España, para expresaros Nuestra paterna congratulación por el don de la paz y de la victoria con que Dios se ha dignado coronar el heroísmo de vuestra fe y caridad, probado en tantos y tan generosos sufrimientos.» Tales palabras significaban el espaldarazo concluyente a las que Franco pronunciara en 1936: «Yo os aseguro que mi pulso no temblará, que mi mano estará siempre firme. Llevaré la Patria a lo más alto, o moriré en mi empeño.» Afirmación en la que iba implícita la seguridad de que la trayectoria de la paz sería tan gloriosa como lo fue la de la guerra.

CAPÍTULO II

Gerona iba a ser, una vez más, la piedra de toque de lo que había de ocurrir en todas y cada una de las capitales españolas, especialmente en las recién «liberadas». El Ejército, la Iglesia, el Partido y la Autoridad Civil se adueñaron de la población y de la provincia, de acuerdo con los principios establecidos. Estos cuatro instrumentos de poder trabajarían comunitariamente, en contacto continuo, para llevar a feliz término «el mandato de los muertos».

Al mes escaso de haber terminado la guerra, las jerarquías depositarias del Nuevo Orden ocupaban ya sus puestos. Representante del Ejército lo era, con todas las prerrogativas, el general Sánchez Bravo, que había sido nombrado gobernador militar. El general Sánchez Bravo se había instalado en los Cuarteles de Infantería, los cuarteles de Santo Domingo. Tenía cincuenta y dos años de edad y era oriundo de León, donde su padre, fallecido antes del Alzamiento, había ejercido de oftalmólogo. El general decía siempre que la profesión paterna le había impreso huella, acostumbrándolo a mirar con fijeza a los ojos de los demás y despertándole viva afición a los prismáticos, los catalejos, los telescopios y otros instrumentos de observación.

Sirvió a la Causa desde el 18 de julio de 1936 —por entonces era coronel— y tomó parte activa en la batalla del Norte, en la llegada al Mediterráneo y en el asalto a Cataluña. Bajito de estatura, de cuello corto, era enérgico y poco sentimental. Hablaba tajante y tenía una hermosa voz. Su rasgo más característico era la rectitud. Hubieran podido llamarlo «el insobornable». No admitía apaños y predicaba siempre con el ejemplo. Cuantos habían servido a sus órdenes guardaban de él un grato recuerdo. Su coronel ayudante, el coronel Romero, dividía los generales en dos clases: los que al término de una batalla decían «hemos sufrido tantas bajas» y los que decían «he perdido tantos hombres». El general Sánchez Bravo era de estos últimos. La muerte de un soldado le dolía como una mutilación y, debido a su prodigiosa memoria, se acordaba de

15

los nombres y apellidos de muchos de ellos, a los que gustaba de sacar motes. A su asistente lo llamaba Nebulosa, debido a que el muchacho, cuando abusaba del aguardiente veía turbio y parecía andar a tientas.

Llegado a Gerona, se comportó a tenor de su temperamento. Su primer acto de servicio fue ordenar el adecentamiento de los cuarteles, que las «hordas» habían dejado hechos un asco. A continuación, se dirigió al monumento levantado en la Plaza de San Agustín en honor de su glorioso antecesor Álvarez de Castro, héroe de la guerra de la Independencia, y se cuadró ante él. Luego subió a lo alto del Castillo de Montjuich, contempló a Gerona en la llanura, los campanarios y los tejados, y murmuró: «¡Hum! Hay aquí mucho que hacer...» De regreso al cuartel dirigió una proclama a la población advirtiéndole que estaba dispuesto a cortar de raíz cualquier intento de sabotaje: «La victoria ha costado mucha sangre y no nos la dejaremos arrebatar.»

El notario Noguer y «La Voz de Alerta», que se habían convertido en sus mentores y que lo acompañaban por todas partes con una mezcla de orgullo y timidez, advirtieron muy pronto que el gobernador militar que les había tocado en suerte era hombre de ideas precisas, dispuesto a avanzar en línea recta, y sospecharon que prefería la acción a la cultura. En efecto, en su obligada visita a la ciudad antigua, el general pasó como un rayo por delante de las bellezas arquitectónicas, incluidos los Baños Árabes, y se fue directo a las murallas, donde se detuvo más de dos horas. Su comentario fue: «Estas defensas están bien construidas. No me sorprende que los franceses cayeran aquí como moscas.» ¡Como moscas! «La Voz de Alerta» le explicó que precisamente existía una leyenda según la cual del sepulcro que había contenido los restos de San Narciso, primer obispo y patrón de la ciudad, salían moscas, cada una de las cuales mataba con su picadura a un francés. El general sonrió. «He ahí —dijo— un arma que no figura en los manuales de nuestras Academias.»

«La Voz de Alerta» y el notario Noguer advirtieron muy pronto que la apreciación que habían hecho acerca del carácter del general era correcta. En efecto, resultaba difícil hablar con él de cuestiones no militares, aunque ello pudiera muy bien atribuirse a la proximidad de los acontecimientos. Por supuesto, se negó rotundamente a ir al cementerio a rendir honores póstumos al comandante Martínez de Soria, alegando que la decisión de éste de rendir Gerona a los milicianos fue injustificada y cobarde. «¡Imagínense ustedes que el capitán Cortés, en Nuestra Señora de la Cabeza, hubiera hecho otro tanto! ¡Y el general Aranda en Oviedo! ¡Y Queipo de Llano en Sevilla! No, no, la obligación del comandante Martínez de Soria era defender esto a toda costa.»

El notario Noguer sintió por el general espontánea simpatía, lo que le sorprendió, habida cuenta de que los uniformes, en principio, le inspiraban serios temores. Estimó que los dotes de mando de aquel recio castellano garantizaban que el inicio de la paz, siempre difícil, contaría con un buen puntal. Le agradaba de él que anduviera con parsimonia, procurando que sus botas no resonaran enfáticamente. También le agradaba que fumase en pipa. El notario había llegado a la conclusión de que los hombres que fumaban en pipa acertaban, en los momentos de crisis, a dominar sus nervios. También le gustó que comiera el mismo rancho que los soldados. «¿Es eso una costumbre, mi general?» «¡No, no! Es un deber...» La respuesta tenía rigor clásico. Sin embargo, «La Voz de Alerta», amante de los estratos jerárquicos, valoró el detalle de distinta manera. «Pues a mí me parece que eso es un error —le dijo a su amigo, el notario Noguer—. La mesa de un general no ha de ser nunca la mesa de un soldado.»

—Mi general, ¿está usted contento de que lo hayan destinado a Cataluña?

La pregunta sonó como un disparo en la Sala de Armas, donde el gobernador militar y sus mentores se hallaban reunidos. El general se atusó el bigote, blanquecino, y echó una mirada al enorme mapa de España que cubría la pared.

—Pues, si he de serles franco, no. Hubiera preferido Castilla, Levante o Andalucía...

El general se explicó, pues no quería equívocos. Sabía lo que Cataluña valía y significaba. No iba a cometer la torpeza de minimizar aquella tierra ilustre, laboriosa y amante del estudio. Pero le molestaba el problema separatista.

—La guerra me ha demostrado que hay entre ustedes muy buenos patriotas. He tenido a mi servicio varios oficiales catalanes y doy fe de que cumplieron como los mejores. Ahora bien, la mayoría de ellos han pedido ya la baja del Ejército... Es un detalle, ¿no les parece? Sí, hay algo, hay algo que no acaba de encajar... Apenas entré en Lérida me di cuenta de que entre ustedes y el resto de la nación existe una diferencia.

Y lo demuestra el hecho de que hablan ustedes otra lengua.

Ésta era la clave de la cuestión. El general no ocultó que el asunto del idioma lo sacaba de quicio. «Oírlos hablar y no entenderlos me da la impresión de encontrarme en el extranjero.» Por su parte, a gusto acabaría de un plumazo con semejante anomalía y se congratulaba de aquellos letreros —que tanto soliviantaban a mosén Alberto— y que decían: «Obligatorio hablar español.» «En lo que de mí dependa, en este asunto seré implacable.»

«La Voz de Alerta» y el notario Noguer se callaron. Comprendieron que el tema era tabú y que cualquier disquisición histórica caería en saco roto. Por lo demás, ambos sabían que el general había encontrado en la biblioteca de los Cuarteles de Artillería un montón de libros en catalán y que había ordenado hacer con ellos una inmensa hoguera, que crepitó como si protestase.

El notario Noguer no se arrepintió de su intervención, ya que prefería saber a qué atenerse. Pero decidió cambiar de tema. Le preguntó al general si era cierto que le interesaba la Astronomía y el general contestó que sí, que lo era. «Aquí donde me ven, en el frente, si había calma, me pasaba largos ratos mirando la luna y las estrellas.» Podía decirse que aquélla era su distracción favorita. La bóveda celeste ofrecía un espectáculo impar. «En realidad —bromeó, mientras se atusaba de nuevo el bigote— mi mayor deseo hubiera sido servir en antiaéreos.»

El notario Noguer, que había vivido la guerra desde lejos, desde Francia, valoró debidamente el inciso y aprovechó la oportunidad para sonsacarle al general varias opiniones respecto al desarrollo de la contienda. Ahí el gobernador militar se despachó a gusto, mientras se paseaba con los brazos a la espalda. Preguntado por la acción bélica que, técnicamente, consideraba más perfecta, declaró sin vacilar: «La batalla del Ebro.» Preguntado sobre la acción heroica que tenía en mayor estima, declaró: «La defensa del Alcázar. Tengo un hijo y puedo juzgar debidamente el sacrificio del general Moscardó.» Preguntado sobre la clase de tropa que mejor comportamiento había tenido a lo largo de la campaña, contestó: «Entiendo que la infantería española es, toda ella, la mejor del mundo. Pero, puesto a elegir, elegiría los Tercios de Requetés, que han estado insuperables.»

La presencia del general inspiró a los gerundenses un respeto casi supersticioso. Su biografía empezó a ser conocida. El hecho de que hubiera dirigido victoriosamente varias batallas lo convertía casi en un mito; el hecho de que en esas batallas muchos *hombres* hubiesen encontrado la muerte, añadía a la circunstancia un sabor amargo. La gente no acabó de conectar con él, si bien es cierto que tampoco el general lo pretendió. No era su intención hacerse popular entre la población civil. Todo lo que ocurriera fuera de los cuarteles se le antojaba un poco ajeno.

Visitó la frontera, el Castillo de Figueras, restos de baterías instaladas en la costa. Se hizo una composición de lugar. Se interesó especialmente por el Parque Móvil y por mantener en buen estado las líneas de Transmisiones.

—Es hermosa esta provincia. No cabe la menor duda. Y además, muy rica. No comprendo que hubiera aquí tantos anarquistas.

Tuvo el presentimiento de que se pasaría en Gerona una larga temporada..., precisamente porque la zona, fronteriza y alérgica a la disciplina castrense, era difícil. Siempre le encomendaban misiones espinosas, lo que no dejaba de halagarlo, puesto que veneraba al Caudillo y estaba dispuesto a dar por él la vida.

Ahora bien, ello lo obligaba a acondicionar su vivienda en el propio cuartel —el general era friolero y quería estufas en todas partes— y a traerse cuanto antes a su mujer, conocida por doña Cecilia y que a la sazón se encontraba en Madrid. Ordenó al coronel Romero que le enviase un telegrama pidiéndole que se trasladase a Gerona en seguida, pues la necesitaba a su lado. La intención del general era que su hijo, el capitán Sánchez Bravo, que tenía veintiséis años y se encontraba de guarnición en Almería, pudiera también reunirse con ellos en Gerona. Pero no estaba seguro de que sus gestiones al respecto dieran resultado.

El general quería a su mujer. Se habían conocido de niños, en León. A los doce años ya flirteaban... y hasta ahora. ¡Cuánto tiempo a su lado! Doña Cecilia había sido una compañera fiel que había soportado los mil inconvenientes de la vida militar sin protestar nunca. Tal vez la peor época la pasaron en África, cuando la dictadura de Primo de Rivera. El clima africano y «el olor moruno» asfixiaban a doña Cecilia, quien no cejó hasta conseguir que su marido fuera devuelto a la península. También a doña Cecilia el general le había sacado un mote. La llamaba Venus, lo que a los demás podía parecerles una calumnia.

El día 14 de abril, aniversario de la República, recibió un telegrama que decía: «Salgo en coche ahora mismo para Gerona.» El general, mientras con un raspador vaciaba su pipa, regalo de un aviador alemán, contempló en el mapa de España —¡cuántas veces lo miraba al cabo del día!— el trayecto desde Madrid. Calculó los litros de gasolina que su·mujer gastaría en el viaje. No le gustaban las ventajillas, pero ¡qué remedio! Doña Cecilia tenía sus pequeños caprichos: le gustaba cambiar a menudo de sombrero, llevar guantes blancos y pasearse en automóvil mirando a uno y otro lado...

* * *

La Prensa publicó la noticia. El nuevo obispo de Gerona, el representante de la Iglesia en la ciudad, había sido nombrado.

—¿Cuándo llega?

—No se sabe la fecha exacta. Pero es de suponer que no tardará.

—¿De dónde es?

—De Zaragoza.

—¿Joven?

—¡Quia! Sesenta años...

Se llamaba Gregorio Lascasas. Canónigo de la Seo de Zaragoza, el nombramiento lo pilló desprevenido. Nunca había soñado en ser elevado a tan alta dignidad. Sin embargo, el hecho no le desagradó. Tenía sus ideas y tal vez ahora, desde su sede episcopal, pudiera, ¡por fin!, llevarlas a la·práctica.

El doctor don Gregorio Lascasas preparó en seguida su viaje. Llevaría consigo a un joven sacerdote, mosén Iguacen, que era diligente y que conocía su manera de hacer.

—¿Tiene usted algún inconveniente en acompañarme?

—¡Ninguno! Le agradezco mucho que me haya elegido.

—Pues andando.

El nuevo obispo tenía el carácter autoritario. Su infancia, y casi toda su época de Seminario, lo habían templado con una serie de ásperas enfermedades, que lo llevaron a aprenderse de memoria el libro de Job. Siempre decía que le agradecía a Dios que le hubiera enviado semejantes pruebas. «El Señor me vacunó contra la frivolidad.» Por si fuera poco, la guerra civil lo había también herido en la carne. Perdió a una hermana suya, monja en un convento de Huesca. Los «rojos» se la llevaron y nunca más se supo de ella. Asimismo murió, en el frente, uno de sus sobrinos; una muerte ejemplar. Apenas si le quedaba familia, pero no renegaba de la soledad. «La soledad es una gran escuela para fortalecer el alma.» Mosén Iguacen, que iba a ser su amigo y su familiar, mientras preparaba sus maletas escuchaba estas sentencias del nuevo obispo con una mezcla de admiración y de temor. Porque él era de talante quebradizo, extremadamente afectivo y desde el primer momento se preguntó si estaría a la altura de las circunstancias.

—¡Por favor, no ponga usted esa cara! Dios no nos exige nunca nada que no podamos cumplir.

Todo a punto, el ilustrísimo y reverendísimo doctor Lascasas hizo su triunfal entrada en la ciudad de Gerona el 20 de abril; es decir, pocos días después que las tropas italianas ocuparan, sin más, Albania. Siguiendo una inveterada costumbre, pese a ser él hombre austero por naturaleza, entró en coche descapotado y bajo arcadas de flores que adornaban todo el recorrido. Los gerundenses lo obsequiaron con un recibimiento apoteósico, ávidos como estaban, después de tanto ayuno espiritual, de contar con un pastor que los guiase. Colgaduras en las fachadas, palmas, cohetes e incluso palomas mensajeras, traídas de no se sabía dónde. Y, por supuesto, el profesor Civil y su mujer, en el balcón. Y la viuda de don Pedro Oriol en el suyo. Y, en el suyo, frente al Café Neutral —que ahora se llamaba Café Nacional— la familia Alvear... ¡Oh, cómo gritó, cómo se desgargantó Carmen Elgazu al ver aparecer en la Rambla el coche descapotado del señor obispo! «¡Viva el señor obispo...!» «¡Viva el ilustrísimo y reverendísimo señor obispo...!» «¡Viva Franco! ¡Arriba España!» Matías Alvear, a su lado, intentaba calmarla y le decía, sonriendo: «Pero, mujer, ¿crees que su Excelencia Reverendísima va a oírte?»

El prelado siguió su marcha por la calle de las Ballesterías y se dirigió a San Félix, en cuya iglesia, limpia ya de chatarra y basura, penetró para implorar el auxilio del patrón de la ciudad, San Narciso, cuyas reliquias habían sido profanadas. Luego se dirigió a la Catedral, abarrotada como el día de la entrada de las tropas, y allí, rodeado de todas las autoridades, inició, como era de rigor, el canto del *Te Deum*, canto que fue coreado por la multitud. Finalmente, siempre acompañado por mosén Alberto, que había ido a esperarlo al término de la diócesis y que se había constituido en su lazarillo, dirigióse a tomar posesión del Palacio Episcopal, cuyos enormes salones vacíos recorrió a buen paso comentando: «¡Dios mío, cuánto costará reorganizar todo esto! ¡Cuánto costará...!» Hasta que, de pronto, en una de las habitaciones, la que había de ser su dormitorio, se detuvo vivamente impresionado, pues en la desnuda pared mosén Alberto había colgado un retrato del obispo predecesor, aquel que murió mártir en el cementerio, a mano de un grupo de milicianos capitaneados por Merche, la hija del Responsable. El nuevo obispo se arrodilló ante el retrato y rezó fervorosamente para que el cielo bendijese su labor.

* * *

El doctor don Gregorio Lascasas, esforzado pastor de la grey gerundense, desplegó desde el primer momento tal actividad que su figura, alta y ascética, con un mirar iluminado que contrastaba con su complexión atlética y con sus heredadas manos de campesino, se hizo muy pronto popular. Su tarea era, desde luego, tan ingente que concederse un minuto de descanso le hubiera parecido un pecado. Por suerte, a sus sesenta años cumplidos se sentía fuerte como un roble, excepto cierta propensión a resfriarse, sin apenas resabio de las dolencias que lo aquejaron en la juventud.

Cuantos lo rodeaban se dieron cuenta en seguida de que el nuevo obispo era hombre metódico, tenaz y amante de las fichas y de las estadísticas. Oír las expresiones «más o menos», «aproximadamente», y, sobre todo, «es de suponer», lo ponía nerviosísimo. Mosén Iguacen, su familiar, se las vio y deseó para no verse sepultado por el alud de carpetas que en un santiamén invadieron el despacho de Secretaría y habitaciones contiguas, y el primer mueble que ingresó en el Palacio Episcopal fue un monumental archivador metálico que llegaba casi al techo. «A eso lo llamo yo un mueble práctico —comentó el doctor Gregorio Lascasas, probando una y otra vez los cajones correderos—. ¡Palabra que antes de un mes estará hasta el tope!»

El personal de Palacio fue elegido con tanto escrúpulo como el mueble archivador: una serie de monjas, algunas de las cuales habían ya servido al obispo anterior y que fueron seleccionadas con extremo cuidado por mosén Alberto. El doctor Gregorio Lascasas impresionó tanto a las monjas que cuando lo veían pasar iniciaban una genuflexión... «Por Dios, hermanas, nada de eso... ¡Hay otras cosas más urgentes que hacer!»

Tareas urgentes... La principal, encauzar debidamente la vida espiritual de las almas que le habían sido confiadas, almas que a lo largo de casi tres años no habrían vivido otro clima que el del ateísmo, sin poderle oponer ni siquiera, salvo en los casos excepcionales, la insustituible gracia de los sacramentos.

Ahora bien, ¿por dónde empezar? La mayoría de los sacerdotes y religiosos de la diócesis habían sido sacrificados, y destruidos casi todos los templos. ¡Ni siquiera podría contar, de momento, con el Seminario, convertido en cárcel! El nuevo obispo, pensando en esto, se dirigía a los ventanales que daban a la Plaza de los Apóstoles y se quedaba plantado allí, respirando hondo. Lo estimulaba ver erguirse desde su base el campanario de la Catedral. Aquella flecha pétrea apuntaba al cielo y era símbolo de eternidad. «Las puertas del infierno no prevalecerán...» Pero ¿y mientras tanto?

Falta de «operarios para la viña del Señor»... Ésa iba a ser la más dolorosa dificultad. El prelado aragonés debería arreglárselas con los supervivientes, por fortuna más numerosos de lo que en principio se sospechó, y asignar a cada uno la misión más conveniente, de acuerdo con su estado de salud —¡qué aspecto tenían, Virgen Santa, la mayoría de ellos!— y con sus aptitudes. Algunos sacerdotes deberían ocuparse, en el campo, de varias parroquias a un tiempo y en los conventos, sobre todo en los dedicados a la enseñanza, resultaría imposible completar la plantilla. En cuanto a las nuevas vocaciones, si es que llegaban —mosén Iguacen afirmaba que sí, que llegarían, en virtud de la llamada de la Gracia, presente siempre después de las persecuciones—, tardarían años en formarse y convertirse en sacerdotes. «Eso es lo malo —decía el señor obispo—. Una boda puede arreglarse en quince días. ¡Pero formar un ministro de Dios!»

—¡Ah, si tuviera la suerte de que los jesuitas volvieran a Gerona! Significarían para mí una ayuda inapreciable... San Ignacio los marcó con el signo de la eficacia.

Segunda dificultad: la reconstrucción de los templos. El doctor Gregorio Lascasas fue informado de que podría utilizar para ello a determinado número de prisioneros, pues los había que querían redimir, de acuerdo con la ley, sus penas por el trabajo. ¡Buena noticia! Sin embargo, la tarea sería también lenta y costosa. El doctor Gregorio Lascasas lo comprobó con sus propios ojos, al recorrer una por una las iglesias de la capital y las de los pueblos vecinos, ante cuyo aspecto tuvo que esforzarse para contener las lágrimas. Los muros aparecían ennegrecidos por los incendios, faltaban los confesonarios y los púlpitos, algunas sirvieron de garajes, ¡o de cuadras! y nunca faltaba en cualquier rincón un brazo del Niño Jesús, un tronco de la Dolorosa con las espadas clavadas, o los restos del Sagrario...

—Dios mío, Dios mío... ¿Por qué todo esto?

Mosén Alberto, al oír esta frase se estremeció, por cuanto también él se había formulado mil veces la misma pregunta.

El doctor Gregorio Lascasas, que pareció adivinar la reflexión de mosén Alberto, comentó:

—Necesitaré la ayuda del Estado y, por supuesto, la cooperación de los fieles. Tal vez Zaragoza me eche una mano...

Bueno, eso lo dijo sin demasiada convicción. Zaragoza había sido siempre «nacional» y era difícil que allí se hicieran cargo de lo que fue realmente la zona «roja». Él mismo se había llevado la mayor sorpresa, pese a haber leído innumerables descripciones de lo que en ésta había ocurrido.

La gran ventaja del nuevo obispo, doctor Gregorio Lascasas, era su indiscutible sinceridad. Su alma era fuerte como una roca, sin fisuras. Todos sus actos, todos sus pensamientos y todas sus palabras respondían a un sistema de creencias que parecía haber madurado, como algunos metales y como algunos líquenes, a través de los siglos. Pero es que, además, no se limitaba a ser un realizador. Era también hombre de oración. «Al modo como el sarmiento no puede de suyo producir si no está unido con la vid, así tampoco vosotros, si no estáis unidos conmigo.» Era, además, hombre de penitencia. «Velad, pues, vosotros, ya que no sabéis a qué hora ha de venir vuestro Señor.» A diario se imponía sacrificios, sobre todo contra su tendencia a la cólera y a la gula, y el primer decreto que pensaba firmar se referiría a la obligación de guardar ayuno y abstinencia en todos los hoteles y fondas de la diócesis en los días de vigilia. Por añadidura, y completando el cuadro, era hombre de estudio... De hecho, hubo un tiempo en que el santo varón aragonés prefirió el silencio abisal de la Teología a enfrentarse directamente con las almas. Pero tuvo que renunciar. No obstante, ahora, acorde con su estado de ánimo, se prometió a sí mismo profundizar todos los días por espacio de diez minutos lo menos, en el libro de los Salmos, que era su preferido. En él había encontrado siempre el consuelo necesario y seguro que encontraría también la necesaria fortaleza. «Porque, tú, Señor, bendecirás al justo; con tu benevolencia, como escudo, le rodearás.»

El doctor Gregorio Lascasas, ante el torbellino de responsabilidades que le había caído encima, se acordó del sempiterno consejo que le diera el anciano canónigo que, en Zaragoza, fue durante años su director espiritual: «Nada se consigue sin amor. La gente está sedienta de amor. El amor lo puede todo. Si no amas, todo se volverá en contra tuya. Repite sin descanso: debes amar.»

He ahí el dilema. ¿Valía este consejo para la ocasión? Porque, en el libro de los Salmos podía leerse: «No eres tú Dios a quien agrade la maldad.» «Aborreces a todos los que perpetúan crímenes, destruyes a todos los que hablan mentira.»

La desventaja del doctor Gregorio Lascasas era ésta. A semejanza del general Sánchez Bravo, creía que sin castigo, sin disciplina y obediencia ciegas, todo se derrumbaba en la sociedad y en el interior de cada individuo y que no se conseguía progresar. Frase suya era: «en los asuntos de Dios no caben componendas».

¿Qué hacer? ¿Cómo actuar para equilibrar la balanza? ¿Debía permitir espectáculos insanos, bailes, el impudor en las playas, la inmodestia en el vestir? ¿Debía permitir las blasfemias? Seguro que no... ¿Debía permitir, en las bibliotecas, en los periódicos, en los discursos, escarceos volterianos? Seguro que no. Antes que todo, sumisión a la Santa Madre Iglesia. Los dogmas eran los dogmas, y el paso de un huracán no podía haber hecho mella en las verdades inmutables predicadas por Cristo. ¡Cabía la posibilidad de que lo tacharan de intransigente! Bien, estaba acostumbrado... En Zaragoza le habían dicho en varias ocasiones, con cierta sorna, que su mentalidad apostólica era más la de Pedro que la de Pablo o la de Juan. Bueno ¿y qué? ¿A quién entregó Cristo las llaves? Se las entregó a Pedro y fue éste el primer apóstol al que lavó los pies. Por otra parte, no podía olvidar que Gerona estaba muy cerca de Francia... La diócesis entera era tierra de misión.

Así, pues, la conclusión caía por su peso. Amaría a las personas, pero perseguiría al pecado. Y desencadenaría una propaganda masiva en favor de la religión, movilizando para ello todos los medios a su alcance: la radio, las procesiones, los Círculos de Estudios. La religión en los hogares, en las escuelas, ¡en la calle! ¿Por qué no? ¿No había sido éste el sistema empleado por el enemigo? Y la salvación del mundo ¿no estaba en su cristianización? Los partidarios de recluir la Iglesia a las sacristías eran, o bien fariseos, o bien tontos de capirote.

—Mosén Alberto, ¿qué opina usted de los Ejercicios Espirituales?

—Una inspiración divina... Lo menos una vez al año, el retiro es conveniente para todos.

—¿Y de la Santa Misión?

—La experiencia demuestra que, si los predicadores son buenos, una Santa Misión es una lluvia de gracia para los feligreses. Y que al final, se producen muchas conversiones...

El doctor Gregorio Lascasas, al oír esto, tuvo un acceso de tos. Siempre le ocurría eso cuando comprobaba que sus planes de trabajo merecían la aprobación de los demás.

—Muchas gracias, mosén Alberto.

Un mes después de la triunfal entrada del doctor Gregorio Lascasas en la diócesis gerundense, todo andaba sobre ruedas. Los fieles respetaban a su pastor, aun cuando su cayado fuera nervudo.

—Es un santo varón. No permite el menor halago...

—Parece ser que lleva cilicio...

—Dicen que no come apenas...

—¡Eso no lo creo! Quien no come es mosén Iguacen. No hay más que verlos a los dos.

El Palacio Episcopal fue restaurado con prontitud. La instalación eléctrica funcionaba de maravilla. Las monjas habían renunciado a la genuflexión... El archivo metálico estaba, en efecto, lleno hasta los topes y una de las carpetas, de los expedientes, que había en él, se refería a César Alvear...

De pronto, *El Tradicionalista* publicó una noticia que provocó en el señor obispo una crisis de alegría: los católicos alemanes preparaban el envío a España, con destino a la zona que fue «roja», de una enorme cantidad de objetos para el culto: cálices, copones, casullas...

El doctor Gregorio Lascasas, colocándose con gracia el solideo, exclamó:

—¡Bendito sea Dios!

El más alto representante del Partido en Gerona fue, como era de suponer, Mateo. El muchacho se tenía el puesto merecido, habida cuenta de que había fundado, el año 1933, en circunstancias más que adversas, la primera célula en la ciudad. Por otro lado, sus contactos personales, a lo largo de la guerra, con los camaradas Núñez Maza, Salazar y otras jerarquías —al parecer, muchos falangistas de los que defendieron el Alto del León tendrían ahora, en Madrid, mando nacional— lo capacitaba como a nadie para desempeñar sin desvíos su misión, que en resumidas cuentas no era otra que «devolverle al hombre español el orgullo de serlo».

Mateo Santos recibió, pues, el nombramiento de Jefe Provincial de FET y de las JONS y al propio tiempo, a petición propia, y puesto que concedía la máxima importancia a la formación política de las nuevas generaciones, el de Jefe Provincial de las Organizaciones Juveniles. «Quiero controlar —había dicho— no sólo a los falangistas ya formados, sino a los hijos que de éstos nazcan.» Mateo, pese a no haber obtenido todavía el licenciamiento militar, por lo que la estrella de alférez provisional seguía luciendo en su pecho, consiguió ser reclamado y, por tanto, a fines de mayo había tomado ya posesión de ambos cargos.

El problema que suponía encontrar el local adecuado para las instalaciones del Partido, tuvo también feliz arreglo: el caserón palaciego de Jorge de Batlle, el caserón de las dos armaduras en la entrada, en el que durante tanto tiempo habían vivido el Responsable y los suyos. Jorge de Batlle, huérfano y combatiente en Aviación, comprendió desde el primer momento que ya nunca podría habitar aquella mansión en la que cayeron asesinados sus padres y todos sus hermanos, y la cedió a Mateo, quien lo amuebló con muebles requisados aquí y allá. Por deseo expreso, por capricho personal, Mateo quiso que la mesa de su despacho fuese precisamente la que había utilizado el ex jefe socialista, Antonio Casal. Mateo afirmaba repetidamente que la Falange demostraría que se podían implantar las irreversibles conquistas del socialismo sin necesidad de armar al pueblo, ni de sacrificarlo todo a los esquemas económicos, ni de negar que el gallo cantó tres veces.

El programa de Mateo era amplio y lo era en direcciones múltiples. En primer lugar, debía organizar las jefaturas locales, constituir una red coherente. El empeño sería ingrato y, en parte, irrealizable, pues era evidente que no existía un hombre idóneo, un falangista cabal, para cada uno de los pueblos de la provincia. Había en ésta pueblos cuyos habitantes no tenían todavía idea de que los puntos de Falange fueran veintiséis y de lo que significaba el color azul. Al respecto no olvidaría nunca lo que ocurrió en Darnius, localidad próxima a Figueras, el día de la liberación. Los darniuenses se concentraron en la plaza y al oír el *Cara al Sol* que, extendido el brazo, cantaban los «nacionales» desde el balcón del Ayuntamiento, supusieron que se trataba de alguna canción regional singularmente bienquista por los soldados, por lo que al término de ella aplaudieron y gritaron: «¡Que se repita! ¡Que se repita!»

Luego, Mateo debía atacar. Deshacer muchos prejuicios y edificar un bloque social operante, dinámico, cimentado principalmente en los Sindicatos. Los Sindicatos debían ser la obra básica, vertical, de su quehacer, que, como tantas veces había repetido —como le dijera años antes a Ignacio en sus diálogos bajo los soportales de la Rambla—, uniera en una labor común a empresarios, técnicos y obreros. «Costará mucho meter esta idea en la cabeza de las gentes —decía Mateo—, porque están acostumbradas a admitir como un hecho insoslayable la lucha de clases. Pero con el tiempo comprenderán...»

Además, Mateo debía defenderse... La verdad es que el muchacho —Pilar se dio cuenta de ello en seguida— se había vuelto objetivo en extremo y no se dejaba embaucar ni por sí mismo. En consecuencia, abrigaba serios temores de que, si la Falange no estaba alerta, fracasara en su anhelo y, pese a sus flechas y a su entusiasmo, se apoderaran de la victoria los banqueros y los terratenientes. Mateo, hablando con Marta, quien compartía sus recelos, le había dicho: «Los capitalistas han sufrido mucho con la guerra y es lógico que quieran desquitarse. En Andalucía, en Ciudad Real y otros lugares están ocurriendo cosas que no me gustan ni tanto así. Debemos montar la guardia y vigilar, lo mismo que al preparar el Alzamiento vigilábamos a los militares sospechosos.»

Al margen de estos y otros obstáculos, que de alguna forma se solucionarían, Mateo vivía con plenitud los comienzos de la posguerra. Su padre, don Emilio Santos, le decía a veces: «Hijo, me da la impresión de que has crecido.» No había tal. Era el pisar fuerte de Mateo y la manera peculiar, victoriosa, con que el muchacho erguía la cabeza. Era su cabellera casi mosqueteril, negrísima y rizada a fuerza de enredársele en las alambradas enemigas. Lo que sí se le había transformado a Mateo —Pilar, ¡cómo no!, se dio también cuenta de ello— era el modo de mirar. Antes sus ojos eran exclusivamente negros. Ahora, como si se hubieran cansado de muerte, tenían irisaciones verdes. Mateo no quería oír hablar de «majaderías de ese tipo», pero las irisaciones verdes de sus ojos eran una realidad. «Son bonitos —le decía Pilar—. Pero a veces me dan un poco de miedo.» Mateo le replicaba: «No te apures, pequeña. Los hombres, al llegar de la guerra, dan siempre un poco de miedo.»

El piso de Mateo en la plaza de la Estación, el piso del que se incautara, en tiempos, el trotskysta Murillo, había sido reamueblado con severidad, pero pintado con colores alegres. La habitación que Mateo remozó con más cariño fue aquella en que, cuando su llegada a Gerona, celebró las primeras reuniones clandestinas: el despacho. El despacho presidido por el retrato de José Antonio, que éste le dedicó en 1933 —retrato que Julio García le robó con ocasión del famoso interrogatorio en Comisaría— y por el pájaro disecado. Mateo colgó un retrato idéntico, aunque sin dedicatoria, consiguió otro pájaro, de pico un tanto más largo, y abarrotó la librería con un lote de volúmenes que requisara en Teruel y que Miguel Rosselló, en uno de los viajes que realizó con su camión, le trajo a domicilio.

El sosiego en este piso hubiera sido absoluto a no ser porque la nueva criada, Trini de nombre, sustituta de aquella Orencia que por cien pesetas denunciaba a un cura, se pasaba el día cantando folklore andaluz. Y, sobre todo, a no ser porque la desaparición del hermano de Mateo, en Cartagena, se había confirmado definitivamente, y porque don Emilio Santos estaba muy delicado de salud, de resultas de su estancia en la checa de Barcelona. Aparte la hinchazón de las piernas, tan enormes que parecían polainas, don Emilio Santos padecía una de las enfermedades características de la desnutrición, enfermedad llamada «mal de la rosa», con placas encarnadas en distintas zonas del cuerpo, cuya piel no soportaba los rayos solares. Además, las encías le sangraban y tenía espantosas diarreas.

Don Emilio Santos procuraba no complicarle la vida a Mateo.

—No te apures por mí —le decía, sentado en su sillón, con una manta sobre las rodillas—. Con que por las mañanas me acompañes en coche a la Tabacalera y por las tardes a casa de Matías, me basta. Tú a lo tuyo. Adelante con la Falange...

¡Adelante con la Falange! A Mateo le gustaba oír hablar así a su padre.

—Pilar..., ¿puedo confiar en ti? ¿Me ayudarás?

—¡Qué cosas tienes, tonto, más que tonto! ¿No ves que te quiero con toda mi alma?

* * *

El alto representante de la Autoridad Civil, con poderes y atribuciones tan amplios que Mateo, en broma, hablaba de «virreinato», lo fue en Gerona don Juan Antonio Dávila, montañés de origen. Don Juan Antonio Dávila, pisándole los talones al general Sánchez Bravo, llegó a la ciudad y tomó posesión del Gobierno Civil y al propio tiempo de la Jefatura de Fronteras. Hombre en plena madurez, de 44 años, perteneciente a la vieja guardia de las JONS, estuvo preso en Santander hasta que los «nacionales» tomaron la capital, incorporándose luego a una Bandera de Falange y alcanzando, por méritos propios, el grado de capitán.

Don Juan Antonio Dávila era persona de mucho arrojo y entendimiento y se esperaba de él que realizase, desde el despacho que por espacio de tanto tiempo había ocupado el H... Julián Cervera, de la Logia Ovidio, una meritoria labor. Su máxima preocupación era mantener el orden público. En su primera alocución a los gerundenses dijo: «Mi obligación es velar para que la tranquilidad reine en las calles y en los hogares.» También, naturalmente, cortaría de raíz cualquier conato de especulación. «Los tiempos en que el pez grande se comía al chico han terminado. El ideal del Movimiento es conseguir un reparto equitativo de la riqueza.» Asimismo hizo saber a la población que dedicaría los mayores esfuerzos a solucionar el problema alimenticio. «Es preciso que el mercado esté abastecido, que a nadie le falte lo necesario. Hemos venido a traeros la norma, pero también el pan.»

Don Juan Antonio Dávila, que vestía invariablemente camisa azul y boina roja —desde el primer momento fue ferviente partidario de la Unificación— tenía una facilidad de palabra comparable a la del Delegado Nacional de Prensa y Propaganda, camarada Núñez Mazas, pero sin el énfasis de éste. Por el contrario, hablaba en tono amistoso, coloquial, a la manera de ciertos diputados de la República que en los mítines soltaban sus discursos paseándose por el escenario. Poseía el arte de decir las cosas de forma sencilla y poética, sin renunciar a los golpes de efecto. Tenía una teoría: si una consigna era formulada con exceso de dramatismo, perdía la mitad de su poder. De ahí que en sus peroratas llamara a los muchachos de las Organizaciones Juveniles «los rapaces» y a las chicas de la Sección Femenina «esas guapas de azul». «Tengo el tórax tan ancho —le decía a Mateo, sonriendo, antes de empezar una alocución— que si me descuidara un poco me parecería a un tenor, que es el oficio que más hemos de detestar quienes hemos venido a gobernar a gente que ha sufrido.»

La personalidad de Juan Antonio Dávila despertó pronto, en la ciudad y provincia, un incuestionable fervor. Todo el mundo hablaba de él.

—Es un tío espontáneo, franco, que dice las cosas por su nombre...

—Se le ven deseos de ayudar...

—¿Sabéis lo que hizo ayer? Se presentó de improviso en Auxilio Social y se sentó a comer con las mujeres y los niños allí recogidos...

—Mientras no se le suban luego los humos a la cabeza...

Realista como Mateo, cuando sus interlocutores daban rodeos o se alargaban demasiado, les interrumpía con un ademán severo y les decía: «Por favor, que España tiene prisa...» Sus primeras decisiones fueron comentadas favorablemente. Para empezar, quiso ser llamado simplemente camarada Dávila. «Nada de tratamientos. Soy uno más entre vosotros.» ¡Quiso que lo tutearan hasta los «flechas» y los conserjes! A seguido, anunció que su despacho estaría abierto para todo el mundo que le solicitara audiencia, sin distinción de matices sociales o políticos. Sólo exigía una cosa: lealtad. Que no le tendieran trampas ni intentaran jugar sucio, porque en ese caso se mostraría implacable, como si la guerra durase todavía.

Mateo, que era para él lo que mosén Alberto para el señor obispo, le advirtió:

—No sé si enfocas bien el asunto. Te expones a que te pierdan el respeto.

El Gobernador sonrió. Se tomaba la vida personal por el lado bueno.

—¿Por qué me lo van a perder? Y si lo hacen, verán lo que les cae encima.

El camarada Dávila, que, como tantos otros falangistas, llevaba gafas negras y que tenía la costumbre de saborear caramelos de menta y de eucalipto —durante la guerra fumó demasiado, hasta que un día dijo: «basta»—, se ganó a los gerundenses con una facilidad que asombró al general, al notario Noguer, al Jefe de Policía, con el que había de colaborar estrechamente, y a todos los que estaban a su lado, entre los que destacaba el camarada Rosselló, al que nombró su secretario particular y su chófer, es decir, su hombre de confianza.

Su formación jurídica, de licenciado en Derecho, le confería rigor y precisión. El hecho de haber sido cuatro hermanos, «los cuatro Dávila», los que habían luchado en el frente, le confería autoridad moral. Su decidida admiración por el nacionalismo alemán, que no ocultaba, era para muchos garantía de que se preocuparía de los problemas obreros. «No hay que olvidar —dijo en el acto de toma de posesión— que la revolución nazi, al igual que la revolución italiana, es de signo popular, se hace para el pueblo.» Por último, tenía el don de la ubicuidad. De estatura mediana, cabeza grande y zancada larga, se levantaba temprano, a las siete de la mañana, tomaba una ducha fría, se desayunaba fuerte ¡y a trabajar hasta las tantas! Bajaba la escalera corriendo, pues sabía que lo esperaban en Figueras, en su calidad de Jefe de Fronteras, ya que muchos exiliados empezaban a repatriarse; que lo esperaban en el Servicio de Recuperación, en cuyos almacenes iban amontonándose cachivaches de todas clases, prestos a ser devueltos a quien acreditara ser su dueño; que lo esperaban en la Rambla, donde algunos comerciantes acaparaban el aceite, el azúcar, el jabón y otros artículos de primera necesidad y en cuyos bares se servía al público café que no sabía a café.

—No hagáis eso. Os lo aconsejo. Os lo advertí nada más llegar. Debemos colaborar todos a hacernos la vida agradable.

El camarada Dávila estaba convencido de que el error capital que cometieron los rojos fue ése: no asegurar el abastecimiento de la población. «Ello contribuyó a que perdieran la guerra; y si nosotros descuidáramos este capítulo, perderíamos la paz.»

Al camarada Rosselló, que en el SIFNE había aprendido a leer los pensamientos que hervían debajo de la piel, le pareció adivinar en el Gobernador Civil, en el camarada Dávila, cierta desconfianza hacia la masa que había de gobernar. Vale decir que las sospechas del camarada Rosselló eran fundadas... El camarada Dávila había llegado a una conclusión: el hombre español se había atiborrado durante siglos de teorías de toda suerte y se había mostrado incapaz de digerirlas. En consecuencia, le convenía una cura de reposo mental. Unos cuantos que pensaran por todos, y eso bastaba. Y ello había de durar cinco, diez, quince años... Hasta que la desintoxicación fuera palpable. Hasta que hubiera pruebas de que el engranaje cívico empezaba a funcionar por sí solo y de que la gente, encarrilada, no operaba ya con espíritu de fragmento —como había hecho al votar en las urnas o al dirigirse, con extraños casquetes, al frente de Aragón—, sino pensando con menos envidia en los demás. La labor era sutil y entrañaba serios peligros, entre los que no era el menor el de la monotonía; pero no había otra salida. En consecuencia, la censura de Prensa, de cualquier espectáculo o noticia, de la radio, sería rígida para evitar la dispersión.

—Amigo Rosselló, ¿qué opinas de mi plan de trabajo? Anda, di lo que pienses...

Miguel Rosselló, a quien precisamente intimidaban las personas que se expresaban con naturalidad, contestó:

—No sé qué decir, la verdad... ¡Te veo tan seguro!

—¡Claro que estoy seguro! Lo que la gente quiere son hechos, realidades. La gente quiere carreteras, buenos trenes, embalses. Si les damos eso, todos contentos.

Miguel Rosselló hizo un gesto que significaba: «¿Eso y nada más?» El Gobernador le correspondió con un ademán expresivo.

—¡Por favor, utiliza un poco la inteligencia que Dios te dio! Hay que ofrecerles también diversiones. Mucho cine y campos de deportes. Y conseguir que hagan muchas romerías a las ermitas de la comarca. Aunque de eso se encargará debidamente, ¡no cabe la menor duda!, el doctor Gregorio Lascasas.

El camarada Dávila, de quien el alemán Schubert hubiera dicho, por supuesto, que era «un dirigente nato», comprendió muy pronto que necesitaba un buen equipo de colaboradores. Al tiempo que hablaba con las personas las estudiaba a fondo, fijándose de un modo especial en sus tics y en el léxico que empleaban. Por fin se decidió a efectuar los primeros nombramientos. Al padre de Mateo, don Emilio Santos, en gracia a su dolorosa biografía, lo nombró Delegado Provincial de Ex Cautivos. A Jorge de Batlle, en gracia a su orfandad, lo nombró Delegado Provincial de Ex Combatientes. Al profesor Civil lo nombró delegado de Auxilio Social, pues necesitaba para este cargo, en el que se manejaba dinero abundante, una persona honrada a toda prueba. ¡Un puesto importante por cubrir!: el de alcalde. Después de pensarlo mucho se decidió por «La Voz de Alerta», en sustitución del notario Noguer, quien parecía un poco fatigado. «Al notario Noguer le asignaremos la presidencia de la Diputación, lo que le permitirá, sin menoscabar los intereses de nadie, levantarse un poco tarde.» A «La Voz de Alerta» lo confirmó además en su cargo de director del periódico local, aunque éste, en vez de llamarse *El Tradicionalista*, que sonaba arcaico, se llamaría, jubilosamente, *Amanecer*.

De momento, ello bastaba. Más tarde, cuando conociera de punta a cabo la provincia, nombraría los alcaldes de los pueblos y los titulares de otros Servicios. Por desgracia, muchos de estos últimos llegarían directamente designados desde Madrid, lo que no le hacía ni pizca de gracia. «Es arriesgado que un señor de Soria o de Jaén venga aquí y quiera imponer su mentalidad.»

—Pero ¡tú eres de Santander! —le objetó Miguel Rosselló.

—¡Ah, pero existe un dato a mi favor! En mi árbol genealógico hay ramificaciones catalanas. Tal vez por eso desde el primer momento me he sentido en Gerona como en mi propia casa.

Era cierto. El Gobernador, apenas hubo pisado la ciudad y realizado un par de excursiones por los alrededores, comentó: «No me importaría quedarme aquí unos cuantos años.» Es decir, lo contrario de lo que le ocurriera al general Sánchez Bravo. Por otra parte, le gustaba que la provincia fuera fronteriza, pues el asunto de los exiliados le interesaba sobremanera. Y le gustaba también que el mar que bañaba la región fuera el Mediterráneo, en cuyas orillas, según él, se había fraguado gran parte del patrimonio cultural de Occidente.

Las perspectivas eran, pues, halagüeñas. Un hecho lo preocupaba: la reacción de su esposa, María del Mar. Su esposa, santanderina como él, tenía cuarenta años y era muy elegante, con unos ojos azules que se habían ganado por derecho propio un lugar preferente en el corazón del Gobernador. Además, la mujer le había dado dos hijos: Pablito, que acababa de cumplir los quince años, y Cristina, que iba por los trece. Dos hijos que eran, cada cual a su modo, un primor. Pues bien, María del Mar, al término de la guerra, le dio la gran sorpresa: se entristeció. Le confesó llanamente que no le gustaba que él se dedicara a la política. «Hemos pasado tres años sin vernos apenas. ¡Yo confiaba en que ahora podríamos llevar una vida tranquila, familiar!»

El camarada Dávila hizo cuanto pudo para convencerla de que el deber era el deber y de que ambas cosas iban a ser compatibles; María del Mar no lo creyó así.

—Me iré contigo a Gerona porque soy tu mujer. Pero conste que yo hubiera preferido quedarnos en Santander y que tú reabrieras tu bufete.

Aquellas palabras eran extrañas, habida cuenta de que María del Mar sentía por la Causa «nacional» tanto entusiasmo como el propio Gobernador. Pero ahí estaban, como espinas diminutas.

—¿Entonces vamos a tener lágrimas un día sí y otro también?

María del Mar se enfadó.

—Nada de eso. Conozco mi obligación y procuraré adaptarme.

El Gobernador se tranquilizó... a medias. Quería mucho a su esposa. Se casó con ella en la capital montañesa, en 1922, y desde entonces no conoció otra mujer. Y muchas veces, encontrándose en el frente, le había ocurrido que al recordarla había sentido ganas de desertar y de correr a su lado para abrazarla y decirle simplemente: «te quiero». ¿Qué ocurriría ahora? ¿Conseguiría ella su propósito, el propósito de adaptarse?

No era seguro. Por de pronto, la súbita tristeza de María del Mar se le había acentuado al llegar a Gerona. La ciudad le pareció desangelada, húmeda y ni siguiera el rio Oñar, al que iban a parar los vertederos de las fábricas, le sugirió nada poético. Claro que podían influir en ello muchos factores: el cansancio de la guerra, la separación de la familia... Pero tal vez la explicación radicara en cierta cobardía temperamental que sufría la mujer y que en los últimos tiempos se le había ido agravando. Sí, María del Mar vivió siempre sometida a fobias inexplicables. Por ejemplo, la asustaba el viento. Cuando soplaba el viento se excitaba lo indecible y si era de noche se apretujaba contra el cuerpo de su marido en busca de protección. ¡Ay, la tramontana de Gerona! «¿Te das cuenta, Juan Antonio? ¡Ese viento es horrible!»

A mayor abundamiento, el caserón del Gobierno Civil en que les tocó vivir le desagradó profundamente. La vivienda estaba situada en el tercer piso y era en verdad poco confortable. Claro que el Gobernador dio orden de acondicionarla como era menester; pero, así y todo... ¡aquellos techos tan altos!, ¡aquellos ventanales!

—Pero, mujer... Sé razonable, te lo ruego. Arregla esto a tu gusto. Elige los muebles. Pon lo que quieras. Vamos a instalar calefacción...

Nada que hacer. María del Mar asentía, pero aquella vivienda no podría agradarle nunca, entre otros motivos porque la mujer detestaba el polvo y allí no habría manera de luchar contra él.

—María del Mar, está en nuestras manos ser felices o desgraciados. ¡Parece mentira que la misión que me han asignado no te haga sentirte orgullosa! ¿No has visto la Dehesa? Pronto los árboles empezarán a florecer. Y dentro de un par de meses podrás irte a la playa, con los chicos...

Los chicos... Por el momento, constituían el único consuelo de la esposa del camarada Dávila. No sólo porque Cristina y Pablito eran dos notas alegres dondequiera que se encontrasen, sino porque se dio la circunstancia de que a ambos les gustó Gerona. A Pablito, que tenía su mundo, le gustó por sus callejuelas y por su halo de misterio. «Pero, mamá, ¿no has visto el barrio antiguo? ¡Es una maravilla!» En cuanto a Cristina, le gustó porque la ciudad era pequeña. «¿No te das cuenta? Ya todo el mundo nos conoce. ¡Hasta nos saludan al pasar!» Cristina era de suyo vanidosilla y saberse «la hija del Gobernador» le bastaba para acariciarse con delectación las rubias trenzas.

María del Mar se esforzaba en ceder a los argumentos de sus hijos.

—Es verdad, hijos, es verdad... Soy una tonta, lo reconozco.

El Gobernador, vista la reacción de Pablito y Cristina, se mostró optimista. Confió en que, con su ayuda, María del Mar conseguiría superar la crisis y volvería a ser para él el gran consejero y la entrañable compañía que siempre fue.

—¿Queréis ir conmigo mañana a Tossa de Mar? ¡Es un pueblo precioso! Y las barcas tienen nombre de mujer...

María del Mar, ¡por fin!, sonrió.

—¡De acuerdo! —dijo—. ¿Qué vestido quieres que me ponga?

* * *

Al tiempo que luchaba con esa imprevista dificultad, el Gobernador consiguió resolver airosamente la siempre delicada tarea de conectar con aquellos a quienes había empezado a llamar sus colegas: el general y el obispo.

Su primera entrevista con el doctor Gregorio Lascasas resultó modélica y dejó las cosas bien sentadas. Tuvo lugar en el Palacio Episcopal. El camarada Dávila se presentó vistiendo el uniforme de gala de Falange. El obispo, por su parte, se enfundó su mejor sotana y abrillantó su pectoral y su anillo hasta conseguir que despidieran ascuas.

El acuerdo entre ambas jerarquías no tardó en llegar. En todo cuando afectase a la Religión, el Gobernador Civil obedecería al obispo sin pedir explicaciones. En todo cuanto afectase a la Patria y a la vida de los ciudadanos, el obispo obedecería al Gobernador sin decir esta boca es mía.

—¿Extendemos un documento? —propuso, sonriendo, el santo varón de Zaragoza.

—No creo en los documentos —sonrió a su vez el camarada Dávila.

Su primera entrevista con el general Sánchez Bravo tuvo otros matices. Se celebró en los cuarteles de Santo Domingo, y en el pecho de ambas autoridades relucían muchas medallas. El general invitó al Gobernador a una copita de jerez y, después de evocar las circunstancias de la toma de Santander y de hacer grandes elogios de su asistente, Nebulosa, del que dijo «que durante la guerra se tomaba a chacota la metralla enemiga», habló de las dificultades que sin duda había que vencer para evitar interferencias en las labores de mando en la provincia.

—Tengo entendido —dijo el general— que usted y el obispo han solventado sin pegas la cuestión. Pero ¿qué va a pasar conmigo? En época de paz, el uniforme militar suele parecer inútil...

El camarada Dávila, que sintió sobre sí la mirada fija del general, el cual había encendido, expectante, su pipa, se mojó con aire divertido el labio inferior y contestó en tono irónico:

—Bien sabe usted, mi general, que aquí el verdadero amo va a ser usted...

CAPÍTULO III

TENÍA RAZÓN EL PROFESOR CIVIL cuando antaño les decía a Mateo y a Ignacio que los acontecimientos ponían en circulación nuevas palabras y robustecían otras ya comunes pero que llevaban una vida lánguida. Gerona, en aquellos meses de abril y mayo, tuvo de ello pruebas manifiestas. Del mismo modo que conocidos personajes cayeron en el olvido, siendo sustituidos por otros recién llegados o hasta entonces anónimos, determinadas expresiones y vocablos que jamás habían formado parte del acervo corriente, se hicieron populares. Entre ellos destacaban: Auditoría de Guerra, Depuración, Aval, Afectos al Régimen, Salvoconducto, Primer Año Triunfal, Revolución Nacional-Sindicalista, Gibraltar, etcétera. Un desfile, en fin, de fórmulas representativas, que iban a configurar lenta e implacablemente la nueva experiencia vital.

Debido al desenlace de la contienda, algunas de estas palabras colocaron a los Alvear, que militaban entre los vencedores, en condiciones de superioridad. Matías Alvear podía hablar sin temor de depuraciones y de nacional-sindicalismo; en cambio, el coronel Muñoz, allá en Alicante, disfrazado de marinero, o los dos hermanos de Agustín, aquel miliciano que intentó proteger a César, y que llevaban ya tres meses en un sótano sin ver la luz del sol, cuando se referían a Auditoría de Guerra y a sus juicios sumarísimos temblaban de pies a cabeza.

Los Alvear pasaron a ser, pues, seres privilegiados. El sacrificio de César, el imponente uniforme de esquiador que Ignacio exhibió en su breve estancia en la ciudad y, sobre todo, la íntima relación que sostenían con Mateo y con Marta, personajes relevantes de la nueva situación, convirtieron a la familia de la Rambla en la gran esperanza de buen número de personas instaladas en el bando de los vencidos. Personas sometidas a persecución, o simplemente expedientadas; personas que necesitaban un «aval» que las declarara «afectas al Régimen»; o que se encontraban, por azar o por castigo, en algún lejano campo de concentración; que habían sido «depuradas» y no podían volver al trabajo, etcétera. ¡Ah, los ciclos inevitables! Quienes, al estallar la guerra, buscaron ayuda entre los miembros de algún Comité, entre *faieros*, republicanos o comunistas, ahora debían ayudar a su vez a familiares o amigos que los visitaban diciendo: «echadnos una mano, por favor...»

Matías Alvear y Carmen Elgazu, ¡cómo no!, actuaron conforme a sus principios, a su concepto de la caridad. No podían olvidar, por supuesto, lo bien que con ellos se portó Dimas, de Salt; y que su sobrino José pasó a Ignacio a la España «nacional»; y que Julio García estuvo siempre a su lado y salvó a don Emilio Santos; y que incluso «rojos» desconocidos los favorecieron en alguna ocasión. A tenor de estos hechos abrieron la puerta, lo mismo en Telégrafos que en casa. Y así consiguieron, en ausencia de Ignacio, que la Torre de Babel —que fue el jefe de Pilar en Abastos— y Padrosa fueran readmitidos en el Banco Arús; avalaron a una serie de vecinos; avalaron a Ramón, el ex camarero del Café Neutral, el que cayó prisionero en Mallorca cuando la operación del capitán Bayo y que desde allí les escribió pidiéndoles protección; avalaron al patrón del Cocodrilo y, jugando la carta grande, por tratarse de alguien «muy comprometido», garantizaron al cajero del Banco Arús, llamado Alfonso Reyes, porque les constaba lo bien que el hombre se había portado con Ignacio. Y, por supuesto, Carmen Elgazu logró también que su hermano Jaime, el *gudari*, detenido en el Norte, se reuniera por fin en Bilbao con sus hermanas Josefa y Mirentxu y con la abuela Mati. En total, y en plazo de un mes y medio, Pilar contó un número aproximado de cuarenta «rojos» que pudieron respirar libremente y salir a la calle gracias a los Alvear. Pilar, tal vez influida por Mateo, dijo de pronto:

—Creo que nos estamos excediendo. ¡Es gentuza y no veo por qué hemos de preocuparnos tanto por ellos!

Matías Alvear, que pensaba de continuo en la situación en que se encontraba su familia de Burgos, era el que con menos esfuerzo estaba siempre dispuesto a socorrer y no le cabía en la cabeza que tanta gente desaprobara su actitud, que personas como las hermanas Campistol, que mascullaban jaculatorias todo el día, o como Marta, o como la viuda de don Pedro Oriol, se mostraran tan inflexibles. «¿Vamos a prolongar esto durante siglos?», porfiaba. Todo inútil. Era raro que obtuviera asentimiento. Lo corriente era que la gente se dedicara a denunciar, acción moralmente arriesgada, dado que la mayor parte de los verdaderos responsables se habían marchado a

Francia. Uno de los que mayormente censuraban la buena fe de Matías era precisamente don Emilio Santos, su entrañable amigo, quien hacía gala de una agresividad insospechada en un hombre sereno como él. Don Emilio Santos repetía una y otra vez el mismo sonsonete: «¡Yo no puedo olvidar que me pasé doce meses en una celda, con los pies en el agua!» Luego añadía: «¿Y qué seguridad tienen ustedes de que entre esos individuos no los haya que se frotaban las manos mientras nuestros hijos caían asesinados?»

Matías Alvear oía estos argumentos, pero se mantenía firme en su actitud, lo cual no significaba que el éxito coronara siempre sus gestiones. Por ejemplo, no pudo evitar que su compañero, el poeta Jaime, fuera expulsado fulminantemente de Telégrafos, acusado de separatista, ni que algunos alumnos de David y Olga ingresaran en la cárcel. Por otra parte, Mateo no cesaba de advertirles:

—Son ustedes muy dueños de proteger a quienes se les antoje. Pero tengan en cuenta que el Gobernador Civil, que en este caso representa a la ley, está dispuesto a imponer severas sanciones a los que él llama «avalantes incautos» o «encubridores de buena fe». Imagino que habrán visto ustedes las primeras listas publicadas en *Amanecer*.

Era evidente que la advertencia de Mateo no presuponía ninguna amenaza. Sin embargo, Matías, escuchando a su «futuro yerno», experimentaba, muy a pesar suyo, una incómoda desazón. Pese a que Mateo no era, ni con mucho, el más fanático de los «vencedores». Los más fanáticos eran sin duda, con una violencia y tenacidad que causaban espanto, «La Voz de Alerta» y Jorge de Batlle. Puede decirse que ambos se constituyeron en los dos fiscales de la ciudad, lo cual era tanto más grave cuanto que una denuncia firmada por ellos bastaba con frecuencia, en Auditoría de Guerra, para que, sin más comprobación, el acusado fuera condenado a muerte.

Los esposos Alvear contaban con un aliado en su manera de ver las cosas: mosén Alberto.

—En toda España ocurre lo mismo —les decía el sacerdote, que subía a visitarlos con frecuencia, escrupulosamente afeitado como antes, pero tocado ahora de una grata mansedumbre—. En Lérida viví esto de cerca y se lo dije sin ambages al hermano de Marta, a José Luis Martínez de Soria, quien en su calidad de teniente jurídico podría actuar de forma muy distinta a como lo hace. Sí, es lamentable que se haya desatado esta terrible avidez de venganza. Al fin y al cabo, la guerra ha terminado ya. Los muertos, muertos están. Incluso por elegancia podríamos dedicarnos a perdonar...

Carmen Elgazu escuchaba con emoción a mosén Alberto. ¡Cuántas cosas le recordaba su presencia! Carmen Elgazu, ya antes de la guerra, cuando el sacerdote tenía aquellas discusiones tempestuosas con Ignacio, lo consideraba un hombre colmado de buenas intenciones, que luchaba consigo mismo en pos de la santidad. Ahora tenía la impresión de que había salido triunfante de esa lucha, hasta el punto que se preguntaba muy en serio si no le pediría que accediera a ser su director espiritual. Y, por encima de todo, era un buen amigo, el mejor consejero de la familia. Y sus comentarios sobre la represión eran testimonio vivo de que había dejado atrás aquel punto de vanidad que en otras épocas lo caracterizó.

Por todo ello Carmen Elgazu se consideraba obligada a extremar sus atenciones con el sacerdote. Al término de sus diálogos sobre los acontecimientos, siempre procuraba decirle algo agradable.

—Mosén Alberto, ¿quién cuida de usted ahora? ¿No podríamos, Pilar y yo, ayudarle en algo?

—¡Oh, no hace falta, muchas gracias! Estoy muy bien. He encontrado una mujer muy buena y servicial. Se llama Dolores. Me lava la ropa, cocina... y prepara el café como nadie.

—¿El café? ¡Pero si antes no probaba usted más que chocolate!

—Ya lo sé —mosén Alberto sonrió—. Pero ya saben lo que ocurre: la guerra es la madre de todos los vicios...

Matías intervenía.

—¿Y el Museo Diocesano?

—¡Bueno! También en eso he tenido suerte. He recuperado ya varias piezas importantes... Confío en que dentro de poco estará presentable.

Matías ironizaba:

—Cuidado con apropiarse de lo ajeno, ¿eh?

—¡Ni pensarlo! —contestaba mosén Alberto—. El señor obispo me enviaría a misiones. Y la verdad es que me encuentro aquí muy a gusto.

* * *

Matías Alvear y Carmen Elgazu hicieron suya la frase de mosén Alberto: «al fin y al cabo, la guerra ha terminado ya».

Decidieron reanudar la vida familiar y personal, al margen de lo que ocurriera al otro lado de las paredes de su hogar y de Telégrafos. Matías, en la oficina, continuaba vistiendo su bata gris y liando con voluptuosidad sus pitillos de tabaco negro, cada día de peor calidad. Echaba de menos a Jaime y sus versos en catalán; echaba también de menos las visitas que en otros tiempos le hiciera Julio García, con su sombrero ladeado y su boquilla irónica. El ambiente había cambiado. El nuevo jefe de Telégrafos usaba como pisapapeles un cascote de metralla y el texto de muchos telegramas rezumaba ansiedad. «Sin noticias de Víctor. Escribir urgente.» «Ayer enterramos al abuelo. Sigue carta.»

El sustituto de Jaime, un funcionario de Vigo, llamado Marcos, «depurado» y trasladado a Gerona, le decía: «No se apure usted, Matías. Antes de un año los telegramas hablarán de la cigüeña. Siempre ocurre lo mismo después de las guerras.» Matías se llevaba muy bien con Marcos, hombre un tanto ingenuo y muy aprensivo, que siempre andaba cargado de medicamentos y que se tomaba tres o cuatro aspirinas al día.

Matías, por su cuenta y riesgo, se fijó unos objetivos concretos y fue a por ellos, sin rodeos. El primero de esos objetivos era muy simple: conseguir que Ignacio regresara a Gerona, que cumpliera en Gerona los meses que le faltaban para ser licenciado. Habló de ello con Mateo. «Anda, Mateo, dile a tu simpático jefe, el Gobernador, que reclame a mi hijo, que me lo traiga aquí. Nada se le ha perdido a Ignacio en los Pirineos... Que venga y que reanude sus estudios de abogado...» El segundo objetivo de Matías fue comprar un nicho en propiedad para trasladar a él los restos de César. «No soporto la idea de que el nicho de César diga: *Familia Casellas*. Tenemos que comprar uno y trasladarlo.» Matías confiaba en que los atrasos que Ignacio cobraría en el Banco Arús, les alcanzaría para ello. El tercer objetivo fue procurar resolver la situación del pequeño Eloy, del chico refugiado vasco que habían adoptado. El muchacho tenía ya diez años. Sus padres habían desaparecido en la ciudad de Guernica, y Matías lo llamaba «el renacuajo». ¿Qué hacer con él? Era cuestión de escribir al Norte para saber si le quedaban allí parientes. Ahora bien, ¿deseaba verdaderamente Matías que tales parientes apareciesen? Eloy era un encanto y les hacía compañía. Sobre todo, Pilar se pirraba por él... «Bueno, veremos en qué para eso. De momento, que se quede aquí.» El cuarto objetivo de Matías fue reanudar cuanto antes la tertulia en su café de siempre, el ahora llamado Café Nacional. Desde el balcón veía entrar en él a diario a su compañero Marcos y a algunos desconocidos, de los que se decía que eran también funcionarios «depurados» de otras provincias. «Es cuestión de volver a alternar un poco y de jugar de nuevo al dominó.» A una de sus clásicas actividades renunció, por el momento, Matías: a pescar. En primer lugar, el Oñar bajaba casi seco —excepto el agua de los vertederos de las fábricas, que tanto desagradaba a María del Mar—, de suerte que era inútil lanzar la caña desde el balcón del comedor; y en cuanto al Ter, que llevaba mayor caudal, corrió la voz de que andar por sus orillas era peligroso, pues estaban plagadas de bombas de mano que al menor tropiezo podían estallar.

Ésos eran los propósitos de Matías, que no había nacido ni para la guerra ni para lo que viniera después. «En realidad —le confesó a Carmen Elgazu— lo que a mí más me interesa es que salga el sol, que los viejos se paseen por la vía del tren y que los niños tarden lo más posible en descubrir que los Reyes Magos son los papás.»

—¿Y yo no interesa? —le preguntó Carmen Elgazu, componiéndose el moño.

Matías, al oír a su mujer, se puso sentimental y le dijo:

—Me interesas tanto que, cuando digo *yo*, en realidad me refiero a los dos.

¡Carmen Elgazu! Cualquier cumplido de Matías la hacía feliz. De ahí que, en aquel momento de reagrupación familiar, quisiera también concretar dentro de sí sus objetivos. El primero de ellos ya lo había conseguido: ir a misa y comulgar todos los días... ¡Ah, y ello se lo debía a la «liberación», a las tropas que entraron en la ciudad! Consecuente con este principio fue, desde luego, una de las mujeres que más fervorosamente colaboraron en limpiar los templos que el doctor Gregorio Lascasas había recorrido. Por cierto que en las horas que en ellos pasó, con la escoba en la mano, reaccionó de forma muy distinta a como lo hiciera el señor obispo. Sí, en las iglesias desguarnecidas, sin adornos, sin altares, con solo un tosco Crucifijo barato y un sagrario improvisado con la lamparilla encendida al lado, Carmen Elgazu encontró un no sé qué auténtico, muy hondo, que le hizo imaginar que más o menos debieron de ser así las catacumbas de los primeros cristianos. ¡En cierto sentido las prefirió a las iglesias de antes de la guerra, con aquellos altares tan repletos, con tanta purpurina y tanto boato! Se preguntó si debía confesarse de ello, pero Pilar la tranquilizó. «No, mamá. Es muy natural. Eso inspira devoción. ¿No te acuerdas de aquella misa clandestina que oímos en la habitación de mosén Francisco, en casa de las hermanas Campistol? Yo me emocioné mucho más que en los oficios solemnes de la Catedral.»

Tales palabras fueron el evangelio para Carmen Elgazu. Sin embargo, deseó que los actos religiosos volvieran a tener el esplendor de antaño y se propuso aportar su grano de arena para que así fuese. Colaboraría, colaboraría mucho más activamente que en época de la República, durante la cual adoptó, como tantos otros fieles, una actitud demasiado pasiva que bien cara les costó. Por de pronto, aceptó formar parte del Patronato de Damas encargado de organizar las procesiones, el Mes de María, los turnos de Hora Santa, el Ropero de la parroquia, la ayuda a los sacerdotes ancianos... Y si alguna noche el Patronato de Damas celebraba una reunión y ella regresaba tarde a casa, que Matías se aguantase, él que tantas veces había votado por las izquierdas.

Otro de los objetivos de Carmen Elgazu fue darle cuanto antes carácter oficial a lo de Mateo y Pilar. Los veía enamorados, y Mateo, desde que llegó, le gustaba más que antes. Antes la desconcertaba, le parecía un cerebro exaltado, que hablaba forjándose extrañas ilusiones; pero los acontecimientos habían demostrado que era él quien estaba en lo cierto. ¿Qué más podía desearse para Pilar? Mateo llegaría a ser un gran hombre, *era* ya un gran hombre. ¡Tan joven, y con tantos cargos! No había día en que no apareciese alguna fotografía suya en *Amanecer*, fotografías que Pilar recortaba e iba guardando en un álbum. No obstante, Carmen Elgazu comprendía que debía obrar con tacto. Aparte de que Pilar se lo recordaba constantemente. «Tú a callarte, mamá. Mateo tiene ahora muchas cosas en que pensar. Lo único que puedo decirte es que cada día estamos más compenetrados. Por favor, hazme caso. No te entremetas en este asunto... y empieza a bordar nuestras iniciales en un par de sábanas de color de rosa.»

Los demás propósitos de Carmen Elgazu se circunscribían, por completo, a semejanza de los de Matías, a la vida íntima, hogareña. Más que nunca defendería con las uñas aquel techo que Dios les había dado en un lugar céntrico de la Rambla.

Habían perdido a César, era cierto; pero respecto a eso le había llegado, gracias al tiempo transcurrido, la conformidad. Ya sólo faltaba el regreso de Ignacio para que, otra vez, volvieran a estar todos juntos, con el alegre apéndice que el pequeño Eloy significaba. A veces temía que la sensibilidad de Ignacio se hubiera convulsionado con la guerra más que la de Mateo y que el muchado diera pocas facilidades para la anhelada paz familiar. Pero confiaba en que Dios la ayudaría a encauzarlo, pues su hijo era bueno. En la última carta se le veía contento, si bien la posdata demostraba lo muy sinvergüenza que seguía siendo: «Querida mamá, lo siento pero acabo de requisar, así por las buenas, una radio. Funciona de maravilla. Preparadle un sitio en el comedor.» ¡El muy tunante!

Carmen Elgazu había reemprendido en la casa el ritmo normal de trabajo, aunque con la ayuda de una maritornes llamada Claudia, que iba a ayudarla dos veces a la semana. No hacía gimnasia al levantarse, como Mateo, bromeando, le aconsejaba, pero conseguía tener todos los muebles y los enseres relucientes como una custodia. Dichos muebles habían quedado tan anticuados que Matías le decía: «¿Por qué no te das una vuelta por el Servicio de Recuperación? Con la cara de Madre Abadesa que se te ha puesto, te entregarían lo que pidieras.» Carmen Elgazu se reía y se dirigía a la cocina, donde por fin había algo que condimentar. El presupuesto no alcanzaba para lujos; pero pensaba, por Navidad, empacharse de turrón. «¡Y beberemos champaña! Con tal que tenga burbujas, la marca es lo de menos.»

¡Alegría del hogar sereno y sano! De los cristales habían desaparecido aquellas horribles tiras de papel, entrecruzadas en previsión de los bombardeos. El colchón que habían entregado «para los milicianos del frente», cuando la orden de Cosme Vila, había sido repuesto. El perchero se erguía nuevamente en su lugar, en el vestíbulo. Y la imagen del Sagrado Corazón presidiendo otra vez, ¡ya era hora!, el comedor junto a un reloj de pared —tictac, tictac— que Matías había comprado de lance, en el mercado de los sábados.

Había algo que la preocupaba un poco: la salud de Matías y la suya propia. La guerra les había pegado un fuerte latigazo, pese a ser los dos de constitución fuerte. Los periódicos hablaban de eso, de las taras que se manifestaban con retraso... Aunque tal vez todo se debiera a la edad. Matías iba a cumplir los cincuenta y cinco, Carmen Elgazu los cuarenta y siete. Los años empezaban a pesar. Nada grave, desde luego, pero no eran los mismos de antes. Matías subía la escalera más despacio y se quejaba de reuma, sobre todo por las noches. En cuanto a ella, aparte una evidente disminución de la vista —se preguntaba si, para coser, tendría que llevar gafas—, experimentaba alguna pasajera sensación de vértigo, lo que nunca le había ocurrido, acompañada siempre de una extraña presión en la zona abdominal.

—Matías, ¿y si hiciéramos una promesa? Para tu reuma quiero decir...

—¿A quién? ¿Qué santo es el encargado de curar eso?

—¡No lo sé! Se lo preguntaremos a mosén Alberto. Quizá San Cosme, o San Damián.

—Vamos, mujer. Andarán muy ocupados...

—¡No seas incrédulo!

—Mira, esperaremos a que pase el verano. Si con el verano no hay mejoría, entonces.

—¿Y qué promesa haremos?

—Ir al médico.

Carmen Elgazu ponía cara de enfado.

—¡Eres un fresco! Merecerías un castigo.

Matías sonreía y sus ojuelos echaban chispas.

—¿Un castigo yo? Si todo el mundo me considera un santón...

Eran dulces escarceos, en espera de la primavera cuya inminente llegada el Gobernador le había prometido a María del Mar. Matías, el primer día que conectó, en el Café Nacional, con aquellos funcionarios «depurados» que Marcos le presentó y que en un santiamén se convirtieron en sus amigos, exclamó al regresar alegre a casa:

—¡Ya he resuelto lo de la promesa! Te llevaré a Mallorca...

La antigua esperanza, el antiguo objetivo no satisfecho aún.

Carmen Elgazu no pudo contener una carcajada. Se acercó a Matías y reclinó la cabeza en su hombro.

—Tonto, más que tonto... ¿No sabes que el barco me marea?

—¿Cómo? No sabía que a los vascos los mareara el mar...

Hogar sereno y sano... Pocos había en Gerona que se le pudiesen comparar. En muchos de ellos la guerra había provocado tensiones, distanciamientos, amargura. Los nervios a flor de piel. El propio Marcos discutía siempre con su mujer, según confesaba. Su mujer se llamada Adela, era muy guapa y al parecer su objetivo era presumir e introducirse en la buena sociedad. Matías le preguntó a su compañero: «¿Y qué entiende su mujer por buena sociedad?» Marcos contestó, compungido: «La gente que tiene dinero...» «¡Ah, vamos!» También en el vecindario se oían discusiones a granel. Y en las tiendas. Se había desencadenado en todas partes tal afán de vivir, de recuperar lo perdido, que el denominador común era una suerte de frenesí, que se había contagiado incluso a los perros y a los gatos, muchos de los cuales corrían por las calles como si los de la FAI, ¡o los moros!, los persiguiesen. A uno de estos perros, propiedad de un panadero, le había dado por ladrar cuando veía un uniforme o una sotana. «¡El pobre está listo! —exclamaba Matías—. ¡Acabarán pidiéndole treinta años y un día!»

El tercer personaje de la familia, personaje que tenía también, ¡hasta qué punto!, sus proyectos, era Pilar. A Pilar no le pesaban los años —dieciocho—, sino que, por el contrario, le hacían circular vigorosamente la sangre por las venas.

El primer proyecto de la muchacha era, por supuesto, colaborar en la tarea de levantar la Falange y España. Gracias al ejemplo de Mateo y al clima de euforia que reinaba por doquier, la palabra Patria le había tatuado con fuerza el corazón. ¡Oh, sí, resultaba tan triste vivir sin ella! Pilar, desde el día 4 de febrero, en que habían entrado las tropas en la ciudad, había tomado conciencia de hasta qué extremos la República, con los Azaña, los David y Olga, los Julio García y los Gorki, la habían estado engañando. Por confusos resentimientos, le habían escamoteado la grandeza de España, todo lo que ésta le había dado al mundo y que, colocado hacia lo alto, tocaría las estrellas. Ahora, en virtud del esfuerzo homogéneo y del entusiasmo, sus defectos, que también los había, irían desapareciendo. Se regarían los campos, brotarían aldeas en los yermos, se acabaría con el analfabetismo e incluso con el vicio de hablar a gritos, como si el diálogo fuera una disculpa. Y tal vez se recuperara Gibraltar.

Para canalizar este espíritu patriótico que se había despertado en Pilar, la institución ideal era, por supuesto, la Sección Femenina, adonde la muchacha iba todos los días dispuesta a servir y al mismo tiempo a aprender. Bien claro se lo habían dicho María Victoria, la novia de José Luis —ahora en Madrid, en la Delegación Nacional—, y Marta: la Sección Femenina proporcionaría a sus afiliadas una formación humana completa. Cabe decir que en Gerona ello comenzaba a ser una realidad. Pilar, de momento, asistía a clases de cocina y de labor. Más tarde se organizarían las lecciones de danza, de puericultura, y se practicarían toda clase de deportes. Faltaban, naturalmente, instructoras, pero Marta aseguraba que éstas llegarían pronto.

Por añadidura, Pilar aprendía a *servir* en los comedores de Auxilio Social, regentados —¡qué bien eligió el Gobernador!— por el profesor Civil. En dichos comedores Pilar entró en contacto con el mundo de los ancianos, de las mujeres sin dueño y de los niños. A los ancianos los atendía con devoción especial, pues algunos de ellos eran puros esqueletos, de los que se hubiera dicho que de un momento a otro iban a licuarse o a subirse bonitamente al cielo. En cuanto a las mujeres de moño sucio y abúlico, muchas de ellas no catalanas, muchas de ellas embarazadas, las servía con cierta repugnancia, que procuraba vencer. Y en cuanto a los niños, no componían ningún paisaje ideal, como hubiera podido suponerse. El azote del hambre les había marcado el rostro, desviándoles los ojos, y amoratándoles la tez. Daban mucha pena, y por uno que se recuperara briosamente eran muchos los que daban la impresión de que su vida se truncó para siempre. Niños a los que la guerra pilló en pleno desarrollo y que llevaban el estigma de la miseria y de la soledad.

Con todo, el principal proyecto de Pilar sincronizaba con uno de los formulados por Carmen Elgazu y tenía un nombre concreto: Mateo. Cuando se encontraba con él, en Falange, en la calle, donde fuera, alegres campanas repiqueteaban en el pecho de la muchacha. Pilar estaba asombrada, pues temió que Mateo, en el transcurso de la guerra, la habría olvidado o habría entregado su amor a otra mujer. Asunción le había repetido con machaconería: «¡Que te crees tú que va a acordarse de ti!» Y mira por dónde se produjo el milagro. Nada de cuanto Mateo vivió en aquellos años de ausencia modificó sus sentimientos. Todo lo contrario. El chico había llegado a Gerona queriéndola mucho más. ¡Cómo la miraba! ¡Y cómo la besaba! Con ardor «convincente», ésa era la palabra. Y en cualquier sitio: al subir a su casa, en un pasillo, en la Dehesa, si por casualidad podían ir de paseo un momento.

Por más que tales besos de Mateo colocaban a la muchacha ante un serio dilema. Mateo venía de la guerra, había bebido en cantimploras de legionario, estaba fuerte y se lo llevaba todo por delante. Era natural que quisiera besar a su novia y lo era asimismo que Pilar consintiera, intuyendo que de otro modo perdería al ser que amaba, y, una y otra vez, ¡y sin propósito de enmienda!, corría a confesarse. Era un juego agotador, que probablemente no terminaría hasta el día en que se vistiera el traje de novia y se acercara al altar.

En resumen, Pilar era una muchacha hermosa, muy mujer. Debido a su juventud y a su talle, la camisa azul le sentaba mucho mejor que a las camaradas de busto opulento. A menudo se colocaba la boina roja para atrás, con cierto desparpajo, casi con cinismo, lo que hacía las delicias de Matías. Por el contrario, Carmen Elgazu la reprendía: «La impresión que das es que quieres provocar.» A lo que Pilar respondía: «Caliente, caliente, mamá. ¡Y te diré más!: creo que lo consigo...»

La mejor amiga de Pilar seguía siendo, sin discusión, Marta. Podía decirse que no tenían secretos entre sí. Eran uña y carne y se comunicaban, casi con morbosidad, los más recónditos pensamientos. Tan pronto se reunían en casa de Marta, procurando que el hermano de ésta, José Luis, no estuviese allí, pues las intimidaba un poco, como se citaban en el cuarto de Pilar, en el cual, cómodamente sentadas en la cama, hablaban de lo divino y lo humano hasta que una de las dos gritaba de repente: «Pero ¿te das cuenta? ¡Son más de las diez!»

Una sombra en la felicidad estos coloquios: Pilar no estaba segura de que Ignacio sintiera por Marta lo que ésta por Ignacio. Marta, al respecto, vivía en el limbo, confiada y feliz y guardaba en una carpeta amarilla y nostálgica todas las cartas del muchacho. Pero Pilar conocía a fondo la inestabilidad de su hermano y a veces sentía temor, y Marta le daba un poco de pena. La hubiera deseado un poco más... coqueta. Marta seguía siendo hija de militar y jamás se hubiera echado para atrás la boina roja. Se la incrustaba en la cabeza como si fuera un dogma, tapándose el gracioso flequillo y la frente hasta las cejas. «¿Quieres hacerme un favor, Marta? ¿Quieres ponerte un poco de rímmel y pintarte las uñas? ¿O te figuras que si haces eso saldrá perjudicada la idea del Sindicato Vertical?»

Marta comprendía muy bien la intención que se ocultaba tras estas palabras, pues su madre, que por fin se había decidido a salir de Valladolid y a reunirse en Gerona con sus hijos, le decía muchas veces aproximadamente lo mismo. Pero la chica, jefe provincial de la Sección Femenina, no sabía qué hacer. En el fondo se quedaba un tanto desmoralizada, por creer que la coquetería no era algo que dependiera de la voluntad.

Pilar hacía también buenas migas con Asunción, cuyo padre había muerto. Asunción continuaba viviendo al lado de su casa y había cambiado mucho. Estaba dispuesta a ejercer el Magisterio, pero se había vuelto tan beata que convertía lo natural en conflicto. Los hombres la asustaban. Fue la mejor colaboradora de Carmen Elgazu en el barrido de la iglesia parroquial. «¿No acabarás haciéndote monja?», le preguntaba Pilar. «¡No, no! —protestaba Asunción—. La verdad es que me gustaría casarme y tener hijos...» «Pues, chica, como sigas con esa falda negra hasta los tobillos...» Asunción, para compensar, era muy culta. Pilar se daba cuenta de ello y se sentía apabullada. «Mujer, la de libros que te has tragado. ¡Hay que ver!» Asunción tenía un cuerpo insignificante y se había vuelto muy miope. Estaba tan celosa de Pilar, que su confesor la amenazaba con dilatados años de purgatorio si no acertaba a dominarse.

—En resumidas cuentas —decía Matías, hablando de su hija—, Pilar es una joya. La prefiero a cualquiera de sus amigas. No sé cómo nos las arreglaríamos sin sus arranques, sin sus ganas de vivir.

El último personaje del piso de la Rambla, el que más quería a Pilar, por las muchas horas que ésta se había pasado dándole clase y jugueteando con él, era Eloy, llamado «el renacuajo».

¡Curiosa situación! Tampoco sabía Eloy si deseaba o no que le surgiese algún pariente en el Norte con derechos sobre él. Se sentía feliz en casa de los Alvear. Había encontrado en ella comprensión y cariño y podía deslizarse a gusto sobre el mosaico del pasillo hasta irrumpir como una bala en el comedor. Dormía, como siempre, en la cama de César y a menudo se quedaba contemplando la fotografía de éste que había en la mesilla de noche, sin comprender que alguien hubiera sido capaz de fusilarlo.

Pilar le había dicho que lo inscribiría para el primer turno del Campamento de Verano que se organizaría para los «flechas», precisamente en San Feliu de Guíxols, advirtiéndole que si por casualidad encontraba en la playa del pueblo un bañador de principios de siglo y unas calabazas, que supiera que pertenecían a la familia. «Son de mamá, ¿entiendes, Eloy? Un verano fuimos allí y se le olvidaron.»

Eloy, con su cara llena de pecas, se sintió feliz... Campamento, tiendas de lona, camaradería... ¡Tal vez pudieran jugar al fútbol llevando camisetas de verdad y con una pelota de reglamento! Porque la pasión de Eloy no eran ni las Matemáticas, ni la Historia, ni las gestas de la Patria: era el fútbol. Cuando desaparecía de casa ya se sabía dónde encontrarlo: o bien en la Dehesa, dándole al balón con otros rapazuelos de su edad, o bien en el Estadio de Vista Alegre, donde una apisonadora allanaba el terreno de juego, en el que más tarde se sembraría hierba.

—Eloy, ¿quieres bajar al colmado por un quilo de sal?

—¡Voy volando!

El objetivo del muchacho era resolver el arduo problema de cómo llamar a Matías y a Carmen. No se atrevía a llamarlos «padres». La palabra *padre* era para él un misterio tan grande como para Asunción la palabra *pecado*.

CAPÍTULO IV

La gestión que Mateo llevó a cabo cerca del Gobernador Civil para reclamar a Ignacio, quien se encontraba cumpliendo sus debcres militares en Ribas de Fresser, dio el fruto esperado. El Gobernador se puso al habla con el general Sánchez Bravo, el cual a los pocos días mandó un oficio a la Compañía de Esquiadores reclamando a Ignacio. Éste debía presentarse en Gerona el día 20 de mayo lo más tarde, donde quedaría adscrito al Servicio de Fronteras, a las órdenes directas del camarada Dávila.

Ignacio, en Ribas de Fresser, al enterarse de la noticia pegó un salto de alegría y regresó al cuartel —un garaje en cuyas paredes podía leerse todavía la inscripción «roja» NO PASARÁN— dispuesto a abrazar a sus compañeros. Y así lo hizo. Abrazó al cabo Cajal, de Jaca, relojero de oficio. A Dámaso Pascual, de Huesca, pesador de la báscula del Municipio. A Royo y a Guillén, quienes andaban por el pueblo como animales en celo, buscando mujeres. A Cacerola, el cocinero romántico, el que disfrutaba escribiendo cartas a las madrinas a la luz de un candil. Y, por supuesto, abrazó a Moncho, al entrañable amigo Moncho, con el que estuvo en Sanidad, en Barcelona, y luego en Madrid, y que decía siempre que la montaña era la gran maestra de la vida y que la guerra española no había sido sino el prólogo de acontecimientos mucho más trascendentales, a escala mundial.

La pregunta obligada a cada uno de estos compañeros, y a otros muchos soldados de la Compañía, fue:

—¿Qué pensáis hacer cuando os licencien?

Las respuestas recibidas sorprendieron a Ignacio. La mayor parte de los esquiadores aragoneses, que antes de la guerra cuidaban vacas y ovejas, volverían a su menester.

—¡Qué quieres! —confesó Royo—. Eso es lo nuestro.

Guillén rubricó:

—La verdad es que tampoco serviríamos para otra cosa.

Ignacio movió la cabeza.

—¡Bien, chicos! Pero por lo menos tendréis algo que contar a vuestros hijos. Y a vuestros nietos...

—¡Jolín! —admitió Royo—. Los convenceremos de que fuimos unos héroes.

Tocante a los esquiadores catalanes, tenían en su mayoría proyectos más ambiciosos.

—Yo pienso ampliar la fábrica de mi padre.

—¿Fábrica de qué?

—De sábanas y de pañuelos. El pobre se ha quedado muy pachucho y necesita un empujón.

Otro dijo:

—A lo mejor mi hermano y yo abrimos una joyería en el paseo de Gracia. Después de la guerra las mujeres piden joyas caras, ¿no es eso?

El alférez Colomer, el que estuvo interno en el Collel, donde conoció a César, ironizó:

—Yo quiero dedicarme a fabricar medallas.

—¿Por qué medallas?

—Porque me huele que nos pasaremos unos cuantos años condecorándonos unos a otros.

Había excepciones raras, como la de un muchacho de Vich, apellidado Bayeres, que decidió dar la vuelta al mundo. Le había tomado gusto al aire libre y no se imaginaba otra vez en su pueblo, tan clerical. Se largaría a América, o a Asia. «¡Cualquiera me encierra a mí ahora en un piso con tres habitaciones!»

¿Y Moncho? Moncho... era Moncho. Lamentaba horrores

separarse de Ignacio, pero no descartaba la posibilidad de que sus existencias volvieran a coincidir. Porque su idea era terminar la carrera de Medicina y luego abrir consulta en alguna capital de provincia que no fuera precisamente la suya, Lérida. «¿Me comprendes, Ignacio? Déjame soñar... Déjame soñar que siento plaza en Gerona. ¿No me dijiste que los rojos mataron allí a casi todos los médicos?»

Tal perspectiva encandiló a Ignacio.

—¡Brindemos para que ese sueño se realice!

—¿Brindar? ¿Con qué?

—No sé... Con lo que haya por aquí.

—No hay más que leche.

—¡Pues brindemos con leche!

Mientras llenaban los vasos, Ignacio añadió, de sopetón, cambiando el tono de voz:

—Moncho, ¿puedo hacerte una pregunta?

—Naturalmente...

—¿Crees, como creo yo, que España va a ser ahora mejor?

Moncho se bebió la leche de un sorbo. Luego se relamió los labios.

—Chico —contestó, al cabo—, ya sabes que las profecías no se me dan bien...

Cacerola, al oír esto, sonrió en silencio. ¡Cuánto echaría de menos las sutilezas de Ignacio y Moncho! ¡Había aprendido tanto con ellos! Él no sabía nada. No tenía la menor idea de lo que haría en el futuro ni tampoco de si España sería mejor o peor. Desde luego, que nadie le hablara de volver al campo. Tal vez estudiara algo por correspondencia: Radiotelegrafía, Correos... A lo mejor solicitaba el ingreso en la Guardia Civil.

—¡Eh, Ignacio! —gritó alguien—. ¡A las doce en punto sale el camión del suministro!

—¡Gracias! Lo tomaré...

El sargento furriel lo llamó.

—Tendrás que entregarme el fusil, la cazadora y el gorro.

—¡Oh, claro!

—Y las botas...

—A tus órdenes, sargento. ¿Y los pantalones?

—Quédate con ellos.

Al entregar el fusil Ignacio recordó, con repentino sobresalto, el momento, en que, emborrachado por la lucha en la llamada «Bolsa de Bielsa», disparó y vio caer a un hombre.

¿Lo habría matado? Ahora entregaría la mitad del alma para que no hubiera sido así.

A mediodía tuvo lugar el último acto colectivo a que Ignacio asistiría. La Compañía de Esquiadores celebró una misa en sufragio del alma del gran héroe de la aviación «nacional», García Morato, quien había perdido la vida estúpidamente, el 4 de abril, estrellándose al tomar tierra en el aeródromo de Griñón. El páter, en su plática, dijo: «Éstos son los inescrutables designios de Dios. García Morato, con su divisa *Vista, suerte y al toro*, desafió mil veces a la muerte durante la guerra, contra aviones de todas las nacionalidades. Siempre salió airoso. Y he aquí que, terminada la guerra, se estrella en el suelo. Hermanos míos, queridos soldados esquiadores, no olvidéis la lección.»

* * *

Saltando de camión en camión, tardó unas diez horas en llegar a Gerona, debido a los puentes hundidos y a los desvíos, en los que trabajan grupos de prisioneros. Uno de los chóferes le dijo:

—¿A Gerona te vas? ¡Ni forrado de oro! Aquello es un cementerio.

Ignacio barbotó, tirando la colilla por la ventana:

—¡Tú qué sabes...!

A las diez de la noche llegó a la plaza del Marqués de Camps y se dirigió andando hacia su casa, hacia el piso de la Rambla. Al subir la escalera el corazón se empeñaba en salírsele del pecho. ¡El hogar! ¿Por qué esta palabra le impresionaba tanto?

Su entrada fue triunfal. Vítores, besos, aplausos. «¡Ignacio! ¡Ignacio!» Carmen Elgazu gritó: «¡Aleluya!», y Matías Alvear, inesperadamente, levantó el brazo y le dedicó un saludo fascista, alegando que lo hacía tantas veces, que ya levantaba el brazo incluso cuando entraba en Telégrafos. En cuanto a Pilar, despeinó al muchacho repetidas veces, riendo y exclamando: «¡Cuidado que eres guarro! ¡Voy ahora mismo por champú!» Eloy, el pequeño Eloy, se dejó izar por Ignacio a la altura del pecho, sin llegar a comprender del todo que el recién llegado formara parte de la familia.

Ignacio traía consigo... una maleta de madera idéntica a la que trajera un día su primo José. Al abrirla, brotaron de su interior una ristra de salchichones, botes de mermelada, cartas que había recibido en el frente, la chapa de combatiente —se la regaló a su madre— y la insignia de esquiador, que pudo escamotear y que pensaba conservar como recuerdo. Aparte, en un voluminoso paquete, ¡la radio que requisó! Era alemana, último modelo. Se la regaló a su padre, Matías Alvear, quien la colocó en el rincón del comedor preparado al efecto. Pilar quiso enchufarla en el acto y fue un fiasco. No funcionaba. Matías se acarició el mentón y dijo: «¿Y la técnica alemana, pues?»

Carmen Elgazu intervino:

—También yo te he preparado un regalo, hijo. Entra ahí...

Ignacio entró en su cuarto, que compartiría con Eloy, y en un pedestal entre las dos camas vio una imagen de San Ignacio con una mariposa encendida. ¡Decididamente, estaba de nuevo en su hogar!

Esta idea, súbitamente, lo sobrecogió. La vez anterior, sabiendo que el permiso que le habían dado era tan corto, apenas si se fijó en nada. Estuvo pendiente de los suyos, de Marta y del desasosiego del momento. Ahora, sabiendo que iba a quedarse, todo adquiría otra dimensión, a semejanza de lo que les ocurría en el frente cuando debían atrincherarse en un lugar determinado para pasar una temporada.

* * *

Ignacio decidió tomarse veinticuatro horas antes de presentarse al que en adelante sería su jefe, el Gobernador Civil y Jefe de Fronteras, camarada Dávila, cuya fama de caballerosidad había llegado hasta Ribas de Fresser. Una jornada entera que emplearía en deambular, en hacer las visitas de rigor y en arreglar el importante asunto de reclamar en el Banco Arús los haberes que le correspondían.

Durmió a pierna suelta y al día siguiente se puso el único traje que tenía, azul marino —Pilar, al verle, exclamó: «¡Pero si te sienta de maravilla!»—, y se calzó unos zapatos puntiagudos, brillantes. Se desayunó, pellizcó en la mejilla a Carmen Elgazu y salió a la calle. Tenía una idea fija: ir a la barbería. A que le cortaran el pelo y lo afeitaran como Dios mandaba. ¡Qué voluptuosidad! Le hubiera gustado una barbería de lujo, pero no la había en Gerona; entonces se decidió por lo opuesto y se fue a la de Raimundo, en la calle de la Barca. Raimundo, que seguía aficionado a los toros y que había quitado ya el cartel que decía «Se afeita gratis a la tropa», al verlo exclamó: «¡Pero si es el ilustre Alvear! ¿Sabes que la guerra te ha sentado bien?»

La tarea más minuciosa fue el arreglo del bigote. Ignacio se puso exigente. Se acercó varias veces al espejo palpándose los rebordes. «Por favor, Raimundo. Has perdido facultades...» El momento del masaje fue el más solemne. Parecióle que el paño caliente y el Floïd acababan definitivamente con su vida de cuartel, con los colchones de crin y con los piojos. «¡Servidor, almirante!» Raimundo llamaba almirante a todos los clientes «nacionales».

Al salir de la barbería, como nuevo, experimentó una sensación de plenitud. ¿A quién visitaría primero? ¡Por Dios, qué pregunta! ¿Acaso no tenía novia? ¿Es que no estaría Marta esperándolo?

Andando sin prisa, como si paladeara cada segundo de libertad, se dirigió a la calle Platería. Allí se entretuvo en los escaparates, compró cerillas a una vendedora ambulante y por fin subió al piso del comandante Martínez de Soria. Su sorpresa no tuvo límites al encontrarse en él con toda la familia reunida, como si hubieran sido advertidos de su llegada: Marta, José Luis, con sus estrellas de oficial, la madre de ambos, sensiblemente desmejorada.

Ignacio, al cruzar el umbral, se había emocionado sobremanera, recordando al comandante. Y se emocionó más aún al oír el grito que lanzó Marta: «¡Ignacio!» Los muchachos se fundieron en un abrazo salido de la entraña. «¡Por fin!», repetía Marta una y otra vez, apretándose contra su pecho.

—Sí, por fin... —dijo Ignacio—. ¡Ya era hora! Te echaba tanto de menos...

Su tono era tan cariñoso que Marta no se hubiera separado del muchacho nunca. Pero allí estaban, presenciando la escena, la madre de la chica y José Luis, y no había más remedio que abreviar.

Separáronse y la viuda del comandante Martínez de Soria abrazó también al recién llegado. «¡Qué alegría, qué alegría!», musitó la mujer. Pero su voz era tan triste que Ignacio se estremeció. Comprendió que el peso de la viudez afligía obsesivamente a la madre de Marta, a la que tenía en gran estima. Ciertamente, la consideraba una gran señora. Y muchas veces pensó que si los «rojos» no llegaron a detenerla y llevarla al paredón ello se debió, en parte, al respeto que con su sola presencia inspiraba.

A continuación, Ignacio tuvo que enfrentarse con José Luis, el teniente jurídico de complemento. Y he aquí que con sólo mirarlo a la cara y estrecharle la mano se dio cuenta de que era para él un extraño. Lo había visto sólo una vez, allá por el año 1934, cuando José Luis hizo aquel viaje relámpago a Gerona y subieron todos juntos al campanario de la Catedral a ver la nevada que glorificaba la ciudad. Pero sabía de él, de sus andanzas —incluso de sus estudios sobre Satán—, por las cartas que Mateo le escribía desde el frente. José Luis, al estrechar la mano de Ignacio, lo miró con gran curiosidad, pero se limitó a decirle: «Me alegra mucho volver a verte.»

La reunión fue breve. La madre de Marta hubiera querido invitar a Ignacio a una taza de café, pero la chica se opuso. Quería estar a solas con él. Los segundos le parecían siglos.

—Compréndelo, mamá... ¡Quiero salir de paseo con Ignacio! —Se volvió con decisión hacia éste—: Espera un momento, por favor...

Marta, recordando los consejos de Pilar, se fue al lavabo y se puso rímmel en los ojos y se pintó de prisa las uñas.

La madre de la chica hizo un gesto de comprensión y le dijo a Ignacio:

—Te quiere mucho, ya lo ves... Trátala bien.

Minutos después la pareja bajaba la escalera y salía a la calle. Ignacio, sin saber por qué, no se decidió a tomar del brazo a Marta. Y tampoco acertaban a hablar. Sentíanse un poco aturdidos. Cruzaron el puente de San Agustín. Por fin, al pasar delante de Telégrafos, Marta se paró y con expresión pícara miró hacia el interior del edificio y saludó militarmente.

Ignacio se rió.

—¿Vamos a la Dehesa?

—Vamos.

La Dehesa estaba muy sucia. Pero los árboles centenarios los recibieron de pie, como siempre. Hubiérase dicho que presentaban armas.

Marta, colmada de gozo, llenó de aire sus pulmones.

—Otra vez juntos... —dijo—. ¿Te acuerdas del día que fuiste a verme a la escuela? ¡Qué emoción! David y Olga me habían disfrazado. Me habían puesto aquellas trenzas horribles...

Ignacio comentó:

—¿Qué habrá sido de los maestros? Contigo se portaron bien...

Marta asintió con la cabeza.

—Sí, pero yo no podía con ellos.

Estaba excitada. Ahora rebosaba de ganas de hablar.

—¿A que no te acuerdas de la fecha exacta en que bailamos el primer baile?

Ignacio parpadeó y se detuvo un momento.

—Pues, la verdad, no...

—El 19 de marzo de 1934. Día de San José. Fue en casa de Mateo. Mateo quiso reunir por primera vez a sus camaradas, y se le ocurrió organizar un baile.

Ignacio empequeñeció los ojos, como empezando a recordar. Se puso el índice en mitad de la frente.

—Llevabas... un vestido amarillo...

Marta se rió.

—¿Cuándo he llevado yo un vestido amarillo? Lo llevaba negro; y zapatos de tacón alto, que me dolían horrores. —Marcó una pausa y luego sonrió—. Tú te acercabas mucho y querías besarme. Yo decía nanay: pero te apretaba fuerte la mano.

Ignacio movió satisfecho la cabeza y siguieron andando.

—Mil novecientos treinta y cuatro... Han pasado cinco años. ¿A ti te parece que han pasado cinco años?

Marta sonrió.

—A mí me parece que fue ayer...

Abordaron la avenida central del Paseo. El sol se filtraba por entre las hojas verdes. La atmósfera era estimulante.

Ignacio dijo inesperadamente:

—¿Sabes una cosa, Marta? ¡Tenemos mucho que hacer!

Marta lo miró con curiosidad.

—¿Por ejemplo...?

—¡Qué sé yo! Tengo ganas de ver el mar... ¡He visto tantas montañas!

—De acuerdo. ¡Podríamos ir al cabo de Creus!

Echaron a andar de nuevo.

—Y otro día hemos de ir a Barcelona a visitar a Ezequiel... ¿Te acuerdas mucho de Ezequiel?

—¿Cómo no voy a acordarme? —Marta, cada vez más contenta, añadió—: Seguro que nos saludará con el título de la película que ponen esta semana en el Albéniz: *La pareja ideal*.

Ignacio se detuvo otra vez y miró a Marta. Con mucha ternura le quitó la boina roja, con lo que le asomó a la muchacha el flequillo, mientras el resto de los cabellos le caían a ambos lados de la cara. Marta le gustó.

De no estar a pleno sol —¿por qué no esperó a la noche para llevarla a la Dehesa?—, le hubiera dado el beso que en vano deseó darle aquella tarde de San José, en el baile en casa de Mateo. Algo leería la muchacha en los ojos de Ignacio: su corazón se puso a latir con fuerza. En realidad, temblaban uno y otro, mientras se oían bajar lejos las aguas claras del Ter.

Fue un encuentro afortunado, que llenó de júbilo a Marta, tan necesitada como Pilar de contar en el interior del pecho con un héroe personal. Pasaron por detrás de la piscina; bifurcaron hacia la plaza de toros; y luego tomaron asiento cerca de unos jugadores de bolos, hombres de edad avanzada, que al encogerse para tirar parecía que iban a caerse al suelo.

El hecho de estar sentados intensificó entre ello la sensación de intimidad. Marta había arrancado al paso un tallo de hierba y lo mordisqueaba.

—Ignacio... ¿es cierto que me echabas mucho de menos?

—¡Claro! ¿Es que no me crees?

—Sí. Pero me gusta que me lo repitas.

—Pues voy a repetírtelo: estaba decidido a desertar...

Pasaron revista a todo lo que les había ocurrido desde que Ignacio se pasó a la España «nacional» y se alistó en la Compañía de Esquiadores. Hablaron de la provincia de Huesca y de la formidable impresión que al muchacho le produjo el valle de Ordesa. «Aquello es un milagro.» De pronto, vieron desfilar un pelotón de soldados, manta al hombro. ¿Adónde se dirigían? Ignacio recordó sus largas caminatas, el fusil en bandolera y barbotó: «La guerra...»

Lo dijo en un tono tan colérico, que Marta se inquietó. Aunque comprendió que Ignacio no se refería al significado de la contienda, sino a algo propio. Ignacio quiso paliar su brusca reacción y dulcificó el semblante.

La muchacha se dio cuenta y aprovechó para rogarle:

—Háblame de *tu* guerra, Ignacio... ¿Para qué crees que te ha servido?

El muchacho se acomodó en el banco y encendió un pitillo.

—¡Bueno! Yo odio la guerra, ya sabes... La guerra es espantosa. —Marcó una pausa—. Aunque, en honor a la verdad, en el frente pasé ratos que no olvidaré jamás...

—¿De veras?

—Como lo oyes. —Echó una bocanada de humo—. Las

guardias solitarias... Esquiar de noche... ¡Se piensan tantas cosas!

Marta lo miraba como escudriñándolo.

—No has contestado a mi pregunta. Te pregunté para qué crees que te ha servido luchar.

Respiró él hondo.

—Desde luego, me ha embrutecido... ¡Es inevitable! Pero, por otro lado... ¡quién sabe!; tal vez me haya ayudado a ver claro en mí.

Marta seguía mordisqueando la brizna de hierba.

—Pero, eso es contradictorio, ¿no?

—¿Por qué? Embrutecerse quiere decir... perder la inocencia. Y en el fondo, ello enseña a conocerse, en lo bueno y en lo malo.

Ella preguntó con seriedad:

—¿Qué se siente cuando se pierde la inocencia?

Ignacio hizo un mohín.

—¿Tú no la has perdido aún?

Los ojos de Marta expresaron una rara seguridad.

—Creo que no...

Ignacio tiró la colilla al suelo y la aplastó con el pie.

—Se siente... como se rompiera algo. Es... como si se envejeciera de repente.

La muchacha reflexionó.

—Dijiste que has aprendido a conocerte, en lo bueno y en lo malo. ¿Es que hay algo malo en ti, Ignacio?

—Sí, claro: me miento a mí mismo. Cambio de parecer. A veces, en invierno sudo y siento frío en verano. Absurdo, ¿te das cuenta?

Marta respiró tranquila. Por un momento temió oír quién sabe qué. Acabó riéndose. Tomó cariñosamente una mano de Ignacio y preguntó:

—Y lo bueno que te has descubierto, ¿qué es?

Ignacio mudó de expresión.

—¿Cómo te lo diré, Marta? Me he dado cuenta de que no seré feliz si no hago algo que beneficie a los demás.

Ella se tragó la saliva y se apartó el flequillo de la frente.

—¿Hablas en serio, Ignacio?

—Hablo en serio. Antes llegué a sentirme como un ser neutro. Era egoísta, era yo. Ahora todo eso ha pasado... La nieve lo cubrió. Sí, te lo repito: quiero hacer algo que sea útil a los demás.

Marta echó una mirada a las copas de los árboles y respiró hondo.

—Pero ¡eso es magnífico! —Y, ante la sorpresa de Ignacio, se volvió hacia él y le pidió un pitillo—. ¿Cuándo empezaste a sentir eso?

—Creo que fue en el Hospital Pasteur, de Madrid, curando a los heridos de las Brigadas Internacionales. Aquella gente me daba asco; y sin embargo, llegué a quererlos. Complicado, ¿verdad?

Ella negó con la cabeza.

—¡No, no! Es muy natural...

—Luego... sentí ganas de ser buen chico... en Valladolid. El día que tú regresaste de Alemania, después de haber saludado a la estatua del Hombre Alemán desnudo. Recuerdo perfectamente que deseé saludar a toda la humanidad.

Marta soltó una carcajada.

—¡Ay, qué viaje aquél! Llegué a casa con una mochila que pesaba más que yo.

—Y que apestaba...

—De eso no me acuerdo. Me abrazaste y perdí la noción de todo.

—¡Ah!, ¿sí? Entonces ten la seguridad de que en aquel instante perdiste la inocencia.

Guardaron un silencio largo. Marta chupaba con torpeza el pitillo que Ignacio había liado para ella. Por fin la muchacha reanudó el diálogo.

—¿Has hecho ya algún plan para cuando te den la licencia?

Ignacio, como pulsado por un resorte, se levantó, recordando que ésa era la pregunta que él formuló a sus compañeros. Respiró intensamente, al tiempo que abarcaba con la mirada las copas de los árboles de la Dehesa.

—¡Sí, por cierto! —respondió—. Quiero llegar a ser el mejor abogado de la ciudad... —Y volviéndose hacia la muchacha, añadió—: Y para que veas mi lado bueno, te prometo que le cederé a Mateo los clientes que me sobren.

Marta se levantó a su vez y se situó por frente de Ignacio. Estaban solos. Los jugadores de bolos se habían ido.

—¿Quieres que te diga una cosa, Ignacio? Querría ayudarte a ser lo que te propones.

—Puedes hacerlo.

—¿Cómo?

—Queriéndome mucho.

—Eso... ya lo hago. ¿No se me nota?

Ignacio no contestó. Tomó en sus manos la barbilla de Marta y, atrayendo a la muchacha hacia sí, le dio un beso prolongado y suave.

Al separarse dijo:

—Sí, se te nota...

Marta permaneció unos segundos con los ojos cerrados.

—Bésame otra vez.

Ignacio obedeció. El beso ahora fue eterno.

Marta por fin despegó los labios de los labios del muchacho.

—Gracias, Ignacio, por hacerme sentir lo que siento.

Él se emocionó.

—Es hermoso quererse, ¿verdad?

—Sí, mucho...

* * *

Igualmente afortunado, aunque con otros matices, fue el encuentro entre Ignacio y Mateo. Aquél, después de acompañar a Marta a la Sección Femenina, provisionalmente instalada en el local que había pertenecido a la UGT, se dirigió a Falange —es decir, el caserón cedido por Jorge de Batlle— y encontró a Mateo en su despacho, rodeado de los retratos patrióticos de rigor y con un mapa de la provincia de Gerona en la pared, tachonado de banderitas.

Los dos muchachos, al verse, recibieron recíprocamente una impresión fortísima. De hecho, se habían despedido, separado, el 20 de julio de 1936, cuando Mateo, ante el fracaso del Alzamiento en Gerona, salió del piso de los Alvear en dirección a los Pirineos, para pasar a Francia. Habían transcurrido, por lo tanto, tres años. En esos tres años se habían convertido en hombres sellados virilmente por la guerra, rebosando vitalidad y con ganas de conquistar el mundo.

—¡Ignacio...!

—¡Mateo...!

Se confundieron en un abrazo tan apretado, que la medallita que colgaba del cuello de Mateo se enroscó en uno de los botones de la camisa de Ignacio. El forcejeo a que ello dio lugar los incitó a reírse, a soltar una estentórea carcajada. En realidad, no acertaban a explicarse lo que les ocurría. Se miraban y se reían. Acabaron sentándose con dolor en los riñones, riéndose aún y respirando con dificultad.

—Pero... ¡chico! —balbuceó Ignacio, por fin, con lágrimas en los ojos—. ¡Qué barbaridad!

—¡Esto es la juerga del siglo! —añadió Mateo, sonándose con su pañuelo azul...

—Las cartas que me escribías —recordó Ignacio—, eran más serias...

—¡Figúrate! Caían pildorazos a mi lado...

—Hay que ver, vaya con tu medallita...

Recuperaron el ritmo y volvieron a mirarse, esta vez con mayor atención. La encrespada cabellera de Mateo brillaba demasiado y sus ademanes eran exactos, de hombre acostumbrado a mandar. Por el contrario, Ignacio se había recortado el bigote en exceso y ello le daba, a juicio de Mateo, cierto aire de «señorito».

Ignacio le preguntó a Mateo, echando una mirada sobre los papeles de la mesa:

—¿Charlamos ahora, o es mal momento?

—¿Mal momento? No digas bobadas... —Mateo pulsó un timbre y en el acto apareció un «flecha» saludando brazo en alto—. Oye, chico.. Que no estoy para nadie, ¿comprendes? Anda, que no entre nadie... Y cierra la puerta.

El «flecha» desapareció. Y Mateo e Ignacio quedaron solos como antes, más que antes, e iniciaron el diálogo con el que habían soñado tantas veces mientras montaban guardia en los parapetos.

—Tengo un interés enorme en saber cómo estás —comenzó Mateo—, en saber qué piensas de todo lo que ha ocurrido y está ocurriendo. De veras te lo digo, Ignacio. A veces temo vivir embriagado, o delirando. Este despacho —giró la vista en torno— es una terrible responsabilidad. ¡Me paso el día firmando papeles!

Ignacio movió la cabeza con admiración.

—Desde luego, los tiempos han cambiado. ¿Te acuerdas de cuando te escondiste en el cuchitril del Rubio, el que tocaba el saxofón en la *Pizzaro Jazz*?

—Claro que me acuerdo. La FAI me tenía acorralado.

—Es que... hablabas mucho. ¡Menudos discursos! Me los soltabas incluso a mí, un día sí y el otro también.

Mateo, para sentirse más cómodo, se quitó la pistola que llevaba en el cinto y la dejó sobre la mesa.

—Pues anda que tú... Un día en casa te metiste con la estigmatizada Teresa Neumann y te quedaste solo.

Ignacio asintió.

—Todo el mundo hablaba mucho por entonces.

—Todo el mundo, no —protestó Mateo—. Había uno que no decía apenas nada: Pedro, el disidente. ¿Te acuerdas de Pedro? Quería recibir órdenes directas de Moscú...

—Sí, me acuerdo. Y también de aquella criada que tenías, que se llamaba Orencia...

—¡Menuda ficha!

—Cuántas cosas han pasado... —De pronto, Ignacio puso cara cómica—. ¿A que no sabes qué me viene a la memoria?

—No...

—La primera caja de bombones que le enviaste a Pilar. Era de lo más cursi. En la tapa había una orquídea en forma de corazón.

—Pero, ¡chico! ¿Es posible?

—Como te lo digo.

—No me reconozco en esa orquídea.

Llegados a este punto, Mateo sacó su mechero de yesca e invitó a Ignacio a fumar. Ignacio reconoció el mechero y mil pensamientos agradables invadieron su mente.

—Bueno... —reanudó Mateo—. Volviendo a lo de antes... ¿Cómo estás, Ignacio? ¿Todavía eres tan... escéptico?

Al oír esta palabra, Ignacio abrió expresivamente los ojos.

—¿Escéptico yo? Olvida eso...

Mateo simuló sorpresa.

—No te entiendo... Habías jurado serlo toda la vida, ¿no es así?

Ignacio se rascó con una uña la ceja derecha.

—Más o menos. Pero aquí me tienes. Hasta ayer al mediodía no abandoné el fusil.

—Eso ya lo sabía —replicó Mateo—. Pero lo que yo te pregunto... es si estás convencido.

Ignacio hizo un gesto ambiguo.

—Si me hubieran dicho que algún día lloraría al cantar *Cara al Sol*, hubiera reventado de risa; y resulta que en el frente lloré más de una vez. —Lanzó una espiral de humo—. Y en Barcelona estuve a punto de incendiar la iglesia de Pompeya porque la Sanidad «roja» la había convertido en depósito de medicamentos.

Mateo se echó para atrás en el sillón.

—¿Querrás creer que casi lamento oírte hablar de ese modo?

Ignacio manifestó estupor.

—No te comprendo...

—Verás... A mí me parece todo esto tan apasionante que necesitaría oír a alguien que me pusiera pegas. ¿Comprendes lo que quiero decir?

Ignacio movió divertido la cabeza.

—¡Pues mira por dónde no soy yo ese alguien que te hace falta!

Los ojos de Mateo se empequeñecieron. Parecióle que Ignacio había hablado con cierto retintín.

—¿De modo —prosiguió, arriesgándose— que eres acérrimamente optimista?

Ignacio irguió el busto.

—¡Por favor, yo no he dicho eso! ¿Cómo voy a ser optimista? La guerra está ahí...

—¿Así, pues...?

—Simplemente... ¡qué sé yo! He llegado a la conclusión de que hay que seguir adelante.

Mateo se pasó la mano por la cabellera.

—¿Estás hablando en serio, Ignacio?

Éste asintió con la cabeza.

—Pues sí, hablo en serio. A pesar de todo. A pesar de que los militares no me gustan. Y de que no me gusta esa pistola que has dejado ahí. Ni que los jerarcas os reservéis una fila de butacas en todas las salas de espectáculos. A pesar de que sigo sin entender lo que significa Sindicato Vertical... —Ignacio reflexionó y agregó—: Una gran parte de España es ignorante.. y cruel. Partiendo de esta base...

Mateo prosiguió, implacable:

—¡Pero antes, cuando yo te hablaba de eso, de la necesidad del Mando único, te enfurecías!

Ignacio se encogió de hombros.

—¡Qué voy a decirte! Te repito que tampoco ahora soy feliz. Es absurdo, ¿no crees?, que un muchacho de tu edad tenga un coche oficial en la puerta y censure todas las noticias destinadas a la población. —Al decir eso, señaló una pila de galeradas de imprenta que Mateo tenía a su lado—. Pero cuando recuerdo aquellos retratos de Lenin... Cuando recuerdo a Teo...

Mateo acusó una extraña sacudida.

—¿Por qué has mencionado a Teo?

—No lo sé. Se me ha ocurrido... ¿Por qué lo dices?

Mateo aplastó el pitillo en el cenicero.

—Porque yo mandé, en Teruel, el piquete que lo fusiló.

Ignacio escuchó la confesión sin inmutarse.

—¿Ves? —comentó, al cabo de unos segundos—. Tal vez lo único que de verdad me inquieta sea eso: que me cuentes una cosa así y me quede tan fresco.

Mateo se mordió el labio inferior.

—Crees que nos hemos vuelto insensibles, ¿verdad?

—Insensibles, no... Pero hemos partido el queso por la mitad y actuamos en consecuencia.

—¿Te parece que no tenemos derecho a ello?

—Por favor, Mateo... Ha corrido tanta sangre, que hablar de derechos resulta un poco irónico.

Mateo reflexionaba.

—Bueno..., hay un hecho irrebatible: salimos todos al ruedo y nosotros hemos ganado.

—Sí, ya lo sé... Pero ahora viene lo más difícil: justificarnos a nosotros mismos.

Mateo hizo un gesto ambiguo. Pensó que, de hecho, Ignacio le había puesto las «pegas» que andaba solicitando. Sin embargo, ¿qué hacer? ¿Era posible pedirle a «La Voz de Alerta» que absolviera a sus enemigos? Por otra parte, el tiempo cuidaría de reglamentar las cosas, de asignar las atribuciones de cada cual.

Ignacio leyó el pensamiento de Mateo. Y añadió:

—Crees que a la larga todo esto se arreglará, ¿no es así?

Mateo iba a contestar: «Desde luego.» Pero rectificó.

—Depende... de la ayuda que nos presten los hombres como tú...

Ahí Ignacio se mostró tajante. Comprendía la intención de su amigo. Pero éste no podría contar con él. La política era un problema de vocación, y él no la tenía. Se dio cuenta en el momento en que Marta le había preguntado, hacía de ello una hora escasa: «¿Qué piensas hacer cuando te licencien?» Y acabó de convencerse al oír a Mateo decirle al «flecha»: «Oye, chico... Que no estoy para nadie, ¿comprendes?»

—Para saber decir eso... hay que tener vocación.

¡Bueno, la cosa estaba clara! Mateo reaccionó. Por lo demás no se trataba, en aquella primera entrevista, de volver al juego dialéctico. ¡La alegría de volver a ver a Ignacio era tan grande! ¿A qué empañarla con sentimientos y deseos ajenos a la pura amistad?

—Cambiando de tema, Ignacio... ¿Qué te parecería si organizáramos algo para celebrar nuestro regreso? El regreso de Marta, de Alfonso Estrada, de Jorge de Batlle, de Miguel Rosselló... El tuyo... ¡El regreso de los supervivientes!

—Me parecería muy bien. ¿Qué podríamos hacer?

—No sé... ¿Un baile, por ejemplo?

—¡Oh, estupendo! Has dado en el clavo. Nos lo hemos ganado a pulso, digo yo...

—Pues déjalo de mi cuenta.

Los dos muchachos continuaron hablando durante mucho rato, ahora sin tema fijo. Ignacio se interesó por la salud de don Emilio Santos y Mateo dijo: «Está mal y sufre mucho; pero se curará.» A su vez, Mateo se interesó, como quien no quiere la cosa, «por aquella preciosidad barcelonesa de los moñitos, que se llamaba Ana María o algo así» e Ignacio contestó, en tono tranquilo: «De vez en cuanto me escribe una postal.»

Ignacio se enteró de que mosén Alberto había sido designado miembro de la Comisión de Censura de películas.

—¿Te imaginas? —comentó Mateo—. Años estudiando Teología, para terminar dedicando las tardes a medir escotes y la duración de los besos de Myrna Loy.

En medio de ese pim-pam-pum, que les servía para expansionarse, sonó el telefono. Mateo, en honor de Ignacio, se abstuvo de descolgar. «Ya llamarán más tarde», dijo.

Ignacio aprovechó aquella interrupción para preguntarle a su amigo:

—Oye... ¿Tienes idea de cuál será mi trabajo en la Jefatura de Fronteras?

Mateo negó con la cabeza.

—No sé, chico. Lo único que puede decirte es que estarás a las órdenes del camarada Dávila y que tendrás que hacer muchos viajes a Figueras y alguno, tal vez, a Francia, a Perpiñán.

—¿A Perpiñán?

—Sí. Los exiliados dan mucho que hacer.

Ignacio se quedó estupefacto. Y al momento recordó a Julio García, a Antonio Casal, a tantos y a tantos.

—Otra cosa —añadió—. Pensaba presentarme mañana. ¿Por qué no me acompañas?

—No hay inconveniente. Te vienes aquí a mediodía y subimos juntos al Gobierno Civil.

—De acuerdo.

Dicho esto, Ignacio se levantó. También Mateo. Al encontrarse de pie, frente a frente, se abrazaron de nuevo, sin que esta vez la medalla de Mateo les jugara una mala pasada.

—Ignacio, me ha rejuvenecido verte...

—Lo mismo digo.

Echaron a andar hacia la puerta. Ignacio vio, en un rincón, una de las dos famosas armaduras, patrimonio de la familia de Jorge de Batlle. El Responsable la había obligado a levantar el puño; ahora extendía el brazo...

—¿Quién es? —preguntó Ignacio jocosamente—. ¿Mussolini?

Mateo replicó:

—¡No digas majaderías! Es el obispo, el doctor Gregorio Lascasas.

—¡Ah!, ¿sí? ¿Y qué hace ahí?

—Vigilarme...

Ignacio soltó una carcajada.

Al cruzar el umbral del despacho, el «flecha», quieto allí como un poste, levantó también el brazo para saludar. Ignacio le dijo:

—Gracias, majo.

Empezó a bajar las escaleras y Mateo, desde lo alto, gritó:

—¡Me has hecho polvo con lo de la orquídea!

Ignacio le contestó:

—¡No es para menos!

* * *

El almuerzo en el piso de la Rambla fue feliz, con la mantelería de las grandes solemnidades. Ignacio contó a los suyos que había visto a Marta y a toda su familia y también a Mateo. «Nada, tan amigos como antes.» También les comunicó que a lo mejor, sirviendo en Fronteras, tendría que hacer algún viaje a Perpiñán. Matías, al oír esto, se secó los labios con su blanca servilleta y comentó: «Si te encuentras por allí al primo José, dale recuerdos...»

Terminado el almuerzo, Ignacio se retiró a su cuarto —¡qué delicia reencontrar el colchón de lana!— y se ofreció una larga siesta. Una siesta como las de antaño en verano: completamente desnudo y con las piernas separadas.

Despertó tardísimo, a las cinco. En el comedor, Carmen Elgazu planchaba, accionando con soltura sus vigorosas muñecas. ¡La radio alemana funcionaba! Restransmitía tangos de Carlos Gardel. «¿Qué ha ocurrido?» «Nada, hijo. Que tu padre se las sabe todas.» Ignacio se acercó a su madre y la besó. Ella dijo: «Me gustan los tangos, no lo puedo remediar.»

—Adiós, madre, me voy al Banco Arús.

—¡Huy, que tengas suerte!

El muchacho salió a la calle. Su expectación era intensa, porque del cobro de sus haberes dependía la compra del nicho para César... y acaso la posibilidad de efectuar alguna mejora en el amueblado del piso.

En el trayecto se preguntó «quién encontraría allí», dado que el director, con su eterna pipa en los labios, que describía triángulos masónicos de humo en el aire, se habría largado sin duda a Francia y el subdirector —¡cuánto se acordaba de él, tan idealista y tan calvo!— había caído asesinado los primeros días de la guerra. ·

Pronto salió de dudas. Apenas empujada la puerta de aquel húmedo local en el que ingresó de botones y en el que por primera vez oyó a alguien mofarse del Espíritu Santo y hablar de preservativos, dos sombras, una muy alta, la otra muy rubia, se levantaron, dudando entre cuadrarse o inclinar la cabeza hasta el suelo. Eran la Torre de Babel y Padrosa, que lo reconocieron en el acto. Ignacio tuvo la certeza de que, de haberse presentado con uniforme, realmente sus ex compañeros de trabajo, aquellos que tantas veces lo habían enviado con sañudo placer a comprar periódicos que cantasen las alabanzas de Durruti, se habrían cuadrado militarmente.

—¡Ignacio, chico...!

Ignacio facilitó las cosas. Y al notar que sentía por el Banco Arús, pese a todo lo ocurrido, como un lazo afectivo, recordó unas palabras de la madre de Marta: «Los malos recuerdos son también recuerdos, ¿no es así?»

Ignacio pasó al interior de la oficina y estrechó con efusión la mano de la Torre de Babel, al que agradeció que en Abastos tratara afablemente a Pilar, y felicitó a Padrosa por haber salido indemne de la guerra. «Es lo más que se puede pedir.»

—¡Nosotros tenemos que estarte agradecidos! Es decir, a ti y a tu padre.

—¿Por el aval?

—Claro...

—¡Bah!

—¿Cómo que bah? ¿Crees que eso se olvida?

Ignacio jugaba, un poco fácilmente, a gran señor. Echó una mirada en torno. La mesa del subdirector estaba vacía, pero con el mismo cenicero repleto de clips y de plumillas; en cambio, en las otras mesas había empleados nuevos, muy jóvenes, que lo miraban con suma curiosidad.

Ignacio miró a caja. Vio allí a un señor desconocido, enclenque y serio, que contaba billetes.

—¿Dónde está Reyes? —preguntó.

Se produjo un silencio. La Torre de Babel, que parecía más alto que nunca, carraspeó:

—Está... en la cárcel —dijo con su característico tartamudeo.

—¿Cómo? —preguntó Ignacio, sorprendido—. Mi padre lo avaló también, ¿no es cierto?

—Eso fue lo malo —explicó Padrosa—. Contando con el aval salió a la calle y lo pescaron en el acto. Y a su mujer también.

La Torre de Babel añadió:

—Su hijo, Félix, vino a vernos. Pero ¿qué íbamos a hacer? —El empleado abrió los brazos en ademán de impotencia—. Le aconsejamos que se presentara en Auxilio Social.

Ignacio parpadeó varias veces.

—¿El cajero tenía un hijo?

Padrosa intervino.

—Es raro que no te acuerdes. Félix, hombre... Un crío extraño, que tenía la manía de dibujar...

Ignacio no se acordaba. Volvió a mirar a caja, desde donde, al principio de la guerra, el bueno de Reyes le echaba siempre algún pitillo en señal de buena voluntad. Se produjo un nuevo silencio. Ignacio se volvió hacia sus dos ex compañeros de trabajo y leyó en sus ojos algo muy distinto de lo que por la mañana había leído en los ojos de Mateo: estaban a la defensiva. Sobre todo la Torre de Babel era evidente que debía controlarse con dolor, que la derrota le pesaba en los hombros como si fuera un bloque de mármol.

Le ganó un súbita curiosidad por asomarse a aquella zona mental que vivía recluida. Dulcificó el tono; y en el fondo, lo hizo con sinceridad.

—¿La cárcel —preguntó— sigue estando en el Seminario?

La Torre de Babel hizo un gesto que indicaba: «¡Este chaval vive en el limbo!»

—Claro —dijo—. ¿Dónde va a estar?

Ignacio prosiguió:

—¿Cuántos detenidos calculáis que habrá ahora allí dentro?

La Torre de Babel hizo un gesto entre tímido y sarcástico.

—Cualquiera sabe... Muchos... —Luego añadió—: Continuamente traen gente de los pueblos...

Padrosa completó el informe.

—En la antigua cárcel están las mujeres. Allí habrá... unas quinientas.

Ignacio se dio cuenta de que el giro que había tomado el diálogo lo fastidiaba y empezó, lentamente, a dar una vuelta por la oficina. Sin saber cómo se encontró en el despacho interior que ocupara Cosme Vila. Todavía estaba allí la máquina de escribir que éste usaba y la mesa en cuyo cajón el jefe comunista ocultaba *El Capital*, de Marx.

Ello le bastó para inmunizarse contra cualquier sentimentalismo. Volvió sobre sus pasos y vio que la Torre de Babel había modificado asimismo su expresión. Estaba sonriendo. O eso parecía.

—Todo igual que antes, ¿verdad?

—Sí, todo igual...

—¿Te acuerdas de la demanda que redactaste un día protestando contra las horas extraordinarias?

—¡Claro! Y también me acuerdo de que ninguno de vosotros se atrevió a firmarla.

La Torre de Babel encogió los hombros.

—Teníamos novia, compréndelo... Tú eras un crío.

—Y que lo digas. El botones...

Se rieron y recordaron otras anécdotas de aquellos tiempos.

—No hacíais más que contar chistes verdes, llamarme señorito de Madrid y hablar del gol que Alcántara metió en Burdeos.

—¡Qué quieres! La rutina...

En aquel momento entró un cliente y Padrosa se acercó a la ventanilla para atenderlo. La Torre de Babel, entonces, aprovechó la circunstancia para llevarse a Ignacio a un rincón y decirle:

—Ignacio, perdona que te moleste, pero...

El tono de voz de la Torre de Babel y su tartamudeo eran tales que Ignacio le miró a los ojos.

—¿Ocurre algo?

—Verás... No sé cómo explicarte... Yo también tengo miedo.

—¿Miedo?

—Sí. Miedo a que me detengan.

Ignacio arrugó el entrecejo. Parecía que estaban en un confesonario.

—¿Te da miedo «alguien» concretamente?

—Claro... Como a todos... La brigadilla Diéguez...

Ignacio no había oído hablar nunca de esa brigadilla.

—No sé a qué te refieres.

La Torre de Babel, evidentemente incómodo, le explico:

—Es una brigadilla especial de policía, que llegó de Barcelona... Son... ¡bueno! Quiero decir que no se les escapa nada.

Ignacio comprendió.

—Escucha una cosa. Aparte de ser de la UGT... y proponer que nos fuéramos todos voluntarios al frente, ¿te metiste en algún lío?

—Nada. ¡Nunca! Eso del frente fue lo único. Te lo juro.

Ignacio asintió, meditabundo. Por fin dijo:

—¡Bien, no sé qué decirte! Pero si ocurre algo, ya sabes dónde estoy.

—Gracias, Ignacio.

Padrosa regresó. Ignacio les preguntó entonces por el nuevo director.

—Necesito verlo. ¿Quién es?

—Lo han mandado de la Central. Se llama Gaspar Ley.

Al oír este nombre, Ignacio parpadeó otra vez con el mayor asombro.

—¿Cómo has dicho?

—Gaspar... Ley —repitió la Torre de Babel—. ¿Es que lo conoces?

Ignacio se mostró dubitativo.

—Personalmente, no. Pero he oído hablar de él...

Padrosa se ofreció, en tono servicial.

—Si quieres, le digo que estás aquí.

—Sí, por favor...

¡Gaspar Ley! No podía ser otro... El dueño —durante la guerra «el responsable»— del Frontón Chiqui. El íntimo amigo del padre de Ana María, casado con Charo, en cuya casa Ana María se refugió.

Ignacio preguntó:

—¿Qué tiempo lleva aquí?

—Escasamente un mes.

Minutos después Ignacio penetró en aquel oscuro despacho, que tan familiar le fue. Pensó que desde su marcha nadie habría vuelto a quitarle el polvo.

El flamante director lo esperaba ya de pie, la cara sonriente.

—Gaspar Ley, para servirte... —dijo ofreciéndole la mano—. Realmente... es una coincidencia, ¿verdad?

Ignacio le correspondió con la mayor cordialidad, pues sabía por Ana María que aquel hombre y Charo, su mujer, la trataron como a una hija e hicieron todo lo inimaginable para sacar de la Cárcel Modelo al padre de la muchacha, arriesgando mucho.

Gaspar Ley cerró la puerta del despacho, al tiempo que decía:

—¡Lo que son las cosas! Barcelona no me sentaba bien y encontré esta salida.. ¿No quieres sentarte?

—Gracias.

Ignacio se sentó. Y su interlocutor pasó a ocupar su sillón.

Intentando ver claro, Ignacio le preguntó:

—Pero... ¿usted se había dedicado antes a la Banca?

—¡Sí! Muchos años... Ésa ha sido mi suerte. El padre de Ana María... ha podido lanzarme este cable.

La situación era transparente e Ignacio se alegró. Por otra parte, Gaspar Ley tenía buena facha. Pelo blanco, pero se le veía joven y respiraba lealtad. Llevaba para la sordera un aparato que al menor movimiento del cordón parecía gruñir. Incluso ese detalle le cayó simpático a Ignacio.

—¿Y Charo, su mujer?

—Charo se ha quedado en Barcelona, custodiando el piso. Porque, naturalmente, esto para mí es provisional.

Hablaron de Ana María. A Gaspar se le hacía la boca agua refiriéndose a la muchacha. «Es un encanto. Mi mujer la enseñaba a cocinar; pero ella, en cuanto nos descuidábamos, pegaba la oreja a la radio para escuchar a Queipo de Llano.» También hablaron del padre de Ana María, que se llamaba Rosendo Sarró, pero que era ahora «don Rosendo».

—¿Por qué «don Rosendo...?

—¡Porque es hombre importante! —contestó Gaspar Ley, cuyo aparato, incrustado en el oído, resonó escandalosamente.

—¿Así que... no salió malparado de la Modelo?

—Se recuperó en seguida. Y huele los negocios. ¡Algo tremendo! —añadió Gaspar Ley, con decidida admiración.

A Ignacio le complació el sentimiento de gratitud que demostraba aquel hombre, que daba la impresión de activo y eficiente. Tan eficiente, que a sabiendas de que el muchacho de un momento a otro se presentaría en el Banco a reclamar los atrasos —norma establecida para todos los ex combatientes— le había preparado ya la cuenta.

—Sí, ahí tienes todo —le dijo, cortando el diálogo anterior, abriendo un cajón y sacando una carpeta azul.

—¿Me va alcanzar para comprar una torre?

Gaspar Ley sonrió

—Vas a cobrar tu sueldo mensual, íntegro, desde que te incorporaste a la fuerzas «nacionales» hasta hoy. Lo único que me hará falta es un certificado...

Ignacio hizo un cálculo rápido, mirando al techo, y concluyó que la cantidad iba a ser mínima. El nicho, un traje, una pequeña librería para su cuarto... Poco más.

—Está bien. Pediré el certificado a la Compañía de Esquiadores.

Gaspar Ley le preguntó:

—¿Piensas reingresar en el Banco?

Ignacio contestó, rotundo:

—¡No! De ningún modo...

El director hizo un guiño de inteligencia.

—Me parece muy bien.

Sonó el teléfono. Gaspar Ley no se abstuvo de descolgar como había hecho Mateo. Tomó el auricular, fue moviendo la cabeza y por fin dijo: «Ya, ya.. Sí, estoy enterado... Por favor, ¿no le importaría volver a llamar dentro de unos minutos?»

Ignacio comprendió que debía marcharse. Se levantó. Gaspar Ley hizo un gesto que indicaba: «Perdóname...»

Quedaron en verse algún día y, seguidamente, salieron juntos del despacho. Gaspar Ley tomó del brazo al muchacho. Éste, al paso, iba mirando una por una las ventanillas. Hasta que se detuvo un momento en una de ellas para decir adiós a sus amigos, a los que sorprendió mordiendo el consabido bocadillo.

—Me voy, muchachos. Hasta otro día...

—¡Adiós, Ignacio! —gritaron al unísono la Torre de Babel y Padrosa.

Ignacio, en tono chusco, añadió:

—Salud...

Y se acercó a la puerta, a aquella puerta cuyo vestíbulo debía colmar de serrín en los días de lluvia.

* * *

Salió del Banco aturdido. Pensó en la Torre de Babel: «Ignacio, yo también tengo miedo...» Claro, claro. Pese a las apariencias, la España Una no era todavía realidad. Por debajo de la España triunfal había la España de Reyes, el ex cajero y de la Torre de Babel. Y la del comisario Diéguez, expresamente llegado de Barcelona. Y la de Gaspar Ley, obligado a «cambiar de aire», pero sentado en un sillón de director, gracias a un tal «don Rosendo», hombre «importante, que olía los negocios». Y la España de los exiliados.

Ignacio se colgó otro pitillo de los labios —fumaba sin parar— y echó a andar sin rumbo fijo. Pronto recobró el ánimo, lo cual lo alegró. «Señal de que empiezo a estar de vuelta.»

Decidió darse un garbeo por la ciudad de sus amores. Vio la fábrica Soler, cuya calle se llamaba ahora de «José Antonio Primo de Rivera», completamente destruida, incendiada, y unos presos, vigilados por guardias civiles, desescombrándola. Pasó por la calle del Pavo. En la puerta de la casa que perteneció a la Logia Ovidio, un letrero decía ahora: «Por la Patria, el Pan y la Justicia.» Orilló el Oñar, como si fuera a la escuela a ver a David y Olga. El escuálido río le trajo a la mente un comentario de Julio García: «Mientras en España no haya ríos caudalosos, habrá caudalosas guerras civiles.» Dio medio vuelta y pasó frente al Sagrado Corazón. En la puerta del templo platicaban tres jesuitas, uno de ellos con grandes ojeras amoratadas. ¡Los jesuitas se habían reinstalado en la ciudad! La República los expulsó de España —grave error, según el profesor Civil—, pero ya estaban otra vez en la brecha... Llegó a la plaza del Ayuntamiento. Se anunciaba, en el Teatro Municipal, para el próximo domingo, la zarzuela *La Revoltosa*.

Ignacio sintió deseos de subir al Museo Diocesano, que estaba allí mismo, para saludar a mosén Alberto, pero desistió de hacerlo. «Ya habrá ocasión.» Entonces, por contraste, se le ocurrió irse al otro confín y saludar, en la calle de la Barca, al patrón del Cocodrilo, de quien le habían dicho que había perdido exactamente treinta y siete quilos y que estaba en los puros huesos. A medida que se acercaba a aquel barrio, iba encontrando grupos de soldados que canturreaban y gitanas que ofrecían telas de seda a los transeúntes. El bar Cocodrilo estaba tan abarrotado que era imposible abrirse un hueco en la puerta para entrar. Ni siquiera pudo ver a su propietario, que andaría tras el mostrador sirviendo copitas de anís. Ignacio, entonces, sintió como un tirón en la carne y pensó en la Andaluza. Su «casa» se encontraba a doscientos metros, bifurcando a la derecha. ¡La Andaluza! Había ocultado, entre sus puercos colchones, a mucha gente de «derechas», a muchos propietarios de la provincia y a los hermanos Estrada. Ahora se resarcía, al parecer; pasaba factura y la tropa se la pagaba de buena gana. Las guerras terminaban siempre así: en las iglesias y en los prostíbulos. Y había guerreros —Ignacio era uno de ellos— que pasaban de un lugar a otro con matemática regularidad. Ignacio se desazonó más aún y bifurcó por la derecha. Siempre le ocurría lo mismo: había momentos en que se encontraba a gusto tirándolo todo por la borda, apenas sin transición y chapoteando. Por cierto, ¿qué habría sido de Canela? El barrio entero olía a mujer, olor que se apoderaba de los sentidos.

Tampoco pudo saludar a la Andaluza, aunque la vio un momento asomarse al balcón, con una flor en el pelo y un abanico cruzado por la bandera nacional. Pero no importaba. Había allí profusión de patronas recién instaladas y un enjambre de chicas de edad imprecisable. Una de éstas, milagrosamente solitaria y libre, llamó al muchacho desde un portalón y se le ofreció para leerle la buenaventura. Ignacio accedió. Abrió su mano derecha y la levantó a la altura de los lacios senos de la mujer. Ésta le dijo que sin duda él regresaba de un largo viaje y que ahora necesitaba «amores». Ignacio se rió. «Sí, es verdad. Los necesito.» «Pues sube conmigo, anda.»

Ignacio subió.

¡Dios, se equivocó pensando «que empezaba a estar de vuelta»! Por lo visto, la complejidad de la vida continuaba jugando a placer con él.

A las nueve en punto de la noche, entre bombillas vacilantes y olor a churros, se abría paso entre la multitud de la calle de la Barca y regresaba hacia el centro. No pensaba nada, se dejaba mecer como si fuese un muñeco que alguien hubiera sacado en una tómbola.

En la Rambla había «oficiales» de postín, de esos con polainas y varita de bambú. Subió al piso: la cena estaba preparada. La familia unida en torno a la mesa, bajo la lámpara reluciente. «¡Te vas a chupar los dedos, hijo! Te he preparado sopa de guisantes.»

—Un momento, voy al lavabo.

Ignacio permaneció medio minuto lo menos con la cabeza debajo del grifo. Luego regresó al comedor y ocupó su puesto. Su aspecto era de vencedor. «¡Ah, ja! ¡Sopa de guisantes marca Elgazu!»

La cena transcurrió con dulce armonía. Ignacio pensó en el frente. También allí, a menudo, minutos después de un bombardeo intenso, se hacía el silencio y de la tierra emanaba una gran paz. «Decididamente —se dijo— somos hijos de la tierra.»

Hubo intercambio de noticias. Él les comunicó que cobraría los atrasos del Banco, aunque el total no subiría mucho, pero se abstuvo de mencionar a Gaspar Ley. No quería que sonara en aquella casa el nombre de Ana María y que de rebote pudiera llegar a oídos de Marta. También les comunicó que en el Teatro Municipal pondrían *La Revoltosa*. Por su parte, Pilar le hizo saber que sus padres acababan de tomar una decisión insólita: a mediados de junio se irían al Norte. ¡Sí, sí, tal como lo oía! A mediados de junio tomarían un quilométrico y se irían a Bilbao, con parada en Pamplona para visitar a tía Teresa, a sor Teresa, que debía de sudar a mares con tanto almidón en la cabeza. Una vez en Bilbao, su padre se llegaría hasta Burgos, de donde se había recibido una carta angustiosa, firmada por su prima Paz. «Claro que, tal y como andan los trenes, Dios sabe si llegarán.»

Ignacio se quedó desconcertado. Miró a Carmen Elgazu, quien le guiñó el ojo diciendo: «¿Es que no tenemos derecho a una segunda luna de miel? Mañana tu padre pedirá permiso en Telégrafos.»

¡La abuela Mati, de Bilbao! ¡Paz Alvear, de Burgos! Ignacio exclamó: «¡Eso hay que celebrarlo.»

Terminada la cena, Ignacio se asomó al río, en el que se reflejaban las luces de enfrente. Eloy brotó a su lado e Ignacio, sin mirarlo, le acarició la cabeza. «¡Hola, renacuajo!»

Poco después, Ignacio dio las buenas noches y se retiró a su cuarto. Ya en la puerta, su padre le preguntó:

—¿Cuándo empiezas en Fronteras?

—Mateo me espera mañana a mediodía para acompañarme al Gobierno Civil.

Ignacio encontró sobre la mesa, plegado, un pijama nuevo, de color azul pálido. Lo desechó y se metió desnudo. La lamparilla de San Ignacio lo molestaba, e incorporándose la apagó de un soplo. Y se quedó dormido, soñando que el patrón del Cocodrilo iba adelgazando, adelgazando, hasta convertirse en una caña de bambú.

Toda la noche fue una pesadilla. Se despertaba sudando. Quería sentir remordimientos y no lo conseguía. «Los amores son una cosa natural.»

Por fin se despertó con un sobresalto distinto a los anteriores. Le había parecido oír un rumor y que la claridad del alba se filtraba por debajo de la puerta.

Se incorporó en la cama y se quedó sentado. No cabía duda. Se oía un rumor *in crescendo*, que procedía, al parecer, de la Rambla.

No supo a qué atribuirlo. Se levantó, se puso el pijama azul pálido y se dirigió al balcón, entreabriendo los postigos. ¡Por los clavos de Cristo! El rosario de la aurora. Una inmensa muchedumbre, compuesta sobre todo por mujeres, ocupaba toda la calle Platería y penetraba en la Rambla rezando el rosario en voz alta. En cabeza, el obispo, doctor Gregorio Lascasas, concentrado, la vista baja, acompañado por una pléyade de sacerdotes que Ignacio no conocía. Era el amanecer...

Ignacio se quedó como petrificado, pues la luz incierta de la hora enloquecía las caras de las mujeres que seguían al obispo rezando, abriendo las bocas como fauces, con las cuentas colgando. Todas llevaban mantilla negra.

—¡Tercer Misterio de Dolor! ¡La coronación de espinas de Nuestro Señor Jesucristo! ¡Padre nuestro, que estás en los cielos...!

La voz del doctor Gregorio Lascasas era rotunda y rebotaba contra las fachadas, en algunas de las cuales se leía: «Ni un hogar sin lumbre ni un español sin pan.» El obispo tenía aspecto de profeta. En los sillones del Café Nacional, un gato lo miraba con los ojos desorbitados.

Ignacio oyó pasos a su espalda: era su padre, Matías. Se le acercaba dulcemente, vistiendo un pijama idéntico al suyo. Las zapatillas, al arrastrarse, producían un susurro amable.

—¿Qué, has visto ya a tu madre?

Ignacio se volvió en redondo.

—¡Cómo! ¿Está ahí fuera?

—¿Tú qué crees? Salió a las cinco. Con Pilar, claro...

Ignacio abrió un poco más los postigos y volvió a mirar a la multitud, que pasaba ya delante de la casa. Imposible localizar, entre tantas fauces abiertas, los velos de Carmen Elgazu y de Pilar.

—Es muy difícil... Hay tanta gente...

Ignacio y Matías guardaron un largo silencio. Hasta que la procesión desapareció y la Rambla se quedó desierta, con sólo el gato asustado en la silla del Café Nacional.

Entonces Matías dijo:

—Mes de mayo, mes de la Virgen. ¿Comprendes, hijo?

—Sí, comprendo...

CAPÍTULO V

MUCHAS VECES, DESPUÉS de cenar, y una vez acostados los chicos, el Gobernador, camarada Dávila, se quedaba a solas con su mujer, María del Mar. Entonces, en zapatillas y mangas de camisa, se dedicaba a pensar tonterías, para desintoxicarse, mientras mascaba un caramelo de menta o de eucalipto, o se introducía en las narices en tubo de inhalaciones. En esos detalles, en la importancia que le concedía a respirar bien, contrayendo los músculos abdominales; en lo que gozaba andando; en su sentido de la orientación para saber la hora con sólo mirar al cielo, se veía que en los años de su infancia, vividos en el campo de Santander entre bosques y ganado, había aprendido a amar lo natural. Su familia poseía buen número de hectáreas de regadío. Él se marchó pronto a la ciudad, a estudiar; pero la tierra y los grandes espacios lo marcaron para siempre.

—Si tanto te gusta el paisaje, ¿por qué llevas gafas negras?

Era el tipo de razonamiento de María del Mar. En esas veladas nocturnas el Gobernador pasaba revista a los esfuerzos que realizaba su mujer para cumplir su promesa de no quejarse, de hacer lo imposible para adaptarse a la vida gerundense. Tales esfuerzos eran de agradecer, pero resultaban vanos. Aquella excursión a Tossa de Mar, con Pablito y Cristina, fue un éxito. El pueblo costero era en verdad precioso y desde la *Torre Vieja* el mar desplegado bañó por un momento el corazón de María del Mar de un júbilo de buen augurio. Asimismo la mujer acabó por admitir que las callejuelas de Gerona que encandilaban a su hijo y el panorama que se divisaba desde Montjuich o desde las Pedreras tenían su encanto, pero el balance era negativo. De temperamento dulce, lo que le permitía crear a menudo en el hogar un clima de afecto que era para todos fuente de felicidad, su añoranza persistía.

—¿Qué podría hacer yo, querida, para conseguir que estuvieras alegre?

—Déjalo, Juan Antonio. Ya se me pasará...

No era seguro. Porque, coincidiendo con estas crisis, le invadió de repente un temor contra el cual le resultaría todavía más difícil luchar: el temor a envejecer. Sí, el espejo le demostraba que las arrugas, las patas de gallo, eran ya realidades vivas en su rostro. Ello la desasosegaba de tal modo que sucumbió a la tentación de la limpieza. El Gobernador la veía andar de un lado para otro fisgando en todas partes, cambiando de sitio los objetos y quejándose. «¿Sabes, Juan Antonio, que ayer encontramos cucarachas en el cuarto de Pablito y en el baño? ¡Tuvimos que matarlas a escobazos!» «¡Juan Antonio! ¡Habrá que tomar otra cocinera! No sabe ni abrir una lata de conservas.» El Gobernador suspiraba. Pablito arrugaba el entrecejo. La doncella, una muchacha gallega de buena presencia, que se pasaba el día poniendo bolas de naftalina en los armarios, apretaba los puños y decía: «¡Brrrr...!»

Sin embargo, el estado de ánimo de María del Mar ofrecía sus ventajas. El viejo refrán: «No hay mal que por bien no venga.» Se le aguzó su sentido crítico. Se le aguzó hasta tal punto que el Gobernador sacó de él el máximo partido. En orden a sus responsabilidades era aquello preferible a tener al lado un muñeco que dijera que sí, o que lo adulara sistemáticamente. De suerte que el camarada Dávila, que por otra parte quería a su mujer lo mismo que antes, o tal vez más, le consultaba todo, lo grande y lo chico, para afinar la puntería. «¿Crees, María del Mar, que he de llamarle la atención al Delegado de Sindicatos? Me han dicho que cada día llega a la oficina a las diez.» «¿Te parece bien que ponga en la sala de espera unas cuantas revistas? ¿No parecerá la casa de un médico?»

María del Mar le daba siempre su opinión, y ésta solía ser certera. En cuestiones estrictamente políticas, no, porque el cargo que ostentaba su marido continuaba desagradándole y ello la privaba de la necesaria objetividad; pero, en cambio, su olfato para con las personas era infalible. «Juan Antonio, cuidado con el jefe de Obras Públicas. No sé por qué, pero no me gusta.» «¿Sabes a quiénes he visto hoy? A Mateo y a Marta. Son estupendos.» También acertaba en cuestiones de protocolo. Era inevitable organizar a menudo «cenas diplomáticas» y cada vez era preciso elegir con buen tino los comensales. Ahí María del Mar brillaba con luz propia. En la mesa no faltaba un detalle, el menú era siempre original y las bebidas eran servidas en el momento preciso. Todo el mundo salía encantado, haciéndose lenguas de las virtudes de ama de casa de la elegante María del Mar.

Todo eso tenía un valor y el camarada Dávila sabía apreciarlo: «Has estado magnífica. Y también lo has pasado bien, ¿verdad? ¡Hay que ver cómo te reías!»

¡No, eso no! María del Mar era poco sociable. Cada reunión le exigía un esfuerzo ímprobo. Prefería con mucho la intimidad familiar. «A mí lo que de verdad me apetece es estar contigo y poderte morder cuando quiera el lóbulo de la oreja...»

A veces el Gobernador se enfurruñaba oyendo estas cosas, pues entendía que un exceso de mordeduras en el lóbulo de la oreja podían distraerle de sus obligaciones. María del Mar, ante la objeción, dejaba constancia de su temperamento. «¿Qué quieres que te diga? No soy tu asistente. Soy tu mujer.» O bien: «Ya sé que eres un totalitario. Pero eso no cuenta para mí.»

Bueno, no llegaba la sangre al río... La buena crianza los ayudaba a cancelar, a veces hermosamente, las situaciones tensas. Más aún: no era raro que esos forcejeos al amor del aire tibio, precursor del verano, que entraba por los ventanales del caserón del Gobierno Civil, le sirvieran al camarada Dávila para tomar decisiones importantes.

—Es curioso... ¡Se me acaba de ocurrir...!

—¿Qué, cariño?

—No, nada...

El camarada Dávila sonreía. ¿Cómo era posible que la indiferencia de su mujer por los problemas que afectaban a su cargo, en un momento dado pudiera convertirse en estímulo?

—¿Por qué dices «nada»? Anda, sé bueno y cuéntame lo que te propones.

—¿Para qué? —El Gobernador echaba la cabeza para atrás, voluptuosamente—. Moisés, para recibir las Tablas de la Ley, quiso estar solito...

María del Mar sonreía a su vez.

—Sí, de acuerdo. ¡Pero fíjate lo que le ocurrió! Al bajar del monte se encontró con que su pueblo adoraba becerros de oro...

* * *

Eso era exactamente lo que el camarada Dávila quería evitar: que el pueblo adorase becerros de oro. Para ello estimó condición indispensable no adorarlos él. De ahí que, a lo largo de los tres meses transcurridos desde su toma de posesión, su principal empeño consistiese en conocer de punta a cabo la zona sometida a su mandato, y sus problemas. «A Dios rogando y con el mazo dando.»

Recabó, naturalmente, los consabidos informes de organismos tales como la Delegación de Industria, la Cámara de Comercio, etcétera; pero consideró que el único medio auténticamente eficaz era la realización de aquel propósito inicial: visitar pueblo por pueblo, municipio por municipio, la provincia de Gerona.

Esa gira directa fue llamada por el camarada Dávila, humorísticamente, *Visita Pastoral*, y sus acompañantes más asiduos fueron Mateo, el notario Noguer, el profesor Civil y José Luis Martínez de Soria. Sin contar con el insustituible camarada Rosselló, en su calidad de chófer y secretario, quien le había pedido permiso para colgar en el parabrisas del coche un monigote gordinflón que se había puesto a la venta y que representaba a un gendarme francés.

Cabe decir que el mayor de los éxitos premió la gestión del camarada Dávila. Por doquier fue recibido con entusiasmo, y no sólo por parte de los alcaldes y concejales que nombraba al paso, sino por toda la población. En algunos lugares le ocurrió que las mujeres lo obsequiaron con cestas de fruta; y en Santa Coloma de Farnés un viejo artesano, que vivió toda la guerra oculto en el monte, le hizo entrega de un precioso bastón tallado en madera, en el que había grabado el escudo de Gerona.

—Pero ¡los catalanes sois una joya! —exclamaba el Gobernador—. ¡Estáis reaccionando como si hubiera sonado el tambor del Bruch!

Miguel Rosselló comentaba:

—Es que ha sonado de verdad ese tambor, camarada...

A lo largo de la gira el Gobernador se comportó de acuerdo con su idiosincrasia. En los pueblos no se limitaba a contemplar desde el balcón la plaza Municipal. Apenas había dado posesión de sus cargos a los componentes del Ayuntamiento, les decía:

—¿Y si nos diéramos una vuelta a pie por las afueras?

Las autoridades locales se miraban.

—¡No faltaría más, Excelencia!

—Llamadme camarada, por favor...

Esa vuelta a pie por las afueras podía muy bien prolongarse durante dos y tres horas a pleno sol. El alcalde y los concejales sudaban la gota gorda, pero por nada del mundo hubieran decepcionado a la primera jerarquía de la provincia. Sonreían. Sonreían una y otra vez, aunque confiaban en que la próxima *Visita Pastoral* no tendría lugar hasta el año siguiente. Y entretanto procuraban satisfacer, en la medida de lo posible, la insaciable curiosidad de que hacía gala el Gobernador.

—¿Cómo le llaman ustedes a aquel montículo?

—El montículo de las Perdices. Hay muy buena caza... ¡Bueno! Debió de haberla en otros tiempos...

—¿Y este arroyuelo?

—Nosotros lo llamamos La Muga.

—¿Hay truchas?

—Pues... pocas.

Al camarada Dávila le llamaron mucho la atención la prestancia de las masías catalanas, que elogió sin reservas, la forma de los pajares, con un orinal encima del palo y los diversos sistemas de acequias empleados. Llevaba consigo siempre la máquina fotográfica y no desperdiciaba ocasión de utilizarla. Huelga decir que la disparó reiteradamente en los lugares en que había alcornoques, habida cuenta de que todo lo referente al corcho le era prácticamente desconocido.

—¡Qué bien huele esto, qué bien!

Esos viajes del camarada Dávila lo confirmaron en su primera impresión: se encontraba en uno de los más privilegiados pedazos de España. Gerona era, de extremo a extremo, un prodigio de variedad y una admirable demostración de que los gerundenses habían conseguido, merced a su laboriosidad, convertir su bella tierra en una fuente inagotable de riqueza. Gerona formaba un mundo completo, tal y como rezaban los manuales escolares. Naturalmente, ahora todo parecía desmantelado y tristón, con repentinos toques de huida precipitada. De pronto, junto a una hilera de olmos y un río, aparecían huellas de la guerra, o basuras hediondas o una vieja solitaria cuya lengua se habían comido los soldados al pasar. Pero el camarada Dávila tenía imaginación para saber que tal estado de cosas era provisional y que en breve plazo los caballos volverían a relinchar en las cuadras y las vacas a rumiar por entre la filosófica hierba.

Sus acompañantes de turno, mientras regresaban a la capital, lo incitaban, como es lógico, a que manifestara su parecer. Y el Gobernador no se hacía de rogar. Estaba llegando a determinadas conclusiones y las exponía con franqueza.

—Me impresiona el equilibrio de la provincia. Forman ustedes una comunidad equilibrada. ¡Y mucho más sentimental de lo que imaginé! ¡Oh sí! Son ustedes sentimentales, a pesar de las fábricas. Una palabra cariñosa, y se les hace la boca agua. Y, desde luego, me encanta el sentido familiar que preside su forma de vivir. Esto es notable. Notable desde cualquier punto de vista.

En cierta ocasión, al regreso de la Cerdaña, zona bucólica donde el Gobernador apadrinó el bautizo de varios niños nacidos durante la guerra, siendo luego obsequiado con un espléndido banquete, seguido de un repertorio de canciones y poesías, comentó, con la mejor de las intenciones:

—Otro rasgo evidente es cierto infantilismo que se conserva en estas comarcas. ¡Con qué facilidad se ríe la gente! Mateo tiene razón, no cabe duda: hay que gobernar esto con sentido paternalista.

El profesor Civil, al oír este comentario, se creyó en el deber de emitir su juicio. Por descontado, ese infantilismo existía, así como existían el espíritu familiar y la faceta sentimental. No obstante, se permitía aconsejar al Gobernador que meditara con calma las consecuencias extraídas por Mateo. Mateo era muy inteligente, pero joven al fin y al cabo. En primer término, el Gobernador no debía olvidar que esa comunidad equilibrada podía también engendrar monstruos, como muy bien quedó demostrado durante el período «rojo». En segundo término, las circunstancias en que él trataba a aquella gente debían considerarse de emergencia, dado que su visita equivalía un poco a la Fiesta Mayor, para la cual todo el mundo se pone el mejor traje o, dicho de otro modo, se disfraza. De suerte que decidirse a gobernar bajo el signo del paternalismo podía resultar peligroso... No, la comunidad gerundense, por llevar a la espalda el peso de una inmensa tradición y por haber conocido pruebas muy duras, a la larga opondría resistencia a una sumisión de ese tipo. La evolución previsible, a su entender, era ésta: los gerundenses despertarían pronto de su estado de beatitud y entrarían irremisiblemente en una etapa de rabiosa ambición. Querrían resarcirse de las calamidades pasadas. El bebé se convertiría en poco tiempo en un mozo adulto, obsesionado por un propósito: trabajar. Sería preciso, pues, darle medios para ello, para que las bóvilas volvieran a cocer ladrillos y para que los arroyuelos como La Muga produjeran energía eléctrica y no truchas. Dicho de otra manera, si las palabras cariñosas no recibían el espaldarazo de las obras, las mujeres de la provincia, en vez de regalarle a él cestas de fruta, les dirían a sus hombres: «El Gobernador es muy simpático, pero no encaja aquí. Debería volverse a Santander, que es su ambiente y cuyas necesidades le resultan más conocidas.»

El Gobernador se quedó de una pieza. Sólo el respeto que le inspiraban la blanca cabellera del profesor Civil y los conocimientos históricos que éste poseía le impidieron contestar lo que le vino a las mientes. Consiguió dominar su impulso y guardó un largo silencio, durante el cual casi deseó volver a fumar, como fumó durante la guerra. Por fin, volviéndose hacia el notario Noguer, que parecía adormilado pero que no se había perdido una sílaba, dijo:

—Esto es muy interesante. Muy interesante... ¿Opina usted lo mismo que el profesor Civil, mi querido notario Noguer?

Es de destacar que sus dos acompañantes, junto con «La Voz de Alerta», eran las únicas personas a las que el Gobernador no se había atrevido a tutear.

El notario Noguer hizo como que se espabilaba, y mientras acariciaba la pelusilla del sombrero gris que sostenía en las rodillas, contestó:

—Opino exactamente igual, señor Gobernador. Y le diré más. Mi impresión es que ese espíritu de colaboración que encuentra usted ahora... es esporádico. ¡Bueno, no querría decepcionarlo! Pero hay realidades que no se pueden escamotear. Piense usted que este pueblo ha sido tocado en lo que más quería. Se le ha prohibido bailar sardanas; sus orfeones no pueden cantar en el idioma propio; los periódicos que se le dan dicen todos lo mismo; el programa único ha acabado con la polémica y la discusión, aficiones muy arraigadas entre nosotros; sabe que todas las órdenes emanan de Madrid... En fin, mi estimado amigo. Considero que todo esto acarreará problemas, que es cierto que la única válvula de escape será la avidez de trabajar y que la tarea de usted va a ser más compleja que mecer un niño en la cuna.

El camarada Dávila se dio cuenta de que había herido algo profundo. Sin embargo, no le importó, pues entre sus deberes no figuraba el de hacer masaje con polvos de talco. En cambio sí le importó la ironía subyacente bajo las palabras del profesor Civil primero y las del notario Noguer después. Y la incomprensión que éstas demostraban para con los postulados que él, con su camisa azul, representaba.

—Gracias por sus consejos, caballeros —dijo, sacando su tubo de inhalaciones—. Por lo visto les ha pasado a ustedes inadvertido que desde que llegué a esta provincia no he hecho más que esto: procurar localizar los problemas, creer que son y serán muy duros y que resolverlos exigirá en cualquier caso un esfuerzo titánico. ¡Claro, la máquina fotográfica me da aspecto de turista! En fin... Pero lo peor de todo es que hayan sentido ustedes la necesidad de advertirme que esta amable comunidad querrá trabajar y que reclamará nuestra ayuda. Aparte de que, si mal no recuerdo, en cierta ocasión le dije a nuestro querido chófer, el camarada Rosselló, que en lo único que yo tenía fe era en los hechos —en las carreteras, en los embalses, en los buenos trenes—, resulta que la idea de producir es la piedra angular de nuestro sistema doctrinal; sobre todo el de los que, como mis tres hermanos y yo, los cuatro Dávila, procedemos de las JONS. Pero es que, además, parece ser que pronunciar aquí la palabra paternalismo es la ofensa más grave que un gobernante puede cometer... ¡Bien, señores! Cartas boca arriba. Su intervención me ha demostrado más que nunca que necesitan ustedes de esa protección. En primer lugar, porque yo no creo en las comunidades adultas, por mucha tradición que tengan. La masa es masa en cualquier parte, aquí y en Almería, con sólo diferencias de matiz. Y en segundo lugar, porque la experiencia de que el padre sea el pueblo y el bebé la minoría cultivada ya la hicimos, con los resultados conocidos. Así que, si ustedes me lo permiten, continuaré en mis trece, y mientras tanto, contemplaré el hermoso panorama que nos rodea.

Dicho esto, el Gobernador miró por la ventanilla el paisaje que desfilaba en aquellos momentos a ambos lados de la carretera. El coche descendía precisamente por los repechos de la llamada Costa Roja, ya cercana a Gerona, uno de los lugares preferidos por los milicianos de la FAI para llevar a cabo sus fusilamientos. El sol agonizaba y la tierra era una llama.

El notario Noguer y el profesor Civil estaban anonadados. Jamás sospecharon levantar semejante polvareda. También ellos se habían convencido más que nunca de algo: de lo expuesto que resultaba ponerle objeciones a un hombre acostumbrado a mandar, aun cuando ese hombre, en muchos momentos, se mostrara de lo más campechano y presumiera de «tener las puertas abiertas para todo el mundo» y de creer que resultaba extremadamente útil «escuchar a los demás».

* * *

Tal vez ambas partes tuvieran razón. El notario Noguer y el profesor Civil no habían puesto en sus intervenciones ironía de mala ley; de acuerdo. Pero era también cierto que no podía achacársele al Gobernador optimismo excesivo ni la menor sombra de frivolidad. ¡Oh, no, el Gobernador no vivía en el limbo! Para cerciorarse de ello bastaba con repasar sus actividades en la última quincena transcurrida.

Aparte la gira realizada por los pueblos —su *Visita Pastoral*, que iba tocando a su fin—, había tomado contacto directo con las dos personas últimamente llegadas a Gerona con la misión de resolver dos de los rompecabezas más vitales y complicados que la provincia tenía planteados: la Sanidad y la Enseñanza Primaria. Y lo había hecho consecuente con su método de trabajo: dialogando con dichas personas, observándolas y pisando por sí mismo el terreno en que una y otra debían producirse.

Vale decir que en los dos casos quedó satisfecho sólo a medias.

El Inspector de Sanidad, nombrado también Director del Hospital Provincial y, accidentalmente, del Manicomio, era el doctor Maximiliano Chaos, de Cáceres. El Gobernador lo recibió primero en su despacho y luego lo visitó en el Hospital. Hombre elegante, de unos cincuenta años de edad, se pasó toda la guerra en la zona «nacional», operando en los quirófanos de retaguardia a heridos alemanes e italianos. Parecía muy competente y activo, aunque tenía un tic que ponía nervioso al Gobernador: hacía crujir los dedos de las manos. Era como una música de fondo mientras hablaba: *crac-crac*. Por si fuera poco, llevaba siempre un perro de lanas, grande y negro, atado a una correa, al que, sin que se supiera por qué, llamaba *Goering*.

En la entrevista celebrada en el Gobierno Civil no hablaron más que de generalidades; pero en la visita del camarada Dávila al Hospital la cosa fue más seria. El camarada Dávila se quedó estupefacto ante el espectáculo que ofrecían los enfermos allí internados y los datos que le suministró el doctor Chaos. Epidemia de sarna; vientres hinchados, de los que se extraían increíbles cantidades de serosidad; rostros con tres manchas —una en la nariz y dos en ambas mejillas— que por formar un triángulo recibían el nombre de «mariposa»; etcétera. Y muchas depresiones, y muchos ataques epilépticos...

—Pero, doctor... ¡esto es algo horrible!

El doctor Chaos, acostumbrado a ver calamidades, iba recorriendo las distintas dependencias con aire puramente profesional.

—Lo normal en una guerra, ¿no es cierto? También hay que registrar una serie de suicidios.

El Gobernador se tocó las gafas en signo de preocupación. Claro, allí no se trataba de especulaciones, siempre discutibles; tratábase de una estremecedora realidad.

Lo que ocurría era que esta realidad no casaba con el esquema de deseos del Gobernador. ¡Depresiones, ahora que la paz había llegado! ¡Epilepsia, cuando todo invitaba a la serenidad! ¡Suicidios, cuando en España *empezaba a amanecer*!

—Como verá usted —dijo el doctor, interrumpiendo los pensamientos del Gobernador—, aquí carecemos de todo. ¡Y en el Manicomio no digamos! Aunque espero que de allí me releven pronto, pues yo soy cirujano y no psiquiatra. Confío, señor Gobernador, en que hará usted todo lo posible para que nos manden medicamentos, vendas y, por supuesto, un buen aparato de Rayos X. También convendría que alguien indicara a esas monjitas que el señor obispo me ha enviado, la conveniencia de que hojearan, si es que la capilla les deja algún rato libre, algún Manual elemental de esos que suelen estudiarse las enfermeras.

El Gobernador salió del Hospital hecho un lío, posponiendo para otro día la visita al Manicomio. «Lo normal después de una guerra, ¿no es cierto?» Esas palabras sonaban en sus oídos; esas palabras y el *crac-crac* de los huesudos dedos de las manos del doctor, el cual lo acompañó hasta la puerta, desde donde lo saludó con un gesto de gran señor, para dirigirse acto seguido a tranquilizar a su perro, *Goering*, que correteaba por allí nervioso en extremo.

El camarada Dávila, mientras regresaban al Gobierno Civil, barbotó para sí:

—Hay algo extraño en ese hombre; pero no sé lo que es.

Al entrar en la calle de Ciudadanos, le dijo bruscamente a Miguel Rosselló:

—Oye, aguarda un momento. Llama por teléfono a la Inspección de Enseñanza Primaria y pregunta por el Inspector Jefe. Si está allí, dile que vamos a verle.

—*Okey*.

El camarada Rosselló se apeó y llamó. El Inspector estaba en su despacho.

—Pues andando.

El Gobernador se había acordado de que el hombre, llegado a Gerona hacía lo menos una semana, había llamado ya dos veces lo menos solicitándole audiencia. Pensó que era mucho mejor entrevistarse con él en su feudo, un destartalado piso de la calle del Norte, en el que había vivido la Valenciana.

—¿Te acuerdas de cómo se llama?

—Sí. Agustín Lago.

—Bonito nombre.

El Inspector Jefe se había tomado la molestia de bajar la escalera a esperar al Gobernador. Éste se apeó del coche y al primer golpe de vista le echó al Inspector unos treinta y cinco años de edad y pensó que de su frente emanaba un halo de nobleza.

—Mucho gusto en conocerlo, señor Gobernador.

—Igualmente, camarada Lago.

—¿Quiere usted subir?

El Gobernador hizo un gesto que significaba: «Estoy dispuesto.»

El Inspector se apartó a un lado para cederle el paso y en ese momento el camarada Dávila se dio cuenta de que a su anfitrión le faltaba un brazo. Su manga izquierda flotaba.

—¿Caballero mutilado? —preguntó, antes de abordar la oscura escalera.

—Así es. En la batalla de Belchite.

Mientras subían, el Gobernador, en tono más cordial que antes, dijo:

—Si no te importa, preferiría que nos tuteáramos.

—Me parece muy bien —aceptó Agustín Lago.

El despacho estaba en mantillas, a excepción del Crucifijo y de los retratos de rigor. Sobre la mesa, un montón de carpetas y un fichero de mano, con cartulinas verdes. Y una máquina de escribir alta y pesada, sin duda extraída del Servicio de Recuperación.

—No puedo ofrecerte nada de beber.

—No importa.

El Gobernador miró de frente, con atención, a su interlocutor. Éste parecía un tanto intimidado. Llevaba gafas bifocales y sus modales eran tan correctos, tan mesurados, que casi rozaban la asepsia. Tal vez ello se debiera a la amputación del brazo, puesto que al hombre se le veía constantemente preocupado por ocultar su manga hueca.

El camarada Dávila se enteró, gracias al interrogatorio previo, de que el camarada Lago era de Ciudad Real y de que su nombramiento no tenía nada que ver con su hoja de servicios, sino que correspondía a los estudios que antes de la guerra había cursado en la Escuela Superior del Magisterio, en Madrid. También supo que había llegado solo, sin familia —lo mismo que el doctor Chaos— y que de momento se había instalado en una modesta pensión de la plaza de las Ollas.

A la media hora de conversación el Gobernador se dio cuenta de que Agustín Lago era persona culta y capaz. El vocabulario que empleaba no mentía, así como su capacidad de síntesis. Por lo demás, dio pruebas de conocerse al dedillo sus obligaciones, lo que satisfizo en grado sumo al camarada Dávila. ¡Era tan importante aquel cargo! Porque, si la salud física era el soporte necesario, tanto o más lo era la formación intelectual de las nuevas generaciones.

—Debo proponer a Madrid el nombramiento de varios inspectores provinciales. Cuatro lo menos. Pero me encuentro con que no conozco aquí a nadie.

—No te preocupes. Le diré al Jefe del SEM que te facilite los nombres.

Por supuesto, debía también revisar, y en ello estaba —señaló las carpetas y el fichero de la mesa— la tarea efectuada hasta entonces por la Comisión Depuradora de los maestros.

—¿Qué tal la labor de esta Comisión?

—Excelente. Los pliegos de cargos están casi completos...

—¿Qué sanciones son de prever?

—Tengo la impresión de que la mitad lo menos de los maestros de la plantilla profesional deberán ser separados del servicio.

El Gobernador, siguiendo su costumbre, contrajo los músculos abdominales.

—¿Tanto como eso?

—Por lo visto —explicó el Inspector Jefe—, los famosos David y Olga, cuyos nombres aparecen en todos los informes, ejercieron una influencia decisiva en toda la provincia.

—Sí, ya lo sé.

El Gobernador estimó que acababa de recibir una mala noticia. ¡El cincuenta por ciento! ¿Qué ocurriría cuando, en octubre, se reanudase la vida escolar? Aparte de que muchos pueblos se quedarían automáticamente sin maestro, en las localidades importantes, y no digamos en la capital, se apoderarían del terreno libre los colegios religiosos, los cuales andaban preparándose con ímpetu extraordinario, al apoyo de una serie de privilegios estatales.

Agustín Lago no comprendió que al Gobernador lo afectase este último aspecto de la cuestión.

—Los colegios religiosos constituyen una garantía, ¿no es así?

—En mi opinión, no —replicó tajante el camarada Dávila—. Me refiero a la enseñanza en general, claro está. Me temo que los alumnos se pasen el día rezando padrenuestros y cantando salves, y que en cambio las matemáticas, la geografía y demás queden relegadas a un plano secundario. —En vista de que el Inspector Jefe continuaba asombrado, concluyó—: Conozco el paño, mi querido amigo. Cuando quemamos iglesias, las quemamos. Pero cuando toca salvar el alma, entonces lo demás puede irse al carajo.

Sin perder la compostura, Agustín Lago hizo patente su disconformidad. Personalmente consideraba que podía hallarse el justo medio, que los alumnos podían ser adiestrados simultáneamente en el estudio y en la fe. «Con permiso, vamos a emplear el tópico: lo cortés no quita lo valiente.»

El Gobernador hizo un mohín escéptico, que se acentuó todavía más al oír de labios de su interlocutor que al pronto el Ministerio había retirado de la circulación todos los libros de texto utilizados en Cataluña, incluso los vigentes antes de la guerra, a excepción de un tratado de Ortografía.

—¡Vaya, menos mal! —exclamó el Gobernador al oír esta salvedad. Luego añadió—: ¿Ni siquiera los libros de ciencia pueden ser aprovechados?

Agustín Lago se mordió el labio.

—Por lo visto hay quien opina que la ciencia puede interpretarse de muchas maneras... —Luego añadió—: Y además, su aprobación depende también de Madrid.

El camarada Dávila, pensando que hasta octubre habría tiempo sobrado para fiscalizar todo aquello de cerca, dio un viraje al diálogo, intentando llevarlo de nuevo al terreno personal. Agustín Lago lo había intrigado. Por un lado, daba la impresión de sentirse muy seguro, de haber filtrado con tiempo sus convicciones; por otro, de pronto se ruborizaba, sin motivo aparente. Su voz chocaba también un poco. No correspondía a su condición de caballero mutilado. Era una voz aflautada, de escasos registros. ¡Y aquellos modales, tan correctos! Llevaba un traje gris, impecable, camisa blanca, con cuello almidonado, y muy pequeño el nudo de la corbata.

¿Qué habría detrás de aquellas gafas bifocales y de aquellos rubores? ¿No resultaría el camarada Lago un beato de tamaño natural?

—Permíteme una pregunta. ¿Eres soltero?

—Sí.

El escarceo que siguió fue intrascendente y llegó la hora de despedirse.

—Cuenta conmigo. Te ayudaré cuanto pueda.

—Muchas gracias.

Camino del Gobierno Civil, el camarada Dávila le dijo a Miguel Rosselló:

—¡Lástima que no hayas subido! Me hubiera gustado conocer tu opinión sobre nuestro hombre.

Miguel Rosselló alzó los hombros. El gordinflón monigote del coche, que representaba un gendarme francés, pareció sonreír.

Aquel mismo día el camarada Dávila abrió una investigación que lo condujo a obtener, en un plazo de tiempo mínimo, una serie de datos sobre la personalidad de Agustín Lago.

Poca cosa, de momento; pero lo bastante para tener una orientación.

«Primogénito de una familia acomodada de la Mancha. Conducta intachable. Oposiciones brillantes. Miembro de una institución minoritaria llamada Opus Dei, de reglamento ignorado. En la modesta habitación de la fonda ha colgado una inscripción que dice: *Amaos los unos a los otros, que en esto reconocerán que sois mis discípulos.*"»

El Gobernador se quitó las gafas negras y procedió a limpiar con lentitud los cristales. ¿Qué clase de colaborador le había tocado en suerte? ¿Bastarían una frente noble y una manga flotante para formar intelectualmente a las nuevas generaciones?

Por la noche le dijo a su mujer:

—¿Sabes que he conocido al Director del Hospital y al Inspector Jefe de Enseñanza Primaria? Dos tipos interesantes...

María del Mar comprendió. Se encontraba en el lavabo, cubriéndose la tez con una pomada blancuzca que le daba aire de espectro.

—Invítalos a cenar. Para el sábado, por ejemplo...

—Gracias, nena. Eres un tesoro.

* * *

Naturalmente, las actividades desarrolladas por el Gobernador en aquellas fechas abarcaban también otros campos. Uno de ellos, sumamente engorroso, era la campaña de moralización iniciada por el señor obispo.

El camarada Dávila tenía muy presente su promesa de permanecer al margen de los asuntos religiosos. Sin embargo, dicha campaña le parecía tan exagerada que estudiaba la forma de meter baza en ella. Mateo, cuya ventaja estribaba en que no se dejaba influir por sentimientos localistas, compartía totalmente, en ese punto, la preocupación del Gobernador.

Y es que ya no se trataba de las publicaciones del obispado, anacrónicas a todas luces, ni del tono empleado en los púlpitos, tono que «ponía literalmente los pelos de punta». Se trataba de que el doctor Gregorio Lascasas se mostraba dispuesto a mantener las conciencias en un constante estado de alerta, a cerrar la diócesis a cal y canto.

Las disposiciones emanadas del Palacio Episcopal eran,

ciertamente, conclusivas. Las mujeres no podrían entrar en la iglesia sin llevar medias. Las mangas cortas, la falda corta y, por supuesto, los escotes, serían considerados «provocación grave». Prácticamente quedaban prohibidos los bailes, sobre todo en los pueblos, y en la piscina de la Dehesa debería implantarse la separación de sexos. Llegado el verano, en las playas la gente, al salir del agua, debería cubrirse con el albornoz, a cuyo efecto parejas de la Guardia Civil prestarían la debida vigilancia. Los empresarios de los cines serían responsables de los escándalos que pudieran producirse en el oscuro patio de butacas. Los sacerdotes quedaban facultados para llamar la atención por la calle a quienquiera que «atentara contra la honestidad». Etcétera. El camarada Dávila, que en cuestión de mujeres siempre decía «que a nadie le amarga un dulce», consideró aquel juego extremadamente aventurado.

—¡Sí, ya lo sé! Concluí un pacto con el obispo. Me encuentro atado de pies y manos. No obstante, he de hacer algo... He de demostrar de algún modo mi disconformidad.

La ocasión se le presentó con motivo del más drástico de los proyectos del doctor Gregorio Lascasas: cerrar las casas de prostitución. El Gobernador Civil entendía que la medida era contraproducente y que la posguerra exigía determinados desahogos que no se podían bloquear de un plumazo. Así, pues, se opuso a ello. Se negó en redondo mediante un oficio en el que estampó todos los sellos de que disponía en el Gobierno Civil. Y al tiempo que lamía el sobre para enviarlo inmediatamente a Palacio, le dijo a Mateo:

—Lo que son las cosas. A mí la prostitución me parece una obra tan oxigenante que si de mí dependiera le concedería a la Andaluza la Medalla de Beneficencia.

Otro capítulo que lo preocupaba, pero en el que tampoco podía intervenir como hubiera deseado, era el de la Justicia. Estaba enterado de la forma en que actuaba Auditoría de Guerra y de los «trabajillos» que llevaba a cabo la brigadilla Diéguez, aquella que tenía aterrorizado a la Torre de Babel. Ahí echó mano de sus muy cordiales relaciones con el Jefe de Policía, don Eusebio Ferrándiz, persona ponderada, que lo apoyó desde el primer momento en nombre de la ortodoxia profesional. No puede decirse que obtuviera grandes éxitos; sin embargo, tampoco luchó en vano. Por ejemplo, consiguió que varias personas cuyo único delito consistía en haber hecho durante la guerra pinitos literarios en *El Demócrata* y en alguna revista, fueran puestas en libertad. Si bien la gestión moderadora que mejor le salió fue la atañente a los hermanos Costa, los célebres ex diputados de Izquierda Republicana. El Gobernador se interesó por ellos, haciendo hincapié en que eran hermanos de Laura y habían colaborado en Marsella con el notario Noguer, y obtuvo la promesa formal de que en cuanto regresasen de Francia, como por lo visto tenían proyectado, «serían juzgados con buena disposición de ánimo».

En cambio, nada pudo hacer en favor del doctor Rosselló, el padre del camarada Rosselló, lo cual provocó una situación dramática. En efecto, el día en que el muchacho se decidió a confesarle que tenía a su padre escondido en casa y que era preciso salvarlo, el camarada Dávila, después de tragarse sin mascar uno de sus caramelos, le dijo: «¿Qué puedo hacer, amigo mío? Tu padre era masón y la Ley de Responsabilidades Políticas es tajante al respecto. Lo es tanto, que preferiría que tu padre hubiera robado un par de caballos de la guardia mora de Franco. ¿Comprendes lo que quiero decir?» El camarada Rosselló asintió con la cabeza. «Sí, claro...» Y el muchacho casi se echó a llorar.

En resumen, el camarada Dávila no se concedía tregua y demostraba arrestos para pechar con cuantas dificultades se le presentasen. Lo curioso era que el juicio emitido por el notario Noguer y el profesor Civil, en el sentido de que ponerle pegas a un hombre acostumbrado a mandar era perder el tiempo, no tenía vigencia en cuanto el Gobernador traspasaba la puerta del hogar. Dentro, se mostraba precisamente cada vez más vulnerable, hasta el extremo que ya no se limitaba a pedirle a su esposa, María del Mar, la opinión que le merecían las personas que iban conociendo o que colaboraban con él directa o marginalmente. ¡Ahora les pedía la opinión incluso a sus hijos, a Pablito y a Cristina! Lo que se justificaba a sí mismo con el argumento de que todos los niños del mundo, pero especialmente los suyos, gozaban de un sexto sentido que les permitía detectar lo bueno y lo malo, muchas verdades escondidas.

Este hábito, revelador de una íntima vacilación, se evidenció claramente al término de la gran fiesta que con motivo de su cumpleaños organizó en el Gobierno Civil. Acudieron al acto gran número de invitados —entre ellos, el apuesto capitán Sánchez Bravo, hijo del general, ya incorporado a la guarnición gerundense—, y Pablito y Cristina cumplieron con soltura y clase su tarea de ayudar a su madre en atenderlos, animando con su presencia la velada.

Pues bien, acabado el festejo, cuando la familia se quedó sola, el camarada Dávila se dirigió a Pablito y con aire alegre, como quitándole importancia a la cosa, le dijo:

—Vamos a ver, hijo. ¿Cuál es la persona que menos te ha gustado de todas las que han venido esta tarde?

Pablito, que crecía desmesuradamente y que tenía el pelo rubio como Cristina, pero mucho más rebelde, contestó sin vacilar:

—El doctor Chaos.

El Gobernador quedó pensativo. Y seguidamente añadió:

—¿Y la que te ha gustado más?

Tampoco esta vez vaciló el muchacho.

—Manolo —contestó.

¡Santo Dios! El Gobernador irguió el busto y por un momento su silueta fue jocosa. Pablito se refería a uno de los tenientes jurídicos de complemento que ejercían en Auditoría de Guerra —por tanto, compañero de José Luis Martínez de Soria—, llamado Manuel Fontana, de Barcelona, y con el que, lo mismo él que María del Mar, habían coincidido últimamente en varias ocasiones.

La sorpresa del Gobernador se debió a que dicho teniente, conocido familiarmente por Manolo, apenas si estuvo quince minutos en la reunión y porque la opinión de Pablito coincidía plenamente con la de María del Mar, quien la víspera le había dicho: «¿Sabes una cosa? Ese muchacho, Fontana, es una joya. Ojalá se quitara el uniforme y te ayudara en el Gobierno Civil.»

El camarada Dávila, que no salía de su asombro, insistió:

—Dime, Pablito. ¿Por qué te ha gustado tanto Manolo, si puede saberse?

—No lo sé, papá. Es muy simpático...

Simpático... ¿Era eso una respuesta? ¿Debía valorarse la simpatía con vistas al equipo de colaboradores de que el Gobernador quería rodearse?

El camarada Dávila puso la mano en la cabeza de su hijo y le alborotó el pelo más aún. A veces sentía tan hondamente que aquel pedazo de carne era suyo, que se le humedecían los ojos. ¡Ah, en cambio Pablito, aunque alegre, era muy concreto, y mucho menos sentimental que los gerundenses de la zona idílica de la Cerdaña! Se pasaba el día leyendo, leyendo cuantos papeles impresos caían en sus manos. Un tanto excesivo para su edad. El camarada Dávila lo hubiera preferido más frívolo, más inclinado a expansionarse; pero era inútil. El único juego que le gustaba a Pablito era el billar. Por fortuna, había uno en la casa, que se trajeron de Santander y en el que de vez en cuando padre e hijo libraban duras batallas, pues el Gobernador opinaba que el billar era un ejercicio disciplinante, que estimulaba al mismo tiempo la imaginación y el rigor, con la única desventaja de que «a menudo obligaba a levantar ridículamente la pierna derecha».

—¿Y tú, Cristina? ¿Con quién lo has pasado mejor en la fiesta?

Cristina, que sostenía entre las manos un conejillo de trapo —los animalillos de trapo la chiflaban tanto como los libros a Pablito—, cerró por espacio de unos segundos graciosamente la boca y luego respondió:

—Contigo, papá...

¡Ah, no! Aquello era demasiado. El Gobernador se emocionó más de lo debido. La familia era un peligro, tanto o más grave que las mangas cortas y los escotes. Si no conseguía domeñar su universo afectivo, estaba perdido.

—No seas tonta, Cristina. Me refiero a los invitados.

La niña se echó a reír.

—Pues, de los invitados..., doña Cecilia.

—¿Es posible?

Sí, lo era. Doña Cecilia era la esposa del general. Por lo visto estaba tan contenta con la llegada de su hijo, el capitán Sánchez Bravo, que no sólo se extralimitó un poco en la fiesta bebiendo champaña, sino que sostuvo con Cristina un largo diálogo, contándole que, si un día llegaba a ser rica, se compraría muchos sombreros y muchos collares.

—¿Y por qué te ha gustado tanto doña Cecilia, vamos a ver?

Cristina tiró al aire el animalejo con que jugueteaba y dijo:

—Porque cuando sonríe se parece a este conejillo.

CAPÍTULO VI

«LA VOZ DE ALERTA», por su condición de alcalde, era en cierto modo el gran triunfador de Gerona. Su bastón de mando no lo podía *todo*, pero podía *mucho*. «La Voz de Alerta» se daba cuenta de ello cuando entraba en cualquiera de los cines de la ciudad y el acomodador lo conducía a la fila de butacas reservada para las autoridades, fila señalada con un cordón rojo en el pasillo. Aquel cordón rojo era la línea divisoria entre los demás y la jerarquía, entre los demás y él. También tomaba conciencia de su poder cuando al pasar por la calle algunos transeúntes, que ni siquiera conocía, lo saludaban quitándose el sombrero o la gorra.

«La Voz de Alerta» desarrollaba una actividad comparable a la del Gobernador Civil. Sus colaboradores en el Ayuntamiento, los concejales, pretendían que dispersaba un tanto sus energías, que en resumidas cuentas se ocupaba poco de las tareas específicamente municipales; pero él argumentaba que el presupuesto de que disponía era tan menguado que no cabía hacer más. Bastante había conseguido: la Brigada de Limpieza iba cicatrizando el aspecto de la capital; había reorganizado el Parque de Bomberos; había reabierto la Biblioteca de la Rambla; el Matadero funcionaba con normalidad; y pronto se iniciarían las obras de la nueva plaza de Abastos, cuyos planos, publicados en *Amanecer*, habían encandilado a las amas de casa. ¿Qué más podía pedirse?

Limpieza de la ciudad... «La Voz de Alerta» quería que Gerona volviera a tener el aspecto señorial que tuvo cuando la Dictadura de Primo de Rivera. Quedó tan harto del ensayo de «calzar a España con alpargatas», que ahora iba a probar lo contrario: vestirla de frac en la medida de lo posible. Por lo pronto, además de revisar el alcantarillado, había reabierto el Casino de los Señores para que pudieran acudir a él las personas —¡ay, qué pocas quedaban!— que todavía sabían sentarse en un butacón, darle órdenes al camarero y desplegar el periódico. Además, fundó la Sociedad de Tiro de Pichón, que celebraría sus campeonatos en la Dehesa. Pensaba organizar

Concursos Hípicos. Y sobre todo, quería elevar el nivel del lenguaje que empleaba la gente, su vocabulario. Consideraba esto esencial, pues quien más quien menos, todos los gerundenses se habían contagiado de la ordinariez de los «rojos» y nadie conseguía hilvanar una frase sin intercalar alguna expresión soez. Incluso había pensado pedirle al Gobernador que impusiera multas a los mal hablados; pero el Gobernador, con eso de hacerse llamar camarada y con su manía de apadrinar niños pobres, le contestó: «Se puede imponer una multa a quien blasfeme. Pero no a quien diga ¡porra! en vez de ¡válgame Dios!».

A «La Voz de Alerta» le hubiera gustado mucho que sus coincidencias con las demás autoridades no se hubieran limitado al plano patriótico; pero había acabado por desanimarse. El Gobernador, salvando las distancias, a veces parecía una réplica del socialista Antonio Casal. El general Sánchez Bravo tenía buenas maneras, pero su repertorio ideológico era tan menguado como el presupuesto del municipio. Mateo... era el Mateo de antes y de siempre. Borracho de juventud y levantando el brazo hasta las estrellas. Mosén Alberto, indignado porque también en el Ayuntamiento había letreros prohibiendo hablar en catalán. En el fondo, «La Voz de Alerta» no había conectado psicológicamente más que con el notario Noguer y con el señor obispo. ¡Ah, el señor obispo, doctor Gregorio Lascasas! Sabía adónde iba y distinguía lo blanco de lo negro. «La Voz de Alerta» acudía a Palacio con frecuencia para echar una parrafada con él. ¡Cuánto se reían los dos contando chistes baturros! El señor obispo conocía un montón de ellos y los soltaba con mucho donaire, extremando su acento aragonés. «No sé lo que me ocurre con usted —le decía a «La Voz de Alerta»—, que en cuanto le veo siento la necesidad de contarle chistes baturros.» Claro que, a lo largo de sus entrevistas, hablaban también de cosas serias. De la doctrina de Santo Tomás; de las apariciones de Fátima; de la conveniencia de abrir en la diócesis algunas causas de beatificación entre los mártires habidos en la guerra. A veces el doctor Gregorio Lascasas le hacía incluso confidencias un tanto delicadas. Por ejemplo, últimamente le dijo que la semideificación de que era objeto José Antonio por parte de algunos falangistas iba adquiriendo caracteres tales, que nada tendría de extraño que la Iglesia se viera obligada a intervenir.

El agradable entendimiento entre el señor obispo y «La

Voz de Alerta» significó para éste un espaldarazo moral. ¡Eran tantos los que lo acusaban de intolerante que, en ocasiones, estaba a punto de chaquetear! El propio notario Noguer le decía: «¿No lo fatiga a usted firmar tantas denuncias? En la vida lo más hermoso es perdonar.» Al oír esto, «La Voz de Alerta» se estremecía. Pero entonces recordaba la dialéctica empleada por el doctor Gregorio Lascasas en favor de la «santa intransigencia» —y las palabras de Cristo: *El que no está conmigo está contra Mí*—, y cobraba fuerzas de nuevo.

Tal vez la única persona que hacía tambalear sus convicciones era su nueva criada, una rechoncha criatura llamada Montse, llegada a Gerona no se sabía cómo. La muchacha tenía veintidós años y para salir a la calle se perfumaba que era un placer. «La Voz de Alerta» la contemplaba en ocasiones mientras ella fregaba de rodillas el suelo, y sentía violentas sacudidas en su carne pecadora. Sí, tenía la impresión de que, llegado el caso, ahí daría su brazo a torcer. «Con el permiso del señor obispo —se decía a veces— cualquier noche de éstas voy a cometer una barbaridad.»

Dejando a un lado estas sacudidas provocadas por Montse, «La Voz de Alerta» hacía honor a ese mote que adoptó como seudónimo en los primeros tiempos de la República. Tenía ojo para todo y los concejales lo ponían al corriente día a día de cuanto ocurría en la ciudad. Por cierto que tales informaciones a veces eran halagüeñas, a veces no. Era halagüeño, por ejemplo, que no existiera el paro obrero; que todas las calles tuvieran ya su nombre adecuado; que las madres pudieran pasear a sus hijos sin temor a huelgas o disparos; y, sobre todo, que la imagen de Laura, la mujer que fue su esposa, que murió lapidada junto con mosén Francisco, estuviera en verdad presente en el corazón de los ciudadanos, como se demostró con ocasión de los funerales celebrados en memoria suya, a los que asistió una gran multitud.

No era halagüeño, en cambio, que muchas personas hubiera descubierto de repente que tenían antepasados carlistas —«¿cómo separar el grano de la paja?», se preguntaba el veterano tradicionalista— y que Gerona hubiera sido elegida para enviar a ella tantos depurados de otras provincias. «¿Se habrán creído que esto es una Casa de Salud?» Tenía noticia de que en las tertulias que dichos depurados celebraban en el Café Nacional —a las que Matías Alvear se había ya incorporado— se criticaba a destajo y se propagaban toda clase de bulos. Un guardia urbano le habló de un tal Galindo, funcionario de Obras Públicas, quien por lo visto era un experto mecanógrafo que, utilizando sólo la letra *m* y dos o tres signos, se dedicaba a hacer caricaturas de las autoridades, empezando por la suya. «¡Si consigue usted traerme uno de esos retratos, la caricatura se la haré yo!»

Tampoco consideraba halagüeño que los gerundenses se hubieran lanzado masivamente a leer *tebeos*. Era difícil saber qué mosca les habría picado. En todas partes, hombres hechos y derechos, lo mismo pertenecientes a la clase obrera que a la clase media, leían revistas infantiles. Caminaban por la calle absortos o se sentaban en los bancos de los parques o en los cafés. Lo curioso era que no sonreían. Por el contrario, sus semblantes parecían dramáticamente hipnotizados por aquellos dibujitos y colorines. Fanny y Bolen, si los hubieran visto, habrían supuesto que leían a Nietzsche o a Rosenberg. ¿Qué ocurría? El concejal de Cultura, un hombre que vendía máquinas de coser, opinaba simplemente que aquellos gerundenses querían evadirse, bañarse de ingenuidad después de la tragedia pasada. Sin embargo, «La Voz de Alerta» se preguntaba si detrás de tan singular fenómeno no se escondería algo más alarmante.

—¿Qué podríamos hacer para mejorar el nivel?

—¡Bah! No hay más remedio que dejar pasar el tiempo...

En otro orden de cosas, el alcalde se propuso atajar, en la medida de sus fuerzas, una epidemia que, según el comisario Diéguez, empezaba a propagarse por la ciudad: el homosexualismo. No quiso hablar de ello con el señor obispo para ahorrarle un disgusto. ¡Menuda parrafada —homilía— hubiera soltado el doctor Gregorio Lascasas, nacido en Zaragoza y antifeminista por convicción, apoyándose para ello en algunos textos de San Pablo! Pero no podía dudarse de que el homosexualismo era una realidad, con tres focos definidos: los cuarteles —lo que afectaba al general—; la cárcel —lo que afectaba al Jefe de Prisiones—; y el Manicomio —lo que afectaba al doctor Chaos—. Existían también algunos francotiradores dispersos por la localidad; pero ésos eran conocidos desde siempre por todo el mundo, no constituían peligro de contagio y de ellos se ocuparía el propio comisario Diéguez, quien por cierto llevaba siempre un clavel blanco en la solapa.

El general, advertido, reaccionó con violencia. «¡Eso lo acabo yo en una semana!» El Jefe de la Prisión prometió «tomar las medidas oportunas». El doctor Chaos, en cambio, al escuchar el aviso tuvo una expresión ambigua, los dedos de sus manos hicieron *crac-crac* y comentó: «Es algo inevitable en cualquier manicomio. Hay enfermos predispuestos a ello. Resulta muy difícil actuar.»

¿Por qué resultaba difícil actuar en el manicomio?

Otra circunstancia incomodaba a «La Voz de Alerta»; pese a ser el director de *Amanecer*, su obligación era someter el periódico a la Censura. Las órdenes del Gobernador eran concretas al respecto. No podía publicar un simple anuncio sin enviar antes las pruebas de imprenta... a Mateo.

—Pero ¿qué pasa aquí? ¡Cuando Mateo andaba a gatas yo escribía ya los editoriales de *El Tradicionalista*!

—Eso no tiene nada que ver, amigo. No es cuestión de antigüedad. Mateo representa aquí a la Dirección General de Prensa y tiene sus normas.

Normas... ¡Sí, claro! Él mismo había repetido hasta la saciedad que sin disciplina no se podía ir a ninguna parte. Lo que ocurría era que existía una gran diferencia entre mandar y obedecer.

Bueno, no era cosa de hacerse mala sangre... ¡Existían tantas compensaciones! ¿No era el triunfador de la ciudad? El propio don Anselmo Ichaso, el de la hermosa barriga y los trenes miniatura, le había escrito desde Pamplona: «¡Le felicito a usted! ¡Ahora tendrá usted ocasión de llevar a la práctica sus proyectos, de organizar a su modo su querida Gerona!»

Era cierto. La naturaleza dual de «La Voz de Alerta», pese a los pequeños inconvenientes, podía manifestarse a gusto. Para cerciorarse de ello no tenía más que recordar su situación cuando quien ocupaba el sillón de la Alcaldía era Gorki. Este solo pensamiento le bastaba para ser feliz, a lo que sin duda contribuía un equilibrio físico envidiable, gracias al cual el cuerpo no era para él un lastre; antes al contrario, un venero de sensaciones placenteras.

Semejante estado lo predisponía, como siempre, a dar rienda suelta a su vertiente afectiva, que existía, ¡cómo no!, en su interior. Aquella vertiente que lo llevó antes de la guerra a ocuparse de los problemas que solían atosigar a su fiel criada, Dolores. En esos meses de clima tibio, los beneficiarios de su explosión sentimental eran los ancianos. Sí, el flamante alcalde se ocupaba ahora de los ancianos gerundenses, de los que quedaron abandonados, como si de sus padres se tratase. Había internado a gran número de ellos en los establecimientos previstos a tal fin y se las ingeniaba para obtener a su favor, milagrosamene, las debidas subvenciones. Además, consiguió que Marta lo ayudase en esa tarea. Las chicas de la Sección Femenina visitaban periódicamente a esos viejos asilados, protegidos de «La Voz de Alerta«, haciéndoles un rato de compañía y llevándoles pequeñas fruslerías que distrajeran su ánimo.

Con todo, los días eran largos y «La Voz de Alerta», de repente, dejaba de ser feliz y se sentía abrumadoramente solo. Sobre todo al caer la tarde, no era raro que se pasease por el piso, con las manos a la espalda, contemplando las paredes como si en ellas hubiera un jeroglífico. Entonces se preguntaba si no le convendría volver a abrir su consulta de dentista, tantol más cuanto que sólo habían quedado dos profesionales en la ciudad, que al parecer no daban abasto, puesto que las dentaduras se habían estropeado con la guerra tanto como los espíritus.

Montse, la rechoncha criada, no creía que la solución estuviera ahí. Montse pensaba que lo que le faltaba a aquel hombre era una mujer. «Lo que le convendría al señorito —se decía para sí, y cualquier día se lo soltaría por las buenas—, sería volverse a casar con una mujer joven y tener hijos.» También «La Voz de Alerta» había pensado en ello; pero había que dar tiempo al tiempo y esperar a que se difuminase un poco más el recuerdo de Laura.

Otro de los momentos en que «La Voz de Alerta» se sentía solo era cuando, ya avanzada la noche, abandonaba la redacción de *Amanecer*. Era muy corriente que no se dirigiera directamente a su domicilio sino que se dedicara a deambular por la ciudad. Por regla general, se daba una vuelta por los Cuarteles de Artillería, donde inevitablemente se acordaba del comandante Martínez de Soria. Luego solía detenerse en el Puente de Piedra y allí, acodado en el pretil, contemplaba las lentas aguas del Oñar, soñando con poder canalizarlo un día, a fin de yugular el peligro de las inundaciones. Luego bajaba por la Rambla, o se internaba al azar por cualquier calle. Gerona estaba desierta a esa hora, desierta y oscura. Las guerras traían eso: luces de victoria, pero falta de bombillas. ¿Cuándo podría dotar a Gerona de una red eléctrica que asustase a las ratas e infundiese confianza a los hombres? «La Voz de Alerta» escuchaba sus propios pasos de alcalde resonar en las aceras. Los serenos lo saludaban. La ciudad dormía, a excepción del Casino de los Señores, donde varias mesas de póquer se prolongaban hasta la madrugada; y a excepción del Convento de las Adoratrices, donde las monjitas se turnaban ante el Sagrario.

* * *

Gerona contó muy pronto con otro triunfador. Triunfador inédito, puesto que era forastero, puesto que llegaba de lejos. Era uno de los seis jesuitas llegados a la ciudad para cuidar de nuevo de la iglesia del Sagrado Corazón. Dichos jesuitas se instalaron en la Residencia aledaña al templo y en poco tiempo, confirmando las esperanzas del señor obispo —«iah, si los jesuitas volvieran a Gerona!», le había dicho el prelado a mosén Alberto—, se constituyeron en una célula viva y operante, que a buen seguro pesaría lo suyo en el remozamiento de la religiosidad gerundense.

Lo cierto es que la llegada de los representantes de la Compañía de Jesús había dado lugar a comentarios muy diversos, y no sólo en el Café Nacional.

—Los jesuitas son muy inteligentes, desde luego; pero van a lo suyo...

—No digas tonterías. Han sido siempre la flor y nata. Por eso la República los expulsó.

—¿A ti te parece bien que jueguen a la Bolsa?

—¿Y cómo sabes tú eso?

—Vamos, hombre... ¡Verás lo que ocurre aquí! No habrá viuda rica que se les escape...

El padre Forteza, el más joven de la comunidad —el triunfador inédito de que se habló—, pareció llegar dispuesto a desmentir cualquier tipo de acusación. Nadie podía decir dede él que se interesara por las viudas, fuesen ricas o pobres; más bien daba la impresión de que lo único que le importaba era glorificar a Dios y ocuparse del alma de la juventud.

—Si lo conocieras —le había dicho Alfonso Estrada a Jorge de Batlle—, podrías afirmar que has conocido a un santo. ¡Y cuidado que yo me resisto a emplear esta palabra!

Jorge de Batlle no puso en entredicho la declaración de su amigo Estrada, huérfano como él y que había combatido en el Tercio de Nuestra Señora de Montserrat. Jorge había visto de lejos al padre Forteza y le habían llamado la atención sus grandes ojeras —lo mismo que a Ignacio, cuando éste, al pasar por delante del Sagrado Corazón, vio al jesuita—, así como sus calcetines blancos, que le asomaban escandalosamente por debajo de la sotana.

—¿De dónde es?

—De Palma de Mallorca.

Alfonso Estrada se había erigido en el gran propagandista del padre Forteza. Hablaba de él con todo el mundo; y todo el mundo le hacía caso, porque en verdad el jesuita se había hecho, por méritos propios, inmensamente popular.

Tenía unos cuarenta años, aunque aparentaba menos edad. Alto, de porte aristocrático, con lentes de montura de plata, su figura hubiera recordado a la de Pío XII, en el supuesto de que éste hubiese sabido sonreír. En las sienes le temblaban venillas azules. Su barbilla era afilada, lo que Alfonso Estrada atribuía a la abundancia de ayunos. Su expresión más característica era el asombro. «¡No es posible!», exclamaba siempre. Y después del asombro, la alegría. Su manera de andar y todos sus ademanes respondían a una íntima alegría interior.

El padre Forteza era efectivamente mallorquín, de ascendencia judía. Tenía un hermano, también jesuita, en la misión de Nagasaki, en el Japón. Siempre contaba que el relámpago de la vocación le había llegado una noche al salir de un baile. Dos hombres se peleaban en la calle y uno de ellos blasfemó. Aquella blasfemia se introdujo en sus oídos como si fuera un puñal. Regresó a su casa como tambaleándose, perseguido por un perro. Ya en su cuarto rompió a llorar, sin saber por qué. Quiso reaccionar silbando, pero aquella blasfemia le golpeaba una y otra vez el cerebro. Entonces miró el crucifijo incrustado en la cabecera de la cama, en la pared. Y cayó de rodillas, presa de júbilo inexplicable. Al día siguiente, en misa, decidió consagrarse a Dios.

La cualidad predominante en el padre Forteza era la imaginación. Sus respuestas aturdían porque representaban lo insólito. Jugaba con las palabras como si fuesen gnomos domesticados. Si se le hablaba del cielo, al que llamaba «aldea futura», decía: «Allí podré quitarme los lentes.» Si se le hablaba de Gerona, contestaba algo parecido a lo que antaño dijera José Alvear: «Las murallas no impiden entrar, sino salir.» Si se citaba la bahía de Palma, su patria chica, cortaba rápido: «Nunca he comprendido del todo la utilidad del mar. Creo que podríamos prescindir de él; y por supuesto, sin él sería mucho más fácil llegar a Mallorca.»

El padre Forteza, al ser expulsada de España la Compañía

de Jesús, pasó una temporada en Roma, donde cursó estudios bíblicos, y luego se fue a Alemania, a Heidelberg. En Heidelberg vivió rodeado de libros, cuyas márgenes solía acotar con pintorescos comentarios. Al llegar a Gerona tuvo dos sorpresas. La primera, que la necesaria reconstrucción de la fábrica Soler se efectuara en el mismo sitio que ocupaba antes, en el centro del casco urbano. «¿No era la ocasión para destinar el solar a jardín? A esta ciudad le faltan zonas verdes.» La segunda, que circulara por todas partes tanta propaganda nazi. Los primeros muchachos que acudieron a él, y que constituirían el fermento de su gran obra, las Congregaciones Marianas, recibían la revista *Signal*, la revista *Aspa* y toda clase de folletos. «Pero —les preguntaba el padre Forteza— ¿es que el Gobierno Español no está enterado de que, exactamente el 10 de abril de 1937, Pío XI condenó oficialmente el nacismo? ¿Y no está enterado de que Hitler persigue a los católicos?» Los muchachos, entre los que figuraban, además de Estrada, Pablito, hijo del Gobernador; Enrique Ferrándiz, hijo del Jefe de Policia; Ramón Montenegro, hijo del Director del Banco de España, etcétera, se encogían de hombros. No se les escapaba la contradicción, pero ¿qué hacer? Estaban influidos por la arrolladora ofensiva desencadenada en España por el Führer y sus seguidores. «Alemania empuja, ¿no es cierto, padre? Trae un aire nuevo.» El padre Forteza asentía, estupefacto y murmuraba: «Ya...»

Según mosén Falcó, joven sacerdote nombrado consiliario de Falange, y que formaba parte de la Comisión Depuradora del Magisterio, la clave del éxito apostólico obtenido en pocas semanas por el padre Forteza se debía a la sabia combinación de ironía y piedad. No era fácil encontrar un hombre tan entregado a Dios y que al mismo tiempo supiera hacer el payaso. Así como Galindo, el funcionario de Obras Públicas, caricaturizaba con los signos de su máquina de escribir los rasgos faciales de la gente, el jesuita imitaba sus gestos y sus posturas, incluyendo los de sus superiores jerárquicos. A mosén Alberto, por ejemplo, lo parodió muy pronto con extrema facilidad, a base de levantar coquetonamente la cabeza, de simular que se cambiaba de brazo el manteo y de tomar cualquier taza irguiendo el dedo menique. Del profesor Civil hacía una auténtica creación, encorvándose un poco, mirando por encima de las gafas y echando a andar saludando con timidez a derecha y a izquierda. Y un día en que Mateo fue a visitarlo, para pedirle que diera una charla en el local de las Organizaciones Juveniles, el muchacho se quedó perplejo cuando el padre Forteza, al término de la conversación, le mostró la uña del pulgar derecho, en la que llevaba dibujadas con tinta china las cinco flechas. «¿Qué te parece? —le preguntó el jesuita—. ¿Son así, o he cometido algún error? Mateo se rió, recordando que Pilar acostumbraba a dibujarse en la misma uña una cara de monja.

La expresión plástica de la personalidad del padre Forteza era su celda, en la que recibía a los congregantes. Tenía un aspecto revoltoso y deportivo que hubiera sacado de quicio al rígido Cosme Vila. Libros en desorden, un pajarito amarillo en una jaula, objetos mil y ropa tendida a secar. En efecto, siempre colgaban de una cuerda tensa, atada a la ventana, calcetines y pañuelos, pues el padre Forteza gustaba de lavarse él mismo esas prendas en el lavabo. Más de una vez había oído en confesión mientras lavaba una camisa. Porque el padre Forteza se negó desde el primer momento a confesar a los chicos en el confesonario. «El confesonario es para las mujeres, que no hacen más que contar chismes. Vosotros en mi celda, dándome la cara y recitando los pecados en voz alta, que es lo que os hará rabiar.» La celda del padre Forteza cobró pronto tal celebridad que no faltaron muchachos que se inventaron graves culpas con el solo objeto de poder verla. Aunque el jesuita, que no se dejaba engañar, después de escuchar con paciencia le decía al presunto arrepentido: «Ahora arrodíllate y confiésate de haberme contado esta sarta de embustes.»

La Congregación Mariana perseguía dos objetivos principales: la devoción a la Virgen —por eso sus afiliados llevaban cinta azul celeste— y crear un sentimiento cristiano jubiloso. El padre Forteza no concebía el maridaje religión-tristeza. «¿Existe o no existe el reino de Dios?» «Yo, a veces, ante el Sagrario, sufro verdaderos ataques de risa, no lo puedo remediar.» De ahí que la imagen de la Virgen que encargó para que presidiera el altar de los congregantes no fuera una *Dolorosa*, sino una *Virgen-doncella*, casi niña, con los párpados dulcemente bajos. Una virgen que invitara a la amistad, al coloquio íntimo, que provocara una sensación optimista. De ahí también que en sus conversaciones se abstuviese sistemáticamente de aludir al pecado original y a otras realidades similares.

—Padre Forteza, ¿y el infierno?

107

—Hablaremos de él cuando llueva.

—Padre Forteza, ¿y la muerte?

—Por favor, llamadla Hermana Muerte.

—Padre Forteza, ¿y la cruz?

—Es la más jovial silueta que existe.

—Padre Forteza, ¿podemos fumar?

—Yo, a vuestra edad, me fumaba unos puros que parecían cañones.

Los muchachos lo seguían, algunos, con fanatismo. Alfonso Estrada decía de él: «Tal vez esté loco. Pero si lo está, ¡viva la locura!»

El padre Forteza olía a agua de colonia. Frotarse con ella la nuca y el pecho era la única voluptuosidad que se permitía. Su redonda tonsura era visible a distancia y si le daba el sol despedía destellos. En cierto modo el jesuita se parecía a Arco Iris, el miliciano que en el frente de Aragón se disfrazaba con tanto arte. Usaba un reloj de bolsillo del que, al levantar la tapa, brotaba una graciosa musiquilla, la melodía de los peregrinos de Lourdes. En la sacristía había colgado un calendario atrasado, del año 1929. «Ese año canté misa. Ahí me planté.» Utilizaba un breviario de tapas rojas alegando que el color negro lo ponía nervioso.

No faltaban, en la ciudad, gentes que se mostraban escandalizadas por algunas de las singularidades del padre Forteza. En algunos conventos las monjas, al enterarse de que el jesuita «soltaba carcajadas ante el Sagrario», se pusieron a rezar por él. «¡Dios mío, el diablo andará por ahí!» Doña Cecilia, la esposa del general, le oyó un sermón y diagnosticó: «A ese hombre le convendría hacer el servicio militar.» Carmen Elgazu le censuraba que les hiciera poco caso a las mujeres. «Las mujeres influimos tanto en los hombres, que no escucharnos es una equivocación. Además, con eso lo único que se consigue es que sábados y domingos hagamos cola en su confesonario.» Era cierto. Las hermanas Campistol, y otras muchas mujeres como ellas, esperaban con ansia a que llegara el fin de semana para ir a confesarse con el padre Forteza, sin que las desmoralizara que el jesuita les impusiera, por cualquier nimiedad, penitencias tremebundas.

El padre Forteza tenía muchos proyectos. Pero antes de ponerlos en práctica quería conocer más a fondo la ciudad. Los años de ausencia de España lo habían desconectado un poco de ciertas constantes de la raza. Ahora, desde su regreso, vista la orientación de las autoridades y habiendo auscultado el pálpito de la gente, les decía a los muchachos:

—No entiendo nada de nada, ésa es la verdad. Vivo en el limbo.

Por supuesto, el padre Forteza sufría de una limitación: no había vivido la guerra, sólo supo de ella por los periódicos alemanes. Por tanto, al escuchar ahora los relatos directos iba de sorpresa en sorpresa. «¡No es posible!», exclamaba una y otra vez.

Tales relatos iban dirigidos, naturalmente, a convencerlo de que la consigna «ni perdonaremos ni olvidaremos» tenía amplia justificación. Ahí el jesuita negaba con la cabeza. «Eso, ¡jamás! Eso no es evangélico.»

—Usted no vivió esto, padre —argumentaban los propios sacerdotes—. Usted no conoció a Cosme Vila ni al Responsable. Le juro que si hubiera vivido en zona roja opinaría de otro modo.

Un día el padre Forteza habló del asunto con Agustín Lago, el Inspector Jefe de Enseñanza Primaria, quien también acudió a su estrambótica celda a confesarse con él. Agustín Lago le dijo:

—Ya conocerá usted la frase famosa: «Lo que para un italiano es un crucigrama y para un alemán un enigma, para un español es un problema en el que cree jugarse el honor e incluso la eternidad.»

El jesuita le objetó que, aun suponiendo que dicha frase encerrara una verdad, lo más perentorio era luchar contra ella y en consecuencia cancelar lo más urgentemente posible el clima de victoria.

—Perpetuar rencores es inadmisible, hijo mío. Hay que combatir el error, de acuerdo. Eso es lo que hace mi hermano, misionero en el Japón. Pero por encima de todo debe respetarse a las personas, tanto más cuanto más equivocadas están.

Así las cosas, la víspera del *Corpus Christi*, por la mañana, el padre Forteza recibió la orden de presentarse en el Palacio Episcopal. Mosén Iguacen, el familiar del señor obispo, le dijo:

—Esta tarde, a las cuatro.

El jesuita supuso que el doctor Gregorio Lascasas quería darle el visto bueno a uno de sus proyectos: el de organizar, durante el verano, una serie de tandas de Ejercicios Espirituales, a puerta cerrada.

No fue así. El señor obispo le comunicó que le había elegido para asistir en la cárcel a los condenados a muerte.

El padre Forteza palideció, pues mosén Alberto le había hablado de las escenas vividas en la cárcel de San Sebastián.

—Pero... —murmuró el jesuita.

El señor obispo, doctor Gregorio Lascasas, se levantó y al tiempo que le daba a besar el anillo le dijo:

—Estoy seguro de que realizará usted una magnífica labor.

CAPÍTULO VII

Tal como quedó convenido, Mateo acompañó a Ignacio al Gobierno Civil para presentarle al camarada Dávila y formalizar su incorporación al Servicio de Fronteras.

El Gobernador, advertido de antemano, los estaba esperando en su despacho, situado en el tercer piso del viejo caserón, de modo que el conserje se limitó a llamar a su puerta con los nudillos y a anunciar:

—Ya están aquí.

—¡Que pasen! —se oyó.

Segundos después los muchachos entraban en el despacho. El Gobernador se había levantado para salir a su encuentro.

—¡Adelante, amigos! ¡Adelante!

Holgaban las presentaciones. Así que el camarada Dávila, después de saludar a Mateo levantando el brazo, se dirigió a Ignacio y le estrechó con efusión la mano.

—¡Tenía ganas de conocerte!

—Yo también.

El Gobernador dio media vuelta para dirigirse a su mesa, y mientras les indicaba a los muchachos que se sentaran donde mejor les pareciera, le dijo a Mateo:

—¿Sabes desde qué hora estoy aquí? ¡Desde las siete!

Mateo se rascó la cabeza.

—¡Ah, claro! La política es homicida.

El Gobernador abrió los brazos con estudiada comicidad.

—Pero nos morimos a gusto, ¿verdad?

—Desde luego.

El camarada Dávila se sentó y se disponía a añadir algo. Pero en ese momento exacto Mateo, inesperadamente, señaló un jarrón de flores que había en la mesa y preguntó con sobresalto:

—¿Qué ha pasado aquí, si puede saberse?

Sorprendido, el Gobernador miró en aquella dirección. Y soltó una carcajada.

—¡Qué voy a decirte, mi querido Mateo! María del Mar asegura que huelen bien...

Mateo torció el gesto.

—Tú sabrás.

Todos en su lugar, el Gobernador, que sin duda estaba de excelente humor, ofreció cigarrillos a los muchachos, que éstos aceptaron. Era evidente que aquella doble visita le agradaba. Él, como de costumbre, sacó su tubo de inhalaciones y echando la cabeza para atrás lo introdujo sucesivamente en sus fosas nasales y aspiró con voluptuosidad.

Ignacio, muy a pesar suyo, se sentía un poco cohibido. Por fortuna, Mateo echaba con naturalidad bocanadas de humo y ello lo tranquilizó.

El Gobernador depositó el tubo en la mesa y acto seguido, como dando a entender que no tenía prisa, abrió un preámbulo completamente al margen del Servicio de Fronteras. Primero, y como hacía invariablemente con los «íntimos», le explicó a Ignacio el significado de un teléfono de color amarillo que tenía en la mesa. «Oficialmente, tengo línea directa con Madrid, ¿comprendes? De manera que, cuando algún pelmazo viene a protestar por cualquier tontería, cojo este aparato, marco un número y simulo soltarle cuatro frescas al Ministro de la Gobernación... ¡Con ello el pelmazo se tranquiliza!; y yo también.» Luego, y a raíz de un repentino acceso de tos, miró con ceño los cigarrillos que fumaban los dos muchachos y dijo: «He de hablar con tu padre, Mateo. La Tabacalera está sirviendo plantas venenosas.» Por último, se refirió al conserje. «Es un tipo original. A los retratos de Jose Antonio les quita el polvo todos los días. En cambio, a los demás sólo una vez a la semana.»

Ignacio, desde su sillón, inspeccionaba al camarada Dávila. Hubiera dado cualquier cosa para que éste se quitara las gafas negras. Sin verle los ojos, ¿qué podía opinar? Debía contentarse con admirar su enérgico mentón y su franca sonrisa. Y con oír su voz, bien timbrada.

—¡Bien, Ignacio! Ya te quitaste el uniforme ¿verdad? Te felicito.

—¡Muchas gracias!

Ignacio comprendió que le había llegado el turno... En efecto, así fue. El Gobernador, sin abandonar el tono amistoso en que venía hablando, inició el obligado interrogatorio a que debía someterlo. Pero el muchado se sentía ya a sus anchas, pues sin duda aquel hombre, montañés de pro y primera jerarquía de la provincia, era tal y como se lo habían descrito.

—Si mal no recuerdo, estuviste en Esquiadores, ¿verdad?

—Sí. En el Pirineo.

—Pocos tiros, supongo.

—Pocos...

El Gobernador apartó con la diestra una lámpara de mano, que le limitaba el ángulo de visión.

—Mateo me dijo que fuiste seminarista.

—Sí, pero lo dejé.

—¿Qué te ocurrió?

—Me obligaban a llevar medias negras.

—¿Cómo? ¿Es verdad eso?

—Y tan verdad. Preferí dedicarme a la Banca...

—¡A la Banca? Menuda responsabilidad...

Ignacio abrió los ojos en expresión socarrona.

—¡Oh, sí, tremenda! Entré de botones en el Banco Arús.

El Gobernador, al oír esto, hizo un gesto que Mateo, que lo conocía, tradujo por *Visto Bueno*.

—De modo, que conoces a fondo la Iglesia y al Capitalismo, ¿no es así?

—Así es.

—¡Muy interesante! En este país es condición absolutamente indispensable.

El diálogo era tan cordial que Ignacio estaba feliz. Pero he ahí que en ese momento, bruscamente, sonó el teléfono... negro. El Gobernador murmuró: «Prefiero el otro...» No obstante, atendió a la llamada, aunque con aire displicente. Algo le comunicarían que le produjo contrariedad. «Conforme, conforme —repitió varias veces—. Iré esta misma tarde. Que me esperen.» En cuanto colgó, su expresión se había alterado.

Los dos muchachos quedaron a la espera. El Gobernador permaneció unos segundos ajeno a la situación, repiqueteando en la mesa con el cortapapeles.

Mateo preguntó:

—¿Ocurre algo?

El Gobernador se encogió de hombros y regresó a la realidad.

—¡Bah!

Ignacio se movió en el sillón. Entonces el Gobernador se dirigió a él, otra vez en tono amable.

—¡Bueno! —exclamó—. Me veo obligado a abreviar la entrevista... Así, pues, vamos a resolver lo tuyo, si te parece bien.

Ignacio asintió.

El Gobernador se concentró un instante, juntando los índices y llevándoselos a los labios.

—Me encantará tenerte en Fronteras. De veras, me encantará... —Marcó una pausa—. Mateo te puso ya al corriente de mi proyecto, ¿no?

—Sí, algo me dijo.

—Mira, Ignacio. Me gustaría que fueras mi enlace personal. Necesitaba un muchacho de confianza y tú puedes serlo. Mi enlace con nuestro Servicio en Figueras y con nuestro Consulado en Perpiñán. Así que, si no te importa, tendrás que viajar a menudo...

—No me importa. Me gusta viajar...

El Gobernador prosiguió:

—El jefe en Figueras es el coronel Triguero. Estarás a sus órdenes. Él te presentará, en Perpiñán, al que lleva todo este asunto de los exiliados. Un paisano mío, que se llama Leopoldo. Te gustará conocerlo, ya verás.

Ignacio asintió de nuevo y se mantuvo a la espera.

—Eso del Servicio de Fronteras es más complicado de lo que parece, ¿sabes? Nos ocupamos también de recuperar los tesoros y las obras de arte que los rojos se llevaron en su huida... ¡En fin! Sería demasiado largo explicártelo ahora. Mejor que vayas enterándote poco a poco...

—De acuerdo.

Sobre la mesa había un montón de sobres verdes que habían llamado la atención de Ignacio. El Gobernador tomó uno de ellos y le dijo:

—Ésa será una de tus principales misiones: llevar esos sobrecitos verdes al coronel Triguero..., procurando que no te los roben en el tren.

En su deseo de hacerse agradable, Ignacio preguntó:

—¿Las señas del coronel?

El Gobernador sonrió.

—Van en los sobres...

—Ya... —El muchacho añadió—: ¿Cuándo empiezo?

El camarada Dávila se tocó con el índice la nariz.

—Podrías empezar hoy...

Ignacio guardó un silencio. Luego rogó:

—¿No podría ser mañana? Esta tarde habíamos pensado celebrar un baile. El baile de los *supervivientes*...

El Gobernador tuvo un expresivo ademán.

—¡Oh! En ese caso, de acuerdo... —Seguidamente añadió—: Pero, con una condición.

—¿Cuál?

—Que tú bailes exclusivamente con Marta... ¿Entendidos? ¡Es una orden!

—Descuida —aceptó Ignacio sonriendo—. Y muchas gracias.

El trato quedó cerrado. El Gobernador hizo de repente un gesto de cansancio, no habitual en él. Mateo se dio cuenta y se levantó. Ignacio hizo lo propio.

El Gobernador se puso también de pie, dio la vuelta a la mesa y, colocándose entre los dos muchachos, se dispuso a acompañarlos a la puerta. Había recobrado su buen talante, y los tomó del brazo en actitud amistosa.

—¡Vaya, vaya! —exclamó—. No sabes el lío en que te has metido, Ignacio...

Éste fingió asustarse.

—Peor que la guerra, ¿verdad?

—¡Ah, quién sabe...! —El Gobernador se detuvo un momento—. El coronel Triguero es un tipazo, ¿sabes? ¡Bueno, ya te darás cuenta! Y luego, esas obras de arte que los rojos se llevaron y que hay que recuperar... Ahí te juegas la amistad de nuestro querido mosén Alberto.

Ignacio miró al camarada Dávila.

—No comprendo.

—Es muy sencillo. Desapareció nada menos que el famoso *Tapiz de la Creación*, de la Catedral. —El Gobernador reanudó su marcha—. Si no das con él, mosén Alberto nos llamará idiotas y le nacerá una hermosa úlcera en el estómago.

Ya en el umbral de la puerta, Mateo, que no se quitaba de la cabeza la llamada telefónica que recibió el Gobernador, aludió a ella diciendo:

—¿De veras no ocurre nada desagradable?

Aquél negó con la cabeza.

—¡Nada, hombre! Vete tranquilo.

Mateo asintió.

—Me alegro. *Ciao*...

—Hasta la vista —saludó Ignacio.

El Gobernador permaneció en la puerta hasta que los dos muchachos hubieron desaparecido.

* * *

Ya en la calle, Mateo le preguntó a Ignacio:

—¿Qué tal?

—Sobresaliente. Lo que tú dijiste.

—Estaba seguro de que te gustaría.

Sin más dilación hablaron del baile de que Ignacio había hecho mención. La idea de celebrarlo, sugerida por Mateo, había sido recibida con entusiasmo por Marta y Pilar, quienes sin pérdida de tiempo pusieron manos a la obra a fin de que no faltara detalle. Tendría lugar en el amplio vestíbulo de la Sección Femenina, a las ocho en punto. Ignacio hubiera preferido otro sitio: el sótano en que los anarquistas tuvieron el gimnasio. «Allí, con aquellas poleas, y las paralelas, y la sombra de *Porvenir* flotanto...» Pilar había objetado: «¿Para un baile de ex combatientes? ¡Estás chiflado!» Dispondrían de gramola, habría bocadillos de jamón y de queso, cerveza... ¡y tabaco de calidad! Los *supervivientes* recibieron incluso una invitación en regla... En efecto, Asunción, la maestra, que dibujaba muy bien, había trazado en las cartulinas, además del nombre correspondiente, un monigote intencionado. Asunción se había esmerado de un modo especial en el dibujo de Alfonso Estrada, representando a éste en el momento de asaltar un parapeto al grito de «¡Viva Cristo Rey!» Miguel Rosselló, que había sido «espía» en el SIFNE, se vio a sí mismo caricaturalmente apostado junto a un farol, con sombrero, gabardina y un pitillo en la comisura de los labios... Ignacio tuvo ocasión de contemplarse caído de bruces en una pendiente nevada, con las piernas al aire y los esquís rotos. Sin embargo, el más perplejo de los invitados fue... el capitán Sánchez Bravo, hijo del general. En la cartulina que le entregó Nebulosa, el asistente, había una fotografía suya pegada en la que se le veía al lado de un cañón, mirando a lo lejos con unos prismáticos. El pie decía: «Nos hacía falta un artillero. Hemos pensado en ti...» El capitán Sánchez Bravo, halagado, se preguntó, rascándose la frente: «¿De dónde habrán sacado esta foto?»

Daba igual... Secretos de la Sección Femenina. El caso es que todo funcionó a la perfección y que a las ocho en punto todo el mundo había acudido a la cita. Entre las chicas figuraban las hermanas de Miguel Rosselló, Chelo y Antonia. En total, unas diez parejas. Una sola ausencia: Agustín Lago. Agustín Lago recibió también la cartulina, pero se excusó por teléfono. Asunción comentó: «Será por el brazo amputado.» Pilar negó con la cabeza. «No creo. Tengo la impresión de que las mujeres no le interesan.» Marta exclamó: «¡Peor para él!»

El baile dio comienzo en medio de un clima de euforia. El capitán Sánchez Bravo impresionó favorablemente a todos. Tenía realmente buena facha y no era de extrañar que doña Cecilia, que lo trajo al mundo, se pirrara por él. José Luis se olvidó de Satán y andaba asustando a unos y a otros con un espantaviejas. Chelo Rosselló se había colocado una flor en el pelo. ¡Asunción había arramblado para la ocasión con todos sus escrúpulos! Lucía un bonito broche sobre la camisa azul. En conjunto, la fiesta tenía un aire bufonesco que sin duda hubiera encantado al padre Forteza.

La gramola era mala y los discos estaban rayados. ¡Que importaba! Baile de los ex combatientes... Juventud. Mateo y Pilar se besaron y se oyó un ¡oh! de protesta. Ignacio besó a Marta y la reacción fue curiosa: hubo aplauso general. Apareció por allí Jorge de Batlle, solitario, y su entrada provocó un momento de silencio. El huérfano se dio cuenta y desapareció... Alfonso Estrada, que pese a haber asaltado parapetos era imberbe, bailaba torpemente, a trompicones. ¡Tanto mejor! El capitán Sánchez Bravo y Chelo Rosselló hicieron una exhibición bailando el tango: *Esta noche me emborracho...*, que por cierto era uno de los preferidos de Carmen Elgazu.

¿Y el camarada Dávila? «¿No vendrán el camarada Dávila y María del Mar?» Ay, qué lástima, nadie se acordó de invitarlos...

En cambio, de pronto irrumpieron en el local el teniente jurídico Manolo Fontana —el preferido de Pablito— y su esposa, que se llamaba Esther. Ignacio no podía sospechar hasta qué punto la presencia de esta joven pareja iba a resultar decisiva para él. Sin duda realzaron con su porte el tono de la reunión. Manolo tendría unos treinta y dos años y llevaba una barba a lo Balbo. Exhibía varita de bambú y fumaba tabaco rubio. Le dijo a Ignacio «¡Tanto gusto, *monsieur* Alvear!» La esposa de Manolo, Esther —veintiocho años, muy hermosa y madre de dos hijos—, llevaba un peinado cola-de-caballo. Por un momento eclipsó a las demás, con sus ojos glaucos y su precioso talle. Era de Jerez de la Frontera, patria del padre de José Antonio. Mateo, que la conocía mucho, le susurró a Ignacio: «Esther se ha educado en Oxford... ¡Es anglófila!»

¡Qué importaba!... Fueron dos horas de camaradería, de amistad. De pronto, Marta advirtió que ya no quedaban un solo bocadillo ni una sola botella. Y todo el mundo aseguró sentir un hambre atroz...

Se propuso una tregua e Ignacio y el camarada Rosselló, previa la consabida colecta, salieron dispuestos a reponer la despensa.

Y he ahí que al regresar, cargados con dos enormes bolsas, se encontraron con que el clima de la reunión había cambiado por completo... Por lo visto se había producido un incidente. Mateo y Marta —algo menos José Luis— ofrecían un aspecto rígido. Por su parte, Manolo y Esther habían adoptado un aire un tanto pedante.

—¿Qué ha ocurrido? ¡Traemos jamón y cerveza!

Tales palabras sonaron a hueco. ¡Ah, el tema de siempre! Alfonso Estrada, muy aficionado a la música, había tenido la peregrina idea de traer consigo un disco... no bailable. Un disco que requisó en un pueblo aragonés y que contenía una selección de himnos «rojos», muy hermosos, a su entender.

Aprovechando la tregua había propuesto escuchar dichos himnos y se desencadenó la tempestad. Mateo y Marta se negaron rotundamente. En cambio, Manolo y Esther se mostraron partidarios de ponerlos. La cosa degeneró en polémica. Alguien preguntó: «Pero ¿qué ocurre?» También se oyó la palabra «fanatismo». Finalmente Mateo, en un exabrupto, cogió el disco, lo partió contra su rodilla y tiró los pedazos a un rincón...

Entonces Esther, después de acariciarse su peinado cola-de-caballo se dirigió a recoger los pedazos y se los entregó a su infortunado dueño, Alfonso Estrada, diciéndole: «Lo siento, chico... Pero procuraré que me manden otro igual desde Gibraltar...»

Fue en ese momento cuando Ignacio y Rosselló entraron con sus bolsas de jamón y de cerveza... Al enterarse de lo ocurrido, Ignacio hizo un gesto despectivo.

—Pero todo esto es una idiotez, ¿no os parece? —exclamó. Mateo comentó, simplemente:

—Lo blanco ha de ser blanco y lo negro, negro.

El capitán Sánchez Bravo intervino. Sus tres estrellas adquirieron en aquel momento una gran dignidad. Propuso olvidar el asunto y terminar la fiesta en paz. Por su parte, Alfonso Estrada, que jamás imaginó provocar todo aquello, pidió excusas a unos y a otros con una expresión tan sincera que predispuso los ánimos a cancelar la disputa.

Entretanto, Pilar se había acercado a la gramola y había puesto en marcha una *rumba*... El ritmo se apoderó del local.

Acto seguido, Miguel Rosselló, que cuando se lo proponía sabía hacer el ganso, se acercó contoneándose a Marta y la invitó a bailar. Marta, haciendo de tripas corazón, accedió.

Aquélla fue la señal. Minutos después todo el mundo se había apareado e iba moviendo la cintura. Ignacio, entretanto, iba recordando la respuesta que el Gobernador le dio a Mateo cuando éste le dijo que «la política era homicida». El Gobernador había contestado: «Pero nos morimos a gusto, ¿verdad?»

CAPÍTULO VIII

La ciudad de Figueras, tan próxima a la frontera, había de significar para Ignacio algo así como lo que antaño significaba para él la entrada en el Banco Arús: el súbido contacto con un mundo desconocido. Apenas se apeó en la estación, llevando en la mano un sobre verde en el que estaban anotadas las señas del Servicio de Fronteras, relacionó lo que veía con lo que viera al incorporarse al Banco Arús: un determinado número de «caracoles humanos», al mando de un jefe. En el Banco, los «caracoles humanos» eran los empleados, y el jefe el Director; en Figueras, los «caracoles humanos» eran toda la población, y su jefe el coronel Triguero, nacido en Sevilla, cincuentón, separado de su mujer.

Figueras era un pequeño Cafarnaúm. Las calles rebosaban de tropa, de guardias civiles, de vendedores ambulantes y de chatarra. Muchas bicicletas, en cuyas ruedas, incrustados entre los alambres, tableteaban cartoncitos triangulares pintados con la bandera nacional. Muchos camiones, transportando hombres con aspecto de prisioneros. Sonaban las ambulancias, abriéndose paso. Ignacio pensó: «Diríase una ciudad muy próxima al frente.» Innumerables letreros ponían: «Prohibido pasar.»

El coronel Triguero era, en efecto, un «tipazo» tan singular que mientras rasgaba el sobre verde que había tomado de las manos de Ignacio, iba formulándole al muchacho, atropelladamente, toda clase de preguntas:

—¿Cómo está el camarada Dávila? ¿De dónde eres? ¿Te ha gustado este pueblo? ¿Crees que en esta pocilga se puede trabajar?

Ignacio escuchaba el coronel con expresión divertida. Tuvo que mirarlo tres veces para cerciorarse de que no llevaba patillas. Era alto y fornido, pero Ignacio le gastó, como solía hacer con los militares, una mala pasada: lo imaginó vestido de paisano. Y el resultado fue espectacular. Le pareció mucho más bajo, menos seguro de sí y como si le hubieran regalado el traje.

—¿Cómo te llamas, eh?

—Ignacio Alvear.

Al oír la voz del muchacho, el coronel Triguero se dignó mirarlo a la cara. Y entonces su actitud cambió. Abrió la boca como si estuviera tocando el clarinete. Evidentemente se había calmado, pues formuló sus preguntas por orden y de manera espaciada. E Ignacio se las contestó con tal precisión, que al final el coronel Triguero exclamó:

—¡A lo mejor resultas inteligente!

—Es usted muy amable, coronel...

Se rieron. ¡Ah, quién no iba a reírse en aquella oficina del Servicio de Fronteras? Era en verdad una pocilga, pero con una mesa repleta de extravagantes cachivaches requisados —un despertador, un abanico, una polaina, varias pipas...— y, por si fuera poco, sentadas a un lado, ante sendas máquinas de escribir, había dos mecanógrafas «que valían por todo un batallón».

—¿Da usted su permiso para mirarlas, coronel?

—¡No faltaba más, hijo! Estás en tu casa.

Las dos mecanógrafas se ruborizaron e Ignacio las invitó a fumar. Ellas rechazaron, moviendo repetidas veces la cabeza. Ignacio se fijó de un modo especial en una de las chicas, de larga cabellera y ojos gatunos. La miró con tal intensidad, que la muchacha se bajó la falda por debajo de la mesa. Ignacio le preguntó:

—¿Puedo saber cómo te llamas?

—Me llamo Nati...

Ignacio sonrió y comentó:

—Debí figurármelo...

* * *

Servicio de Fronteras... Mundo complejo, con aspectos agradables y otros dramáticos. Ignacio se sintió muy pronto tan atraído por él, que en cierto sentido lamentó que el Gobernador lo hubiera nombrado, con buena intención, su «enlace personal», lo que lo obligaba a vivir a caballo entre Gerona y Figueras, llevando y trayendo mensajes. El muchacho casi hubiera preferido quedarse en Figueras tres o cuatro días a la semana. ¡Ocurrían tantas cosas en la «pocilga» del coronel Triguero! Nati le decía a menudo: «¡Lo que te perdiste anoche, chico!»

El coronel Triguero, que evidentemente era frívolo y bebía en exceso, pero que llevaba el Servicio con buena mano, se dio cuenta de la curiosidad del muchacho y le dio facilidades... Le permitió visitar en Figueras los barracones en que se albergaban los «rojos» que regresaban de Francia por haber recibido ya el correspondiente aval, que la familia les había enviado desde España. Dichos barracones estaban emplazados en un barrio extremo, llamado *La Carbonera*, y los custodiaba la Guardia Civil.

—¿Son muchos los exiliados que regresan?

El coronel Triguero le informó:

—El promedio es ahora de unos cuatrocientos diarios.

A Ignacio le pareció que la cifra era muy elevada.

—¿Y qué se hace con ellos?

—Pues... interrogarlos. Lo natural, ¿no?

—Claro...

Un grupo de estos repatriados los observaba, con disimulo.

—¿Te apetecería interrogar a alguno? —le ofreció el coronel.

—¡No, por Dios! No he nacido para eso.

—Entonces, ¿para qué has nacido?

Ignacio no se inmutó.

—Para ir mirando... Sí, eso es —repitió, girando la vista en torno—. Para ir mirando.

¡Bueno, el coronel Triguero lo complació! Le permitió presenciar en la «pocilga» de la que era dueño, en la oficina, la apertura de treinta cajas conteniendo objetos diversos, que constituían el último lote devuelto a España por las autoridades francesas, gracias a las gestiones que realizaba el Servicio.

—El camarada Dávila me habló de eso. De que el Servicio se ocupaba en recuperar obras de arte, joyas, etcétera.

—¡Aspiramos a mucho más! Aspiramos a recuperar varias toneladas de oro —Álvarez del Vayo se llevó un buen pellizco—, e incluso barcos. ¡Sí, barcos! ¿Te sorprende? Hay una serie de barcos españoles en puertos franceses...

Las treinta cajas en cuestión contenían una fascinante mezcla de joyas religiosas: custodias, cálices, coronas... y de joyas mundanas: pendientes, broches, anillos, pulseras...

—Todo volverá a su lugar —comentó el coronel—. Las coronas, a los santos y a las vírgenes; los pendientes y demás, a las damas de la alta sociedad... y a las amantes de los Gobernadores Civiles.

Ignacio, al oír esto último, miró al coronel y éste lanzó, riéndose, una de sus frases favoritas.

—¡Corrígeme si me equivoco!

Nati, la de los ojos gatunos, procuraba también satisfacer la curiosidad de Ignacio. Un día lo llamó para que asistiera a una escena chocante. Aquella mañana había cruzado la frontera una expedición de niños españoles, de los muchos que durante la guerra los «rojos» habían enviado a diversos países de Europa. Y resultó que uno de esos chicos, que tenía siete años, ¡sólo hablaba flamenco! Ni una palabra de español, pese a que se sospechaba que era de Talavera de la Reina. Lo había adoptado una familia belga, que había resuelto devolverlo a la «Falange Exterior», que funcionaba en Bruselas.

—¿Qué te parece el chaval?

—¿Qué va a parecerme? Muy majo... Muy flamenco.

Nati se rió.

—¿Te das cuenta de la papeleta si localizamos a sus padres? ¡Tendrán que enseñarle a hablar!

Otro día Ignacio coincidió en la oficina con los capitanes Arias y Sandoval, los cuales, con permiso del general Sánchez Bravo, andaban por la zona ocupándose de misiones muy varias. Dichos capitanes extendieron sobre la mesa gran cantidad de avales espléndidamente falsificados en una oficina de Montpellier, a nombre de «rojos» que pretendían colarse en España con el propósito de rehacer su vida en algún pueblo que no fuera el suyo, sin ser molestados.

—¡Hay que ver! ¡Han falsificado hasta el sello de los Ayuntamientos!

También funcionaba, en un piso aparte, una Sección dedicada a censurar las cartas que llegaban del extranjero, e Ignacio se maravilló viendo con qué astucia dos hombres ya de edad, expertos en la materia, leían entre líneas... Y se acordó de David y Olga cuando en Gerona, en Correos, se dedicaron durante una temporada a idéntica labor.

—De todos modos —preguntó Ignacio al coronel—, ¿por qué tanta cautela? ¿Qué puede hacer esa gente?

El coronel se acarició sus imaginarias patillas.

—Tú conoces el japonés, ¿verdad? No, claro... Pues bien. Hay un proverbio japonés que dice: «Después de la victoria, ¡átate bien el casco!»

—Ya...

Ignacio iba sintiendo por el coronel una simpatía *in crescendo*. Desde luego, le estaba agradecido. Pero es que, además, ¡era tan imprevisible! Siempre quería apostar algo. «¿Te apuestas veinte duros a que hoy cae un pez gordo?» «¿Te apuestas la corbata a que mañana lloverá?»

Sin embargo, el muchacho intuía que el coronel no jugaba del todo limpio... ¿Por qué tanto viajes a Perpiñán —en un Citroën que había pertenecido al alcalde «rojo» de Figueras— sin llevarlo nunca con él, pese a la promesa del Gobernador? ¿Y por qué al regresar descargaba de vez en cuando misteriosos y minúsculos paquetes, que pronto desaparecían sin haber sido abiertos? Tales paquetes ¿contenían realmente objetos recuperados?

Nati sonreía.

—*Chi lo sa...*

¡Ay, mejor no meterse en honduras! Lo importante era que, gracias a él, Ignacio, cada vez que regresaba a Gerona, tenía algo interesante que contar a la familia y a las amistades. «Papá, el coronel trajo ayer un montón de periódicos franceses... ¿Será verdad lo que cuenta el padre Forteza: que Hitler tiene ganas de pelea?» «Pilar, toma esto, de parte del coronel. Es una barra de labios que no deja huella... Lo último que ha salido en París.» «¡Oh, muchas gracias! A ver si le traes otra igual a Marta.» El profesor Civil, al que Ignacio iba ahora a visitar a menudo, le encargó unas medicinas para su mujer, cuya piel de pronto había empezado a caérsele como en escamas. «El doctor Chaos me ha dado el nombre de ese producto. Toma, ahí lo tienes anotado, en este papel.» Por su parte, Carmen Elgazu le preguntaba cada dos por tres: «Bien, hijo, pero ¿cuándo te traes el Tapiz de la Catedral, de que te habló el Gobernador?»

La familia gozaba escuchando a Ignacio y viéndolo contento. Y no obstante, era bien cierto que no todo lo que el muchacho veía y vivía en el servicio de Fronteras era agradable. Existían en él tintes dramáticos que afectaban hondamente a su sensibilidad.

Probablemente, el peor de todos era el espectáculo que ofrecían las innumerables personas que, acuciadas por la impaciencia, iban llegando a Figueras a diario, sin recursos, sin cobijo, en espera del retorno de algún familiar exiliado. Nati decía de esas personas: «Comprendo su situación, pero ¡hay que ver la lata que nos dan!» En su mayor parte eran mujeres. Mujeres procedentes a lo mejor de muy lejos, del centro de España, o del Sur. Ignacio varias veces había coincidido en el tren con algunas que procedían de Málaga, donde el muchacho había nacido, por lo que se tomó interés por ellas. Habían enviado a Francia, a sus «hombres», el papel mágico, el aval y tenían confianza. «Teniendo el aval no pueden tardar, ¿verdad usted?» Trataban de usted a quienquiera que llevara uniforme o una insignia en la solapa. Ignacio no se atrevía a desanimarlas. «Claro, claro... Si tienen aval, es posible que el día menos pensado lleguen con la caravana.»

La caravana... La caravana diaria de camiones —veinte, treinta...— procedente de Perpiñán, con los «afortunados» de turno. El convoy solía cruzar la frontera en dirección a Figueras a media tarde y lo encabezaba invariablemente un Fiat, en el que iban las autoridades francesas y un empleado del Consulado Español de Perpiñán.

Imposible conseguir que esas mujeres enlutadas, de moño seco y triste, aguardaran a su «hombre» —al marido, al hijo, al hermano— en *La Carbonera*, donde todos habrían de quedar concentrados. A mediodía ya no podían con su corazón y se iban a las afueras de Figueras esperando el momento de ver aparecer el convoy. Se entretenían por las cunetas mascando hierba y suspirando. Ignacio se mezclaba con ellas o a veces las observaba a distancia, solo o en compañía de los guardias civiles. Hasta que, de pronto, el convoy aparecía a lo. lejos. Entonces se oía como un rumor de oleaje y las mujeres se plantaban en mitad de la carretera, interceptando el paso. El Fiat que abría la marcha, como aturdido ante aquella muralla negra, disminuía la velocidad, mientras detrás de él avanzaban gusaneando los camiones. Y en cuanto el vehículo se detenía y se apeaba de él el empleado del Consulado se producía el bombardeo: «¡Eh, señor! ¿Viene un tal Amadeo Sánchez?» «¿Viene mi hijo, Sergio Velasco?» Preguntas angustiosas que obtenían invariablemente idéntica respuesta. «Pero ¿estáis locas? ¿Cómo voy a saber? ¡Luego, luego, en *La Carbonera*!»

Los guardias civiles luchaban a culatazo limpio para que el convoy pudiera pasar. Pero a veces ocurría que uno de aquellos nombres lanzados al aire hacía diana, era recordado por el empleado. En este caso éste respondía: «¡Sí, ahí viene! ¡Creo que en el cuarto camión!» Entonces se oía un grito más fuerte que los demás. «¡Bendita la madre que te parió!» Inmediatamente las otras mujeres rodeaban a la «afortunada» y la felicitaban o, por el contrario, la miraban con envidia y rencor.

Por fin pasaban los camiones, en ruta hacia *La Carbonera*, donde unas horas más tarde todo el mundo sabía a qué atenerse. Porque allí estaban las listas y los encargados de consultarlas y dar fe. «¿Cómo dice? ¿Esteban Soto? No, no viene ese nombre.» «¿Cándido Vázquez? Tampoco.» «Tal vez mañana...»

Tal vez mañana... Ignacio, al oír esto, sufría. Porque sabía que la mujer a la que iban dirigidas estas palabras debería esperar con sus ojos inútiles veinticuatro horas más. Y porque sabía también que había hombres que no regresarían nunca. Ni «mañana», ni pasado, ni nunca. ¿Qué harían, pues, sus esposas, sus hijas? Ignacio también lo sabía: seguir esperando. Así se lo habían dicho sus conocidas de Málaga y otras muchas mujeres de negro. Cada tarde volverían a la carretera, a la misma hora, a mascar hierba en la cuneta. Y entretanto, al llegar la noche, dormirían a la intemperie, o en casas destruidas por las bombas, o en los desalojados nidos de ametralladoras que decían: NO PASARÁN. Y comerían un vaso de agua y un poco de primavera. A menos que encontraran una casa donde hacer la limpieza; o que les dijeran *sí* a los numerosos desaprensivos que, en cuanto se ponía el sol, empezaban a moscardonear a su alrededor, blandiendo un chusco de pan.

Por fin Ignacio oyó, de boca del Gobernador, la frase tan esperada:

—¡Bueno, por fin vas a ir a Perpiñán! Entrega esta carta personalmente a Leopoldo, en el Consulado. Leopoldo sabe ya quién eres.

—¡Muchas gracias, camarada Dávila!

Dicho y hecho. Ignacio, al día siguiente, cruzó la frontera por primera vez en su vida, en compañía del coronel Triguero, quien le ofreció un sitio en su Citroën. Y desde el primer momento le ocurrió que en Francia se sintió a gusto. Aquélla no tenía nada en común con la versión que le dieran Mateo, Jorge de Batlle y el mismísimo Gobernador. Le pareció respirar allí un aire de cultura antigua, tal vez debido a la geometría de los viñedos del Rosellón. ¡Había oído hablar tan despectivamente del país vecino! Cierto que la gente tenía las mejillas un tanto coloradas y que los quepis de los gendarmes resultaban un tanto grotescos. Pero las personas eran más robustas, otra raza, fruto sin duda de la buena alimentación; y la abundancia era visible por doquier. Vehículos de gran potencia circulaban por las carreteras, había tractores en los campos, el mar era hermoso. Los niños jugaban a placer y hasta los ancianos que tomaban el sol se le antojaban más tranquilos. Teníase la impresión de que todo el mundo se sentía allí protegido, a resguardo de las sequías, de la miseria, del trauma de la guerra.

El coronel Triguero, al darse cuenta de la reacción de Ignacio, le dijo:

—Pues a mí esto no me tira. ¿Dónde has visto tú que los machos vayan por el pan y la leche?

—¿Y por qué no han de ir? Me encanta este detalle, ya ve usted...

Una vez en Perpiñán, Ignacio quedó sumergido de lleno en el mundo de los exiliados. Estaban allí, paradójicamente más inquietos y derrotados que los internos en *La Carbonera*. Abarrotaban los cafés y había en su rostro algo rabioso y espectral.

En el Consulado Español se presentó seguidamente a Leopoldo, quien al leer la carta del Gobernador le dijo a Ignacio, amistosamente: «Por lo visto te atrae el barullo, ¿eh?» Hicieron buenas migas, aunque Leopoldo era bastante mayor. Le prometió llevarlo, en cuanto tuviera un respiro, a visitar los campos de Argelès, de Saint-Cyprien, etcétera. «Allí verás. Millares y millares de desgraciados. Se pasan el día rumiando si no les valdría más morirse.»

En ese primer viaje no habría ocasión, pues el coronel le había dicho a Ignacio: «No te muevas del Consulado. Regresaremos a España a mediodia.» Pero pronto el muchacho hizo un segundo viaje, y un tercero y un cuarto. Y su curiosidad iba en aumento, gracias a los informes que le facilitaba Leopoldo, el cual siempre le decía que lo que más le gustaba de Francia era el chocolate. Los exiliados habían empezado a ser llamados, en bloque, «La España peregrina», poética denominación, y era evidente que formaban un mundo real y patético, del que en Gerona Ignacio no podía hablar con nadie, pues la suerte de los «rojos» no interesaba. En cuanto abordaba el tema, todo el mundo le contestaba lo mismo: «Allá ellos. Se lo tienen merecido.»

Ignacio también lo creía así. Y el día en que pudo, ¡por fin!, visitar los campos de concentración de Argelès y Saint-Cyprien, situados en las playas, a la vista de aquella inmensa muchedumbre famélica, harapienta, sintió que una oleada de repugnancia le atenazaba la garganta. Aquellas playas eran el resumen de todas las teorías antipatrióticas, de todas la crueldades y hasta de la muerte de César. Ignacio hizo: «¡Puah!» Leopoldo, hombre de fina cachaza, comentó: «De todos modos, no creas que toda esta gente es culpable. Y aparte, piensa un momento en los niños...»

Hubiérase dicho que le daban a Ignacio un golpe en el pecho. He ahí una palabra —niños— que apenas si contó nunca para él. Como tampoco contaron los vegetales y los minerales. Y no obstante, en aquellas circunstancias, lo dañó. Contempló a los niños en la playas y se le antojaron lagartijas desesperadas, víctimas inocentes de un terrible castigo colectivo. Leopoldo le explicó que muchos de ellos morían y que eran enterrados en la misma arena, en un hoyo. Que otros se habían ahogado al caerse en las letrinas que orillaban la zona acotada, vigilada por senegaleses. Que las madres tenían seco el pecho. Que los más espabilados eran utilizados por los mayores para sortear las alambradas en busca de algo que comer.

Ignacio recordó su niñez, la de Pilar, la de César... ¿Por qué ocurrían tales cosas? Miró al mar y le pareció hostil.

Leopoldo consiguió distraerlo. «Hay que hacerse a la idea.

Las cosas son como son.» Y le informó a Ignacio de que el reparto de fugitivos españoles hacia Bélgica, Inglaterra, Sudamérica, Rusia, Legión Francesa, África, ¡Alemania!, etcétera, proseguía. Aunque parecía confirmarse que el contingente mayor se quedaría en Francia.

—¿Te basta con eso, o quieres ver otras playas... y más senegaleses?

—Me basta con eso.

El coche que conducía Leopoldo, uno de los asignados al Consulado, dio la vuelta y emprendió el regreso a Perpiñán.

Se produjo un largo silencio. Ignacio contemplaba el paisaje francés, los viñedos y los cañaverales, éstos inclinados por la tramontana, e iba reflexionando sobre el espectáculo que acababa de presenciar. Cerca ya de la capital del Rosellón, preguntó:

—¿Qué profesión tiene el grueso de los exiliados?

Leopoldo contestó, sin vacilar:

—Son campesinos. Un tercio por lo menos son campesinos.

Ignacio movió la cabeza.

—Sí, claro. España es labriega.

Una vez en Perpiñán, Ignacio sintió una imperiosa y repentina necesidad de localizar, aunque sólo fuese para verlo de lejos, algún exiliado de Gerona. ¿No se reunirían los de Gerona en algún café determinado?

Leopoldo le dijo:

—Concretamente los de Gerona, no sé. Pero el café *La Bonne Nouvelle* suele estar lleno de catalanes.

Ignacio, libre de acción esta vez por cuanto había ido a Perpiñán sin el coronel Triguero, en una ambulancia de la Cruz Roja, se dirigió sin pérdida de tiempo al café *La Bonne Nouvelle*. Sentóse a una mesa roja, situada en un rincón, y se tapó la cara con un periódico que hablaba del hambre en China. De vez en cuando echaba un vistazo, con disimulo: no reconocía a nadie. Sólo le resultaban familiares el idioma y las inflexiones de las voces. Y, por supuesto, las blasfemias de los hombres acodados en la barra. Uno de ellos, que llevaba un gorro a lo Durruti, exhibía una cicatriz en el cuello, de la que parecía hacer responsable a todo el santoral.

Al cabo de una hora de infructuosa espera abandonó el café. Cariacontecido, se dirigió al Consulado. Leopoldo le dijo:

—¿Tanto interés tienes?

—Compréndelo... Me gustaría saber lo que ha sido de varios amigos. —Luego añadió—: Me interesa sobre todo un primo hermano mío, llamado José Alvear...

Leopoldo hizo un gesto de comprensión.

—Aquí tenemos un fichero —dijo, señalando un armario—. Pero sólo de los que han muerto en algún hospital y de los que han decidido quedarse a vivir en esta región.

Ignacio abrió los ojos con expresión esperanzada.

—¿Te importaría que lo viera?

—Tuyo es.

Ignacio tomó del armario los montones de fichas y se sentó a la mesa. E inició la tarea. Leopoldo le dijo: «Es buscar una aguja en un pajar.»

El resultado de la operación fue teatral. Entre los muertos, ningún conocido; entre los vivos, sí, uno. Pero no era ni José Alvear, ni Julio García, ni David, ni Olga; era Canela. Allí estaba la ficha, con la fotografía, que parecía sacada por Ezequiel y las señas de la muchacha. «Isabel Cortés Amat, alias Canela, veintiséis años, prostituta, domiciliada en Perpiñán, 23, *rue de la Provence*.»

—¿Qué? ¿Encontraste algo? —le preguntó Leopoldo.

—¡Casi nada! —contestó Ignacio—. ¡Mi primera novia!

—¿Qué dices?

Ignacio quedóse absorto. ¡Cuánto tiempo había pasado desde que Canela, estando él desnudo, lo perseguía por la habitación haciéndole cosquillas! Entonces ella era una gacela joven y veloz; ahora, en la fotografía, se la veía ajada, con una cicatriz no en el cuello, sino en el alma. Ignacio no pudo menos de recordar su enfermedad venérea, la mancha de pus en la cama, el bofetón de su madre y el comentario de su padre, Matías: «Y además, esas mujeres creen saber la verdad de todo y no es así. Sólo conocen la cara fea de la vida.»

No lo pensó más. Despidióse de Leopoldo y diez minutos después se encontraba en 23, *rue de la Provence*. Efectivamente, Canela vivía allí, con un *monsieur*, también español. Un *monsieur très important*. Pero apenas paraba en casa. Se pasaba el día en el café de enfrente, *chez Jean*.

Ignacio cruzó la calle y penetró en el café. Tuvo suerte. En una mesa al fondo, sola, haciendo solitarios, ¡con cartas francesas!, reconoció a Canela.

—Pero... ¡Ignacio!

—¡Pssssh...! No hables fuerte. Estoy de servicio...

—¿Cómo?

Canela se levantó y haciendo aspavientos abrazó al muchacho y lo besuqueó repetidamente en ambas mejillas.

—¡Por favor, Canela!

—Pero ¿qué te pasa? ¿Será verdad que has venido a detenerme?

—Nada de eso, Canela. He venido a saber qué tal estás...

Por fin Ignacio consiguó que Canela se sentara; y él hizo lo propio, situándose frente por frente.

—¡Menuda sorpresa!

—Nada de sorpresas. Andaba buscándote...

El diálogo, en un principio, fue cordial. Canela tenía mucho mejor aspecto que en la fotografía, aunque se le notaba en los ojos que bebía demasiado. Y era evidente que su alegría al ver a Ignacio fue sincera. Se rieron evocando sus encuentros en Gerona. «Me tenías chiflada. ¡Eras tan crío! Tuve que enseñártelo todo, ¿te acuerdas?»

Ignacio simuló estar de vuelta...

—¿Y ahora, qué haces? —preguntó el muchacho—. Llevas muchas joyas...

—¡Bah! —Canela encendió, con aire hastiado, un pitillo—. Un comisario me sacó del campo y me tiene retirada. Pero ya lo ves. Me paso el día en el cine, aunque no entiendo ni jota, o en este cafetucho haciendo solitarios.

Ignacio sintió de pronto una gran compasión por aquella mujer, cuya roja cabellera despedía extraños reflejos.

—Te sientes... sola, ¿verdad?

—¿Y tú no? —le preguntó Canela.

—Pues... yo, la verdad, me las voy arreglando.

—Ya te llegará.

Los hombres del mostrador miraban a Canela y uno de ellos, que sin duda la conocía, le hizo un gesto obsceno. Canela barbotó:

—Asquerosos...

Ignacio intervino:

—Hablando de tu comisario... ¿Lo quieres?

Canela eructó, lo que rompió el encanto de la alusión.

—¿Querer yo? Ya quise una vez. Pero el hombrecito voló.

—¡Ah!, ¿sí? ¿Dónde está?

—En Toulouse. Lo mantiene una *madame*. Es lo normal.

Ignacio se mordió el labio inferior.

—¿Cómo se llama? —preguntó.

—¡Ya lo sabes! José Alvear...

La conversación prosiguió, sincopada. Canela, que iba poniéndose nerviosa, saltaba sin conexión de un tema a otro y no paraba de beber.

—¡Eh, *garçon*, trae algo para *mon ami*...! Y dime, ¿tú qué haces? ¿Por qué estás en Perpiñán?

—Todavía no me han licenciado. Estoy en Fronteras.

—¡Ah!, ya...

Mon ami... La frase había gustado a Ignacio, sin saber por qué. Y también le gustaban los extraños reflejos de la roja cabellera de Canela.

—Cuéntame, Canela. Todo eso... es duro, ¿verdad?

—¡Claro que lo es! Pero vosotros tenéis la culpa, ¿no?

—Bueno, mujer, no te pongas así.

El *garçon* trajo un coñac para Ignacio, coñac que olía a gloria.

—¿Ves? —comentó Canela, cambiando el tono de voz y mirando la copa—. Si en vez de nacer en España yo hubiera nacido aquí, en Perpiñán, ahora no sería Canela. Sería una *madame*.

—¿Por qué dices eso?

—Porque sí. Mis padres me hubieran llevado a la escuela... ¿Comprendes lo que te digo?

—Claro...

Ignacio no quería ver sufrir a Canela y cortó preguntándole si había permanecido mucho tiempo en el campo de concentración.

—Poco. Los mandamás y nosotras... pudimos salir pronto. Allá sólo se pudren los tontos.

Ignacio se disponía a comentar que aquello era una canallada. Pero le pareció tan obvio, que se calló.

El forcejeo era difícil e Ignacio optó por preguntarle, ya sin más dilación, por el paradero de sus amigos

—Dime. ¿Sabes algo de Julio García?

—¿El poli...? —Canela entornó expresivamente los ojos y por un momento volvió a parecer una niña—. Otro punto. Es millonario. Robó lo que le dio la gana, como mi comisario.

—No estarán en Perpiñán, por casualidad...

Canela soltó una risita nerviosa.

—¿En Perpiñán? Pues sí que estás bueno... Está en París, con los jefazos...

—Y con doña Amparo...

—¡Ah, eso no sé!

Canela no sabía nada de David y Olga; nada de Cosme Vila; nada de Antonio Casal...

—No me preguntes más, ¿quieres? No me interesa esa gentuza. Me intereso yo, Canela. ¡Eh, *garçón*, otro Martini! —Canela eructó de nuevo, pero esta vez dijo: «Perdona.»

Ignacio pensó: «No, el exilio no es una fiesta. ¿Por qué en Gerona no se darán cuenta?»

De pronto, Canela miró a Ignacio a los ojos. Era la primera vez que lo hacía. Estaba borracha.

—Continúas siendo un crío. Sí, me gustas...

—Anda, no digas tonterías.

—¿Te apetecería estar conmigo?

Ignacio casi retrocedió. Canela volvió a reírse nerviosamente. Echó una rectilínea y segura bocanada de humo.

—¿Te has vuelto marica, o qué?

—No es eso... —Ignacio añadió—: Por favor, Canela, cálmate...

—¡Si estoy tranquila! Mira, ¿ves? —Bruscamente cogió las cartas y simuló que se ponía a hacer solitarios de nuevo.

Ignacio quería ayudarla, pero no sabía cómo.

—¿Te acuerdas de Gerona? —se le ocurrió preguntarle.

Temió haber metido la pata, pero no fue así. Por un momento los ojos de Canela se iluminaron.

—¡A que no adivinarías lo que echo de menos de todo aquello!?

—No sé...

—El tabaco... —Miró el paquete de *gauloises* que tenía en la mesa—. Éste me marea. —Luego añadió—: ¡Y otra cosa! La Dehesa...

—¿La Dehesa?

—Sí, la Dehesa. Una tiene derecho a que le guste la Dehesa, ¿no?

—¡Oh, claro! Ahora está preciosa...

Canela volvió a irritarse.

—¡Qué va a estar! Con tanto uniforme...

Ignacio hizo un mohín. Canela se tomó su Martini de un sorbo y prosiguió:

—¿Y la Andaluza?

—Ya puedes figurarte —informó Ignacio—. Haciendo su agosto.

—Claro, los moros joden que da gusto, ¿verdad?

La conversación se hacía incómoda. Ahora Canela parecía

glacial. Se había ausentado. Miraba afuera, a la calle, con la mirada vidriosa.

—¡Mira que morirme yo en Francia! —exclamó, inesperadamente.

Ignacio la miró con asombro.

—¿Morirte...? ¡Qué tonterías dices!

En ese momento entraron en el café tres hombres barbudos, con aspecto de llegar del frente. Debían de ser tres «jefazos», que andarían tramando irse también a París.

—Puercos... —barbotó Canela—. Han abandonado a todo el mundo. —Su expresión era colérica.

El más alto miró a Canela y sonrió. Canela sacó la lengua.

Ignacio se sintió tan abatido que se levantó para despedirse.

—Escucha una cosa, Canela. Si algún día quieres regresar a España, vete a Fronteras y pregunta por mí.

Canela se quedó rígida.

—¿Regresar yo...? ¡Eh!, ¿por quién me has tomado?

Ignacio hizo un gesto ambiguo.

—La vida... cambia, ¿no crees?

Canela le sonrió con afecto.

—Salud, fascista...

Ignacio se acercó al mostrador dispuesto a pagar las consumiciones, pero el *garçon*, después de consultar con Canela, negó con la cabeza.

CAPÍTULO IX

CANELA HABÍA INFORMADO BIEN a Ignacio: Julio García vivía en París... con un coche en la puerta. Era el gran triunfador del exilio. Formaba parte de grupo de los privilegiados, de los que habían alquilado chalés en Deauville y jugaban a la ruleta. Disponía de un confortable piso cerca de la Avenida Foch, por cuyos amplios salones se paseaba con un batín de seda. Si Ignacio hubiera tropezado con el ex policía, no hubiera sabido si reír o llorar.

Julio García, recordando la guerra, no pensaba en la muerte, como le ocurría a Canela: sonreía. La fortuna que había amasado comprando armas para el Ejército de la República era tan considerable que, en un momento de sentimentalismo, le había dicho a doña Amparo: «Avísame cuando sea tu cumpleaños, que quiero regalarte un abrigo de pieles de algún animal raro...» Y a sus amigos de siempre —los componentes de la Logia Ovidio, y David y Olga— solía decirles que lo que más le dolía de la catástrofe que había asolado España era que en ella había perdido su hermosa tortuga, llamada *Berta*. «La pobre, lenta por naturaleza —explicaba—, no consiguió llegar a la frontera y cayó en manos de los requetés.»

Julio García vivía una vida triple. Por un lado, el recuerdo de Gerona; por otro, su responsabilidad para con los gerundenses que acudían a él en demanda de ayuda, y que no eran pocos; por último, los deberes que le imponía su «nueva posición social» y la necesidad de sentar bases definitivas para lo futuro. Esto último era de hecho la piedra angular de sus preocupaciones. No quería caer en la trampa de otros muchos exiliados, que parecían dispuestos a quemarse la sangre a base de nostalgia y de «lo que hubiera podido hacerse». Él no se iría nunca a África, a construir el Transhariano; ni se alistaría en la Legión Francesa; ni se iría a Venezuela, como el Responsable y otros tantos anarquistas, pensando que allí encontrarían campo abonado para sus actividades... No, él no dejaría nunca de pisar terreno firme. Preveía acontecimientos internacionales para un plazo más o menos próximo —los periodistas Fanny y Bolen eran también de este parecer— y quería estar prevenido. Si en Francia ocurría algo se iría a Inglaterra, cuyo Gobierno se había manifestado dispuesto a admitir algunos exiliados de la *élite*; es decir, hombres como él, relacionados con la Banca Suiza y que supieran tomarse un *whisky* sin soltar una grosería.

Sus relaciones con Gerona se efectuaban de una manera un tanto simbólica: a través del periódico *Amanecer*, que el ex policía recibía, aunque con retraso, gracias a sus amistades de la *Prefecture* de Perpiñán. La lectura del periódico que dirigía «La Voz de Alerta» le daba la tónica de «lo que ocurría en la España Nueva», y cuyo resumen respondía, a su juicio, a la lógica más estricta: curas y militares. No había número en que no apareciera una fotografía del obispo, doctor Gregorio Lascasas, y otra del general Sánchez Bravo. El señor obispo tenía siempre la mano dispuesta a bendecir lo que fuera; el general saludaba siempre militarmente o presidía algún acto en honor del Ejército Español. Naturalmente, Julio García hubiera podido reconocer también, entre mil rostros, el del Gobernador Civil, camarada Juan Antonio Dávila, quien cada día ponía una primera piedra o asistía a un entierro. «Lo que me extraña —comentaba con sus amigos— es que Mateo no tenga celos y se conforme con salir retratado sólo de vez en cuando.»

Julio García, desde su piso cercano a la Avenida Foch, estimaba que las realidades que, a juzgar por *Amanecer*, imperaban en «la España de Franco» formaban un triángulo tan perfecto que hubiera podido ser masónico: mimetismo respecto de Alemania e Italia; inflación religiosa; ausencia total de opinión popular. «Esa gente va a prescindir del pueblo hasta nueva orden.» «Juegan con unas cuantas ideas incapaces de proporcionar a nadie el menor placer intelectual.» «Se basan en la noción de Caudillo, cuando lo más corriente es que los caudillajes terminen de mala manera.» «Se han inventado un Dios a su medida, de cuya protección están tan seguros como yo lo estoy de que mi mujer me será fiel.» Etcétera.

Ahora bien, todo esto, que levantaba en vilo a aquellos que en París escuchaban al ex policía, tenía en opinión de éste una contrapartida no deleznable: todos los recursos en una sola mano. «De entrada pueden acometer empresas importantes. Es la fuerza de las dictaduras. Lo malo viene después...»

—¿Y la represión? —clamaban los arquitectos Ribas y Massana; y el ex director del Banco Arús; y Antonio Casal...—. ¿Los campos de trabajo, las ejecuciones?

Julio García se encogía de hombros.

—¿Qué esperabais, pues? ¿Que a los que se quedaron les dieran pan con miel?

—¿Te parece tolerable que hablen de Maeztu y de Balmes como si hablaran de Kant o de Montaigne?

—No, no me parece tolerable —refrendaba Julio García, pasándose la boquilla de un lado a otro de la boca—. Pero demuestra que no carecen de sentido del humor.

¡Ah, Julio García añoraba Gerona! Ésa era la clave de la cuestión. Se preguntaba quién habitaría en el piso que fue suyo; quién utilizaría aquellos focos con que, en la Jefatura de Policía, le hizo sudar a Mateo la gota gorda; quién sería el nuevo jefe de estación; qué contertulios tendría su amigo Matías en el Café Neutral... «La única verdad es ésta —concluía—. Queramos o no, ganaron ellos y allí la vida continúa.»

Sentencia irrebatible. De ahí que Julio García procurara olvidar «aquella vida que ya no le incumbía» y se dedicara a la

134

segunda de las tareas que se había impuesto: la de solucionarles el porvenir a sus amigos.> En el fondo, ello le resultó más fácil de lo que hubiera podido imaginar. O los demás no tenían criterio propio, o él era un prodigio de intuición y sentido práctico. A los arquitectos Massana y Ribas les aconsejó que se fueran a la Argentina, donde, con ayuda de la colonia catalana, a buen seguro se abrirían camino en su profesión. A don Carlos Ayestarán, tío de Moncho y ex jefe de Ignacio en Sanidad, en Barcelona, le facilitó la ida a Chile, donde podría instalar un gran laboratorio de productos farmacéuticos, que era su especialidad. Asimismo ayudó a varios vascos que estaban ilusionados con irse al Caribe a fundar algún negocio naviero. Y en cuanto a David y Olga, que sin duda constituían un caso especial, en una noche memorable, en la que Olga, en un café de Montparnasse, se había echado a llorar, Julio García les propuso algo insólito: fundar una editorial en Méjico. Él financiaría la operación y ellos serían sus socios industriales. Los maestros titubearon, porque les tiraba la pedagogía, pero Julio los arrolló con su dialéctica. «Editar libros es también hacer pedagogía. Con la ventaja de que los libros que nosotros podamos lanzar al mercado, algún día, cuando en España haya pasado el actual sarampión, podrán incluso ser leídos con clandestina avidez, en la mismísima Gerona, por esa juventud que ahora se atiborrará de biografías del general Mola y de encíclicas papales.» Los maestros, desconcertados al principio, acabaron entusiasmándose con la idea. «¡Editar libros!, ¡editar libros!», repitió Olga insistentemente, mientras con la mano se alisaba el pelo. Por su parte, David, que cada mañana se preguntaba si debía afeitarse o no, imaginó que la primera colección popular podía titularse: *Colección Julián Sorel*.

Otra persona a la que Julio García ayudó fue Antonio Casal. A Casal no le «expulsó» de Francia, porque lo sabía sentimentaloide y falto de empuje, y lo colocó en el mismo París, en el SERE —Servicio de Evacuación de Republicanos Españoles—, organismo fundado por Negrín y que tenía su oficina principal en la calle de Saint-Lazare.

Julio García, que por las mañanas no tenía nada que hacer, solía llegarse a esas oficinas de la SERE a visitar al ex jefe socialista gerundense. Casal, al verlo, se tocaba el algodón que llevaba en la oreja y le decía: «¡Estoy encantado, encantado! El SERE es eficaz. Millares de refugiados acuden a nosotros para cobrar subsidio, para obtener trabajo y asistencia médica... ¡Labor fecunda! No sólo prestamos ayuda, sino que mantenemos vivo el espíritu revolucionario.» Julio García se apoltronaba en el sillón y le decía: «Ya sabía yo que aquí te encontarías en tu ambiente.»

Por si fuera poco, Antonio Casal había descubierto, al igual que Canela, que él hubiera debido nacer francés. Las fórmulas culturales de Francia y su estructura administrativa lo habían deslumbrado. «Es gente que vale, que vale mucho, muy preparada.» Se hacía lenguas de los asesores jurídicos que tenía el SERE, que eran franceses. ¡Y no digamos de los maestros! «David y Olga se equivocarán marchándose a Méjico. Aquí aprenderían mucho. Aprenderían inclusive, lo mismo que yo, lo que significa la palabra socialismo.» Julio García solía preguntarle a su amigo si su mujer compartía su entusiasmo. Antonio Casal entonces sonreía con tristeza. «Por desgracia, no —decía—. Mi mujer se volvería a Gerona ahora mismo.»

Volverse a Gerona... ¡De ningún modo! Julio García podía añorar determinadas cosas de la ciudad y el mando de que en ella disfrutó. Pero de eso a desear el regreso... Por el contrario, el tercer aspecto de su múltiple vida se dirigía como una flecha hacia la internacionalización. Por eso alquiló aquel piso, para poder recibir dignamente a caballeros franceses que poseyeran la Legión de Honor, a militares de alta graduación, a los hermanos de la Logia de la calle Caudet... Sus asesores al respecto fueron los periodistas Fanny y Bolen, bien relacionados en todas partes y duchos en tales menesteres.

—Te ayudaremos, no te preocupes —le habían dicho—. Por lo demás, te va a ser fácil meterte a esta gente en el bolsillo: buena cocina y alguna de esas frases que te salen redondas. Por ejemplo, la que nos colocaste ayer, en el *Café Flore*: que toda democracia que se estime ha de basarse en la desigualdad...

El caso es que Julio García, poniendo en práctica las sugerencias de Fanny y Bolen, empezó a organizar en su casa cenas opíparas. Doña Amparo Campo, a quien el ex policía había prohibido que aprendiera francés para evitar que entre plato y plato soltara alguna tontería, ignoraba quiénes eran los visitantes de su hogar; pero ¡qué más daba! A la legua se advertía que se trataba de gente fina, como ella siempre deseó. ¡Con qué estilo le besaban la mano y con qué susurrante entonación le decían: *madame!* «*Madame* García... *voilà!*» Le decían *voilà* y ella, feliz. ¡Ah, qué bello país Francia! Lo que doña Amparo no comprendía era que ella, a su vez, tuviera que llamar *madame* a la interina que la ayudaba en las faenas de la casa.

Por supuesto, el desarrollo de esas veladas confirmó la tesis de Fanny y Bolen. Los invitados de Julio, entre los que abundaban elocuentes diputados y prohombres del Frente Popular Francés, acudían reiteradamente a casa del ex policía por razones de afinidad ideológica; pero, sobre todo, por simpatía humana. Se reían a gusto con Julio García; eso era todo. Julio, con su bigote madrileño y sus maliciosos ojos cargados de experiencia y de intención, arrancaba de ellos discretas cuando no sonoras carcajadas. *Charmant!*, solían exclamar oyéndole. Lo curioso es que exclamaban *charmant!* lo mismo si les contaba un chiste que si les profetizaba alguna catástrofe. Cuando, por ejemplo, les decía que en su opinión Hitler se estaba preparando para invadir a Francia antes de un año, saltándose a la torera la Línea Maginot, ellos exclamaban: *Charmant!* Y cuando les afirmaba que el comunismo constituía un peligro mundial, lo que podía atestiguar por haberlo conocido de cerca durante la guerra de España, volvían a exclamar: *Charmant!*, mientras daban complacidas muestras de aprobación. En resumen, eran tantas las cosas que sus invitados encontraban *charmants* que Julio pensaba para sí: «Esos caballeros viven en el limbo.»

Naturalmente, para que esos contactos fueran de verdad eficaces, Julio García no olvidaba poner en práctica otro de los consejos de sus amigos periodistas: cultivar la amistad de las *señoras* francesas, concederles la máxima beligerancia en el diálogo y relatarles a menudo anécdotas de Cocteau y de Sacha Guitry. Fanny le había dicho: «¡Pero ándate con cuidado! No se te ocurra nunca darles a entender que todo cuanto saben lo han aprendido de los hombres. Escúchalas poniendo cara de bobo, de admiración. De este modo te encontrarán *charmant* incluso a ti y tendrás en ellas tus mejores aliadas.»

Resumiendo: Julio García se adaptó sagaz y alegremente a las costumbres parisienses —leía *Le Figaro*, iba a la *Comédie Française* y elogiaba cada dos por tres a los impresionistas— y se sentía dichoso.

Por lo demás, en el fondo obraba sin fingimiento. París le gustaba realmente, tanto o más que a Antonio Casal. Y no sólo los puentes del Sena, Montmartre, la plaza de la Concordia y los cines en que ponían películas nudistas, sino el ambiente. Los tejados de pizarra; el gris antiguo de las fachadas; el Barrio Latino y la sensación de libertad que se respiraba por doquier le cosquilleaban de tal suerte el corazón que no cesaba de preguntarse si, llegado el caso, el Támesis y Hyde Park, en Londres, le gustarían lo mismo.

Así las cosas, llegó la noche del 20 de junio, noche que festejó con una cena por todo lo alto. Y no es que hubiera ocurrido nada importante ni que hubiera conseguido, ¡por fin!, sentar a su mesa al mismísimo Léon Blum. Simplemente, en el número de *Amanecer* que aquel día le había traído el correo, había leído su nombre y sus dos apellidos. Sí, el Tribunal de Responsabilidades Políticas había abierto en Gerona expediente contra él. Ello le había hecho tanta gracia que no sólo lanzó una carcajada que asustó más de la cuenta a la *madame* que hacía las faenas del piso, sino que lo incitó a obsequiar a sus invitados con pato con naranja y con botellas antiquísimas de Moët Chandon.

* * *

Aparte de París, y confirmándose con ello el dato que Leopoldo le facilitara a Ignacio, el núcleo verdaderamente importante de exiliados se había afincado en la campiña francesa y en la ciudad de Toulouse.

En la prefectura de dicha ciudad calculábanse en unos treinta mil los españoles que habían fijado en ella su residencia. ¡Treinta mil! El prefecto había dicho: «Como esto continúe, no habrá más remedio que proteger con ametralladoras la gruta de Lourdes. ¡Les pilla tan cerca!»

Ahora bien, los exiliados de Toulouse, entre los que figuraban buen número de ampurdaneses dedicados a la industria del corcho, formaban una comunidad mucho más exaltada que la que se estableció en la capital de Francia o en el campo. París era inmenso y el campo suponía obligadamente la dispersión. En Toulouse, en cambio, los españoles se sentían unidos. El hecho de verse constantemente unos a otros y de disponer de sus buenos locales políticos —Partido Socialista, CNT, Estat Català, Partido Comunista, etcétera— les daba la sensación de que continuaban teniendo poder, de que constituían una fuerza.

Y sin embargo ocurría allí como en los demás sitios: había

exiliados victoriosos y otros derrotados. Entre los primeros, se contaba principalmente José Alvear; entre los segundos, Gorki...

Gorki disponia de un amplio piso cerca del Museo de Historia Natural, que era al mismo tiempo célula comunista, emisora e imprenta. En la emisora prepararía programas «que saltarían por el aire la barrera de los Pirineos», alcanzando a Gerona e incluso a Barcelona; en la imprenta editaría folletos y tal vez una hoja periódica. Pero, por desgracia, y en virtud de órdenes muy precisas dictadas por Goriev, cuyo paradero se ignoraba, no era el mandamás único, pese a la ausencia de Cosme Vila. De hecho actuaba vigilado. Vigilado por otros militantes españoles y —eso era lo peor— por un representante del Partido Comunista Francés, extraño tipo que se llamaba Verdigaud y que por el hecho de ser diputado tenía más ínfulas que un profesor de la Sorbona.

La teoría de Gorki era que Francia estaba hecha una asco; excepto en lo referente a su profesión originaria, es decir, la elaboración de perfumes. Llegó a esta conclusión el día en que se enteró de que eran muchos los comunistas de la localidad que no sólo poseían coche particular, sino que iban a misa. Eso no le cabía en el caletre al barrigudo aragonés. Los llamaba burgueses, cuya máxima aspiración era pasarse varios atardeceres semanales pescando en el Garona, el hermoso río —también burgués— que adornaba y fertilizaba la comarca.

Los comunistas franceses argüían, por boca del diputado Verdigaud, primero, que lo cortés no quita lo valiente y, segundo, que incluso desde el punto de vista táctico, semejante postura era válida. «Nuestra opinión es que si el Frente Popular Español perdió la guerra fue por eso, porque os dedicasteis a matar a la gente que tenía coche y a los curas. Algo así como si en Francia matáramos a los pintores con barba y a todas las *mademoiselles* que leen a Baudelaire.»

Gorki lanzaba espumarajos de rabia y su barriga se movía espasmódicamente. Porque la cosa no paraba ahí. Según noticias fidedignas, unos cuantos obispos franceses, especialmente de diócesis norteñas, ayudaban financieramente a la masa de exiliados; y lo mismo podía decirse de la organización protestante *L'Armée du Salut*. ¡Y peor todavía! En Toulouse, una serie de vicarios, que llevaban boina enorme y sotana raída, habían decidido especializarse nada menos que «en el apostolado entre los refugiados españoles». Se introducían en las

139

tertulias, en los cafés, repartían medicinas entre los enfermos y, sobre todo, empleaban un lenguaje tan franco y abierto que algunos exiliados les admitían tabaco y amistad. «¡Maldita sea! —exclamaba Gorki—. ¿Es que esto se puede tolerar?»

Los comunistas franceses no comprendían la reacción del ex perfumista.

—Lo que hacen los obispos franceses —decían—, es normal: ayudan a los vencidos. Lo sorprendente es que en tu tierra los obispos españoles no hagan ahora lo propio. Ello demuestra que no tienen ni pizca de malicia o de sentido común. Los franceses hemos aprendido a «tolerarnos», ¿comprendes? No te quepa duda de que el sistema da buen resultado. ¿O es que tú prefieres la guerra civil?

Gorki soplaba:

—¡Pero la religión es el opio del pueblo!

Verdiguad le dijo un día:

—Sí, es frase conocida. Pero Marx no empleó la palabra opio en sentido de veneno, sino en sentido de tranquilizante... ¿Aprecias el matiz, *cher ami*?

Gorki se enfurecía ante tamañas sutilezas y profetizaba para el intelectualizado Partido Comunista Francés los peores males. El mismo periódico *Ce Soir*, del Partido, que le llegaba de París a diario, le demostraba que los comunistas del Norte de Francia estaban también contaminados. «¿Y por qué han de llamarme *cher ami* en vez de *camarada*?»

Los propios colaboradores españoles de Gorki procuraban hacerlo entrar en razón.

—Pero ¿no te das cuenta de que aquí hay montañas de Camembert? ¿Cómo quieres que esa gente sea como nosotros? Creo que lo que debemos hacer es adaptarnos. Si no, vamos a tener algún disgusto y a lo mejor nos cierran hasta el local.

Adaptarse... Esta palabra horrorizaba a Gorki. ¡Si por lo menos Cosme Vila estuviera allí con él! Pero su «jefe» se había ido a Moscú. Se había ido en barco, en una expedición que salió del Havre, rumbo a Leningrado. Y no había manera de entenderse por carta. Para empezar, las que Cosme Vila le escribía a él, fechadas en la capital soviética, le llegaban con gran retraso... y censuradas. Había tachaduras. ¿Por qué? Y además, el tono de dichas cartas era siempre vago... Cosme Vila no le daba ningún detalle concreto sobre sus actividades en Rusia. Gorki no sabía si su jefe «ampliaba estudios», si «descansaba en alguna finca de veraneo» o si era «paje de confianza de Stalin». Cosme Vila se limitaba a decir que aquello era un paraíso y que su mujer y su hijo se portaban bien y le enviaban saludos. En cuanto a «instrucciones», que era lo que más necesitaba, siempre eran las mismas. «Procurad estar unidos. Y cuidado con los traidores. Ésta es una etapa de espera. No te desanimes. ¡Salud, camarada Gorki!»

No era extraño, pues, que Gorki se sintiera un poco derrotado y que fuera acaso el más crispado de los treinta mil exiliados españoles en Toulouse. De poder tomar decisiones, la gruta de Lourdes, fuere cual fuere el número de ametralladoras que enviara allí el prefecto, hubiera ya saltado hecha pedazos. Lourdes tenía obsesionado al ex perfumista, cuya patrona, *madame* Deudon, le decía una y otra vez que ella había presenciado allí, personalmente, lo menos tres milagros. «¡Tres milagros, *monsieur* Gorki! Tal como lo oye. Dos paralíticos y un sordomudo.»

Algunas mañanas, tal vez debido a la úlcera de estómago que le habían diagnosticado, Gorki se sentía tan abatido que a gusto lo hubiera mandado todo a freír espárragos y se habría puesto a fabricar por cuenta propia el popular masaje Floïd, cuya fórmula decía conocer. Por fortuna, no faltaban militantes anónimos que le daban ejemplo, que lo reconciliaban con el ideal que había llenado su existencia. Tales militantes, que lo habían perdido todo, que no se acordaban siquiera de cuál fue su oficio, que vivían con sólo el miserable subsidio del SERE y que, desde luego, se mostraban insobornables al halago de los vicarios de boina inmensa y sotana raída, se mantenían fieles a las consignas del Partido exactamente igual que en el año 1936. Se pasaban el día rondando el local alquilado por Gorki y preguntando: «¿Cuándo empezará a funcionar la emisora? ¿Qué noticias hay de la resistencia en España, en las montañas? ¿Cuándo podremos ir a Rusia?»

En los momentos de soledad, Gorki recordaba, como les ocurría a todos, su «patria chica»; es decir, Gerona... Sobre todo cuando visitaba a los suegros de Cosme Vila —el guardabarreras y su mujer—, los cuales no hacían más que hablarle de la Rambla y quejarse de que no conseguían aprender una palabra de francés.

¡Ah! ¿Qué estaría ocurriendo en Gerona, a la sombra de los campanarios de la Catedral y de San Félix? Gorki no se arrepentía de nada. Había matado a muchos hombres —y a alguna mujer—, pero no se arrepentía de nada. «Hay que exterminar al enemigo», había dicho Lenin. ¿Es que el camarada Verdigaud ignoraba esta consigna? ¿O es que exterminar significaba también *tranquilizante*?

Si acaso, y sin motivo que lo justificara, algunas veces Gorki pensaba en sus dos víctimas más aparatosas: Laura y mosén Francisco. Los había emparedado en los sótanos de la checa gerundense. Los ladrillos rojos habían empezado a subir, a subir, formando el tabique que los asfixió. Si el recuerdo era nocturno —si se transformaba en pesadilla—, tales ladrillos subían tan alto que muy bien podían alcanzar el firmamento. En este caso, las estrellas que Gorki veía en él no tenían nada en común con las que el general Sánchez Bravo, desde los cuarteles de Gerona, contemplaba con su telescopio. Eran las cinco estrellas que en aquellos momentos Cosme Vila debía de estar viendo titilar en las torres del Kremlin, en la Plaza Roja de Moscú, donde el derrotado Gorki hubiera deseado morir.

* * *

Por lo que se refiere a José Alvear, el gran vencedor de Toulouse, las cosas se desarrollaban con menos dramatismo. José Alvear disponía también de un local, aunque más pequeño, que decía: «Federación Anarquista Ibérica», en el que el sobrino de Matías se había constituido en jefe de una especie de batallón de jóvenes libertarios que se pasaban el santo día rumiando caer por sorpresa sobre algún pueblo español fronterizo y matar al jefe de Falange y al sargento de la Guardia Civil. Pero, en realidad, José Alvear jugaba con esos jóvenes con el propósito de entretener sus mentes, sin el menor plan de acción inmediata. Había tenido ya dos incidentes con la Policía francesa y había sacado la conclusión de que los gendarmes, pese a su quepis, y bajo su aspecto bucólico y ciclista, eran duros de pelar.

De modo que posponía para un futuro lejano cualquier intento de implantar el anarquismo en Francia y, mucho menos escrupuloso que Gorki, se dedicaba a cultivar lo mejor posible su vida privada. Para ello jugaba todas las tardes a las cartas, fumando sin parar; y cada noche complacía hasta el delirio a la *madame* que le había tocado en suerte, a la *madame* de que Canela le habló a Ignacio en Perpiñán.

Sí, los informes que había recibido Canela acerca de José Alvear —«el único hombre que ella había amado, y que *voló»*— eran verídicos. José Alvear se había convertido en *gigolo*. Y la cosa le iba tan bien que no comprendía que Gorki no lo imitase. En Montecarlo, adonde fue a parar huyendo del campo de Saint-Cyprien, había fracasado —el ambiente era demasiado distinguido para él—, y en París, con eso de las Organizaciones de Ayuda fundadas por Negrín y secuaces, el clima le pareció enrarecido. De modo que optó por volver grupas, por regresar al *Midi*. Y eligió Toulouse.

Fue cosa de coser y cantar. Tres días después de su llegada a la ciudad se sentó, aburrido, en un café, encendió un *gauloise* y miró alrededor. Aquello fue su suerte. Vio sobre la mesa una revista que alguien había abandonado y la tomó en sus manos. Estaba abierta precisamente por las páginas del llamado «Correo del Corazón». En esas páginas había una serie de fotografías de hombres de edad avanzada que solicitaban «compañera» o «esposa» y de mujeres también mayorcitas que solicitaban «compañero» o «esposo». Sus ojos de azabache, de anarquista veterano que había dado tumbos por los frentes, junto al malogrado capitán Culebra, se clavaron en seguida en el rostro de una *madame*, entrada en carnes, de expresión muy dulce, evidentemente enferma de soledad. José Alvear llamó al camarero y éste le tradujo el texto. La *madame*, residente en el mismo Toulouse, tenía exactamente cincuenta y un años, se había quedado viuda el año 1932 y deseaba rehacer su vida al lado de un hombre animoso. Se llamaba Geneviève Bidot y era dueña de una carnicería en la calle Danton. Tenía antepasados españoles.

José Alvear pegó un salto y le dio al camarero galo una amistosa palmada al hombro. Días después, el sobrino de Matías Alvear era, oficialmente, el hombre animoso que necesitaba la pobre Geneviève Bidot. Compartía con ésta un piso menos lujoso que el de Julio García, pero decente, con vista al parque. El asunto se resolvió por vía tan directa, que José Alvear le decía a Geneviève: «Yo creo, chatita, que perdimos la guerra porque estaba escrito que tú necesitarías que cada noche yo te cantase las cuarenta.» La mujer, que se volvía loca con José Alvear, lo atraía con lentitud hacia sí y lo besaba frenéticamente, murmurándole al oído palabras tan dulces, como, por ejemplo: *mon petit chouchou*, o: *mon petit cochon*, palabras que no dejaban de fastidiar, a veces, al anarquista.

Realmente, oírse llamar *chou-chou* no había entrado jamás en sus planes revolucionarios. Pero se aguantaba.

No, José Alvear, que todos los días tenía la obligación de pasar al menos una vez por la carnicería de *madame* Bidot, no creía, como Gorki, que Francia fuese un asco. Tampoco creía, como Antonio Casal, que era el no va más. Era un país extraño, que jamás tendría un Madrid. Era un país con tendencia al ahorro y a pegarse la vida padre. Nada más. Él se tomaría allí una temporadita de descanso, que bien ganado se lo tenía. Después, ya vería. Sudamérica le tentaba, por supuesto, y había quedado con el Responsable en que éste le tendría al corriente de cómo marchaban las cosas en Caracas. Pero de momento, punto en boca, tanto más cuanto que en la primera carta que el Responsable le había escrito le decía que «después de pisar América se sentía orgulloso de aquellos "gachós" que, así por las buenas, se llamaban Hernán Cortés y habían conquistado todo aquello».

José Alvear tenía la impresión de que tardaría mucho tiempo, quizás años, en poder regresar a España. Aquello había sido un desastre, por culpa de los Azaña, de los Largo Caballero, y, sobre todo, de los rusos, que hicieron como que ayudaban, pero que en resumidas cuentas se llevaron el oro del Banco de España y otras cosillas, a cambio de chatarra y de unos cuantos comisarios. ¡Al diablo todos ellos! Ahora, en España, el fascismo. Sangre y lágrimas. Y cinturón ortopédico. Y obispos y yugos y flechas. En su yo más íntimo no se consideraba exiliado, pues para él, anarquista, las fronteras eran una paparruchada. Pero echaba de menos las costumbres de la tierra que lo parió, aquellos «Vale por una novia» y ventajillas por el estilo. Cuando se ponía demasiado blando —cuando se ponía demasiado *mon petit chou-chou*—, se liaba con el vino tinto, que en Francia estaba muy rico, y escribía a las amistades. A veces, al acostarse, barbotaba para sí: «Mañana escribiré a Gerona, a los parientes de la Rambla... Sí, mañana sin falta.» Pero nunca lo hacía,. en parte porque le habían dicho que Franco tomaba represalias contra las familias que recibían cartas del extranjero.

CAPÍTULO X

El día 2 de junio la familia Alvear vivió, en esa Gerona que los exiliados tanto echaban de menos, un acontecimiento entrañable: el traslado de los restos de César. Ignacio, por fin, cobró, de manos de don Gaspar Ley, los atrasos devengados en el Banco Arús, ciertamente no muy crecidos, pero que alcanzaron para adquirir en propiedad un nicho y una lápida.

La escena en el cementerio fue grandiosa y humilde. Se concentraron allí la familia completa, mosén Alberto, Marta y Mateo. Eran las once de la mañana. El sol, inclemente, caía sin piedad sobre los cipreses, sobre los panteones, y aurificaba las avenidas de gravilla. El sepulturero y dos albañiles acompañaron la comitiva al nicho que decía *Familia Casellas*, situado a la izquierda. Uno de los albañiles fumaba; emanaba de la tierra como un olor a muerte reciente.

Mosén Alberto había sido llamado y acudió con prontitud y presa de emoción. César significaba para él la inocencia no truncada y a menudo, al celebrar la misa, le parecía que si se volvía un poco hacia la derecha todavía encontraría allí al muchacho, arrodillado, con las orejas grandes, fijos los ojos en el altar y a punto de hacer sonar la campanilla. Marta estaba también muy impresionada y se presentó con un ramo de flores silvestres, que le temblaban un poco entre las manos. Mateo caminaba con la cabeza erguida, procurando dominar sus sentimientos.

La familia avanzaba mirando al suelo, presidida por la corbata negra de Matías, corbata que ahora éste podía llevar sin que el catedrático Morales, también muerto, se lo impidiese. Ignacio recordó la madrugada gris en que allí, en aquel mismo lugar, localizó, entre cien cadáveres, el de César. Pilar sentía como si fuera a desmayarse bajo el sol. Y en cuanto a Carmen Elgazu, le ocurría algo singular. Desde el primer momento admitió la posibilidad de que encontrasen incorrupto el cuerpo de su hijo. Sabía que los milagros de esta naturaleza no abundaban. Pero ¿no se mantuvo incorrupto durante siglos el cuerpo de San Narciso, el patrón de Gerona, aun cuando los informes de los médicos «rojos» afirmaran lo contrario? ¿Por qué, pues, no podía haber ocurrido lo mismo con César? Al fin y al cabo, el muchacho deseó a lo largo de muchos meses morir por Dios. Lo deseó tanto que lo consiguió. Nada tendría de extraño, pues, que incluso su cuerpo hubiera obtenido ya la recompensa.

Pronto llegaron al nicho que decía *Familia Casellas*. A la derecha de éste y colocado sobre una carretilla de mano, aguardaba ya, destapado, un ataúd negro, flamante, con las iniciales C. A. «¿Por qué sólo las iniciales?», preguntóse Mateo. Tal vez porque sobre ella, en relieve, destacaba una cruz, que era como el compendio de todas las palabras.

Los albañiles se acercaron con calma neutral a la lápida que decía *Familia Casellas* y al término de un hábil forcejeo consiguieron desgajarla y atraerla hacía sí. Los restos de César quedaron al descubierto. El momento fue solemne y espantoso. Porque allí había todavía carne, aunque corrompida y, perfectamente reconocible, el traje del muchacho. Carmen Elgazu, que no comprendió que la ropa hubiese durado más que la piel, lanzó un sollozo desgarrado que debió de penetrar en la eternidad. Pero no volvió la cabeza. De hecho, la única que lo hizo, con sensación de mareo, fue Pilar. Los demás aguantaron firme. Carmen Elgazu, enrojecidos los ojos y con un rosario colgándole de las manos, presenció incluso cómo los albañiles se apoderaban de aquel cuerpo que, doliéndole jubilosamente, había cobijado en sus entrañas.

Los albañiles, procurando no hacer ruido, trasladaron con sumo cuidado los restos al ataúd. La operación resultó penosa. Una vez terminada, procedieron a clavetear la tapa, con lo que César desapareció para siempre. Su reaparición, bajo el sol abrasador, había sido breve como su vida.

Claveteada la tapa, los albañiles, obedeciendo a una señal de mosén Alberto, permanecieron en posición de firmes al lado de la carretilla. Entonces el sacerdote inició, rota la voz, el Padrenuestro, que todo el mundo contestó. Mosén Alberto cargó dramáticamente la frase «hágase tu voluntad» y remató la oración diciendo escuetamente: «César, ruega por nosotros.»

Inmediatamente después, uno de los albañiles tomó la carretilla, cuya única rueda echó a andar. Detrás de él, avanzó la comitiva. Parecióle a Matías que su mujer se tambaleaba y la asió del brazo. Carmen Elgazu se sintió reconfortada, pues, en efecto, por unos segundos la vista se le había nublado más aún que de ordinario, y había sentido como una punzada en la ingle.

El nuevo nicho estaba lejos. Tuvieron que subir una leve cuesta y adentrarse en la parte moderna del cementerio, en el lateral oeste, que el nuevo alcalde, «La Voz de Alerta», había mandado construir. El hueco del nicho apareció allá al fondo, negro y vampiresco.

La carretilla y sus acompañantes se detuvieron delante de aquel agujero rectangular. Apoyada en el zócalo de la izquierda había una lápida de mármol cuyas blancas letras decían:

Aquí yace
CÉSAR ALVEAR
que murió por Dios y por España
el 20 de julio de 1936
a los dieciséis años de edad.
DESCANSE EN PAZ

Los albañiles tomaron el ataúd en brazos y lo introdujeron dulcemente en el nicho. En cambio, el taponamiento de éste con la lápida resultó laborioso. Y zumbaban moscas y unas hormigas, ante el asombro y la gratitud de todos, prefirieron quedarse con César y se dejaron emparedar.

Cerróse por fin el nicho. Entonces Marta se adelantó y depositó en él su ramo de flores silvestres, que dejaron de temblar. Seguidamente mosén Alberto rezó otro padrenuestro, esta vez coreado por el propio sepulturero, que, gorra en mano, había acudido. En cambio, los dos albañiles recogieron las colillas que habían dejado en el reborde del nicho contiguo y desaparecieron con su utillaje a cuestas.

Teminada la plegaria, mosén Alberto acabó con la petrificación que se había adueñado de todos. «¿Vámonos...?», propuso. Matías asintió con la cabeza.

La comitiva echó a andar de nuevo, en busca de la avenida central, que conducía directamente a la salida. Esta vez fue Ignacio quien tomó del brazo a Carmen Elgazu, mientras Mateo echaba una mirada al cielo azul que se alzaba por encima de las tapias.

Cruzaron el umbral del cementerio y se encontraron fuera. El coche de Mateo y el taxi que Matías había alquilado a propósito esperaban en la carretera, colocados ya en dirección a Gerona. Antes de subir, Mateo encendió con mano insegura un cigarrillo. Por un momento estuvo tentado de ofrecerle uno a Matías, pero no se atrevió. Matías parecía haber envejecido y no se decidía aún a ponerse el sombrero.

Se repartieron entre los dos vehículos y éstos iniciaron el regreso a la Rambla. Todo el mundo guardaba silencio. Únicamente Pilar, que ya se había recuperado, comentó como hablando consigo misma:

—*Descanse en paz...* ¿Por qué no pusimos «en la paz de Dios»?

Ignacio le constestó:

—Es lo mismo. Diciendo paz se sobreentiende que es la paz de Dios.

Los dos coches se detuvieron en el Puente de Piedra y todo el mundo se apeó. El sol seguía cayendo, pero los rostros estaban pálidos, como si llegaran de alguna región lejanísima y helada.

Mateo y Marta se despidieron con emoción y se alejaron. Los demás subieron al piso de la Rambla, cuya puerta Ignacio abrió con respeto exremado, como si dentro los esperara la clave explicativa de todo lo que estaban viviendo.

Pilar alzó las persianas y el comedor se iluminó. Aquella luz súbita fortaleció un poco los ánimos. Carmen Elgazu se dirigió a mosén Alberto y, sobreponiéndose, le preguntó:

—¿Le apetecería un café?

Mosén Alberto aceptó.

* * *

Minutos después se encontraban sentados a la mesa, ante las tazas humeantes.

Ése fue el momento elegido por mosén Alberto para comunicarles una extraña noticia que había de rematar las emociones de la jornada.

—Bueno... —dijo, disolviendo el azúcar con la cucharilla—. Todo esto es muy doloroso, pero he de decirles algo que tal vez les sirva de consuelo. —Marcó una pausa y añadió—: El señor obispo ha decidido abrir en la Diócesis varios expedientes de beatificación. Uno de dichos expedientes es el de César.

Matías arrugó el entrecejo, pero Carmen Elgazu, que en la parroquia había oído rumores sobre el particular, exclamó, entre sollozos, simplemente:

—¡Oh, Dios mío...!

Ignacio, por su parte, había clavado la vista en mosén Alberto. Prodújose un momento de expectación. ¿Soltaría el chico algún exabrupto? Ocurrió todo lo contrario... Mosén Alberto había hablado con su mejor voz de sacerdote y de amigo. Así que Ignacio, al final de su mirada, dijo:

—Desde luego, si alguien merece subir a los altares es mi hermano...

El hecho de que Ignacio dijera *mi hermano* en lugar de decir César, conmovió a todos de un modo impreciso.

Pilar no pudo con su corazón. Se levantó bruscamente, derramando la taza de café. Y se fue sollozando a su cuarto y se desplomó de bruces sobre la cama, sobre aquella cama desde la cual, cuando llovía, oía el claquear de las gotas en el río.

Nadie acudió en ayuda de Pilar. Todo el mundo permaneció quieto y silencioso en el comedor. El café derramado por Pilar había salpicado la bella sotana de mosén Alberto, pero éste acertó a disimular.

CAPÍTULO XI

LLEGÓ EL VERANO Y EL CALOR se adueñó de la ciudad. Las prendas de abrigo desaparecieron entre bolas de naftalina, y las modistas, las hermanas Campistol, abrieron los balcones para airear el taller en que tantas muchachas gerundenses habían aprendido a enhebrar la aguja, mientras rezaban el rosario y se contaban en voz baja historietas un poco subidas de tono. En la oficina de Telégrafos repartieron ventiladores asmáticos, que daban unas cuantas vueltas y luego se paraban, con reiterada desfachatez. Los reclusos empleados en la reparación de las calles pidieron permiso para trabajar con el torso desnudo, y les fue concedido; pero se produjeron reclamaciones, intervino el señor obispo y se les obligó a ponerse la camisa. Las márgenes del río Oñar, en su confluencia con el Ter, se llenaron de tribus de gitanos esquiladores, que tocaban el organillo y recitaban, ¡todavía!, «El crimen de Cuenca». Pablito, el hijo del Gobernador, sufrió un ataque de desasosiego. Sus quince años pletóricos de rebeldía descubrieron la existencia de la mujer. Los ojos se le quedaban clavados como si de aquel acto dependiera su porvenir. Veía blusas y redondeces por todas partes, por lo que su madre, María del Mar, le dijo cariñosamente: «Hala, vete a la piscina, hijo, y báñate lo más que puedas.» Todo había ocurrido en un santiamén, como si el calendario tuviera también mando en plaza. Las basuras olían, sesteaban los perros y, al llegar la noche, las cálidas noches de Gerona, los panaderos, antes de iniciar su trabajo, salían en camiseta a la acera a fumarse un par de pitillos, mientras los serenos hacían sonar cansinamente su pata de palo. ¡Oh, sí, los noctámbulos, en pandilla o solitarios, pudieron cumplir con sus ritos a la luz de la luna! Y mientras tanto, doña Cecilia, esposa del general, bajita y escuchimizada, se abanicaba diciendo: «Compadezco a las mujeres, como la viuda Oriol, que han de llevar faja. ¡Uf!»

Con la llegada del verano se produjeron novedades de todas clases. Novedades tristes, novedades alegres y pintorescas, novedades culturales, novedades patrióticas. Cumplíase la sentencia de Julio García: «La única verdad es que en Gerona la vida continúa.»

La vida y la muerte... Porque, la primera novedad triste de aquel final de junio fue el accidente que ocurrió a pocos quilómetros de Nuestra Señora del Collell, el internado en el que César había ejercido de fámulo, cortado raciones de pan y recogido pelotas de tenis. La Delegación de Excautivos, conjuntamente con la Sección Femenina, había organizado una peregrinación en autocar al santuario, en póstumo homenaje a los cuarenta y dos patriotas asesinados allí a última hora, ¡precisamente por orden de Gorki! Tales peregrinaciones eran frecuentes, y aquella ruta empezaba a ser llamada «La Ruta de los Mártires». El autocar, renqueante como los trenes, desgastado por la guerra, rompió la dirección y se cayó a un barranco. Hubo cuatro muertos y quince heridos. Entre los muertos figuraba una niña de ocho años, hija del jefe de Policía, don Eusebio Ferrándiz. Los heridos fueron llevados al Hospital y atendidos por el doctor Chaos. El suceso enlutó la ciudad y don Emilio Santos y Marta, que habían imaginado al alimón aquella aventura, al regreso del entierro no osaban mirarse a la cara.

La segunda novedad triste se produjo bajo el signo del fuego. Desatóse en la provincia una cadena de incendios. Ardían pajares, alfalfa y cosechas. En principio, ello se atribuyó al sol, al ardor de sus rayos, que quemaban la tierra. Pero pronto circuló el rumor de que se trataba de sabotajes; como cuando los anarquistas, antes de la guerra, convertían en cenizas los bosques, ante el pasmo de las serpientes y de los lagartos. A resultas de la investigación abierta fueron detenidos y encarcelados varios malhechores y también varios colonos, descontentos porque sus amos les exigían demasiado o los habían amenazado con el despido.

Otra novedad triste: el padre Forteza fracasó en su labor en la cárcel, atendiendo a los condenados a muerte. Le ocurrió lo mismo que a mosén Alberto en San Sebastián: nada que hacer. Los hombres —y las mujeres— en capilla, que iban a ser ejecutados al día siguiente al amanecer, al ver entrar en la celda «un cura», apretaban los puños y como fieras se liaban a insultarlo y a anegarlo de procacidades.

El padre Forteza ensayó todas las argucias imaginables, desde la solemnidad hasta el desparpajo, desde el llanto hasta la sonrisa, y la respuesta fue siempre la misma: «¡Largo de ahí, maricón!» Su combinación de santo y payaso, que tantos éxitos le proporcionaba fuera de aquellos muros, en la cárcel no tenía objeto. No se apuntó sino dos logros: un muchacho joven de veinte años, que había formado parte del Comité de Orriols y que, después de haberle pegado al padre Forteza el clásico puntapié entre los muslos, que hizo caer al jesuita en redondo al suelo, una hora después, y sin que nadie supiera por qué, hizo que lo llamaran y le pidió confesarse. El jesuita, loco de alegría, no sólo lo alentó cuanto pudo sino que al día siguiente, en el cementerio, quiso estar a su lado hasta el último momento. De tal suerte que el alférez que mandaba el piquete de ejecución tuvo que ordenarle por tres veces: «¡Padre, apártese usted, por favor!» El padre Forteza por fin se apartó; pero el Señor y el gran misterio de la madrugada eran testigos de que hubiera deseado que una bala le atravesara también a él el corazón, para poder seguir atendiendo al desconocido muchacho de Orriols, del que sólo sabía que se llamaba Ángel.

El segundo logro fue una mujer. Una mujer de Almería, conocida por Rosa-Mari y que se había presentado ella misma a la policía de Figueras acusándose de haber dado muerte a un guardia civil de los que montaban guardia en *La Carbonera*. Era una mujer extraña, de mirada bellísima y loca, que cuando veía un hombre se despeinaba. El padre Forteza sos-

151

pechó desde el primer instante que era anormal y que su autoacusación era una mentira insensata. Gracias a ello consiguió no sólo aplazar el cumplimiento de la sentencia, sino que el Tribunal accediera a revisar la causa. Entonces ella, Rosa-Mari, en agradecimiento, se lanzó al cuello del jesuita y lo besó en la boca. Y le dijo que quería confesarse. Y lo hizo. Lo hizo arrodillada —y despeinada— con unción. Y se confesó de todos los pecados de su vida ¡y de haberle mentido, efectivamente, a la policía de Figueras! Oh, no, ella no había matado al guardia; pero le ocurrió que quiso morirse, porque su «hombre» se había ido a Francia y no regresaba. Por eso concibió aquel ardid. El padre Forteza le dio la absolución, presa de mil sentimientos dispares. Y le dijo: «Ya estás reconciliada con Dios. Ahora yo procuraré que te reconcilies también con la justicia.» El padre Forteza confiaba en que el doctor Chaos redactaría un informe médico sobre el estado mental de Rosa-Mari, salvándola de la ejecución.

Ángel, muchacho de Orriols, y Rosa-Mari, mujer de Almería. Nada más. El padre Forteza no cobró ninguna otra pieza desde que el señor obispo le encargó aquella tarea. En verdad que el balance era triste. Él lo atribuía a la condición humana, pero también a su personal imperfección. Así se lo manifestó a los congregantes, con motivo de una comunión general. «Si yo fuera como debería ser, un San Ignacio, por ejemplo, los frutos serían más abundantes... Pero estoy en mantillas. ¡Señor, Señor, qué desolación!»

*　*　*

En aquellas primeras semanas veraniegas se produjeron también novedades pintorescas.

Jaime, el depurado de Telégrafos por separatista —uno de los noctámbulos solitarios—, contribuyó a que la ciudad las conociera. Gracias a una gestión que Matías hizo en su favor, consiguió el puesto de repartidor de *Amanecer* por el barrio céntrico, que era el de la Rambla, donde las propinas serían sin disputa más copiosas. En prueba de gratitud, el hombre le dijo a Matías Alvear, suscriptor del periódico:

—Cada mañana, en el ejemplar que les corresponda a ustedes, subrayaré con lapiz rojo las noticias que me parezcan de interés... ¿Vale?

¿Cómo no iba a valer? La idea encantó a Matías, quien a

partir de la fecha, cada día al sentarse para el desayuno, al tiempo que desplegaba *Amanecer*, le decía a Carmen Elgazu:

—Vamos a ver qué nos dice hoy el amigo Jaime..

Era evidente que aquel detalle añadía su grano de pimienta a la llegada del periódico. Sin embargo, al poco tiempo Carmen Elgazu empezó a sospechar que el lápiz rojo de Jaime no era imparcial, que subrayaba principalmente las noticias que pudieran ridiculizar en algún sentido la actuación del Gobierno o de las autoridades locales.

—¿Te has fijado? ¿Qué es lo que ha señalado hoy? Eso de que los mariscos estarán sujetos a un diez por ciento de recargo para el Subsidio del Combatiente, y el nombre y los apellidos del nuevo Delegado de Hacienda: *Rufino Melón López*. ¿Por qué no ha subrayado que el Gobernador inauguró en la ciudad el teléfono automático? Es una noticia alegre, ¿no?

—Pero, mujer...

Matías sonreía por lo bajo. Conocía a Jaime y sabía que Carmen Elgazu tenía razón. No obstante, en cuanto tenía ocasión, procuraba defender a su amigo.

—¡Carmen! Para que veas lo mal pensada que eres. Mira lo que Jaime subraya hoy: que en Guadalajara ha sido detenido un individuo que compraba duros de plata a seis pesetas y los vendía a siete en Portugal. ¿Ves como lo que elige lo elige sencillamente porque supone que me hará gracia?

—Por un perro que maté...

Pilar estaba de parte de su madre. Sobre todo desde el día en que Jaime marcó una cruz debajo de una frase pronunciada en un discurso por Núñez Maza, Delegado Nacional de Propaganda, y que Mateo transcribió en un artículo en contra del sufragio universal. La frase, que a no dudarlo haría saltar de su sillón a Julio García cuando la leyera en París, decía así: «La única manera de que la opinión pública deje de ser prostituta y se convierta en señora, es que tenga señor a quien servir.»

—¿A qué viene esa crucecita, vamos a ver? —preguntó Pilar—. Los votos se compraban y se vendían, ¿no es cierto?

Matías dobló con calma el periódico y lo apartó a un lado de la mesa.

—Que los votos se compraban y se vendían, es cierto; pero que la frasecita se las trae, también lo es... ¡Vamos, digo yo!

Al margen de las intenciones de Jaime y de las reacciones de la familia Alvear, las dos novedades más estimulantes para los gerundenses fueron, por aquellas fechas, el resurgimiento del Gerona Club de Fútbol y el concierto que había de dar en la ciudad el llamado *Coro de Rusos Blancos*, que recorría España entera en peregrinación de gratitud.

Este concierto, que se celebró en el Teatro Municipal, constituyó un éxito apoteósico. Las voces de aquellos hombres, cuarenta y dos en total, que habían combatido en calidad de voluntarios en la «España Nacional», tuvieron la virtud de electrizar a los oyentes. Eran voces hondas, perfectamente impostadas y parecían contener toda la grandeza y todo el infortunio de aquel inmenso país que Cosme Vila, en sus esporádicas cartas a Gorki, describía ahora como «un paraíso». El heterogéneo aspecto de esos cantantes reveló a los gerundenses la multiplicidad de razas que poblaban Rusia y sus canciones les permitieron imaginar el galopar de los caballos y el deslizarse de los trineos por las estepas. En el entreacto, María del Mar, que empezaba a ser llamada «la gobernadora», comentó: «Sí, son muy buenos. Pero, no sé por qué, a mí todo lo ruso me da miedo.» A lo que Esther, que se había convertido en su más íntima amiga, replicó: «A mí me aburre, que es mucho peor.» El caso es que los cuarenta y dos rusos blancos, al término del concierto, visitaron el barrio antiguo de la ciudad, acompañados por las autoridades, y en todo el rato no cesaron de hacer profundas reverencias.

En cuanto al resurgimiento del Gerona Club de Fútbol, constituyó con mucho el acontecimiento más importante. Sí, la entidad más amada por los gerundenses resucitó. El Gobernador cumplió con ello su promesa, dejando con la boca abierta a quienes aseguraban que en tanto no regresaran los hermanos Costa no habría equipo de fútbol en la ciudad. El Gobernador nombró, en efecto, la Junta Directiva —presidente de la misma, el capitán Arturo Sánchez Bravo, el apuesto hijo del general—, la cual procedió inmediatamente al fichaje de quince jugadores, entre los que figuraban nueve nombres ya conocidos antes de la guerra y que habían podido demostrar que eran adictos al Movimiento Nacional.

La noticia conmovió de tal modo a la población, que no se hablaba de otra cosa.

—¡Por fin!

—¿Cuándo empezará el campeonato?

—¿Cuándo va a empezar? En octubre...

—¡Se acabó la siesta de los domingos por la tarde!

Personas como el teniente coronel Romero; como el nuevo jefe de Telégrafos; como el Delegado Provincial de Sindicatos, camarada Arjona; como la Torre de Babel y Padrosa; la mayor parte de los bomberos y de los matarifes; ¡el propio Mateo!, dieron muestras de satisfacción.

El Inspector de Enseñanza Primaria, Agustín Lago, se llevó la sorpresa del siglo.

—Pero ¿qué ocurre? —le dijo a Asunción, que lo ayudaba en la oficina, en el estudio de los expedientes de los maestros—. ¿Qué importancia tiene una pelota?

La respuesta se la dio el propio público gerundense abarrotando el Estadio de Vista Alegre el día en que se celebró... ¡el primer entrenamiento! La gente, de pie en los graderíos, aplaudía, se mordía las uñas, ponía cara feliz cuando un jugador acertaba a chutar con destreza. Por cierto que entre los que aplaudían destacó desde el primer momento, muy por encima de los demás, el pequeño Eloy, la mascota de los Alvear. Cierto, el pequeño Eloy, al regreso de aquella apertura del Estadio, le dijo a Pilar, cuando ésta se dispuso a darle clase de Gramática: «La verdades es que el fútbol me gusta más que estudiar.» Afirmación que, al ser conocida por Matías a la hora de la cena, le arrancó el siguiente comentario: «Tengo la impresión de que el chaval ha visto claro y que ha elegido el buen camino.»

* * *

Las novedades en el orden cultural corrieron a cargo de «La Voz de Alerta», de mosén Alberto y del doctor Chaos; aparte de una interesante conferencia que pronunció, en la Biblioteca Municipal, un falangista de Barcelona, sobre el tema «Gabriel y Galán, poeta nacionalsindicalista», título que Jaime subrayó, con su lápiz rojo, por triplicado.

«La Voz de Alerta» rompió la primera lanza: alarmado por el fútbol, por las novilladas-charlotadas que habían empezado a celebrarse en la Plaza de Toros y por la lectura de tebeos, que iba en aumento, se le ocurrió que, como director de *Amanecer*, podía hacer algo que elevara el nivel. Y decidió darle a la pluma. Creó en el periódico una sección diaria que tituló «Ventana al mundo», en la que procuró, con la ayuda de unas cuantas enciclopedias, suministrar a la población, aunque fuese en píldoras, una serie de conocimientos digeribles, amenos, que la despertaran de su letargo mental. Su idea tuvo éxito. Hoy hablaba de «los exploradores célebres que habían existido»; mañana, de «las montañas más altas de la tierra»; pasado mañana, «de los extraños amores de algunos insectos...». Eran notas curiosas, con su migaja intrigante, que solicitaban la curiosidad. La tirada de *Amanecer* subió como la espuma y el Alcalde se sintió satisfecho, tanto más cuanto que su criada Montse —muy escotada a causa del calor—, le dijo una mañana: «Pero ¿cómo sabe tanto el señorito?»

Mosén Alberto, por su parte, no quiso ser menos, e inició, también en *Amanecer*, una sección semanal titulada «Alabanzas al Creador», en la que un día cantaba la belleza de los trigales; otro día, la perfección del cuerpo humano; otro, la evidencia, palpable a través de su especialidad, la arqueología, de que en todo tiempo y lugar el hombre había reconocido la existencia de un Ser supremo, todopoderoso.

Los textos de mosén Alberto interesaron menos masivamente que los de «La Voz de Alerta»; pero obtuvieron lectores muy asiduos. Ignacio fue uno de ellos, lo que contribuyó sobremanera a que el muchacho cancelara definitivamente los recelos que el sacerdote le inspirara en otros tiempos y dijera de él: «Desde luego, es una gran persona.»

Con todo, el golpe fuerte lo dio el doctor Chaos... Pronunció en la sala de actos de la Cámara de la Propiedad una serie de charlas, que causaron la estupefacción de los asistentes, especialmente porque quien lo invitó a darlas fue el mismísimo Gobernador. Acaso la menos sorprendida fuera la viuda de Oriol, cuya opinión sobre el doctor Chaos era tajante: «Es un hombre frío. Tiene los ojos fríos. Mira a los demás como si se dispusiera a hacerles la autopsia.»

El caso es que las charlas del doctor abordaron temas científico-religiosos y que su contenido resultó absolutamente heterodoxo. El doctor, evidentemente respaldado por su hoja de servicios en los quirófanos de la «España Nacional», soltó la lengua y dijo lo que pensaba. En cierto modo, pareció querer desmontar las «Alabanzas al Creador», que iba publicando mosén Alberto, y asimismo algunas de las «Ventanas al mundo» que escribía «La Voz de Alerta».

Por ejemplo, en su primera intervención afirmó que la presunta perfección del cuerpo humano era un mito. «En el quirófano —dijo— compruebo a diario que nuestro organismo es harto deficiente. ¿Por qué tantos metros de intestinos? Y el cerebro, así de pequeño. Y si el corazón se para, nos morimos. El organismo evolucionará, qué duda cabe; pero lo cierto es que al cabo de miles de años de andar por la tierra, al ser pensante le supone todavía un duro esfuerzo sostenerse en pie.»

El doctor Chaos creía tan a rajatabla en tales deficiencias, que en su segunda charla alabó los métodos de Hitler destinados a seleccionar la especie humana. «El hombre ha superado sólo levemente el estadio en que se mueven los primates. De ahí que la sociedad no pueda permitirse el lujo de tener compasión. Para que se produzca la necesaria evolución de que hemos hablado, es preciso darle facilidades a la Ciencia... Por tanto, los países que la sirven sin prejuicios dominarán el mundo y esos países no serán, por desgracia, los meridionales. Los países meridionales somos capaces de algunas intuiciones, de pintar y de tocar la guitarra; pero rendimos culto a burdas supersticiones, no tenemos noción de la higiene y carecemos de tenacidad.»

El lenguaje no dejaba lugar a dudas: el doctor Chaos era agnóstico. Ni por casualidad pronunció la palabra Dios. Algunos oyentes se preguntaron: «¿No será una especie de doctor Rosselló corregido y aumentado? ¿Y si resultaba "rojo"?» El doctor no se inmutaba, como tampoco se inmutaba su perro, *Goering*, que lo aguardaba en una habitación contigua, dormitando en un sofá. No, el doctor Chaos no era ni rojo ni azul. Simplemente, el panorama de la contienda civil le había producido un estupor inmenso, convirtiéndolo también en un escéptico total en materia de política. Por otra parte —y eso tampoco se lo calló en el transcurso de sus disertaciones— negaba de plano el libre albedrío, la libertad del hombre. Entendía que éste vivía condicionado por leyes de herencia, de ambiente, de contagios colectivos, etcétera. En consecuencia, negaba la responsabilidad y el mérito. Su frase fue: «Somos como esos pájaros que vuelan en escuadrilla. Si nacimos en Gerona o en Ciudad Real, nos regimos por determinas normas. Si hubiéramos nacido en Nigeria o en Pequín, nos regiríamos por otras. Estar seguro de algo es una ingenua limitación. Lo que ocurre es que hay quien se siente a gusto volando en escuadrilla... Nada que oponer. No es suya la culpa.»

Las conclusiones del doctor Chaos eran tan desoladoras que, si bien ninguno de los oyentes se atrevió a interrumpirlo públicamente —todo el mundo estaba pendiente de la actitud que tomara el Gobernador, que presidía las charlas—, quien más quien menos se dijo: «Esto es intolerable. Habrá que tomar alguna determinación.»

El Gobernador también creía necesario hacer algo. Sin embargo, el asunto era delicado, por ser el doctor Chaos la máxima autoridad sanitaria de la provincia. Habló de ello con «La Voz de Alerta», a quien atribuía un sexto sentido para diagnosticar con precisión en estos casos. Y «La Voz de Alerta» dio, al parecer, con la clave de la cuestión.

—La cosa no tiene vuelta de hoja —dijo—. No se trata de que el doctor Chaos sea un desafecto. Simplemente, practica sistemáticamente el derrotismo porque está descontento de sí.

—¿Y por qué está descontento de sí? —inquirió el camarada Dávila.

—Por una razón sencilla: porque es homosexual.

Las gafas negras del Gobernador despidieron destellos.

—¿Cómo? ¿Qué está usted diciendo?

—Puedo garantizárselo —refrendó «La Voz de Alerta».

El Gobernador, que personalmente hubiera deseado tener veinte hijos, se tomó la cosa a la tremenda. Exigió detalles. «La Voz de Alerta» se los dio, convincentes.

—Son datos de la policía. El comisario Diéguez los guarda en una carpeta. Y si quiere usted cerciorarse de lo que le digo, hable con el dueño del hotel en que se hospeda el doctor...

El camarada Dávila se mordió el labio inferior, aunque a la postre optó por reírse.

—¡Vaya, vaya! —exclamó—. Así que, ese tic suyo, el *crac-crac* de los huesos, podría muy bien ser una contraseña, ¿verdad?

Como fuere, el Gobernador comprendió que el problema era peliagudo, que podía traerle complicaciones. Tal vez la presencia del doctor Chaos en Gerona constituyera de por sí otra noticia triste.

Consultó con su mujer, María del Mar, convencido de que ésta pondría el grito en el cielo. Y no fue así. ¡Inextricable mentalidad femenina! María del Mar se interesó sobremanera. El asunto le pareció divertido.

—Conque... ésas tenemos, ¿eh? —comentó—. ¡Mira por dónde! —Luego añadió—: Lo que deberías hacer es organizarle un cursillo en la Sección Femenina...

* * *

Tocante a las novedades patrióticas, Mateo fue el encargado de darlas a conocer. Unas tenían por objeto demostrar a la población que los lazos de amistad entre España y Alemania e Italia eran cada día más sólidos; otras iban destinadas a exaltar las figuras de Franco y de José Antonio.

«Mussolini acaba de regalar a Zaragoza un busto de César Augusto, fundador de la ciudad.»

«Alemania construye en la actualidad mil aviones diarios.»

«El Führer ha cursado una invitación para que cien niños españoles visiten Berlín; e Italia ha hecho lo propio para que veinticinco muchachas, hijas de ex cautivos, visiten Roma.»

«Ya no quedan en España combatientes de "las dos naciones hermanas". La Legión Cóndor ha regresado a su país y lo mismo puede decirse de los legionarios italianos.»

«El día 10 de julio llegará a Barcelona, en visita de cortesía, el conde Galeazzo Ciano, yerno del Duce; es decir, por primera vez una gran personalidad fascista hollará suelo español.»

Jaime no subrayó ninguna de estas noticias, por entender que eran normales. En cambio trazó tres rayas rojas debajo de las referidas a Franco y a José Antonio.

«Los municipios españoles han regalado a Franco, en su calidad de Caudillo Invicto, de Salvador de la Patria, una espada, réplica exacta de la que usó el Cid.»

«Franco, dando una vez más pruebas de su sentido de gratitud para con el pueblo, ha anunciado su propósito de levantar "en algún lugar de España" un gigantesco monumento a los Caídos, que perpetúe a través de los siglos la gesta de la Cruzada.»

Referente a José Antonio, Mateo anunció que iba a procederse a trasladar sus restos desde Alicante a El Escorial —así como habían sido trasladados los restos de César—, y que dicho traslado lo efectuarían por carretera, a pie, escuadras falangistas de toda España, que llevarían el féretro a hombros, turnándose día y noche. La comitiva iría escoltada por cruces y antorchas y a su paso se encenderían hogueras en las colinas y en las montañas. Mateo llamó a José Antonio, como siempre, *El ausente*, y repitió una y otra vez su célebre frase: «La vida no vale la pena si no es para quemarla en alguna empresa grande.»

Cabe decir que, todas estas noticias, lo mismo las alusivas a Alemania e Italia que las alusivas a Franco y a José Antonio, obtuvieron en Gerona, por lo general, buena acogida. Según el profesor Civil, ello se debía a que los encargados de propagarlas conocían a fondo la psicología de la masa. «El hombre de la calle —comentaba el profesor— es muy sensible a la arenga si ésta lleva dentro un contenido poético.» «El éxito de los sistemas totalitarios es que aciertan a combinar la política con el espectáculo.»

Ahora bien, no todos los gerundenses eran muchedumbre amorfa. En consecuencia, no faltaron personas a las que la noticia de que Alemania construía mil aviones diarios causó visible preocupación, y que por otra parte criticaban con dureza los derroches publicitarios a escala nacional de que Mateo se había hecho eco. ¡Hogueras en las montañas, la espada del Cid! ¿Es que no había otros quehaceres más urgentes? ¿Por qué no se reparaba la carretera Gerona-Olot, que estaba hecha una calamidad? ¿Y por qué Mussolini, en vez de regalarle a la ciudad de Zaragoza bustos de emperadores, no le regalaba una nueva estación ferroviaria o un nuevo edificio de Correos?

Uno de los más ostentosos disidentes, comparable en cierto sentido al doctor Chaos, era precisamente el teniente jurídico Manolo Fontana.

El teniente Manolo Fontana, cuya brillante hoja de servicios le permitía también levantar impunemente la voz, en las tertulias del Casino manifestó sin ambages que consideraba aquel juego exhibicionista y adulador harto peligroso, por cuanto desconectaba de la realidad y desembocaba fatalmente en el endiosamiento. «Si a mí me sepultaran bajo espadas de oro, títulos y medallas, acabaría emborrachándome y sintiéndome infalible.» «Yo no hice la guerra para que luego nos dedicáramos a cantar ópera.» Esther, la joven esposa de Manolo, que hablaba con inimitable acento andaluz, le dijo a José Luis Martínez de Soria: «¿Qué sensación debe de causar que le llamen a uno *Salvador Invicto*?»

José Luis Martínez de Soria, que desde el incidente del baile no se llevaba muy bien con el matrimonio Fontana, escuchaba estos lamentos con la sonrisa en los labios. Se abstenía de opinar con respecto a las potencias del Eje, «porque en su opinión era un error meter en el mismo saco al Führer y al Duce»; ahora bien, estimaba absolutamente lógico que José Antonio tuviera sitio en El Escorial. «La historia está llena de símbolos, ¿no es cierto? ¿Qué mal hay en ello?» Y en cuanto a

Franco su convicción era que se trataba de un hombre básicamente modesto y que todos los honores que pudieran rendirle debían de tenerle sin cuidado. «Imagino que acepta esto como el camarada Dávila ha de aceptar los jamones y los pollos que le regalan los campesinos agradecidos.» «No creo que se endiose jamás, y si alguna virtud ha demostrado hasta ahora es el sentido realista.»

—Si tan modesto es, ¿por qué consiente esa invasión de fotografías suyas en todas partes?

—Sabe que es el jefe y estima que ello es necesario.

—¿Y ese faraónico Monumento a los Caídos? ¿No será que se pirra por lo árabe y que quiere construir su mezquita?

—Eso no lo hace pensando en él. Lo hace pensando en España.

* * *

Con todo, el principal núcleo de disidentes, tal como le constaba a «La Voz de Alerta», lo constituían los amigos de Matías que, diariamente, después de almorzar, se reunían con éste en el Café Nacional. La diferencia estribaba en que allí no se hablaba en voz alta, como en el Casino de los Señores. Todo eran alusiones, medias frases, mientras las fichas de dominó repiqueteaban en las mesas de mármol. Los componentes de dicha tertulia habían llegado a crearse un *argot* propio —para el caso de que algún fisgón anduviera por allí cerca—, que sólo Ramón, el fiel camarero, entendía. Alemania era el seis doble; Italia, el cero doble; la Falange, un cafetito caliente, y «La Voz de Alerta», Buffalo Bill; Franco era el *sheriff* y José Antonio la copita de jerez.

Matías hubiera preferido, por supuesto, que sus contertulios no hablasen de política; pero no había forma de evitarlo. ¡Con tanto marisco contribuyendo al Subsidio del Combatiente y con tanto coro ruso añorando las estepas! Por otra parte, ¿podía negarse que la compañía de aquellos hombres le resultaba agradable? Ninguno de ellos —ni Marcos, el de las cuatro o cinco aspirinas diarias; ni Galindo, de Obras Públicas, el sensacional mecanógrafo; ni Carlos Grote, oriundo de Canarias, funcionario de Abastecimientos y Transportes, etcétera—, podía hacerle olvidar a Julio García; pero tampoco tenían los defectos de éste.

—Son buena gente —decía Matías—. Pinchan, pero sin intención de dañar. La ironía por la ironía, nada más.

Tal vez estuviera en lo cierto. Por ejemplo, la principal queja que el aprensivo Marcos formulaba contra el Gobierno era que en Gerona faltaban dispensarios y, sobre todo, urinarios públicos. ¿Cabía imaginar algo más inofensivo? Y el máximo argumento que esgrimía contra Alemania e Italia era que sus sabios no habían descubierto todavía el remedio contra la calvicie. Él estaba convencido de ser el hombre más calvo de Europa, lo que lo acomplejaba sobremanera, sobre todo pensando en su mujer, que por cierto empezaba a ser llamada «la guapetona Adela». «El día que Goebbels invente un remedio contra la calvicie, le mandaré un telegrama diciéndole que puede contar conmigo.»

Por su parte, Galindo, el solterón, era gallego y su *leitmotiv* era subir el sueldo a los peones camineros. Ayudante de ingeniero, admiraba a los italianos porque habían construido la Torre de Pisa; en cambio, detestaba a los alemanes porque el cine que elaboraban era de ínfima calidad, excepto algunos documentales. «A mí no me importa que Hitler se considere un dios; pero que inunde nuestros cines de películas interminables, con tanto casco militar y tantas niñas en bicicleta, no se lo perdono.» El gallego Galindo, que fue el inventor del apodo de Buffalo Bill aplicado a «La Voz de Alerta», cada vez que oía hablar del Movimiento Nacional miraba las fichas de dominó alineadas frente a sí y decía: «Paso.»

En cuanto a Carlos Grote, con el que Matías había intimado especialmente y que por ser canario le temía al invierno como el camarada Rosselló a los baches de las carreteras de la provincia, su oposición a las potencias del Eje era sin duda la más seria: estaba convencido de que éstas conducirían al mundo a una guerra mucho peor que la española: a una guerra mundial.

—Hoy quiero esto, mañana lo otro, hasta que los ingleses digan ¡basta!

—¿Y cuándo dirán ¡basta! los ingleses? —le preguntaba Matías.

—Eso no lo sé —contestaba el señor Grote—. Pero cuando lo digan, ¡que el padre Forteza nos confiese!

El Café Nacional... Todas las novedades de la ciudad y del país quedaban registradas allí, como en el Servicio de Fronteras la ficha de los repatriados. Matías no hubiera podido dejar de ir. Además, trataba a sus nuevos amigos, precisamente por su condición de depurados, con tal gentileza, que todos ellos lo apreciaban de veras, cada día más. Naturalmente, le tomaban el pelo porque, si Dios no le ponía remedio, iba a ser nada menos que suegro de Mateo y de Marta. «Dos palomitas, ¿verdad, Matías?» Matías se echaba para atrás el sombrero madrileño. «Señores —comentaba, en respuesta a las chanzas de sus amigos—, a mí las palomitas me preocupan muy poco. A mí lo que me preocupa es el reuma, que no me deja dormir por las noches, y, sobre todo, ese elemento de Guadalajara de que habló el periódico, que compraba duros a seis pesetas y los vendía a siete en Portugal...»

CAPÍTULO XII

MANOLO FONTANA, TENIENTE jurídico honorario a raíz de la guerra, no podía con su alma. Las tareas de represión o, como las llamaba «La Voz de Alerta», de limpieza, proseguían en todas partes; en Gerona, con ritmo acelerado, pues los detenidos en el Seminario —de acuerdo con la apreciación de la Torre de Babel— sumaban una cifra enorme, suministrada en gran parte por los pueblos. Ello suponía que lo menos tres veces a la semana Manolo debía actuar de «defensor de oficio» y muy a menudo, al entrar en la Sala, no había tenido tiempo siquiera de abrir el sumario de turno. «¿Comprendes, Esther? —decía Manolo—. Sin conocer el sumario, ¿cómo puedo yo defender a esos hombres?»

Manolo Fontana era hijo del prestigioso abogado barcelonés José María Fontana Vergés, hombre ponderado, ecuánime, que amaba la buena administración de las leyes como doña Cecilia, la esposa del general Sánchez Bravo, amaba los sombreros y los collares, y como mosén Falcó, el dinámico consiliario de Falange, amaba «la santa intransigencia».

El doctor Chaos, pues, aun sin ser psiquiatra de profesión, hubiera podido diagnosticar con facilidad lo que le ocurría a Manolo en Gerona, el porqué de su creciente inconformismo, de sus reiteradas protestas. Manolo había aprendido en el bufete paterno el respeto a la legalidad jurídica y no conseguía adaptarse a los procedimientos empleados en Auditoría de

Guerra. Ésa era la clave de la cuestión. Tales procedimientos diferían hasta tal extremo de los consejos que su padre le dio desde que empezó a estudiar Derecho, que cada día se sentía más incómodo vistiendo el uniforme. De talante deportivo y alegre —de ahí su barbita a lo Balbo, la flexibilidad de su léxico y su pasión por los chistes y por la música de *jazz*—, veía agriarse paulatinamente su carácter. Esther sufría por él. Y también los dos hijos del matrimonio, Jacinto, de siete años, y Clara, de cinco. «Papá, ¿por qué no nos llevas a hombros como antes?» «Papá, ¿cuándo volverás a hacernos sesiones de títeres?»

¡Ah, todo resultaba inútil! Las quejas de Manolo se perdían en las aguas del Oñar. El mecanismo puesto en marcha era arrollador. Las leyes, encabezadas por la de Responsabilidades Políticas, pecaban de ambigüedad, puesto que hablaban de «oposición al Movimiento Nacional con actos concretos o pasividad grave»; del delito de haber pertenecido «a partidos o agrupaciones de análoga significación»; de «adhesión al Frente Popular por el solo hecho de serlo»; etcétera.

—¿Te das cuenta, Esther? Pasividad grave, análoga significación, adhesión al Frente Popular... ¿Desde cuándo estos términos tienen valor legal? Se prestan a toda suerte de equívocos y de abusos.

Por si fuera poco, si los firmantes de las denuncias eran personas como «La Voz de Alerta» o Jorge de Batlle, no debían siquiera hacer acto de presencia en la Sala: con su firma bastaba. De los interrogatorios previos se encargaba la brigadilla Diéguez, utilizando procedimientos poco amables. En cuanto al Tribunal, formado por militares —habitualmente, un teniente coronel y cuatro capitanes—, sus deliberaciones eran a menudo muy breves y sus veredictos acostumbraban a ser duros.

Lo malo era que Manolo Fontana no se limitaba a desahogarse con Esther. Como es sabido, expresaba en voz alta sus opiniones dondequiera que se encontrase. En vano sus amigos le advertían: «Por favor, Manolo, repórtate... Esto va a acarrearte algún disgusto.» Nada que hacer. «Lo digo y lo sostengo. Luché como el primero. Por tanto, no me neguéis ahora el derecho al pataleo...»

Por fortuna, surgió una persona —Esther no se lo agradecería nunca lo bastante— que consiguió hacerlo entrar en razón, gracias a que se había ido ganando en buena lid una muy buena autoridad moral sobre él, como antaño se la ganara sobre Mateo e Ignacio: el profesor Civil. El profesor Civil, desde la cumbre de sus años y de sus canas, con la ventaja de que se conocía también el Código al dedillo, hizo el milagro de convencer a Manolo de que gastar la pólvora en salvas era, no sólo arriesgado, sino poco inteligente.

—Cuando no puedas más, cuando sientas necesidad de salir al balcón e improvisar un mitin, vente a casa y tomaremos juntos una copa de coñac.

El profesor Civil hablaba de ese modo, primero porque la postura de su joven amigo le inspiraba respeto y segundo porque en su fuero interno sufría substancialmente idéntica incomodidad. Además, el profesor se encontraba solo, con su esposa enferma, en la cama. Había perdido con la guerra a su hijo Benito, de Falange; y su otro hijo, Carlos, casado y con tres hijos pequeños, había encontrado en Barcelona un buen empleo en una inmobiliaria y se había trasladado allí. «Sí, hombre, ven a verme. Se me han llevado incluso a mis nietos. También yo necesito desahogarme...»

Manolo le hizo caso. ¡Cuántos diálogos sostuvo con el profesor Civil, los muebles de cuyo despacho —a excepción del piano— eran muy semejantes a los que el padre de Manolo tenía en su bufete de Barcelona!

Naturalmente, el profesor Civil, que en la cárcel había aprendido a dominar sus impulsos, procuraba no echar leña al fuego... Aun a sabiendas de que no había testigos, creía que su obligación era en última instancia calmar a Manolo y encauzarlo a pesar el pro y el contra de los hechos. Pero ocurría que los datos que Manolo aportaba eran con frecuencia tan rigurosos, que al profesor le costaba lo suyo mantenerse en su papel de catalizador.

—¿Se imagina, mi querido profesor Civil, la cifra de detenidos que arrojarían todas las cárceles de España? ¿Y si pudiéramos llevar la cuenta de las sentencias diarias? En el campo de concentración de Albatera, en Alicante, hay veinte mil prisioneros... En el Norte, ¡quién sabe! Nosotros juzgamos aquí un promedio de treinta diarios; exceptuando los domingos, claro. Los domingos la Audiencia permanece cerrada, tal vez porque los jueces deben consagrar su jornada al Señor...

El profesor Civil, encorvado en su mesa, miraba a Manolo por encima de las gafas.

—De todos modos, Manolo, piensa que la guerra ha sido

feroz y que en la zona roja la cosa era mucho peor. Por ejemplo, que yo sepa, en Gerona no funciona ninguna checa...

—¡Pero la guerra ha terminado! ¿No cree usted que eso cambia las cosas? Además, ¿vamos a ponernos al nivel de los Tribunales rojos? El presidente aquí es un teniente coronel del Ejército, no un carterista del «Metro» o un delincuente común...

—Tienes razón, hijo... Pero se da la circunstancia de que a ese teniente coronel los anarquistas, como tú sabes, le mataron en Albacete a la mujer y a un hijo de tu edad. ¿Entonces?

—¡Entonces habría que prohibirle que ejerciera! La justicia ha de ser neutral.

—¡Huy, estimado Manolo! Eso es pedir peras al olmo. Eso funciona a base de escalafón, como en todas partes. Además, ¿qué ganarás protestando por ahí? Destrozarte los nervios, nada más. Desde que entraste por esa puerta no has parado de fumar un pitillo tras otro...

Manolo aplastaba *ipso facto* la colilla en el cenicero.

—Compréndalo, profesor... Me encuentro solo en Auditoría. Mis compañeros «de oficio» no quieren complicaciones. Se limitan a levantarse y decir: «Pido para el acusado la máxima clemencia», sin aportar testigos a su favor ni atenuantes de ninguna clase.

—Te comprendo, Manolo. Pero no vayas a creer por eso que tu papel es el peor. ¿Conoces al alférez Montero?

—Sí, es amigo mío.

—Pues dile que te cuente... Cuando le toca mandar el piquete de ejecución, ha de acercarse luego a los fusilados y pegarles el tiro de gracia...

—Lo sé, profesor. Pero él no hace más que obedecer. Yo, en cambio, participo en los procesos y me siento responsable...

—¿Por qué? Haces lo que puedes, ¿no?

—No lo sé...

—Me consta que has conseguido más de una absolución.

—Exactamente, dos.

—¿Te parece poco?

—¡Bah! Las sentencias son absolutamente arbitrarias. El mismo delito igual puede ser castigado con seis años que con doce años.

—Es muy natural.

—¿Natural?

—Claro... La arbitrariedad forma parte del juego. Cuando

se juzga con impunidad, cualquier factor puede variar la sentencia. La prisa del Tribunal; una buena o mala digestión; si el día está nublado o hace calor...

Manolo se servía más coñac y se lo tomaba de un sorbo.

Diálogos agobiantes... Diálogos que acababan siempe con una alusión a la indiferencia que, pese a la gravedad del asunto, mostraba la población gerundense por lo que sucedía en Auditoría y en el cementerio. Sí, Manolo había comprobado que la gente se desentendía por completo del tema, lo mismo que se desentendía de lo que pudiera pasarles a los exiliados. ¡La historia de siempre! Los *vencidos* formaban un mundo aparte, virtualmente sepultado.

También ahí el profesor Civil intervenía con precisión.

—Eso es también natural... Cuando las personas han sufrido con exceso o tienen miedo, rehúyen los problemas ajenos, los simplifican. Las guerras son el invierno, ¿comprendes, Manolo?

—Sí, claro...

No podía decirse que Manolo saliera del hogar del profesor Civil con el problema resuelto. Ni siquiera se sentía confortado. Pero por lo menos recababa fuerzas para callarse en público por espacio de dos o tres días.

Lo malo era que al regresar a su casa sus hijos volvían a preguntarle: «Papá, ¿cuándo volverás a llevarnos a hombros?»

Lo contrario de lo que ocurría en casa del profesor Civil. Allí, en cuanto Manolo había salido, el profesor se dirigía al cuarto de su esposa. Y ésta, que desde la cama no se había perdido una sílaba de la conversación sostenida por los dos hombres, le reprendía cariñosamente:

—¿Por qué le has dicho que en cuanto una persona ha sufrido con exceso se desentiende de los demás? Tú has sufrido mucho y me cuidas que es un primor.

* * *

El profesor Civil estaba en lo cierto: la arbitrariedad era la nota descollante de los juicios sumarísimos. Pero ello no podía aplicarse exclusivamente a las personas que integraban el Tribunal. Eran también arbitrarios los fiscales, los testigos de cargo... y los propios acusados.

¡Cuántas reacciones imprevisibles! Sin ir más lejos, ahí estaba el caso de José Luis Martínez de Soria, hermano de

Marta, que solía ejercer de «acusador». No era de ningún modo, como Manolo suponía, una máquina automática, implacable. Precisamente el muchacho se dejaba influir por elementos tan inefables como la simpatía o la antipatía, lo que lo afianzaba más que nunca en sus creencias sobre el aleteo de Satanás en torno al espíritu de los hombres. Para citar un ejemplo, el muchacho no olvidaría nunca lo que le ocurrió en el transcurso del juicio celebrado contra una bellísima muchacha llamada Elena, del pueblo de La Bisbal. Viéndola en el banquillo, fue tal su estremecimiento, que sobre la marcha escamoteó más de la mitad de los cargos que había acumulados contra ella. Y le salvó la vida. Ahora el recuerdo de Elena consolaba a José Luis más de una noche, lo reconciliaba consigo mismo y cada vez que se confesaba con el padre Forteza, tenía que morderse la lengua para no suplicarle al jesuita que, cuando visitara la cárcel de mujeres, le explicara a la chica lo que por ella había hecho.

Algo parecido podía decirse de los testigos de cargo. ¿Por qué algunos de ellos, inesperadamente, en el momento de la verdad, se sentían invadidos por una oleada de compasión y declaraban en favor del acusado? Todo el mundo recordaba al respecto lo que le ocurrió a la viuda de un propietario asesinado en el pueblo de Vidreras. La mujer había sido citada para que, por mero formulismo, identificara a uno de los milicianos que habían participado en la detención y asesinato de su marido. La mujer lo reconoció en el acto, con sólo verlo. Sí, era él. Aquel hombre estuvo en su casa, una noche de luna. En la Sala se hizo un silencio que bien podía llamarse, por esa vez, sepulcral. Pues bien, la viuda, súbitamente incitada por algo superior al resentimiento, de improviso musitó, con voz apenas audible: «No, no conozco a este hombre.» El Tribunal se quedó estupefacto y el reo, que al principio abrió desmesuradamente los ojos, de pronto rompió a llorar de forma desgarrada. Luego, la viuda, de regreso al pueblo, declaró: «¿Quién soy yo para condenar a muerte a alguien?»

¿Y los acusados?... Los había que entraban en la Sala temblando, absolutamente derrotados, y que luego, a medida que iban escuchando el pliego de cargos, iban serenándose y acababan oyendo la sentencia con una sonrisa casi irónica. Por el contrario, otros, de apostura desafiante, de pronto empezaban a palidecer y al final sufrían un desmayo o se humillaban desesperados pidiendo perdón.

Alguien creía saber que los acusados más valientes acostumbraban a ser los del litoral, muy por encima de los de montaña. ¿Sería ello cierto? ¿El yodo del mar infundiría valor a los hombres? ¿Y sería cierto que las mujeres demostraban, por lo general, mayor entereza?

Secretos del corazón humano, que tal vez el doctor Chaos, si se le daba otra oportunidad, revelaría en alguna de sus charlas...

* * *

A lo largo del mes de junio fueron juzgadas varias personas muy conocidas en la ciudad.

La primera de ellas, el coronel Muñoz, el cual al finalizar la contienda se encontraba en una fonducha de Alicante, dudando entre pegarse o no pegarse un tiro. El coronel fue localizado en esa fonda, identificado y enviado a Gerona, donde se le juzgó —a puerta cerrada, puesto que pertenecía a la Masonería— una mañana de nubes bajas... Dada su condición de militar que boicoteó el Alzamiento, no disfrutó de ninguna eximente. Únicamente fue informado de que «si denunciaba a otro masón que no figurase en el fichero» ello podría servirle de atenuante. El coronel Muñoz no tomó en consideración la propuesta y fue condenado a muerte y ejecutado. Su muerte fue poco ruidosa. De hecho, apenas si se enteraron de ella media docena de gerundenses. El hombre, gris a pesar de todo, había sido olvidado.

La segunda pesona juzgada fue Alfonso Reyes, el ex cajero del Banco Arús. Ahí la sorpresa fue mayúscula. El hombre estaba convencido de que el fiscal de turno, un teniente llamado Barroso, no podía acusarlo sino de haber pertenecido a Izquierda Republicana y de haber levantado el puño con ocasión de algún desfile. Y se equivocó. Alguien, no se sabía quién, le había denunciado como participante en la quema de varias iglesias y como delator de varias personas derechistas, entre ellas, el señor Corbera, que murió fusilado al lado de César.

Alfonso Reyes protestó e Ignacio, que había solicitado testimoniar en favor de su amigo, hizo cuanto pudo para poder entrar en la Sala. Hubiera querido decir: «Todo eso es falso. Le conozco bien. Tenía sus ideas, pero no denunció a nadie ni quemó ninguna iglesia. Y a mí me favoreció. Era simplemente de Izquierda Republicana.»

Ignacio no consiguió entrar... Y el defensor de oficio se limitó, según la costumbre citada por Manolo, a levantarse y a decir: «Pido para el acusado la máxima clemencia.» El Tribunal condenó al amigo de Ignacio ¡a la pena de veinte años y un día!, a cumplir en la penitenciaría de Alcalá de Henares, donde, según noticias, los reclusos se dedicaban a tallar cruces de madera con destino a las escuelas.

La mujer de Alfonso Reyes, también en la cárcel, quedó anonada. En cuanto al hijo de ambos, Félix, recogido en Auxilio Social, después de llorar inconsolablemente, le preguntó al profesor Civil: «¿Y ahora qué voy a hacer?» El profesor le contestó: «No te preocupes. Cuidaremos de ti.»

El tercer juicio, el más popular de cuantos se celebraron en la ciudad, fue el de los hermanos Costa. Los hermanos Costa, confirmando los rumores que circulaban al respecto, decidieron regresar a España y saldar cuentas. En la frontera fueron esposados y luego conducidos a Gerona, entre dos guardias civiles. Gracias a las gestiones de sus mujeres y de «La Voz de Alerta» no ingresaron siquiera en el Seminario; permanecerían en Comisaría, en un habitación que se acondicionó ex profeso para ellos. Los hermanos Costa protestaron contra semejante deferencia. «¡Qué más da! Lo único que desearíamos es que nuestra causa se viera cuanto antes.» Su petición, ¡cómo no!, fue atendida, contrariamente a lo que les ocurría a gran número de detenidos anónimos, que veían pasar las semanas sin que nadie pronunciara su nombre. Cuarenta y ocho horas después de su llegada, los hermanos Costa fueron llamados a presentarse en Auditoría de Guerra. «¡Vamos allá!», exclamaron a dúo. Y allá se fueron, con un aire tan pimpante que Mateo, que aquel día, acuciado por la curiosidad asistió al juicio, comentó: «No me extrañaría que de un momento a otro sacaran unos puros habanos e invitaran a los miembros del Tribunal.»

El expediente de los ex diputados de Izquierda Republicana «llegaba al techo», con abundancia de fotografías en las que aparecían en tal o cual acto público al lado de Cosme Vila, del Responsable, de David y Olga... Por añadidura, se les imputaba no haber utilizado su influencia para impedir la acción criminal de los Comités —la «pasividad grave», de que se hizo mención— y que en el entierro de Porvenir se les oyera gritar: «¡Muera el fascismo!»

Por fortuna, en este caso la defensa, a cargo de un teniente llamado González, pudo demostrar que uno de los acusados había ocultado en su domicilio al mismísimo señor obispo; que el otro había ayudado a escapar de Barcelona a su cuñado, «La Voz de Alerta», hecho que éste confirmó; que en Francia ambos habían prestado valiosos servicios al Movimiento Nacional, a través del SIFNE, a las órdenes del notario Noguer; etcétera. El Tribunal, que excepcionalmente deliberó por espacio de dos horas, condenó a los hermanos Costa a seis años y un día. Los hermanos Costa, al escuchar la sentencia, se abrazaron. «¡Gracias, muchas gracias!», gritaron. Sus esposas lloraron de emoción, pues tan corta pena implicaba —en virtud de los previstos indultos— que pronto se encontrarían en la calle. En resumen, los hermanos Costa, que en Francia, con cambalaches de toda índole, habían amasado una fortuna comparable a la de Julio García, entraron en la cárcel casi triunfalmente, repartiendo palmadas amistosas a los demás detenidos y diciéndoles: «Pero ¿qué caras son ésas? ¡Habrá que animar esto un poco!»

La población gerundense, en este caso, reaccionó. Quien más quien menos sentía por los hermanos Costa una admiración imprecisa y contó de ellos alguna anécdota divertida.

El día 20 de junio tuvo lugar el último de los juicios que en aquellas semanas llamaron la atención. Juicio que se apartaba de lo corriente y que había de repercutir por vía indirecta en el porvenir de varias personas: el acusado era el doctor Rosselló.

El comisario Diéguez se había salido con la suya. Desde que llegó a Gerona entró en sospechas de que el doctor —miembro de la *Logia Ovidio*, especializado en abortos y cirujano que en el Hotel Ritz, de Madrid, convertido en Hospital durante la guerra, hizo lo posible para salvar la vida de Durruti— estaba escondido en la ciudad. También entró en sospecha de que el Gobernador Civil lo protegía. De modo que siguió indagando por su cuenta, en espera de la ocasión propicia.

Y la ocasión se presentó con motivo de un viaje que el camarada Dávila, acompañado de Miguel, su chófer y hombre de confianza, tuvo que realizar a la capital de España; uno de esos viajes oficiales que le hacían exclamar a María del Mar: «¡Pero no hay manera de que te quedes en casa tres días seguidos!»

El comisario Diéguez consiguió la autorización necesaria para que dos agentes suyos registraran el domicilio del doctor.

Las hijas de éste, Chelo y Antonia, palidecieron, se echaron a llorar y querían impedirles la entrada a los policías; pero fue inútil. Éstos actuaban legalmente y sorprendieron al doctor en su habitación, leyendo tranquilamente, en mangas de camisa, *Los miserables*, de Víctor Hugo.

Media hora después, el doctor Rosselló ingresaba en la cárcel, en el Seminario. Miguel y el Gobernador fueron advertidos urgentemente de lo que ocurría y precipitaron su regreso a Gerona. Pero ¿qué podrían hacer? Los cargos contra el doctor eran determinantes, sin que nadie pudiese aportar, como en el caso de los hermanos Costa, una lista de servicios personales prestados por él en favor de la «Cruzada».

—Doctor Rosselló, ¿reconoce usted haber sido miembro de la Logia masónica instalada en la calle del Pavo, número 8, llamada *Logia Ovidio*?

—Sí, desde luego. Lo reconozco.

Aquello bastó para que el juicio se celebrara también a puerta cerrada.

Fueron horas de zozobra, pues existía el precedente de la sentencia dictada contra el coronel Muñoz. Por fortuna, el doctor no era militar. Y además, pesaron, en definitiva, los buenos auspicios del Gobernador y, sobre todo, los méritos de los hijos del acusado; de Miguel, vieja guardia falangista, y de sus hermanas, que tanto habían colaborado con Laura en el *Socorro Blanco*, durante la guerra.

En resumen, el doctor Rosselló salvó la vida. El Tribunal, después de aplazar por dos veces la sesión, dio a conocer su veredicto: treinta años y un día de reclusión, a cumplir en el penal del Puerto de Santa María. El doctor, al escuchar el fallo, pidió que lo mataran, que prefería la muerte; pero el Tribunal se ratificó en su decisión.

El traslado al penal se efectuó al día siguiente. Y como es obvio, los hijos del doctor, que en aquellos meses de convivencia habían llegado a quererlo de veras, al verlo subir al tren, esposado y escoltado, sintieron en la sangre un dolor profundo, tan profundo como el desprecio que les inspiró la actuación solapada del comisario Diéguez.

Por supuesto, el Gobernador hizo luego todo lo imaginable por consolarlos, hablándoles, como era natural, de «los indultos posibles». Todo inútil. El camarada Rosselló barbotaba: «¡Treinta años y un día! ¿Es que mi padre es un criminal?» Chelo, que precisamente empezaba a salir con Jorge de Batlle, exclamaba, por su parte: «Esto es injusto, es injusto. ¡Mi padre es médico, un gran médico, y no hizo más que cumplir con una labor humanitaria!»

Con todo, la reacción más formal fue la de la menor de las dos hermanas, Antonia. Antonia, vista la hecatombe, sintió como si las cosas del mundo dejaran de interesarle y se planteó muy en serio si no estaba en su mano ayudar constructivamente a su padre por medio de un sacrificio total: el ingreso en religión. De momento se abstuvo de hablar de ello, pero le dio por irse a la iglesia y por pasarse horas allí, rezando para que su padre tuviera el valor necesario para soportar tan amarga prueba.

La opinión popular se ocupó también esta vez, por espacio de una semana, del juicio celebrado contra el doctor Rosselló. Raimundo, el barbero, comentó: «¡Pues se ha salvado por un pelo!» El patrón del Cocodrilo, recordando que el doctor, allá por el año 1928, le había sacado el apéndice sin cobrarle un céntimo, dijo, detrás del mostrador: «Hay que ver. ¿Por qué no se marcharía a Francia cuando la retirada?»

Doña Cecilia, que apreciaba mucho a Antonia y a Chelo, le preguntó al general:

—Lo que no entiendo es eso de treinta años y un día. ¿A qué viene ese día? Es algo absurdo, ¿verdad?

*   *   *

El padre Forteza fue una de las personas afectadas por este juicio. Visitó al doctor Rosselló en su celda, en prueba de buena voluntad, y el doctor le rogó que se marchase. Lo mismo le había ocurrido con Alfonso Reyes. Y fracasó rotundamente en sus intentos de escuchar en confesión al coronel Muñoz, la noche que precedió a su fusilamiento. El coronel guardó la compostura, pero le dijo que la inminencia de la muerte no iba a hacerle cambiar las opiniones que sobre el tema religioso había defendido a lo largo de tantos años.

El jesuita, que vivía día a día el drama de la cárcel y de los juicios de la Audiencia, que sabía que los condenados a la última pena llamaban al primer piso del Seminario, por lo que tenía de antesala, «El Purgatorio», se decidió por fin a visitar al señor obispo para suplicarle que interviniera de algún modo. No repitió la frase de mosén Alberto en Lérida: «¡Esto es un carnaval de sangre!» Más bien sus argumentos se parecieron, por extraña ironía, a los esgrimidos en Toulouse por el diputado comunista francés Verdigaud, amigo de Gorki: a su entender era la ocasión —ocasión tal vez única— para que la Iglesia española abriera brecha en el pueblo a base de volcarse en favor de los que, por haber·perdido, sufrían ahora persecución.

El doctor Gregorio Lascasas, que tenía en gran estima al padre Forteza, que lo había recibido en seguida y escuchado con extrema atención, después de oír sus palabras se acarició repetidamente el pectoral. Guardó un prolongado silencio, durante el cual sus mandíbulas se cuadraron todavía más. Por último contestó:

—Lo lamento, padre Forteza, pero no creo que, dadas las circunstancias, pueda yo mezclarme en los asuntos de la Justicia...

Dadas las circunstancias... El jesuita parpadeó. ¿A qué se refería el señor obispo? ¿A las atribuciones omnímodas del Tribunal? ¿A los crímenes cometidos por los «rojos»? ¿A la necesidad de dar un escarmiento de rango histórico? ¿Es que un prelado, con su autoridad, no podía invertir los términos de la situación?

El padre Forteza olvidó por un momento que la persona que tenía delante era su superior jerárquico.

—Ilustrísima... —insistió—, permítame decirle que, en mi opinión...

El señor obispo cortó con una sonrisa.

—Hijo mío, ¿es que su opinión no ha quedado ya bastante clara?

El jesuita parpadeó de nuevo. No acertaba a comprender. Sus grandes ojeras se convirtieron en bolsas amoratadas.

El señor obispo, advirtiéndolo, suavizó el tono.

—Padre —dijo—, hay una cosa que no debe usted olvidar: el ejército ha sido quien ha salvado a la Iglesia... La Iglesia se encuentra ahora en una situación delicada, que tal vez los simples sacerdotes no estén en condiciones de valorar debidamente...

El padre Forteza, que entretanto había recobrado su vigor, replicó, sin darse cuenta:

—Es posible que Su Ilustrísima tenga razón. Pero hay unas palabras del Sermón de la Montaña que parecen bastante claras: «... Amad a vuestros enemigos, haced bien a los que os

174

aborrecen y orad por los que os persiguen y calumnian, para que seáis...»

El doctor Gregorio Lascasas, con voz que le salió más dura de lo que realmente hubiera deseado, cortó de nuevo:

—Padre, es usted un hombre de buena voluntad... Pero ¿no cree que es a mí a quien corresponde interpretar los textos del Evangelio?

Esta vez el padre Forteza notó como un dolor en la espalda. Y en cuanto al señor obispo, sintiéndose definitivamente molesto, se levantó y agregó:

—Ahora lo lamento; pero he de rogarle a usted que me deje solo...

El padre Forteza obedeció. Salió de Palacio. Y jugando con las palabras, como era su costumbre, barbotó, mientras bajaba a saltos los peldaños hacia la calle de la Forsa: «¡Ah, Gerona de mis amores! El Seminario es una cárcel; pero me temo que el Palacio Episcopal también lo sea.»

* * *

Pero la persona más afectada por los últimos acontecimientos, aun sin enterarse de la conversación sostenida por el señor obispo y el padre Forteza, fue —esta vez definitivamente— Manolo Fontana.

Manolo Fontana sentía una predilección especial por Miguel Rosselló. Y comprendió la dolorosa coyuntura en que el muchacho había quedado colocado. ¿Qué pensaría ahora cada vez que el Gobernador le dijera: «Llévame a la Audiencia»? ¿Qué pensaría cada vez que viera el gordinflón gendarme francés en el parabrisas del coche? Su padre, el doctor Rosselló, había luchado sin suerte toda su vida para que Miguel creyera en la enjundia y profundidad de la «cultura francesa», de aquella combinatoria mental que en París había subyugado a Antonio Casal, el ex jefe socialista gerundense.

El día 28 de junio, víspera de la jornada conmemorativa del mensaje que José Antonio, desde la cárcel de Alicante, envió a sus camaradas de Madrid, hecho que la Falange se disponía a festejar —Mateo estrenaría sin duda camisa azul; José Luis se abrillantaría las polainas...—, Manolo Fontana, pese a que precisamente aquella tarde había conseguido que el doctor Chaos declarase anormal a Rosa-Mari, la mujer pro-

175

tegida por el padre Forteza, lo que le salvó a ésta la vida, regresó a casa abrumado.

Regresó a pie desde la Audiencia, bajando la cuesta de San Félix y oliendo el mareante vaho que emanaba de los raquíticos colmados y, sobre todo, de las herboristerías del barrio. El sol acababa de morir, por lo que las estrellas empezaban a hablar entre sí de amores en el cielo veraniego.

Esther, enfundada en un pijama discretamente floreado, salía del baño. Al ver a Manolo, no advirtió en él nada de particular. Llevaba tiempo acostumbrada a su aspecto de fatiga, en especial a aquella hora. De modo que no hizo ningún comentario y fue a buscarle las zapatillas.

Pero he ahí que el teniente, en vez de dejarse caer en el sillón, como solía hacer, se acercó a la ventana, la abrió de par en par y respiró hondo el aire seco que llegaba de las Pedreras. Era evidente que quería hablarle de algo a su mujer. Y así fue.

—Esther... —le dijo, al cabo de un rato, sintiendo que su mujer estaba cerca, en actitud expectante—, ¿te importaría que me licenciara?

Esther, perpleja al principio, reaccionó en seguida y acercándose poco a poco a Manolo llegó a su lado y rodeó su cintura con el brazo.

—¿Estás hablando en serio?

—No sabes hasta qué punto...

Esther suspiró profundamente y entornó los ojos, como si estuviera esperando aquello desde hacía tiempo.

—¡Me encantaría, Manolo! ¡Si supieras las veces que...! —Marcó una pausa y reclinando la cabeza en el hombro de Manolo añadió—: Creo que nada he deseado tanto en toda mi vida...

Manolo disimuló la emoción que lo embargó al oír las palabras de su mujer.

—Pues si tú estás de acuerdo, creo que habría una posibilidad...

Esther levantó la cabeza y miró a su marido con sus grandes, andaluces ojos.

—Hazlo... ¡Hazlo, Manolo...! Me harías completamente feliz.

El teniente jurídico Manolo Fontana, alto, pletórico de juventud y de pensamientos, miró hacia los campanarios de San Félix y la Catedral, que se adivinaban desde su ventana.

—En el caso de que todo salga bien y consiga la licencia...
—añadió, después de un silencio—, ¿te importaría quedarte en Gerona?

—¿En Gerona? —preguntó Esther, sorprendida.

—Sí. Podría abrir mi bufete aquí... La provincia es rica y hay porvenir.

Esta vez quien guardó silencio fue Esther. Se oyó fuera el petardeo de una moto. Por fin la mujer habló, en tono dubitativo:

—Eso... me coge de improviso. ¡Claro, Gerona...! ¿Tú crees que...?

—Sí, creo que hay mucho que hacer aquí... Pero no quisiera condenarte a cadena perpetua, si es que Gerona no te gusta.

—¡No es que no me guste, entiéndeme! Lo importante es estar a tu lado. Ocurre que ignoraba que ése fuera tu proyecto...

Manolo comprendió perfectamente a su mujer.

—Bueno... —dijo— no es necesario que lo decidamos ahora mismo, ¿verdad? Piensa en ello por tu cuenta, y yo haré lo mismo.

Permanecieron un buen rato callados, entrelazadas las manos. Por último, Esther habló, en tono dulce, mientras sentía cómo se le adherían a la piel las discretas flores de su pijama.

—Sí, lo pensaré, Manolo. Te lo prometo... Pero déjame repetirte que lo más importante para mí es estar a tu lado, donde a ti más te convenga.

Manolo se volvió a su mujer, la miró a los ojos y le acarició el mentón.

—Gracias, querida... De momento, estudiaremos la manera más elegante de colgar el uniforme.

CAPÍTULO XIII

Los Alvear recibieron, con pocos días de diferencia, varias cartas. La primera estaba fechada en Toulouse y decía:

Querida familia: Francia es mucho mejor de lo que se supone. Hay algunos franceses cascarrabias, pero las francesas, que aquí las llaman madames, *están para comérselas. Esta ciudad es muy tranquila, con un río y tal, y algunos secuaces de Cosme Vila, pero muy pasados por mantequilla. He dado muchos tumbos por ahí, pero ahora he sentado la cabeza y me dedico a leer una revista titulada* Horoscope, *que además de adivinarte el porvenir se parece a la lotería española de Navidad, pues en ella puede tocarte* la gorda. *Supongo que estáis bien y que Ignacio es jefazo de algo. ¿Y en Telégrafos, hay novedad? ¿Y Pilar cuándo se casa? Escribidme a la Avenida Montabeau, 35, aunque aquí, no sé por qué, primero ponen el 35 y luego la Avenida Montabeau. Un fuerte abrazo de éste que ya no es ni soldado raso. Firmado:* JOSÉ, *más conocido por* monsieur BIDOT.

* * *

La segunda carta estaba fechada en París. Era de Julio García y decía así:

Queridos amigos Alvear: Tal vez os extrañe recibir noticias nuestras, pero es el caso que la distancia no ha disminuido, sino lo contrario, el afecto que os profesamos Amparo y yo. Desearíamos saber cómo estáis. Suponemos que bien y que coméis ya a dos carrillos, como se puede comer en París, que es una ciudad que, para bien de todos, debiera estar en Madrid. Amparo se siente completamente feliz yendo de compras (sin perro, por ahora) a los Campos Elíseos, y yo voy tirando, aunque echo mucho de menos aquel mueble-bar que Ignacio conoce tan bien, aquellos discos y el Café Neutral. De momento nos quedamos aquí, pero si los nubarrones que señalan los partes meteorológicos se convierten en tormenta, probablemente nos trasladaríamos a Londres, donde tenemos buenos amigos.

Por Amanecer, que es un nombre muy bonito y muy bien escogido, nos enteramos de todo lo que ocurre por ahí. Como podéis suponer, deseamos que la nueva Plaza de Abastos sea una realidad y que termine felizmente la ampliación del cementerio.

¿Y en Telégrafos, qué tal? ¿Y Pilar? ¿Y don Emilio Santos...? Es curioso, que, estando lejos, uno vaya acordándose de todo el mundo... Los maestros de las pizarras verdes están en Méjico. Se han instalado allí para editar libros y me escriben a menudo, dando pintorescos vivas a Hernán Cortés, lo que no deja de tener su intríngulis.

Si está en vuestra mano, enviadnos alguna revista. Pero por lo menos unas líneas contestando a esta carta. Nuestras señas son: 97, Avenue de Wagram, París, XVII.

Recuerdos de Amparo —aquí la llaman madame *García— y recibid el testimonio de mi amistad. Firmado:* BERTA.

* * *

La tercera carta era la más importante. Estaba fechada en Burgos, escrita a mano con letra muy primitiva, e iba dirigida a Telégrafos —no al piso de la Rambla— a nombre de Matías.

Querido tío Matías: Muchas gracias por tus cartas, pues la última que recibimos nos ha alegrado mucho y esperamos que al recibo de ésta todos estéis bien.

Nosotros estamos mal, peor que nunca, que no hay manera de que se nos arreglen las cosas. Como nos dices que vendrás pronto a vernos, pues ya podremos hablar y te contaremos todo. En la carta no nos ponías la fecha de tu llegada pero deseamos que no tardes mucho, pues como te digo así podremos hablar. Así que, mientras, recuerdos de mi madre y de Manuel y que todos vosotros estéis bien de salud. Para ti, muchos besos de tu sobrina: PAZ.

Una posdata decía: «*Perdona las faltas, tío. Muchos besos.*»

* * *

La carta de Julio pasó de mano en mano sin que nadie osara apenas hacer en voz alta ningún comentario. Lo mismo ocurrió con la de José Alvear. Únicamente Pilar preguntó: «¿A santo de qué lo llamarán *monsieur* Bidot?»

En cambio, la carta de Burgos impresionó de tal manera a Matías, que éste decidió efectuar sin tardanza el viaje que había proyectado con Carmen Elgazu: viaje Pamplona-Bilbao-Burgos, para airearse un poco y visitar a las respectivas familias.

—¿Qué te parece, Carmen, si nos marcháramos el día veintiuno? Para mi trabajo en Telégrafos no hay pega. He hablado con el jefe y está de acuerdo.

Carmen aceptó.

—Pues por mí, cuanto antes mejor.

Dicho y hecho. Matías guardó para sí la carta de Paz —la palabra Burgos era tabú en el piso de la Rambla, sobre todo por lo relativo a Pilar— y después de comunicar la noticia a los chicos empezaron a preparar el equipaje.

A Ignacio y a Pilar les extrañaba que sus padres se ausentasen.

—¡Cuidado con el dinero! ¡Mejor que mamá lo lleve escondido en alguna parte!

—¡Si os equivocáis de tren y os veis en apuros, mandadnos un telegrama!

Las chanzas fueron abundantes y todos recordaron el viaje que en el verano de 1935 Carmen Elgazu hizo a San Feliu de Guíxols, adonde llegó lloriqueando por la gran cantidad de carbonilla que le había entrado en los ojos.

—Andáis mal de la cabeza —bromeaba Matías—. ¡Con las salidas que hicimos los dos durante la guerra, en busca de comida!

—Sí. Pero siempre por aquí cerca, por la provincia.

—¡Qué más da!

Carmen Elgazu les dio muchos consejos. Sobre todo al pequeño Eloy, al «renacuajo».

—Eloy, vigila a esa pareja. No vaya a resultar que sean ellos los que se extravíen...

Eloy cruzó los dedos y, sonriendo, los besó.

* * *

Ignacio, Pilar y Eloy —y también Mateo y Marta— acudieron a la estación a despedirlos. Matías y Carmen Elgazu llevaban dos gruesas maletas, con mucha ropa, pues no sabían cuántos días duraría el viaje y la radio hablaba de «clima inestable en el litoral cantábrico». Matías había adquirido el consabido quilométrico. Las dos fotografías pegadas en él eran horribles, dignas de Ezequiel. Carmen Elgazu comentó: «Parecemos de la FAI. ¡Extraño será que no nos detengan por el camino!»

La locomotora empezó a resoplar.

—¡Adiós, adiós!

—¡Mamá, un abrazo muy fuerte a la abuela Mati!

Por fin el tren arrancó y pronto Gerona quedó atrás... De repente, Carmen Elgazu dijo:

—Me parece que no has hecho la señal de la cruz...

—Sí, mujer. ¿Cómo iba a olvidarme?

Se acomodaron uno junto al otro y enlazaron las manos, a semejanza de Manolo y Esther.

Guardaron largo silencio. Sus pensamientos sincronizaban: los hijos. Y también los viajes que habían hecho, en busca de comida. Recordaban sobre todo aquél en que, cerca de Olot, almorzaron en pleno campo y durmieron la siesta reclinados en el mismo tronco de árbol. Carmen Elgazu se deleitó evocando el momento en que Matías fue al río y le trajo agua en un cucurucho de papel. El recuerdo la emocionó tan hondamente, que apretó con fuerza inusitada la mano de Matías.

Éste se volvió para mirar a su mujer.

—¿Qué te pasa? —le preguntó cariñosamente.

Carmen Elgazu se encogió de hombros.

—Nada. Pienso...

Marcaron otra pausa:

—Es nuestro segundo viaje de novios, ¿verdad?

—Sí...

* * *

Viaje pesadísimo... a causa de los retrasos y de los transbordos. De pronto permanecían parados tres horas en cualquier estación y al final recibían la orden de cambiar de tren. Llegaron a la conclusión de que existían pocas cosas tan grises y tan muertas como una vía muerta de ferrocarril. Menos mal que de vez en cuando las chanzas que se dedicaban el uno al otro les levantaban el ánimo. Menos mal que Matías repetía como un sonsonete, en el momento más impensado: «Esto sólo se puede hacer...» Y Carmen Elgazu terminaba la frase: «... por la familia».

Pero llegaron a Pamplona, sede de don Anselmo Ichaso, quien seguía con *El Pensamiento Navarro* y con sus trenes-miniatura. Atardecía. Les pareció inoportuno visitar a esa hora a sor Teresa, a la hermana de Carmen Elgazu, de modo que buscaron una pensión y salieron a dar una vuelta.

Inmediatamente se dieron cuenta de que la ciudad, por haber sido siempre «nacional», era muy distinta a Gerona. Tenía un aire pujante, de abundancia y estabilidad. Ello se advertía no sólo en la riqueza de las iglesias, sino en los comercios, provistos de artículos de toda clase, y en el ambiente despreocupado y alegre de las calles. También los habitantes tenían, sin lugar a dudas, mejor facha, un aspecto más saludable e iban mejor vestidos. «Si no fuera por los retratos de

Franco —comentó Carmen Elgazu—, esto me recordaría los años de Primo de Rivera.» Matías, que se había comprado un espléndido paraguas cerca de la Catedral, dijo a su vez: «De todos modos, nos largaremos pronto, porque aquí acabaría haciéndome monárquico. Y ser monárquico y no tener rey ha de resultar una lata.»

Al día siguiente fueron al convento de las Salesas a visitar a sor Teresa. Mosén Alberto les había dicho: «Sor Teresa impresiona por su palidez.» La verdad es que no fue la palidez lo que de sor Teresa impresionó a Matías y a Carmen, sino su aire distante. Sor Teresa manifestó, bajo sus alas almidonadas y su hábito, alegría y, acercándose primero a Carmen y luego a Matías, les dio tímidamente un par de besos en las mejillas. Pero una vez sentados los tres en la «sala de visitas», sala fría, con un grabado del Sagrado Corazón y otro, en color, de Pío XII, quedó de manifiesto que sor Teresa había quedado absolutamente seccionada de la familia. «¡Pero, hija...! —tenía ganas de gritarle Carmen Elgazu—. ¿Por qué no levantas un poco la voz? ¡Si en Bilbao eras la que más chillabas!» «¡Pero, vamos a ver! —pensaba Matías—. ¿Es que esa mujer no tiene sangre en las venas?»

No era eso. Simplemente, los años de convento habían tatuado a sor Teresa. Los quería, los tenía a todos presentes a menudo, rezaba por ellos; pero era tal la rutina de su quehacer diario, que cualquier visita se le antojaba una intrusión y la desconcertaba. Fuera de eso, sabía que aquella visita era provisional. Duraría un cuarto de hora, media hora a lo sumo, y luego ella volvería a la quietud de su celda, a su reglamento, a la media luz de la capilla...

Sor Teresa se interesó por Ignacio y por Pilar. Pero, sin conocerlos, no podía poner calor en sus palabras. Sin embargo, al verlos en fotografía —Matías le mostró varias— exclamó: «¡Qué majos son, qué majos!»

Luego hablaron un momento de la guerra. Sor Teresa no podía imaginarse cómo había sido la zona «roja». «De haber profesado en Gerona, a lo mejor ahora sería mártir.» Allí no, allí estuvo a salvo. Allí no había visto sino a millares de requetés procedentes de toda Navarra yéndose al frente con cruces y escapularios, como si fueran a una fiesta, a la fiesta de Dios.

—Era edificante incluso para nosotras, las monjas. Nos pasábamos el día rezando y cosiendo «detentes».

—¿Detentes? —preguntó Matías.

—Sí, hombre —explicó Carmen—. Aquellos emblemas del Sagrado Corazón, que se ponían en el pecho y que salvaron muchas vidas.

Matías se encogió de hombros.

—Ni idea. Ignacio no llevaba eso. Ni Mateo tampoco.

Luego sor Teresa les aseguró que era completamente feliz, que cada día estaba más contenta de haber entrado en religión y que cada día se sentía más unida con Cristo. «Pero rezad, rezad mucho por mí, para que persevere.»

La visita duró veinticinco minutos justos. La despedida fue, tal vez, algo más emotiva, porque los tres pensaron que difícilmente volverían a verse. «Gracias, gracias por haber venido. Y muchos besos a mamá y a todos en Bilbao. Que Dios os bendiga. Estáis bien, os encuentro muy bien. Y sé que Matías es un buen esposo y un buen padre. Adiós, Carmen. Que el Señor os acompañe.»

A la salida, Matías se paró en la acera, frente al convento, y se secó el sudor. Hacía demasiado sol para detenerse a liar un cigarrillo, pero fumó mentalmente, para airear sus pensamientos.

—Tu hermana lo tiene todo resuelto —comentó—. Así da gusto.

Carmen Elgazu lo miró.

—¿Qué quieres decir?

—Lo que he dicho. Que no hay problema. —Se caló el sombrero y añadió—: Vamos a un café a tomar algo...

Horas después salían rumbo a Bilbao. Y una vez en el tren, rodeados de un paisaje fértil, muy hermoso, Matías confesó que su cuñada, sor Teresa, no le había gustado. «Yo creo que el reglamento se las come. Acaban incluso siendo feas, palabra. —Viendo que Carmen sonreía, añadió—: ¡Bien! Qué más da... Me casé contigo y no con ella, ¿no es así?»

Carmen Elgazu lo miró a los ojos. Esta vez lo asió del brazo. Y de nuevo uno y otro, como al salir de Gerona, se dejaron mecer por el traqueteo del tren, contemplando sus propias vidas a través del profundo paisaje de Navarra.

* * *

En Bilbao todo fue distinto. La abuela Mati los recibió como si fueran embajadores de Su Majestad. Y con ella los tres hermanos de Carmen: Josefa y Mirentxu, solteras, y el propio Jaime, el ex croupier, a quien Ignacio avaló liberándolo del campo de concentración. Para completar la familia no faltaba sino Lorenzo, el de Trubia, quien anunció que el trabajo le impedía desplazarse.

Carmen Elgazu y los suyos llevaban sin verse exactamente nueve años. Desde 1930. Era natural que el primer golpe de vista les causara a todos una impresión muy fuerte. El tiempo había marcado sus huellas... Pero la turbación duró poco. A los pocos minutos la abuela Mati hizo un mohín y Carmen Elgazu exclamó: «¡Pero, mamá...!» «¡Si no has cambiado, si no has cambiado nada!» A la recíproca, de pronto Josefa, viendo a Carmen Elgazu mover las cejas, dijo: «¡Pero si eres Carmen! ¡La misma, la misma! ¡Qué maravilla!»

Fueron tres días inolvidables. La abuela Mati, con su bastón de alcaldesa, apenas si les permitió —aparte admirar una y cien veces el retrato del abuelo, Víctor Elgazu Letamendía, al que Ignacio se parecía mucho y que presidía la casa con sus grandes bigotes— darse un paseo por la ría e ir a escuchar a Marcos Redondo en *Katiuska*. Asimismo permitió que, junto con Jaime, acudieran a presenciar la llegada de los ciclistas que competían en la *Vuelta al Norte*, vuelta que iba ganando el catalán Cañardo. Pero nada más. La abuela Mati era tan charlatana, tan dominante y necesitaba tanto afecto, que los quería a todos siempre allí, contando lo que fuere. Que si Ignacio era así o asá. Que si en Gerona llovía o no llovía. Que si el trabajo en Telégrafos era pesado y si circulaban todavía incautos peces por el río Oñar...

La abuela Mati le cayó en gracia a Matías, no sólo por su carácter sino porque Carmen Elgazu se le parecía mucho en muchos aspectos. «¡Ay, abuelita! ¡Ahora ya sé el porvenir que me espera!» También simpatizó con Josefa y Mirentxu, a las que les había ocurrido lo contrario que a sor Teresa: la soltería las había inclinado a enamorarse locamente de los hijos de los demás. Sus sobrinos eran para ellas dioses. No se cansaban de mirar las últimas fotografías de Ignacio y de Pilar. En cuanto a la de César... al verla se habían quedado absortas, sin atreverse a hacer el menor comentario. Hasta que, acercándosela a sus labios, la besaron dulcemente.

Caso aparte era Jaime, el hermano de Carmen Elgazu. Andaba taciturno. Todavía no le cabía en la sesera que hubieran perdido la guerra. Continuaba siendo separatista vasco y no hacía más que recordar las humillaciones sufridas en los campos de concentración. «Las humillaciones y todo lo demás...» Estaba empleado en el Frontón Gurrea, era el encargado del marcador. Jaime estaba convencido de que Madrid no concedería al País Vasco sino limosnas. «Montarán industrias en Andalucía, en La Mancha, en cualquier sitio, menos en el País Vasco y en Cataluña. Y si no, al tiempo.»

Matías hacía lo que podía para comprender a su cuñado, que iba ya por los treinta y cinco años. Pero no lo conseguía. Se le antojaba teórico en exceso, basto y poco cultivado. ¿Cómo pretendía resolver los problemas de la nación, si no había acertado a resolver los suyos propios? «Querido Jaime, no te ilusiones. Los separatismos son un mito, no conducen a nada. Aquí, todos a arrimar el hombro y a ver qué pasa.»

Excepción hecha de Jaime, aquella casa respiraba tranquilidad y amor. Lo único que molestaba a Matías era que su mujer, en cuanto se dirigía a su madre o a sus hermanas, hablaba en vascuence. «¡A ver si me entero...!», protestaba. Pero Carmen Elgazu no le hacía caso. «¡Vaya! Por una vez que tengo ocasión...»

Incluso el problema económico había sido solucionado. La abuela Mati, que con la guerra había perdido todas sus joyas, en vista de que el sueldo que percibía Jaime en el Frontón Gurrea era mínimo, tuvo una idea feliz: montar en su casa un taller de confección de muñecas, aprovechando la habilidad de Josefa y Mirentxu para esos menesteres. El planteamiento era de sentido común: después de una guerra se producían muchos nacimientos y la gente, para olvidar —¿por qué a «La Voz de Alerta» le costaba aceptar esta tesis?—, se enamoraba de cosas ingenuas. «Cuando llegue la temporada de Reyes —pronosticó la abuela Mati— no daremos abasto.»

El éxito fue tan completo que pronto Josefa y Mirentxu se vieron en la necesidad de contratar en el taller a varias muchachas. Vale decir que las muñecas que aquéllas diseñaban constituían una sorprendente novedad. Eran modernas, sobre todo en lo atinente a los peinados, a los vestidos, ¡y a los ojos! Sí, en un mueble especial, alineados y clasificados en cajoncitos, había ojos de cristal sueltos, de todos los colores. Carmen Elgazu se enamoró de ellos. A Matías, en cambio, vistos así, en cantidad, le produjeron cierto malestar. «No me gusta que tanta gente me mire», comentó. La abuela Mati le preguntó a Carmen: «¿Cómo tiene Pilar los ojos? ¿Ves algunos que se le parezcan?» Carmen Elgazu inspeccionó los cajoncitos y dijo: «No.»

Sí, fueron tres jornadas inolvidables, durante las cuales Matías se ganó fácilmente el afecto de aquellas tres mujeres —e incluso el de las muñecas—, lo cual de rebote había de perjudicar a Jaime más aún. «¡Como Matías tendrías que ser! ¡Abierto y dicharachero!»

Por su parte, Carmen Elgazu descubrió que en realidad era en Bilbao donde ella hubiera deseado vivir. «¿Es que Gerona tiene Altos Hornos? ¿Es que tiene esa ría? ¿Y te has fijado en los verdes del monte? Claro, claro, tampoco ese sirimiri lo tenemos allí... Aquello está seco, digan lo que digan el Gobernador y mosén Alberto.»

Para colmo, se anunciaba en la ciudad una Santa Misión. No menos de treinta predicadores llegarían a mediados de julio y durante una semana hablarían a todo el mundo de la bondad de Dios y de los pecados de los hombres. «Aquí hay vida, hay vida. Aquí hay chimeneas, predicadores y todo lo que tiene que haber.»

Matías se tomaba el asunto por las buenas, pese a que veía en los vascos, en general, algo obtuso y lento, como si el exceso de comida y de bebida les hubiera bloqueado en parte los reflejos.

—Sí, es verdad —decía—. Es verdad lo de las chimeneas. Y que construís barcos y todo lo demás. Y también lo es lo del sirimiri; por eso en Pamplona me compré un paraguas. Pero os falta un detalle, a mi modo de ver: saber quiénes eran vuestros antepasados. ¿Y si resultaseis ilegítimos? Porque hay que ver la jerga que habláis... Dicen que se parece al chino. ¿Es cierto, Jaime? Porque, si lo fuera, con mucho gusto os haría una reverencia...

Tampoco veía Matías por qué los paisanos de su mujer tenían la manía de ensanchar el tórax y de organizar concursos de levantamiento de peso, de arrastre de piedras y de corte de árboles a hachazo limpio.

—Con vuestro permiso, yo prefiero a Gerona. Y digo Gerona porque no puedo decir Madrid.

* * *

Matías se dio cuenta de que a Carmen Elgazu no le hacía pizca de gracia acompañarlo a Burgos. Y también él prefería ir solo. De modo que no hubo dificultad.

—Si quieres, quédate aquí, con los tuyos. Y mientras aprovecha para ver si encuentras trazas de la familia de Eloy...

—¿De veras no te importa que me quede? Saldría por ahí con mis hermanas...

—Quédate, mujer. Además, yo regreso en seguida. Ida y vuelta, nada más.

—Pues de acuerdo...

Matías salió en tren para Burgos. ¡Cuántos años hacía que no se separaba un solo día de su mujer! Había perdido la cuenta. ¡No, no la había perdido! Desde que se casaron. Sí, desde que se casaron habían dormido siempre, noche tras noche, en el mismo lecho y habían rezado, antes de dormirse, el mismo Padrenuesto.

El recuerdo de esa unión, todo lo perfecta que podía darse entre dos personas forzadas a convivir, le dio a Matías ánimo para salvar el trayecto Bilbao-Burgos y para soportar los parones de siempre y los asmáticos resoplidos de la locomotora.

Y una vez en Burgos, adonde llegó al filo del mediodía, le infundió también valor para preguntarles a los transeúntes, como antaño hicieran Mateo e Ignacio: «Por favor, ¿la calle de la Piedra?»

Calle de la Piedra, número 12... Calle estrecha, portalón triste y desconchado. Matías subió la escalera con el alma en un hilo. Y llamó a la puerta como si cometiera una violación.

Era la puerta de «los de su sangre». Por ella debió de salir su hermano Arturo la madrugada fatal en que fue fusilado. ¿Encontraría a alguien en casa? ¿Por qué tardaban tanto en contestar?

—¿Quién es?

La voz sonó fuerte y joven al otro lado de la puerta.

—Soy yo, Matías. Acabo de llegar...

No hubo más. La puerta se abrió casi con estrépito y Matías se encontró frente por frente con Paz. ¡Qué espléndida muchacha! El sufrimiento no la había ajado como hubiera podido temerse. Llevaba el cabello larguísimo, caído a la espalda —como las hijas del Responsable— y exhibía unas pestañas muy negras, parecidas a las de Pilar. Olía a perfume barato. Pero tenía una enorme personalidad. ¡Y se parecía de tal modo a Ignacio!: la frente tenaz, los pómulos salientes...

Matías y Paz se abrazaron en el mismo umbral con inusitada fuerza, sin pronunciar una palabra, mientras otra voz sonaba allá al fondo preguntando: «¿Qué ocurre?» y un chico tímido, de unos doce años, se acercaba cautelosamente y miraba con curiosidad al recién llegado, cuyo elegante sombrero había rodado por el suelo.

Minutos después, Matías abrazaba a su cuñada, Conchi de nombre, y a continuación se agachaba para besar, como hacía con Eloy, a su sobrino Manuel, quien parecía el más desconcertado por aquella visita.

—¡Matías! No puedo creerlo... —repetía una y otra vez Conchi.

—Pues ya lo ves, querida cuñada. Aquí estoy...

Desde el primer momento Paz, la «fanática Paz», como la llamaba Ignacio, había mirado a su tío Matías con más cariño del que éste pudo suponer. Matías temió que Paz se colocara a la defensiva, precisamente en virtud de su «fanatismo»; pero no fue así. Sin duda la muchacha había valorado debidamente el afecto que él había puesto en las cartas y el significado de aquel viaje.

Conchi, dándose cuenta de que continuaban todos en el vestíbulo, como pasmarotes, dijo:

—¿Pasamos al comedor? ¿Quieres tomar algo? Tenemos un poco de anís...

—¿Anís? ¡Vaya! Tomaré una copita.

—Yo te la traigo —intervino Paz. Y desapareció.

Matías entró en el comedor, menos mísero de lo que imaginara, y tras él lo hicieron Conchi y Manuel. Hubo rumor de sillas y se sentaron a la mesa, parecida a la del piso de la Rambla.

Paz se les unió en seguida, trayendo la botella, y se sentó también. La muchacha los sirvió a todos. Matías se tragó el anís de un sorbo y luego chascó la lengua, con aire satisfecho.

Conchi, con la copita en la mano, preguntó:

—¿Y Carmen? ¿Dónde está?

—Se quedó en Bilbao, con su madre y sus hermanos. Se encontraba un poco cansada del viaje...

—Ya...

Paz se interesó por Ignacio y por Pilar.

—Están bien, muy bien. Os traigo recuerdos de su parte.

Los preámbulos se prolongaron más de lo debido. Nadie se atrevía a entrar en materia. Por fin Matías se sirvió otra copita y decidió abrir brecha.

—Bueno... —empezó—, ¿por qué no hablamos ya de vosotros? —Dirigióse a Paz—. Tu última carta... Por favor, contadme cuál es exactamente vuestra situación.

Paz se pasó la mano por su larguísima cabellera. Mientras, Matías vio a Manuel a su derecha, encogido e intimidado, y le acarició la cabeza.

La actitud de Matías era tan diáfana que todo empezó a discurrir como sobre una pista asfaltada. Por turnos, Conchi y Paz fueron contándole lo que les ocurría. Naturalmente, no era cosa de insistir sobre «el asesinato» que cometieron los de Falange. «Lo mismo que lo de César, ¿comprendes?» Ni siquiera habían encontrado el cadáver de Arturo...

Ahora bien, ellas llegaron a suponer que, una vez finalizada la guerra, las dejarían tranquilas. Que podrían trabajar e ir tirando. Pero no había sido así. Continuaban marcadas por una palabra que valía por todas: «Rojas.» Eran «rojas» y ello les cerraba todas las puertas. Consiguieron colocar a Manuel de aprendiz en una droguería, pero el chico ganaba una miseria. Paz, no había modo. Donde fuere le pedían los dichosos avales, lo que en Burgos equivalía a pedir la luna. La chica era conocida, sobre todo porque durante la guerra anduvo espiando por los cafés. Las dos habían conseguido algún que otro trabajo aquí y allá, pero sin puesto fijo y sin perspectiva de tenerlo. Así que ya nada les quedaba en el hogar que pudieran empeñar o vender...

Matías aguantó con serenidad el interminable desahogo de las dos mujeres. Llegó a Burgos preparado para ello. Ahora bien, en cuanto le fue posible, en cuanto le dieron pie, atajó su verborrea y les dijo:

—Os comprendo perfectamente... Comprendo todo lo que queréis decirme. Por desgracia, los españoles somos así, hemos nacido para sepultureros...

Intervino Paz.

—Por eso nos ha alegrado tanto que vinieras.

Matías la miró.

—¿Es que crees que yo puedo hacer algo?

—Tal vez sí... —Paz hizo un gesto—. Por lo menos, darnos tu opinión...

—¿Sobre qué?

—Sobre un proyecto que se me ha ocurrido.

La muchacha se explicó. Su idea era ir a Madrid —de momento sólo ella— a probar suerte.

—Tal vez encuentre trabajo en algún bar...

Matías arrugó el entrecejo.

—Varias familias de aquí —continuó Paz— que estaban en la misma situación, se fueron ya... Y parece que en Madrid se abren camino.

Matías continuaba callado.

—¿Por qué pones esa cara? Madrid es una gran ciudad, ¿no?

—Sí, desde luego...

Matías no lo veía claro. Pensaba en la dificultad de encontrar piso; en los «dichosos avales», que también allí les exigirían; y en los peligros que correría Paz... La muchacha era muy guapa —Ignacio no había exagerado un ápice, pese a lo que creía Pilar— y su larga cabellera rubia llamaría la atención.

—¿A ti qué te parece? ¿Ves una posibilidad?

Matías preguntó:

—¿Conoces a alguna de esas familias que se fueron?

—Sí.

—¿Y tienes sus señas?

—Ahora mismo no. Pero puedo tenerlas.

El hombre vio de nuevo a su lado a Manuel, con cara expectacte, y volvió a acariciarle la cabeza. En seguida, giró la vista en torno. Ahora el comedor le pareció mucho más mísero que al principio. Un papel matamoscas colgaba de la lámpara, ésta con una sola bombilla. Y todo estaba sucio y descuidado.

Por fin cabeceó varias veces consecutivas.

—Tal vez no sea mala idea... —dijo, al fin—. Podrías probar... —Marcó una pausa. Y de pronto, exclamó—: ¡Si yo pudiera...!

—¿Qué? —preguntaron al unísono Conchi y Paz.

—No sé... Que algún conocido nuestro te echara allí una mano... —Los rostros de las dos mujeres se inmovilizaron—. Pero de momento, no veo... —Súbitamente exclamó—: ¡Maldita política!

Paz comprendió... Y reaccionó bien.

—No te apures por eso. Me basta con que veas una posibilidad.

Matías añadió:

—Pensaré, pensaré... Es decir, en cuanto regrese a Gerona pensaremos todos...

Conchi hizo un ademán escéptico.

—La verdad es que sólo confiamos en ti. Ignacio vino a vernos y luego se fue al frente, y ni siquiera nos escribió una carta.

—Sí, ya lo sé. Pero eso no significa nada —defendió Matías—. Puedo juraros que hará también lo que pueda.

En ese momento, inesperadamente, Conchi se llevó las manos a la cara y estalló en un sollozo. «¿Por qué todo esto, por qué?»

Matías miró a su cuñada. Era poco agraciada y, cuando se violentaba, su expresión adquiría una extrema ordinariez. Ahora tenía los ojos sanguinolentos y las horquillas clavadas en el moño estaban a punto de caérsele.

En cambio, Paz... Y el pequeño Manuel...

—Vamos a hacer un cosa —decidió Matías—. Yo os he traído una pequeña ayuda. Todo lo que he podido... No es mucho. Pero bastará para el viaje de Paz y para los primeros gastos. —El tono de Matías era ahora seguro e infundía confianza—. Si la cosa sale mal, me escribís en seguida... ¿Estamos? Y buscaremos otra solución. Lo único que puedo deciros es que no os abandonaremos... Os doy mi palabra.

Paz se levantó y acercándosele le dio un abrazo y lo cubrió de besos.

—Gracias, tío Matías... Gracias...

Matías se emocionó. La actitud de Paz había sido certera. El hombre no podía con su alma. Era preciso romper aquello.

—¡Lo dicho! —exclamó, procurando sonreír—. Llevamos el mismo apellido, ¿no es eso?

—Es cierto. Alvear...

—¡Pues, a por otra copita! Y van tres... ¡Anda, sírvela tú, Manuel! Por cierto, ¿cuándo oiré tu voz?

Manuel abrió sus ojos —¡eran los ojos de Pilar!— y se apresuró a coger la botella de anís. Pero el pulso le temblaba y no acertaba a llenar la copita.

—¡Pues sí que estamos apañados!

El clima de la reunión había cambiado. Un rayo de luz había entrado por el balcón del comedor. Paz, que seguía en pie, dijo: «¡Te quedarás a almorzar! Y nos contarás cosas...» Por desgracia, no habría ni siquiera vino para celebrar aquel reencuentro; pero pondrían en la mesa un mantel limpio y la mejor voluntad.

Matías suspiró.

—Si queréis, os ayudo en la cocina.

—¡Tú quieto ahí!

Conchi se encargó de todo.

Y entretanto, Matías charló con Paz y con Manuel. Paz le encantó. ¡Lástima que vistiera tan mal y que no supiera desplegar el pañuelo al sonarse! Pero era incuestionable que, en otro ambiente, pronto refinaría sus modales. Un tanto soberbia —¿era eso un defecto?—, pero tenía la fascinación que tuvo Olga en otros tiempos.

En cuanto a Manuel, imposible sacar la menor conclusión. Apenas si el muchacho pronunció un par de frases. Sólo en un momento determinado, con ocasión de mencionar Matías algo de Gerona, el muchacho se levantó con decisión en busca de algo y regresó con un Atlas pequeño, en el que localizó en seguida, en el mapa de España, la ciudad... «Aquí está», murmuró el chico, señalándola con el índice. Y seguidamente acarició con la mano la mancha azul del mar, que en el mapa colindaba con el nombre de Gerona.

La frugal comida estuvo lista en un santiamén. Conchi se excusó otra vez: «No tenemos otra cosa, ¿te haces cargo?»

Fue un almuerzo menos triste de lo que hubiera podido esperarse. Matías se las ingenió para enderezar poco a poco la conversación. Hablaron de «tío Santiago», que también murió en Madrid, y ¡cómo no!, de José Alvear, a quien Paz había conocido en una ocasión y que le pareció «muy simpático». «Por Toulouse anda —informó Matí—, haciéndose llamar *monsieur* Bidot.» A Matías le hubiera gustado saber si Paz había tenido novio, pero por una timidez absurda, no se lo preguntó.

A los postres —una diminuta manzana para cada uno—, Matías consiguió incluso arrancar de las dos mujeres una carcajada.

—¿A que no sabéis —preguntó— en qué se parecen los billetes a los aviones?

—No...

—¡En que pasan volando!

Sirvióse el café, que Paz sacó de no sabía dónde, pero resultó que en toda la casa no apareció un gramo de azúcar. «La cocina es un desierto», explicó la muchacha, con expresivo ademán.

Después del café a Matías le entró un invencible sopor, debido quizás al cansancio del tren, ¡y echó unas cabezadas! Entonces Manuel entornó incluso los postigos del balcón... Y

Paz y Conchi aprovecharon —la siesta duró un buen cuarto de hora— para cambiar impresiones, frenéticamente, en la cocina. Gesticulaban a sus anchas, ante las miradas esquinadas de Manuel, quien se preguntaba de qué estarían hablando.

En cuanto Matías despertó y preguntó, azorado: «¿Dónde me encuentro?», vio, de pie delante de él a su cuñada y a Paz, con semblante risueño. ¿Qué había ocurrido?

—Hay que ver... —dijo Paz—. No has parado de roncar. Y roncas como mi padre...

Matías se restregó los ojos. A gusto hubiera pedido un poco de agua de colonia, pero se abstuvo.

—¡Brrrrrrrr...! —hizo, ahogando con la mano un bostezo. Luego dijo—: Perdón...

Paz le propuso:

—Si quieres, te enseño la galería de atrás. Es lo único alegre de la casa: tiene unos tiestos de geranios...

* * *

A la hora del tren, Paz y Manuel acompañaron a Matías a la estación. Salieron con él a la calle y lo colocaron en medio, andando a buen paso. Paz tomó a su tío del brazo. Era evidente que la muchacha gozaba yendo a su lado y que la alegraba que las vecinas, que habían salido a husmear, pudieran pensar «que había alguien que se ocupaba de ellos».

Llegados a la estación, Matías propuso abreviar la despedida. Así se hizo. El hombre besó a Paz y a Manuel. Y a éste le preguntó, en el último momento:

—¿Y qué aficiones tienes tú, Manuel?

Y Manuel contestó, rápidamente:

—Me gustaría ver el mar.

Matías abrazó de nuevo a sus sobrinos y, acto seguido, entregando el billete, penetró en el andén. Aquello los separó definitivamente. Matías se acercó al tren y anduvo inspeccionando los coches, buscando uno tranquilo. Por fin lo encontró. Antes de subir volvió la cabeza y saludó a Paz y a Manuel —¡qué lejos quedaban ya!— quitándose, en ademán peculiar, el sombrero...

Subió al tren y desapareció. Y entonces Paz, como si sus nervios cedieran de golpe, se pasó la mano por la frente y se sentó meditabunda en uno de los grasientos bancos de la estación.

Manuel se le acercó solícito y le preguntó:

—¿Te encuentras mal?

* * *

Matías llegó a Bilbao sin avisar y se presentó de improviso en el taller de la abuela Mati. Era media mañana. Los encontró a todos empaquetando muñecas, a excepción de Jaime, que estaba en cama todavía, pues a la noche salía muy tarde del Frontón Gurrea.

—¿Qué, cómo ha ido?

Matías encontró a Carmen Elgazu extraordinariamente pálida y con ojeras. Carmen se hizo la tonta, no quiso decirle que de un tiempo a esta parte venía notando punzadas en el vientre, pues ella lo atribuía a achaques naturales a su edad.

Matías contestó a su anterior pregunta.

—Pues... regular. Me alegro de que no vinieses.

Carmen Elgazu lo miró, interrogante.

—¿Tienen trabajo?

—Difícil... Paz se irá a Madrid, a probar fortuna.

—¿A probar fortuna?

—La verdad es que no creo que esté ahí la solución —añadió Matías—. De modo que... hay problema.

Carmen Elgazu vio preocupado a Matías y se preocupó a su vez.

—¿Y qué cres tú que se puede hacer?

—No sé...

—¿Cómo es Conchi?

Matías hizo un gesto ambiguo. Y acto seguido dio a entender que si Paz fracasaba en Madrid habría que echarles una mano. «Les he dicho que no les abandonaríamos, que llevan nuestro apellido.»

Carmen Elgazu lo miró.

—Bien... Pues, llegado el caso, hacemos lo necesario, ¿no te parece?

—No queda más remedio.

Matías hubiera deseado que Carmen fuese más expresiva, pero comprendió que no podía forzarla a ello. Entonces miró por enésima vez el retrato del abuelo, Víctor Elgazu Letamendía. Había algo duro en él. Debió de ser un hombre de filias y de fobias.

Pero la escena terminó así, pues la abuela Mati, en aquel momento, entró en el taller y viendo que las muchachas que ayudaban a Josefa y a Mirentxu se habían traído consigo un montón de tebeos, golpeó el suelo con el bastón y barbotó: «¡Majaderías!»

Matías, oyéndola, se olvidó de Burgos y sonrió.

CAPÍTULO XIV

Confirmóse que el conde Galeazzo Ciano, Ministro de Asuntos Exteriores del Gobierno fascista italiano y yerno de Mussolini, llegaría a Barcelona el día 10 de julio. La consigna de Madrid fue: «El recibimiento ha de ser apoteósico.»

Mateo puso manos a la obra y desencadenó un alud de propaganda como no se recordaba otra igual. «¡Todo el mundo a Barcelona! ¡Gerona ha de dar ejemplo! ¡Hay que llenar dos trenes especiales y todos los autocares que hagan falta!»

Pronto se vio que la provincia respondería, como siempre, a la llamada. Continuamente llegaban a Falange inscripciones de los pueblos. Al propio tiempo, en la Sección Femenina se confeccionaban escudos e insignias con los retratos de Franco, de Mussolini y de Hitler y se preparaban ramos de flores, uno de los cuales sería entregado personalmente por Marta al conde Ciano. Los chicos de las Organizaciones Juveniles se calaron la boina roja y ensayaron varias veces los himnos de rigor, sobre todo *Cara al Sol* y *Giovinezza*. En cuanto al Gobernador Civil, camarada Dávila, publicó un mensaje en *Amanecer* que terminaba diciendo: «Será una jornada histórica.»

* * *

Llegó la jornada histórica. Las altas jerarquías emprendieron temprano el viaje, en dos coches oficiales —el del Gobernador y el de Mateo—, con temblorosas banderitas en el radiador. La enfervorizada masa salió más temprano aún, acomodada en varios autocares y, por supuesto, en dos trenes especiales, la mayor parte de cuyos vagones, por obvios motivos de escasez de material, eran de ganado. Marta, dando ejemplo, quiso ir con sus subordinadas en uno de esos vagones, acompañada por Pilar, por Asunción, por las delegadas locales de algunos pueblos y por las hermanas Rosselló. Vagón asfixiante, que olía a cordero, pero en el que todo serían canciones y buen humor.

En el coche del Gobernador, que conducía el camarada Rosselló, iban nada menos que el doctor Chaos, el profesor Civil y «La Voz de Alerta». En el coche de Mateo iban José Luis Martínez de Soria, Jorge de Batlle, el capitán Sánchez Bravo y ¡Mosén Falcó, en representación del señor obispo! Ignacio, por esa vez, no estaría presente en el patriótico acto... La víspera se había trasladado a Perpiñán, en compañía del coronel Triguero.

El Gobernador, cuyo potente coche se despegó en seguida —Mateo, a la salida de Gerona, al verlo salir zumbando, sacó la mano por la ventanilla y dijo «abur»— se sentó como solía hacerlo: echando el estómago para atrás, al objeto de reforzar sus músculos abdominales.

No era casual que los ocupantes del coche del Gobernador fueran precisamente los citados. Uno de los ejercicios favoritos del camarada Dávila era éste: reunir, en lo posible, a unas cuantas personas inteligentes, con las que poder dialogar sobre lo divino y lo humano.

En tal ocasión no cabía la menor duda de que se despacharía a gusto. ¡«La Voz de Alerta»! ¡El doctor Chaos! ¡El profesor Civil! En conjunto, representaban un importante sector de la intelectualidad gerundense, aunque cada cual a su modo. «La Voz de Alerta» era el énfasis, no exento de precisión; el doctor Chaos, la agudeza, con un punto de crueldad; el profesor Civil, la voz de la experiencia.

El Gobernador se sentía tan a sus anchas, que empezó repartiendo suspiros de satisfacción y caramelos de eucalipto. «¿No vamos todos a Barcelona a aplaudir al conde Ciano? ¡El eucalipto, si no estoy mal informado, simboliza precisamente la gratitud!» Todos aceptaron con agrado, excepto Miguel Rosselló, que dijo: «Perdona, pero esos dichosos caramelos huelen a demonios.»

Sí, tal vez el camarada Rosselló iba a constituir la nota violenta. Se le veía concentrado en el volante. Desde que su padre había sido juzgado, continuaba cumpliendo con sus obligaciones, pero no hablaba apenas y si lo hacía era con acritud. Por otra parte, la mañana se alzaba gloriosa en la carretera y en los campos, y resultaba difícil sustraerse al encantamiento. Algunos pueblos habían repuesto ya las campanas en la torre de la iglesia y los árboles del trayecto decían, una letra en cada árbol: «*Gibraltar para España.*» El camarada Rosselló usaba guantes para conducir, pese al calor. Había comprobado que sin ellos las manos le resbalaban. Y por supuesto, estimaba que fumar conduciendo era también peligroso. De modo que avanzaba prietos los labios, sólo emitiendo de tarde en tarde algún que otro silbido.

Llegados a Fornells de la Selva, el Gobernador optó por empezar a hablar de lo humano. Se dirigió al profesor Civil y le preguntó por su esposa, a la que más de una docena de veces había prometido visitar.

—Profesor, si no es indiscreción, ¿cuál es exactamente la enfermedad que aqueja a su esposa?

El profesor Civil tosió, como si la pregunta lo hubiera azorado.

—¡Bueno! Mi esposa... pasó mucha hambre. Es difícil explicar lo que le ocurre. Pero el doctor Chaos me ha dado esperanzas. Me ha dicho que se pondrá bien.

El doctor Chaos asintió con la cabeza.

—¡Claro que se pondrá bien! No es nada grave.

El Gobernador le preguntó luego si era cierto que, durante su estancia en la cárcel, en período «rojo», grababa con la uña «cruces» en la pared encalada.

—Pues sí... —aceptó el profesor—. Era un truco corriente... Grabar esas cruces nos servía de consuelo y contra ellas los milicianos no podían nada.

El Gobernador observó entonces que el profesor Civil llevaba todavía larga, sin recortar, la uña del pulgar, como algunos taponeros.

Intervino «La Voz de Alerta».

—¿Sabe usted, profesor, la suerte que han corrido esas cruces que usted marcó?

—No... ¿Qué ha pasado?

—Los detenidos del Seminario han rectificado sus extremidades y las han convertido en hoces y martillos... Naturalmente, utilizando también las uñas.

El profesor Civil se quedó estupefacto. El doctor Chaos contrajo la frente y, al hacerlo, su boca tomó la desagradable forma de un piñón.

El doctor Chaos aprovechó la ocasión para comentar, en

tono más bien jocoso, que los españoles eran agresivos por naturaleza. «Durante la guerra se lanzaron más "mueras" que "vivas" y, según los observadores militares extranjeros, nuestros soldados demostraron ser mejores atacando que defendiendo.»

El Gobernador, a quien se la había metido en la cabeza la desazonante idea de que su hijo Pablito hacía algunos gestos idénticos al doctor Chaos, dijo:

—Serían observadores ingleses o franceses, supongo...

El doctor Chaos miró con aire divertido a su interlocutor.

—¿Cómo lo ha adivinado usted?

En ese preciso instante cruzó veloz, casi rozándolos, un camión, y el camarada Rosselló, asomando la cabeza por la ventanilla, gritó: «¡So bruto! ¡Carcamal!» El exabrupto del muchacho fue tan espontáneo que el doctor Chaos miró a todos como diciendo: «Huelgan comentarios.»

«La Voz de Alerta» se quitó las gafas de montura de oro y limpió los cristales con una gamuza que llevaba a propósito.

«Mi criada, Montse —explicó, imprimiendo al diálogo un viraje inesperado—, define muy bien eso de la agresividad. Cuando una persona le desagrada, dice: «Nada más verla, entran dolores aquí.» Y se toca el vientre.

El doctor Chaos soltó una carcajada. Miró a «La Voz de Alerta».

—Amigo mío, ¿puedo preguntarle si tiene usted con frecuencia dolores en el vientre?

«La Voz de Alerta» se puso con calma las gafas y con calma devolvió la mirada al doctor.

—Pues sí... —aceptó. Y seguidamente, plagiándolo, repitió—: ¿Cómo lo ha adivinado usted?

El doctor Chaos volvió a encogerse de hombros.

—Uno de los deberes de todo médico es diagnosticar con rapidez.

Aquel peloteo hacía las delicias del Gobernador. ¡Oh, sí, el viaje iba saliendo tal y como lo imaginó! Lástima que la anormalidad sexual del doctor Chaos le resultara ahora tan evidente. Sin embargo, ¿por qué tomárselo a la tremenda? Recordó las palabras de María del Mar, su esposa, al enterarse de ello. María del Mar lo encontró divertido. «Conque ésas tenemos, ¿eh? Deberías organizarle un cursillo en la Sección Femenina.»

—Doctor Chaos —intervino el Gobernador, sacando su tubo de inhalaciones—, puestos a diagnosticar con rapidez, ¿a qué atribuiría usted que el conde Ciano, en su último viaje a Berlín, se resistiera a cuadrarse ante la estatua del Hombre Alemán desnudo?

El doctor Chaos sonrió. Sonrió con naturalidad extrema.

—Muy sencillo —contestó—. Complejo de inferioridad...

—¿De inferioridad? ¿Por qué?

—El conde Ciano, como buen meridional, es bajito...

* * *

Llegados al pueblo de Arenys de Mar, coincidieron con una concentración de autocares que se dirigían también a Barcelona a esperar al conde Ciano. Ello y el enorme lienzo que cruzaba de parte a parte la carretera y que decía: «¡Viva Franco! ¡Viva Mussolini! ¡Viva Ciano!» —los «muera» no aparecían por ninguna parte— hizo que los cinco viajeros se enfrascaran en un apasionado diálogo en torno al tema del día: los sistemas totalitarios. De hecho, cada uno hizo algo así como una declaración de principios.

Fue el Gobernador quien abrió el debate, mostrándose, por supuesto, enteramente identificado lo mismo con el mecanismo de la Italia fascista que con el de la Alemania nazi. «Algo tendrán, ¿verdad? Progresan a un ritmo históricamente desconocido hasta ahora.»

En su opinión, una de las aportaciones más destacables de estos sistemas era lo que sus adversarios llamaban «politizar» la cultura, pero que él definía como «elevar las cosas que afectaban a la Patria al nivel que pudieran tener las Matemáticas, la Gimnasia o la Química».

—¿Es que la cultura ha de ser neutra? Yo opino que no. Me parece muy bien que se enseñe a los chicos dónde está el Ganges y que amor se escribe sin hache; pero al propio tiempo hay que enseñarles lo que la Patria ha sido y, sobre todo, lo que ha de ser. Los pintores antiguos pintaban para la Corte, como muy bien sabe nuestro querido alcalde, ¡y no lo hacían del todo mal! De modo que me parece perfecto que se inculque al pueblo algo más que conocimientos. Por encima de éstos hay que darle una fe. Aunque ello obligue a prescindir de algún que otro nombre como Voltaire...

—No se trata de instruir, sino de educar —remachó, inesperadamente, Miguel Rosselló.

El Gobernador le miró, sorprendido.

—Tú lo has dicho.

Sí, el camarada Rosselló acabada de romper su obsesivo silencio. ¿Qué le había ocurrido? Tal vez se estuviera cansando de pasarse los días meditando rencores. Tal vez el pensar que vería al conde Ciano le hizo olvidar el Penal. Como fuere, después de declarar, con rotundidad que asombró a todos, que Voltaire le caía gordo, ciñéndose a sus aficiones dedicó una parrafada a los coches de carrera que, a las órdenes de Mussolini, fabricaban los italianos.

—Son los más seguros, los de línea más estilizada y, desde luego, los más veloces —afirmó—. Me pregunto si ello no significa que Italia está dispuesta a llegar muy lejos...

El Gobernador miró de nuevo a su secretario, como se mira a un chaval ingenuo y travieso, y prosiguió diciendo que otra de las aportaciones totalitarias dignas de mención era el mantenimiento del orden público. El concepto no era nuevo —él mismo lo había repetido hasta la saciedad—, pero tenía una vigencia trascendental. Las democracias, con su falsa noción de la libertad, invitaban a la masa a transgredir la ley y a alborotar las calles; a alborotarlas frecuentemente con disparos. «Si creemos que todo el mundo tiene derecho a utilizar armas, estamos perdidos. Se empieza por cazar pájaros y se termina cazando a las madres que llevan sus hijos al parque.» Mantener la disciplina, el sentido jerárquico, y someter los instintos del pueblo, a la larga creaba un sentimiento de solidaridad apto para cualquier empresa de alta temperatura. El pueblo abandonado a sí mismo desembocaba fatalmente, como quedó demostrado en España, en lo irracional. Aparecían pañuelos rojos, extraños casquetes y se entronizaba el amor libre. Mussolini, a base de policías, estaba a punto de acabar con los bandidos sicilianos y Hitler había conseguido que en Alemania transcurrieran días e incluso semanas sin apenas asesinatos y robos.

—Todo esto es primordial, ¿no les parece? Todos los pueblos necesitan un Moisés que baje del monte con las Tablas de la Ley.

La argumentación del Gobernador parecía convincente y se produjo en el coche un consenso general. ¡La experiencia «republicana» había sido tan catastrófica!

«La Voz de Alerta» fue quien con mayor entusiasmo se adhirió a las manifestaciones del Gobernador. Por algo él luchaba en Gerona para desterrar de las calles «el imperio de las alpargatas». Pero había algo más: los Estados totalitarios creaban grandeza, y este hecho no podía menos de gustar a un hombre de su talante, admirador del Renacimiento. Hitler poseía el sentido de lo colosal, ello no podía negarse; y en cuanto a Mussolini, no le iba en zaga. El atildado alcalde pudo comprobar esa realidad al huir de la zona «roja» y pasar por Italia. El fascismo estaba edificando en Roma un estadio enteramente de mármol; sustituía por autopistas los caminos de carro; saneaba las zonas palúdicas, ¡y repoblaba incluso de árboles los Apeninos, puesto que Mussolini se había propuesto enfriar un poco el clima del país, por estimar que el calor excesivo invitaba a la pereza! A eso podía llamarse atacar lo fundamental. Y era muy cierto que cinco años de reinado de la plebe no le habían dado a España ni un solo monumento digno de mención, porque las democracias se entretenían en pequeñeces. De acuerdo, pues, con el Gobernador. Se necesitaba un Moisés. Por eso él era monárquico y por eso en el fondo se identificaba mejor con el fascismo italiano que con el nacional-socialismo alemán, habida cuenta de que aquél había sabido respetar la monarquía. Porque era preciso no olvidar un aspecto de la cuestión: ese Moisés, tan necesario, debía tener «casta»... Los Reyes Católicos la tenían, y descubrieron América. ¿Podía improvisarse la casta? Tal vez sí. A base de genialidad. No cabía duda de que el genio espontáneo existía; ejemplo, Napoleón, que surgió de la nada y que obligó a los arquitectos de París a ensanchar las avenidas confluyentes en l'Étoile hasta cien metros, lo que por entonces parecía una barbaridad.

—Doctor Chaos, ¿puedo hacerle una pregunta?
—Claro que sí...
—¿Qué profesión tenía su padre?
—Pues... era cirujano.
—¿Y su abuelo?
—También cirujano.
«La Voz de Alerta» sonrió.
—Ahí está. En usted hay casta. No necesita de la genialidad...

La intervención era sutil. El doctor Chaos, al pronto, no supo qué contestar. Pero en seguida se animó, pues no era cosa, en aquel viaje, de descender al terreno personal. De modo que olvidó el irónico inciso del alcalde y formuló también su declaración. El doctor Chaos iba sentado en la parte delantera del coche, junto al camarada Rosselló, pero podía dirigirse a sus acompañantes a través del espejo retrovisor.

Su declaración tuvo, naturalmente, un enfoque distinto al de sus predecesores. En primer lugar, su adhesión al totalitarismo arrancaba de su fe en la juventud. Las democracias estaban en manos de gente de edad avanzada; en cambio, los regímenes totalitarios se nutrían de sangre joven. Era un problema, por así decirlo, hormonal. Ahí estaba el conde Ciano, que no llegaba a los cuarenta años y tenía una influencia decisiva en el ámbito de la gran política. Por eso él iba camino de Barcelona, porque quería rendir homenaje a un hombre bajito de estatura, como antes dijo, pero lleno, era preciso reconocerlo, de poder y de ambición. Y en segundo lugar, los totalitarismos tenían fe en lo mismo que él la tenía: en la ciencia, en la técnica y en la especialización... No se cansaría de hacer hincapié en ello, aun a riesgo de escandalizar a muchos. La Alemania del III Reich —él pudo comprobarlo en la zona «nacional», en su contacto con médicos alemanes— era partidaria del trabajo de equipo. En el fondo se trataba de la lógica aceptación del hecho de que cuatro ojos veían más que dos. Confiar el progreso a la intuición de un Newton viendo caer una manzana era absurdo. Hacían falta enormes laboratorios, donde escuadras de hombres estudiosos investigaran en común. El trueque era sensacional y probablemente la mayor conquista de la nueva concepción de la política a que había aludido el Gobernador. El hombre aislado era un ser limitado. Un cirujano no podía efectuar toda suerte de operaciones. Gracias a la nueva orientación, podían preverse descubrimientos en cadena que asombrarían al mundo. Los microscopios eran más eficaces que las novenas a San Antonio. Por eso era él partidario de la selección racial. Sí, lo importante de Hitler no era que disminuyese en su territorio el índice de criminalidad; era que estuviera creando una raza sana, capaz de vivir muchos años. La moraleja de todo ello era clara: el día en que el alcalde de Gerona, amante del Renacimiento, se dedicase otra vez a arrancar muelas cariadas, sería más eficaz que si continuaba haciendo donativos al Asilo Municipal. Una ciudad necesitaba más un buen alcantarillado y un matadero moderno que curvas de emotividad. Los estados totalitarios pisaban firme porque no perdían el tiempo ni cantando salmos ni recitando el libro de Job. La vida era materia y era a la materia a la que había que arrancarle sus secretos. Todo lo demás era brujería, folletín... y esclavitud.

—Profesor Civil, ¿puede decirme cuál era la profesión de su padre?

El profesor, que no había perdido una sílaba, contestó con voz firme, que contrastaba con su figura, sentada humildemente a la derecha del Gobernador:

—Era maestro de escuela.

—¿Y su abuelo?

—Campesino.

—Ya... —El doctor Chaos añadió, dirigiéndose a todos—: Señores, mi turno ha terminado.

La atmósfera en el coche era densa. En realidad, la intervención del cirujano había impresionado a todos. Sin embargo, ¡hablaba con tal frialdad! ¿De verdad el cálculo podía sustituir al sentimiento? ¿Por qué, pues, el doctor le daba terrones de azúcar a su perro, *Goering*?

Por un momento Miguel Rosselló pareció dispuesto a decir algo: pero se le anticipó al Gobernador. El Gobernador se dio cuenta de que faltaba escuchar allí una opinión: la del profesor Civil, hijo de maestro de escuela y nieto de campesino. Era de prever que sería el único disidente. ¿Por qué no darle una oportunidad, aprovechando que el comisario Diéguez no viajaba con ellos?

El camarada Dávila hizo la invitación en regla y el profesor Civil, mirando por encima de sus gafas como si buscara algo perdido —acaso el sentido moderador—, entró gustoso en el juego, no sin antes acariciarse la blanca cabellera; aquella cabellera que en la cárcel le valió ser tomado por sacerdote, hasta el extremo de tener que escuchar en confesión a muchos compañeros suyos detenidos...

El profesor Civil, de formación clásica, construyó metódicamente su breve disertación. Lamentaba no participar del entusiasmo de la concurrencia. Era persona chapada a la antigua —era más viejo que Ciano— y contra eso no podía luchar. «El doctor Chaos ha sido lapidario en este aspecto y supongo que a ello se debe que no me hayan nombrado embajador, sino simplemente delegado de Auxilio Social.»

Desde la perspectiva de sus años, que habían visto y sufrido los pañuelos rojos, los extraños casquetes de los milicianos y los cantos al amor libre, no podía menos de aceptar el planteamiento de que había que imprimir un nuevo rumbo a la sociedad. Ahora bien, ¿qué rumbo? ¿Politizar la cultura, como propugnaba el Gobernador? ¿Levantar estadios de mármol, como hacía Mussolini? ¿Lanzarse por las carreteras a ciento ochenta quilómetros a la hora, hazaña que encandilaba a Miguel Rosselló? ¿Deificar la ciencia y la técnica, aceptando la premisa de que la vida era exclusivamente materia?

Algo en su interior se resistía a doblar la rodilla ante los Moisés que bajaban del monte con este tipo de Decálogo. La cultura dirigida entrañaba muchos peligros; entre otros, el de que, en un momento determinado, personas como Einstein emigraran al extranjero. La cultura dirigida acabaría poniéndose al servicio del Estado y no del hombre; y eso era grave, a su entender. El ejemplo más vivo era Rusia —nación también totalitaria—, cuyos dirigentes preferían fabricar ingenieros y no criaturas humanas con toda su complejidad. Claro que la masa era ignorante e incapaz por tanto de gobernarse a sí misma; pero tenía corazón, y el corazón era una realidad tan objetiva como el microscopio, como la Aritmética y como el lugar que ocupaba el Ganges. Por otro lado, extirpar de los cerebros, a base de laboratorios y de trabajo de equipo, los salmos y las curvas de la emoción, y llenarlos luego de máquinas y de fórmulas, era quimérico y arriesgado y, en definitiva, sustituir un dios débil, pero consolador, por otro dios cuadriculado pero triste. Él era humanista, siempre lo fue. Creía en los goces pequeños y humildes. Se sentía más a gusto en el barrio antiguo de Gerona, sobre todo de noche, que rodeado de altas chimeneas, aunque el sol rebotara en ellas. En su casa no tenía siquiera teléfono y no se decidió a comprarle a su mujer una plancha eléctrica hasta tanto no se convenció de que el artefacto no hacía el menor ruido. ¡Todo ello era risible! Aceptado. Ahora bien, ¿y la posibilidad de sentarse en una butaca y ver mecerse la hierba? ¿Tendrían tiempo los ingenieros que centraran su ilusión en el progreso de sentarse en una butaca y de ver mecerse la hierba? ¿Y el espíritu, no existía el espíritu? Cristo habló de la mansedumbre, lo que no le impidió realizar milagros más espectaculares que los de los médicos alemanes en la zona «nacional». Mantener el orden público... ¡De acuerdo! ¡Que el general Sánchez Bravo viviera muchos años! Pero colocar un policía al lado de cada alma era una agresión; una agresión, y un despilfarro para el Ministerio de Hacienda... Inculcarle una fe al pueblo... ¡Santa consigna! Pero una fe en algo que fuese perdurable; por ejemplo, en la Revelación y en la tranquilidad de conciencia. ¿Podría estar tranquilo de conciencia quien eliminara a los débiles, en nombre de una raza mejor? La tierra no sería nunca un paraíso. Mientras hubiera un hombre existiría el dolor. Por ello él se tenía por mucho más realista que el científico doctor Chaos, cuyo propósito, al parecer, era desterrar el amor y descubrir la anestesia universal. En su opinión, podía crearse una sociedad teóricamente perfecta pero cuyos individuos se sintieran terriblemente esclavizados. Y es que, por debajo de las planificaciones, existía la intimidad, es decir, lo insobornable. Por su parte, nunca había podido olvidar un proverbio árabe que leyó en la escuela, y que decía: «El gallo ha de cantar, pero la mañana es de Dios.»

En el vehículo se produjo un gran silencio. Del profesor Civil emanaba un halo de nobleza al que resultaba imposible sustraerse; debía de ser también un problema hormonal. Su mirada había ido posándose en cada uno de los presentes y, a veces, en el vacío. Parecía dispuesto a no añadir nada más. Oyóse el runrunear del automóvil que Miguel Rosselló conducía ensimismado, pero con pericia. El Gobernador fue el primero en reaccionar. Respiró hondamente. Y convencido de que el profesor Civil se había guardado todavía alguna carta —tal vez la más importante—, lo invitó con insistencia a continuar.

—Siga, siga, profesor... ¡Le juro que le escuchamos con mucha atención! Por supuesto, es usted un hombre chapado a la antigua, pero...

El profesor Civil dudó unos segundos, pero por fin se decidió.

—Continuaré con mucho gusto —dijo—. Porque lo cierto es que no quedaría tranquilo sin tocar un punto que me parece decisivo y al que ninguno de ustedes ha hecho mención.

—¿A qué se refiere?

—A este espíritu competitivo de Alemania e Italia... A ese ritmo con que, según ustedes, avanzan ambos países... A ese querer ser los primeros en todo, y producir más y más... ¿No contiene en sí esta actitud, un peligro más grave, más concreto aún, que todos lo que he apuntado?

—¿Qué peligro? —preguntó el Gobernador.

—El de conducirnos a una guerra... europea o mundial.

Tal afirmación, que coinncidía con la que en el Café Nacional había hecho Galindo, funcionario de Obras Públicas, provocó estupor unánime y disipó como por encanto la aureola que el profesor se había ganado a pulso. El único que semicerró los ojos en actitud reflexiva fue «La Voz de Alerta». Los demás acosaron al profesor.

—¿Cómo? ¿Qué dice usted?

El profesor demostró, en este asunto, estar bien informado. El tono de su voz cambió. Ya no era un moralista; era un historiador. Apoyóse en datos. Pasó revista a las últimas anexiones efectuadas por los dos países —el Sarre, Austria, Checoslovaquia, etcétera— y acabó afirmando que era obvio que Hitler y Mussolini se habían fijado unos objetivos y que no retrocederían ante nada. Citó una frase de Hitler que figuraba en el libro de éste, *Mi Lucha*: «El arado se convertirá en espada.» Y otra de Mussolini: «La violencia es útil, caballeresca y necesaria.» Sí, algo fatal e irreversible parecía empujar a esos dos hombres a la guerra, lo cual, en el fondo, para quien creyera —como el doctor Chaos— en la psicología profunda, no era de extrañar. Mussolini, ya de niño, andaba a pedradas con sus condiscípulos y perseguía a los mochuelos. Y en cuanto a Hitler, no había más que verle los ojos en cualquier fotografía de las que publicaba la revista *Signal*...

El camarada Rosselló había vuelto a su mutismo. En cambio, el Gobernador reaccionó con firmeza. Manifestó de nuevo su respeto por cuanto el profesor Civil habló con anterioridad; pero su última tesis le resultaba intolerable, probablemente porque no se trataba de una opinión personal sino de un *slogan* difundido por una organización ducha en estos menesteres: la BBC, de Londres. *Slogan*, por lo tanto, calumnioso y de mala fe.

No, no era cierto que Alemania e Italia quisieran la guerra. Decir eso era pegar un golpe bajo. Simplemente los dos países estaban cansados de la humillación que suponía el Tratado de Versalles, buscaban materias primas para su expansión y, sobre todo, producían y se armaban para defenderse del comunismo, puesto que las democracias coqueteaban con él. Eso era todo. De modo que Hitler con sus espadas y Mussolini con su odio a los mochuelos —la alusión había sido de campeonato— lo que pretendían era simplemente evitar que Stalin se sintiera el amo y en consecuencia se plantara, en el plazo de dos años, en Berlín, en Roma... y en el piso del propio profesor Civil. «¡Oh, sí, profesor, esto es lo que le sucedería a usted! Los rusos se meterían en su casa... sin advertirle de antemano, puesto que según dijo no tiene usted teléfono.»

El profesor Civil abrió los brazos como diciendo *hélas!* Y se limitó a responder que lo único que deseaba era equivocarse en su pronóstico.

Probablemente, la tensión que efectivamente reinaba en el coche se hubiera prolongado ya hasta Barcelona, a no ser porque el doctor Chaos, repentinamente cansado de tanta polémica, propuso abandonar el tema y contemplar, ya que no la hierba, por lo menos el mar...

Costó cierto esfuerzo aceptar la propuesta, adecuar el ánimo; pero al fin se consiguió. Y es que, en verdad, el mar que se extendía a la izquierda del coche era hermoso. Todos se dieron cuenta de ello al prestarle la atención debida. Era un mar ancho y azul, por el que surcaban bergantines invisibles y palabras de concordia. No muy lejos había algunas barcas, barcas tranquilas, de línea latina, ajenas a la deificación de los Estados y al bloqueo de los pensamientos del pueblo. Algunos nidos de ametralladoras emplazados en las playas recordaban la contienda pasada; sin duda su interior estaba lleno de excrementos, con algún que otro corazón grabado en la pared y algún que otro *¡Muera!*...

¡GIBRALTAR PARA ESPAÑA! ¡VIVA EL CONDE CIANO! ¡Campanas repuestas en la torre de la iglesia de Mongat, en las iglesias de Badalona!

«La Voz de Alerta» intervino de pronto y sus palabras resonaron como un disparo, sobre todo, ¡otra vez!, en el cerebro del doctor Chaos.

—Doctor Chaos... —dijo—. Al margen de las teorías del profesor Civil, ¿no le parece excesivo el culto que, sobre todo los alemanes, rinden a la Virilidad, a lo masculino?

El doctor Chaos, ¡por fin!, hizo sonar sus dedos: *crac-crac.* Miró a «La Voz de Alerta». Pero éste le sostuvo la mirada sin quitarse como otras veces las gafas para limpiar con la gamuza los cristales.

* * *

Paralelamente a la carretera, avanzaban hacia Barcelona los dos trenes especiales que se habían formado en Gerona para trasladar a la «enfervorizada masa» que quería presenciar la llegada del conde Ciano. El viaje era agotador. Las locomotoras debían de tener también sus ideas y parecían resistirse a cumplir con su cometido. Por otra parte, las traviesas de la vía no ofrecían ninguna seguridad y los maquinistas daban bruscos frenazos. ¡Y a cada estación subía gente con insignias patrióticas en la solapa!

Pese a todo, y de acuerdo con lo previsto, el denominador común eran las canciones y las bromas de toda índole, especialmente en el furgón de cola del primer tren, el destinado a ganado, que ocupaban Marta, Pilar y el resto de las camaradas dirigentes de la Sección Femenina.

En ese coche la algazara era general. El apelotonamiento de las muchachas era tal que, para respirar un poco de aire puro, se veían obligadas a acercarse por turnos al ventanuco enrejado que comunicaba con el exterior. Así lo hacían, regresando luego a sus puestos y sentándose en el suelo.

Ahora bien, el viaje fue haciéndose tan largo que hubo tiempo para todo, incluso para las confidencias. Sí, a diferencia de lo que ocurrió en el coche del Gobernador, allí no se habló sólo de política. Los diálogos se deslizaron también por otras vertientes. Al fin y al cabo, la política era invención moderna, en tanto que las muchachas tenían un corazón que llevaba siglos latiendo por amor.

Marta, jefa provincial de la Sección Femenina, hubiera debido sentir vergüenza. Olvidó por completo el motivo del viaje y la camisa azul, y se desahogó con Pilar, largamente, sobre un tema único: Ignacio. Imaginar a éste en Perpiñán la turbaba de una manera extraña. ¿Qué estaría haciendo allí? ¡Si pudiera verle! Seguro que pasaba menos calor, tal vez en un café con aire acondicionado. ¿Y si se chiflaba por alguna francesa?

—Pilar, estoy contenta. Temí que Ignacio no quisiera ingresar en Falange; pues ya está. Ya tiene el carnet. Mi madre estaba segura de que un día y otro se decidiría, pero yo no. ¡Le gusta tanto llevar la contraria! Pero se porta bien, muy bien... Cuando llegó de Esquiadores pretendió asustarme. Me llevó cerca de la Plaza de Toros y me dijo algo así como que la guerra mata por dentro a los hombres que la hacen. ¡Pamplinas!, puesto que luego añadió que él no sería feliz si no hacía en la vida algo que beneficiara a los demás. Y es que Ignacio es bueno, buenísimo... Conmigo, un sol. Y el trabajo en Fronteras le gusta. ¿Os dijo lo de recuperar barcos? ¡Ah, claro...! Hermosa tarea, ¿verdad? Estas cosas lo entusiasman. Y tiene muchos planes. Me ha encargado que pase por la Universidad, pues al parecer en septiembre habrá unos exámenes «muy complacientes» para los que hicieron la guerra, y quiere saber la fecha exacta. ¡Tercer curso de abogado! Oye... ¿Es cierto que estudia como un loco? Ayer me dijo que tuvo la luz encendida hasta las tres. ¿Es cierto, sí? ¡Cuánto me alegro! Le quiero, Pilar. Han pasado muchas cosas entre los dos y durante un tiempo dudé de él y de mí; pero ahora le quiero de veras. ¡Si pudiera verlo en estos momentos, a través de esas rejas! Seguro que estará fumándose un *gauloise*... ¡Otra cosa me preocupa! Tengo la impresión de que no acaba de simpatizar con mi hermano, con José Luis... Sería una pena, ¿no crees? ¡Me gustaría tanto que llegáramos a formar todos una gran familia! ¿Y sabes dónde me gustaría vivir cuando me case? Pasada la vía del tren, cerca de la Dehesa. Claro que aquello pilla un poco lejos; pero es alegre, sobre todo en este tiempo. Además, le he prometido cuidar del piso como si se tratase de mi piel... Por cierto, ¿sabes lo que dice de mi flequillo? Que me tapa la frente, pero que por lo mismo evita que las ideas brillantes se me escapen. Es un guasón... Sí, ha venido de Esquiadores mucho más guasón que antes... ¡Bueno, perdona! Voy a ver si respiro un poquitín de aire del campo.

Marta se levantó y se acercó al ventanuco. Pilar había asentido a todo. No hubiera desalentado a Marta por nada del mundo. «Claro que sí, mujer», le había dicho a su amiga una y otra vez. Por nada del mundo Pilar hubiera delatado a Ignacio, diciéndole a Marta que todo aquello era mentira y que el chico no había abierto todavía un libro y que se pasaba las horas tumbado, pensando en las musarañas. ¿Para qué? Pilar se daba cuenta de que su hermano atravesaba una honda crisis, como otros muchos chicos llegados del frente. Ella se lo notaba en mil detalles; a menudo volvía de Figueras llevando el billete del tren entre los dientes... Tiraba la servilleta, sin plegar, a un lado de la mesa... Y, sobre todo, cerraba la puerta de su cuarto dando un portazo. Eso era lo más peculiar. Era señal de que, una vez dentro, se tumbaría en la cama en cualquier postura y que pronto se le oiría resoplar. Por si fuera poco, por lo menos había recibido dos postales de Ana María... Pilar no había podido leerlas, pero estaba segura de que él las había contestado. ¡Oh, sí, Ignacio era perfectamente capaz de vivir varias vidas a un tiempo! De ser holgazán en casa, eficaz en la Jefatura de Fronteras y un ser completamente aparte cuando estaba al lado de Marta. Probablemente en cada caso era sincero y sólo se engañaba a sí mismo. Pilar pensó que, de todas las ilusiones de Marta, tal vez sólo una se apareaba con la realidad: Ignacio era bueno, buenísimo... Y por supuesto, apto, algún día, para hacer feliz a la mujer que eligiera definitivamente, llevara o no llevara flequillo, viviera o no viviera cerca de la Dehesa, pasada la vía del tren.

Marta regresó. Y entonces le tocó el turno a Pilar.

—Pues yo, cuando me case, si puedo viviré en el centro. ¡Qué quieres! Estoy acostumbrada a ello. De poder elegir, viviría en la misma Rambla... Me gusta la Rambla. Toda Gerona pasa por allí al cabo del día, ¡y en la Rambla fue donde volví a ver a Mateo el día de la entrada de las tropas! A Mateo y a ti, claro... ¿Te acuerdas, Marta? Ibas con María Victoria repartiendo latas de conserva... Y felicidad. ¿Quieres que te confiese una cosa...? Me pareciste muy mayor. Es natural, llegabas cansadísima. Ahora te has recuperado. ¡Lo mismo que yo! Sí. También yo soy feliz, Marta, completamente feliz. Mateo vale mucho más de lo que yo merezco. A veces me pregunto qué habrá visto en mí. Soy tan ignorante... Tiene que explicármelo todo: que si el abrazo de Vergara, que si el socialismo marxista... Menos mal que me presta revistas y que de vez en cuando yo lo interrumpo con un beso. Contra eso no acierta a defenderse. Lo llama el arma secreta. Deja de ser de Falange y es mío, es sólo para mí. Y a mí me gusta besarlo. Nunca hubiera creído que me gustara tanto. ¡Jesús, qué tonta soy! ¿Te imaginas si mi madre me oyera? Me encerraba en el convento de San Daniel... Pero ya somos mayorcitas, ¿no te parece? Luego una se confiesa y en paz. Paz relativa, claro... ¡Ay, y otra cosa! Mateo tiene también sus planes, ¿sabes? No sé si se examinará en septiembre, porque está tan ocupado que no le da tiempo a abrir un libro. Pero, en fin, quiere organizar la provincia como no lo sueña ni el Gobernador, quien por cierto el día de mi cumpleaños me mandó un precioso ramo de flores... ¡Oh, Marta, tienes razón! ¡Amar es bonito, es lo más bonito del mundo! ¿Querrás creer que a veces me asusta tanta felicidad? Cuando veo a Mateo dedicarse con tanta fe a los críos, a las Organizaciones Juveniles... Buen aprendizaje para luego, para cuando tengamos hijos, ¿no crees? Claro que, acostumbrado a formar centurias, no se conformará ni con dos ni con tres... Querrá tener un batallón. ¡Los que Dios quiera! ¡Qué más da! Uno se llamara César, por supuesto... Y la primera niña, Marta... ¡Jesús, ni que eso fuera a ocurrir ahora mismo! ¡Oh no, por Dios, en este vagón no...! Ah, también yo daría cualquier cosa por ver ahora a Mateo... Seguro que andará en el coche de tu hermano, hablando de política... Que si Ciano, que si Roosevelt, que si el Chamberlain ese del paraguas... ¿Crees que hablarán un poco de nosotras, Marta? ¿Sí...? ¡Ay, no sé, eres muy optimista! Esos hombres... ¡Por la Virgen, qué sed tengo! Me muero de sed. ¿Queda algo en esa cantimplora? Y qué bien se está sentada aquí en el suelo, qué bien se está...

A veces, las sacudidas del coche, los frenazos del maquinista, las obligaban a abrazarse fuerte... Y se reían. En una de esas sacudidas la convulsión fue tal que se encontraron sepultadas por las hermanas Rosselló, por Chelo y por Antonia. «¡Que nos ahogamos!», gritaron Marta y Pilar. Pronto consiguieron liberarse y entonces brotaron de nuevo las risas.

En la estación de Granollers, en la que permanecieron paradas largo rato, Chelo, que había oído a retazos las confesiones de Marta y de Pilar, les habló también de su amor, Jorge de Batlle. «La gente mira a Jorge de una manera rara... Y es que ¡es tan retraído! Pero ¿cómo puede ser de otro modo con lo que ha sufrido? Pero se van a llevar una sorpresa... Yo conseguiré cambiarlo, llenarle la cabeza de recuerdos agradables. Y entonces todo el mundo lo querrá también... ¡No faltaría más!»

Por su parte, Antonia, de repente, puso también sus cartas boca arriba y les comunicó que había decidido profesar. La guerra, la horrible muerte de Laura, la condena de su padre, todo ello la había impresionado tanto que llegó a la conclusión de que lo mejor que podía hacer era irse a misiones. Ahora ya estaba segura de que tenía vocación. Mosén Alberto la había ayudado mucho en aquellos meses. De modo que en las próximas semanas elegiría noviciado. Y, desde luego, lo mismo daba que la mandaran a un sitio que a otro. Así eran las cosas, así era el mundo. Trocaría la camisa azul por el hábito; las cinco flechas por el crucifijo; y la boina roja por las alas almidonadas. Posiblemente fue aquél su último viaje libre. La Sección Femenina perdería una militante, pero ella podría rezar para que la labor de sus camaradas siguiera siendo fructífera.

Marta y Pilar se conmovieron oyéndola. Antonia estaba pálida y sudaba, como si no se sintiera bien. ¡Aquel vagón!

—¿Quieres beber un poco de agua?

—No, gracias, no necesito nada. Esas sacudidas me han mareado un poco, pero ya estoy bien.

Penetraron en el túnel y las muchachas guardaron súbitamente silencio. Pero al salir de nuevo a la luz se impuso otra vez el alboroto. Unas chicas de Figueras se pusieron a cantar y el coche entero las coreó. ¡De la garganta de Antonia, la futura misionera, brotó una voz dulcísima...!

Las canciones salieron como Dios quiso... Las muchachas desafinaban lo suyo y de las letras sólo conocían el estribillo. Pero no importaba. Cantaron el *«Yo tenía una camarada»*, el *«Himno de la Legión...»* Y, sobre todo, el *«Yo te daré»*:

> *Yo te daré,*
> *te daré, niña hermosa,*
> *te daré una cosa,*
> *una cosa que yo sólo sé: ¡CAFÉ!*

—¡CAFÉ! —rubricó Marta, al terminar—. ¡Antes de la guerra era la consigna! ¡Significaba *Camaradas, Arriba Falange Española*!

En el trayecto entre Granollers y Barcelona, último tramo del viaje, Marta tuvo que responder a una serie de extrañas preguntas. Una chica de Olot le preguntó si era cierto que, de vivir en aquel año de 1939, Cervantes hubiera sido falangista.

Marta se rió de buena gana y mordiéndose el índice acabó contestando:

—Pues, posiblemente, sí.... —Luego añadió—: ¡Oh, sí, seguro!

La última preguna se refirió al conde Ciano. Una camarada de Palamós creía saber —gracias a un legionario italiano que conoció y con el que mantenía correspondencia— que el conde Ciano era un mujeriego de armas tomar, que al grito de «¡Viva el Fascio!» les hacía la corte a todas las mujeres que se le acercaban.

—¿Crees que eso puede ser cierto?

Marta se acordó inevitablemente de Salvatore y respondió:

—¿Por qué no? Italia será siempre Italia.

Poco después llegaron a Barcelona. En la estación, varias locomotoras parecían a punto de reventar. Era difícil abrirse paso. Los andenes estaban abarrotados de gente tiznada, que se restregaba los ojos y se ponía las manos en la frente a modo de visera.

Sin embargo, Pilar, que estaba alerta, consiguió localizar a Mateo y a José Luis, quienes habían quedado en ir a esperarlas.

—¡Mateo...! ¡Mateo...!

Se reunieron con ellos. Mateo dijo:

—Barcelona está que hierve. Algo inolvidable.

Sin embargo, había surgido una dificultad: tendrían que separarse. Ellos debían reunirse con el Gobernador en la Tribuna Presidencial; en cambio, ellas debían apostarse —esa era la orden— en el Paseo de Gracia, esquina Diagonal, hasta que Ciano pasara por allí y Marta pudiera entregarle el ramo de flores.

Pilar le dijo a Mateo:

—¿Así, pues, cuándo te veré?

Y Mateo, que ya se había subido al coche que conducía José Luis, gritó:

—¡El día de la boda!

* * *

Jornada histórica. El conde Ciano y su séquito llegaron al puerto de Barcelona a bordo del crucero *Eugenio de Savoia*. Los recibieron Ministros, jerarquías nacionales —entre ellas, los camaradas Salazar y Núñez Maza— y una multitud que sin lugar a dudas rebasaba el medio millón. Las Ramblas, la plaza de Cataluña, el paseo de Gracia, todas las calles céntricas eran un mar de boinas rojas, de camisas azules y banderas. Ezequiel, que había salido con su hijo a husmear, calculó que «lo menos, lo menos, dos veces el entierro de Durruti...».

El conde Ciano avanzaba en un coche negro, descapotado, saludando a la romana. A su paso la multitud no cesaba de gritar: «¡Viva España! ¡Viva Italia! ¡Arriba España!» «¡Viva el Duce!» Y de vez en cuando, como caballería a galope que se acercaba: «¡Franco-Ciano! ¡Franco-Ciano!»

El entusiasmo era tan grande que los comentarios holgaban. Ni siquiera Julio García hubiera tenido nada que objetar. Gente muy enferma —tal vez, del «mal de la rosa»— salía al balcón. Arcos de triunfo. Llovían flores sobre el conde Ciano. Resultaba difícil sustraerse al contagio. Ciano representaba al país —así lo proclamaban los altavoces— que «ayudó desde el primer momento al Ejército Nacional y que generosamente había entregado para la salvación de España cuatro mil vidas jóvenes». De hecho, pues, hubieran debido llover sobre el conde Ciano cuatro mil ramos de flores...

El prohombre fascista, desde su coche, miraba a uno y a

otro lado y sonreía. Sin duda estaba acostumbrado al frenesí popular, pero parecía emocionado de veras. Ezequiel pensó que tenía facha de general sudamericano sublevado. En todo caso, tratábase de un general vencedor... Se lo veía seguro de sí, ¡sobre todo cuando quienes lo aclamaban —y asaltaban su coche— eran mujeres! Bien, confirmábanse las sospechas de la camarada de Palamós. Ciano dirigía a las mujeres miradas de fuego... Pero era el caso que lo asaltaban también ancianos y niños. Por lo que él, cada vez más eufórico, no cesaba de repetir: *Grazie tante!*

Cuando la Sección Femenina gerundense, al cabo de dos horas de espera, de pie bajo el sol de julio —Antonia Rosselló acabó desmayándose— vio el coche de Ciano llegar al extremo del paseo de Gracia, gritó también: «¡Arriba España!» «¡Arriba Italia!»; y cuando Ciano pasó delante del grupo y Marta se le acercó, puso el pie en el estribo del coche y le ofreció su ramo de flores, que había salvado milagrosamente de las vicisitudes del viaje, Pilar y todas las «gargantas azules» —frase de Mateo— de la provincia se convirtieron en clamor.

«¡Franco-Ciano! ¡Franco-Ciano! ¡Franco-Ciano!»

Ciano sonrió una vez más. Era, en efecto, moreno y sus negros ojos centelleaban. Marta pensó que debía de ser, también, vanidoso. Pero sabía extender el brazo con marcialidad. ¡A la legua se le notaba que pertenecía a una raza que fue Imperio!

«¡Viva Franco! ¡Viva Mussolini! ¡Viva Ciano!»

La Sección Femenina de Gerona, de pronto, se calló. ¡Claro, Ciano, prosiguiendo su recorrido por el paseo de Gracia, se había ya alejado demasiado! Fue un desencanto. En el fondo, todas las chicas hubieran querido que Ciano se detuviese allí, que se apeara y que permaneciera con ellas largo rato. ¡Debía de estar en el secreto de tantos problemas que iban a influir sobre la futura marcha del mundo!

Pero con los personajes de primera fila ocurría eso: aparecían un momento y, luego, mutis. De todos modos, era también muy hermoso ver el espectáculo de la multitud agolpándose en torno a él. Y por otra parte, ya nadie les borraría de la memoria el recuerdo de su rostro juvenil —treinta y seis años— y de su ademán firme y mundano. Una de las chicas dijo: «Su mujer, la hija de Mussolini, se llama Edda. Bonito nombre, ¿verdad?» Otra comentó: «Yo creía que sería más alto.» Otra dijo: «No sé si es fanfarrón o si es que los italianos son así.» Marta le susurró a Pilar: «He llorado, ¿sabes? ¡Qué emocionante! He llorado...»

Ah, ¿de qué le servirían sus especulaciones al profesor Civil? España estaba con Italia y Alemania. El paseo de Gracia, vía señorial, era una prueba ardiente de ello, pues entre la multitud había millonarios, pero también barrenderos. La gente no entendía de teorías. «¿Un mundo de ingenieros sería un mundo triste?» ¡Ciano estaba a punto de soltar carcajadas! «Colosalismo retórico, autarquía suicida, el Sarre, Austria, Checoslovaquia...?» ¡Al diablo con las palabras! Allí estaba Ciano, ahora llevando colgada del cuello una corona de laurel, como si se hubiera ido a Haití.... Y preparándose para presidir el gigantesco festival que tendría lugar por la tarde en el Estadio, en su honor.

Ezequiel le dijo a su hijo:

—Vámonos, que aquí moriríamos aplastados...

* * *

A la hora de almorzar, los militantes falangistas se concentraron en el parque de la Ciudadela, donde les fueron servidos bocadillos. Bucólico espectáculo. Algunos hombres maduros se repartieron por los restaurantes —«La Voz de Alerta» se encontró al lado del capitán Sánchez Bravo, algo perdonavidas, pero que tenía don de gentes— y antes de ir al Estadio fueron muchos los que se apresuraron a llevar a cabo alguna gestión personal.

El doctor Chaos hizo una visita a la Jefatura de Sanidad para reclamar una vez más que enviasen a Gerona un neurólogo que se encargara del Manicomio. «Pero ¿es que nadie acepta la plaza? ¡Yo no puedo con aquello!» El camarada Rosselló se encontró en un bar con una chica de cabaret y, presa de una fiebre repentina, le tomó la mano, se la besó y le prometió buscarle un empleo. «No seas tontaina —le objetó la chica—. Con el empleo que tú me darías no tendría ni para perfumarme los sobacos.» El profesor Civil se había ido a comer con su hijo Carlos, la nuera y los nietos. Los nietos era una bendición. «¡Viva el abuelito!», gritaron, sentándose amontonados en sus rodillas. También la nuera lo trató con extrema cordialidad. En cambio, Carlos se esforzó en ser amable, pero el profesor lo vio retraído, esquinado «¿Te ocurre algo? ¿No te van bien las cosas en la Inmobiliaria?» La nuera contestó:

«Demasiado...» Y el profesor no supo cómo interpretar aquellas palabras.

Pilar acompañó a Marta a la Universidad. Por nada del mundo Marta hubiera dejado de cumplir con el encargo que le hiciera Ignacio. Un bedel la informó de que los exámenes empezarían a fines de septiembre. Y además, la chica tuvo la suerte de encontrarse con un muchacho de complexión atlética, pero falto de una pierna —mutilado de guerra—, el cual le confirmó que dichos exámenes serían «complacientes» para quienes hubieran luchado en la España Nacional.

—Exámenes «patrióticos», ¿comprendes, guapa? ¡Pues no faltaría más!

—Pero mi novio no es mutilado, como tú...

—¡Psé! ¿Cuántos meses estuvo en el frente?

—No sé... Quizás... un año.

—Aprobado. ¡Te lo digo yo! —Y el mutilado se alejó, haciendo sonar su pata de palo.

* * *

En el Estadio, el festival fue apoteósico. En la tribuna, ocupada por militares de alta graduación y por gobernadores civiles, sentóse el camarada Dávila. El resto de las jerarquías gerundenses se repartió por los palcos. Mateo se las arregló para coincidir con sus antiguos camaradas Salazar y Núñez Maza, ahora mandos nacionales, ¡los cuales acompañaban precisamente a Aleramo Berti, el que fue Delegado del Fascio en Burgos!

Salazar, con su cachimba y Núñez Maza, corriendo de acá para allá con su micrófono portátil, trataron a Mateo con la efusión de siempre y le felicitaron por su labor en Gerona, «provincia siempre difícil, por lo del separatismo y tal». En cuanto a Aleramo Berti, que había llegado a Barcelona con el séquito de Ciano, en calidad de intérprete, mientras sobre el verde césped del Estadio tenían lugar exhibiciones gimnásticas y tocaban las bandas de música, les dijo a todos que Ciano era, dentro del Gobierno romano, pacifista a ultranza y partidario de que la colaboración de Italia con Alemania no llegara hasta el extremo de unirse incondicionalmente a su suerte. Mateo se quedó estupefacto. Núñez Maza lo miró y le dijo: «Que nada de esto salga de aquí. En Gerona, ni un comentario.» Mateo asintió: «Descuida.»

«La Voz de Alerta», que no se había separado del capitán Sánchez Bravo, se sintió a gusto en su compañía. En cambio, sin saber por qué, le desagradó la actitud del joven consiliario de Falange, mosén Falcó. Mosén Falcó, nervioso, excitado y con la cara llena de granos, mostraba un entusiasmo delirante. Vociferaba y miraba a Ciano como si fuera la encarnación de la Verdad. Por lo demás, sudaba a mares y se abanicaba con un ejemplar de la revista *Aspa*, en cuya portada se veía al mariscal Goering arengando a la multitud. «La Voz de Alerta» se preguntó si debía o no debía dar cuenta a su amigo el obispo de las exageraciones en que incurría mosén Falcó.

El Gobernador saludó también a Salazar y a Núñez Maza, y cambió impresiones con Aleramo Berti, quien había adoptado un aire un poco distante. Pero dedicó el mayor tiempo a observar lo mejor que pudo a Ciano, sin llegar a ninguna conclusión... ¿Qué pensaría éste, en su intimidad, de aquel homenaje, de aquel fervor? Tal vez que España, cansada de sufrir, tenía ahora hambre de expansiones rutilantes. Tal vez que el pueblo español se parecía sustancialmente al italiano, por la sencilla razón de que ambos se habían forjado a orillas del mismo mar, de aquel mar que tanto respeto inspiraba al profesor Civil. Sin embargo, ¿existía alguna similitud entre los jefes que gobernaban a uno y a otro pueblo? ¿Consideraba Ciano a Franco un gran general? ¿O creería —como Aleramo Berti había dado a entender— que la guerra de España la había ganado el *Duce*?

Las banderas ondeaban allá arriba, en el cielo mediterráneo.

* * *

El regreso a Gerona, ya entrada la noche, fue penoso debido al cansancio. Las chicas, en los trenes especiales, encontraron mucho más inhóspitos los vagones de ganado. Marta, que en el Estadio no cesó de vitorear y aplaudir, se quedó profundamente dormida en el hombro de Antonia Rosselló. Pilar, por su parte, alternó las cabezadas con el recuerdo de la frase que Mateo le dedicó en la estación: «¡Te veré el día de la boda!»

En la carretera, en el coche del Gobernador, éste y «La Voz de Alerta» dormían también a pierna suelta. En cambio, el doctor Chaos y el profesor Civil permanecían despiertos. Lo que aquél aprovechó para decirle a éste, resumiendo las impresiones de la jornada: «¿Se ha convencido usted? Formamos un rebaño...»

El mar, de noche, era negro. De una oscuridad majestuosa. Sólo allá lejos titilaban las luces de las barcas de pesca, que invitaban a soñar.

El profesor Civil lamentaba, ¡ahora sí!, que el coche no fuera italiano, de carreras, uno de los que Miguel Rosselló admiraba tanto. El profesor Civil llevaba ya dieciséis horas sin ver a su esposa y ansiaba llegar a Gerona para saber qué tal seguía y para servirle en la cama el consabido tazón de leche.

CAPÍTULO XV

OCHO DÍAS DESPUÉS SE CELEBRÓ en Gerona el 18 de Julio, aniversario del Alzamiento. El Gobernador tenía razón al quejarse de que los actos oficiales le restaban demasiado tiempo. Se encadenaban unos con otros como los amores en época de celo.

Gerona celebró la festividad por todo lo alto. A primera hora, misa en la Catedral, oficiada por el señor obispo. Comulgaron, además de las «fuerzas vivas» de la ciudad, quinientos soldados, encabezados por el general. Esos soldados habían sido invitados a confesarse la víspera, al anochecer, con lo que la Andaluza calculó que su negocio habría perdido alrededor de las mil pesetas.

El doctor Gregorio Lascasas, en su obligada plática, calificó una vez más la guerra española de «legítima» y de «santa», apoyándose en textos de León XIII, de Saavedra Fajardo, de Santo Tomás de Aquino y del cardenal Gomá. De Santo Tomás citó la frase: «Son alabados aquellos que liberan a la multitud de una potestad tiránica.» El general, que escuchó con mucha atención, en un momento dado tuvo plena conciencia de que su propia formación religiosa era harto deficiente. Por más que hizo, no consiguió acordarse de los nombres de los cuatro evangelistas; San Lucas se le escapaba, sin saber por qué.

El segundo acto importante de la jornada lo constituyó el marcial desfile que tuvo lugar a mediodía, bajo un sol de plomo, delante de la Tribuna Presidencial, instalada en la Rambla. Para levantar dicha Tribuna fueron utilizados los maderos y las sillas que antaño habían servido para tocar sardanas.

El desfile fue un éxito: todo reluciente y sincronizado. Brotaron «vivas» al Ejército, incluso del balcón de los Alvear, y las chicas de la Sección Femenina anduvieron clavando banderitas como en su día las hijas del Responsable. Nota emotiva fue el paso de todos los Caballeros Mutilados de la provincia, entre los que destacó, con su manga flotante, Agustín Lago, quien vestido de uniforme parecía más vulgar. El general habló a la multitud. Y esta vez fue el obispo quien, escuchándolo, se dio cuenta de que carecía totalmente de educación militar. Hubiera sido incapaz de distinguir entre un fusil y un mosquetón. «Tal vez nos conviniera —pensó, mirando al general— darnos clase mutuamente.»

Teminado el desfile, le tocó a doña Cecilia protagonizar la mañana gloriosa. Al final de la Rambla se había instalado una mesa petitoria al objeto de recaudar fondos para luchar contra la tuberculosis. El doctor Chaos tenía muchas dudas sobre el resultado de la operación; pero doña Cecilia creía firmemente «que el pueblo gerundense respondería a la llamada», y acertó. Las damas que figuraban en la presidencia, además de la esposa del general, eran María del Mar; la madre de Marta; Esther; la viuda de don Pedro Oriol y la esposa del notario Noguer. Había otra mujer en Gerona que a gusto hubiera formado parte de la Comisión, pero que no fue admitida: la «guapetona Adela», la esposa de Marcos. Sí, Adela se había ofrecido para sentarse a la mesa, pero se llevó el gran chasco. «¿Esposa de un depurado? ¡Ni hablar!», fue la reacción unánime. Adela, que tenía sus ahorrillos y que ambicionaba introducirse en la buena sociedad, se llevó el gran berrinche. «Por tu culpa —increpó a su marido— no puedo ir a ninguna parte. ¿Por qué te metiste en política, di?». Marcos, acomplejado más que nunca, contestó: «Jugué y perdí. ¡Qué le vamos a hacer!»

Doña Cecilia, que se había preparado convenientemente para presidir la mesa petitoria —la víspera, y según costumbre, había mandado a Nebulosa, el asistente del general, a que le guardara turno en la peluquería de señoras—, fue objeto de constantes halagos. «¡Está usted preciosa, doña Cecilia! —le dijeron las damas acompañantes—. ¿Cómo se las arregla para que todo le luzca tanto?» Doña Cecilia rechazó de plano tales halagos. «Por favor, mis queridas amigas —dijo, sin quitarse los guantes blancos—, aquí lo importante es conseguir una buena recaudación.»

La consiguió... El pueblo respondió a la llamada. La compasión gerundense por la tuberculosis adquirió dimensiones evangélicas. Incluso el comisario Diéguez, ¡y el barbero Raimundo!, se acercaron a la mesa petitoria a depositar su óbolo. Los gerundenses distinguidos lo entregaban dentro de un sobre. Otros lo depositaban con la mano cerrada hasta el último momento, por discreción. Una excepción fue Gaspar Ley. Gaspar Ley quiso dar también fe de vida y dejó caer sobre la bandeja, ostentosamente, un billete de cien pesetas.

En los ratos de afluencia escasa, las damas de la mesa charlaban entre sí y Carmen Elgazu, que las veía desde el balcón, hubiera dado no sé qué para oír el diálogo. María del Mar se lamentó de que no podrían ir a veranear, como el Gobernador le había prometido. «Menos mal que he podido inscribir a Pablito y Cristina para los Campamentos de Verano.» La viuda Oriol, que llevaba un traje muy escotado, viendo pasar al coronel Romero, afirmó que no le importaría volver a casarse. Esther anunció a sus amigas, provocando con ello el mayor asombro, «que Manolo había decidido licenciarse y quedarse en Gerona, donde abriría un bufete particular». Al propio tiempo habló de la conveniencia de fundar en la ciudad un Club de tenis y un Club de bridge. Según Esther, el tenis era un deporte completísimo y el bridge un juego estimulante, muy eficaz para el intelecto. «¡Deberíamos organizar un campeonato!» Doña Cecilia, que le había oído decir a su marido que el bridge era juego inglés, miró a Esther con recelo. «Ay, no sé, Esther, no sé... —comentó—. ¿Por qué vamos a implantar juegos raros? ¿Es que no tenemos juegos bonitos en España?»

La esposa del notario Noguer era la más callada. Se limitaba a escuchar y a observar a sus amigas. Doña Cecilia le pareció muy ignorante, pero graciosa. María del Mar la encantó por su dulzura y Esther por su picardía y vitalidad. La esposa del notario Noguer estaba convencida de que Esther traería a la población aire fresco. Interpretaba su intención: hacer algo, hacer algo en la dormida Gerona... Además, la encontraba muy atractiva, con su peinado cola-de-caballo. «¿Cuántos hijos tienes, Esther?» «Tengo dos, una pareja...» «¿Dos hijos y quieres jugar al tenis?», inquirió, azorada, doña Cecilia. «¿Por qué no? Y pienso ir a bañarme a la piscina.»

La madre de Marta daba un poco de pena, enlutada como siempre. De pronto se ausentaba con el pensamiento. Carmen Elgazu, su futura «consuegra», desde el balcón se daba cuenta de ello y pensaba: «Es terrible no poder olvidar...»

Todo el mundo desfiló ante la mesa petitoria. De vez en cuando Esther proponía: «Deberíamos ir guardando el dinero en alguna bolsa.» Doña Cecilia se oponía: ¡De ningún modo! Que se vea, que se vea el montón.» En un balcón cercano había un hombre paralítico, vejete, que lo contemplaba todo desde su sillón de ruedas y que también en sus años mozos había desfilado marcialmente.

Momentos antes de cerrar la mesa se produjo la sorpresa: llegaron las esposas de los hermanos Costa y entregaron a doña Cecilia, en nombre de sus maridos, un sobre más misterioso que los demás, que contenía un cheque doblado.

Doña Cecilia lo desdobló y al leer la cantidad casi se santiguó.

—¡Pero...!

Las esposas de los hermanos Costa inclinaron la cabeza y se retiraron.

Doña Cecilia tuvo un acceso de tos. ¡Diez mil pesetas! Volvióse hacia sus amigas blandiendo el papel.

—¡Pero...! —repitió—. ¿Creen ustedes que debemos admitirlo?

María del Mar, que había leído también la cantidad, exclamó:

—¡No faltaría más!

La viuda de don Pedro Oriol corroboró:

—A caballo regalado, no le mires el diente.

Doña Cecilia dejó caer, en ademán dubitativo, el cheque sobre la bandeja, coronando el montón de billetes. Y tocándose el sombrero comentó:

—Esos hermanos Costa... ¿qué pretenderán?

* * *

Celebráronse las «Comidas de Hermandad», durante las cuales las autoridades hicieron una admirable demostración del alto espíritu de convivencia que las animaba. «La Voz de Alerta» —haciendo caso omiso de los sarcasmos del doctor Chaos— almorzó con sus grandes protegidos: los ancianos del Asilo, los cuales, al verlo entrar en el comedor, y obedeciendo instrucciones de las monjas, se pusieron en pie y extendiendo tímidamente el brazo, gritaron: «¡Viva el señor Alcalde!» «La Voz de Alerta» compartió con ellos el pan y la sal y escuchó por centésima vez las aventuras de aquellos «que habían visto nacer la electricidad», o habían sido marinos, o habían estado en la guerra de Cuba.

El notario Noguer, presidente de la Diputación, accedió al ruego de su gran amigo el profesor Civil y presidió el almuerzo en los comedores de Auxilio Social. Aquel día las muchachas de la Sección Femenina habían puesto una flor en el plato de cada niña. Los manteles relucían y había guirnaldas en el techo. Los chicos parecían estar contentos, tal vez porque el notario Noguer los obsequió con caramelos. Sin embargo, el aspecto de la mayoría de ellos daba grima. Al notario le dieron pena especial los niños bizcos. Había muchos, ignorándose la causa. Cuando levantaban la cabeza era imposible saber adónde miraban, si a la calle, al ilustre huésped o al letrero que había detrás de la mesa presidencial y que decía: «Ni un hogar sin lumbre, ni un español sin pan.»

Mateo celebró el ágape de hermandad en el Hotel Peninsular, con los ex combatientes y los ex cautivos. A su derecha, su padre, don Emilio Santos; a su izquierda, Jorge de Batlle. Asistieron representaciones de los pueblos. A lo largo de la comida quedó bien patente que haber combatido en las trincheras o haber sufrido encarcelamiento eran dos mundos tan distintos como el frío y el calor. Mateo, al brindar, dijo que sufrir era en cualquier caso servir a España y propuso enviar al Caudillo un telegrama de adhesión inquebrantable, propuesta que fue aceptada por unanimidad.

El Gobernador... jugó la carta grande. Presidió la comida extra en la cárcel, así como el general presidió el rancho extraordinario en los cuarteles. El Gobernador sentó a su derecha al jefe de prisión y a su izquierda ¡al padre Forteza! Las mesas fueron instaladas en el patio, al aire libre. Imposible reunir allí a la totalidad de los detenidos; se efectuó un sorteo, aunque algunos declinaron el honor. Asistieron doscientos reclusos. El Gobernador, en el discurso final, habló de «próximos indultos» y de que empezaría a constituirse en seguida un establecimiento penitenciario decente en el vecino pueblo de Salt. El vino había animado a algunos de aquellos hombres. Uno de ellos lo interrumpió: «¡Gobernador! ¿Por qué no nos traen de vez en cuando alguna mujer?» Hubo una risotada.

«¡Sí, sí, eso es!» Otro pidió poder ver a los familiares más a menudo. Otro se lamentó de no saber todavía por qué estaba allí... El Gobernador procuró dar en cada caso con la respuesta adecuada. De pronto, se inclinó hacia el padre Forteza y le dijo, en voz baja: «Ahora hábleles usted, padre.» El padre se negó. Lo que quería era huir lo antes posible y arrodillarse en su celda a los pies de la Virgen. El Gobernador entonces cerró el acto diciendo: «¡Bueno, ahora se procederá al reparto de tres paquetillos de tabaco para cada uno!»

Celebróse también comida extra en muchos hogares, mientras los altavoces no cesaban de gritar: «¡Arriba España!»

* * *

A media tarde tuvo lugar en la piscina la Fiesta del Productor, de la que *Amanecer* venía hablando desde hacía dos semanas. La presidió el Delegado Sindical, camarada Arjona. Asistieron a ella representaciones de gran número de empresas de la ciudad y provincia. Se había anunciado «gran baile», de modo que la piscina se abarrotó también de sirvientas. El bar permanecería abierto a discreción y las consumiciones serían gratis, con barriles de cerveza y horchata.

El primer número del programa consistió en una sesión de patinaje artístico —una pareja contratada en Barcelona—, que dibujó arabescos en la pista y que arrancó grandes aplausos. Luego, inmediatamente, el plato fuerte: danzas y cante flamencos. El éxito fue apoteósico. Los trajes de lunares revolotearon como grandes mariposas borrachas, mientras las guitarras bordoneaban y los *cantaores*, extraídos de la colonia andaluza que habitaba en el castillo de Montjuich, le sacaban gran partido a las penitas del alma.

El gran triunfador fue un gitanillo de unos trece años, de mechón negro sobre la frente, ignorado hasta el momento. Hizo diabluras bailando e improvisó un zapateado que electrizó a la concurrencia. Era protegido del patrón del Cocodrilo, que lo había rescatado de los cubos de basura, le daba de comer en el bar y le había sugerido un afortunado nombre artístico: «El Niño de Jaén.» Marta, que se presentó de repente con su escolta de muchachas, se quedó atónita al oírle tocar las castañuelas. Ni que decir tiene que los campesinos bajados de la aldea y las sirvientas acabaron acompañándolo con palmas y gritos de «¡Olé tu mare!». El Delegado de Sindicatos,

223

camarada Arjona, le dijo a Marta: «Esa gente olvidará en cuatro días las sardanas y acabará bailando por soleares.» Marta le objetó: «No seas tan optimista. Lo que pasa es que ese gitanillo es un huracán.»

Luego, el «gran baile». ¡Ah, los «productores» estaban de suerte! Eran los mimados de la hermosa jornada patriótica. Subió al tablado, expresamente para ellos, la *Gerona Jazz*, capitaneada por su director, el popular «Damián», que era el trompeta solista. Un músico con ideas nuevas, lo que demostró presentando la increíble novedad: un micrófono. Cuando Damián lo tomó en su mano como si fuera a estrangularlo y anunció, con gran solemnidad: «¡Distinguido público, para empezar, un pasodoble!», sus palabras resonaron como un trueno y los obreros tuvieron la íntima sensación de que realmente empezaba para ellos una nueva era.

La enorme pista que había servido para patinar llenóse de parejas: albañiles, mecánicos, obreras de la fábrica Soler, Montse, la criada de «La Voz de Alerta», ¡tantos y tantas! La *Gerona Jazz* situaba en trance a aquellos hombres y mujeres, cuyas mejillas se acercaban como atraídas por un imán. Y cuando Damián elevaba al cielo su trompeta, los más sensibles a la música paraban de bailar y se quedaban mirándolo sin saber si el artista se había quedado definitivamente en éxtasis o si se caería muerto de un colapso.

El baile de los «productores» significó un gran consuelo para el camarada Arjona, Delegado de Sindicatos, a quien el Gobernador había hecho saber que estaba descontento de su labor. No hubo más que un momento delicado: aquél en que entraron en la piscina, atraídos por la música que en la Dehesa se oía desde muy lejos, unos cuantos oficiales del Ejército. Eran oficiales jóvenes, entre los cuales figuraba el alférez Montero. Los «productores» temieron que, abusando de su condición, provocaran a las muchachas, pero no hubo tal. Bebieron un par de cervezas, repartieron sonrisas amistosas y se fueron, dejando tras sí un halo de jerarquía y de buenas maneras.

En resumen, todo perfecto, incluido el remate de la concentración, que consistió en un pródigo sorteo de obsequios: frascos de agua de colonia y de perfume para las muchachas, y pastillas de jabón y tubos de pasta dentífrica para los hombres. Cumplíase con ello uno de los propósitos básicos de la reeducación: enseñar al pueblo que la higiene era tan importante como la obediencia.

A las ocho y media de la noche, fin del programa de festejos: los fuegos artificiales. Fuegos artificiales que, coincidiendo con la agonía del sol tras la montañas de Rocacorba, fueron lanzados desde el Puente de Piedra, cuyos alrededores fueron desalojados al objeto de evitar accidentes.

Acudió entera la población gerundense. En honor a la verdad, los fuegos resultaron muy inferiores a los que tenían lugar antaño, el último día de las Ferias y Fiestas de San Narciso. Por deficiencias propias del trabajo en la posguerra fallaron muchos cohetes y muchos petardos. Pero el cielo se tachonó de estrellas y abriéronse palmeras multicolores, encandilando a todo el mundo, grandes y chicos, sobre todo a quienes contemplaban el espectáculo desde cualquier altura de la ciudad. Naturalmente el padre Forteza, después del mal rato pasado en la cárcel, se reconcilió con la jornada patriótica, aniversario del Alzamiento. Desde una azotea estratégica —la de la casa del notario Noguer— contempló aquel despliegue feérico y aplaudió a rabiar; pues nada lo satisfacía tanto como que alguien derramara poesía sobre el mundo.

Para rubricar los fuegos se había previsto, como era de rigor, una traca final, con aspas que al girar fueran iluminándose paulatinamente hasta terminar formando la clásica inscripcion: VIVA EL 18 DE JULIO. La traca retumbó; pero la inscripción fue un fiasco. Sólo aparecieron, por espacio de unos segundos, entre el silbido de las aspas, la palabra VIVA y la palabra JULIO. La coincidencia divirtió de lo lindo a Matías Alvear, quien, acodado en el balcón de su casa, sobre el río Oñar, presenciaba la luminosa ceremonia. «VIVA... JULIO.» ¿No era curioso? Matías, de llevar puesto el sombrero, hubiera enviado con él un saludo a París, a su amigo, el ex policía.

El pequeño Eloy se alegró de que los fuegos artificiales terminasen, porque su estruendo le recordó, según dijo, el bombardeo de Guernica.

Luego, cuando dicho estruendo cesó y planeó el silencio oscuro y sudoroso en las calles, la gente se dispersó. El Patronato Parroquial de Mujeres se fue a la iglesia del Mercadal a dar las gracias. Las parejas abarrotaron los cafés, habida cuenta de que el olor a pólvora les había secado la garganta. En cuanto a los soldados, en un satiamén invadieron el barrio de la Barca. Sí, la Andaluza, en cuestión de un par de horas, recuperó con creces todo lo perdido la víspera por culpa de la confesión organizada en los cuarteles a petición del señor obispo.

CAPÍTULO XVI

EL MES DE AGOSTO CAYÓ sobre la ciudad y con él el calor del principio del verano se intensificó de tal suerte que *Amanecer* lo calificó de tórrido.

Ya no se trataba de que las hermanas Campistol abrieran los balcones para airear el taller y de que el Oñar oliera mal; todo el mundo buscaba donde fuere un poco de brisa, y habían aparecido en el río y por todas partes enormes ratas, como aquellas de los almacenes del Collell a las que César no se atrevía a pegar puntapiés.

La vía del tren, por la que solían pasear algunos sacerdotes y algunos veteranos clientes de la Sección de Cupones del Banco Arús, a la hora del sol aparecía desierta, y el asfalto de las calles ardía. La gente joven se aflojaba el nudo de la corbata, mientras las criadas chapoteaban a gusto en el lavadero. En cuanto a los ancianos, los mejores estrategas de la ciudad en estos lances, buscaban como siempre el fresco de los soportales de la Rambla o de la plaza Municipal; o se iban a la Catedral a ocupar durante un rato los sillares de los canónigos; o se iban a la Dehesa. Sí, muchos de ellos se iban a la Dehesa, en compañía de su bastón, y allí se sentaban, en los bancos construidos con piedra milenaria. Parecían esperar la muerte, pero no era así; en realidad observaban, como hacía Dimas en el frente de Aragón, la minúscula vida animal que pululaba a sus pies, y al propio tiempo estaban pendientes de las bandadas de niños que inesperadamente brotaban de los árboles y se les acercaban, simulando amenazarlos con pistolas y con puñales de juguete.

No faltaban quienes buscaban el alivio del Museo Diocesano, por cuyas salas mosén Alberto, pletórico de entusiasmo —aunque su salud no fuese tampoco la de antes—, se pasaba las horas catalogando las piezas que conseguía recuperar. Recientemente, el Servicio de Fronteras le había devuelto algunas arcas antiguas, algunos cuadros y un par de imágenes; y, como adquisición inédita, cabía mencionar que el nuevo comisario de Excavaciones lo había obsequiado con una calavera encontrada en los alrededores de Ampurias.

Por las calles y aceras la gente hubiera ido gustosa ligera de ropa, pero la íntima sensación de que aquello recordaría a la época «roja», la «grosería» de los milicianos, hacía que todo el mundo procurase guardar la compostura. Todo el mundo, excepto un discreto porcentaje de mujeres, que de pronto aparecieron exhibiendo blusas atrevidas, bajo las cuales asomaba la carne temblorosa. De hecho dichas blusas —blancas, rosa, verdiazules, como las estrellas de los fuegos artificiales— fueron multiplicándose y parecieron adueñarse de la ciudad. Ésa era la cuestión. El señor obispo podía ordenar la separación de los sexos en los baños de la piscina y vigilar el tamaño de los *slips* usados en el Ter; pero el leve temblor de la carne de las mujeres escapaba a las ordenanzas. También escapaban a las ordenanzas el sudor de los enfermos en los pisos sin ventilación y el martirio de los fogoneros que debían alimentar de carbón las máquinas de los trenes.

Podía hacerse una salvedad: las noches refrescaban un poco. De ahí que las mesas de los cafés, sobre todo de los cafés de la Rambla, se llenasen después de cenar de hombres que, al igual que los panaderos, salían a fumarse unos pitillos y a charlar. Se organizaban agradables tertulias, diálogos sin prisa, interrumpidos de vez en cuando por las campanadas del reloj de la Catedral, que a aquella hora sonaban con gótica majestad. Ramón, el camarero del Café Nacional, contemplando, servilleta al hombro, aquel sosiego, recordaba más que nunca a Mallorca y tarareaba táctiles notas de Chopin.

Asiduos de esas tertulias solían ser, en una mesa, siempre la misma, el coronel Triguero, que ahora menudeaba sorprendentemente sus visitas a Gerona, y el capitán Sánchez Bravo, el hijo del general. En otra mesa, los sempiternos jugadores de ajedrez, algunos de los cuales habían soportado impávidos, durante la guerra, la apocalipsis de los bombardeos. Y en dos mesas juntas, ya tradicionalmente reservadas, Matías y sus amigos, que en aquellas semanas habían acordado trasladar sus reuniones a aquella hora, para poder dormir la siesta después de comer.

Los jugadores de ajedrez no veían nada. Pedían un café y, absortos en el tablero, a veces tardaban media hora en deshacer el envoltorio del terrón de azúcar.

El coronel Triguero y el capitán Sánchez Bravo, por el contrario, lo veían todo. Aficionados al alcohol, pedían coñac, estiraban las piernas... y hablaban de negocios. ¿Qué negocios? Nadie lo sabía. Barajaban cifras y nombres raros. Si alguien pasaba cerca, se callaban. En alguna ocasión los camareros y el limpiabotas habían captado palabras sueltas: chatarra, subasta, Sociedad... ¿Qué diablos significaba aquello? El capitán Sánchez Bravo era el presidente del Gerona Club de Fútbol y faltaban pocas semanas para que empezara el campeonato. ¿Por qué no hablaban nunca de fútbol? Los limpiabotas de los cafés hacían muecas de escepticismo: «¡Estaría bueno que el presidente olvidara sus deberes para con la afición...!»

¿Y Matías y sus amigos? ¡Por fin parecían haber olvidado la política! Como si el calor de agosto hubiera arramblado con los discursos patrióticos y con los editoriales de *Amanecer*. Hablaban de puerilidades, aunque siempre con un poquito de picante. Galindo, el solterón de Obras Públicas, empeñado en subir el sueldo de los peones camineros, aparte de preguntar por qué el Alcalde no organizaba en la Rambla sesiones de cine al aire libre, como según noticias había organizado en sus tiempos Cosme Vila, vivía obsesionado por las mujeres. Matías suponía que los ventiladores de su oficina estarían también averiados, como los de Telégrafos. Galindo negaba con la cabeza. «Compréndame. Soy feo y cobro un sueldo de risa. Las mujeres no me hacen caso. ¡Y están tan buenas! ¿Qué puedo hacer yo? Ustedes están casados; pero un seguro servidor...» Todos se mofaban de Galindo, pues sabían que era un mujeriego obstinado y militante.

Marcos, el gallego de Telégrafos, el hombre que se lamentaba de la falta de urinarios públicos en Gerona, afirmaba que por aquellas fechas era simultáneamente feliz y desgraciado. Feliz por que su calvicie absoluta, que tanto le hacía sufrir normalmente, en aquella época del año era una bendición. «No sé cómo pueden ustedes soportar tanta pelambrera»; desgraciado, porque el calor le provocaba terribles diarreas, las cuales le obligaban a continuar comprando sin cesar medicamentos, variando de farmacia para no llamar la atención. Galindo atribuía la dolencia de Marcos al miedo que tenía a que su mujer, la «guapetona Adela», la que quería alternar con las damas de la buena sociedad, le jugara una mala pasada. «Adela le trae a usted frito, Marcos, confiéselo... ¡Yo, en su lugar, no la perdería de vista...!» Eso último era un insulto, pero Marcos no reaccionaba. Era apocado. En casa, mientras Adela se contemplaba en el espejo —a menudo enteramente desnuda—, él se dedicaba a su colección de sellos de Ceilán y Madagascar. Se había especializado en esas dos islas, no sabía por qué. Algunas noches Adela, que se aburría en casa, aparecía de pronto en la Rambla, en la terturlia. ¡Por todos los santos! Cada vez el sombrero de Matías se elevaba varios centímetros sobre su cabeza. ·Y cada vez Adela, sentándose a su lado, le decía: «¿Sabe usted, Matías, que su Ignacio es un picarón? Ayer me lo encontré y me piropeó como si yo tuviera veinte años...»

El otro contertulio, Carlos Grote, vivía feliz. Acostumbrado a las islas Canarias, en aquellas noches veraniegas se sentía como pez en el agua. Cuando llegó a Gerona, en invierno, se consideró perdido; pero en agosto recobró la seguridad. Tenía mujer y tres hijos y, en su calidad de funcionario de la Delegación de Abastecimientos, disfrutaba de algunas ventajillas para nutrir la despensa. Era, por otra parte, el más chismoso y malpensado de la reunión. Siempre llegaba con la trompa llena de noticias... «La viuda esa, Oriol o como se llame, anda a la caza... ¡Y cobrará pieza! Al tiempo.» «¿Les parece bien a ustedes eso de los Ejercicios Espirituales? Una semana encerrados, oyendo hablar del infierno. ¡Deberían prohibir ese numerito! Y el infierno debería estar también prohibido...» Galindo se ponía nervioso oyéndolo. «Basta, amigo canario... ¿Por qué no deja usted en paz a la gente y no nos cuenta aquel chiste de la sueca que hacía nudismo en Tenerife?»

Primer verano de posguerra. Agosto tórrido. Morían insectos en los faroles. Jaime, el «depurado», empujaba por las calles un carrito de helados marca *La Mariposa*. La idea de Esther, de fundar el Club de Tenis, prosperaba. La idea de «La Voz de Alerta», de fundar el Tiro de Pichón, prosperaba también. En las canteras próximas al cementerio había empezado a sonar, durante el día, el martilleo de los picapedreros, indicio de que los hermanos Costa, desde la cárcel y valiéndose de sus esposas, volvían a cuidar de sus negocios. En el restaurante del Puente de la Barca volvían a servir ranas y eran muchos los *gourmets* que se acercaban a los viveros y decían, señalando con el índice: «¡Ésa...! ¡Y esa otra también!»

* * *

La vida renacía y en consecuencia se oyó de nuevo la palabra «veraneo». La gente pensó como antaño en el placer del mar. Sin embargo, era todo tan reciente que fueron muy pocas las familias que pudieron tomarse unas vacaciones y trasladarse al litoral. El notario Noguer y su esposa alquilaron una casa en el pueblo de Calella. Manolo y Esther se fueron, con sus dos hijos, a San Antonio de Calonge porque les habían dicho que las puestas de sol en la bahía de Palamós eran una maravilla y porque Manolo no abriría su bufete particular hasta octubre. Varios concejales, que súbitamente habían salido del anónimo, se fueron con los suyos a La Escala, donde alquilaron barcas, y compraron flotadores y cañas de pescar. Apenas nadie más se ausentó de Gerona; y circulaban muy pocos automóviles.

Pero he ahí que «alguien» salió, volviendo a su antigua costumbre, de la ciudad —en este caso, la ciudad de Barcelona—, y se instaló en San Feliu de Guíxols: Ana María y sus padres. Ignacio recibió de Ana María una postal fechada en aquel pueblo costero tan preñado de recuerdos. «A ver si un día tomas el tren y vienes a verme —le decía la muchacha de los moñitos uno a cada lado—. Me encontrarás en la playa que tú sabes, la de San Telmo, tumbada al sol; o sentada en alguna barca, leyendo. Mi padre no ha recuperado todavía su balandro de antes de la guerra; pero me ha comprado otro balón azul... Y el mar está donde siempre, respirando.»

Ignacio se pasó unos minutos con la postal en la mano. Marta lo estaba esperando. Sintió una necesidad imperiosa de acudir a la cita de Ana María. La letra de la muchacha era grande, preciosa, de «colegio de pago».

Lo malo era que el coronel Triguero lo tenía amarrado en Fronteras. Continuaba con sus viajes a Figueras y a Perpiñán, e inmerso, solitariamente, en el mundo de los exiliados y sus problemas. No había vuelto a ver a Canela. ¿Para qué? Pero continuaba ocupándose de los que morían en los hospitales franceses, de las mujeres que esperaban en la carretera el regreso de su «hombre» y seguía trayendo para España, en cada viaje, un montón de cartas, que de este modo salvaban la censura, puesto que Ignacio las echaba en cualquier buzón de Figueras o Gerona.

Habló con el coronel Triguero y éste, que rebosaba buen humor, le dijo: «La semana próxima tómate un par de días de vacaciones y vete donde quieras a remojarte el trasero. Pero llévate albornoz, porque tengo entendido que hay guardias civiles custodiando las playas.»

Era cierto. La requisitoria del señor obispo sobre la moralidad en la costa había traído consigo ese bando del Gobernador. Parejas de guardias, fusil al hombro, se turnaban vigilando. Había que enfundarse el albornoz nada más salir del agua, bajo pena de multa a la primera infracción y de expulsión en caso de reincidencia. Así, pues, en la postal que Ignacio escribió a Ana María le puso: «Espérame el día 12. Pero procura tener sobornados a los guardias, porque mi deseo es ver el color de tu piel.»

* * *

Llegó el día 12. Ignacio se dispuso a emprender el viaje a San Feliu de Guíxols. La excusa que inventó para justificarse con Marta y con la familia, fue: deseaba visitar el campamento de verano que Mateo había instalado allí para los muchachos de las Organizaciones Juveniles. «Me apetece conocer aquello —dijo—. Ver a Mateo y a sus soldaditos de plomo.» Uno de esos soldaditos era el pequeño Eloy.

Todo el mundo lo estimó natural e Ignacio subió al tren soñoliento que enlazaba Gerona con el pueblo costero.

El trayecto, que había de durar dos horas cumplidas, le dio tiempo a pensar mucho. Primero se acordó del verano de 1933, durante el cual David y Olga reunieron en San Feliu de Guíxols a sus alumnos —embrionaria anticipación del *Campamento de Verano* organizado ahora por Falange—, lo que le permitió a él conocer a Ana María. La imagen de Olga en bañador, saliendo del agua como una diosa, se le clavó de nuevo en la mente con un relieve inusitado: los cabellos alisados, el cuerpo color de aceituna. Al verla, Ignacio se había estremecido como pocas veces en su vida. Se acordó también de que David y Olga hicieron cuanto pudieron, en aquella *Colonia*, para convencer a sus alumnos de que el alma no era inmortal. ¿Con qué resultado? El alma seguía siendo inmortal y ahora los maestros, según la carta de Julio García, se encontraban exiliados en Méjico, editando libros —¿qué clase de libros?— y probablemente echando de menos la humilde escuela de la calle de la Rutlla y los acantilados de la Costa Brava.

Luego Ignacio pensó en lo que Gaspar Ley, el flamante director del Banco Arús en Gerona, le había dicho del padre de Ana María, cuando el muchacho fue a la oficina a reclamar sus haberes. ¿Por qué le incomodaba tanto a Ignacio que Gaspar lo llamara ahora don Rosendo y dijera de él que era «importante» y «algo tremendo»? Sin duda gracias a ello Ana María podía ahora tumbarse al sol en San Feliu de Guíxols.

Luego, pensó en Ana María. ¿Qué sentía por la muchacha? Lo ignoraba... En realidad, aparte las postales suyas recibidas, los dos últimos recuerdos que tenía de la chica eran de signo contrario. Uno, el cálido beso que le dio al marcharse él con Moncho a Madrid, a incorporarse al Hospital *Pasteur*; otro, el anatema con que ella lo fustigó al enterarse, por boca del malogrado mosén Francisco, de la existencia de Marta. La muchacha le dijo, en aquella ocasión: «Has jugado conmigo de una manera innoble.» La frase parecía zanjar el asunto. Pero Ignacio, ahora, mientras el soñoliento tren iba acercándose a su destino, cruzando por entre los dilatados campos que hacían presentir el mar, tuvo la secreta intuición de que Ana María seguía queriéndolo y de que la suerte de todo aquello, ¡pese a Marta!, no estaba echada.

Los hechos le dieron la razón. Ignacio llegó a San Feliu de Guíxols a media mañana y se dirigió raudo a la playa de San Telmo. No vio el balandro en el agua, porque no existía; pero vio el balón azul. Y a su lado, ¡tapada con albornoz!, pero hecha también «una diosa», a Ana María... Y la alegría de ésta al reconocer al muchacho se le contagió como a veces en un banco de peces se contagia el pánico o el afán de emigrar.

—¡Ignacio! Creí que no venías...

—¿Qué estás diciendo? ¿No te lo escribí?

—¡Ah, Ignacio, qué contenta estoy...!

Ignacio esta vez no había llegado allí cruzando por debajo del agua la valla que acotaba la zona de pago. Había llegado por el paseo del Mar, con americana, pantalones y zapatos. Sintióse tan ridículo vestido de aquella manera bajo el sol abrasador, que le dijo a la muchacha: «Perdona. Voy a desvestirme y vuelvo.» Alquiló una caseta y a poco reapareció enfundado también en el albornoz reglamentario, albornoz rojo, largo hasta los pies, que tampoco lo favorecía demasiado.

—¿Dónde está tu padre?

—Se ha ido a pescar al rompeolas.

—¿Y tu madre?

—Se fue con él.

A Ignacio lo alegró indeciblemente que Ana María se encontrase sola. Se sentó a su lado en la arena, bajo un techo de cañas. Al sentarse le asomaron las piernas, blanquísimas, y se sintió ridículo de nuevo. Pero se olvidó de ellas. Vio a su lado el balón azul, lo acarició... y los dos muchachos se pusieron a charlar.

Ana María, siguiendo su costumbre, se interesó al momento por la familia de Ignacio. «¿Qué tal en tu casa? ¿Están bien? ¿No hay novedades? ¿Qué hace Pilar?»

Ignacio le dio los detalles precisos.

—Todos bien... ¡En fin! Aparte lo de César, no podemos quejarnos.

Ana María asintió.

—¿Sigue tu padre en Telégrafos?

—Sí, con su bata gris... —Ignacio añadió, sonriendo—: Pero al salir se pone el sombrero.

Ana María trazaba con los pies nombres imaginarios en la arena. De vez en cuando se volvía hacia Ignacio y lo miraba con fijeza a los ojos.

—¿Y Pilar? Cuéntame detalles.

—Pues Pilar está hecha un bombón. Un bombón falangista, claro...

Ana María formó una O con los dedos pulgar e índice, como si fuera a decir: *Okey*. Luego comentó:

—¿Sigue con tu amigo, con Mateo?

Ignacio se sorprendió de que Ana María se acordase del nombre de éste, y contestó:

—¡Ah, claro! Eso es cosa hecha.

Ignacio estimó entonces indispensable corresponder con Ana María y la preguntó por los suyos. Le dijo que ya sabía de ellos por Gaspar Ley, pero en realidad la conversación con éste había sido breve.

—¿No se resentirá tu padre de su estancia en la cárcel? ¿No estará enfermo o algo así?

Ana María protestó con energía, confirmando con ello los informes de Gaspar.

—¿Enfermo él? ¡No! En plena forma... —La muchacha añadió—: ¡Hasta qué punto! —Y miró el rompeolas, como si desde el lugar en que se encontraban pudiera reconocer la silueta de *don Rosendo*.

Ignacio, simulando la mayor naturalidad, preguntó:

—¿A qué se dedica ahora tu padre?

Ana María arrugó el entrecejo. Sin duda el tema le desagradaba.

—No sé. ¡Negocios! Nunca explica nada en casa. —Inesperadamente, añadió—: Pero se marcha a Madrid lo menos un vez a la semana.

Ignacio no quiso insistir. Y repentinamente sintió calor y le propuso a Ana María meterse en el agua. Ella aceptó y se puso un gorrito blanco. Miraron a los guardias —sentados sobre una roca, fumando— y se quitaron el albornoz justo en la orilla. Y entraron en el mar...

¡Cuántos recuerdos! Ana María, con su gorrito, se fue para adentro. Ignacio la siguió, avanzando tan lindamente que le pareció que esquiaba. Y de repente se zambulló y, como antaño, simuló asir a la muchacha de las piernas y tirar de ellas como si quisiera convertirla en sirena. Y Ana María se rió. Y su risa sonó como si «El Niño de Jaén» tocara las castañuelas.

Fueron diez minutos de embriaguez, pues el agua, si se convierte en memoria, puede subirse a la cabeza. Flotaba allí cerca una balsa saturada de gente, pero ellos descubrieron un hueco por donde meterse, y desde arriba se lanzaron al mar una y otra vez, ensayando toda clase de figuras. A Ignacio le dio por hacer el payaso, y a Ana María por aplaudir. Y de pronto, por desaparecer. «¡Adiós!», decía. Y se sumergía, se sumergía hasta el fondo, fondo verde y claro, como lo eran sus ojos.

Terminado el baño, regresaron a la arena y se tumbaron boca abajo, un tanto distanciados, pues a Ignacio, viendo fumar a los guardias, le apeteció también hacerlo. Y reanudaron el diálogo, esta vez en tono más íntimo.

—¿Y tú, Ana María, cómo estás? Háblame de ti... ¿Qué haces?

—¡Huy! Muchas cosas... Quiero terminar el Bachillerato. Hago el Servicio Social. ¡Y acompaño a mi madre al cine, claro!

—Ya... —Ignacio prosiguió—: ¿Te gusta el Servicio Social?

—Nada. Es un tostón. Pero quiero aprender, ¿comprendes? —Ana María jugaba a quitarse el esmalte de las uñas—. Algún día habré de gobernar una casa... —De pronto añadió—: ¡Ah, y quiero perfeccionar mi inglés!

¿Inglés...? Ignacio se extrañó. Todo el mundo estudiaba alemán. Ana María no dio explicaciones y siguió contándole. A veces se iba sola al puerto porque le gustaba ver los barcos.

«Espero que pronto lleguen otra vez transatlánticos. Creo que el único que ha venido es el que trajo al conde Ciano.» También le gustaba visitar el barrio de la Catedral. Los claustros eran una delicia. Invitaban a pensar.

—Me gusta pensar, ¿sabes? Aunque también lo hago en la cama.

—¿Y en qué piensas?

—¡Oh! Soy muy poco original. Muchas veces pienso en lo agradable que es que la guerra haya terminado. —En otro de sus impulsos, añadió—: ¿No sientes tú, algunas veces, como unas ganas enormes de recuperar el tiempo perdido?

Ignacio había ya hundido en la arena la colilla del cigarrillo. Él y Ana María continuaban tumbados boca abajo y sus rostros se encontraban ahora muy cerca. Milagrosamente, a la muchacha se le había quedado intacta una gota de agua en la punta de la nariz. Ignacio, con el índice, la aplastó. Entonces ella le preguntó:

—¿Y tú, Ignacio? ¿Cuándo sabré algo de ti? ¿Qué haces?

Ignacio volvió a sonreír. Se expansionó con Ana María, a quien, inesperadamente, todo lo referente a Perpiñán y a los exiliados pareció interesarle. Aunque ello duró muy poco tiempo. De súbito la muchacha cortó diciendo: «¡Claro que ¡eran tan canallas!»

Ignacio cambió entonces de tema y dijo:

—Pero lo que quiero es que me licencien y terminar pronto la carrera.

—¿Terminarla?

—¡Claro! Cada noche estudio hasta las tantas... En septiembre me examino. El veintiséis.

—De tercero, ¿no es eso?

—Sí... —Ignacio volvió a mirar a la muchacha sorprendido, como cuando le oyó pronunciar el nombre de Mateo—. ¿Cómo es posible que te acuerdes?

—¡Ah, ja!

Él, complacido, siguió explicando:

—Tercero, en septiembre. Ello significa que en junio del año próximo puedo tener el título en el bolsillo.

Ana María se acercó un poco más a Ignacio. «Abogado...», murmuró. Se había llevado un granito de arena a la boca y su sabor salado le agradaba. Sus ojos tenían ahora el color de la felicidad, de las mañanas claras.

Volvió a la realidad y preguntó:

—Y luego... ¿piensas ejercer?

—Por supuesto —respondió Ignacio—. Hay que defender a la gente, ¿no crees?

Ana María apuntó:

—Los abogados a veces tienen que acusar...

—¡No, no, de ningún modo! En la placa de mi puerta pondré: «Si quiere usted acusar a alguien, llame a otro despacho.»

Ana María se rió y al hacerlo se tragó sin querer el granito de arena salada que paladeaba con tanta fruición.

A continuación preguntó:

—Pero ¿cómo vas a ejercer de abogado... a tu edad?

Ignacio se mostraba muy seguro.

—No pienso ejercer en seguida. Antes tendré que pasarme dos años lo menos haciendo prácticas.

—¿Dónde?

—Lo normal. En el bufete de otro abogado que tenga prestigio y me pueda enseñar.

Ana María asintió:

—Claro, claro...

La muchacha parecía tan interesada por todo aquello, que Ignacio añadió:

—Luego, cuando mi cara inspire ya confianza... ¡adiós, muy buenas! A trabajar por mi cuenta. —Marcó una pausa y concluyó—: Y a ganar dinero.

Ana María lo miró con un signo de interrogación. E Ignacio pensó para sí: «¿Por qué soy capaz de ser sincero con Ana María y en cambio disimulo siempre con Marta?»

—No te extrañe que te hable así, Ana María. He dicho lo que siento; estoy decidido a ganar dinero. —Aupado, prosiguió—: Estoy cansado de vivir con estrecheces, ¿comprendes? En una casa sin calefacción y con muebles anticuados.

Ana María hundió por un segundo la frente en la arena. Luego la levantó:

—Pero tú no acostumbras a quejarte, ¿verdad?

—¿Quejarme? No... ¿Por qué? Pero estoy dispuesto a no ser una lágrima. Quiero ser eficaz. —Ignacio reflexionó y añadió—: No quiero que mis hijos lleguen a los dieciséis años como yo, siendo botones de un Banco.

Ana María había mudado la expresión.

—A veces... ganar dinero cuesta caro.

Ignacio la miró.

—Sé a lo que te refieres. Pero no es cuestión de exagerar. —Se pasó el dorso de la mano por la frente para secarse el sudor—. Se puede triunfar sin lesionar a nadie. Es cuestión de aprovechar las oportunidades.

Era evidente que Ana María había oído muchas veces un lenguaje parecido... Secóse también el sudor de la frente. ¿Cómo conciliar aquello con la placa que Ignacio pensaba poner en la puerta?

—Esta decisión tuya... —apuntó, con cautela—, ¿es producto de la guerra?

Ignacio asintió.

—En parte, sí. Era un crío y me dieron un fusil. Eso cuenta, ¿no? —Ana María callaba e Ignacio, notándolo, agregó—: ¡Por favor, no me mires como si proyectara atracar joyerías o abrir cajas de caudales! Simplemente, me he cansado de andar vacilando por ahí y ahora he tomado varias determinaciones; y una de ellas es ganar dinero.

Ana María optó por no dramatizar las cosas.

—¿Qué otras determinaciones has tomado, si puede saberse?

El muchacho contestó, con la misma seguridad que antes:
—Apartarme de la política.

La muchacha jugueteaba ahora con el gorrito blanco.

—¿Te sientes defraudado?

—¡No, no! Nada de eso... Pero he comprendido que yo no he nacido para eso, que a mí no me va.

Ahí Ana María le siguió sin grandes dificultades.

—Eso lo comprendo muy bien. A mí me ocurre lo mismo.

Ignacio experimentó como una penetrante alegría.

—No te gusta marcar el paso, ¿verdad?

—Ni pum... Prefiero pegar saltos yo sola. Y fumar algún pitillo a escondidas...

El clima volvía a ser cordial. Ignacio cogió con ambas manos un puñado de arena y formando un reguero la dejó deslizarse suavemente.

—¡España, España!... Con perdón, pero estoy un poco harto. Quiero ser Ignacio. —Cogió otro puñado de arena y repitió la operación—. Hay personas que parecen haber olvidado ya su nombre y llamarse «acto de servicio» o «Alcázar de Toledo».

Ana María supuso que Ignacio se refería a Marta. Pero había decidido no aludir a ella, como si no existiese.

—¿Puedo preguntarte si te has cansado también de la religión?

Ignacio, inesperadamente, fue incorporándose con lentitud gimnástica y por fin dio media vuelta y se quedó sentado. Y miró a lo lejos.

—Es imposible no creer en Dios mirando el mar.

La respuesta gustó tanto a Ana María, que ésta imitó al muchacho y se sentó a su vez, situándose justamente a su lado.

—Sigues siendo un adorable farsante. ¿Dónde aprendiste lo que acabas de decir?

Ignacio se rió, halagado.

—En ese asunto me ayuda mucho un jesuita que hay en Gerona: el padre Forteza.

—¡Ah! ¿Sí? ¿Lo tratas mucho?

—Nunca he hablado con él. Pero lo veo... y es bastante. Tarda tres cuartos de hora en decir la misa. ¡Si te descuidas, te hace santo para toda vida!

Ana María se volvió hacia Ignacio y lo miró a los labios intensamente, con un ligero temblor.

—No me gustaría que fueras santo... —dijo la muchacha.

Ignacio miró a su vez los labios de Ana María, rojos y húmedos:

—Espero no caer en semejante tentación.

Ana María, que había ido estudiando a Ignacio con mucho detenimiento, llegados a este punto se dijo: «basta». Miró también a lo lejos, al mar. Y tuvo dos intuiciones. La primera, que Ignacio el próximo invierno haría muchos viajes a Barcelona, pues ella se encargaría de rogarle al Cristo de Lepanto que el Servicio de Fronteras lo mandara allí en vez de mandarlo a Perpiñán. La segunda se refería a algo más contundente: Ignacio, cuyo aspecto era noble pese a sus bravatas —y pese a su albornoz—, sería para ella. No sabía cómo y sin duda debería luchar fuerte contra Marta. Pero algo le decía que Ignacio al final, con o sin dinero, sería suyo, y esto era lo principal. Claro que debería obrar con astucia y pedirle algún consejo a su amigo Gaspar Ley y, mejor aún, a la esposa de éste, Charo. Y dejar de escribir simples postalitas y llenar hojas y más hojas, en papel muy femenino, poniendo intención en cada palabra. Pero no la asustaba ese menester. Si hacía gimnasia sueca para conservar la línea, ¿por qué no había de hacer gimnasia española para conquistar a Ignacio?

—Estoy contenta, Ignacio. He sacado la conclusión de que,

pese a todo, la guerra te ha mejorado. Eres menos desconcertante. Te has propuesto una meta y a ella vas. Eso inspira una gran confianza.

—¡Ah, no te quepa la menor duda! ¿Te vienes al agua otra vez?

Permanecieron allí, en el agua y en la arena, hasta que, a eso de las dos y media, Ana María vio llegar por el Paseo, majestuosamente, un coche gris, bastante parecido al que en Gerona usaba doña Cecilia para ir a la peluquería y a las mesas petitorias.

—¡Mis padres! Ahí vienen...

Ignacio pegó un salto y se puso en pie, enredándose con el cinturón del albornoz.

—Me voy pitando...

—¡Bueno! No tan de prisa...

—Sí, sí, me voy...

—No te vayas. Quédate por ahí cerca... —Ana María añadió—: Donde pueda verte aún.

Se dieron la mano, un tanto precipitadamente.

—¿Hasta cuándo estaréis en San Feliu?

—Hasta fin de mes, creo.

—Volveré.

—No quicro crearme ilusiones...

—Escríbeme.

—Descuida...

Ignacio se separó. Se fue hacia las rocas silbando. Acabó sentándose en ellas, cerca de los guardias, a los que saludó.

—Mucho calor, ¿eh?

—Figúrese... —Uno de los guardias se palpó la manga del uniforme y luego, enderezando el índice, señaló su tricornio.

Desde aquel punto exacto Ignacio pudo contemplar a placer cómo los padres de Ana María bajaban del coche gris. Don Rosendo Sarró: el hombre que olía los negocios y que hacía un viaje semanal a Madrid, era alto, deportivo. En efecto, no se le notaba la Cárcel Modelo y tenía sin duda autoridad personal. Sacó del interior del coche una enorme cesta de mimbre. La madre estaba más achacosa y tenía, pese al veraneo, la piel de color de leche.

Ana María no se levantó siquiera para saludarlos. Los recibió con frialdad, mientras hurgaba con el pie derecho la arena.

Ni siquiera pareció alegrarse cuando el padre·abrió la cesta, que por lo visto pesaba lo suyo y que debía de contener la pesca de la jornada. En cambio, la madre hacía muchos aspavientos.

Ignacio, sin saber por qué, se sintió a disgusto, como un instruso. Fue a la caseta y se vistió. ¡Qué calor! Consiguió, en el momento de abandonar la playa, hacerle a Ana María una seña de despedida. Y se fue al paseo del Mar, donde un fotógrafo ambulante lo acosó para retratarlo.

—¡Que no, que no, que no me interesa!

El fotógrafo se sacó del bolsillo un bloc y un lápiz.

—¿Le hago una caricatura?

—Otro día, amigo...

Ignacio se quedó solo. Le invadió una hambre atroz. Entonces miró hacia la montaña de San Telmo, que se erguía a su derecha, salpicada aquí y allá de manchas pardas entre los árboles. Eran las tiendas de campaña del Campamento de Verano que Mateo dirigía. Su amigo estaría allí, en su puesto, enseñándoles a los críos, a los soldaditos de plomo, a llamarse «acto de servicio» y «Alcázar de Toledo».

Emprendió viaje en aquella dirección. Volvió a silbar, como si estuviera contento. Atacó la cuesta sin dificultad. ¿Sería cierto que la guerra lo había mejorado? Físicamente, desde luego. Acostumbrado a las caminatas de Esquiadores, sus piernas le obedecían. De pronto advirtió que al caminar «marcaba el paso» y modificó el ritmo. A medida que ganaba altura, el mar abajo se le aparecía más transparente. Volvióse y miró hacia la playa que acababa de dejar. Pensó que uno de aquellos puntitos que se veía sería Ana María y canturreó, pensando otra vez en Esquiadores, en las canciones a la luz de la luna:

Si te quieres casar con las chicas de aquí
tendrás que irte a buscar capital a Madrid...

Por fin llegó a la puerta de entrada al Campamento. Dos flechas montaban la guardia. Un cartel colgando entre dos pinos decía: «Campamento Juvenil Onésimo Redondo.»

* * *

Ignacio no se había equivocado al suponer que Mateo estaría allí, en su puesto. Mateo se había tomado tan a pecho la idea de conseguir un Campamento modelo, que lo había previsto todo; desde el emplazamiento en aquella montaña —ideal, por cuanto una ermita se alzaba en la cumbre y los vientos eran sanos y estimulantes— hasta el suministro, que se efectuaba a diario desde Gerona por medio de camiones. Había escalonado y distanciado a propósito las tiendas para que los muchachos al subir y bajar para ir de una a otra pisotearan los matorrales y fueran creando nuevos caminos; pero desde cualquiera de dichas tiendas se rozaban los árboles con la mano y se veían el puerto de San Feliu en la hondonada y a la derecha la inmensidad azul.

Mateo había reclutado en Gerona y provincia unos cien muchachos de la más diversa procedencia social, a los que dividió por escuadras. Le interesaba precisamente la heterogeneidad. Que Pablito, el hijo del Gobernador, se codeara con huérfanos atendidos en Auxilio Social y con «El Niño de Jaén». Era preciso que el aire libre, la camaradería y la extraversión propia de la edad barrieran en lo posible las diferencias. Aquel ensayo sería la piedra de toque para, en años próximos, multiplicar los Campamentos a lo largo del litoral, organizando en cada uno de ellos los consabidos turnos.

Mateo, antes de salir de Gerona, le había dicho a Pilar: «Voy a ver si consigo meter en la cabeza de esos muchachos unas cuantas ideas básicas»; es decir, también en eso Ignacio había imaginado certero. Pilar le había contestado: «De acuerdo. Pero prométeme que una vez al día te acordarás de que existo.»

Mateo, pues, se había ido de Gerona ilusionado. Le encantaba, desde luego, enfrentarse con el alma juvenil y soñaba —tal como Pilar le dijera a Marta en el tren, en el reciente viaje a Barcelona— con tener muchos hijos para moldearlos a su gusto. Los ojos iluminados de los niños, en los que podían escribirse las más hermosas palabras, lo estimulaban en esa dirección. Pensar que aquellas vidas formarían más adelante la promoción que gobernaría a España, lo estremecía de responsabilidad. Sin embargo, había comprobado en seguida que existía un obstáculo: aquellos niños, sin duda por inmadurez, habían vivido la guerra pero no habían calado hondo en su significado. Todos, excepto Pablito, la habían conocido en la zona «roja» y habían visto ametralladoras, milicianos y aviones de bombardeo. Algunos habían quedado sin hogar —la casa destruida— y la mayor parte habían presenciado la huida a Francia del Ejército «rojo» derrotado; pero sus mentes sólo habían registrado lo que en todo ello había de subversión, de rotura y desconcierto; poca cosa más. La idea de «grandeza» les era tan ajena como podía serlo para las estrellas la idea de «firmamento». Respondían al toque de los cornetines, al ondear de las banderas y cantaban a pleno pulmón los himnos; pero su entusiasmo era instintivo, con dosis de admiración por el orden reinante, después del caos que los rodeó a lo largo de tres años. Ya no pasaban hambre. Ya no oían blasfemias. En los escaparates había luz eléctrica y el alcalde llevaba chistera. Hasta los perros engordaban. Pero sería preciso una dura labor para hacerles comprender que debajo de aquel cambio latía algo más que el triunfo del más fuerte o que el fin inevitable de un ciclo. El sufrimiento había sido excesivo para aquellos espíritus en embrión, por lo que a menudo adoptaban ahora, sin darse cuenta, actitudes defensivas. Sí, les roía por dentro un punto de amoralidad, de cinismo, o de repentina indiferencia. Eloy, por ejemplo, el «renacuajo» de los Alvear, que se había convertido en el *asistente* de Mateo, en una ocasión había mirado la pistola que éste llevaba en el cinto y le había preguntado: «Pero ¿tú has matado a alguien?» Un muchacho del pueblo de Llers, pueblo que había volado prácticamente a consecuencia de una explosión, una noche se dedicó a cortar con una navaja cabritera las cuerdas de varias tiendas por el simple placer de verlas desplomarse. Y el benjamín del Campamento, llamado Ricardito, pese a ignorar lo que eran las privaciones, pues su padre había sido jefe de Suministros, se dedicaba a aplastar lagartijas con la punta de la alpargata y cuando le mandaban algo miraba con desparpajo y preguntaba: «¿Y eso por qué?» En todo orden de cosas, de repente un grupo de chavales le formulaba a Mateo preguntas absurdas, como por ejemplo si era cierto que los niños alemanes no estaban nunca enfermos.

Pese a todo, Mateo, curtido por tantos avatares, tenía plena confianza en que el tiempo y el método salvarían todas las vallas psicológicas que se opusieran a su tarea. El optimismo lo ganaba sobre todo a la hora en que los cien chavales se bañaban, gritando y braceando con una alegría incontaminada, bautismal y, más aún, a la noche, cuando cada escuadra encendía una fogata delante de la tienda correspondiente. Mateo entonces, mientras acariciaba la cabeza casi rapada de Eloy, contemplaba la ceremonia y sentía que se le esponjaba el alma. Recordaba noches vividas por él en el frente, otras fogatas; y los rostros iluminados de los chicos y el temblor de las llamas le repetían como un estribillo: «Serán míos, serán nuestros. Se canalizarán sus sentimientos. Nadie nos podrá arrebatar esa juventud.»

Por descontado, el muchacho tuvo un acierto de enfoque que por sí solo denotaba que la «política», con pesar sobre él mucho, no lo había deshumanizado. Procuró no exagerar en su plan de catequesis. Precisamente el comportamiento de sus pupilos le demostró que éstos eran «hombres» y no un amasijo de reflejos. De ahí que programó en el Campamento, para cada jornada, un setenta por ciento de actos de libre expansión y un treinta por ciento de disciplina. No más. Su lema fue: «Si esos chicos han de encauzarse a través de la Falange hacia puestos importantes, ¿qué menos puedo hacer que conocer sus inclinaciones temperamentales?»

Mateo fue fiel a este lema. Desde el primer día puso manos a la obra. Quiso conocer uno por uno los muchachos que poblaban las laderas de San Telmo. Confeccionó un cuestionario, que los chicos habían de rellenar de su puño y letra. Hizo preguntas a granel y anotó las respuestas. Observaba la expresión de los rostros al oír determinados vocablos, al experimentar fatiga e incluso al contemplar el mar. Llevaba un fichero que él, de acuerdo con su léxico, calificaba de «caliente y directo». Y cabe admitir que tal fichero había de resultarle de gran utilidad.

Por de pronto, llegó a la conclusión de que —como ocurría con los detenidos al presentarse ante el Tribunal, en Auditoría de Guerra— los chicos provenientes de pueblos de la costa eran más avispados e imaginativos que los de la montaña. Tal vez incluso fueran más valientes o estuvieran mejor predispuestos a enrolarse en una aventura. También observó que los más delgados soñaban en voz alta y que los que siempre tenían sed eran los más eróticos. Porque, ésa fue una de las plagas con las que Mateo tuvo que enfrentarse: la masturbación. Había horas en que los muchachos desaparecían por entre la arboleda con cualquier pretexto y de pronto, como si les picara una culebra tan vieja como el mundo, miraban a hurtadillas, cerciorándose de que no les veía nadie, y cometían el pecado solitario. Mateo reflexionó mucho sobre el particular y al final, por decisión propia, se abstuvo de intervenir. ¡Que el doctor Gregorio Lascasas lo perdonara! Como hubiera dicho el camarada Dávila, era aquello un desahogo natural que escapaba también a las ordenanzas.

Otro hecho le llamó especialmente la atención: existían diferencias fundamentales entre los chicos que tenían madre y los chicos que la habían perdido. Ello lo afectó enormemente, puesto que él, Mateo, perdió la suya en la niñez. A los que carecían de madre se los veía un tanto huidizos, como si los oprimiese una vaga inseguridad. A veces se encolerizaban sin ton ni son; y es que estaban más necesitados de protección y de afecto. No comprendían que, a la llegada del correo, sus compañeros, al reconocer en el sobre la letra de la madre o al leer en el remitente su nombre, dijeran «¡bah!» y abrieran con desgana la carta. ¡Si ellos hubieran podido recibir otra igual! Mateo comprobó que no tener madre era una terrible mutilación, un lastre que impedía a los muchachos alcanzar en su yo más profundo la plenitud y que en un momento dado los llenaba de incontenible tristeza.

Al margen de esto, Mateo, sin darse cuenta, prestó especial atención a las fichas correspondientes a los chicos de Gerona, de la capital. Y de ellas, varias lo sorprendieron hasta el punto de hacerle rascarse la negra cabellera. Con Eloy no le ocurrió eso. Su trayectoria estaba clara: el chico quería darle al balón, ser futbolista y no le interesaba sino tener amigos, crecer fuerte como un roble y aprender a caerse sin hacerse daño. Tampoco lo sorprendió la ficha de «El Niño de Jaén»: no había conflicto. El gitanillo, gran triunfador en la Piscina el 18 de julio, quería bailar. Su cintura se cimbreaba por sí sola, su cuerpo adoptaba posturas armónicas, convertía en castañuelas los guijarros y, chascando con los dedos, improvisaba toda suerte de ritmos. «El Niño de Jaén», con su mechón de pelo en la frente y el color violento de los pañuelos que utilizaba, era un poco el duende del Campamento y se había convertido por derecho propio en la figura más popular.

En cambio, Mateo se llevó una gran sorpresa con Félix, el hijo de Alfonso Reyes, el ex cajero del Banco Arús. El muchacho, que se encontraba en el Campamento por recomendación de Ignacio, escuchaba con semblante hosco todas las pláticas políticas, lo cual era lógico, dado que su padre sufría cárcel en Alcalá de Henares, donde, para redimir penas, tallaba también, como los demás presos, crucifijos; pero se pasaba el día elaborando figuras de madera y dibujando. Dibujar era sin duda su obsesión. Siempre llevaba en los bolsillos lápices y gomas de borrar. Pero en sus trabajos hacía gala de una inventiva portentosa, como si quisiera evadirse o fundir unos con otros los elementos de la realidad. Cuando dibujaba el mar lo llenaba de bicicletas y no de barcos. Cuando dibujaba las picudas tiendas de campaña colocaba en ellas escudos de rara simbología. Y si alguna vez se atrevía con un rostro humano, lo llenaba de ojos. Ojos en la frente, en las mejillas, y uno muy grande en la barbilla. ¿Qué es lo que Félix quería ver? Tal vez la razón por la cual su madre estaba en la cárcel y su padre tallaba crucifijos.

De todos modos, la sorpresa por antonomasia se la dio a Mateo el hijo del Gobernador, Pablito, quien con sus quince años cumplidos era el chico de mayor edad en la montaña de San Telmo. En el cuestinario había puesto que quería ser «un hombre». La palabra sonaba a reto; pero Pablito no era fanfarrón. Al contrario, siempre se lamentaba de que, por ser hijo de quien era, los demás chicos lo tratasen con deferencia, o no se atrevieran a intimar con él y que algunos incluso lo adulasen. Era alto y rubio —orgullo de María del Mar— pero no se acicalaba, sino todo lo contrario. Llevaba la camisa azul más sucia del Campamento y ya el primer día abolló la cantimplora. Mateo se desvivió por penetrar en los estresijos de su rebeldía pero fue inútil. El propio Pablito ignoraba por qué era así y no de otra manera. Había cursado ya el cuarto año de Bachillerato y sabía muchas cosas, pues de pasada era un memorión. Tenía dotes de mando, pero prescindía de ellas, como si sintiera por lo castrense una alergia casi rabiosa. Nunca hablaba de su padre. Mateo había llegado a la conclusión de que durante mucho tiempo lo había admirado al máximo, considerándolo un héroe; pero que ahora en su interior le censuraba que disfrutara de tanto poder.

—Pablito, ¿qué significa eso de «quiero ser un hombre»?

—Pues eso, un hombre. Como los demás, pero a mi manera.

—¿No ves ahí una contradicción?

—No.

—¿Por qué te has retrasado para ir a la playa?

—¡Sí, he de dar ejemplo, ya sé! Pero estaba allá arriba, haciendo pis.

—Duermes mal, ¿verdad?

—Depende. Tengo la impresión de que ronco y de que molesto a los demás.

—¿Sabes que eres el campeón del apetito?

—¡Oh, desde luego! Me comería un buey. Lo siento.

—Si tuvieras que dirigir este Campamento, ¿cómo lo harías?

—Como tú lo haces. Te aprecio mucho y tú lo sabes.

—¿Te gusta la Historia?

—Me gustaría si su personaje más importante no fuera Caín.

—¿No crees que a veces es necesario luchar?

—Sí, lo creo, pero me disgusta. Prefiero la literatura.

—No te veo aquí contento, como lo estabas en Gerona. Ni siquiera silbas. ¡Y cuidado que el Campamento se prestaría a hacerlo!

—Pues estoy contento, la verdad. Lo que ocurre es... que prefiero escribir.

—¿Qué es lo que escribes?

—Nada. Todo lo que pienso. —Se tocó la frente—. Algún día saldrá.

—¿Versos?

—¡No, por favor!

—¿Qué es lo que te preocupa?

—Estupideces. Me pregunto qué hacemos aquí, todos juntos, por qué los bichos pican, por qué yo me llamo Pablito.

—Te gustan las mujeres, ¿verdad?

—¿Cómo lo sabes?

—También te gusta fumar...

—¡Bueno! Me gustaría hacerlo en pipa, como el general.

—¿A qué persona quieres más en este mundo?

—¡Psé! Hoy, por ejemplo, a mi hermana, a Cristina.

—¿Qué sientes cuando izamos la bandera?

—Algunas veces, una gran emoción. Pero, por regla general, lo que me gustaría es saber lo que sienten los demás.

—Resumiendo, Pablito, eres un poco lo que precisamente no querías ser: un juez.

—Es posible. Pero ¿podrías decirme por qué uno es como es?

—No. No puedo resolverte esta papeleta.

¡Ah, maravilloso y abstruso mundo infantil! El Campamento Juvenil de Verano era un impar campo de observación. Cuando Mateo, bien entrada la noche, apagadas ya las hogueras, se retiraba a su tienda a descansar —¡Eloy roncaba, roncaba ya, sobre un montón de paja!—, pasaba revista a las imágenes y a las palabras vistas y oídas a lo largo de la jornada y no conseguía establecer una ilación. Cada chico era una pregunta, una profecía, una infinita probabilidad. Tal vez aquella edad —la de Pablito, la de Félix— fuera la peor... Tal vez la naturaleza se resistiera al deseable «quehacer común», a la programación minuciosa. Se disparaba en todas direcciones, como acaso pudiera hacerlo la escopeta de un tirador epiléptico: hacia el fútbol, hacia el baile flamenco, hacia la masturbación. ¿Y hacia la política? ¿Cuántos, entre aquellos muchachos del CAMPAMENTO ONÉSIMO REDONDO, querrían ser políticos? No se sabía. Félix quería pintar bicicletas en el mar; Ricardito, el benjamín, quería aplastar lagartijas con la punta de la alpargata; Pablito quería comerse un buey. ¿De dónde saldrían los futuros dirigentes, del litoral o del monte? ¿De los que soñaban en voz alta o de los que siempre tenían sed? ¿De los huérfanos de madre?

Mateo se repitió una vez más, ignorando que el profesor Civil lo hubiera dicho antes, que el doctor Chaos era un optimista afirmando que los hombres avanzaban en escuadrilla. Como masa, como colectividad, era cierto; pero en el claustro individual... En aquel Campamento instalado en la ladera de San Telmo, en San Feliu de Guíxols, cien muchachos llevaban camisa azul; pero los cien azules eran diferentes.

* * *

Cuando Mateo se enteró, por uno de los flechas que montaban guardia en la entrada, de que Ignacio estaba allí, salió disparado de la tienda y se lanzó monte abajo zigzagueando por los atajos que las pisadas de los muchachos habían creado entre los matorrales.

—¡Ignacio! ¡La sorpresa del siglo!

—No me esperabas, ¿eh?

Se dieron un abrazo.

—¡No comprendo a qué se debe tanto honor!

—Es muy sencillo. Tengo un hambre feroz. He venido a comerme los veintiséis puntos de Falange.

—¡Ah, lo siento, chico, esto no es para comer! Esto es para pensar.

—Pues dame un plato de garbanzos y un buen bistec.

CAPÍTULO XVII

EL DÍA 23 DE AGOSTO, el periódico *Amanecer* y la emisora local anunciaron a la población que Alemania y Rusia acababan de firmar, en Moscú, un Pacto de No Agresión. Los términos de dicho pacto no dejaban lugar a dudas. «*Las dos partes signatarias, Alemania y Rusia, se comprometen a abstenerse de cualquier acto de fuerza, acción agresiva o ataque abierto entre sí, tanto individualmente como en colaboración con otras potencias.*» Asimismo «*ambas partes signatarias se comprometen en lo futuro a mantenerse continuamente en contacto e informarse mutuamente de todas las cuestiones relativas a sus intereses comunes.*»

La noticia dejó de una pieza a los gerundenses. ¿Cómo era posible? Durante meses la Delegación de Propaganda, por mediación de Mateo, no había cesado de proclamar que si Alemania e Italia realizaban un gigantesco esfuerzo bélico, dedicándose a la fabricación masiva de armas, ello lo hacían «para evitar que el "oso moscovita" se lanzara al ataque contra la Europa Occidental y se apoderara de ella y, ¡otra vez, de España!» Es decir, exactamente la tesis defendida por el Gobernador en el viaje que realizó en su coche a Barcelona, a esperar al conde Ciano. ¿Qué había ocurrido? ¿Qué significaban «la información mutua, los intereses comunes», etcétera?

Amanecer y horas más tarde *La Vanguardia* daban detalles complementarios. Las gestiones habían sido llevadas a cabo por Von Ribbentrop, cuya estancia en Moscú no había durado más de veinticuatro horas, lo que significaba que todo había sido preparado con larga y secreta anticipación. Los diplomáticos alemanes y rusos —éstos capitaneados por Molotov, nombre que significaba «martillo»— habían brindado con vodka y con espumoso de Crimea en franca camaradería. Ello quedaba muy claro en las fotografías ilustrativas, en las cuales aparecía inevitablemente Stalin, un Stalin sonriente y astuto, enviando sus mejores saludos al Führer alemán, «al que deseaba largos años de vida».

El asombro de la población tenía escasa importancia, pues

«el sistema orgánico de información» se encargaría de encontrar las explicaciones adecuadas. Pero ¿y el asombro de José Luis Martínez de Soria, y el de Marta, y el de Mateo, ¡y el del Gobernador!? ¿Y el asombro de Ciano —y acaso el del propio Mussolini— dado que, al parecer, los alemanes no se habían tomado la molestia de informar a Italia acerca de su propósito?

Las cábalas eran para todos los gustos. Mateo, que abandonó el Campamento y se trasladó a Gerona, le dijo a Pilar: «Tal vez Hitler no se sienta preparado todavía para luchar contra Rusia y haya querido ganar tiempo.» El Gobernador, camarada Dávila, que se había lastimado un dedo, cuya venda se acariciaba constantemente, le dijo a María del Mar, ésta sobre ascuas: «Tal vez Hitler necesitara, para sus planes inmediatos, tener las espaldas guardadas en el Este, tener la seguridad de que Rusia no atacaría sus fronteras.» Mosén Alberto, mientras limpiaba la calavera recibida de Ampurias, cabeceó doce veces consecutivas, una por cada apóstol, y comentó: «El diablo anda metido en esto.» El único que no pareció sorprenderse fue el padre Forteza. «¿A qué extrañarse? —les dijo a Alfonso Estrada y al resto de los congregantes, que fueron a consultarle a su celda—. Diga lo que diga Hitler, el nazismo y el comunismo tienen muchos puntos de contacto. Sus diferencias son de matiz, no substanciales.»

Al profesor Civil le hubiera resultado fácil explotar su triunfo, llamar al Gobernador y decirle: «¿Y sus parrafadas sobre la buena fe mesiánica del Führer? ¿Por qué no se decide usted de una vez a hacerles caso a los viejos "intelectuales" que han rebasado los sesenta años?» Pero el profesor Civil no era vanidoso. Se limitó a sentir miedo —aquellas sonrisas de Stalin le dieron miedo— y a continuar preguntándose en qué andaría metido, en Barcelona, su hijo Carlos, cuya actitud no acabó de gustarle.

Tocante a las repercusiones de aquel Pacto, eran imprevisibles. El general Sánchez Bravo tuvo la secreta impresión —que no comunicó más que a los capitanes Arias y Sandoval, por los que sentía marcada preferencia— de que el beneficiario de aquella alianza iba a ser Stalin. «Ahora Hitler sentirá la tentación de provocar más aún a las democracias. Y eso es lo que Stalin debe de estar deseando: que Occidente se despedace por su cuenta.» Argumento malicioso y preñado de dureza, que coincidió extrañamente con las justificaciones que Cosme Vila, en Moscú, y Gorki, en Toulouse —tan asombrados como las autoridades gerundenses—, recibieron de parte de sus jefazos comunistas.

El Gobernador de Gerona, camarada Dávila, se inquietó. Aquello no le gustó ni pizca y, al enterarse de la opinión del general Sánchez Bravo, se llevó a la boca un caramelo de eucalipto y le comunicó a «La Voz de Alerta» que quería tomar parte en el próximo concurso de Tiro de Pichón. Tenía ganas de disparar, no contra alguien, pero sí contra algo. «La Voz de Alerta», en vez de tranquilizarlo, remachó la opinión reinante. «De acuerdo, querido Gobernador. Queda usted inscrito para la próxima tirada. Pero ello no impedirá que Hitler, con el pretexto del corredor de Dantzig, declare antes de un mes la guerra a Polonia, a Francia e Inglaterra.»

El doctor Chaos sostuvo un largo diálogo con su perro, al que llamaba *Goering* en gracia a sus gustos aristocráticos. El doctor sabía que Hitler había repetido hasta la saciedad que los tres enemigos del III Reich eran el comunismo, los judíos y la Iglesia Católica, simbolizada ésta por los jesuitas. ¿Firmaría también el Führer un pacto con el Gran Rabino y con el general de la Compañía de Jesús? No era de prever. Hablando con Manolo y Esther, que habían invitado al doctor a pasar el fin de semana en la casa que el matrimonio había alquilado en Palamós, dijo: «En el fondo, este Pacto es lógico. Los antepasados de Hitler, a partir de 1600, fueron labriegos, es decir, astutos; y su padre era funcionario de Aduanas en la frontera de Baviera, lo que le·ha dado el gusto de jugar con la geografía. Ya sabéis la importancia que yo concedo a las leyes de herencia. Estas combinaciones le gustan al Führer tanto como a nuestro Gobernador le gusta jugar al ajedrez con los alcaldes.»

Manolo y Esther no se habían tomado la cosa tan a la ligera, pues ni siquiera admiraban del nazismo, como era el caso del doctor Chaos, los sistemas de investigación científica. Estaban enfurecidos, lo que favorecía escasamente la natural belleza de Esther. «No, no, la jugada de Hitler es sutil y digna de un maligno jugador de póquer. Confirma nuestra tesis: es un hombre impulsivo, pero también calculador. Todo lo que sea asustar a Inglaterra y a Francia le divierte. Por desgracia, lo que hace es siempre de mal gusto. No puede borrar de su pasado el haber sido pintor de brocha gorda.»

En el Café Nacional, ¡cómo no!, hubo comentarios por todo lo alto. Comentarios que cortó en seco Matías llamando al camarero Ramón y diciéndole, al tiempo que le entregaba *Amanecer* y *La Vanguardia*: «Toma. Llévate estos papeles al lavabo y tráeme ese *Tebeo* que, cuando yo entré, escondiste detrás del mostrador.»

CAPÍTULO XVIII

Pocos días después del Pacto de No Agresión germano-soviético, firmóse en Gerona otro pacto, de características similares, entre la familia Alvear de Gerona y la familia Alvear de Burgos.

Todo había ido más de prisa de lo que Matías, cuando su viaje a la capital castellana, pudo sospechar. Paz se trasladó efectivamente a Madrid, a probar suerte. Y en Madrid le ocurrió lo que su tío se había temido: desamparo, hostilidad.

La primera decepción la tuvo Paz al conectar con las familias de Burgos que la habían precedido en su traslado y cuyas señas había obtenido. En cuatro meses que llevaban allí, no habían podido todavía encontrar vivienda y vivían amontonadas en fonduchas de mala muerte. Tampoco habían conseguido un trabajo estable, debido a los «dichosos avales» y a la competencia. Madrid era un hervidero de fugitivos de todas partes, y la policía lo sabía y les andaba a la zaga. Total, jornales esporádicos aquí y allá, menesteres humillantes, dificultades de traslado. Colas interminables en las paradas de los autobuses. ¡Y cuánta miseria en los suburbios! «No es fácil —le dijeron— que aquí encuentres la solución. A menos que vengas dispuesta a poner en venta tu palmito.»

Paz no se amilanó. Con el poco dinero que le había dado tío Matías se instaló a su vez en una fonda de la calle del Arenal. Pasóse dos semanas allí, leyendo los anuncios de los periódicos y preguntando por los cafés. No recibía más que respuestas ambiguas o propuestas inaceptables. A veces se detenía en la Gran Vía, miraba alrededor y se repetía: «¡He de encontrar algo! ¡Con lo grande que es esto! ¡Con los automóviles que pasan y la vida que hay aquí!»

Pero a medida que se le acababa el dinero, iba muriéndosele el ánimo. La patrona de la fonda le dijo: «Como no te acerques por los cuarteles...» Una vez pasó delante de la casa en que habían vivido tío Santiago y José Alvear. El edificio se había venido abajo con los bombardeos y estaban construyendo allí un Banco.

A las dos semanas ya no se atrevía siquiera a visitar a las familias burgalesas, cuyos propios problemas los absorbían demasiado. La soledad. Finalmente, desistió. Regresó a Burgos y entró en su casa llorando de rabia. Conchi, su madre, la escuchó, soltó varias palabrotas y finalmente dijo: «Hay que tomar una decisión.»

Paz remoloneó por Burgos otras dos semanas. Hasta que una mañana se apoderó de ella la absoluta desesperanza. Vio el papel matamoscas que colgaba de la lámpara del comedor. Estaba atestado. Las moscas se habían quedado pegadas allí. Ya no había sitio para ninguna otra. Pensó que su situación, y la de su madre y la de Manuel —quien se mataba trabajando por unas perras—, era semejante. Además, habían recibido entretanto un impreso del Ayuntamiento que era preciso rellenar: la hoja de empadronamiento. La hoja lo preguntaba todo: edad, sexo, profesión, ingresos...

—Hay que escribir a Gerona —conminó tía Conchi—. Tu tío Matías habló claro: si fracasáis, decídmelo...

Paz dejó que se le cayera hasta media espalda la rubia cabellera.

—Sí, ya lo sé. Pero ¿qué podrá hacer?
—Escríbele...

* * *

Paz obedeció. No escribió la carta con tinta, sino con sangre. Dicha carta provocó en Gerona una convulsión, pese a que Matías estaba seguro de que la recibiría un día u otro.

Ya no podía escamotearla, como había hecho con las anteriores a su viaje. Se la enseñó a Carmen Elgazu y a Ignacio. Les contó con detalle su entrevista en Burgos y les dijo: «Les prometí ayudarles... Y debo hacerlo. —Volvióse hacia Ignacio—. Se llaman Alvear.»

Fue el nombre clave. Ignacio reaccionó con rapidez fulgurante. Por otra parte, también él había estado en Burgos y recordaba de pe a pa la angustia que había experimentado en aquella casa de la calle de la Piedra.

El muchacho dijo, con sorprendente naturalidad:
—Hay que contestarles que se vengan. Que se vengan los

tres... Creo que no va a ser tan difícil echarles aquí una mano...

Matías miró a su hijo con inmensa gratitud. Sin embargo, Carmen Elgazu, que al oír a Ignacio había sentido otra de sus frecuentes punzadas en la ingle, no decía nada. Por fin habló.

—Por mí, de acuerdo. Pero ¿qué va a decir Pilar?

¡Oh, claro, Pilar sería el hueso duro de roer! Su reacción fue el polo opuesto a la de Ignacio.

—¿Traerlos aquí? Pero... ¿os dais cuenta?

—¿De qué? —preguntó Ignacio.

Pilar no se arredró. «Son rojos ¿no es eso?» Se atropellaba hablando. Y no daba con el argumento decisivo, convincente, que hubiera deseado encontrar. «A Mateo no le hará ninguna gracia...» «¡Cuánta complicación!» «No traerán nada bueno...» «¿Dónde los meteremos?» Aludió a los crímenes de la UGT...

Ignacio cortó en seco.

—Me parece, hermanita, que en el escudo de tu camisa azul sólo hay flechas; que te has olvidado de las rosas...

Pilar tuvo un exabrupto. Miró a su familia. Carmen Elgazu había bajado los ojos.

—¡Bien! —dijo—. Ya veo que mi opinión no cuenta... Haced lo que queráis.

Y se fue a su cuarto, donde se encerró sollozando.

Eloy, que había presenciado la escena, no acabó de comprender a Pilar. Y mirando a hurtadillas la carta de Paz, que estaba encima de la mesa, pensó para sí: «Paz... Me gusta ese nombre.»

* * *

Matías escribió a Burgos comunicándoles la buena nueva. También allí hubo sus más y sus menos. A Paz no le hacía ninguna gracia el papel que indudablemente representarían en Gerona. Pensó en Mateo, Jefe Provincial de Falange; pensó en Marta...

Pero no había opción. Y Conchi remachó:

—Mejor eso que morirnos.

Pleito resuelto. Paz contestó a Matías diciéndole que aceptaban y que enviaba por agencia, por carretera, la mesa del comedor, las sillas y dos colchones, lo único aprovechable. Ellos harían el viaje en tren, llevando consigo unos cuantos bultos con ropa y con los cubiertos. La carta terminaba diciendo: «Llegaremos el día vientiséis.»

Así fue. En la fecha indicada, ya a finales de agosto, los «parientes de Burgos» —tía Conchi, Paz y Manuel—, al término de un viaje agotador en coches de tercera, llegaron a la estación de Gerona.

Al oír los silbidos estridentes de la locomotora, indicio de que el tren iba a detenerse, los tres se asomaron a la ventanilla. Vieron vagones inhabilitados en las vías muertas, un hangar abarrotado de cajas de agua mineral, y adivinaron allá al fondo, un momento, la silueta de un campanario, que dominaba sobre los tejados.

Su desasosiego era grande. Y no obstante, apenas el convoy se detuvo en el andén, todo transcurrió de tal modo que tía Conchi creyó estar soñando. Matías e Ignacio estaban allí, de pie, no sólo dispuestos a darles un abrazo de fervorosa bienvenida y a hacerse cargo del equipaje que llevaban, sino que un cochambroso pero enorme taxi estaba ya esperando fuera, para conducirlos a todos al piso de la Rambla.

¡Y cuántas sorpresas iban a recibir en ese hogar de Gerona, que desde Burgos habían imaginado hosco y cerrado! Todo el mundo los abrazó, y Matías e Ignacio les demostraron en un santiamén que desde que recibieron la carta afirmativa de Paz se habían preocupado de cuanto pudiera hacerles falta. En primer lugar, tenían piso; precisamente el piso que fue del Cojo, a cien metros escasos de la barbería de Raimundo. Piso un poco húmedo, pero barato y sin goteras. En segundo lugar, tenían el permiso de residencia, extendido por el propio Gobernador. «Toma —le dijo Matías a Paz, entregándole los papeles—. Ahí está todo. No falta más que vuestra firma.» En tercer lugar, Conchi podría empezar a trabajar cuando quisiera... en el conocido Bar Cocodrilo, cuyo patrón necesitaba una mujer para todo y que supiera espantar a las gitanas. Por último, Paz encontraría también empleo sin dificultad —aunque faltaba saber qué clase de trabajo le apetecía— y Manuel, en cuanto empezara el curso, podría ingresar en el Grupo Escolar San Narciso, en el que también se había matriculado el pequeño Eloy.

—Se acabó, pues, la encerrona de Burgos —les dijo Matías—. Aquí nadie os echará la vista encima. Veréis como todo saldrá bien...

El sueño de Conchi tuvo su confirmación plena a la hora del almuerzo, pues Carmen había preparado en su honor una comida especial y el mantel de las grandes ocasiones.

Fue, en verdad, un almuerzo de buena voluntad por parte de todos, incluida Pilar. Ignacio estuvo ocurrente, por más que su tía Conchi, al igual que le sucedió durante su estancia en Burgos, no acabó de gustarle, tal vez por su peinado y por sus negras uñas. Matías se desvivió con todos, atento al mínimo detalle. Y Pilar... hizo de tripas corazón. Por supuesto, su prima Paz se le atragantó, entre otras razones porque tuvo que aceptar que era muy guapa, pero consiguió disimular, y, aparte de eso, tuvo la fortuna de sentir espontánea simpatía por Manuel. Se pasó todo el rato haciéndole carantoñas y diciéndole: «No sabía yo que estuvieras tan crecido y que tuvieras la nariz tan chata.» Matías se cansó de repetir, en tono jocoso: «¡Pero si te lo había descrito con pelos y señales, mujer!»

También los de Burgos se comportaron lo mejor que supieron. Paz se mostró tal cual era: dura y tenaz, pero con innegable influjo personal. Tenía una cualidad: era incapaz de fingir. Así, por ejemplo, en un momento en que Carmen Elgazu dijo: «Lo bueno que tienen las ciudades pequeñas es que en ellas todo el mundo se conoce», Paz replicó: «Pues yo creo que eso es lo que tienen de malo. ¡Menudo chismorreo habrá por aquí!» Pero Paz tenía un defecto: a veces su sinceridad podía herir. Así ocurrió con Ignacio. De pronto, y sin venir a cuento, la muchacha le preguntó a su primo: «¿Y qué tal en Esquiadores? Dispararías a gusto, ¿verdad?» Fue una intervención desafortunada, que Ignacio resolvió, contestando con tranquilidad: «No lo creas. Me pasé el tiempo esquiando y en los esquís no hay gatillos.» En cuanto a Manuel, que ocupaba la silla de César, daba la impresión de sentirse feliz. Si algo se caía al suelo se precipitaba a recogerlo y se llevaba el pan a la boca con unción, como si lo considerara algo sagrado.

A la hora del café, Matías brindó escuetamente:

—Me parece un sueño que nos encontremos aquí reunidos. Repito que no me cabe la menor duda de que será para el bien de todos.

—¡Claro que sí! —corroboró Ignacio, levantando a su vez la taza.

La jornada se completó con la «toma de posesión» de la vivienda que perteneció al Cojo. La escalera enfrió un poco el entusiasmo de los recién llegados, pues estaba oscura, la barandilla se quedaba pegada a la mano y los peldan
Pero los muebles enviados por la Agencia estaban ya en el

piso, en su lugar, amén de algunos otros conseguidos por Mateo en el Servicio de Recuperación. Por otra parte, Carmen Elgazu en persona había limpiado la cocina, que relucía, con enseres nuevos comprados en una tienda de la calle Platería. Carmen Elgazu hubiera querido poner en la casa alguna imagen, pero Pilar se lo prohibió. «¿Para qué? La echarían al fuego.» En cambio, Matías, además de meter en el armario, simbólicamente, una botella de anís, colgó en el comedor un calendario, el cual provocó en Manuel una curiosa reacción: el chico se subió a una silla y marcó con una cruz roja la fecha de su llegada a Gerona.

* * *

Ocurrió lo previsto: a lo primero todo marchó sobre ruedas. Conchi se entendió de maravilla con el patrón del Cocodrilo, al que tenían sin cuidado los moños grasientos y las horquillas colgando. La mujer se adaptó pronto a las costumbres del bar, consiguiendo efectivamente espantar a las gitanas y mantener a raya a los soldados que bebían más de la cuenta. Y a la postre, si bien el jornal que se sacaba era menguado, siempre se llevaba para casa alguna ventajilla. La molestaba que detrás del mostrador hubiera un retrato de Franco, pero el pícaro patrón le decía: «Pues yo debo a ese míster el tener otra vez la barriga llena.»

Manuel, que se había traído consigo el Atlas y que continuaba con su sueño ilusionado —ver el mar—, aun antes de que se abriera el curso escolar estuvo ya a punto de caer en la red que el celo apostólico de Carmen Elgazu tendía por doquier. Ciertamente, Carmen Elgazu vio que el chico era de buena pasta, lo que atribuyó a que en el pueblo castellano en que Manuel se refugió durante la guerra «debió de recibir buenos ejemplos», y en consecuencia pensó en presentarlo, sin más, a mosén Alberto. La intención de Carmen Elgazu era proponerle al sacerdote que Manuel, mediante una pequeña remuneración, se quedara en el Museo unas cuantas horas al día «en calidad de chico para recados». Manuel, al oír que su tía, aunque con muchos circunloquios, insinuaba esa posibilidad, pegó un brinco, pensando en Paz, su hermana. «¡No, eso no!», protestó. Matías se enteró de lo que ocurría y farfulló varias frases ininteligibles. «¿Se puede saber lo que estás diciendo?», le preguntó Carmen. «Sencillamente, que nunca oí un proyecto tan descabellado.»

Por su parte, Ignacio pensó en llevar a Manuel al Campamento de San Feliu de Guíxols; pero Mateo le dijo: «Es inútil. Lo clausuramos pasado mañana, el primero de septiembre.»

La espina irritante, desde luego, iba a ser Paz. Paz consiguió colocarse en una fábrica de lejía. Pero se veía bien a las claras que consideraba aquello provisional; que, al igual que Hitler, iría a lo suyo, costase lo que costase. Se abstenía de hablar de política; pero siempre se las arreglaba para dejar constancia de que seguía siendo la misma que antaño vendía tabaco y chicles por los cafés de Burgos, oído alerta y llorando en los lavabos. Nadie se rasgaba las vestiduras por ello, pues algo había en la muchacha que forzaba a admitirla tal cual era. Sin embargo, ¿por qué tanta agresividad? ¿Y a santo de qué tanto rímmel en las pestañas?

La muchacha pasó unos días sin dar que hablar. Dedicóse a recorrer por su cuenta, de punta a cabo, la ciudad, que no le pareció tan «rica y próspera» como su tío Matías se la había pintado. «Sí, claro. Cataluña es Cataluña, pero...» No olvidaba que la guerra había destrozado muchos edificios y que todo estaba por recomponer. Pero, así y todo, muchas fachadas eran tan mugrientas como la barandilla de la escalera de su casa y apenas se apartaba uno del centro, de la Rambla, del Puente de Piedra, de la calle de José Antonio Primo de Rivera, la impresión de dejadez, incluso de pobreza, recordaba la de muchos barrios de Burgos.

Matías le advertía: «No te dejes engañar por las fachadas. Muchas de las familias que ahí viven tienen sus buenos billetes ahorrados y en pocos años prosperarán lo suyo y darán carrera a sus hijos.» Paz se encogía de hombros. «No, no, esto no es lo que tú me habías dicho.» Al barrio antiguo, que naturalmente era lo noble y magnífico de Gerona, sólo subió una vez. Pero se asfixió en él. ¿A qué tanta muralla, tanto convento, tanta callejuela? Y ya, poniéndose en el terreno que no era el suyo ¿cómo comparar la catedral de Gerona con la de Burgos? Las escalinatas, sí. Las escalinatas de la Catedral le gustaron a Paz. Se lo confesó a Ignacio; e Ignacio le dijo: «¡Y te gustarán más aún! El día que te eches novio, a lo primero te irás con él a la Dehesa, como todo el mundo; pero luego le pedirás que te traiga a esas escalinatas a esperar a que se haga de noche...»

De pronto, el segundo día festivo desde la llegada de Paz, Matías y Carmen empezaron a temblar. En efecto, la muchacha eligió ese día para dar su primer golpe. Haciendo caso omiso de la covacha en que vivía y del desastroso estado del espejo de su habitación, salió de casa dispuesta a capitanear, sin más explicaciones, el clan de las mujeres que en aquel verano mórbido llevaban blusas temerarias; se puso una blusa roja, de un rojo mucho más violento que el que exhibía Adela, blusa que incendió la calle de la Barca y que arrancó al paso comentarios de este tenor: «¿Qué buscas, nena? ¿Ser mamá antes de tiempo?» Blusa que se hinchaba al compás de la respiración y que dejaba al descubierto la carne temblorosa.

Casi parecía imposible que una escueta prenda provocara tal revuelo. Ignacio estaba seguro de que su prima había elegido aquel color en homenaje a sus ideas. La Torre de Babel, que vio a Paz en la Rambla, lanzó un silbido que lo convirtió en pájaro. «La Voz de Alerta», que había salido al balcón, al ver de lejos aquella mancha colorada sintió de pronto la necesidad de hacerle caso a Montse, su criada, y casarse lo antes posible. En cuanto a Pilar, que no vio a su prima, pero que se enteró de lo que ocurría, comentó, mientras se acicalaba los ojos con un poco más de rímmel que de costumbre: «Me di cuenta en seguida. Es una descarada.»

Paz gozó lo suyo al comprobar que había hecho diana. Sentía tanta sangre en las venas, y que ésta circulaba tan de prisa, que se decía para sí: «Ahora verán. ¡Sabrán cómo me llamo!» Sí, necesitaba resarcirse de las terribles humillaciones de aquellos años. Su propio tío Matías le había dicho: «Se acabó la encerrona...» Pasó delante de una zapatería y se prometió a sí misma comprarse unos zapatos de tacón alto. Pasó delante de una confitería y se le hizo la boca agua. Se le acercó un hombre con blusón de matarife y lo dejó plantado diciéndole: «¿Qué buscas? ¿No tiene pechos tu mujer?» Al final de la Rambla vio un carrito de helados —*La Mariposa*— y compró un cucurucho y prosiguió su caminata lamiéndolo con intencionada desfachatez.

Hasta que, de repente, cruzó el Oñar y se encontró frente a los cuarteles. Entonces se desanimó e hizo marcha atrás. Pero nadie se dio cuenta del cambio, habida cuenta de que su blusa seguía teniendo el color de la alocada vida.

Matías no quiso intervenir. Comprendió lo que le ocurría a su sobrina. «Quiere vivir, quiere vivir. ¿Hay algo más natural?»

Por fortuna, al día siguiente Paz optó por la prudencia. Se fue a la fábrica sin pintarse siquiera. Sus compañeras de trabajo le preguntaron si tenía novio y ella contestó: «Sí, el obispo.» Todas se rieron, excepto la más anciana, que siempre aseguraba que el olor a lejía le gustaba. «Pues a lo mejor eso del obispo es verdad», comentó la vieja. Y Paz se quedó mirándola y dijo: «¿Y por qué no va a serlo?»

Todas las personas que conocieron a la muchacha opinaron lo mismo: lo más impresionante de ella era la voz. Tenía una voz rota, desgarrada, como bañada en alcohol, que confería un extraño dramatismo a cuanto decía. El doctor Chaos comentaría más tarde que «era una voz hombruna»; juicio erróneo. Era lo más femenino que pudiera concebirse; sólo que no le salía de la garganta, sino de la entraña. Igualmente, todo el mundo comentó que Paz no sonreía nunca. Era cierto. Conchi, que le había dado el ser, no la había visto sonreír apenas. Sólo en sueños. A veces Paz soñaba por las noches y entonces sonreía, tal vez porque el sueño la transportaba a mundos que no había conocido jamás.

Marta y Mateo la consideraron un peligro... desde el punto de vista político. Supusieron que en el barrio de la Barca organizaría su camarilla y que a no tardar fundaría el *Socorro Rojo* en la ciudad. Siempre hablaba de los presos que redimían penas trabajando. «De todos modos, pensándolo bien —opinó Marta—, ¿qué podrá hacer? Desahogarse, poco más.»

Observador de excepción del comportamiento de Paz, de sus inclinaciones y de su probable evolución lo fue, desde el primer momento, el capataz de la fábrica de lejía. En efecto, el hombre, al ver a Paz pegando etiquetas en las botellas, le decía cada mañana:

—Chica, no comprendo por qué estás aquí. De veras. Éste no es tu sitio.

Paz se encogía de hombros y contestaba:

—¡Bah!

Segunda parte

Del 1 de septiembre de 1939
al 1 de abril de 1940

CAPÍTULO XIX

Era cierto. Radio Gerona lo comunicó a sus oyentes, es decir, a toda la población. Al término de un intenso forcejeo diplomático que duró varias semanas, y pese a las gestiones en pro de la paz que llevaron a cabo, dramáticamente, Pío XII y Musolini, Hitler ordenó que las tropas alemanas cruzaran la frontera polaca. Ello ocurría el día 1 de septiembre.

La explicación que dio el Führer era la misma que venía repitiendo en sus discursos y declaraciones: las tropas polacas «provocaban» a los soldados del Reich con incursiones y golpes de mano, y los ciudadanos alemanes radicados en Polonia «sufrían vejaciones, torturas, o eran asesinados sin piedad». Tratábase, pues, de un «acto defensivo» y no, como pretendían los enemigos de Alemania, «de un ataque injustificado y criminal». Era preciso liberar a las minorías étnicas alemanas de Polonia. Y terminar de una vez con el asunto de Dantzig, el famoso pasillo polaco que partía en dos el territorio alemán, separando del resto la Prusia oriental.

El Gobernador Civil, camarada Dávila, se puso inmediatamente al habla con el general Sánchez Bravo. El hecho de que el ejército polaco hubiese anunciado su voluntad de resistir, se lo aconsejó de ese modo. Ambas autoridades coincidieron en que el asunto tomaba mal cariz, un cariz muy distinto al de las anteriores anexiones alemanas, que habían tenido lugar sin disparar un solo tiro. Claro que, ¿qué podían hacer los polacos? ¿Resistir tres semanas, un mes? El general Sánchez Bravo estaba al corriente del concepto moderno que los generales de Hitler tenían de la guerra —motorización—, así como de los elementos con que contaban, y concluyó que la suerte estaba echada. Existía el compromiso diplomático por parte de Francia e Inglaterra de declarar a su vez la guerra a Alemania si era atacada Polonia; pero ello no podía tomarse en serio. ¿Cómo iban a arriesgarse París y Londres a lo que una guerra significaba, por defender a un país «situado en el Este y con el que nada tenían en común?»

—No ocurrirá nada —dijo el general—. Hitler entrará en Varsovia, y sanseacabó.

Sin embargo, a su regreso al cuartel dio instrucciones al coronel Romero para que organizara un servicio permanente de radioescucha y ordenó a Nebulosa que colgara en la pared un gran mapa de Europa y preparase unas cuantas banderitas. Nebulosa, que prefería esos menesteres a guardar turno para doña Cecilia en la peluquería de señoras, cumplió con placer lo ordenado, pues ahora las banderitas no se clavarían en ciudades españolas. Nebulosa era de los convencidos de que el mundo entero se frotó con gusto las manos viendo a los españoles matarse entre sí.

Por su parte, el Gobernador llamó inmediatamente a Mateo y discutió con él, como siempre, las fórmulas idóneas para informar a la población. Acordaron que al referirse a las operaciones no emplearían nunca, bajo ningún pretexto, la palabra *invasión* —que era la utilizada por Radio París y la BBC de Londres—, sino que dirían *avance alemán*. En cambio, popularizarían la frase *guerra relámpago* que, en vista del arrollador éxito inicial que obtenía el ejército del Führer, había empezado a emitir Radio Berlín.

—En resumen —concluyó el Gobernador—, vamos a dar la impresión de que se trata de un episodio más, sin importancia y que terminará en seguida.

Mateo asintió. Sin embargo, muy pronto había de producirse la sorpresa. Exactamente cuarenta y ocho horas después, o sea, el 3 de septiembre, Inglaterra y Francia, dando un mentís a las autoridades gerundenses, afrontaron el riesgo y declararon la guerra a Alemania.

El Gobernador quedó mudo de asombro, lo mismo que Mateo y que el general Sánchez Bravo. Asombro que aumentó más aún al conocerse a renglón seguido la noticia de que Italia permanecería neutral, decisión basada al parecer en un informe que Mussolini pidió a sus generales, «los cuales estimaron que el ejército italiano no estaba preparado para afrontar un conflicto armado a escala europea o mundial». El camarada Dávila no hubiera osado imaginar siquiera que el eje Berlín-Roma fuese vulnerable bajo ningún aspecto y, por otra parte, no acertaba a explicarse que Mussolini, digno sucesor de los emperadores romanos, se expusiera a parecer débil ante los demás países. Mateo sugirió al Gobernador —recordando su reciente conversación con Aleramo Berti— que en la actitud italiana podía muy bien haber influido el rey, de espíritu escasamente combativo, y Ciano, pacifista a ultranza, pese a su porte arrogante. El Gobernador se acarició el vendaje de su dedo meñique y de un tirón se quitó las gafas negras, depositándolas sobre la mesa, como si tener descubiertos los ojos pudiera ayudarle a comprender.

En cambio, el hombre estimó lógico a todas luces que Franco se decidiera también por la neutralidad y que enviara a los países beligerantes un mensaje rogándoles «que localizaran el conflicto». «España no puede hacer otra cosa —sentenció el camarada Dávila—. España ha de dedicarse a la reconstrucción.»

Bueno, la realidad era ésta: la guerra había estallado, cinco meses después de que en España hubiera «estallado la paz», expresión grata a «La Voz de Alerta», quien le daba un significado glorioso. Y ello había demostrado una cosa: que el Gobernador podía equivocarse... Eso le dijo Mateo a su jefe y amigo, en el despacho de éste, mientras, fruncido el entrecejo, el muchacho jugueteaba con su mechero de yesca. El Gobernador hizo un ademán de impotencia y comentó: «Es cierto, me equivoqué. Pero creo que se ha equivocado medio mundo.» Y tomó las gafas negras y se las colocó de nuevo.

* * *

Los acontecimientos se precipitaron. El día 8 las tropas alemanas entraron en Varsovia. Sin embargo, la guerra continuó aún y las emisiones del mundo entero se hacían lenguas del heroísmo de los polacos, al tiempo que anatematizaban la furia de los bombardeos que llevaba a cabo la aviación germana, a las órdenes del mariscal Goering. Entonces, en plena hecatombe, saltó al aire otra sensacional noticia: los rusos, emulando el pretexto invocado por Hitler, el 17 de septiembre cruzaron también, por el Este, la frontera polaca, «al objeto de proteger a las minorías ucranianas y a los rusos blancos que había en aquella franja de territorio». La cosa estaba clara: Alemania y Rusia se disponían a repartirse Polonia, como quien se reparte un queso de bola, lo cual explicaba plausiblemente su reciente Pacto de No Agresión. El general Sánchez Bravo, después de analizar ante el mapa la operación confluente, comentó: «Sin embargo, hay algo que no entiendo. Los territorios que se anexiona Alemania son ricos —Cracovia, la Alta Silesia, etcétera—; en cambio, los territorios que se anexiona Rusia son pobres y pantanosos.» Luego añadió: «Tal vez lo que buscan los rusos sea disponer de mano de obra.»

Como fuere, el ataque soviético hizo suponer a los comentaristas internacionales que Inglaterra y Francia declararían también la guerra a Rusia, pero se equivocaron. Ambas democracias se limitaron a enviar, a través de sus embajadores en Moscú, una nota de protesta.

Este hecho sublevó de modo especial a José Luis Martínez de Soria.

—¿Habráse visto? —barbotó el hermano de Marta—. Los rusos realizan una acción idéntica a la de los alemanes: vulnerar la frontera polaca, y las democracias se limitan a protestar. ¡Ah, claro, Rusia es intocable! Papaíto Stalin se enfadaría. El peligro es Hitler; Stalin no. Stalin es un corderito que sólo asusta a los «fascistas» españoles.

Mateo tomó buena nota de la sutil teoría de su camarada e hizo de ella el punto de partida de sus comentarios en *Amanecer* y en la emisora local de radio.

Cabe decir que la estrategia de Mateo hizo mella en la mentalidad común. Y es que buena parte de la población gerundense era, ya con anterioridad a la guerra española, germanófila. Lo era por adhesión de difícil análisis. Julio García, en tiempos, había hablado «de admiración por los científicos y por la capacidad de trabajo del pueblo alemán»; David y Olga habían especulado sobre «el posible recuerdo de Carlos V»; el melómano doctor Rosselló lo atribuía, sobre todo, «a Beethoven y a Schumann». No se sabía... El caso es que personas tan al margen de la política como Damián, el trompeta de la *Gerona Jazz*, y don Eusebio Ferrándiz, el jefe de Policía, eran germanófilas. Y para citar un ejemplo príncipe, estaba el caso de las hermanas Campistol, las cuales, desde el día 1 de septiembre, en su taller de modistas rezaban cada día el rosario para que Alemania consiguiese la victoria.

Naturalmente, Galindo, uno de los que habían vaticinado que Alemania no se limitaría a soltar discursos, se presentó en el Café Nacional exhibiendo una caricatura de Hitler, realizada con su máquina de escribir, en la que el bigote acharlotado del dictador alemán empezaba a afilarse por los extremos y a extenderse por Europa. La caricatura obtuvo franco éxito, lo que Galindo aprovechó para decirle a Matías: «Una vez me preguntó usted cuándo se decidirían los ingleses a decir: *stop*. Pues bien, ahí lo tiene. Ya se han decidido.» Por su parte, Jaime, el repartidor de *Amanecer*, en el plazo de dos semanas gastó casi entero un lápiz rojo a base de subrayar aparatosamente, en el ejemplar del periódico destinado a los Alvear, los textos entresacados de los discursos de Goebbels y referidos a la «incuestionable supremacía del superhombre ario».

Con todo, mucho más dolido que los amigos de Matías lo estaba el padre Forteza. El padre Forteza estimaba que la conquista de Polonia por los nazis significaba una pérdida irreparable para la Iglesia, pues no podía olvidarse que Polonia era la vanguardia católica en el Este, en el mundo eslavo. El jesuita había recibido a la sazón una carta de un padre de la Compañía, residente en Bélgica, en la que éste le contaba «que los soldados polacos estaban luchando con crucifijos en el pecho y que en todas las iglesias de la nación los fieles cantaban: *Señor, líbranos de esta guerra que nosotros no hemos querido*». Por otra parte recordaba, de su estancia en Alemania, frases y comentarios de Hitler referidos a la religión: «El Cristianismo es un invento de cerebros enfermos y un fermento de descomposición.» «Una revolución no se hace con santos.» «He decidido que en mi entierro no haya un solo cura en diez quilómetros a la redonda.» Etcétera.

El padre Forteza estuvo tentado de hacer, ¡otra vez!, una visita al Palacio Episcopal para suplicarle al obispo que las autoridades gerundenses se abstuvieran de cantar a diario las excelencias del III Reich; pero, después de un intercambio de impresiones con mosén Iguacen, el familiar del prelado, desistió. Mosén Iguacen le anticipó la respuesta: aquello era política, y la política escapaba a la jurisdicción eclesiástica.

—¡Por los clavos de Cristo! ¿Puede considerarse política el que una nación persiga al catolicismo?

Mosén Iguacen, cada día mejor guardaespaldas, replicó, acariciándose las puntas de los dedos:

—¿No estará usted exagerando, padre? La Iglesia germánica parece gozar de buena salud. ¿Tiene usted noticia de que los obispos alemanes hayan condenado públicamente la acción de Hitler?

Los hechos dieron la razón a mosén Iguacen. El doctor

Gregorio Lascasas, pese a haber nacido en Aragón, no se decidió a actuar. Se limitó a ordenar que en todas las parroquias de la diócesis se hicieran «rogativas en pro de la paz del mundo».

En el Casino de los Señores brotaron comentarios para todos los gustos. «La Voz de Alerta» se alegró de que Mussolini no se hubiera aliado bélicamente con Hitler. El notario Noguer declaró que la opinión de *Amanecer*, según la cual «la lucha entre las democracias y la Alemania nazi era la lucha entre un gato y un león», le parecía exagerada. «A los franceses no les gusta la guerra; de acuerdo. A los ingleses tampoco. Pero ¡quién sabe lo que puede ocurrir! ¿Y si a los Estados Unidos les da por declararse también beligerantes?»

Inesperadamente, se unió al grupo antialemán un personaje recién llegado a la ciudad: el doctor Andújar. El doctor Andújar, compañero de carrera del doctor Chaos —aunque especializado luego en Psiquiatría—, en virtud de las gestiones realizadas por éste, acababa de llegar a Gerona para posesionarse del cargo de Director del Manicomio, ¡que buena falta hacía! Hombre muy católico, padre de familia numerosa y amante de la paz, su opinión fue concreta: no era seguro, ni mucho menos, que una vez rendida Polonia todo hubiera terminado. El conflicto podía continuar y extenderse. Y si se extendía, «Inglaterra podía muy bien darle el vuelco a la situación, habida cuenta de que las guerras largas solía ganarlas quien dominaba el mar».

El mar... Esta palabra produjo en el Casino de los Señores un impacto comparable al que, al oírla, recibía en su cerebro el pequeño Manuel. «La Voz de Alerta», que ocho días antes había repasado una voluminosa *Historia Naval*, por habérsele ocurrido escribir una «Ventana al mundo» dedicada al tema *Los océanos*, asintió a la original tesis del doctor Andújar. «Es cierto —dijo—. Inglaterra, en el mar, no tiene rival.»

Sin embargo, la reacción más violenta a raíz de los acontecimientos corrió a cargo —no podía ser de otro modo— de Manolo Fontana y Esther, quienes habían cancelado precipitadamente su veraneo. Manolo, que no sólo había obtenido la licencia, sino que disponía ya de piso propio, precisamente el que perteneció a Julio García, manifestó que José Luis Martínez de Soria, en sus investigaciones sobre la figura de Satán, tropezaría sin duda con el nombre de Hitler. Estaba furioso con Mateo, quien había transcrito en *Amanecer* un artículo de fondo de Núñez Maza publicado en un diario madrileño y que decía literalmente: «Excepto Alemania, Italia, Portugal, España y el Japón, el resto del mundo es masonería y comunismo, es decir, escoria.»

Manolo, más que nunca, y ahora a modo de desafío, fumaba tacabo rubio inglés. Y si bien en lo íntimo de su corazón le temía al III Reich, al enterarse de que Churchill había sido nombrado Primer Lord del Almirantazgo, se sintió esperanzado. «Entre un universitario como él —dijo— y un astrólogo supersticioso como Hitler, me inclino por el primero...» Por su parte, Esther, en sus conversaciones con María del Mar, con la viuda Oriol, con Marta, etcétera, comparaba maliciosamente los nobles atributos de la corona inglesa con los de la cruz gamada, svástica, de los nazis, que en principio fue privativa de los salvajes adoradores del sol. «Son pequeños matices, ¿verdad?»

María del Mar se abstenía de opinar. Ella no entendía de «política internacional». Marta, en cambio, que leía la revista *Signal*, le objetaba a Esther que tan delicadas especulaciones no modificarían las bases del conflicto. «El pueblo alemán ha recibido con júbilo la decisión del Fúhrer. Los alemanes están como un solo hombre a su lado y lo obedecerán hasta el final.»

¿Y doña Cecilia? ¿Qué opinaba doña Cecilia, hija de un lechero de Palencia y alérgica a los periódicos y a la geografía? Doña Cecilia, en una de las visitas que le hizo a Esther —le gustaba horrores la tarta de nata que ésta le preparaba—, exclamó de pronto:

—¡Hay que ver esos ingleses! ¡Mira que declararle, así por las buenas, la guerra a Alemania!

* * *

En cuanto Polonia se rindió —la *guerra relámpago* fue una realidad—, la opinión general, que ni siquiera se enteró de los comentarios de los disidentes, fue que la suerte estaba echada; en consecuencia, la tensión de aquellas jornadas disminuyó. La expresión más plástica de esta postura, de este cansancio por los avatares bélicos, la dieron los hermanos Costa. Los hermanos Costa, en la cárcel, a raíz de dicha capitulación, les dijeron a los demás reclusos: «¡A ver si olvidamos de una vez este asunto de los polacos! Aquí lo que conviene es organizar campeonatos de ajedrez y fundar un orfeón.»

Santas palabras... En resumidas cuentas, ésa era la tesitura de las autoridades... No dejarse avasallar por lo que ocurriera más allá de las fronteras. Ocuparse más que nunca de los problemas internos. «España ha de dedicarse a la reconstrucción.»

El mes de septiembre era propicio para ello. El calor había disminuido y el calendario marcaba la hora de reanudar la actividad en la provincia. Se necesitaban postes de gasolina; pues a crearlos, concediéndoles la preferencia a los Caballeros Mutilados. Se necesitaban estancos; pues a abrirlos donde fuera preciso, adjudicándolos a las viudas de los «caídos». En Gerona hacía falta una barbería de lujo: ahí estaba un tal Dámaso, dueño de una perfumería, *Perfumería Diana*, para inaugurarla en un entresuelo de la Rambla, con éxito espectacular, pese a que había que subir unos escalones. Faltaban tiendas dedicadas a la reparación de máquinas de escribir —descacharradas con la guerra—, de aparatos de radio, de plumas estilográficas...; surgieron como por ensalmo, aquí y allá. ¡Inauguróse incluso una llamada *Galería de Arte*, donde se enmarcarían cuadros, se venderían reproducciones —Picasso, prohibido— y se venderían antigüedades! Eso, era lo útil y directo. La vuelta a la normalidad.

Por lo demás ¡eran tantas las cuestiones por resolver! Ahí estaba la Inspección de Enseñanza Primaria. Faltaban tres semanas para la apertura de las escuelas y todavía seguían en trámite, en la mesa de Agustín Lago, los expedientes que la Comisión Depuradora de los maestros había incoado. La impresión del inspector jefe, en vista de las respuestas dadas por los maestros a los pliegos de cargos y de los avales con que las acompañaban, era que acertó en el pronóstico que le había hecho al Gobernador: alrededor de un cincuenta por ciento de los titulares deberían ser expulsados, separados de la carrera y otro veinte por ciento trasladados a otros pueblos. ¡El problema era grave! Sería preciso cubrir las vacantes que se produjeran. Agustín Lago dijo: «Por suerte, han pedido el ingreso una serie de ex seminaristas, y varios ex alféreces provisionales han hecho ya los correspondientes cursillos. ¡Pero no podemos perder más tiempo! Hay que firmar los nombramientos.»

Otra papeleta era la confección del programa de Ferias y Fiestas de San Narciso, que tenían lugar a fines de octubre. Serían las primeras después de la guerra: era preciso dar el golpe, inundar de alegría la ciudad. La Comisión de Festejos, formada en su mayor parte por concejales del Ayuntamiento, se mostraba optimista. «Continuamente llegan peticiones de feriantes que quieren montar su barracón. Parece ser que tendremos hasta circo, lo que siempre resulta agradable. Y si resolvemos el problema de la energía eléctrica, vendrán incluso autoschoque.»

«La Voz de Alerta», que por fin se había decidido a reabrir su consulta de dentista —pronto colocaría en el balcón el correspondiente rótulo de letras doradas sobre fondo negro—, comentó: «Eso estaría bien. A la gente le gusta embestirse de mentirijillas.»

—¿No permitirán todavía tocar sardanas?

—¡Qué pregunta! Ni soñarlo...

Pequeña espina clavada en el corazón de los ciudadanos como la Torre de Babel, como Padrosa. Los jugadores de bochas de la Dehesa «no veían motivo que justificara la prohibición». Los «productores» de la fábrica Soler, pese a la gloriosa tarde del 18 de julio en la piscina y de la opinión del camarada Arjona, Delegado Sindical, no se sentían todavía dispuestos a bailar por *soleares*. «Sería un detalle del Gobernador: que por las Ferias se tocasen sardanas.» Los componentes de la antigua Cobla Gerona, que ni siquiera se habían atrevido a presentar la solicitud, andaban todos, al igual que Jaime, buscando cómo ganarse su pecunio: unos repartían recibos de la Compañía de Gas y Electricidad; otros, de las Mutuas. El antiguo director, un tal Quintana, que tocaba el fiscorno, aprendía el oficio de sastre. Se lo enseñaba en su casa un cuñado suyo que perteneció a un Comité y que desde la entrada de los «nacionales» vivía oculto detrás de un tabique.

Septiembre, complejo en la tierra, nítido en el aire. Francia enviaba, además de repatriados y de lo que Fronteras conseguía recuperar —últimamente, la llamada valija de Álvarez del Vayo, que contenía nada menos que la corona de la Virgen de la Merced, patrona de Barcelona—, ráfagas de viento fresco, de tramontana, que exaltaba a los taponeros del Ampurdán y que se se llevaba las nubes con la facilidad con que la aviación de Hitler había despejado de enemigos el cielo de Polonia.

Muchas familias, sobre todo en el campo, se quejaban de que sus hijos, los mozos de la casa, que habían servido obligatoriamente con los «rojos», ahora continuaban vestidos de caqui, cumpliento el servicio militar. El reenganche... «¿Hasta cuándo? Se habrán pasado media juventud con el fusil en la mano.» Menos mal que recibían carta de la novia; menos mal que las novias sabían esperar...

Tía Conchi, en el bar Cocodrilo, le preguntó al patrón:

—¿Y qué significa eso que escribes en los cristales: «se sirven almejas, mejillones y ensaladilla *nacional*?»

El patrón contestó:

—No voy a poner ensaladilla *rusa*, ¿verdad? ¿O es que quieres que me metan en la cárcel?

CAPÍTULO XX

EL HOMBRE MÁS DESCONCERTADO por el pacto de no agresión germano-ruso, y también por la entrada de las tropas rusas en Polonia —mucho más que el general Sánchez Bravo, que el doctor Andújar, que Mateo y que todos los gerundenses juntos—, era Cosme Vila, residente, desde el mes de junio, en Moscú, en compañía de su mujer e hijo, el chavalín que en Gerona se mordía el pulgar del pie derecho.

Y no había para menos. Desde su llegada a la capital de la Unión Soviética, formando parte de los cuatro mil exiliados españoles —cifra aproximada— que el Kremlin admitió, Cosme Vila no había hecho sino oír toda clase de injurias contra Hitler y el nazismo. Las injurias fueron tantas que al ex jefe comunista gerundense llegó a parecerle aquello una obsesión. Ciertamente, no sólo los militantes del Partido calificaban siempre a los gobernantes del Führer de «saqueadores subhumanos», sino que en los campos de tiro los blancos contra los que había que disparar estaban formados por siluetas nazis, y en las escuelas los muchachos jugaban «a comunistas contra nazis», juegos en los que estos últimos llevaban invariablemente la peor parte. Por si fuera poco, en muchos cines de la capital rusa se daban sin descanso películas antialemanas, como *El profesor Mamlock* y *La familia Oppheneim* y, según Cosme Vila pudo enterarse, muchas de las purgas ordenadas por Stalin en el seno del Partido y del Ejército habían descansado sobre la base del peligro nazi, del peligro de que Alemania atacara a la URSS.

Pues bien. He aquí que, de repente, en aquel 23 de agosto, no sólo en la Escuela de Formación Política a la que Cosme Vila asistía se prohibió el uso de la palabra «fascismo» aplicada a los nazis, sino que las bibliotecas y librerías fueron expurgadas en cuestión de horas de toda propaganda antialemana, mientras la cruz gamada y la hoz y el martillo se ensamblaban en todos los edificios públicos y se empezaba, por contraste, a ridiculizar a John Bull, al tío Sam y a un ciudadano francés que en las caricaturas aparecía siempre bebiendo vino tinto.

¿Qué pensar? Cosme Vila exclamó ante su mujer, que en Moscú no hacía más que preguntar dónde podría conseguir una cacerola de aluminio: «¡Esto es para volverse loco!»

* * *

En el fondo era raro que Cosme Vila se expresara así, pues tiempo había tenido, desde que salió de Gerona, de familiarizarse con los virajes de su país de adopción, la Patria del Proletariado. En realidad había ido de sorpresa en sorpresa, hasta el extremo que si «La Voz de Alerta» hubiera podido publicar en *Amanecer* la odisea del jefe comunista gerundense, se hubiera apuntado, a no dudarlo, uno de los más grandes éxitos de su carrera periodística. Tanto más cuanto que nadie en la ciudad tenía la menor noticia «de lo que había podido ocurrirle a Cosme Vila».

La primera sorpresa para éste tuvo lugar, como es sabido, en Francia, cuando el comisario Axelrod se negó a admitir en Rusia a Gorki y al resto de sus camaradas. «Se impone una selección. ¿Te das cuenta, Cosme? La experiencia nos demuestra que no todos los camaradas se aclimatan en la URSS.» Cosme Vila no comprendió por qué no se aclimataban en la URSS todos los camaradas; pero se calló.

La segunda sorpresa la tuvo llegado el momento de trasladarse a Moscú. Él creyó que haría el viaje en avión, como lo habían hecho algunos prohombres del Partido. No fue así. Le avisaron que saldría por vía marítima, del puerto de El Havre, a bordo de uno de los buques soviéticos que hacían la línea regular Nueva York-Leningrado. Irían con él otros trescientos exiliados españoles y capitanearía la expedición el propio Axelrod, por parte rusa, y por parte española el camarada Jesús Hernández, miembro del Comité Central.

La tercera sorpresa, ésta de gran calibre, la tuvo a poco de iniciarse la travesía. El buque que le tocó en suerte fue el *Komrodost*, bastante confortable, que curiosamente estaba al mando de una mujer, detalle que causó el mayor asombro a la esposa de Cosme Vila. Todo iba a las mil maravillas —el entusiasmo de los trescientos exiliados era tan grande que muchos de ellos habían tirado el equipaje al mar, convencidos de que en Leningrado serían recibidos como héroes y colmados de obsequios—, cuando he aquí que, inesperadamente, el dirigente Jesús Hernández convocó una reunión urgente en un salón del barco llamado «Rincón de Lenin».

Cosme Vila y todos los demás, entre los que figuraba Eroles, el jorobado ex jefe de la checa de la calle de Vallmajor, acudieron a la reunión convencidos de que recibirían instrucciones... y buenas noticias. Y no fue así. Jesús Hernández, a boca de jarro, sin previo aviso, echó sobre todos sus oyentes tal chorro de agua fría que Cosme Vila notó en su espíritu que no olvidaría aquello de por vida. La charla fue muy breve; sin embargo, su contenido fue tan denso que el barco pareció envejecer.

—Camaradas —dijo Jesús Hernández—, pronto vais a contemplar la verdad soviética no con los ojos del ideal, sino con los de la verdad cruda. En la URSS queda poco tiempo para las diversiones. La vida es de una dureza infinita. El nivel de los proletarios es muy bajo. Se elabora a destajo o mediante normas muy elevadas. Con la producción de un obrero español en el curso de ocho horas, en la Unión Soviética difícilmente se podrían untar de mantequilla cien gramos de pan diarios. El triunfo del socialismo requiere máquinas, máquinas, máquinas. Las primeras generaciones proletarias están destinadas al sacrificio, a las penalidades. Todo el esfuerzo se dirige a la gran industria. Se carece de lo más indispensable. Se hace cola por lo más inverosímil. Hay miseria y hambre en las capas de los obreros menos calificados. Veréis infinidad de gentes vestidas con extremada pobreza en las ciudades y cubiertas con harapos en las aldeas. Es lastimoso, pero la gran misión de la Rusia socialista tiene que cumplirse sin sentimentalismo. Para las mujeres será una odisea encontrar alfileres u horquillas para el cabello, polvos para la cara o lápices de labios. No hay salones de belleza, se fabrica en serie. No hay cafés, ni restaurantes, ni bares, ni tabernas como en los demás países. El régimen no puede perder el tiempo en esas minucias. Cada ciudadano tiene su tarjeta de racionamiento y su comedor colectivo. También os chocarán las costumbres. Veréis en las fiestas particulares a las gentes emborracharse como si fuese una necesidad y en los W. C. públicos, donde no existen puertas ni separaciones, veréis discutir o leer el periódico mientras se aligeran el intestino o la vejiga. Una de las plagas la constituyen los niños abandonados, sin hogar, que vagan por todo el país y que son auténticos delincuentes. Tragedia que ha obligado al Gobierno a establecer la pena de muerte para los mayores de doce años... El problema de la vivienda es atroz, pues millones de campesinos se han ido a las ciudades a causa de la industrialización. La familia que pueda disponer de cuatro metros de espacio, debe considerarse privilegiada. Etcétera.

Los rostros de los oyentes reflejaron el mayor estupor, sobre todo porque quien les hablaba, el camarada Hernández, había estado en Rusia una larga temporada, allá por 1931, como alumno de la «Escuela Leninista». Era, por tanto, testimonio de excepción. Tampoco podía imaginársele derrotista, por cuanto Axelrod había escuchado el discurso sin mostrar cara complaciente, pero sin tampoco contradecirle.

Jesús Hernández terminó:

—Camaradas, hay una frase de Lenin que dice: *Los hechos son verdades duras*. La sesión ha terminado. ¡Salud!

Una vez fuera del «Rincón de Lenin», los oyentes dieron salida a los sentimientos que los embargaban. Eroles le preguntó a Cosme Vila:

—¿Has oído...? Pero ¿es posible todo eso?

Cosme Vila, cuya gran cabeza despedía destellos, se dominó y respondió:

—Claro que lo he oído.

El jorobado Eroles daba vueltas alrededor de Cosme Vila como un bufón.

—Pero... ¿eso significa que en Rusia no vive todo el mundo igual, que no pasa todo el mundo las mismas privaciones?

Cosme Vila escupió al mar, aun cuando escupir no era su costumbre.

—Claro que no —contestó, tranquilo—. En Rusia se vive la primera etapa del socialismo, según la cual cada uno recibe a tenor de lo que produce.

Eroles se quedó inmóvil.

—¿Así, pues, existen clases?

—No es ésa la definición. Hay diferentes categorías de

trabajo en el conjunto de los productores. Pero existe una diferencia respecto al capitalismo. En Rusia, un simple peón puede aspirar a ser ingeniero y un soldado a ser general. En el campo capitalista, en cambio, sólo los burgueses tienen acceso a los estudios y a los cargos superiores.

Eroles se fue a trompicones hacia su camarote, en el momento en que la mujer de Cosme Vila, que por fortuna no había asistido a la charla en el «Rincón de Lenin», salía con el crío al encuentro de su hombre y le decía:

—Qué bonito está el mar a esta hora, ¿verdad?

Sí, era bonito, en verdad. El mar, el Báltico, estaba bonito, aun cuando el plateado gris de sus aguas fuera más triste que el azul de las aguas del Mediterráneo, que tanto emocionaba al profesor Civil. Cosme Vila repasó un momento toda su trayectoria revolucionaria, desde que en el Banco Arús leía a escondidas *El Capital*, de Marx, sin entender gran cosa de él, hasta que le ordenó a Gorki emparedar a Laura y a mosén Francisco. Había vivido la gran experiencia española y había sido violentamente expulsado por esos burgueses a los que aludió al hablar con Eroles, burgueses que supieron, ¡hasta qué punto!, empuñar las armas y demostrar que sí, que los hechos eran a veces verdades duras. Se encontraba camino de Leningrado y de Moscú. ¿Qué le diría a su mujer cuando ésta buscara en vano polvos para la cara —tenía la manía de empolvarse— y un poco de pintura para los labios? Le diría que el socialismo necesitaba máquinas, máquinas, máquinas... «Sí, claro... —le replicaría ella, con su insoportable timidez—. Pero ¿y yo? Yo necesito polvos para la cara.»

El barco, el *Komrodost*, prosiguió su ruta... y llegó a Leningrado. Y allí se produjo la cuarta sorpresa para Cosme Vila: Jesús Hernández no les había mentido, tenía razón. Cosme Vila lo advirtió sólo con ver el puerto de la antigua e histórica ciudad rusa. Un espectáculo caótico, mezcla de protocolo, de trepidación industrial y de miseria. Por todas partes retratos de Stalin, de Molotov y de Beria. Delegados del *Komintern* recibiéndolos efusivamente, Delegados de los Sindicatos, fotógrafos encaramados en viejos vagones de ferrocarril, un coronel llamado Popov y una serie de tipos vestidos de paisano, que a Eroles le recordaron los comisarios políticos que actuaron en España. Los compases de *La Internacional* sonaron en honor de los recién llegados. ¡Claro que sí! Y en los alrededores veíanse grandes fábricas y gigantescas grúas. Pero al propio tiempo, aquí y allá, chabolas y más chabolas y seres harapientos, raquíticos, como arrancados de una página de Gogol o de un grabado de época de los «mujiks». Flotaba en el aire tal sensación de fatalismo y abandono que los trescientos emigrantes españoles se sintieron anonadados. La primera pregunta que asomaba a sus labios era ésta: «¿Por qué no se construyen viviendas?» La respuesta: «Porque en Rusia lo que en este momento interesa es construir fábricas.» Y luego: «¿Por qué no se reparte ropa a la población?» «Porque en este momento las fábricas no pueden producir telas, sino maquinaria y artículos de otro orden.» «¿Y los alimentos?» «El Plan Quinquenal, que se llama *Piatiltka*, es el que determina lo que se puede hacer y lo que no se puede hacer.»

La próxima sorpresa fue la llegada a Moscú, meta soñada, al término de un viaje en tren mucho más agotador que el que hicieron los Alvear de Burgos para trasladarse a Gerona. En la estación de la capital rusa el recibimiento fue más apoteósico aún que el de Leningrado; pero resultó que la mayor parte de los camaradas que componían la expedición, incluyendo a Eroles, debían proseguir inmediatamente viaje hacia el Sur... Por la vida de Stalin, ¿dónde estaba el Sur? ¿Y cómo era aquello posible? ¿Y la Plaza Roja? ¿Y el mausoleo de Lenin? ¿No podían abandonar por unas horas aquellos andenes y darse una vuelta por la capital? Por lo visto, el horario era rígido y había que respetarlo...

Cosme Vila, tal vez por influencia de Axelrod, fue de los pocos autorizados a quedarse en Moscú, con su mujer e hijo. Pero sus camaradas le dieron pena. Ni siquiera pudo despedirse de Eroles, pues de pronto el jorobado había sido conducido a un tren apartado, cuya locomotora resoplaba ya, presta a partir. Cosme Vila vio la cabeza de Eroles asomarse a una de las ventanillas de ese tren. Su expresión era desasosegada. El camarada Eroles, al localizar con la mirada a Cosme Vila, al principio pareció dudar, pero luego levantó el puño con un vigor que casi daba angustia.

Entretanto, los autorizados a quedarse habían sido agrupados por orden alfabético, debajo del gran reloj del andén central, y a su lado habían brotado inesperadamente varias muchachas con brazales de la NKWD, las cuales los invitaron a permanecer quietos, en espera de órdenes. Éstas no tardaron en llegar; el grupo abandonó la estación como si fuera a desfilar, y su presencia en el exterior provocó otro gran movimiento de cámaras fotográficas y fue jaleada de nuevo por los compases de *La Internacional*.

Una hora después, Cosme Vila recibía la última sorpresa del viaje, pórtico de otras muchas, sobre todo de carácter psicológico, que iba a recibir a lo largo de su permanencia en la capital soviética: no podría ir a ningún hotel, ni dispondría de piso propio. Ni siquiera de un piso como el que fue del Cojo. Debería compartir una reducida vivienda, situada en la calle Bujanian, con otros tres camaradas españoles llegados a Rusia ocho días antes, también por la ruta El Havre-Leningrado.

Cosme Vila no tuvo ánimo siquiera para protestar. ¿No se había pasado la vida pregonando la conveniencia de someter el individualismo a la colectividad?

Por fortuna, sus tres compañeros de piso —dos catalanes, llamados Soldevila y Puigvert, y un madrileño llamado Ruano— los recibieron con efusión y les aclararon algunas dudas. Oh, no, no debían extrañarse de aquel reparto de hombres. Dicho reparto había sido meditado a conciencia por los jefes soviéticos, de acuerdo con la ficha que el Kremlin tenía de cada exiliado español. Ruano, el madrileño, que llevaba una hermosa corbata roja, añadió:

—No creo que pasemos de un centenar los que podremos quedarnos en Moscú. Los demás, se considera que serán mucho más útiles al Partido trabajando en los complejos industriales de Rostov y de Jarkov...

Cosme Vila se tocó el ancho cinturón de cuero, que al tiempo que lo asfixiaba le daba seguridad.

—¿Trabajando en calidad de qué?

El madrileño Ruano se encogió de hombros.

—No sé. Depende... Si tienen alguna especialidad...

Cosme Vila se esforzaba por hablar en tono neutro.

—¿Y quién dirige esos complejos industriales?

—¡Ah! —intervino Soldevila, tumbado en un sofá, en actitud displicente—. Es de suponer que todo funcione a toque de silbato.

El otro catalán, Puigvert, añadió:

—¿Cómo quieres que sepamos esas cosas? Llegamos hace una semana y apenas si nos han permitido movernos de aquí.

Cosme Vila comprendió que era inútil prolongar el interrogatorio. Aquellos tres camaradas, que compartirían con él la minúscula vivienda, eran efectivamente cordiales, pero parecían sumidos, como el camarada Eroles en la ventanilla del tren, en la mayor perplejidad. Por otra parte, muy pronto dieron muestras de interesarse más por el crío de Cosme Vila, que parecía el más contento de la reunión, que por las «verdades que se escondían en las entrañas de la Unión Soviética» y por la suerte que les esperaba.

—Desde luego —concluyó Ruano, viendo que Cosme Vila se acercaba a la cocina para beberse un vaso de agua—, hazte cargo de que esto no es Madrid. Y de que aquí eres uno más...

* * *

Cosme Vila había de ver muy pronto despejadas una serie de incógnitas. Las fábricas del sur de Rusia se chuparon, como una araña se chupa una mosca, la casi totalidad de exiliados españoles, los cuales empezaron a trabajar codo con codo con los pilotos, también españoles, que al terminar la guerra se encontraban en Odesa haciendo cursillos de perfeccionamiento, y con los marinos mercantes que, por las mismas fechas, se encontraban en puertos rusos cargando o descargando.

Tocante a los elegidos para quedarse en Moscú, sumaron, tal como predijo Ruano, un centenar, una treintena de los cuales fueron destinados a cursar estudios militares y el resto a cursar estudios políticos. Entre los primeros figuraban los grandes jefes y los grandes guerrilleros de la contienda española: Modesto, Líster, el Campesino, Tagüeña, etcétera. La Academia Militar a que fueron destinados era la Academia Frunze —Escuela Superior de Guerra—, situada en las afueras de Moscú y que los rusos consideraban como la mejor del mundo, con parques inmensos y disciplina férrea. Estudiaban en ella unos cinco mil alumnos, de las más diversas nacionalidades.

Cosme Vila, que no tenía la menor pinta de militar, fue adscrito a los cursillos de estudios políticos en una de las muchas «Escuelas de Formación Política» existentes, dedicadas a preparar a los camaradas para tareas de Propaganda: Radio, Prensa y diversos puestos técnicos. Cosme Vila tuvo la inmensa fortuna de ser destinado, al margen de las clases, a la confección de programas de radio en lengua española. Ello habría de suponer para él un gran estímulo, pues se dijo a sí mismo —como le ocurría a Gorki en la pequeña emisora de Toulouse— que todo cuanto escribiera lo escribiría pensando en Gerona y con la convicción de que no faltarían gerundenses que procurarían cada noche localizar su emisión y escuchar sus palabras.

La vida revolucionaria de Cosme Vila transcurrió, pues, en dos planos totalmente distintos. Uno, la Escuela de Formación Política, que lo ponía en contacto con Rusia; otro, la Radio, que lo mantenía en contacto con Gerona. Su asombro fue grande al comprobar que ambos le interesaban por igual. Él creía estar inmunizado contra sentimentalismos y así era, en efecto, tratándose de personas y de instituciones; pero la Gerona de su infancia, e incluso España, significaban todavía algo para su corazón, hecho que no sólo no le gustaba un ápice, sino que jamás se hubiera atrevido a confesar a nadie, pues las autoridades rusas, tal como le previno Axelrod, controlaban muy de cerca los «impulsos emocionales de los comunistas extranjeros».

Sus clases en la Escuela empezaron el 1 de julio y cabe decir que al principio sufrió, sin atreverse tampoco a manifestarlo, una grave decepción. Los profesores eran todos excelentes, muy preparados, pero el jefe gerundense tuvo la impresión de que, tocante a «técnicas de penetración», a sistemas de «excitación de las masas», etcétera, le repetían un disco de sobra conocido y aplicado en la guerra de España e incluso antes. A veces le parecía descubrir, en aquellas mentalidades profesionales que le rodeaban, un punto de anquilosamiento y de falta de flexibilidad. Como si el marxismo fuera ya para ellos una asignatura, una figura geométrica. Por fortuna, cuando su entrecejo se arrugaba lo máximo, cualquiera de los profesores se reconciliaba con él de golpe, demostrándole poseer un profundo conocimiento de las idiosincrasias raciales —la teoría era que en cada pueblo los individuos reaccionaban tan automáticamente como los perros de Pawlow—, o bien, si la cosa venía a cuento, demostrándole conocer tanto o mejor que él el pasado revolucionario de España. ¡Oh, sí, aquellos profesores poseían incluso fotografías de Galán y García Hernández, del atentado contra Canalejas, del conde de Romanones! Y estadísticas sobre los latifundios andaluces y sobre la extracción mineral...

Sin embargo, Cosme Vila empezó a interesarse de veras cuando las clases —y las visitas colectivas a los Museos y otros lugares importantes de la ciudad— se refirieron a la historia de la Revolución de Octubre propiamente dicha, a las peculiaridades de los hombres que la protagonizaron y a las características de la URSS. Intuyó que ahí descubriría la clave del enigma que lo subyugó desde que trabajaba en el Banco Arús. Y no se equivocó. En el Museo Antirreligioso comprendió por qué Cristo y sus herederos le daban tanto asco. En el Museo de la Revolución, en el que se exponían hasta recuerdos del asalto de Stalin al Banco Tiflis, comprendió por qué Lenin y los «camaradas de la primera hora» fueron capaces de derribar las murallas zaristas y de cambiar la trayectoria del mundo. Al conocer detalles de la «traición» de Trotsky sintió que la sangre se le agolpaba en la cabeza. Al enterarse de que Stalin, ¡a los catorce años!, leía ya las obras de Darwin, se avergonzó de su tardía, y tan escasa, formación intelectual. Y al ver por las calles de Moscú a las mujeres trabajar con tanto ardor como los hombres, sin pedir a cambio nada inmediato, parecióle que la capital rusa, menos deprimente que Leningrado, y con zonas majestuosas, era una gigantesca ampliación de sí mismo, que había entregado incluso su colchón con el solo afán de ayudar a la Causa.

Referente a la URSS, la tesis de la Escuela de Formación Política estaba clara: el atraso reinante, inescamoteable a los ojos de quienes procedían del mundo occidental; la existencia de tantas chabolas, los campos de trabajo, las deportaciones, la abundancia de niños vagabundos, la intensidad de los sufrimientos, etcétera, tenía dos causas precisas. La primera de ellas, el cúmulo de injusticias que la sociedad burguesa había legado al país y que obligaba al socialismo a avanzar por él penosamente, como a través de un campo minado. La segunda, la inmensidad del territorio... He ahí la gran realidad objetiva, fácilmente olvidada: no era posible comprender nada de los contrastes de la Unión Soviética si no se tenía en cuenta su inmensidad y el hecho .de que su población ascendía a doscientos millones de habitantes, con una mezcla tal de razas —exactamente, ciento ochenta y tres, algunas de ellas muy primitivas—, que se resistían a la unidad.

Un profesor de la Escuela, de origen letón, que parecía haberle tomado afecto a Cosme Vila, era un auténtico maniático de este aspecto del problema y sus argumentos parecían difícilmente impugnables. «En Rusia —decía— hay ríos enormes, como el Reuss o el Ninmat, que ni siquiera figuran en muchos tratados geográficos y que son llamados por los rusos "riachuelos". La extensión del lago Baikal es casi tres veces la de Suiza y en él a veces se levanta un oleaje digno de cualquier océano. Todo es aquí inmenso. Las montañas, los bosques, los yacimientos mineralógicos, la estepa, los cambios de clima, con diferencias de sesenta grados y con un frío que obliga a cocinar con mucha grasa y a tomarse grandes cantidades de té caliente. Los camaradas españoles han de comprender que, desde 1917, año de la Revolución, la Unión Soviética no puede haber convertido todos sus territorios y todas sus razas en un restaurante de lujo como los que hay en Nueva York. Es preciso trabajar aún de firme y convencerse de algo fundamental: de que la disciplina es sagrada. Tan sagrada, que por falta de disciplina se perdió la guerra en España. Y en los momentos de desfallecimiento, que invaden al hombre cuando se formula a sí mismo preguntas o cuando se entrega a una obra titánica como lo es formar parte del Partido Comunista, es aconsejable llegarse, de noche a ser posible, a la Plaza Roja, también inmensa, y allí contemplar las cinco estrellas rutilantes en las cinco torres del Kremlin. ¡Oh, sí, esas estrellas son un símbolo para quienquiera que no exija demasiadas explicaciones! Un solo razonamiento ha de bastaros, y ése es mi lema: nuestra revolución socialista lleva su carga *dentro* como es de rigor. Por supuesto, ahora los esfuerzos aparecen aislados, dispersos; pero todo converge hacia un fin premeditado en la mente de nuestro jefe, camarada Stalin. Y llegará un día en que se producirá la eclosión. Entonces la perseverancia aparecerá justificada y el mundo entero iniciará su época gloriosa, socialista, en la que no tendrán cabida los ambiciosos ni será necesario inventar o perpetuar el mito de Dios.»

Cosme Vila, que de pronto sentía como si estuviera soñando —¡no estaba en Gerona, con sus suegros, sino en Moscú!— no era insensible, desde luego, a tan ceñidas teorías. Existía en todo aquello una gran verdad. Por si fuera poco, los profesores de la Escuela los llevaban a visitar hospitales y centros de investigación, y a asistir a conciertos y a sesiones de ballet. Y, por descontado, los obligaban a estudiar a marchas forzadas el idioma ruso y tendían como flechas a hacerles olvidar, en la medida de lo posible, su pasado e incluso su patria de origen. Ruano, el madrileño, acariciándose la corbata roja, tan llamativa como la blusa de Paz, comentaba sonriendo: «Compréndelo, camarada. Quieren *rusificarnos*. Y lo conseguirán...»

Por supuesto, Cosme Vila, pese a su buena voluntad, cultivaba algunas reservas mentales... Por ejemplo, le hubiera gustado poder salir de la capital y viajar por el campo en cualquier dirección, conocer otras comarcas de la URSS; pero les estaba prohibido. Únicamente se les permitó hacer una excursión a la aldea de Toguskaia, donde había un centenar de niños españoles educándose bajo la dirección de una maestra de Oviedo, llamada Regina Suárez, que los atendió muy bien y que desde ese día efectuó periódicas visitas al domicilio de Cosme Vila. Dicha maestra creía conocer la causa de aquel confinamiento: las zonas agrícolas de Rusia producían mucha tristeza y sus moradores era mucho más reacios que los obreros de las fábricas a integrarse en la Revolución.

También le hubiera gustado a Cosme Vila, como es natural, relacionarse con los prohombres españoles del Partido, con aquellos que habían sido sus ídolos y sus jefes en España; pero apenas si tenían oportunidad. A los internados en la Escuela Superior de Guerra, en la Academia Frunze, no había quien les echara la vista encima. A Cosme Vila le dolía especialmente no poder establecer contacto con el Campesino, que era sin duda el español más popular en Rusia, hasta el punto que en los colegios se relataban sus gestas y se repartían fotografías suyas, en las que solía vérsele «persiguiendo a los italianos en Guadalajara», o bien montando guardia con su *despanzaburros* en lo alto de un cerro.

Por lo que respecta a los restantes jefes, a los jefes estrictamente políticos, que residían en Moscú —Uribe, Checa, el propio Jesús Hernández, Castro, Ciutat, etcétera—, tampoco había manera de verlos. Al parecer, todos andaban atareadísimos «redactando informes para justificar la derrota de España», pues, según noticias, Stalin les había formulado, a través de Dimitrov, la inevitable pregunta: «¿Por qué la guerra española ha terminado en forma tan inesperada y luctuosa?» Cosme Vila y sus camaradas no consiguieron sino saludar esporádicamente, en un mitin, a la Pasionaria, sin duda la más influyente en Moscú, y a Palmiro Togliatti, el dirigente italiano que en España se llamó «Alfredo» y que fue, con mucho, el hombre que a Cosme Vila le causó más fuerte impresión.

Cosme Vila, pues, debía contentarse con platicar con los tres camaradas que compartían con él el piso de la calle Bujanian: Puigvert y Soldevila, de Barcelona, y Ruano, de Madrid. Éste, que era intelectual, siempre decía que a él las mujeres moscovitas trabajando en la calle, en trabajos de hombre, le daban mucha pena. En principio, los cuatro camaradas solían estar de acuerdo cuando hablaban de Rusia y en desacuerdo cuando hablaban de España. Por descontado, se llevaban bien y la mujer de Cosme Vila hacía cuanto estaba en su mano para que todos se sintieran «en casa»; aun cuando la comida habitual: gachas, sopa de coles, sopa de berzas, etcétera, los fatigaba mucho, por su monotonía.

Día señalado, por muchas razones, en aquel hogar de la calle Bujanian, era cuando llamaba inesperadamente a la puerta la maestra asturiana, Regina Suárez, escapada de su colegio de Toguskaia. Regina era una mujer de unos treinta y cinco años, extremadamente animosa, hija de minero, que no tenía pelos en la lengua. Ah, no, ella no estaba conforme, ni mucho menos, con todo lo que veía, ni creía que «los grandes espacios y la vastedad del territorio ruso» justificaran una serie de anomalías que podían registrarse con sólo echar una ojeada en torno. Ella había viajado un poco en los dos años que llevaba allí y había podido ver las condiciones en que muchos obreros trabajaban; condiciones que imaginaba debían soportar los pobres camaradas españoles que desde la estación de Moscú habían sido enviados al Sur... «¿Os gustaría encontraros ahora, en premio a vuestra labor en España, trabajando con agua hasta la rodilla en cualquier mina del Kanjijstán?» Cierto que la URSS iba convirtiéndose en una potencia industrial de primer orden y que no lo hacía por capricho, sino porque el enemigo era fuerte y había que pararle los pies; pero el precio estaba resultando un tanto exagerado. Cuando llevaran más tiempo en el país acaso comprendieran lo que quería decir... Y mejor lo comprenderían aún el día que, por casualidad, como a ella le había ocurrido, pudieran franquear el umbral de la casa de un jefe del Partido. ¡Bueno, ella se permitía hablar de ese modo en familia, convencida de que su hoja de servicios, que se inició a los doce años en Oviedo, la inmunizaba contra sospechas y malos pensamientos! Necesitaba desahogarse, eso era todo, especialmente porque su labor de maestra le estaba resultando muy difícil, por cuanto sus alumnos era españoles y no rusos. En efecto, le ocurría que, si se amoldaba estrictamente a las consignas rusas, sus alumnos la ponían en constante aprieto, por la sencilla razón de que no habían nacido en Minks o en Novgorod, sino en Gijón o en Málaga, y en consecuencia utilizaban su masa gris. Nunca olvidaría al respecto la pregunta que un buen día le espetó a boca de jarro un espabilado chico de Murcia: «Si Rusia es tan potente ¿por qué ha permitido que perdiéramos la guerra en España?» Era una muestra que podría multiplicar por mil. Los alumnos tampoco acertaban a comprender los términos en que ella, por orden superior, debía referirse al camarada Stalin. Leerles, por ejemplo, todos los sábados, el poema de Djamnboul, en el que éste llamaba a Stalin «Padre de los pueblos, Creador del paraíso terrenal, Grandísimo, sol que brilla, más grande que el Universo», etcétera, provocaba un estupor que era sin duda contraproducente. Claro que Stalin era el digno sucesor de Lenin; sin embargo, lo dicho, dicho estaba, ¡qué caramba! ¡Y otra cosa! Se atrevía a aconsejarles que no aventuraran ningún juicio definitivo sobre la URSS hasta que no llegara el invierno. «Entonces, cuando llegue la nieve, cuando veáis los trineos y los caballos a trote ligero, os enfrentaréis con la verdadera cara de Rusia. Y os colocaréis también en la cabeza un gorro de astrakán..., aunque a lo mejor habréis de explicar de dónde lo habéis sacado.»

Cosme Vila y sus camaradas, al advertir que escuchaban esos discursos de Regina Suárez sin tomar medidas drásticas o por lo menos sin obligarla a callarse, quedaban asombrados. En el fondo, se notaban un tanto cambiados, como si se les despertara, sobre todo a Cosme Vila y al intelectual Ruano, un espíritu crítico que en España no hubieran concebido siquiera. Por otra parte, la maestra tenía autoridad. Su padre fue un gran militante y ella, ya en 1934, anduvo por Asturias enfrentándose con los moros.

—De acuerdo, Regina... No todo puede ser un lecho de rosas, ¿verdad?

—Eso digo yo...

El día en que Regina les notificó que acababan de salir de Moscú tres camaradas españoles, cuyos nombres se callaba, con la orden de instalarse en Méjico y asesinar a Trotsky, Cosme Vila irguió el busto y tensó su ancho cinturón.

—¿Y tú cómo sabes eso?

Regina hizo un mohín.

—¡Ah, ja...! ¡Tengo un pajarito que me lo cuenta todo!

Regina era una mujer culta. Sabía muchas cosas de Rusia, además de dominar ya el idioma, y a menudo gozaba poniendo en apuros a sus anfitriones, así como en San Sebastián gozó «La Voz de Alerta» poniendo en apuros a Javier Ichaso.

—¿A que no sabéis lo que significa *vodka*?

—No...

—Significa «agüilla», y ello por la facilidad con que los rusos la beben...

—¡Menuda agüilla! —exclamaba la mujer de Cosme Vila. Regina continuaba:

—¿A que no sabéis quién construyó el Kremlin?

—Arquitectos rusos, es de suponer...

—Pues os equivocáis... La fortaleza la construyeron artistas italianos, contratados por Iván III. Artistas del Renacimiento... ¡Bueno, no es para ponerse así, hombres! Consolaos pensando que las cinco torres las construyó más tarde un inglés llamado Gallosway...

La mujer de Cosme Vila exclamó en esta ocasión:

—¡Ah! ¿Entonces esa mole que tanto asusta a mi crío no es rusa?

* * *

La mujer de Cosme Vila... Era, tal vez, el problema más arduo con que había de enfrentarse el ex jefe comunista gerundense. Más menudita que nunca, se afanaba cuanto podía, pero la había invadido la añoranza. Nunca había comprendido, ni siquiera en Gerona, lo que era el comunismo, lo que pretendía; pero ahora la cosa la desbordaba por todos los lados. Cada día, cuando a primera hora de la mañana los hombres salían para ir a la *Escuela* y se quedaba ella sola en casa con el niño, le entraba una tristeza infinita y unas ganas locas de ver a sus padres, que debían de morirse de pena en Toulouse. No conseguía situar en su mente la posición de Rusia en el mapa del mundo; sólo sabía que estaba muy lejos y que no había perspectivas de retornar a Gerona. ¿Por qué todo aquello? ¿Por qué Cosme Vila no continuó trabajando en el Banco Arús? Los árboles de la Dehesa, en aquella época, deberían de estar hermosos... No podía ir al cine; no podía recorrer tiendas, porque no las había; no tenía amigas —Regina Suárez, la maestra, apenas si le hacía caso—; las ocupaciones de sus vecinas, su indumentaria, su gesticulación y su aire resignado la desconcertaban, y cuando a veces la saludaban desde la ventana con una inclinación de cabeza, no acertaba a corresponder con naturalidad. Aquello era un hormiguero. Y por si fuera poco, Ruano, el madrileño, de tarde en tarde, si Cosme Vila se ausentaba un momento, la miraba con descarada procacidad... pese a que ella no podía siquiera pintarse los labios. ¿Y a quién recurriría si se ponía enferma? ¿Y cuando llegara el invierno, el famoso invierno de que la maestra hablaba siempre? ¿Qué significaban Plan Quinquenal, koljós, Academia Frunze, estepa? Nunca oía hablar de amor.

Sentía una secreta admiración: el Campesino. Y es·que, según les contó Regina Suárez, la primera vez que le dijeron al guerrillero extremeño, como a todos los demás, que debía olvidarse de que era español, contestó rotundamente: «Eso no...» Así debían ser los hombres. Tampoco ella olvidaría nunca dónde nació. Ella, menudita, y confundiendo las letras rusas del periódico con patitas de mosca, no se *rusificaría* jamás y haría lo imposible para que·su hijo imitase su ejemplo. Su querido hijo, al que Cosme llamaba, medio en broma, Wladimir, pero que para ella seguía llamándose «mi rey», aun cuando no pudiera encontrar para su delicada piel ni tan sólo un bote de polvos de talco.

* * *

El día de la capitulación de Polonia —Cosme Vila llevaba ya cerca de cuatro meses en Rusia—, el ex jefe comunista gerundense se acordó especialmente de Gerona, de su tierra natal. Se acordó incluso de los campanarios de la Catedral y de San Félix, «que debían de estar presidiendo, junto con "La Voz de Alerta" los avatares diarios de la dictadura de Franco en·la ciudad». Cosme Vila se pasó toda la mañana con el ánimo un tanto excitado, hasta el punto que les escribió a sus suegros, que continuaban en Toulouse, una carta cariñosa, amén de otra carta a Gorki, un poco más explicativa que las anteriores. Y por la noche, en la Radio, se dirigió a los hipotéticos oyentes de Gerona, con una voz distinta a la de los demás días, y les dijo: «Aquí, Radio Moscú. Emisora al servicio del Proletariado. Camaradas de Gerona, no os desesperéis. Sabotead cuanto podáis las órdenes de vuestros verdugos. Estamos con vosotros. Os enviamos un saludo desde la Plaza Roja, donde en estos momentos brillan las cinco estrellas en las cinco torres del Kremlin, fortaleza sin par, construida por arquitectos rusos que ya en su época presentían la Revolución. Rusia está a vuestro lado, desde Odesa al maravilloso lago Baikal, y para liberaros un día de la tiranía fascista sus doscientos millones de habitantes, unidos fraternalmente, trabajan en las minas y en los colectivos, en los campos ubérrimos

285

y en la ciudad, y estudian en las Universidades, sin distinción de clases. Ahora estos esfuerzos os parecen lejanos; pero todos convergen hacia un fin premeditado en la mente de nuestro jefe, el camarada Stalin. Y llegará un día en que se producirá la eclosión. Entonces, radioescuchas de Gerona, no sólo dichos esfuerzos os parecerán justificados, sino que en el mundo entero se iniciará la época gloriosa del socialismo, en la que no tendrán cabida ni las proclamas de los obispos ni las procesiones de Corpus, que invitan a la resignación. ¡Salud, camaradas de Gerona! ¡Saboteado las órdenes de vuestros verdugos! ¡Os habla Moscú! Y luchad contra las viles democracias Francia, Inglaterra y los Estados Unidos, que cuando vuestra guerra civil os traicionaron y os dejaron indefensos a merced de los moros y de la pandilla de Franco.»

CAPÍTULO XXI

En la fecha anunciada, el veintiséis de septiembre, Ignacio y Mateo aprobaron en Barcelona el tercer curso de Derecho. Todo ocurrió como estaba previsto; los exámenes fueron «patrióticos», no hubo dificultad. Ignacio se presentó a ellos con camisa azul y cuatro condecoraciones de guerra; Mateo, con la estrella de alférez y una retahíla de emblemas y símbolos. Además, rubricaron con aparatosos ¡Arriba España! cada uno de los ejercicios escritos. Aprobados. Fueron exámenes colectivos, como las absoluciones en caso de emergencia. Colectivos y alegres. En las aulas, bromas y risas. Y fuera, a la salida —les dieron las notas en el acto—, himnos y canciones. Los cafés próximos a la Universidad se llenaron de aúpas a la Revolución Nacionalsindicalista. En realidad, los aprobados fueron tantos que el porvenir jurídico de la región parecía garantizado por mucho tiempo. La nota más original la dio un ex legionario. Era tal su euforia que, blandiendo la papeleta, miró a todo el mundo y gritó: «¡Viva la Muerte!»

Ignacio comunicó la noticia por teléfono a Ana María. No le quedaba tiempo para salir con ella, pues, por orden del coronel Triguero, tenía que regresar a Gerona aquella misma noche. «Además, he venido en el coche oficial de Mateo, y

Mateo quiere regresar también en seguida. Hazte cargo...»
Ana María no se hizo cargo. Supuso que el muchacho había
dado un paso atrás con respecto a su actitud amorosa en San
Feliu de Guíxols, en aquella gloriosa mañana de playa. Pero
no se desmoralizó. Se encerró en su cuarto —el padre de la
muchacha había adquirido una espléndida torre en Sarriá— y
le escribió una larga carta a Ignacio. Carta que, antes de
echarla al buzón, enseñó a Charo, la esposa de Gaspar Ley, la
cual comentó: «Chica, si después de un madrigal de este calibre el jovenzuelo no pica, es mejor que te metas en un convento.»

* * *

En el trayecto Barcelona-Gerona los dos muchachos, Mateo e Ignacio, sostuvieron un diálogo abierto, cordialísimo,
como en sus mejores tiempos. Hablaron de Pilar. Mateo estaba dispuesto a casarse con ella pronto, aunque le preocupaba
la situación internacional. Hablaron de Marta, quien había
tenido el gesto de ayudar a Esther a consolidar en Gerona,
contra todo pronóstico, tres mesas de bridge. Hablaron del
doctor Andújar, el psiquiatra recién llegado a la ciudad para
hacerse cargo del Manicomio. «Me causó una gran impresión
—dijo Ignacio—. Claro que a mí los médicos me la causan
siempre. Pero de veras tiene algo especial. Es digno. Debe de
ser un hombre de valor.» «Al parecer —añadió Mateo—, tiene
la manía de los Viáticos. En cuanto ve pasar al sacerdote con
el monaguillo y el paraguas, se une a ellos y sube a casa del
enfermo. Yo he conocido a su hija mayor. Se llama Gracia y te
juro que el nombre le va como anillo al dedo.» Hablaron de
Paz, la prima de Ignacio. Según rumores, entre los muchos
varones que andaban locos por ella figuraba José Luis. «Creo
que por desabrocharle la blusa estaría dispuesto a afiliarse a
la UGT.» Luego hablaron de la noche. Se les echó encima en
el camino, y los faros del automóvil rastreaban la carretera
como si fueran perros policías. La noche era del agrado de
Mateo. En la cama tenía ideas claras. Ya en el frente le había
ocurrido así, bajo el firmamento. «Mis mejores decisiones las
he tomado de noche.» A Ignacio le sucedía lo contrario. De un
tiempo a esta parte padecía de insomnio y las sábanas se le
antojaban avisperos. Y cuando conseguía dormirse, soñaba,
soñaba mucho. Soñaba verdaderas barbaridades: que atraca-

ba el Banco Arús; que mosén Francisco resucitaba y lo deslumbraba con un espejo; que la guapetona Adela lo invitaba a subir a su casa a tomar el té. «¡Hombre! —exclamó Mateo—, si se tercia, ¡no te andes con chiquitas!»

¡Cómo se estimaban recíprocamente los dos muchachos! Y en realidad tenían pocas ocasiones de estar solos y charlar a gusto. Aprovecharon aquel viaje para resarcirse, así como el Gobernador y sus acompañantes habían aprovechado el suyo cuando fueron a esperar al conde Ciano.

—Ignacio, ¿te acuerdas mucho de nuestra guerra?

—Mucho. Más de lo que imaginé. Es como un telón de fondo. ¿No te ocurre a ti lo propio?

—¡Hombre! Todavía no me he acostumbrado a no andar por los montes y a no llevar detrás de mí a un pelotón. ¡Era tan duro aquello! Y tan hermoso...

—¿Hermoso? Eso habría que preguntárselo a los muertos.

—A los muertos también les pareció hermoso. Cayeron por un ideal. ¿No has oído al ex legionario?

—Lo he oído, claro. Pero él vive. Y los hubo que murieron tontamente, sin saber por qué.

—Nunca se muere sin saber por qué.

—No exageres, Mateo. El heroísmo no es ninguna obligación. ¿Cuándo te meterás eso en la cabeza?

—Nunca.

—Lo siento. Lo siento por ti...

—Ignacio..., ¿te acuerdas de cuando llegaste del frente? Hablabas de otro modo...

—Estaba borracho. Me había contagiado. Ahora lo que quiero es aprender.

—La guerra es una gran lección.

—A mí me parece que la gran lección es la paz. Y el Derecho Civil.

—La paz a menudo entontece el cerebro. Y conste que la idea no es mía. Es de Dostoievski, que si no me equivoco es santo de tu devoción.

—Con todos los respetos por el ilustre epiléptico, preferiría no haberte visto nunca con una pistola en el cinto.

—Hay pistolas necesarias. ¿O no lo crees así? ¿Te acuerdas de Cosme Vila?

—Mira, vamos a dejar eso y a hablar otra vez de Pilar, y de Marta, y del doctor Andújar... En la Universidad he visto a un mutilado, ciego. Una de esas pistolas necesarias lo dejó ciego. Deseo que al pobre muchacho la noche le guste tanto como a ti...

Mateo se calló. Por un momento se imaginó sin ojos. ¡No podría conducir el coche, cuyos faros rastreaban la carretera! Pero pronto reaccionó. Y también Ignacio. Tácitamente acordaron terminar el viaje en buena armonía, dialogando sobre lo que pudiera unirlos y no sobre lo que los separaba.

—¿Así, pues, *Viva la Vida*? —exclamó Mateo, con repentina sinceridad.

—Viva la vida, sí —rubricó Ignacio, encendiendo un pitillo y pasándoselo a Mateo, quien se lo llevó a los labios y lo chupó con profunda voluptuosidad.

El automóvil enfiló la recta de llegada a Gerona, donde el recibimiento que se hizo a los muchachos, en sus respectivos domicilios, fue triunfal.

Don Emilio Santos, que a medida que se le curaban las piernas iba recobrando el humor y la serenidad, le dijo a Mateo, en tono irónico:

—¿No te parece un abuso aprobar sin haber olido un libro? En ese plan, si el general Sánchez Bravo se empeñara, le daban en junio el título de Ingeniero Agrónomo...

En el piso de la Rambla, Matías fue más concreto aún. Le dijo a Ignacio:

—De acuerdo, has aprobado. Pero este invierno deberías estudiar en serio, ¿no te parece? El año que viene lo que querrán es que sepáis Derecho y no que cantéis *Cara al sol*. Yo creo que deberíais reanudar las clases con el profesor Civil.

Ignacio asintió. ¡Pero se sentía tan lejos de aquellos tomazos que guardaba encima del armario! De momento, al día siguiente llamó a Marta —¡ah, era preciso reconciliarse con ella!— y se la llevó al restaurante del Puente de la Barca, donde comieron, como antaño los hermanos Costa y como ahora los *gourmets*, ancas de rana amenizadas con clarete. Marta, pese a las ancas de rana, se sintió feliz... Y para premiar la «gesta» de Ignacio, le regaló un reloj de bolsillo antiguo, de esfera azul, que había pertenecido a su padre, el comandante. Ignacio tomó en sus manos el reloj con amor. Siempre le habían gustado los relojes de bolsillo antiguos, con la cadenita. «Gracias, Marta —le dijo, con emoción, abriendo y cerrando varias veces la tapa plateada—. Es precioso.» Marta explicó: «Mi padre lo compró en Africa.»

Cara al otoño, las piezas de la familia Alvear iban colocándose en el sitio más adecuado. En vista de que el sueldo de Matías en Telégrafos seguía siendo exiguo —de momento las promesas del Sindicato Vertical dormían horizontalmente la siesta...— y de que Ignacio tardaría aún unos meses en licenciarse, se acordó que Pilar empezase a trabajar. «No hay otra alternativa. Tienes que ayudarnos.» Pilar aceptó de buen grado..., a condición de que le quedaran horas para cumplir el Servicio Social, que había sido declarado obligatorio.

Mateo se encargó de solucionar el problema: a primeros de octubre Pilar empezó a trabajar, mañana y tarde. Por las mañanas en Salvoconductos, cuya oficina se había instalado en la planta baja del Gobierno Civil; por las tarde, en la Delegación de Abastecimientos y Transportes. «Así te ganas dos sueldos —le dijo Mateo— y el día se te hará menos monótono.»

A Pilar, el trabajo en Salvoconductos no le gustó. Aquellas colas de gentes que se acercaban con aire de pajáros asustados a la ventanilla a entregar la documentación, la ponían nerviosa. Le daban ganas de gritar: «Pero, ¡si aquí no nos comemos a nadie!» Los salvoconductos se exigían especialmente para poder trasladarse a la zona fronteriza —el coronel Triguero no quería líos en su terreno—, y para obtenerlos se necesitaban dos avales. Pilar dio pruebas de tener poco aguante. «¡Dos, señora! ¡Dos avales y no uno solo! ¿No ha leído usted las instrucciones que hay en la puerta!» O bien: «¿Y la foto? ¿Cómo le vamos a dar el salvoconducto si no ha traído usted la foto?» A veces, al repasarse las solicitudes, a la hora del cierre, prestaba atención a la grafía y a las firmas, y pensaba para sí: «¡Dios mío, España es un problema de enseñanza primaria!»

Su jefe inmediato era, ¡quién lo hubiera pensado!, Alfonso Estrada. Alfonso Estrada, veintidós años, ex combatiente en el Tercio de Nuestra Señora de Montserrat y actual presidente de la Congregación Mariana. Alfonso y su hermano, Sebastián —que estuvo en el *Baleares* y que desde el final de la guerra andaba de tercer oficial en un buque de pasaje de la Compañía Transatlántica—, en breve iban a heredar una considerable fortuna legada por su padre, que fue jefe de la CEDA y al que los «rojos» asesinaron. Pero por lo visto había dificultades testamentarias y por el momento la herencia era intocable.

Pilar lo pasaba estupendamente con Alfonso, quien se había matriculado libre en Filosofía y Letras. Alfonso era bien plantado, aficionado a la música —tocaba con mucho estilo el piano— y era además un conversador nato. Tal vez aludiera con exagerada frecuencia al tema religioso, del que Pilar estaba un poco harta, por culpa de Carmen Elgazu; pero lo hacía con alegría. Lo sorprendente en él era que «creía en fantasmas». Dicho de otro modo, le fascinaba todo lo que contuviera misterio, desde los fenómenos físicos hasta las leyendas de la selva o de su oponente, el desierto. Seguro que en Rusia, en el lago Baikal, hubiera gozado lo suyo. En los ratos de calma en la oficina gustaba de hablarle a Pilar de la posible vida en Marte y, sobre todo, de contarle relatos terroríficos, con abundancia de castillos ingleses, apariciones, rayos y pisadas misteriosas de gente muerta hacía años. El muchacho sabía crear la atmósfera a propósito con sólo cuatro palabras y un ademán; y si se producía un apagón, lo cual era frecuente, se apresuraba a encender placentero un par de velas. También le gustaba hablar de quiromancia y de los efectos de las drogas. «¿No serás espiritista, como el Responsable?», le preguntaba Pilar. «Pues casi...», le contestaba Alfonso, cuya susurrante voz hizo que en el frente le llamasen *Sordina*. Por supuesto, el muchacho admitía que el padre Forteza lo había influido en esa dirección, si bien aseguraba que, en honor a la verdad, había empezado a aficionarse a esas cosas en los parapetos, en las noches de guardia. «En el frente, de noche, se ve lo invisible y se oye el silencio, ¿comprendes? Además, mi hermano, Sebastián, está convencido de que los peces tienen su lenguaje y su mundo. ¡Sí, sí, ríete! ¡Ay, me da pena que sólo creáis en lo que se puede retratar...!»

Pilar le escuchaba, divertida.

—Y a todo esto, ¿por qué no te echas novia? Asunción estaría dispuesta a creer en todo esto que me cuentas y mucho más...

Alfonso Estrada hacía un gesto expresivo y rehuía el tema. No se sabía si era por Asunción en particular o por las mujeres en general.

—Eso es lo que no me gusta de vosotros, los congregantes —apostrofaba Pilar—. Habláis de cualquier cosa, hasta de fantasmas, pero no de chicas. ¿Os asustamos o qué?

—¿Asustarnos? —Alfonso se reía—. Me afeito con *Gillette*, como Mateo...

—El día que me cuentes un chistecito verde, me lo creeré...

Alfonso Estrada era querido por todo el mundo, gracias a su exquisita corrección. El padre Forteza no era el único en augurarle un gran porvenir.

En la Delegación de Abastecimientos y Transportes, donde Pilar trabajaba por las tardes, el ambiente era otro. La tarea le resultó allí mucho más fácil a la muchacha, pues a petición propia la destinaron a «Cartillas de Racionamiento», donde ya estuvo en la época «roja», a las órdenes de la Torre de Babel. «Está visto —comentó— que he de ser yo quien distribuya los víveres de la ciudad.»

Su jefe en este Servicio era precisamente Carlos Grote, el chismoso contertulio de Matías. Pilar lo llamaba *La Gaceta de la Ciudad*. Pero también se encontraba a gusto con él, porque era hombre muy cariñoso y porque demostraba sentir por Matías un gran respeto. A Pilar la llamaba «hija». «Cualquier cosa que te ocurra, hija, ya sabes.» «Descuide señor Grote. Pero no creo que me ocurra nada.»

El señor Grote era lo más opuesto a Alfonso Estrada que pudiera imaginarse. Pese a ser isleño —«de Santa Cruz y no de Las Palmas», concretaba siempre—, no sentía la menor inclinación por lo misterioso, «Las cosas son o no son», era su lema. Fue socialista toda su vida y creía, como Antonio Casal, que la sociedad giraba en torno a la economía y a la lucha de clases. Meticuloso en extremo, controlaba las «Cartillas de Racionamiento» como el señor obispo su fichero sacerdotal. «Esos endiablados apellidos catalanes... —murmuraba siempre—. Con lo fácil que es escribir López o Ramírez.»

El señor Grote descubrió que los chismorreos, que tan mal le sentaban a Galindo en el Café Nacional, hacían por el contrario las delicias de Pilar. Así que cada tarde se traía su ración para la muchacha. «¿Sabes que el Gobernador le ha traído como regalo a Pablito, su hijo, una armónica? Será para ver si le calma un poco los nervios...» «¡Menuda sesión de póquer anoche en el Casino! Tu amigo —o tu camarada, si lo prefieres— Miguel Rosselló, perdió hasta la camisa.» «Oye, Pilar... ¿Por qué no le dices a mosén Falcó que haga un poco la vista gorda en la censura de películas? Se ha puesto en un plan... Nadie tiene la culpa de que no haya besado nunca a una mujer...»

Un día el señor Grote entró en el despacho de Pilar con cara de circunstancias y le dijo a la chica:

—Pilar, hoy te traigo la noticia del siglo...

—¿Qué pasa? Algo del doctor Chaos, como si lo viera...

—Te equivocas... Se trata de tu hermano César.

Pilar se quedó clavada en la silla y miró a su jefe con asombro casi cómico.

—¡No te alarmes, mujer! Y no me preguntes cómo me he enterado... Lo sé de buena tinta, y basta. —Pilar se mantuvo a la expectativa—. Se trata de ese asunto de la beatificación...

Pilar levantó la cabeza y su expresión recordó la del director de la *Gerona Jazz*, el popular Damián, cuando hacía un solo de trompeta.

—Pero, ¡señor Grote! ¡No sé de lo que está usted hablando!

El señor Grote se frotó con gusto las manos.

—Escúchame, hija... y me lo agradecerás. En esos expedientes hay un defensor: no se sabe todavía quién será. Pero hay también un acusador, llamado «abogado del diablo», que se encarga de buscarle los defectos al encausado. ¿Empiezas a comprender? Pues ahí está: en el caso de César, el «abogado del diablo» será mosén Alberto...

Pilar se quedó estupefacta y la información más bien le pareció un cuento digno de Alfonso Estrada. Sin embargo, ¡lo malo, o lo bueno, que tenía el señor Grote, era que sus chismes acostumbraban a ser ciertos! Ahora bien, ¿a qué hablar de defectos tratándose de César? ¿Qué defectos pudo tener su hermano? ¿Y por qué sería precisamente mosén Alberto el encargado de buscárselos?

—El obispo lo ha elegido a él, hija... Tiene miga, ¿no?

Pilar acabó mordiéndose varias uñas a un tiempo y exclamando:

—Aquí, señor Grote, no hay más «abogado del diablo» que usted.

Y el caso es que el señor Grote justificaba a su manera su afición por el fisgoneo ajeno. Se aburría en su casa, con su mujer. Su mujer, también canaria, «aunque de Las Palmas y no de Santa Cruz», se pasaba el día bostezando y quejándose de la humedad de Gerona y de lo duro que sería el invierno. «¿Sabes lo que es una maniática, Pilar? Pues eso es mi mujer. No tiene más que una obsesión: la limpieza. ¡Que todo parezca de plata! ¿Crees que eso tiene interés? Prefiero dedicarme a la maledicencia...» «¡Ay, hija, todavía estás a tiempo! Antes de casarte —y que Mateo me perdone— cuenta hasta ciento.»

La verdad es que Pilar procuraba corresponder con el señor Grote y al efecto disfrutaba contándole las rarezas, los «misterios» que Alfonso Estrada le había referido por la mañana en Salvoconductos. Pero el señor Grote, rodeado de fichas, se reía a mandíbula batiente. «¿Cómo, qué dices? ¿Que los peces hablan? ¡Je! ¡Menudo vozarrón tendrán los cetáceos!» «¿Y que hay vida en Marte? ¿Cuántos habitantes, vamos a ver? Ya sabes que a mí me gustan las cifras exactas...»

En resumen, Pilar estaba contenta... Mateo —con el permiso del señor Grote— le regalaría el anillo de prometida el 6 de enero, o sea, el día de Reyes; el Servicio Social era una magnífica institución; con los dos sueldos que percibía podía ayudar a sus padres y hasta se atrevió a encargarles a las hermanas Campistol un traje de noche, con vistas al baile de gala que se celebraría en el Casino el último día de Ferias; Marta seguía siendo para ella como una hermana, más aún, y le había propuesto que la acompañara a Alicante al traslado de los restos de José Antonio; por si fuera poco, el pulso de Pilar era tan normal como un reloj. ¿Qué más podía pedir?

Dos cosas la preocupaban: que en ocasiones experimentaba como un secreto placer denegando un salvoconducto, y que en el fondo de su corazón deseara, sin saber exactamente por qué, que Alemania atacara por sorpresa a algún otro país y lo invadiera en tres semanas, como había hecho con Polonia.

* * *

Eloy, el «renacuajo», continuaría adscrito hasta nueva orden a la familia Alvear, pues las gestiones realizadas por la Sección Femenina y por Carmen Elgazu en el Norte, para encontrarle parientes, habían fracasado. Se obtuvieron referencias de un individuo de Guernica exiliado en Toulouse, minero de profesión y que «podía ser tío suyo». Pero el supuesto «tío» negó todo parentesco con Eloy.

En vista de ello se aplazó cualquier decisión, tanto más cuanto que el chico se sentía feliz en casa de los Alvear y éstos, aun conscientes de que aquello no podía durar indefinidamente, estaban encantados con él. Incluso la mujer de la limpieza, Claudia, por lo general hosca y callada, sentía por el pequeño viva simpatía, sobre todo porque Eloy, siempre presto a echar mano en la casa, la ayudaba a limpiar los cristales, bajaba el cubo de la basura y quitaba con la escoba las telarañas del

techo. Últimamente se había empeñado en hacer las camas...
«Pero ¡si no sabes! —reía Carmen Elgazu—. ¡Si luego se nos
enredan los pies y no hay quien pegue ojo! Anda, coge el
molinillo y muele café...»

La llegada de Manuel, de Burgos, había constituido un
refuerzo para Eloy. Hicieron buenas migas. No tenían mucho
que hablar, pues a Manuel le tiraban los libros y a Eloy el
fútbol. Pero jugaban juntos al parchís y a las cartas, en espera
de que empezasen las clases en el Grupo Escolar San Narciso
y se daban alguna que otra vuelta por las márgenes del Ter. A
veces Matías, al salir de la oficina, se los encontraba a los dos
esperándolo junto a la Cruz de los Caídos, que se había levantado precisamente delante de Telégrafos. Eloy, al verlo, tiraba
con brío al aire la boina vasca que Matías le trajo de Bilbao,
mientras Manuel sonreía un poco cohibido, como siempre.
Matías se emocionaba al acercarse a ellos y a gusto los hubiera invitado a fumar.

Eloy llevaba mucho tiempo pensando en ganar como fuera
algo, para contribuir de algún modo al presupuesto hogareño.
Y de ahí que tuvo una idea digna del hombrecito que empezaba a ser. El chico, que había regresado del Campamento Onésimo Redondo mucho más crecido, tostado por el sol y con las
pecas de la cara mucho más visibles, sin encomendarse a nadie un buen día se fue al Estadio de Vista Alegre y preguntó
por el encargado de la conservación del campo de fútbol.
Dicho encargado se llamaba Rafa, vivía allí mismo, con su
mujer, junto a los vestuarios de los jugadores, y era muy popular y campechano.

Eloy se ofreció para ayudarlo. Entre semana podría ir todas las tardes, una vez terminadas las clases y, por supuesto,
los domingos, el día entero. ¡Debía de haber tanto que hacer!
Engrasar las botas de los jugadores; inflar los balones; cuidar
el césped del terreno de juego...

—Con que me den alguna propina... y de vez en cuando
me dejen chutar a puerta, tengo bastante.

Rafa, que no tenía hijos, escuchó al muchacho con divertida atención y finalmente le dijo, riendo:

—¿Por qué no? Podemos probar.

¡Albricias! ¡Que tocaran las campanas de la Catedral! Eloy
se vio milagrosamente convertido en la mascota oficial del
Gerona Club de Fútbol.

Rafa añadió, señalando el botiquín:

—Cuando empiece el campeonato, a lo mejor te llevamos incluso en los desplazamientos.

—¡Sí, sí! —exclamó Eloy—. ¡Una mascota siempre trae suerte!

El gesto del «renacuajo» fue bien recibido en el piso de la Rambla. Ignacio empleó la mitad de su paga en Fronteras en comprarle unas «botas de reglamento» y Carmen Elgazu prometió confeccionarle a su medida una camiseta de jugador con los colores del club gerundense, que eran el rojo y el blanco. «¿Y el pantalón?», inquirió Eloy. «También tendrás tu pantalón, no te preocupes; y tus medias...»

Aquella noche Eloy, dormido en la cama que fue de César, soñó que el Gerona Club de Fútbol, gracias a él y a Rafa, ocupaba desde el primer partido el primer puesto de la clasificación.

* * *

Septiembre trajo otro problema a la familia. Éste afectaba concretamente a Carmen Elgazu. Los trastornos periódicos de la mujer fueron en este caso extraordinariamente aparatosos. Una terrible hemorragia. Carmen Elgazu pasó veinticuatro horas retorciéndose y con intermitentes desmayos.

Matías decidió:

—Hay que ir al especialista. Esto no me gusta.

La palabra «especialista» no le hacía ninguna gracia a Carmen Elgazu, pero comprendió que no cabía otro remedio.

El decano de la ginecología gerundense era el doctor Pedro Morell, al que Matías había saludado en un par de ocasiones. Matías, desde Telégrafos, le llamó por teléfono pidiéndole consulta.

—¿Cuántos años tiene su mujer? —le preguntó el doctor.

—Cuarenta y siete.

—Vengan mañana a las cuatro.

Al día siguiente, a las cuatro en punto, el doctor Morell, hombre muy conocido en Gerona porque había ayudado a nacer a media ciudad, los recibió en su despacho, en cuyas paredes colgaban, además de un crucifijo, una serie de diplomas y algunos grabados con temática de Maternidad.

El doctor Morell, con su bata blanca, sometió a Carmen Elgazu a un previo y minucioso interrogatorio. Pese a la discreción de sus preguntas, Carmen Elgazu se sentía incómoda y en más de una ocasión se le colorearon las mejillas. De pronto, Morell se levantó y la invitó a pasar a la sala de reconocimiento.

—Vamos a ver esto... —dijo—. Vamos a ver.

Invitó también a Matías, pero éste dijo:

—Si no le importa, yo esperaré aquí... —Al quedarse solo, el hombre encendió un pitillo y se acercó a la ventana, desde la cual se veía gotear la fuente de la plaza.

La revisión, realizada a conciencia, fue exhaustiva, y a su término el doctor y Carmen Elgazu regresaron al despacho. El doctor tomó asiento. Era hombre que no se andaba con tapujos.

—Eso no está claro —explicó, dirigiéndose a Matías—. Le daré a su esposa unas medicinas. Luego le haré otra revisión y decidiremos.

Carmen Elgazu palideció.

—¿Decidiremos?

—Sí —confirmó el doctor Morell—. Según lo que veamos, habrá que intervenir. ¿Ha perdido usted peso?

—Sí, un poco...

El doctor les explicó que podría muy bien tratarse de un intervención sin importancia. «Pero ahora es prematuro para diagnosticar.»

Matías se quedó estupefacto. «Según lo que veamos, habrá que intervenir...» El hombre no se atrevió a formular ninguna otra pregunta. En cuanto al doctor Morell, los vio azorados, pero hizo un gesto que significaba: «La cosa está así.» Y arrancando con mucha pericia la hoja de un bloc, se puso a escribir la receta.

Matías y Carmen Elgazu salieron de la consulta cogidos del brazo. A los pocos pasos procuraron enderezar la espalda, para no parecer unos viejos.

—¿Qué significa esto? —preguntó Carmen Elgazu, rompiendo el silencio.

Matías procuró reaccionar.

—No lo sé, Carmen... —Luego añadió—: Pero acuérdate de que ha dicho que todo depende de la próxima revisión.

Al cruzar el Puente de Piedra, Carmen Elgazu se paró repentinamente.

—Creo —dijo— que deberíamos hacer una novena a Santa Teresita del Niño Jesús...

Matías se detuvo a su vez, tocándose el sombrero. Y comentó:

—¿A Santa Teresita? No creo que sea la más indicada para este asunto...

CAPÍTULO XXII

LLEGÓ EL MES DE OCTUBRE y con él las primeras ráfagas de frío, atenuadas por los nubarrones y por algún que otro chubasco. Según el *Calendario del Payés*, que el Gobernador gustaba de consultar, el invierno sería duro. «Va a ser una lástima, porque mucha gente no tiene estufa siquiera. Un braserillo y gracias.» Mosén Alberto publicó en *Amanecer* una admirable «Alabanza al Creador», el cual con tanta sabiduría había ordenado el ciclo anual de las cuatro estaciones. «El otoño invita a reflexionar. Es melancólico y compensa de la excesiva vehemencia del verano.» A su vez, «La Voz de Alerta» escribió una «Ventana al mundo» refiriéndose a una leyenda pirenaica según la cual en otoño los gigantes de las montañas velaban para que, en medio del trabajo reanudado, hubiera paz en los hogares. «En otoño las familias se reagrupan y el hombre se siente invadido por una fuerza positiva que lo impulsa a realizar sus proyectos.» El general Sánchez Bravo, que leía asiduamente esta sección de «La Voz de Alerta», comentó: «El alcalde tiene talento. Seguro que se ha inventado esa leyenda de los gigantes, pero no importa. Lo de los proyectos es una realidad. Anoche se me ocurrió que deberíamos construir en la ciudad unos cuarteles nuevos, confortables.»

Hermosa complejidad... Porque no todo el mundo creía que el otoño fuera tan positivo para el hombre. Ahí estaba el doctor Andújar, quien tenía constancia, gracias a su especialidad, de que el tránsito del verano al invierno convulsionaba dramáticamente a gran número de personas. El doctor Andújar había ejercido durante siete años en Santiago de Compostela —donde se encontraba cuando aceptó el nombramiento de director del Manicomio de Gerona— y sabía por experiencia que al llegar octubre acudirían matemáticamente a su consulta una serie de pacientes implorando su ayuda. «Doctor..., vuelvo a estar muy mal. Otra vez la angustia.» «Doctor, no sé lo que me pasa. Otra vez aquella tristeza...» «Doctor, si no me ayuda usted, no sé si voy a poder resistir.»

El doctor Andújar comprobó, en aquel mes de octubre, que Gerona, pese al equilibrio del paisaje, no era una excepción. En el Manicomio los internados sufrieron crisis muy fuertes, siendo lo peor que el establecimiento era lóbrego hasta extremos inimaginables. Aparte de la gran cantidad de enfermos —ochocientos— y de la promiscuidad en que se veían obligados a vivir, los patios eran raquíticos y la indumentaria de los pacientes daba grima. «¡Ochocientos! —había exclamado el doctor Andújar, el día en que el doctor Chaos le cedió el sillón de director—. ¡Y esos camastros! ¡Y esos comedores colectivos!» El doctor Andújar hubiera deseado un pabellón especial para cada dolencia, jardines holgados y mucha higiene.

El doctor Chaos, condiscípulo del doctor Andújar en la Facultad, sabiéndose responsable de que su amigo se encontrase en Gerona, le dijo:

—De todos modos, en mis cartas te pinté con pelos y señales cómo era esto...

—¡Oh, desde luego! No te acuso a ti...

Tal vez el doctor Andújar consiguiera mejorar las cosas... Porque su personalidad era, tal como intuyera Ignacio, fuerte. Lo era tanto, que el hombre estaba destinado a marcar huella en la ciudad.

El doctor Chaos había dicho de él: «Es un hombre cabal, ejemplar.» No cabía mejor descripción. Nacido en Zamora, hijo de médico, el doctor Andújar, apenas llegado a Gerona con su esposa ¡y sus ocho hijos! —instalándose en el enorme piso que había pertenecido precisamente al coronel Muñoz—, demostró interesarse vivamente por todos los problemas relacionados de uno u otro modo con el sufrimiento. Su teoría era que debajo de las apariencias en todas partes existía, y no sólo en la estación otoñal, un mundo doliente. «El dolor forma parte de la vida. En cada hogar y en cada individuo se esconde la aflicción y es deber de todos mitigarla en lo que nos sea posible.»

El doctor Andújar tenía cuarenta y seis años y una salud de hierro. Pelo abundante, frente ancha, ojos muy negros, la psiquiatría lo había atraído desde el primer curso de la carrera. Vestía siempre trajes severos. Al hablar con los enfermos apenas si gesticulaba, por lo que sus palabras iban saliendo de su boca con una gran carga de autoridad. Tenía las cejas muy pobladas y cuando se reía la nuez le subía y le bajaba, lo que divertía mucho a sus ocho hijos. Su esposa, Elisa, no contaba en su mundo profesional. Era muy «madre» y nada más. Llevaba años sin leer siquiera el periódico y nadie comprendía que el doctor Andújar pudiera conversar con ella. En cambio, su hija mayor, Gracia Andújar —de quien Mateo había hecho mención—, era su secretaria, su enfermera, su colaboradora insustituible. Gracia tenía dieciséis años, había terminado el Bachillerato, pese a lo cual no se cortó la trenza única que llevaba, linda trenza que bastó para que Esther dijera: «Por fin una nota alegre en las calles gerundenses.»

No dejaba de ser paradójico que el doctor Chaos y el doctor Andújar sintieran una amistad recíproca tan sólida, pues eran tan distintos como pudieran serlo Alfonso Estrada y el señor Carlos Grote. El doctor Chaos, como es sabido, creía que la religión y sus derivados eran cómodas soluciones inventadas por el hombre, desvalido e ignorante. El doctor Andújar, por el contrario, era creyente a machamartillo. En todas partes —incluyendo la locura— veía la presencia de un Ser Todopoderoso. De ahí que se uniese fervorosamente a los Viáticos y que nada lo hiciera tan feliz como asistir a la Santa Misa los domingos, con toda su familia, ocupando dos bancos de la iglesia.

Ahora, en Gerona, en aquel otoño gris que en opinión del profesor Civil era el color que mejor le iba a la ciudad, los dos hombres, al rememorar sus tiempos estudiantiles, recordaron que ya por entonces, en la Facultad, sobre todo al salir de la sala de disección, habían discutido largamente sobre el particular. Y advirtieron que los años transcurridos no había hecho más que reforzar el criterio de cada uno. En efecto, el doctor Chaos le confesó a su amigo que cada vez que realizaba una autopsia se afianzaba en su convicción de que no existía sino el cuerpo, lo biológico. En cambio, el doctor Andújar manifestó que a él le ocurría lo contrario: ante la muerte sentía, casi de manera palpable, cómo al paralizarse el corazón se escapaba de cada hombre algo que no tenía nada que ver ni con los músculos ni con los vasos sanguíneos: un soplo de existencia superior.

Esta disparidad conceptual abarcaba los campos más diversos. Era muy raro que estuvieran de acuerdo en algo. ¡Nunca olvidarían la obligada cena protocolaria que, en honor del doctor Andújar, a la llegada de éste, organizó en su casa el Gobernador! Se tocaron toda suerte de temas —cierta posible semejanza entre Gerona y Santiago de Compostela; el carácter español; la guerra civil...— y la discrepancia fue continua.

Hasta el punto que María del Mar dijo: «Me recuerdan ustedes a Pablito y a Cristina. Se adoran; pero son el gato y el ratón.» A lo que el doctor Chaos contestó: «Sí, algo hay de eso. Pero que conste que aquí el ratón soy yo.»

El doctor Chaos dijo esto porque en el fondo de su corazón envidiaba a su amigo: sereno, cabeza de familia, aficionado al canto gregoriano, sin apetencias malsanas...

Éste era, por supuesto, el tema concreto sobre el que las divergencias de los dos colegas adquirían evidente patetismo: el de la deformación sexual que afectaba al doctor Chaos. En efecto, nadie mejor que el doctor Andújar conocía el asunto. Y su tesis, defendida también desde los tiempos estudiantiles, era que el doctor Chaos hubiera podido dominarse, corregirse y encauzar su inclinación hasta conseguir interesarse por el sexo contrario. El doctor Chaos lo negó, con una firmeza que casi causaba espanto. No creía en la posibilidad de autodominio, y mucho menos en su caso. «Ya en el período de la lactancia me repugnaba el pecho de mi madre. Y, por supuesto, a los cuatro años arañaba a mis hermanas y a todas las niñas de mi edad.»

Ahora, con motivo de su reencuentro, el doctor Andújar le preguntó:

—Pero ¿no has evolucionado nada en todo este tiempo? ¿No se ha operado en ti ningún cambio?

—Ninguno —le contestó el doctor Chaos—. Sigo en las mismas. Persiguiendo como un estúpido al primer adolescente que se me ponga a tiro. ¡Ya estoy acostumbrado, claro! Pero me disgusta que la cosa haya empezado a trascender en la ciudad...

La noble cabeza del doctor Andújar se movió preocupadamente. Esto último no le gustó ni pizca.

—¿No crees que puedo ayudarte? —le dijo—. Si así fuera, daría por bien empleada mi venida a Gerona y todo lo que aquí pueda ocurrirme.

—No, no lo creo. Todo lo que he intentado ha sido inútil. —El doctor Chaos, advirtiendo que su amigo se disponía a insistir, lo atajó diciendo—: Además, ¿a qué perder el tiempo conmigo? Ochocientas almas, como tú dirías, esperan de ti en el Manicomio... Es bastante, ¿no te parece?

El doctor Andújar negó con la cabeza.

—No, no es bastante. Acepta la responsabilidad de lo que voy a decirte: el alma que aquí más me interesa es la tuya...

El doctor Chaos se colocó a la defensiva. Si algo detestaba eran los sermones moralizantes. Por descontado sabía que su amigo no caería en el error de teorizar, como si tratara con un párvulo. Sabía también que el doctor Andújar era realmente capaz de amar y que su intención era siempre recta. Pero ¡la carga que él llevaba era tan pesada... y tan irremediable! Los dos hombres se encontraban en el despacho rector del Manicomio, cuyo gran ventanal daba al patio en que paseaban las mujeres. Habían estado observándolas un buen rato. Algunas enfermas, andaluzas, llevaban una flor en el pelo; otras rezaban el rosario; la mujer del Responsable exhibía como siempre su pancarta, pancarta que ahora decía: «Soy feliz.»

—¿No comprendes, amigo Andújar, que si eso que tú llamas alma existiera, los instintos se le someterían como mi perro, *Goering*, se somete a mí?

De nuevo el doctor Andújar negó con la cabeza.

—El planteamiento es falso, y tú lo sabes. Para someter a los instintos hay que luchar; y si tu perro te obedece es porque lo miras a veces con ternura, otras veces con autoridad. Ese Ser Supremo, en el que yo creo, organizó el juego de este modo: debemos merecernos la paz interior. No quiso que nuestra victoria fuese un regalo sin mérito alguno por nuestra parte. Eso lo reservó para los ángeles, pese a lo cual alguno se le rebeló...

El doctor Chaos, alto y elegante, permaneció inmóvil en su butaca. Hubiera querido sonreír, como algunas de las enfermas que se paseaban por el patio; pero no pudo. Toda su existencia fracasada se le convirtió en presente. Detrás del doctor Andújar, en la pared, había un gran crucifijo que de pronto le produjo intensa angustia.

—Extraño Ser Supremo el tuyo, que se complace en hacernos débiles y nos ordena que lleguemos a ser dueños de nosotros mismos. Cuando en tu casa contemplas a tus hijos, ¿te entretienes también con ese género de experimentos? Tengo la sospecha de que lo que procuras es facilitarles el camino.

—También Dios nos lo facilita, auque en apariencia no sea así. Conoces la frase evangélica: «No os abandonaré.» Los creyentes palpamos a diario el influjo de lo sobrenatural. Sin esa fuerza nadie alcanzaría los diez años de edad. Todos sucumbiríamos antes. Nuestro primer acto es llorar; pero luego descubrimos que el mundo puede ser bello. De mis hijos, precisamente, he prendido esto. Los veo crecer y te juro que el espectáculo es un milagro constante.

—¿Y si uno de tus hijos te hubiera nacido anormal?

—Procuraría aceptarlo, como se acepta un rayo. Y no olvides que a menudo los anormales son los que con mayor clarividencia ven a Dios.

—La teoría es fascinante... ¡Dejad que los dementes, que los lisiados, que los homosexuales como el doctor Chaos se acerquen a Mí!

—Exacto. Suena a falso, ¿verdad? Parece una blasfemia. Pero lo bueno de las blasfemias es que son oraciones al revés.

—¿Entonces, cuando siento asco de ser como soy y miro con ira a los demás y al retrato de mi madre, estoy rezando?

—En cierto modo, así es. El diablo, que es la criatura que más apasionadamente cree en Dios, cuando blasfema no reza, porque él no aspira ya a perfeccionarse, ni puede rectificar; pero el hombre, sí. Al hombre Dios le permite que dude, para que vaya convenciéndose de que todo lo que no sea Él es absurdo.

—En ese caso no hay más que hablar. Estoy salvado. Porque a mí me parece absurdo todo; incluso que te esté escuchando desde esta butaca sin haberte pegado ya un diabólico puñetazo.

El doctor Chaos dijo esto último... ¡sonriendo! Por fin lo había conseguido. La recta intención de su amigo el doctor Andújar, el calor que éste había puesto en sus palabras, habían logrado tan bella mutación. ¡Ah, qué inteligente, qué santo, qué ingenuo se le aparecía ahora su condiscípulo de la Facultad!

El doctor Andújar sonrió también. Afuera, las enfermas seguían paseando.

—Estarás pensando que debería llevar sotana, ¿no es eso?

—¡Quia! —El doctor Chaos se levantó—. La bata blanca te sienta de maravilla. Es el uniforme de la inocencia.

—Perdona —contestó el doctor Andújar, levantándose a su vez—, pero lo inocente es ser médico y no aceptar que existe el misterio.

—Yo no niego que exista el misterio —replicó el doctor Chao pasándose la mano por la frente—. Lo que niego es que tú sepas dónde está.

El doctor Andújar avanzó un paso y se colocó frente a su amigo.

—Pues lo sé, querido Chaos. El misterio está en que yo me encuentre en Gerona..., y en que tú no me hayas pegado efectivamente un puñetazo.

Avanzaron hacia la puerta. El doctor Chaos tenía ganas de suspirar, pero no lo hizo. Ahora, de espaldas al crucifijo, se sentía mejor. Infinitamente triste, pero con una sensación de sosiego.

—¿Cuánto le debo por la visita, doctor? —preguntó volviendo ligeramente la cabeza.

El doctor Andújar hizo un mohín cómico. Luego dijo:

—Ahí en el vestíbulo está mi hija Gracia, que es quien lleva las cuentas. Entiéndase con ella.

—De acuerdo. Y muchas gracias...

El doctor Chaos salió y abandonó el Manicomio. Fuera, el otoño obtenía también de los árboles bellas mutaciones. El otoño era positivo, como afirmaban «La Voz de Alerta» y el general Sánchez Bravo. Invitaba a hacer proyectos... Y era complejo.

CAPÍTULO XXII

El acontecimiento más importante ocurrido en aquel mes de octubre, además del comienzo del campeonato de fútbol, fue la apertura del curso escolar. Algunas personas, como el profesor Civil, recordaban que David y Olga, antes de 1936, habían tenido originales ideas pedagógicas —utilizar pizarras de color verde, hacer visitas colectivas a fábricas y talleres, etcétera—, por desgracia adulteradas a la postre por la endiablada política. ¿Cuál iba a ser el plan actual? En resumidas cuentas, ¿qué rumbo imprimiría a la Enseñanza el inspector Agustín Lago?

Los comentarios eran de este tenor:

—Por fin podremos mandar nuestros críos a la escuela con la seguridad de que no les cantarán las alabanzas de Lenin.

—Sí, pero ahora nos iremos al lado opuesto. Supongo que el que no se sepa de corrido los discursos de José Antonio, suspenso hasta septiembre.

—¡No seas exagerado!

—He oído que se hará mucho deporte, mucho músculo.

—Eso me parece bien.

El señor Grote aseguró que en Barcelona, en algunos colegios de monjas, las alumnas ricas entrarían por una puerta y las pobres por otra; Galindo dio por cierto que los maestros cobrarían como máximo doscientas cincuenta pesetas mensuales, lo que los obligaría a llevar siempre la misma corbata; el profesor Civil sospechaba que los libros de texto, condicionados por el clima ideológico reinante, serían mediocres; la Torre de Babel calculó que, entre las vacaciones de verano, de Navidad, de Semana Santa y las festividades religiosas y patrióticas, los días hábiles de clase quedarían reducidos a menos de un semestre.

Cabe decir que la persona más interesada en conocer la verdad de la cuestión, más incluso que el Gobernador, era el señor Obispo. El señor Obispo no se fiaba de habladurías y sabía que del «plan» que hubiera trazado Agustín Lago dependían muchas cosas. Así que, para saber a qué atenerse, unos días antes de que se abrieran las puertas de las escuelas, mandó llamar al inspector con el propósito de obtener de él un informe detallado y directo.

Como es lógico, el doctor Gregorio Lascasas conocía ya a Agustín Lago. Y cabe decir que lo tenía en el mejor de los conceptos. Desde el primer momento valoró debidamente que viviera en una modesta pensión y que llevara almidonado el cuello de la camisa. Vio en él algo incontaminado y profundo. De suerte que estaba seguro de que nada incorrecto habría germinado en su cabeza.

La entrevista, que tuvo lugar en Palacio, lo convenció de que no se había equivocado. A medida que el inspector hablaba, el señor Obispo iba repitiendo para sí: «Exacto. Perfecto.» Cuando la materia rozaba la religión el doctor Gregorio Lascasas no podía menos de acariciarse el pectoral y asentir complacido. «Realmente —seguía diciéndose— es consolador oír a un seglar hablando de ese modo.»

Todo estaba perfectamente claro. Según Agustín Lago, era natural que circularan rumores de toda índole. Pero los cabos estaban bien atados y todo cuanto se hiciera sería fruto de la meditación. «Evidentemente, el sueldo de los maestros era insuficiente y constituía un serio problema. También era de lamentar la falta de viviendas, especialmente para los maestros casados y la ínfima calidad del material escolar. Pero nada de eso dependía de la Inspección Provincial. Lo único que ésta podía hacer era enviar obstinadamente informes a Madrid.» «Lo importante era que los alumnos estudiasen, que aprendiesen y que formasen sólidamente su carácter. Debía exigírseles mucho, pues el mundo evolucionaba de forma tal que el futuro pertenecería a los estudiosos. Ahí existía cierta desavenencia con los objetivos de la Falange, que concedía importancia primordial a la política. Pero era de prever que todo se encauzaría de la mejor manera.» «Habría que proceder de tal suerte que los alumnos se convenciesen de que el mejor modo de servir a Dios era precisamente trabajar. Trabajar y, por supuesto, orar... El conflicto se plantearía de forma distinta en los colegios religiosos y en los colegios laicos; de ahí que se haría necesario un control constante de la labor realizada...» «Y desde luego, por encima de todo, habría que inculcar a los niños el sentido de responsabilidad, del autodominio y la finura de conciencia.» Etcétera.

Las palabras de Agustín Lago, su rigor conceptual, sus ademanes mesurados y, sobre todo, el conocimiento sólido que demostró poseer de lo que el doctor Gregorio Lascasas llamaba «los esquemas evangélicos», causaron en el señor obispo tal impresión que éste, olvidándose de pronto del tema de la enseñanza, proyectó toda su atención hacia su interlocutor, cuya manga hueca, flotante, le descansaba sobre la rodilla.

—Dígame, hijo mío... —habló el prelado, llevándose los índices a los labios como si quisiera besarlos—. ¿A qué se debe su formación? ¿Ha cursado usted estudios teológicos o ha estado en algún noviciado?

Agustín Lago, sin querer, como le ocurría tan a menudo, sintió que se le teñían las mejillas. Luego negó con la cabeza.

—No, Ilustrísima. Pero pertenezco al Opus Dei.

—¡Caramba! —exclamó, sorprendido, el señor obispo—. ¿Pertenece usted... a la *Obra de Dios*?

—Exactamente.

El señor Obispo semicerró los ojos, de suerte que éstos se le convirtieron en dos líneas horizontales debajo de las cejas.

—Interesante, interesante... —repitió—. ¿Sabe usted que en Zaragoza tuve ocasión de conocer, antes de la guerra, a su fundador, el padre Escrivá?

Agustín Lago expresó intensa alegría.

—¡No, no lo sabía! —Luego añadió, en tono natural—: Un hombre extraordinario, ¿verdad?

306

El señor Obispo afirmó con la cabeza.

—Duro... y afectuoso. Bonita combinación... —Hubo un silencio, pues Agustín Lago se había colocado a la expectativa. El señor Obispo rompió dicho silencio preguntando—: Y dígame... ¿Qué ha sido del padre Escrivá? Durante la guerra corrió la voz de que había muerto...

Agustín Lago no acertó a disimular su emoción.

—Sí, eso se dijo... Pero por suerte no fue así. Ocurrió que los rojos mataron a una persona creyendo que era él... Pero, como le digo, resultó falso. El padre Escrivá entró en Madrid con las fuerzas nacionales, en el primer camión de una de las caravanas que regresaban a la capital... Y allí está ahora.

El doctor Gregorio Lascasas estornudó inoportunamente —¡ah, las corrientes de aire de Palacio!— y luego preguntó a su visitante, sacándose el pañuelo de la bocamanga:

—Y usted... ¿está en contacto con él?

—Pues sí. Le escribo de vez en cuando... y él me contesta.

El señor obispo se sonó, procurando no hacer ruido.

—De todos modos, no tienen ustedes personalidad jurídica, ¿verdad?

—No, no la tenemos... ¡Somos tan pocos! Al terminar la guerra quedamos tan desconectados unos de otros, que en un momento dado creí que me había quedado solo, que yo era el Opus Dei.

El señor Obispo dobló el pañuelo y lo devolvió a su lugar habitual.

—La *Obra de Dios*... —repitió—. Conozco el reglamento.

—¿Lo conoce usted? —preguntó Agustín Lago, interesado.

—Sí, claro... Leen ustedes un pequeño libro de meditación, titulado *Camino*; no viven en comunidad; siguen ejerciendo su profesión; respetan por encima de todo la libertad personal... ¿Me he equivocado en algo?

—En nada —respondió Agustín Lago, sin poder ocultar su asombro—. El resumen es perfecto.

El señor Obispo, inesperadamente, se ajustó con gracia el solideo, que se le había desplazado un poco, y mudando de expresión añadió:

—Hijo mío, yo no veo ahí más que dos peligros... Primero, el que supone no vivir en comunidad. ¡Las tentaciones son tantas! Y luego, ese respeto a la libertad personal... Me parece muy arriesgado. ¿O no lo cree usted así?

Agustín Lago no supo qué contestar. Los ojos del señor Obispo se habían convertido de nuevo en dos líneas horizontales.

—No sé, Ilustrísima... Los seglares...

—¡Oh, sí, me consta que su propósito es recto! Pero en la práctica... —El doctor Gregorio Lascasas endureció, quizás involuntariamente, el tono de su voz—. No debemos olvidar que fue el propio Jesús quien dijo: «Yo soy la vid y vosotros los sarmientos.»

Mil argumentos se agolparon en la mente de Agustín Lago. Titubeó un momento y por fin dijo:

—Creo, Ilustrísima, que no existe conflicto. Se puede ser sarmiento en medio del mundo. Uno de los pensamientos de *Camino* dice: «¡Qué grande cosa es ser un pequeño tornillo!»

El señor Obispo reaccionó con simpatía y sonrió.

—Sí, ya sé. Y hay otro pensamiento que dice: «Tú y tus hermanos, unidas vuestras voluntades para cumplir la de Dios, seréis capaces de vencer todos los obstáculos.»

Agustín Lago enmudeció. Si duda el señor Obispo estaba al corriente. Experimentó una mezcla de temor y de halago. Sonriendo a su vez dijo:

—Estoy dispuesto a dar testimonio de que me siento a gusto uniendo mi voluntad a la de los demás... Confío en que mi conducta merecerá la aprobación de Su Ilustrísima.

—Eso está bien. Voy a darle mi bendición para que tenga siempre presente lo que acaba de decir.

Agustín Lago se sorprendió, pues las palabras del señor obispo parecían indicar que éste daba por terminada la entrevista.

Así era, en efecto. El doctor Gregorio Lascasas se había levantado y al hacerlo su figura se agigantó increíblemente.

Agustín Lago se levantó también, con cierta rigidez, como si todavía estuviera en el ejército; y acto seguido comprendió que no le cabía más remedio que hincar la rodilla. Así lo hizo.

El señor Obispo lo bendijo y le dio a besar el anillo.

—Vaya usted con Dios, amigo mío. Sea perseverante en su maravilloso plan escolar... Y de vez en cuando, venga a verme.

El doctor Gregorio Lascasas acompañó a Agustín Lago hasta la puerta. El inspector inclinó repetidamente la cabeza y desapareció.

Mosén Iguacen brotó como por ensalmo a su lado, en uno de los pasillos.

—Enorme este palacio, ¿verdad?

—Desde luego.

—Vaya usted con Dios.

* * *

Las clases empezaron el 7 de octubre. Agustín Lago se las arregló para que todos los maestros y maestras supieran a qué atenerse. Los libros de texto a propósito, que tanto inquietaban al profesor Civil, llegaron de Madrid, algunos tirados en *cyclo-styl*.

En seguida se vio que Agustín Lago acertó en su pronóstico: los colegios regentados por religiosos parecieron empeñarse en justificar los temores del Gobernador. Los frailes y las monjas lo supeditaban todo a las prácticas de piedad. Creían que «para que los alumnos se sintieran constantemente en presencia de Dios» era preciso no distraerlos demasiado con las Matemáticas o con la Física. Contrariamente a los deseos del inspector jefe, consideraban que el estudio era secundario. Preferían que dichos alumnos fueran «santos» a que se interesaran por las asignaturas del programa. Organizaron un sistema de presión al que resultaba difícil oponer resistencia. Los muchachos, al entrar en el aula, debían decir *Ave María Purísima* y al pasar lista debían contestar *¡Viva Jesús!* Inmediatamente iniciaron la celebración de los primeros viernes de mes, de los siete domingos de San José y las visitas colectivas al Santísimo. Llegaron a organizar los llamados *Cruzados Eucarísticos*, es decir, alumnos que llevaban una cruz en el pecho y que juraron estar dispuestos, llegado el caso, a dar la vida por defender la Fe. Y los sábados cada alumno o alumna debía presentar por escrito el número de «Buenas Obras» llevadas a cabo durante la semana: comuniones, jaculatorias, pequeños sacrificios en honor a la Virgen...

En las escuelas laicas la presión era menor, si bien los maestros que habían obtenido el título en época de la República tuvieron que examinarse previamente de Religión y de Historia Sagrada, sin cuyo requisito no hubieran podido cobrar el sueldo. Sin embargo, el profesor, según fuere su talante, gozaba de mayor libertad de acción. Los había que saboteaban lindamente las consignas y que organizaban las clases a la manera tradicional, sin hacer el menor esfuerzo por relacionar la Geografía con los viajes misioneros de San Francisco Javier ni la Física y la Geología con la omnipotencia del Creador. En los pueblos tal independencia de criterio era más difícil, dado que los párrocos, bien aleccionados, ejercían una vigilancia implacable y muchos de ellos exigían el parte de los alumnos que faltaban a la misa dominical.

Agustín Lago, que recibía puntual noticia de lo que ocurría en cada caso, tuvo la evidente impresión de que se vería obligado a librar una dura batalla. Cada día, al mirarse al espejo en su habitación de la plaza de las Ollas, recordaba el consejo que en cierta ocasión le diera mosén Alberto: «No hay que llevar las cosas demasiado lejos, amigo Lago.» ¡Claro que no! Pero ¿y el señor Obispo...? Agustín Lago recordaba las palabras de éste: «De vez en cuando, venga a verme.»

La escuela más importante de Gerona, y que en consecuencia era la que mayormente preocupaba a Agustín Lago, era el Grupo Escolar San Narciso, en el que precisamente se habían matriculado no sólo Eloy y Manuel Alvear, sino también Félix Reyes y «El Niño de Jaén». Cuarteto heterogéneo pero unido por lazos afectivos bastante sólidos, nacidos durante su convivencia veraniega en el Campamento Onésimo Redondo.

La directora del Grupo Escolar San Narciso era nada menos que Asunción, quien continuaba con sus escrúpulos y dispuesta a no exponerse de ningún modo a que «por escandalizar a un parvulillo le ataran una rueda de molino al cuello y la sumergieran en lo profundo del mar». El resto del profesorado era también declaradamente «beato», excepto un par de ex alféreces provisionales, los cuales exageraban por otro lado, por el lado del patriotismo.

Los contertulios del Café Nacional comentaban con sorna los métodos empleados en el Grupo Escolar San Narciso. Por ejemplo, para la enseñanza de la Aritmética, Asunción concibió un sistema de símbolos que se reveló plástico y original. Comparaba el número 1 con la unidad de Dios; el número 2 con las dos naturalezas de Cristo; el número 3 con las tres virtudes teologales; el número 4 con los cuatro evangelistas. Para la enseñanza de la Gramática, ordenó que en las redacciones y análisis no se emplease ningún nombre propio que no correspondiera a un personaje bíblico y que no se echase mano de ninguna cita que no figuraba en alguna Encíclica. Se produjo algún conato de indocilidad. Uno de los maestros, de edad avanzada, Torrus de apellido, al enseñar Literatura se negó rotundamente a afirmar que Campoamor profundizó más que Leopardi y que Rousseau era tonto de capirote. Asunción discutió con él, pero no hubo nada que hacer. Claro que la flamante Directora, íntima de Pilar, se resarcía con creces, sobre todo al dar clase de Historia, que era su disciplina preferida. La Historia, para Asunción —en tanto Alfonso Estrada no alegrara un poco su vida íntima— eran Mahoma, Lutero, Calvino y otros nombres igualmente heterodoxos.

Cabe decir que los alumnos, faltos de otros puntos de referencia, se adaptaron gustosos al programa, entre otros motivos porque los maestros de la plantilla eran, pese a todo, muy competentes. Por otra parte, los atraía cierta curiosidad. Las jornadas escolares podían pecar de cualquier cosa menos de monotonía. Hoy recibían la visita de la Inspectora de Falange, que era Chelo Rosselló; mañana, la del profesor de Religión, que era mosén Obiols, catedrático del Seminario, hombre de pies larguísimos y voz tronitronante; pasado mañana debían redactar la lista de «Buenos Propósitos»: propósitos de obedecer a los padres, de ser corteses con los compañeros, de renunciar voluntariamente al postre... En cualquier momento podían ser llamados para efectuar una visita colectiva a la checa de Cosme Vila o al gimnasio de los anarquistas; o a una sesión de dibujos animados en el Cine Coliseum; etcétera. Por añadidura, el maestro Torrus era un experto prestidigitador y a menudo los deleitaba con sesiones de juegos de manos, cuyos trucos «El Niño de Jaén» era infaliblemente el primero en descubrir.

Naturalmente, no faltaban los consabidos alumnos rebeldes. Por ejemplo, el primogénito de Marcos y de la guapetona Adela, un muchacho inquieto llamado, no se sabía por qué, Cándido, un día le preguntó a Chelo Rosselló por qué los puntos de la Falange eran exactamente veintiséis y no treinta y dos, o cuarenta. También Félix Reyes, contento porque su madre había salido absuelta de la cárcel —lo que a él lo liberó de los comedores de Auxilio Social—, le preguntó en cierta ocasión a mosén Obiols si era cierto que Jesucristo había tenido hermanos. Pero, por regla general, imperaba una sana obediencia, excepto, claro está, a la hora del recreo, en donde todo estaba permitido, desde jugar al fútbol hasta improvisar con bastones combates de esgrima. Por cierto, que esto último no dejó de llamar la atención de los maestros del Grupo Escolar San Narciso. Los alumnos, sin que nadie los empujara en esa dirección, se inclinaban espontáneamente hacia los juegos bélicos, utilizando para ello fusiles de madera, balines, piedras o imitando onomatopéyicamente, con admirable fidelidad, los clásicos ruidos de la guerra: el de los tanques al arrastrarse; el zumbido de los aviones; el galopar de la Caballería. Asunción, pese a ser hija de militar, se extrañaba de que los muchachos no prefirieran diversiones más pacíficas, aunque comprendía que en este sentido eran víctimas del ambiente reinante y de los incesantes comentarios que oían por doquier referidos a la campaña de Polonia.

En resumidas cuentas, el Grupo Escolar San Narciso demostraba bien a las claras que Agustín Lago tenía posibilidades de salirse con la suya, aunque a muy largo plazo. Los alumnos veían desarrollarse a la par su alma y su cuerpo —el deporte, en efecto, era mimado especialmente— y no se sentían oprimidos. Cuando a la hora de entrada se izaban en el patio las tres banderas —la Nacional, la de Falange y la del Requeté— la mayoría de ellos cantaban brazo en alto, con entusiasmo sincero, el *Cara al sol* y el *Oriamendi*.

Tal vez existiera un momento difícil: el de los periódicos exámenes de conciencia en vísperas de alguna Comunión General. Dichos exámenes corrían a cargo de mosén Obiols y tenían lugar a media tarde, con los postigos de las ventanas de la clase entornados, para facilitar la debida concentración interior. Mosén Obiols subía al estrado e iba dejando caer sobre las cabezas de los alumnos los diez mandamientos, guardando después de cada uno de ellos unos segundos de silencio para dar tiempo a la reflexión.

La práctica demostró que algunos chicos se torturaban en demasía preguntándose a sí mismos si «amaban a Dios sobre todas las cosas» —si lo amaban más, por ejemplo, que a sus padres—; si habían jurado en vano su Santo Nombre; o si habían calumniado al prójimo. Especialmente creaba un clima de incomodidad el sexto mandamiento. «¿Habéis cometido actos impuros?», preguntaba mosén Obiols. Los alumnos no acababan de comprender exactamente. Eloy se preguntaba si el sacerdote se refería a «aquello» que casi todos hacían solitariamente, entre los árboles, en el Campamento de San Feliu de Guíxols; o a los sueños nocturnos; o al deseo que a veces sentía él, en el piso de la Rambla, de que Pilar saliera de su cuarto vistiendo el camisón de dormir...

Menos mal que los mandamientos eran sólo diez y que al final mosén Obiols desaparecía rápidamente y Asunción se llevaba a todo el Grupo Escolar a confesarse. Porque, en la iglesia la espera era larga, debido a la cola que se formaba, y ello aquietaba los ánimos. A uno le daban ganas de pellizcar al vecino. El otro simulaba volverle a pasar al compañero agua bendita, como habían hecho al entrar. El otro de pronto encogía los hombros, pensando en que el quinto mandamiento, el «no matarás», rezaba más bien para la gente mayor, que había hecho la guerra; una guerra no de embuste como las que ellos organizaban en el patio a la hora del recreo.

En cambio, lo que encantaba a todos, sin distinción, eran las excursiones que tenían lugar los jueves por la tarde y, a veces, los domingos.

—¡Mañana subimos a las Pedreras!

—¡El próximo domingo, a la ermita de los Ángeles!

Los alumnos cabrioleaban toda la tarde felices por las colinas y los oteros, tirándose piedras y contemplando a Gerona abajo en el llano, envuelta en una neblina de color reciamente autumnal.

Excursión singular fue la organizada el día 21, segundo aniversario del hundimiento del frente «rojo» del Norte, al litoral, a San Antonio de Calonge. ¡Ay, el pasmo del pequeño Manuel al ver el mar! Por fin se hizo realidad su sueño, tantas veces acariciado en el Atlas que se trajo de Burgos. Manuel Alvear, al descubrir desde un recodo de la carretera la inmensidad azul, se incorporó en su asiento del vehículo y se tapó la boca con las manos. Cándido, a su lado, le dijo: «¡No hay para tanto, muchacho!» Pero Manuel no acertaba a hablar. ¡La Costa Brava! No comprendió que su hermana, Paz, pusiera en entredicho la grandeza de la región gerundense. Y cuando los autocares se detuvieron y todos los alumnos irrumpieron como pequeños salvajes en la playa, él permaneció clavado en la arena, sin atreverse a acercarse al agua: tanto era el respeto que ésta le inspiró.

Manuel hubiera deseado tener a su lado a Eloy para gritar: «¡Me gusta, me gusta!» Pero Eloy, la mascota del Gerona Club de Fútbol, feliz porque el equipo local, «su» equipo, había ganado en la jornada anterior, se había subido a una roca y desde lo alto, con dos dedos entre los dientes, emitía escalofriantes silbidos en espera de que le contestara la sirena de un barco que pasaba allá lejos, en el horizonte.

* * *

Por supuesto, Manuel era el más desconcertado de los alumnos... Manuel Alvear, como le llamaban sus compañeros, desde que había llegado a Gerona no sabía a qué carta quedarse. Las influencias que recibía eran tan contradictorias —en el Grupo Escolar, en el piso de la Rambla, en su casa, con su madre y con Paz— que notaba frío en la cabeza, motivo por el cual su tío Matías le había regalado, al igual que a Eloy, una boina. Manuel llevaba también boina, además de un abrigo raído; y su sonrisa era habitualmente triste. ¿Cómo no iba a serlo? ¿No era todo aquello un tanto excesivo para su edad?

Lo era, sin duda alguna, sobre todo por culpa de Paz, la cual, siempre al acecho, le decía cada dos por tres:

—No les hagas caso, Manuel. Todo esto es una patraña. ¿Juegos de manos, excursiones? Para que no os deis cuenta de lo que se proponen; para distraeros... ¿Clases de religión? ¡Puah! Si Dios existiera y fuera bueno, la gente no sufriría lo que sufre... Parece mentira que no te des cuenta. ¿Sabes por qué te llevan a confesar? Para tenerte bien amarrado, para saber lo que piensas. Fácil, ¿no te parece? ¡Son unos granujas!

Manuel escuchaba a su hermana, procurando sopesar sus argumentos. Y no veía que, en el mejor de los casos, hubiera nada fácil en todo aquello. ¡Si no los hubieran llevado a las Pedreras y al mar, Paz hubiera dicho que los tenían encarcelados! En cuanto a la religión, ¿era realmente una patraña? Manuel miraba a menudo, en la clase, el crucifijo de la pared, como le había ocurrido al doctor Chaos en el Manicomio. ¿Realmente aquel hombre, que según mosén Obiols era Dios, se dejó clavetear manos y pies «para tenerlo a él bien amarrado»? ¿Y su primo César? ¡Era tan impresionante lo que le contaban de él en el piso de la Rambla! ¿Y cómo podían luego los confesores acordarse de lo que pensaba cada uno de los chicos, de los «pecados» de cada cual? Ni siquiera conocían sus nombres...

Paz, y su propia madre, Conchi, se daban perfecta cuenta del combate que libraba el muchacho. ¡Por algo, en Burgos, dudaron entre aceptar o no aceptar el traslado a Gerona! Lo cierto es que las dos mujeres vivían sobre ascuas. Especialmente desde que a Paz se le ocurrió un día echar un vistazo a los libros que Manuel llevaba en la cartera del Grupo Escolar... ¡Por todos los diablos! ¿Cómo podían enseñar a los críos semejantes majaderías? Por ejemplo, en el libro de Historia de España, historia dialogada, podían leerse cosas de este calibre:

—¿A qué ha de aspirar España?

—A rehacer el Imperio que perdió.

—¿Por qué lo perdió?

—Por culpa del liberalismo y la democracia.

—¿Qué son el liberalismo y la democracia?

—Los sistemas políticos que están deshaciendo al mundo.

—¿Qué es la nueva España?

—Un estado totalitario destinado a ser el ejemplo de todas las naciones.

Etcétera...

Paz le decía a Manuel:

—Pero ¿te das cuenta, so tonto? ¡Pobres como ratas, y a rehacer el Imperio! ¿Y qué ejemplo vamos a dar al mundo? ¿Es que ya no te acuerdas de los fusilamientos en la carretera de Miraflores? ¿Y sabes lo que cobro yo por trabajar ocho horas en la fábrica de lejía? ¿Y lo que cobran los peones ferroviarios, sin derecho a protestar ni ir a la huelga? ¿No has estado nunca en el Palacio del Obispo?

¡Y el libro de Historia Sagrada! ¡La Virgen se había subido después de muerta bonitamente al cielo, entre una nube de ángeles! ¡Una pareja de cada especie animal cupo holgadamente en el Arca de Noé! ¡Cristo se bajó a los infiernos!

—Por favor, Manuel... Abre un poco los ojos y no te dejes embaucar.

* * *

La gran crisis, precursora de otras muchas que tendrían lugar en aquel piso que fue del Cojo, llegó en el día llamado *Día de la Madre*, instituido por la Sección Femenina. En el Grupo Escolar San Narciso se obligó a cada alumno a redactar una felicitación que decía: «A mi madre, con todo cariño.» Felicitación ilustrada con un dibujo que representaba los campanarios de la Catedral y de San Félix, ambos enlazados en el aire por la bandera nacional.

Cuando Conchi, la madre de Manuel, recibió de manos de su hijo aquel cartoncito, sin pensarlo un segundo rasgó el dibujo en mil pedazos. ¡Los campanarios! ¡La bandera!

Pero entonces ocurrió lo insólito. Manuel no se echó a llorar. Se agachó, recogió del suelo los pedacitos en que podía leerse: «A mi madre, con todo cariño», apartando el resto, y calmoso y digno volvió a ponerlos en manos de su madre. Ésta entonces, entre sollozos, atrajo hacia sí a su hijo y lo acarició y lo llenó de besos.

—Es que no quiero perderte, ¿sabes, hijo? No quiero que te vayas con «ellos». Son unos canallas. Es por tu bien...

Entretanto, Paz había encontrado en la cartera de Manuel una poesía copiada de puño y letra del muchacho y que decía así:

> *¡Gibraltar! ¡Gibraltar!*
> *¡Avanzada de nuestra Nación!*
> *¡No es bastante nuestra hazaña*
> *si es inglesa la bandera del Peñón!*
> *¡A la lid con valor!*
> *¡Empuñemos de nuevo el fusil!*
> *¡A luchar con ardor*
> *que en tus rocas sabremos morir!*

Paz le dijo a su madre, blandiendo el papel:

—Déjale... Allá él si no nos hace caso. Le darán un fusil y lo mandarán a morir en las rocas de Gibraltar.

Manuel se refugió en su cuarto y se sentó al borde de la cama. Paz se fue al lavabo y se peinó, pues de acuerdo con el estribillo del encargado de la fábrica de lejía: «esto no es para ti», quería presentarse a la céntrica Perfumería Diana, en la que, según un anuncio aparecido en el periódico, en *Amanecer*, necesitaban una «dependienta de buena presencia».

CAPÍTULO XXIV

EL OTOÑO SEGUÍA AVANZANDO, disparatado y contradictorio como las ideas de Manuel. Tan pronto se apoderaban del cielo de Gerona las nubes como el viento del Ampurdán, la tramontana, se las llevaba de un escobazo, oxigenando los pulmones. Era una lucha de poder a poder, como caballos en una disputada carrera. Algunas de esas nubes flotaban preñadas de una dureza extremada, como en vísperas de inundación. En tal caso la gente no forjaba proyectos, como vaticinara «La Voz de Alerta», sino que por el contrario decía: «Tengo un día pesado.» «¡Caray con mis piernas! Parecen de plomo.»

El doctor Andújar, que había abierto ya su consulta particular, empezó a recibir los primeros clientes, entre los que no podía faltar, de acuerdo con la más pura lógica, el gran huérfano de la ciudad: Jorge de Batlle. Jorge de Batlle le dijo simplemente: «Doctor, no puedo con mi alma.» El doctor Andújar vaciló un instante, pese a su experiencia. La frase «no puedo con mi alma» le había impresionado siempre de un modo especial.

En los días de viento todo era distinto. El viento excitaba la fantasía y arrancaba de la gente frases de este tenor: «¿No te gustaría ir a Australia?» O bien: «¡A ver si se cae una cornisa y le rompe la crisma a alguien!»

Tal fantasía repercutió, inopinadamente, en beneficio de Paz. En efecto, Dámaso, dueño por partida doble de la barbería de lujo inaugurada en un entresuelo de la Rambla y de la Perfumería Diana, aceptó a Paz en calidad de dependienta, sin rechistar. Con sólo ver a la muchacha y oírle unas palabras, asintió con la cabeza. «¿Cuándo quieres empezar, muñeca? ¿Mañana?» Dámaso, un lince para los negocios, tuvo la corazonada de que la explosiva Paz dispararía, más que el viento, la imaginación de los muchos varones gerundenses que usaban masaje Floïd.

El general Sánchez Bravo, que a menudo demostraba una gran sensibilidad para el paisaje —fruto, según él, de la obligada observación de los accidentes del terreno durante la guerra—, prefería con mucho el viento a las nubes, sobre todo porque aquél, de noche, despejaba el firmamento y le permitía contemplar a gusto, con el telescopio, las estrellas.

—Ya conoces mi manía, ¿verdad, Nebulosa?

—Sí, mi general.

A Marcos, el aprensivo, le ocurría a la inversa. El viento le daba miedo, más aún que a María del Mar. Sobre todo por esa posibilidad de que se cayera alguna cornisa...

—Hay que ver —lo atosigaba Adela, su vital mujer—. Ya estás pensando en que si se cae una elegirá precisamente tu cabeza. ¿Por qué, si puede saberse? Llevamos catorce años casados y no he advertido en ella nada especial. ¡Que Dios me castigue si miento!

Si la pregunta «¿No te gustaría ir a Australia?», se la formulaban a Ramón, camarero del Café Nacional, el muchacho contestaba inmediatamente: «¡Ya lo creo! Y de pasada me llegaría a Vladivostok...»

* * *

Fuera de Gerona, allá lejos, al otro lado de los Pirineos, vencían las nubes, vencía «el plomo». Europa tenía un otoño pesado y ganas de morir. La guerra no sólo proseguía, sino que se extendía con caracteres alarmantes por el aire y en el mar. La capitulación de Polonia no había traído como consecuencia el anhelado armisticio. El conflicto llevaba trazas de complicarse en gran escala. Los submarinos alemanes, con agilidad que Radio Gerona y *Amanecer* calificaban de «felina», surcaban los océanos y hundían día tras día buques ingleses y franceses. Se habían producido algunos combates aéreos y se rumoreaba que Alemania concentraba tropas en el Oeste. ¿Qué pretendería el Führer, hijo de un aduanero de la frontera bávara? Las emisoras aliadas afirmaban que los Países Bajos se temían un ataque por sorpresa —el ataque que, en la intimidad de su corazón, deseaba Pilar—, y que debido a ello los ingenieros holandeses habían montado un plan defensivo de tanta efectividad que con sólo apretar un botón podían inundar extensas zonas de su territorio. Nadie comprendía qué razón podría aducir Hitler en el caso de atacar a Holanda, y la opinión en los medios oficiales gerundenses era que se trataba de un bulo que las democracias hacían circular. «Que Alemania atacara a Rumania, en busca de petróleo, de acuerdo. Pero ¿qué se le ha perdido en Holanda?»

Por otra parte, Francia seguía movilizando más gente y muchos de los puestos de trabajo abandonados por los soldados eran cubiertos, sobre todo en el campo, por exiliados españoles.

¿Por qué ocurrían esas cosas? ¿Por culpa del viento, por culpa de las nubes? La gente vivía zarandeada. Matías decidió encerrarse de momento en su caparazón y hacer la novena a Santa Teresita del Niño Jesús, suplicándole que sanara de su dolencia a Carmen Elgazu. Antonia Rosselló había decidido lo opuesto: olvidarse de sí misma y, pensando sólo en los demás, ingresar sin demora en el noviciado del Buen Amor, de Ávila, con el propósito de irse a misiones. Aunque tal vez el ideal fuera —caso de la Torre de Babel— adoptar ambas posturas a un tiempo y por un lado escuchar Radio Pirenaica y Radio

Moscú, para enterarse de «la verdad» de los acontecimientos mundiales, y por otro lado decirle a Padrosa, el otro veterano del Banco Arús: «Creo que estamos perdiendo el tiempo en esta maldita oficina. Deberíamos emanciparnos. Deberíamos montar una Agencia propia. ¡Hacer algo!»

* * *

Al contrario que Matías, Europa estaba definitivamente decidida a no encerrarse inmóvil en su caparazón. Europa, de pronto, hizo crujir sus huesos, *crac-crac*, como el doctor Chaos hacía crujir los suyos. Humeantes aún las ruinas de Varsovia, Rusia declaró la guerra a Finlandia y, fiel a su histórica costumbre, cruzó las fronteras del pacífico territorio.

La nueva detonación paralizó las conciencias rectas. ¿Por qué todo aquello? ¿A quién amenazaban los finlandeses, con sus bosques, con sus noches eternas y sus rebaños de renos? ¿Qué *ganas de vivir* le habían entrado a Stalin? ¿Acaso quería bañar sus bigotes en el Ártico escandinavo? ¿Qué argumento le facilitarían a Cosme Vila en la Escuela de Formación Política, de Moscú? ¿Qué les diría la maestra asturiana, Regina Suárez, a sus alumnos de Toguskaia? ¿Qué arenga le enviaría Gorki, desde Toulouse, a su radioescucha más adicto y ambicioso, la Torre de Babel?

Ignacio, al ver las primeras fotografías de la guerra ruso-finlandesa recordó su estancia en Esquiadores. Las noches de luna en la nieve, el frufrú de los esquís, las guardias solitarias, las cartas que Cacerola escribía a sus madrinas a la luz del candil. Por su parte, Alfonso Estrada, en Salvoconductos, primero le dijo a Pilar que Sibelius era un músico inmortal y luego le contó a la chica cuentos finlandeses de terror y de muerte, cuentos protagonizados por el frío y por los mosquitos que, allá en la frontera fino-sueca, atacaban en bandadas a los lapones y a los esquimales. «En Finlandia hay sesenta mil lagos y se dice que en cada lago se ha ahogado una mujer de cabellos rubios. Tal vez los dirigentes del Kremlin crean que dichos cabellos se han convertido en oro debajo del agua y quieran ahora apoderarse de él. Si no, no me explico...» José Luis Martínez de Soria les dio a los acontecimientos una interpretación acorde con su obsesión mental: relacionó el ataque ruso con la figura de Satanás, sobre la que poseía una bibliografía cada vez más abundante: «El demonio Bylet es el que manda las tropas rusas. Fue, en el Cielo, del Coro de las Potestades y espera volver a ocupar allí el séptimo trono. Es un demonio fuerte y terrible, que aparece con un caballo blanco, como el conde Aldo Rossi por los caminos de Mallorca... Su consejero político es el diablo Rimmón, Embajador de todas las Rusias. ¡Oh, no, no os riáis! No te rías, Marta; no te rías, María del Mar. Los diablos son una realidad tan real como los árboles de la Dehesa, y viven y actúan organizados como nosotros, los hombres. Su reino es ahora invisible; pero día llegará en que los conoceremos como nos conocemos los que estamos en esta habitación.»

Sin embargo, la reacción más activa corrió a cargo, como siempre, de Mateo. Mateo se enteró de que en Madrid se hablaba de enviar a Finlandia un grupo de voluntarios españoles, una fuerza combatiente simbólica que se enfrentara cara a cara, como había ocurrido en Belchite, con los tanques soviéticos. Inmediatamente llamó por teléfono al camarada Núñez Maza, Delegado Nacional de Propaganda. «¡Contad conmigo!», gritó Mateo. Núñez Maza, al otro lado del teléfono, procuró aplacar los ánimos de Mateo. «Calma, muchacho, calma. Es sólo un proyecto. Te tendré al corriente.»

Mateo no se calmó... La idea le encandilaba tanto que hablaba de ella con todo el mundo. El Gobernador le prohibió publicarla en el periódico, pero no hacía falta y él mismo se imaginaba ya cruzando Europa vestido de blanco. Y entonces ocurrió lo inevitable: Pilar se puso nerviosísima, al igual que don Emilio Santos. «¡No quiero que vayas!», exclamó Pilar, echándose al cuello de Mateo. Por su parte, don Emilio Santos, que seguía paso a paso, con temerosa expectación, las andanzas de su hijo, miró a éste con semblante triste y le dijo:

—¿No te parece que está bien, Mateo? Recuerdo que eras un crío y ya querías irte a Abisinia a disparar contra los etíopes. Ahora, a Finlandia. ¿Es que no puedes vivir sin una arma en la mano?

Mateo se quedó pensativo. Realmente, su padre había dicho la verdad... ¿Qué le ocurría? Por un momento se preguntó si no le roería por dentro algún resentimiento. «¡No, no! —protestó para sí—. ¡Simplemente estoy siempre presto a servir a una causa grande!» Por fortuna, a los pocos días llegó una noticia que acabó con su vacilación: Inglaterra y Francia, las dos «odiosas democracias», se ponían del lado de Finlandia. Mateo renunció en el acto a cruzar Europa vestido de blanco.

«¡Estaría bueno —le dijo a Pilar, dándole un beso más fuerte que de ordinario— que tuviera yo que luchar a las órdenes de un coronel inglés!»

* * *

La guerra ruso-finlandesa dio origen a un milagro. Gerona tomó conciencia de lo que significaba vivir en paz. Ni la guerra polaca, ni los combates aéreos y marítimos —ahora los alumnos del Grupo Escolar San Narciso, a la hora del recreo, jugaban a «hundir buques ingleses»— habían operado de modo tan directo sobre la población. Los documentales de cine en los que aparecían los «gigantes rusos» avanzando con inesperada dificultad por las carreteras nevadas de la «poética Finlandia», fueron el aldabonazo clave. ¡Qué bien se estaba en casa, sin el temor de los aviones! ¡Qué agradable salir a la calle con la certeza de que no tabletearían las ametralladoras! Las mujeres, muy numerosas, que llevaban un hijo en las entrañas, se miraban como diciéndose: «¿Por qué no? El futuro es de color azul.»

«España está en paz, nada hemos de temer.» No fue una frase, fue un grito. Un grito que de pronto brotó aquí y allá, que apareció escrito en todas partes como si por la ciudad hubiera pasado el ángel de la buenaventura. La gente paseaba y al detenerse ante las carteleras de los espectáculos le parecía leer, en vez de los títulos de las películas, el estribillo: «España está en paz.» Los amigos, al saludarse, lo hacían con tal alegría que era como si se dijeran unos a otros: «España está en paz.» «La Voz de Alerta», en la Sección «Ventana al mundo», escribió: «Nada hemos de temer»; y las locomotoras de los trenes repitieron la frase por las llanuras. Las mecanógrafas en las oficinas tecleaban: «España está en paz.» Algo parecido le ocurría a Matías en Telégrafos: todos los telegramas decían: «Nada hemos de temer.» Las campanas de la Catedral repicaban el mismo sonsonete y el barbero Raimundo lo tarareaba mientras les enjabonaba la cara a los soldados.

A tenor de este sentimiento prodújose una exaltación patriótica que recordaba la que subsiguió a la terminación de la guerra. Cuando en los cines de pronto sonaba el Himno Nacional, los espectadores volvían a ponerse en pie como accionados por una fuerza magnética y extendían el brazo con tenaz inmovilidad. Cuando pasaba el coche del Gobernador

Civil, la gente se agachaba un poco para reconocer el rostro del camarada Dávila al otro lado del cristal, y lo saludaba con una sonrisa. Y sobre todo, la figura del Liberador, del Caudillo, se apoderó de nuevo de las mentes. El Caudillo continuaba permaneciendo neutral —María del Mar había dicho de él: «Su mejor cualidad es la prudencia»— y el público era informado de los mínimos pormenores de su vida. Por ejemplo, la *Hoja Dominical* que dirigía mosén Alberto publicó sobre él la lista, completa e inédita, de los nombres que recibiera en la pila bautismal: Francisco, Paulino, Hermenegildo, Teódulo...

* * *

Noviembre patriótico, como los exámenes de la Universidad... La exaltación dominante era idónea para honrar la memoria del Ausente, del hombre que dio su vida para que en España reinara ahora la paz y la neutralidad fuera posible. Había llegado la hora de rescatar a José Antonio del oscuro lugar en que fue inmolado, la cárcel de Alicante, y trasladarlo a El Escorial, panteón de reyes. Mateo, que no había podido irse a Finlandia, tendría ocasión de realizar con este motivo una gesta muy distinta pero igualmente emotiva: ser testigo presencial del traslado, participar en él e informar de los detalles a todos los gerundenses, mediante una crónica diaria que transmitiría por teléfono a *Amanecer*.

Tratábase de una peregrinación de signo wagneriano. Tal como había sido anunciado, el glorioso féretro que contenía los despojos del Fundador sería conducido a hombros por escuadras falangistas procedentes de toda España. Dichas escuadras avanzarían a pie por la carretera de Madrid, turnándose, relevándose en los lindes de las provincias que atravesaran; provincias que, como la de Albacete, habían sido, por azares de la geografía, Cuartel General de las Brigadas Internacionales.

La fecha señalada para el inicio de la peregrinación era el día 20 de noviembre, oficialmente declarado *Día del Dolor*. La delegación de Gerona estaría compuesta por Mateo, en calidad de jefe, y por los camaradas Rosselló, José Luis Martínez de Soria y Alfonso Estrada. Representando a la Sección Femenina, Marta, Chelo, Gracia Andújar y Pilar. Representando a las Organizaciones Juveniles, el hijo del Jefe de Policía, Juan José Ferrándiz, y, naturalmente, el hijo del Gobernador, Pablito, quien sentía por José Antonio una admiración incondicional.

El día 17, víspera de la salida de la delegación gerundense con destino a Alicante, Pablito dio la sorpresa a la ciudad: publicó en *Amanecer* un canto a José Antonio que mereció aplauso unánime. El lenguaje empleado por el muchacho era un tanto ingenuo y mimético; pero sus palabras tenían un temblor que prendía en quien las leía. Pablito, consecuente con su temperamento, afirmó que era una calumnia decir que José Antonio había muerto. «José Antonio no morirá nunca, puesto que está y seguirá presente y vivo en nuestros corazones.» Al final del canto lo llamó *Aquél*.

La madre del chico, María del Mar, experimentó fortísima emoción, ¡ya era hora!, al abrir el periódico. «¡Mira la poesía que ha compuesto nuestro hijo!», le dijo al Gobernador. Doña Cecilia comentó: «¿Es posible que esto lo haya escrito el chaval?» Sí, lo era. Pablito había escrito aquello de su puño y letra en un rapto, sin pedirle ayuda a nadie. El único que no se sorprendió de la hazaña fue Mateo, quien recordó que Pablito, en el Campamento de Verano, le había dicho que su ambición era ésa: escribir.

El notario Noguer hizo una mueca de las suyas y comentó:

—No me gusta que el chico, a sus años, haga juegos de palabras con la vida y la muerte.

* * *

No eran juegos de palabras... Muy pronto las crónicas de Mateo, que el día 19 llegó con su séquito a Alicante, demostrarían que en ciertas ocasiones era válido relacionar a cualquier edad ambos extremos. La primera de esas crónicas, muy escueta, tuvo la virtud de hacerse enormemente popular, hasta el punto que personas tan inmunizadas contra el entusiasmo, como podían serlo mosén Iguacen o el ginecólogo doctor Morell, la devoraron y sintieron en la espina dorsal lo que la madre de Marta, la viuda Martínez de Soria, llamó «el escalofrío de la autenticidad».

Decía así: «Aquí, Alicante. En el día de hoy, 20 de noviembre, *Día del Dolor*, han sido exhumados los restos mortales de José Antonio. Hemos tenido el privilegio de presenciar la ceremonia, mientras las baterías instaladas en el castillo de Santa Bárbara hacían las salvas de ordenanza, los buques de guerra del puerto disparaban sus cañones y ciento cincuenta barcas de pesca tocaban sus sirenas, con la tripulación formada sobre cubierta. Imposible describir nuestra emoción. Aquellos despojos de apariencia inútil pertenecían al hombre que nos enseñó a los españoles la doctrina y el ritmo, al hombre que presintió correctamente la hora de España en el mundo. Inmediatamente se ha procedido a la formación del cortejo fúnebre, que avanzará por las rutas de España precedido siempre por varias cruces, símbolo del martirio de José Antonio. Los cazas han volado sobre el féretro dejando caer encima de él flores y laureles. ¡Camaradas de Gerona! Alguien, un muchacho de quince años, escribió hace poco que José Antonio no había muerto. ¡Es cierto! ¡Está presente! Gritad conmigo: ¡José Antonio, presente!» Vuestro jefe, *Mateo Santos*.

La segunda crónica fue más persona. «Aquí, día 21, en ruta hacia El Escorial. El féretro es llevado a hombros de doce falangistas, que se relevan cada cuatrocientos metros aproximadamente. A nosotros nos ha tocado el turno en las inmediaciones del pueblo de Elda. El frío era intensísimo y había un gran silencio en la carretera. Sólo se oía el crujir de la escarcha bajo los pies. El peso de la caja mortuoria era leve, aunque nos obligaba a andar encorvados. De pronto, nuestras botas no han pisado alquitrán sino flores. Los campesinos de la comarca habían tendido una alfombra de flores silvestres en la carretera, para que José Antonio, que tanto amó la tierra yerma de España, caminara sobre su propio amor. A nuestro lado iba un anciano, que había perdido un hijo en la guerra y que cumplía su promesa de hacer todo el trayecto a pie, alimentándose sólo de pan y agua. A trechos encontrábamos, en las cunetas, mujeres arrodilladas que se santiguaban a nuestro paso. En el momento de ceder el puesto a otros camaradas, nos hemos apartado a un lado y hemos visto cómo el cortejo seguía avanzando con una vibración y una fuerza incontenibles. Entonces hemos comprendido más que nunca que la Falange es esto: milicia y relevo, escarcha y flor, yugo y solidaridad. El cortejo en estos momentos ha rebasado el pueblo de Sax. Y mientras tanto, y según noticias, allá en una cantera cercana a Segovia se está extrayendo un bloque de piedra de veinticinco toneladas, que milagrosamente no presenta ninguna grieta y que ha sido elegido para construir el sepulcro que albergará en El Escorial los severos restos del Fundador.»

El día 22 Mateo escribió en singular, puesto que el resto de la delegación, incluida Pilar, regresó a Gerona. Dijo que se sentía abrumado por el hecho de haberse quedado solo, representando a la ciudad. «Dos ojos, sobre todo si están humedecidos por las lágrimas, no bastan para captar lo que ocurre. En la iglesia de cada pueblo el féretro es depositado en el altar y se canta el salmo *De profundis* y se entona un responso. Luego prosigue la marcha y no es raro que el vecindario del pueblo correspondiente se una a la comitiva por espacio de varios quilómetros. Siempre se encuentra a alguien que conoció a José Antonio: una mujer que lo alojó en su posada, un sacerdote que le dio la comunión. A veces cuelgan de los balcones mantones de raso, o simples cruces de arpillera. Cuando una representación falangista regional le cede a otra las andas, los camaradas se miran unos a otros con sobrecogedora dignidad. Hoy el cortejo ha encontrado, junto a un mojón de la carretera, un perro que ladraba. Un niño ha corrido a su lado y, acariciándolo, lo ha hecho callar. Entonces ha vuelto a oírse el crujir de los pies sobre el camino helado y, como la luz menguaba, los acompañantes han encendido los hachones y las farolas. Allá lejos esperaba, iluminado, un arco con la inscripción ¡Arriba España!»

La peregrinación había de durar once días. Mateo se mantuvo en su línea de austeridad. De vez en cuanto aludía a la ausencia del camarada Rosselló, o de Marta, o de Pablito. Por supuesto, daba testimonio de que la adhesión popular era masiva, sobre todo en Albacete, donde una inmensa multitud se concentró en los alrededores del Parque de Canalejas para esperar la llegada del féretro. Millares de hombres, de mujeres y de niños, cada uno con una oración en los labios; y la carretera salpicada de ramas de resinoso pinar. El frío seguía siendo intensísimo, por lo que en las colinas circundantes, y aun en lo alto de los lejanos picos, la gente llegada muchas horas antes para presenciar el paso de la comitiva encendía fogatas para calentarse, fogatas que adquirían caracteres de holocausto. En una bocacalle de Villatobas, en un lugar donde José Antonio se había detenido a hablar con unos aldeanos, se levantó un obelisco que decía: «En el sitio donde te vimos por primera vez, te levantamos este monumento como recuerdo de que tu espíritu quedó con nosotros.» Pero lo más fascinante tenía lugar cuando la noche cerraba del todo. Entonces los hachones fulguraban, tintineaban las arandelas de los ciriales y la blanca indumentaria de los monaguillos fosforecía en la oscuridad. Y las innumerables hogueras rojas aparecidas en las cumbres poblaban el paisaje de centinelas espectrales. Todo ello bajo una gran luna amarillenta que desde arriba se derramaba sobre la España dolorida.

La entrada y el paso por Madrid constituyeron un espectáculo impar. Todas las campanas de la ciudad doblaron simultáneamente, mientras la artillería disparaba las salvas correspondientes a los honores de capitán general con mando en plaza otorgados a los restos de José Antonio. No se produjeron gritos ni vítores; simplemente sollozos y plegarias. En la plaza de la Cibeles se oyó de pronto un toque de atención: eran los clarines de una sección de Caballería. En ese momento se acercaron al féretro gran número de mutilados de guerra llevando una gran corona de flores, con cintas rojinegras. En la plaza de España esperaban el Gobierno y los Consejeros Nacionales, entre ellos, Salazar y Núñez Maza. En el Parque del Oeste la comitiva avanzó por entre las ruinas y destrozos que a ambos lados de la carretera daban fe de los duros combates allí habidos. El trayecto comprendido entre la llamada Casita de Abajo y El Escorial era una alfombra de flores inmensamente mayor que la encontrada en las proximidades de Elda. El anciano que había hecho el trayecto con sólo pan y agua, cogió una de aquellas flores y la besó. Y en El Escorial, la indescriptible ceremonia de la inhumación, a la que asistió en pleno el Cuerpo Diplomático. La presidió el Caudillo. Destacaban, entre las luces, cuatro banderas con la cruz gamada enviadas por el Führer y seis banderines enviados por Mussolini, a los que el embajador de Francia, el mariscal Pétain, que fue el último en llegar, saludó. En el suelo esperaba, en efecto, la piedra del sepulcro, la milagrosa piedra extraída de una cantera próxima a Segovia y que no presentaba ninguna grieta.

La última crónica de Mateo fue la más breve. «Aquí, El Escorial. Día 1 de diciembre. A las seis de la tarde inicióse el acto de la inhumación. Mientras la losa sepulcral cubría el féretro de José Antonio, el Caudillo ha repetido las ya clásicas palabras: *«Que Dios te dé el eterno descanso y a nosotros nos lo niegue hasta que hayamos sabido ganar para España la cosecha que siembra tu muerte.»*

CAPÍTULO XXV

No TODO, POR FORTUNA, había de ser guerra y trasiego de cadáveres. La vida múltiple ofrecía también aspectos estimulantes. Uno de ellos, las Ferias y Fiestas del patrón de Gerona, San Narciso; las ferias y fiestas que con tanto fervor había preparado la Comisión de Festejos del municipio.

Fue un acontecimiento que mudó por unos días la faz de la ciudad. Las norias, los tiovivos, las barracas, que efectivamente acudieron en gran número, se instalaron a lo largo de la Gran Vía. Desde el balcón de la Delegación de Abastecimientos, Pilar podía contemplar el bullicio humano; la bobaliconería de los campesinos llegados en autocar, vistiendo el traje dominguero; el frenesí de los niños. Durante toda la semana quedó patente que los gerundenses, de acuerdo con los deseos del Gobernador y del general Sánchez Bravo, querían recuperar el tiempo perdido, divertirse. La Andaluza podía dar fe de ello. «Como esto siga así —dijo—, no me quedará más remedio que traerme aquí un contable.»

Varias personas triunfaron en aquellas fiestas. La primera, «La Voz de Alerta». «La Voz de Alerta», como alcalde, izó la bandera de cobertura de las obras de la Plaza de Abastos —la promesa se convertía en realidad—, sita a orillas del Oñar, por el lado de los cuarteles de Artillería. En el Café Nacional, Galindo, Marcos y el señor Grote bromearon lo suyo a costa del emplazamiento elegido, dado que justo allí se erguía el monumento a los Héroes de la Independencia, con un león en lo alto de la columna. «Ese león —dijeron— bajará por las noches y se zampará toda la carne guardada en las cámaras frigoríficas.»

Otra persona triunfante fue Esther, la esposa de Manolo. Consiguió inaugurar las obras para la construcción de dos pistas de tenis, precisamente en el Estadio de Fútbol. Los hermanos Costa, desde la cárcel, subvencionaron el costo de las redes y de las correspondientes jaulas metálicas. Esther, en el acto de la inauguración, apareció radiante. Su talle era tan fino y deportivo que nadie hubiera dicho que tenía dos hijos.

Su presencia provocó un ¡ah! de admiración entre los asistentes, aunque algunos, por envidia o lo que fuere, decían de ella que era excesivamente moderna y que lo único que pretendía era llamar la atención. Tenía un admirador secreto, un defensor a ultranza: el camarada Rosselló. El camarada Rosselló, contemplando a Esther, conseguía olvidarse del Penal del Puerto de Santa María. Lo que el profesor Civil aprovechaba para decirle: «¿Por qué será, amigo Rosselló, que la gente elegante suele ser anglófila?»

Otra persona triunfante: el capitán Sánchez Bravo, presidente del Gerona Club de Fútbol. El día cumbre de las ferias, el día de San Narciso, jugóse en el estadio de Vista Alegre, el partido máximo de la temporada —contra el Club de Fútbol Barcelona—, y el club gerundense se alzó con la victoria. Calculábanse en unas doce mil las personas que presenciaron el encuentro, procedentes de toda la provincia. La calle del Carmen, que conducía al Estadio, quedó abarrotada de vehículos de todas clases, entre cuyos conductores un muchacho sordomudo repartía propaganda de un insecticida. El once local hizo filigranas sobre el césped, levantando oleadas de entusiasmo, a las que no fue del todo ajeno Matías Alvear. Ciertamente, Matías iba al fútbol... por culpa de Eloy, de la mascota del equipo. Le hacía gracia ver al chico en la banda, sentado sobre un balón, al lado del entrenador y de Rafa, que hacía de masajista. Cada vez que el Gerona Club de Fútbol marcaba un gol, el «renacuajo» de los Alvear pegaba un salto. Y si quien lo marcaba era su preferido, el delantero centro —un muchacho asturiano, llamado Pachín, que cumplía en Gerona el servicio militar—, Eloy tenía que dominarse para no saltar al terreno de juego y abrazar al jugador. Matías no conseguía interesarse de verdad por las incidencias del juego, que le parecía tan anodino como los toros, pero sí por el resultado final. Carmen Elgazu no hubiera imaginado nunca oírle decir a su marido: «les hemos dado pa el pelo»; «el domingo que viene jugamos fuera»; etcétera. «¿Por qué dices les *hemos* dado, y *jugamos*? —le preguntaba la mujer—. ¿Es que se te ha curado el reuma y piensas alinearte de extremo izquierda?»

El capitán Sánchez Bravo, que debido a su estatura y a su boquilla de oro tenía buena facha de presidente, se hizo muy popular. Se decía de él «que sabía tratar a los jugadores», arte complejo al parecer. Que como militar les imponía la disciplina necesaria; y como hombre de mundo sabía también, si la ocasión lo merecía, entrar en los vestuarios, abrazarlos uno por uno y concederles, como fue el caso el día de San Narciso, una prima extra. Además, gracias a su influencia el equipo podía contar, en los desplazamientos, con Pachín, con el recluta y goleador Pachín. «Una firmita en el cuartel y ¡hala, Pachín al autocar!» El general Sánchez Bravo, que solía ser muy duro y exigente con su hijo, y que de un tiempo a esta parte observaba todos sus movimientos con inquisitiva atención, en este asunto ponía punto en boca, pues comprendía que no podía contrariar «a la afición». «Van a quererte más a ti que a los que liberamos la ciudad.»

Otra de las personas triunfantes en las fiestas fue Paz. Paz, flamante dependienta en la Perfumería Diana —la fábrica de lejía quedaba atrás...—, se llevaba tan de maravilla con Dámaso, su patrón, que un día le dijo: «¿Por qué no instalamos en la Feria un puesto de propaganda?» Dicho y hecho. Dámaso la felicitó por la idea, a condición de que fuera ella misma la encargada de atender al público y de obsequiarlo con pequeñas pastillas de jabón y con muestras de perfume.

Paz aceptó gustosa. El puesto que se les asignó estaba muy cerca del Gran Circo Español que actuaba en la ciudad. El éxito de la muchacha fue espectacular. Los ojos de Paz, más negros y alargados que nunca; sus labios, pulposos; su voz un tanto rota, seductora; las uñas de sus manos, que por consejo de Dámaso, se pintó de color ambarino brillante; toda su persona, en fin, atrajo a la población juvenil masculina como el agua a los sedientos. Sobre todo los soldados —y los peones albañiles, y los empleados del Circo— se amontonaban en la caseta pidiendo más y más pastillas de jabón. «¿Es que no os habéis lavado desde antes de la guerra? ¡Si seréis guarros! —gritaba Paz, ladeándose el casquete—. ¡Eh, tú, que ya llevas lo menos seis!» Las procacidades que Paz tenía que oír eran de todos los calibres. «Quítate ese uniforme, guapa, que quiero ver lo que hay debajo.» «Esta noche, a las doce, en el cementerio. ¿Vale?» «Si me dices nones me voy a Legión.» También las sirvientas —incluida Montse, la de «La Voz de Alerta»— se acercaron a la caseta a pedirle a la muchacha muestras de perfume. Y se morían de celos viendo a Paz capitanear aquel alboroto varonil. Algunos tratantes de ganado, con su blusa gris hasta las rodillas y su bastón, cuchicheaban desde lejos contemplando a Paz: «Eso estará en venta, ¿no crees?» «No sé, no se ríe nunca.» «Me gustaría enviarle un billete dentro de un sobre.» Paz los veía también y adivinaba sus pensamientos. Y tenía ganas de encender un pitillo y ponérselo en la comisura de los labios para volverlos más tarumba todavía. Aunque lo que a ella le gustaba realmente era provocar a los «fascistas». La tarde en que descubrió a José Luis Martínez de Soria mirándola de reojo, mientras el muy tuno simulaba estar absorto ante las carteleras del Circo, se sintió colmada de satisfacción y gritó: «¡Acercaos, muchachos! ¡Perfumería Diana regala jabón a todo el mundo, sin distinción de categorías! ¡Jabón Diana, que lo lava todo, incluso los cutis más delicados!»

La última de las personas triunfantes fue el padre Forteza. No sólo porque organizó en las Congregaciones Marianas un «Concurso de piropos a la Virgen» —que tuvo gran resonancia y que fue ganado por un hijo del Delegado de Hacienda, un joven congregante llamado Álvaro —, sino porque cada tarde, sin faltar una sola, se fue a la Gran Vía a deambular por entre las atracciones y las barracas. Por desgracia, dada su condición sacerdotal no podía entrar en todas partes, no podía verlo todo; pero apuró hasta el límite sus posibilidades. Prefería, desde luego, recorrer sin compañía la Feria; sólo en una ocasión accedió al ruego de Alfonso Estrada y visitó con éste la *Caverna del Miedo*, en cuyo antro una serie de monstruos y de esqueletos fosforescentes los asustaron rozándoles la cabeza. Lo demás, el padre Forteza lo visitó por su cuenta. Y así presenció una y otra vez la fantasía de la Gran Noria, que subía casi hasta el cielo. Y asistió, rodeado de chicos, a múltiples sesiones de títeres, aplaudiendo a rabiar cuando el diablo era apaleado al final. También le gustaba detenerse ante el sencillo aparato en el que, si el puñetazo era certero, se encendía la luz de arriba; comprobando que los hombres fuertes solían ser bajitos y anchos de espaldas. Su vagabundeo era espasmódico y fruto de la improvisación. Pasaba rápido delante de los barracones de tiro —no le gustaba que los mozos apretaran el gatillo— y en cambio se detenía largo rato ante las pistas de autos de choque —la Comisión de Festejos consiguió la energía eléctrica necesaria—, donde los desconocidos y los enamorados se perseguían y embestían con o sin mala intención. El padre Forteza, con sus ojeras, su barbilla afilada, a causa de las disciplinas, y sus calcetines blancos seguía siendo el gran apasionado de lo imprevisible y por ello las enormes ruedas del «siempre toca», en las que lo mismo podía uno llevarse una olla, que una muñeca, que un peine, lo hacían feliz. Al señor obispo no le hubiera gustado nada saberlo por allí; pero en cambio los procaces clientes de la caseta regentada por Paz y las chicas descaradas lo pasaban en grande al localizar una sotana. «¡Mira el curita! ¿Qué andará buscando?» Poca cosa. Buscaba poca cosa. Si acaso, algodón dulce, de ese que brotaba de la nada, como las tentaciones. O almendras garapiñadas. O compadecer por igual, porque estaban enjaulados, a las fieras del Circo y a los pajaritos que adivinaban el porvenir. O contemplar a los prestidigitadores o a un pobre feriante que no tenía otra mercancía que ofrecer que dos paquetes de tabaco y seis caramelos sobre un cajoncito de madera. ¡Ah, claro, la Feria era también antidemocrática! En ella existían leones y palomas, domadores y esclavos, opulencia y mendicidad. Pero lo extraordinario, lo que hacía del padre Forteza un espectador de especie única, era que le gustaba visitar la Feria también al amanecer, cuando no había nadie, sólo algunas lonas cubriendo todo lo que durante el día hacía reír. La Feria a la luz vagarosa del alba le conmovía extrañamente. Tenía la impresión de que las mudas barracas, los tiovivos, los anuncios, tenían frío a aquella hora, como lo tuvo Mateo al pisar la escarcha de las rutas de España, rumbo a El Escorial. Los perros olisqueaban entre los residuos y los cucuruchos de papel y pasaba fugaz alguna que otra rata. Unos y otros se comían el cadáver de lo que la víspera fue algarabía y pasión. ¡Ah, no importaba! Al mediodía todo volvería a rutilar. «¡Siempre toca!» «¡Pasen, señoras, pasen!» El padre Forteza soltó, en aquellas fiestas de San Narciso, grandes carcajadas, como las que soltaba a veces ante el Sagrario pensando y sintiendo la magnificencia de Dios. No creía que el contacto con lo liviano y pueril le dañara el alma. Todo lo contrario. Por otra parte, ¿era liviano que un hombre se ganara la vida tragándose ante el público enhebradas hojas de afeitar? ¿Y era pueril la galería de espejos deformantes? ¡De ningún modo! Especialmente esos espejos representaban en el fondo las diversas verdades de la vida y los diversos *yo* que cada hombre cobijaba inevitablemente en su interior. Espejos cóncavos, que lo convertían a uno en el elegante y espigado doctor Chaos. Espejos convexos, que lo convertían a uno en el barrigudo patrón del Cocodrilo. El padre Forteza, jugando frente a aquellos cristales, pasaba en un santiamén de la cordura al disparate, de lo angélico a lo demoníaco. Igual que, a lo largo del día, le ocurría con la conciencia.

Bueno, y el caso es que, entre norias, algodón dulce y melancolía de las barracas al amanecer, llegó el momento de clausurar la Feria. Ahí el triunfo correspondió a la Junta en pleno del Casino de los Señores: el baile de gala. Celebróse en el Casino el tradicional Baile de Gala, que más tarde *Amanecer* calificaría de «manifestación de buen gusto y sano esparcimiento». ¡Cómo relucieron las lámparas, lámparas que el Responsable, milagrosamente, había respetado! ¡Qué hermosos vestidos estrenaron las señoras y las hijas de las señoras! ¡Qué buen servicio de bar, según apreciación del capitán Sánchez Bravo! Hasta las mesas de póquer —perdición del camarada Rosselló— fueron arrinconadas en el salón de billar al objeto de ganar espacio. Todo se abarrotó, excepto la biblioteca, instalada en el piso de arriba. La biblioteca estaba siempre desierta, lo mismo si los de abajo celebraban la conquista de Huesca por los milicianos «rojos» que si celebraban la paz de Franco.

También en el baile de gala hubo triunfadores. En primer lugar, los músicos de la *Gerona Jazz*, que el 18 de julio hicieron su presentación en la Piscina, en honor de los productores. No sólo el trompeta Damián transportó a las parejas a un mundo irreal, sino que el contrabajo, un hombre ya mayor, llamado Ambrosio, hizo un solo —¡con qué brío pulsó las durísimas cuerdas!— que dejó pasmados a los asistentes. ¡Un solo de contrabajo! No se había oído eso en Gerona todavía. Por otra parte, los músicos estrenaron chaquetón escarlata y corbata de seda del mismo color, e impusieron un nuevo ritmo, la Conga, que consistía en ponerse todos en fila india, asiéndose por la cintura, y en avanzar y dar vueltas moviendo las caderas a placer.

Triunfó, ¡cómo no!, Pilar. Su traje rosa, el que le confeccionaron las hermanas Campistol, gustó a todo el mundo, excepto a Ignacio que lo encontró ligeramente rural. El Gobernador la felicitó: «Estás preciosa», le dijo. Por su parte, la muchacha, que estaba muy excitada, le susurró a Mateo: «Es como mi presentación en sociedad.» Y Mateo, que sentía cómo sus manos se derretían al contacto con el talle tembloroso y joven de Pilar, le contestó, también al oído: «Tenemos que casarnos cuanto antes.» Triunfó también, ¡no faltaría más!, doña Cecilia, la esposa del General. Estrenó otros guantes blancos, otro collar y un traje muy escotado. «No se preocupe —le dijo Manolo, acariciándose su barbita de abogado independiente—.

El señor Obispo sólo está en contra de los escotes en los bailes populares.» Doña Cecilia soltó una carcajada. «¡Qué picarón eres, Manolo, que picarón!» Triunfó Marta. ¡Por fin Ignacio pudo verla sin el uniforme de Falange! Traje negro, tal vez austero en exceso, pero exquisito. «Estás preciosa, Marta.» «¿Lo dices de veras, Ignacio? Cuando me piropeas nunca sé si lo haces en serio o en broma.» Triunfó María del Mar, la esposa del Gobernador, con sus ojos glaucos y sus buenas maneras. María del Mar iba de un lado para otro como haciendo los honores de la casa. El General inició con ella el baile, y los asistentes estallaron en una cálida ovación. Por último, triunfó también, inesperadamente, Adela, la guapetona mujer de Marcos. Aquélla fue su noche: había luchado lo suyo para que su marido fuera admitido en calidad de socio en el Casino y por fin lo había conseguido. Gracias a ello podía, ¡ya era hora!, codearse con la buena sociedad. Sus brazaletes tintineaban como los de doña Amparo Campo y era evidente que los hombres no le quitaban ojo. Triunfó en toda la línea. Marcos era feliz viéndola pasar de brazo en brazo y repartiendo miradas lánguidas. «Espero —dijo— que eso la tranquilizará por una semana.»

Ignacio se impresionó tanto viendo a Adela —¿por qué solían gustarle las mujeres cuarentonas?— que la sacó a bailar inmediatamente. Y he ahí que al encontrarse con ella en el centro de la pista y al rodearle vigorosamente la cintura, sintió de pronto un estremecimiento mucho más intenso que el que experimentaba bailando con Marta. Fue uno de esos latigazos que su carne recibía de vez en cuando. Recordó al coronel Triguero, a su coronel en Fronteras: «¡Corrígeme si me equivoco!» «¡Apuesto a que...!» Recordó también las muchas veces que por la calle y en el Café Nacional había piropeado a Adela, sin que ésta se molestase. Adela, feliz, le dijo al muchacho: «Bailas muy bien, Ignacio.» Ignacio hizo: «¡Psé!» Pero al finalizar la pieza los dos permanecieron como clavados en el mosaico, hasta que la mujer, coloreadas las mejillas, le dijo: «¿Por qué no subes a casa algún sábado por la tarde, a tomarte un café...?»

¡Válgame Dios, aquél era el sueño que Ignacio había tenido en varias ocasiones y del que habló con Mateo al regresar con éste de Barcelona, después de los exámenes!

—Descuida —contestó Ignacio, tuteando a Adela, en tono de complicidad—. No faltaré...

Ignacio acompañó a Adela hasta su asiento —Marcos le dio las gracias al muchacho por su gentileza— e Ignacio se separó. Entonces buscó con la mirada a Marta: Marta bailaba con el Gobernador y desde lejos le hizo una seña amistosa. ¡Oh, claro, el Gobernador, el camarada Dávila, que aquella noche no llevaba gafas negras y que a fuer de buen andarín lo que prefería era el pasodoble, cumplía con su deber: bailaba con todo el mundo! De preferencia, con Pilar... Sí, Pilar era un poco la niña de sus ojos y le gastaba bromas. «¡Ay, Pilar, estás como para mandarle a Mateo una tarjeta y los padrinos!» Pilar fingía escandalizarse. «¡Por favor, qué dislate! ¡Mateo es demasiado joven para encontrarse convertido en Gobernador...!»

La fiesta se prolongó. Hubo serpentinas y bombardeo de pelotas de papel. Se anunció el baile de la escoba: quedóse con ella Esther, que exhibía un traje de raso, largo hasta los pies... Se sorteó un banderín conmemorativo ¡y correspondió al comisario Diéguez, quien llevaba en la solapa su eterno clavel blanco! José Luis Martínez de Soria, que bebió más de la cuenta y se chanceó con los camareros, en un momento dado se acercó a Manolo y lo llamó «jurídico desertor». Manolo no se lo tomó a mal. «¡Qué quieres! —le dijo—. A lo mejor eso nos permite ser buenos amigos.» En cuanto al doctor Chaos, bailó también, aunque muy poco. De hecho dedicó casi la velada entera a doña Cecilia, a la que contó infinidad de historietas un poco subidas de tono. «¡Es usted un bribón, doctor! ¡Un bribonzuelo!» El doctor asentía, riéndose a mandíbula batiente: «Más de lo que usted se imagina, doña Cecilia.»

A las tres de la madrugada, Damián, acercándose al micrófono, se dirigió a los asistentes:

—¡Señoras y señores, deseamos que el baile haya sido de su agrado! ¡En nombre del Casino, y de la *Gerona Jazz*, muchas gracias! ¡Buenas noches a todos... y hasta pronto!

Todo el mundo se precipitó al guardarropa y empezó a desfilar. La majestuosa escalinata del Casino resbalaba —en una ocasión, el anarquista Santi estuvo a punto de romperse en ella una pierna— y había que bajarla con cuidado. Fuera hacía frío. Algunas señoras llevaban abrigo de pieles. Los coches del General y del Gobernador esperaban cerca, en la plaza del Ayuntamiento. Cuando arrancaron, los que estaban cerca aplaudieron. Los borrachos se rezagaban, se empeñaban en permanecer en el local. Pero por fin salieron también y echaron a andar por la acera, pegados a la pared.

Poco después la calle quedó desierta. El sereno del barrio, que se había pasado aquellas horas calentándose en la panadería, y que salió al advertir que la música había cesado, cuando vio que no quedaba nadie hizo sonar su bastón en dirección a la plaza Municipal. Llegado allí miró el reloj del Ayuntamiento, que marcaba las tres y media, y encendió un pitillo. Las ferias y fiestas de San Narciso, patrón de la ciudad, habían terminado.

CAPÍTULO XXVI

MES DE DICIEMBRE. La vida continuaba. Prueba de ello eran las noticias que por aquellas fechas Jaime subrayó con lápiz rojo en *Amanecer*.

«En los Estados Unidos Al Capone había sido puesto en libertad y se había marchado a vivir con su familia a Pensilvania.»

«Los generales laureados habían sido incluidos en las listas de honor del Real Automóvil Club de España.»

«Los académicos habían comenzado en Madrid la revisión del Diccionario de la Lengua, al que incorporarían los vocablos que con la guerra adquirieron carta de naturaleza.»

«En Barceleona habían sido clausurados los canódromos y los bailes-taxi.»

«El conocido ex policía gerundense Julio García, que en París llevaba una vida de vilipendio, había sido identificado como espía de los aliados.»

«Los ex maestros David y Olga, responsables de tantos crímenes en la provincia, habían fundado en Méjico una editorial cuyo primer título publicado era: *Lo que todo el mundo debe saber del marxismo.*»

«Por orden gubernativa, habían sido retirados los *desnudos* que figuraban en la exposición de pinturas recién abierta en la Biblioteca Municipal.»

Etcétera.

Matías seguía leyendo con delectación las noticias señaladas por Jaime. Pero no se limitaba a eso. Leía también los partes de guerra —los alemanes continuaban hundiendo barcos mercantes enemigos y los rusos no conseguían avanzar en Finlandia— y, con especial atención, los anuncios, pues siempre había creído que éstos eran muy útiles para tomarle el pulso a la sociedad.

¿Por qué —se preguntaba Matías— los anuncios más frecuentes por aquel entonces, con abrumadora diferencia sobre los demás, eran los de aparatos ortopédicos para curar las hernias; los de máquinas usadas; los de productos antivenéreos y antidiarreicos; los que curaban la sarna; el *Fósforo Ferrero* y los productos de belleza para la mujer?

Después de reflexionar con cierta intensidad, Matías sacó sus conclusiones. La gente necesitaba más que nunca fósforo para reforzar la cabeza. La falta de higiene propagaba las enfermedades venéreas y la sarna. Las máquinas usadas y las diarreas eran consecuencia de la lucha sostenida a lo largo de tres años. Las mujeres querían embellecerse —pomadas para el cutis, fijadores para el pelo, barras de labios...— y él tenía en la familia dos buenos ejemplos de ello, cada cual a su manera: Pilar y Paz. Ahora bien ¿y lo de las hernias? ¿Tantos herniosos había en España? ¿Por qué? El chismoso señor Grote le decía: «La cosa está clara, amigo Matías. Los españoles, casados o solteros, hacemos muchos ejercicios violentos.»

Matías esperaba que algún día apareciera en *Amanecer* un anuncio que curara los trastornos que, pese a los cuidados del doctor Pedro Morell, sufría Carmen Elgazu. «¿Por qué no aparecerá un remedio eficaz contra esas horribles hemorragias?», se preguntaba. Sí, ésa era la preocupación que gravitaba sobre los Alvear, precisamente cuando se acercaba la Navidad. Las medicinas prescritas a modo de prueba por el doctor Pedro Morell no daban el resultado apetecido. Carmen Elgazu disimulaba, pero desmejoraba a ojos vista. Pilar e Ignacio se habían dado cuenta de ello y le preguntaban: «¿Qué te ocurre, mamá?» «Nada, hijos. Que no tengo apetito. Y que yo no me pongo en la cara esos potingues que le quitan a una años de encima.» No, no era eso. De tal modo, que en la última visita que Matías y Carmen le hicieron al competente ginecólogo, éste había llamado aparte a Matías y le había dicho: «Lamento tener que hablarle así. Vamos a darle a su esposa unas sesiones de radioterapia; pero creo que no quedará más remedio que practicarle la intervención de que le hablé.»

Esta vez Matías había afrontado la realidad y le había preguntado al doctor:

—Exactamente, ¿qué quiere usted decir con eso?

El doctor le había contestado, haciendo un expresivo ademán:

—Extirpación...

El aldabonazo había sido más tremendo que el que pegaba Jaime en las puertas al repartir el periódico. Matías, exceptuando lo de César, no estaba acostumbrado a noticias de esa clase, que afectasen a su casa de modo tan vital. Ésta la subrayó él mismo, con lápiz rojo, en el alma. Matías había creído siempre que su mujer era invulnerable, que era eterna. La palabra *extirpación* había desmoronado en su interior algo muy arraigado y profundo.

—En todo caso —había preguntado—, ¿quién se encargaría de la operación?

El doctor Morell había contestado, sin vacilar:

—Yo les aconsejaría al doctor Chaos.

¡Doctor Chaos! ¡Precisamente el doctor Chaos...! A Matías le había parecido aquello una muy triste ironía del destino.

Y no obstante, era preciso seguir disimulando. Por Carmen Elgazu. Por los hijos. Y porque se acercaba la Navidad.

* * *

El abogado Manolo Fontana leía también las noticias y los anuncios de los periódicos, pues su curiosidad era muy grande y quería estar al corriente de todo lo que ocurría. Además, tenía fe en las asociaciones mentales. Si por algo se alegraba de su condición de universitario y de su pasión por la lectura era porque ambas cosas le permitían abordar los temas desde ángulos diversos. Siempre decía que con la guerra, carrera con meta única, sufrió grandemente «de claustrofobia ideológica». Por si fuera poco, en su obligado trato con la gente se daba cuenta de que la mayoría de las personas no tenían más allá de cinco o seis ideas en el caletre. Con eso se las iban arreglando; se las iban arreglando para desembocar en el tedio.

Manolo, sobre todo desde la apertura de su bufete de abogado, se había hecho popular. Sin duda habían contribuido a ello su barbita a lo Balbo y su indumentaria, siempre alegre y vistosa. Ahora por ejemplo, desde la llegada del frío, llevaba un sombrerito tirolés, verde y pequeño, muy gracioso, que divirtió a sus conciudadanos. El sombrerito, en el que los domingos se colocaba una pluma irónica, y su gabán con cuello negro, de piel, le daban un aspecto cosmopolita en perfecta concordancia con su personalidad. Como decía el profesor Civil: «Acaba uno pareciéndose a aquello que admira.» Además, tenía una voz rotunda, de amplios registros, que en la Audiencia, cada mañana —gracias a que su bufete se veía muy concurrido— lo ayudaba en gran manera.

Esther estaba tan contenta con las perspectivas profesionales que se le ofrecían a Manolo que, a imitación del Gobernador, había empezado a organizar en su casa amistosas meriendas. Con la ventaja de que ella podía elegir a sus invitados. María del Mar le decía: «Ay, hija, a eso le llamo yo tener suerte. ¿Sabes quién viene mañana a casa a cenar? ¡El Delegado de Sindicatos! Cosas de mi maridito... Seguro que se presentará vestido de "productor".»

Manolo y Esther llevaban mucho tiempo deseando recibir en su domicilio a Ignacio y a Marta, reunirse con ellos y charlar. Pero Ignacio continuaba con sus periódicos viajes a Figueras y a Perpiñán —el coronel Triguero, en Fronteras, sin Ignacio se sentía desamparado—, y los días habían ido pasando sin que se presentara la oportunidad.

Por fin la reunión iba a poder celebrarse, aprovechando unas pequeñas vacaciones que Ignacio consiguió. Esther, al enterarse, llamó por teléfono a Marta y le dijo: «Si no tenéis ningún compromiso, os esperamos a las seis, a tomar el té. Queremos que conozcáis nuestro piso. Y que veáis nuesto árbol de Navidad.»

Ignacio no pudo disimular su alegría. También los asuntos del muchacho iban viento en popa. ¡Esperaba para fines de enero, o para febrero lo más tarde, la licencia! Y ahora, la invitación de Manolo y Esther, por quienes sentía una inclinación especial.

Marta le dijo:

—Ponte el traje azul marino. Y córtate las uñas, por favor...

—¡Oh, desde luego!

La entrevista había de resultar decisiva. A la hora precisa Marta e Ignacio subían la escalera que conducía al piso que perteneció a Julio García. Abajo, una placa dorada decía: «Manuel Fontana, abogado.» Ignacio recordó muchas cosas al pisar aquellos peldaños. Recordó, sobre todo, la visita que le hiciera a Julio en compañía de su primo José Alvear.

Les abrió la puerta una doncella muy atractiva, muchacha que Esther se había traído de su tierra, de Jerez de la Frontera. Pero al instante aparecieron en el pasillo Manolo y Esther, ésta con unos pantalones de corte excelente y raya impecable.

—¡Magnífico! A eso le llamo yo ser puntual —saludó Manolo.

Esther, por su parte, dijo:

—Dadnos los abrigos. La calefacción funciona aquí de maravilla.

Ya el vestíbulo llamó la atención de Ignacio. Colgados en la pared, dos pequeños retablos y un estupendo grabado antiguo de Barcelona. ¡Y nada de perchero! Un armario, en el que los abrigos quedaron guardados. En un rincón, una ánfora con altas espigas.

Pero la impresión fuerte la recibió el muchacho al penetrar en lo que fue comedor de Julio García. Ignacio sintió muy adentro que «aquello era lo que él desearía tener». La estancia se había convertido en salón y parecía mucho más espaciosa que antes, debido al color claro de las paredes, a la desaparición de la lámpara que colgaba del techo y a la asimétrica disposición de los muebles. Alfombras exóticas, la chimenea ardiendo y libros por todas partes. En un ángulo, ¡el árbol de Navidad! Un abeto adornado con bolitas de color, estrellas de plata y regalos. Probablemente, el único abeto de la ciudad...

Manolo, observando que Marta contemplaba el árbol, con ceño, ironizó:

—No hagas juicios temerarios, por favor. En el cuarto de los niños hemos puesto un belén como Dios manda...

Ignacio, para decir algo, preguntó por los «reyes magos» de la casa, por los niños, Jacinto y Clara. «Los hemos mandado de compras —sonrió Esther—. Para que no nos den la lata.»

Ante la chimenea había una mesa baja, redonda, cuya superficie era un mapamundi. Minutos después estaban los cuatro sentados en torno. Y mientras Esther, utilizando una campanilla, llamaba a la doncella, Ignacio se puso a mirar el suelo, inspeccionando todos los rincones.

—¿Buscas algo? —le preguntó Manolo, quien tenía a mano, a su derecha, un pequeño tocadiscos.

—Sí, busco a *Berta*.

—¿A *Berta*?

Ignacio asintió con la cabeza.

—Era la mascota de Julio García. Una tortuga muy inteligente...

—Ya...

Manolo se interesó por la personalidad del ex policía.

—Un tipo colosal —opinó Ignacio.

—Sí, eso dice todo el mundo —comentó Manolo.

La doncella apareció con el servicio y depositó la bandeja sobre la mesa. Esther palpó la tetera y luego llenó las cuatro tazas, preguntando a cada uno: «¿Con leche o con limón?» Ignacio, que no había probado nunca el té, lo pidió con limón y le supo a demonios. Pero no dijo nada y, estirando el brazo, tomó dos pastas a un tiempo, de lo cual se arrepintió.

Ignacio había hecho desde el primer día muy buenas migas con Manolo y Esther, y sabía que éstos le tenían en gran aprecio. No obstante, aquella tarde, sin saber por qué, se sentía acomplejado. Tanto, que cuidaba de sus ademanes como si estuviera ante un tribunal. Ni siquiera se había atrevido a pedirle a Manolo que le enseñara el despacho, el bufete en que trabajaba. Sólo había comentado, después de echar una ojeada a los libros de los estantes: «Ortega y Unamuno, ¿eh? Te van a meter en la cárcel.»

Esther, que parecía de muy buen humor y que jugueteaba graciosamente con su pelo, con su cola-de-caballo, abrió el diálogo. Primero felicitó a Marta por el vestido que llevó en el Casino, en el baile de gala —«de veras que te sentaba muy bien»— y luego... se dedicó a chismorrear, como hubiera podido hacerlo el mismísimo señor Grote. Menos mal que confesó: «¿Por qué negarlo? ¡Me chifla meterme con la gente!»

Habló de lo ridículo que resultaba que hubieran quitado los *desnudos* de la exposición de pinturas de la Biblioteca Municipal. El pintor se llamaba *Cefe* —abreviación de Ceferino— y era un pobre diablo. «Habrá sido cosa del obispo, ¿no creéis?» A continuación se refirió a la viuda Oriol. Aseguró que coqueteaba con «La Voz de Alerta». «Eso termina en boda. Y si no, al tiempo.» Por fin se refirió a Agustín Lago. «Es un tipo intrigante. ¿Qué opináis? Con sus gafas bifocales, con su aire intelectual... No tengo idea de lo que pueda ser el Opus, pero a juzgar por la vida que lleva ese caballero, debe de ser un batallón disciplinario.»

Manolo soltó una carcajada.

—Mi padre me dijo que en Barcelona están a matar con

los jesuitas... Pero aquí, como el Opus es sólo Agustín Lago...

Marta comentó:

—¡Bueno! Pronto conseguirá adeptos, supongo. Cuando Mateo vino a Gerona no había tampoco más falangista que él.

Llegados a este punto, se produjo el primer quiebro en el diálogo. Manolo enfocó inevitablemente el tema de la Navidad. Tenía unos discos de villancicos que eran una maravilla. «Si queréis, luego oímos alguno.»

Ignacio, después de decir que, como todos los años, él acompañaría a su madre a la misa del gallo, comentó que las fiestas de Navidad lo ponían siempre de un triste subido. «No lo puedo remediar. Nunca he podido alegrarme a fecha fija.»

Manolo pareció sorprenderse. Marta, en cambio, compartió la opinión de Ignacio.

—Yo también me pongo muy triste por Navidad.

Manolo discrepó. Dijo que tal vez ello les ocurriera porque no tenían hijos. «Si tuvierais hijos...» Luego agregó, como si su propio comentario le hubiera parecido superficial:

—De todos modos, no es obligatorio alegrarse... Navidad es sobre todo amor. Amor y, si es posible, comprensión.

—¡Monsergas! —protestó Esther, que se había reclinado con estudiada indolencia en su sillón—. *¡Alegrémonos en el Señor! ¡Alegrémonos, que ha nacido el Niño-Dios!*

—Bueno, bueno, no te quejes... —contemporizó Manolo, ofreciendo a todos tabaco rubio. Manolo tenía la costumbre de decirle «no te quejes» a Esther cuando ésta tenía razón.

La fusión en el aire del humo de los cigarrillos de Manolo y de Ignacio tuvo la virtud de dar otro quiebro a la conversación. Manolo, fiel a su costumbre, contó un par de chistes, nada vulgares, a decir verdad y luego, tras de reclamar de Esther otra taza de té, cogió su varita de bambú y se golpeó con ella repetidas veces la puntera del zapato. A continuación dijo:

—¿Sabéis que estamos muy contentos de nuestra decisión de quedarnos en Gerona?

—¿De veras?

—Pues, sí. A Esther le costó decidirse. Temió que a mí me faltaran clientes y que a ella le sobrara tiempo para aburrirse. Pues bien, ni lo uno ni lo otro. Yo no doy abasto con tanto pleito y ella, con el tenis, el bridge y su afición a colocarme plumitas en el sombrerito, se siente feliz.

Esther hizo un mohín.

—¡Bueno! —exclamó—. Eso de la plumita es cosa de mi madre. Me escribió desde Jerez diciendo: «¡Procura que todo el mundo se entere de que Manolo es un pavo real!»

Ignacio soltó una carcajada.

—De todos modos, en Gerona habrá siempre más conventos que raquetas...

—¡Hum! —hizo Manolo—. Esther es capaz de alterar el orden de los sumandos.

El clima era tan cordial, que Marta aprovechó la ocasión para preguntarle a Manolo:

—Si no es indiscreción... ¿es cierto que te ocupas de la herencia de los hermanos Estrada?

Manolo asintió con la cabeza.

—Pues sí... Es uno de los pocos asuntos agradables que hasta ahora han llegado a mi bufete.

Intervino Ignacio.

—¿Por qué dices eso? Todo tendrá su interés, ¿no?

Manolo depositó en el suelo la varita de bambú y tomó un sorbo de té.

—No lo creas —contestó—. En general, a un abogado que empieza no se le encomiendan más que pleitos perdidos. Y perder tiene un interés profesional muy escaso, la verdad...

Ignacio se rascó con la uña la ceja derecha.

—¿Querrás creer que no te imagino perdiendo?

Manolo se encogió de hombros.

—¿Pues qué quieres que haga? Multas por estraperlo; multas por escuchar la BBC; colonos a los que sus amos quieren expulsar de la finca; inquilinos urbanos a los que los propietarios les han cortado el gas y la electricidad... ¿Cómo quieres defender eso?

Ignacio preguntó con estupor:

—Pero ¿cómo puede multarse a alguien por escuchar la BBC? ¿Y cómo puede cortársele a un inquilino el gas y la electricidad?

Manolo tuvo una expresión casi cómica.

—De una manera muy sencilla. Colocando en la denuncia la palabra *desafecto*... El eterno sistema, ya sabes.

Marta, cuya expresión era ahora seria, preguntó:

—Pero ¿y si la denuncia está justificada? Quiero decir, ¿si esos denunciados eran rojos de verdad?

Manolo miró con fijeza a Marta:

—Por favor, Marta. En Auditoría quedé harto de esa palabrita...

Esther procuró amenizar la cuestión. Se puso de parte de su marido.

—Manolo lleva razón —dijo—. Pensando en el futuro, es preferible que defienda ahora a los débiles, para que todo el mundo sepa a qué atenerse con él.

Marta parecía sentirse incómoda y Manolo intentó explicarse. Lo normal era que los *fuertes* abusasen, aprovechándose de la situación.

—Querida Marta, un día me dijiste que, gracias a Dios, en España ya no se hacía política; en mi despacho te darías cuenta de que eso no es verdad... Muchos alcaldes, o ex cautivos, o ex combatientes, se atreven a talar árboles sin permiso; o a instalar un matadero clandestino; o a poner en la leche el cincuenta por ciento de agua... Naturalmente, en todo esto ha influido la guerra europea. Algunos artículos empiezan a escasear y ello ha despertado la ambición. —Marcó una pausa y añadió—: Es una verdadera epidemia, te lo aseguro. Como el Gobernador no acierte a parar esto, dentro de seis meses media población vivirá del robo.

Marta se escandalizó mucho más de lo que se escandalizara por dentro al ver el árbol de Navidad.

—No lo entiendo —dijo—. Mi impresión es que todo el mundo procura ganarse lícitamente el pan.

Manolo apuntó con el índice a Marta, como siempre que alguien hacía un comentario que era acertado solamente a medias.

—En muchos casos así es. Pero luego hay los aprovechados. El dinero fácil tienta, ¿sabes, Marta?

Ignacio, que escuchaba particularmente interesado —recordaba los comentarios de Ana María sobre «los viajes que su padre realizaba a Madrid»—, inquirió:

—¿Y quiénes son los aprovechados?

Manolo se acarició la barbilla.

—Los hay de dos clases —explicó—. Los que cuentan con mucho dinero; y los que disponen de un teléfono oficial... —Observando que Marta ponía cara de pocos amigos, se dirigió a ella y añadió—: Lo siento, Marta, pero es el pan nuestro de cada día.

Marta protestó. Estaba convencida de que en todo caso «se trataba de incidentes aislados» y de que la buena fe de la mayor parte de los españoles sepultaría todo intento anómalo o de malsano egoísmo.

Manolo negó con la cabeza.

—No te hagas ilusiones, Marta. Y no olvides que tengo algunos años más que tú. Nuestra raza es peligrosa, créelo. Existen personas íntegras como el Gobernador, y como el profesor Civil, y como tu madre... Pero existen también personas que están siempre a la que salta. Y esas personas han encontrado la fórmula: la Sociedad Anónima. Es decir, fundan Sociedades Anónimas, en las que unos ponen el dinero y los otros el teléfono oficial...

Ignacio se echó para atrás en el sillón.

—¡Vaya, vaya! —exclamó—. ¡Conque ésas tenemos!

Esther, viendo el semblante dolido de Marta, le dijo, mirando con simpatía a la muchacha:

—Bueno, no hay que tomarse las cosas a la tremenda. ¿Qué creías, Marta? ¿Que nuestra querida España iba ahora a ser perfecta? Deberías acostumbrarte a aceptar los hechos tal y como se presentan.

Marta no estaba para consejos. Pese a que recordó que el propio Mateo le había dicho: «Como no vigilemos de cerca, se aprovecharán de la guerra los obispos y los terratenientes», no dio su brazo a torcer. Dijo que no era en absoluto cuestión de «aceptar las cosas tal y como se presentasen». El sacrificio había sido demasiado duro para permitir que se volviese a las andadas.

Ignacio, viendo la cara de Marta, entendió que aquello estaba desembocando en un callejón sin salida y decidió cortar.

—De todos modos —dijo—, si no existieran estas cosillas, Manolo tendría que cerrar el bufete, ¿verdad?

—¡Ah, claro! —contestó el aludido—. Todo es cuestión de tiempo. Cualquier día llama a la puerta un mirlo blanco y me da ocasión de lucirme...

Esther, que también quería zanjar el asunto, exclamó:

—¿Lo veis? Lo que quiere es lucirse... Ya salió el pavo real.

Manolo e Ignacio se rieron. Y éste propuso:

—¿No dijisteis que teníais en casa un belén como Dios manda? Me gustaría mucho verlo. ¿A ti no, Marta?

Esther aceptó encantada. Se levantó sin más, y una vez de pie, ¡qué hermosa era!, se inclinó para marcarse la raya del pantalón. Seguidamente añadió:

—Cuando queráis vamos al cuarto de los niños.

Todos se levantaron. Marta tuvo que hacer un esfuerzo, pues el diálogo le había dejado mal sabor.

El cuarto de los niños, de Jacinto y Clara, era tan original y agradable que actuó de bálsamo. Juguetes aquí y allá y, en las paredes, pintadas con vivos colores, figuritas representando a los protagonistas de los más populares cuentos infantiles.

¡Ah, el belén! Era rústico y encantador. Lo habían instalado en la mesita de cabecera, entre las dos camas de los chicos. La cueva era de corcho, con la estrella y las figuras de la Virgen, de San José, del asno y del buey. Al fondo montañas, también de corcho, y un caminito por el que avanzaban los Reyes Magos, que todavía quedaban lejos.

Esther tomó al rey negro y dijo:

—Ahí tenéis una muestra de mi arte...

—¿Cómo?

Ignacio tomó la figura en sus manos y le dio varias vueltas.

—Pero ¿tú haces eso?

—¡Ajá! Tengo mi pequeño secreto...

Manolo bromeó:

—Sí, un secreto de barro.

Marta había terminado por integrarse al grupo. Por un momento envidió a Esther, persona múltiple. La felicitó por sus dotes de «ceramista». Luego miró con detenimiento aquel cuarto y soñó con tener algún día en «su hogar» otro igual para sus hijos; y tal pensamiento la emocionó.

Regresaron a la sala de estar. Antes Ignacio pidió permiso para ir al lavabo —donde un eficaz desodorante le llamó la atención—, y al reunirse con los demás, otra vez en torno a la chimenea, se encontró ¡con que Esther había encendido una pequeña pipa! Una pipa... alemana, obsequio del Gobernador.

Aquello dejó k.o. al muchacho. Decididamente, Manolo y Esther eran excitantes. Tenían estilo. Ignacio sintió repentinos deseos de ponerse a su altura, de impresionarlos a su vez. Sintió ganas de soltar una de sus parrafadas, pues sabía que, hablando, a veces su cerebro se ponía febrilmente en marcha y que entonces era capaz de establecer también hermosas asociaciones mentales.

Lo difícil era encontrar el tema adecuado. Viendo de reojo el árbol de Navidad se le ocurrió una idea. Dijo que en los países nórdicos, al acercarse el veinticinco de diciembre, se produciría en los bosques de abetos un pánico tremendo. Los pobres árboles debían de saber que llegarían inexorablemente hombres con sierras y hachas, dispuestos a efectuar la gran exterminación.

La fábula no obtuvo el éxito esperado.

—¡Jesús! —exclamó Marta—. Un poco tétrico, ¿no crees?

Entonces Ignacio, que estaba excitado, vio el tocadiscos al lado de Manolo y recordó que éste era un apasionado de la música de *jazz*. Impelido a hablar, efectuó un viraje.

—¿Queréis que os cuente lo que soñé anoche? Pues veréis... Soñé que yo era un fox lento... Todo el mundo bailaba a mi alrededor, con calma y ritmo. Y de pronto, mi nariz se convertía en saxofón...

—¡Eso está mejor! —admitió Manolo, moviendo la cabeza en signo aprobatorio.

Esther musitó:

—Extraño mundo el de los sueños...

El tono de la voz de Esther fue inesperadamente serio. Ignacio la miró. Al mirarla pensó en las toscas figurillas de barro que la mujer de Manolo modelaba por su cuenta. Relacionó esas figurillas con el recuerdo de César, que también había pintado imágenes en un taller, en el taller Bernat. Entonces se emocionó más aún que Marta al pensar en la posible habitación de «sus hijos» y habló de César y de su proceso de beatificación.

Ahí acertó definitivamente. Manolo había oído hablar de ello en la Audiencia y el asunto le interesaba sobremanera, incluso desde el punto de vista jurídico, dado que por aquellos días hojeaba precisamente unos artículos del Derecho Canónico...

—¿Qué hay de eso? Cuéntame...

Ignacio se excusó, alegando que desde el punto de vista jurídico no podía decir nada, excepto que, al parecer, y según un informe recogido por Pilar en alguna parte, mosén Alberto, ¡precisamente él!, se encargaría de buscarle los defectos a su hermano...

—Ah, sí, el «abogado del diablo»... —terció Manolo.

—Eso es —admitió Ignacio. Luego añadió—: ¡Defectos a mi hermano! Tiene gracia...

El muchacho se disparó. Él, por supuesto, no se sentiría capaz de encontrarle ninguno. El recuerdo de su hermano era puro, puro absolutamente. Hasta el extremo que en más de una ocasión le impidió a él cometer tonterías. O algo peor que tonterías.

Ahora bien, en todo aquello había puntos oscuros. ¿Cómo podía la Iglesia afirmar que una persona era santa y que se encontraba en el cielo? Él tuvo la desgracia de ver los restos de César en el cementerio, con motivo de su traslado al nicho de propiedad familiar. Eran «restos» nada más. Como los de todo el mundo. Por otra parte, ¿cómo era el cielo? ¿Y dónde se encontraba? Ni siquiera el padre Forteza, que tanto amaba las Altas Norias, acertaba a definirlo con precisión. «Todo esto es un poco complicado, ¿no creéis? Confieso que a veces me armo un pequeño lío.»

Marta se asustó de nuevo. No veía la menor necesidad de saber dónde estaba el cielo; le bastaba con saber que existía. En cuanto a los restos de César, también ella los había visto. Y la impresionaron muchísimo. Pero de su visión y de su miseria no sacó tan escépticas conclusiones, sino todo lo contrario. Porque lo que valía de César era precisamente el alma.

—No sé por qué hablas así, Ignacio. No sé lo que te ocurre, la verdad...

El muchacho torció el gesto... Entonces Manolo intervino y lo hizo con mucha autoridad. Admitió que costaba comprender el problema de las beatificaciones, pero añadió que ello no afectaba para nada a las verdades fundamentales de la fe. Sin contar que la gente necesitaba de símbolos, y no sólo para creer, sino también para vivir.

—En fin.... —concluyó, dirigiéndose a Ignacio—. Estoy seguro de que, con todas tus dudas, de vez en cuando le rezas a tu hermano...

Ignacio se ruborizó, como si le hubieran pillado en falta. Por fin aceptó:

—Pues... sí. Le rezo a menudo.

Intervino Esther.

—Más bien quieres decir... que le rezas todas las noches.

Ignacio sonrió.

—En efecto, así es... —admitió.

Marta, en un imprevisto arranque cariñoso, tomó la mano de Ignacio y, acercándola hacia sí, depositó en ella un beso.

—¿Qué es lo que pides exactamente? Anda, dínoslo...

Ignacio se levantó, también de improviso. Se acercó a la chimenea. Tomó con las tenazas una brasa locamente enrojecida y la contempló. El fuego iluminó por un momento su cara, que iba haciéndose angulosa. Todo el mundo permanecía expectante: hubiérase dicho que la tortuga *Berta* aparecería de un momento a otro procedente del despacho.

Por fin Ignacio contestó:

—Últimamente... no le pedía más que una cosa: que la enfermedad de mi madre no fuera nada malo.... —Tiró la brasa al fuego—. Pero, a partir de esta tarde, le pediré también, con mucho más fervor que antes de entrar en esta casa, aprobar en junio los exámenes y regresar con el título de abogado en el bolsillo...

La flecha le salió certera, entre otras razones porque lo que acababa de decir lo llevaba en la mente desde hacía mucho tiempo... El caso es que sus palabras produjeron otro silencio, esta vez con distintos matices.

Por último Esther empezó a sonreír. Y Manolo aplastó la colilla en el cenicero y, mirando con fijeza a Ignacio, cabeceó varias veces consecutivas.

—Conque... eso es lo que deseas, ¿eh?

Ignacio se volvió hacia él y le sostuvo con dignidad la mirada.

—Sí, eso es lo que deseo, Manolo. Que cuando sea abogado... me invites otra vez a tomar el té.

Manolo se levantó también. Nadie sabía lo que iba a hacer. Por fin se volvió de espaldas.

—A tomar el té... en mi despacho, ¿no es eso?

—Eso es. En tu despacho...

Manolo viró en redondo y soltó una carcajada.

—¡Trato hecho! —exclamó.

Ignacio se quedó clavado en la alfombra.

—¿Hablas en serio?

—¡Cómo! ¿Es que los catalanes, tratándose de negocios, acostumbramos a bromear?

Esther, que sentía gran simpatía por Ignacio, añadió:

—¡Hala! ¿A qué esperáis? A sellar el pacto...

Manolo e Ignacio, sonrientes, se acercaron y se dieron un fuerte apretón de manos.

El clima de la reunión había pasado a ser de euforia. Manolo propuso un brindis. Esther tocó la campanilla llamando a la doncella. Entretanto, Marta se había levantado también y acercándose a Manolo le dio un sonoro beso en la mejilla.

Manolo fingió escandalizarse.

—¡Nunca hubiera creído —dijo— que, por amor a Ignacio, me besaras a mí!

Todos se rieron y Marta comentó:

—¡No me conoces! Pienso darte muchas sorpresas...

Fue destapada una botella de champaña, anticipo de la Navidad, que burbujeó de emoción. Con la copa en alto Manolo se creyó en la obligación de enseñarle a Ignacio —¿a qué esperar más?— el bufete en que el muchacho trabajaría.... «si en junio se traía efectivamente el título en el bolsillo». Ignacio, al entrar en el despacho, respiró tan hondamente, como para empaparse de golpe del secreto de todos los pleitos perdidos, que el polvillo de los libros se le introdujo en las fosas nasales... ¡y estornudó! Exactamente lo que solía ocurrirle al señor obispo cuando hablaba con Agustín Lago.

* * *

Ignacio y Marta recuperaron sus abrigos y se despidieron efusivamente de Manolo y Esther. Bajaron silenciosos la escalera. Fuera había oscurecido por completo. Sin embargo, consiguieron leer de nuevo la placa de la puerta: *Manuel Fontana, abogado*.

El aire frío de la calle les azotó el rosto e Ignacio se subió el cuello del abrigo. Marta tomó otra vez la mano del muchacho y, pese a los guantes, le pareció que notaba su calor.

Sentíanse aturdidos. ¡Todo aquello era tan insólito, tan importante! Titubeaban, no sabían qué hacer. Los iluminados escaparates de Navidad los deslumbraban. La emoción los había fatigado.

Marta propuso:

—¿Por qué no vamos un momento a la iglesia? ¿Al Mercadal?

Ignacio no opuso resistencia.

—Bueno.

Fueron al Mercadal. La penumbra del templo resultaba agradable. Había mucha gente. Delante de los confesonarios se habían formado pequeñas colas.

Se arrodillaron en una de las últimas filas. Marta hundió su cabeza entre las manos. Ignacio hizo cuanto pudo para concentrarse, pero finalmente desistió. Entonces optó por observar.

Lo primero que advirtió fue que estaban pintando el fresco mural del altar mayor. Un enorme andamiaje cubría éste casi hasta el techo. Sin embargo, por la parte de arriba asomaba ya, rebosante de purpurina, el Padre Eterno. ¿Por qué la Iglesia no se renovaba? ¿Por ventura los símbolos de que Manolo habló debían ser forzosamente tan ingenuos?

Ignacio siguió observando: de pie en un altar lateral, el doctor Andújar y su esposa, doña Elisa. Movían los labios turnándose, rezando en voz baja. El altar era el de la Virgen del Carmen. La actitud del doctor, siempre vestido con severidad, infundía respeto. Miraba con fijeza a la Virgen como si esperara que de un momento a otro lo iluminara para curar a la mujer del Responsble, que debía de seguir izando en el Manicomio aquella pancarta que decía: «Soy feliz.» Decíase que los santos estaban locos. ¿Así, pues, los locos no debían confesarse? El doctor Chaos hubiera dicho que los cuerdos tampoco...

En otro altar, ¡el de San Pancracio, santo que proporcionaba trabajo!, la Andaluza... ¡Qué barbaridad! Con una mantilla preciosa que le cubría la cabeza y los hombros. ¡Simpática mujer! Se pintaba los labios de un rojo violento, de un rojo idéntico al de la famosa blusa veraniega de Paz...

Y la gente entraba y salía continuamente... ¡Bueno, era el signo de los tiempos! Ahora había que ir a la iglesia. En la manera de tomar agua bendita y de hacer la genuflexión, se notaba que muchos hombres estaban poco habituados a tales ceremonias.

¡Ah, he ahí el conserje del Gobernador! Aquel que limpiaba a diario el retrato de José Antonio y sólo una vez a la semana los de los demás personajes. Llevaba de la mano dos niños que parecían gemelos. El conserje se separó de ellos un momento, fue a buscar un cirio y lo clavó como una banderilla en un gran candelabro que había en el altar mayor.

Ignacio se cansó de pasar revista y miró a Marta. ¿Por quién estaría rezando? ¿Por él? ¿Por su padre, el comandante Martínez de Soria? Sin duda estaría dándole gracias a Dios por el feliz resultado de la entrevista con Manolo y Esther.

Ignacio pensó que debería imitarla. Y que tal vez debiera incluso confesarse. ¿Cuánto tiempo llevaba sin hacerlo? ¿Por qué no aprovechaba la ocasión? «El martes. El martes iré sin falta a ver al padre Forteza y me confesaré.»

En ese instante vio que la Andaluza se acercaba al cepillo de San Antonio y depositaba en él varias monedas, una tras otra. Las monedas al caer al fondo de la cajita hicieron un sordo ruido: croc-croc. Ruido que resonó en todo el templo y que hizo volver la cabeza al doctor Andújar.

Por fin Marta salió de su ensimismamiento. Irguió el cuello. Su mirada se perdió allá arriba, en el Padre Eterno de purpurina que asomaba por encima del andamiaje del altar mayor.

Ignacio le propuso:

—¿Vamos?

—Sí.

Se santiguaron y salieron de la iglesia.

CAPÍTULO XXVII

NAVIDAD... LA PALABRA era tan hermosa que su eco despertó entre los gerundenses una emoción vivísima.

Desde 1935 la ciudad no celebraba la llegada del Niño que redimió a los hombres. ¿Qué significaba *redención*? Algo muy superior a la traca final de los fuegos artificiales, a la Plaza de Abastos, al traslado de los restos de José Antonio y a los bufetes de los abogados.

El Ayuntamiento quiso festejar el acontecimiento. Adquirió cinco mil bombillas eléctricas con las que formó arcadas triunfales en las calles céntricas, y colocó en la plaza de la Catedral potentes focos que iluminaban la fachada y el campanario. También el vecindario puso de su parte cuanto fue preciso, pese a que las huellas de la guerra eran todavía visibles por todas partes. Engalanáronse los balcones. Los escaparates rutilaban. Las misas del gallo se celebraron con esplendor. ¡Cómo no iba a ser así! Ahora no se trataba, como en las Ferias, de honrar la memoria de San Narciso; ahora se trataba de conmemorar el nacimiento del Niño-Dios.

El doctor Gregorio Lascasas escribió una pastoral dedicada a ensalzar a los humildes. En ella afirmó que la Navidad era por antonomasia la fiesta de los humildes. Doña Cecilia pareció abundar en esta opinión, pues organizó en la plaza de San Agustín una muy nutrida Tómbola, cuya recaudación —a semejanza de las que antaño realizaba la CEDA— serviría para comprarles ropa de invierno a los menesterosos.

La casa de los Alvear no había de ser excepción. Pese a la declaración de Ignacio en casa de Manolo: «La Navidad me pone triste», el 25 de diciembre penetró en el piso de la Rambla bajo el signo de la alegría. Carmen Elgazu se había lavado la cabeza la víspera y se levantó radiante, con menos ojeras, revitalizada. «¡Estaría bueno que por mi culpa se estropeara un día como éste!» Matías estrenó un sombrero gris perla e invitó a todos a acariciar su pelusilla, agradable al tacto. Pilar estrenó una pulsera y unos zapatos, y les dijo a Ignacio y a Eloy: «¡A que me llamaríais "guapa" si no fuera de la familia!»

Sin duda contribuyó a la alegría de la casa el número y la calidad de las felicitaciones recibidas. Un montón. Esparcidas sobre la mesa la ocupaban casi por entero y constituían una prueba palpitante de la estimación general de que gozaban los Alvear. Una de dichas felicitaciones era de Julio. Julio García deseaba a sus amigos «mucha prosperidad». Otra era de José Alvear, alias *monsieur* Bidot. José les deseaba «que lo pasaran fetén». De la abuela Mati se recibió una carta escrita en tinta violeta..., carta firmada por todos los Elgazu. Ignacio, personalmente, recibió sendas tarjetas de Moncho, de Cacerola, de Ana María... A Moncho le faltaba curso y medio para terminar Medicina; Cacerola, el cocinero romántico, quería opositar a lo que fuere con tal de poder salir del pueblo; en cuanto a Ana María, le deseaba a Ignacio todo lo bueno que hubiera en el mundo y le comunicaba que había llegado a Barcelona, en calidad de turista, «el guapísimo actor Robert Taylor». «Estoy loca por él, Ignacio. ¿O es que crees que en la tierra no hay más hombre que tú?»

Por supuesto, entre todas las felicitaciones recibidas destacaba, por su originalidad, la de Manolo y Esther. No era ni estampa, ni tarjeta, ni postal con un paisaje nevado. Era un *christmas* —«costumbre protestante», según Pilar—, coloreado a mano por la propia Esther y que representaba al Niño Jesús recién nacido, recibiendo en la frente un poderoso rayo de sol. Carmen Elgazu no acabó de comprender que en el *christmas* no hubiera nieve, sino prados verdes, pero Ignacio le dio la explicación debida. «Parece ser —le dijo a su madre— que eso de que Jesús naciera el 25 de diciembre es una leyenda. Según las últimas investigaciones, más bien se cree que nació en pleno verano.» Carmen Elgazu, al oír esto, abrió de par en par los ojos y se santiguó. «Pero ¿habéis oído una barbaridad semejante?» Matías comentó: «Investigamos tanto, que las fiestas acabarán yéndose al carajo.»

No existía tal peligro, por lo menos de momento. En el piso de la Rambla el festejo central de la jornada iba a ser el almuerzo, cuyos preparativos dieron lugar a un pequeño incidente. Pilar quería que fueran Mateo y don Emilio Santos quienes compartieran con ellos la mesa; pero Matías e Ignacio entendieron que era obligación ineludible que los invitados de honor fueran tía Conchi, Paz y Manuel. «En todo caso, Mateo y don Emilio pueden venir a última hora.» Pilar insistió, pero no tuvo más remedio que ceder. «¿Entonces les digo que vengan a las siete?» «Cuanto más tarde, mejor. ¿No comprendes que sería una insensatez enfrentar a Mateo y a Paz? Se armaría la de San Quintín.»

* * *

Pleito resuelto. El almuerzo se inició bajo los mejores augurios. Tía Conchi, ¡por fin!, se presentó bien peinada, con pendientes, un limpio chal sobre los hombros y los labios ligeramente teñidos de carmín. Manuel estrenó un traje de ocasión, ¡azul marino!, que el Patronato de Damas les envió, sin haberlo ellos solicitado. En cuanto a Paz, dio el golpe. Las propinas obtenidas en la Feria y el aguinaldo con que la obsequió Dámaso, su patrón, le permitieron exhibir un precioso vestido amarillo y un broche reluciente, broche que arrancó de Pilar una pregunta intencionada: «¿Te ha costado muy caro, si puede saberse?»

Pero lo cierto es que el almuerzo transcurrió jubilosamente. Todo el mundo hizo cuanto pudo para estar a la altura de las circunstancias. Eloy colaboró con Ignacio en la misión de animar la fiesta y cada intervención de Matías, repitiendo cosas oídas en el Café Nacional y contando anécdotas de Telégrafos, era coreada con risas. Risas bañadas primero en vino tinto, luego en vino blanco y por fin en champaña. Los tapones salieron disparados hacia arriba y Carmen Elgazu exclamó cada vez: «¡Jesús! ¡A ver si se nos cae el techo encima!»

Por su parte, Paz estuvo ocurrente. Admitió que pasar de la fábrica de lejía a despachar agua de colonia detrás de un mostrador era una inconfesable concesión a la burguesía. Ignacio hizo notar que la capacidad autocrítica de la muchacha era ovacionable; Paz negó con la cabeza. Nada de eso. En realidad no se trataba de aburguesarse, sino de oler bien, puesto que estaba enamorada y quería conquistar al mozo de sus sueños. Todo el mundo se interesó por el nombre de tal mozo; ella afirmó que era un secreto que no revelaría a nadie. «Quizá, quizás un día de éstos se lo diga a Eloy.» A continuación parodió perfectamente a las señoras de la ciudad que entraban en Perfumería Diana con la pretensión de que por cincuenta pesetas les proporcionaran una cara agradable. «Es pedirle peras al olmo. ¡Las hay que asustan, ésa es la verdad!»

Todo se desarrollaba a plena satisfacción y con lentitud extrema. Tanta lentitud que a la hora del postre abrió brecha en el comedor cierta melancolía. Llevaban ya dos horas en la mesa. Las mejillas se habían coloreado. Matías, disimuladamente, se había desabrochado el cinturón y tía Conchi, poco acostumbrada a tales festines, se había puesto un si es no es alegre. Había eructado un par de veces, pidiendo perdón, y decía cosas extrañas:

—¿Un poco más de champaña, Matías, eh? ¡Está riquísimo, ea!

La primera rotura se produjo debido precisamente a la cuñada de Matías. De pronto, los ojos de la mujer se humedecieron visiblemente. Todo el mundo lo atribuyó a la bebida, hasta que Paz se dio cuenta de que su madre estaba llorando.

—¿Qué te ocurre? —le preguntó, en tono amable.

Hízose un respetuoso silencio. Tía Conchi, que había empezado a despeinarse, dijo:

—No me hagáis caso. Es que... —No terminó la frase. Pero su mirada giró en torno al comedor, como buscando algo.

Carmen Elgazu comprendió que la nostalgia había invadido el ánimo de la mujer, precisamente debido a aquel compás de felicidad.

—Anda, Conchi. Que estamos todos reunidos. Que todos te queremos...

—Sí... —sollozó la mujer—. Ya lo sé.

Ignacio se percató de que su tía Conchi tenía bigote, un bigote negro y desagradable. No acertó a intervenir. El pequeño Manuel se compadeció de su madre y con afán de distraerla propuso:

—¿Queréis que os recite una poesía?

—¡Sí, sí!

—¡Bravo, bravo!

Paz miró a su hermano y bromeó:

—¡Que no sea aquella de Gibraltar...!

Matías soltó una carcajada e Ignacio corroboró: «¡Caray con el Peñón!»

Manuel recitó una poesía navideña alusiva al Niño Jesús, al que llamó «dulce amor mío» y mencionó a los pastores y la mansedumbre de San José. A Paz se le hizo tan raro oír tales cosas en boca de su hermano, que también ella empezo a girar la vista por el comedor. Vio la radio Telefunken; el reloj de pared; el Sagrado Corazón entronizado; los visillos, sin una mancha. Una ambiente de calor humano muy distinto al que reinaba en aquel lóbrego piso que perteneció al Cojo.

Pilar dijo:

—¡Eloy, Eloy, ahora te toca a ti! ¡Hala, una poesía!

Eloy se excusó:

—Yo sólo sé meter goles... —Y como su comentario provara hilaridad, la mascota del Gerona Club de Fútbol, aupado, se levantó y pegó en el aire un puntapié imaginario.

Paz, que quería mucho a Eloy, aplaudió como los demás. De vez en cuando su mirada se cruzaba con la de Pilar y entonces brotaba una pequeña chispa. Evidentemente, la cosa no era nueva. Desde que Paz llegó de Burgos las dos muchachas no habían hecho más que azuzarse. Por ejemplo, con motivo del éxito de Paz en la caseta de la Feria repartiendo muestras de jabón y perfumes, Pilar no escatimó sus comentarios agresivos. «Es una descocada —había dicho—. Nos dará algun disgusto serio.» Por su parte, Paz mantenía el criterio de que Pilar no servía para nada. «Le quitas la camisa azul y el amparo de Mateo y no queda nada. ¡Vendiendo tabaco y chicles la querría yo ver!»

Pero la Navidad apagaba esos brotes, con la ayuda de los relámpagos ingeniosos de Ignacio, quien de pronto preguntó: «¿Y por qué el ángel no deseó paz a las mujeres de buena voluntad? ¿Se le olvidó, o es que no las hay?»

Su intervención tuvo tanto éxito que el muchacho, definitivamente alegre, miró de súbito al Telefunken del rincón.

—¿Ponemos un poco de música? ¡A lo mejor dan villancicos!

—¡Oh, villancicos! —repitió Carmen Elgazu.

Pilar, anticipándose a Ignacio, se levantó y se dirigió al aparato de radio y lo conectó. «¡Atención, queridos radioyentes, atención. Vamos a dar lectura al mensaje que el Excelen-

355

tísimo señor Gobernador de la provincia dirige a la población con motivo de la Navidad. Queridos radioyentes, atención...!»

Matías se precipitó a decir:

—¿Mensajes a estas horas? Quita eso, por favor...

Pilar fingió sorpresa.

—¿Por qué? Es un día adecuado, ¿no?

Matías repitió:

—Quita eso, Pilar, anda... Y regresa a tu sitio...

Pilar desconectó la radio y obedeció. Entonces Paz, en cuanto vio a su prima sentada dijo:

—Me das envidia, Pilar. De veras te lo digo.

—¿Yo? ¿Por qué?

—Porque se te ve feliz.

Pilar miró con fijeza a su prima.

—Lo soy. ¿Hay algo malo en ello?

Matías interrumpió:

—Señoras y caballeros, ¿quién quiere un poco más de anís? Paz, ¿te sirvo una copita?

Paz volvió la cabeza hacia su tío Matías.

—¿Por qué no?

Llena la copita, Paz se levantó y brindó:

—¡A la salud de todos...! —Y se bebió el anís de un sorbo y acto seguido encendió un pitillo, con mucho estilo.

Sí, no podía negarse que Paz, grosera a veces, en otras tenía dignidad. Además, estaba hermosísima siempre. Lanzó una espiral de humo que la envolvió, pese a lo cual su gran cabellera rubia siguió reluciendo como la cristalería de la mesa.

Era evidente que la reunión estaba resultando un éxito. Pero entonces sucedió lo que nadie podía pensar: llamaron a la puerta.

—¿Quién será?

—A lo mejor un telegrama...

Eloy se plantó de un salto en el pasillo y abrió: era mosén Alberto.

¡Válgame Dios! Claro, claro, en una jornada como aquélla el sacerdote no podía faltar en el piso de la Rambla. Se encontraba en el Museo Diocesano, solo con la sirvienta, y de pronto se dijo: «¡Por todos los santos, si no les hago una visita a los Alvear, me muero!»

Carmen Elgazu gritó ¡albricias! en el fondo de su corazón.

El sacerdote se despojó, en el vestíbulo, de su manteo y entró en el comedor.

—Siéntese, reverendo. Por favor, aquí, en la presidencia...

Mosén Alberto aceptó. Oyóse el rumor de las sillas al desplazarse. Paz procuró dominarse, pero su expresión había cambiado. Era evidente que la entrada del sacerdote había trastocado por completo la situación.

Mosén Alberto giró la vista en torno y fue reconociendo a los comensales.

—Tía Conchi, Paz, Manuel... —Suspiró con alegría—. ¡Qué bien! Todos reunidos. Esto es hermoso. Rodeado de Alvear por todas partes... —El sacerdote advirtió que Eloy lo miraba interrogante y se apresuró a añadir—: Pero ¡si tú eres también Alvear, hijo!

Camen Elgazu ofreció al sacerdote:

—¿Un poco de turrón, mosén Alberto?

Éste, satisfecho, se frotó las manos.

—¡No faltaría más!

Acto seguido Ignacio lo invitó a fumar y el sacerdote, después de un titubeo, aceptó.

—¡Un cura fumando! —rió tía Conchi.

—¡Je! —hizo Eloy.

Paz había enmudecido. Y es que no lo podía remediar: las sotanas la sacaban de quicio... ¿Por qué tuvieron que ofrecerle a mosén Alberto la presidencia de la mesa? Desde su llegada todo el mundo estaba pendiente de él, de sus mínimos deseos. Y el sacerdote le estaba pareciendo a ella untuoso, hipocritón. Hablaba con mucha desenvoltura; ¡pero aquellas manos tan blancas!

Matías dijo:

—Desde luego, mosén Alberto, lo que más admiro de ustedes es que abandonen a la familia y se encierren en una sacristía... o en un museo.

Mosén Alberto comentó:

—¡Pues no le falta a usted razón! —Luego añadió—: A veces he pensado que Ignacio dejó el Seminario porque les amaba a ustedes demasiado...

Ignacio aceptó:

—Algo hay de eso. —Y, sin darse cuenta, miró con ternura a su madre.

En ese instante Paz, repentinamente cansada de guardar silencio, intervino:

—De todos modos, si no estoy equivocada, los sacerdotes tienen más familia que nadie, ¿no es así? Han de amar a todo el mundo por igual...

Mosén Alberto miró a la muchacha.

—Es cierto, hija. Sin embargo, ¡no creas que sea tan fácil!

Paz cabeceó con expresión ambigua.

—¡Desde de luego! Eso ya lo sé...

Mosén Alberto captó la intención de la chica, pero dio con la respuesta adecuada.

—A mí me ha costado años conseguirlo... Por suerte —añadió, en tono solemne— la guerra me enseñó el camino. Lo cual no significa que no tenga todavía remordimientos...

Paz se mordió el labio inferior, por lo que Carmen Elgazu casi se preguntó si la llegada de mosén Alberto no habría sido providencial, si no serviría para que la muchacha se diera cuenta de que «los curas no eran tan insoportables como imaginaba».

La atmósfera volvía a ser agradable. Hablóse de todo un poco. De los años que hacía que mosén Alberto conocía a la familia. «¡Hay que ver lo feúcha que era Pilar cuando llegaron ustedes de Málaga!» Hablaron del *christmas* de Manolo y Esther. El sacerdote comentó: «Pero ¿qué más da que Jesús naciera en verano o en invierno? Lo importante es que naciera, ¿no es cierto?»

El tiempo iba transcurriendo sin que nadie se diera cuenta. Excepto Pilar. Pilar no dejaba de consultar su reloj, un poco alarmada, pues se acercaba la hora en que tenía que llegar Mateo...

La muchacha le hizo con disimulo una seña a Matías y éste comprendió. Y sin poder evitar echó un vistazo al reloj que pendía de la pared.

Paz, entonces, se percató de que algo ocurría... Y de pronto intuyó de qué se trataba. ¡Claro, claro! ¿Cómo no había pensado antes en ello?

Se dirigió a su tío.

—Supongo que esperan ustedes a alguien, ¿verdad?

Matías sonrió como pudo. Pero Pilar fue más decidida.

—Pues sí, en efecto... —La muchacha añadió—: Hemos quedado con Mateo en que vendría a las siete.

Paz miró entonces a su vez el reloj. ¡Faltaban diez minutos! Y los hombres de camisa azul acostumbraban a ser puntuales...

—Está bien —dijo—. Será mejor que nos vayamos.

Ignacio puso cara de asombro.

—Pero ¿por qué? —La euforia de la Navidad le impedía a Ignacio calibrar debidamente la situación.

Paz hizo un gesto entre irritado y displicente.

—Es preferible, ¿no crees? Además, es ya muy tarde y mi madre está muy mareada.

—¿Yo... mareada? —tartamudeó tía Conchi.

Carmen Elgazu callaba. ¿Por qué, Señor, existían en el mundo incompatibilidades?

Paz se levantó, con más brusquedad de lo que hubiera deseado.

—¡Anda, madre! ¿Dónde dejaste el chal? Y tú, Manuel, vete a por el abrigo y la boina...

El cambio había sido tan rápido que nadie se movía. Ignacio, que continuaba eufórico, y que esperaba también la llegada de Marta, se disponía a decir: «Pero ¡vamos a ver! ¿Por qué no podéis quedaros? Os estrecháis todos la mano y no pasa nada.» Pero he aquí que en ese instante se produjo lo inesperado. El pequeño Manuel, que se sentía feliz en la casa, se rebeló. Nunca con anterioridad se había atrevido a contradecir a su hermana; pero esta vez lo hizo.

—Yo me quedo —dijo simplemente. Y miró a Paz con ojos entre suplicantes y decididos.

Algo estalló en el cerebro de la hermosa Paz, en el que el nombre de Mateo martilleaba con extrema dureza.

—¿Que tú te quedas? ¡Te he dicho que nos vamos!

Manuel permanecía clavado en la silla y había cobrado insólita dignidad.

—Por favor, Paz... No veo por qué he de marcharme yo también...

Y miró con gran afecto a Eloy.

Paz tuvo entonces una salida de tono. ¡El reloj avanzaba! Se sentía en falso y notaba que todos los ojos rebotaban en ella.

—Ya no te acuerdas de Burgos, ¿verdad? —Su tono era agrio—. ¡Quédate si quieres! Y cuando suene el timbre de la puerta haces el saludo fascista...

Se hizo un silencio tremendo en el comedor. Conchi llevaba ya el chal en los hombros y se había levantado. Mosén Alberto miraba absurdamente la colilla de su cigarrillo en el cenicero.

Fue una despedida penosa. Pilar tuvo que aguantarse para

no replicar a su prima. Matías e Ignacio acompañaron a las dos mujeres.

Mientras avanzaban por el pasillo, Ignacio iba repitiendo:

—¡Esto es una barbaridad!

Paz dijo:

—La culpa es mía. Debí pensar en eso.

Las dos mujeres se marcharon y se oyó su taconeo al bajar la escalera. Matías cerró por fin la puerta y él e Ignacio regresaron al comedor, en cuya mesa las botellas, los platos y los restos de turrón parecían haber envejecido.

Matías tomó asiento. Y entonces todos, sin poderlo evitar, miraron a Manuel con gran respeto: el muchacho, encogido, era la viva estampa de la soledad. Manuel se dio cuenta de ello y de pronto, sintiendo un nudo en la garganta, rompió a llorar sin consuelo.

Nadie decía nada. Ni siquiera Pilar. Poco después Mateo y don Emilio Santos llamaron a la puerta. Pilar se levantó como un rayo. Carmen Elgazu, reaccionando, se compuso el moño. ¡Era preciso disimular!

Eloy, que parecía el más tranquilo, tocó con la mano el brazo de Manuel y le propuso:

—¿Quieres que vayamos a mi cuarto y juguemos al parchís?

Manuel, que continuaba llorando, hurgaba en los bolsillos buscando inútilmente un pañuelo.

E Ignacio pensaba que, en efecto, la Navidad era triste.

CAPÍTULO XXVIII

PASÓ EL FIN DE AÑO —Ignacio cumplió los veintitrés— y llegó el 6 de enero de 1940, festividad de los Reyes Magos. Sin saber por qué, la conmoción fue en Gerona más explosiva y jubilosa aún que la de Navidad. Probablemente se debía a que los mayores, al cabo de tres años de no ofrecer a los pequeñuelos más que cartuchos y bombas, podían por fin obsequiarlos —confirmando con ello el vaticinio hecho por la abuela Mati— con las fantasías llegadas de Oriente, y con juguetes.

La Asociación de Padres de Familia organizó para la víspera la Gran Cabalgata: Gaspar, Melchor y Baltasar, montados a caballo —tres varones barbudos, uno de los cuales, el tiznado, era José Luis Martínez de Soria—, desfilaron por las calles céntricas y detrás de ellos la infinita comitiva de los niños llevando en la mano el clásico farolillo encendido. El espectáculo arrancó dulces lágrimas a la esposa del profesor Civil, que quiso levantarse de la cama y asomarse al balcón para presenciar el luminoso acontecimiento.

Otro solemne acto fue el de la entrega de premios del «Concurso de Juguetes Patrióticos» convocado por las Organizaciones Juveniles. Ganó el primer premio nada menos que el hijo mayor del jefe de Telégrafos, con una miniatura, realmente asombrosa, del crucero *Baleares*. El segundo premio correspondió a la hija de un ferroviario, con un tren militar que hubiera hecho las delicias de don Anselmo Ichaso. ¡El tercer premio se lo llevó «El Niño de Jaén», con un minúsculo avión de caza bautizado con el nombre de García Morato! Sí, el gitanillo «bailaor» de la calle de la Barca había elaborado, con el asesoramiento de sus dos grandes amigos, el barbero Raimundo y el patrón del Cocodrilo, aquel avión, que planeaba como los ángeles y que se posaba en el suelo con magnífica serenidad. Mateo entregó los trofeos. A «El Niño de Jaén» le correspondió una copa que decía: «¡Arriba España!»

Otro emotivo acto fue el obsequio de juguetes a los niños y niñas acogidos en los comedores de Auxilio Social. El profesor Civil, Delegado Provincial, presidió la ceremonia; pero los encargados de la entrega —lápices de colores, caballos de cartón, peonzas, ¡muñecas!— fueron los hijos del Gobernador, Pablito y Cristina, quienes representaban el afán protector de las autoridades. Pablito mostró cierta incomodidad en el transcurso del acto; en cambio, Cristina, que era un pequeño poema de carne, se sintió importante, hada buena. A veces al entregar el juguete se equivocaba y decía: «De parte de papá.» En tales ocasiones Pablito le daba un codazo y le susurraba, rectificando: «No seas boba. De parte de los Reyes Magos...»

Sin embargo, la idea cumbre de la jornada la tuvo el señor Obispo, doctor Gregorio Lascasas. El señor obispo, que guardaba en Palacio, como una reliquia del período «rojo», aquella imagen del Niño Jesús que el anarquista Porvenir, en el frente de Aragón, había vestido de miliciano —con un gorro a lo Durruti, un pitillo en la boca y dos pistolones en el cinto—, pensó que podía organizar con ella una Acción Reparadora. Tratábase de hacer desfilar delante de la imagen a todos los niños de todos los colegios de la ciudad. «El día de Reyes es el apropiado —manifestó el prelado—, por ser el día de la Adoración.» Las instrucciones que al efecto cursó a los colegios religiosos y a los maestros señalaban que la concentración tendría lugar en la iglesia de San Félix, a las doce en punto de la mañana.

La Acción Reparadora se llevó a cabo y se hablaría de ella durante mucho tiempo, por el impacto que produjo en la mente de los niños. A la hora convenida la iglesia de San Félix cobijó a la mayor asamblea infantil que recordaba la ciudad. La imagen profanada por Porvenir fue colocada, sin quitarle siquiera el pitillo, en el altar mayor, sobre una alta peana, con la sola escolta de dos cirios temblorosos. Y empezó el desfile. Desfile mucho más nutrido y ostentoso que el de los farolillos y durante el cual reinó en el templo un silencio casi fantasmal. El pasmo de los niños, al encontrarse ante aquel Niño Jesús con gorro chulesco y dos pistolas, era absoluto. No sabían si arrodillarse, si pegar un grito o echarse a llorar. Mosén Falcó, encargado de mantener el orden, de pie en el presbiterio iba repitiendo: «genuflexión, genuflexión...». Así lo hacían los chicos, uno por uno, enredándose en sus propios pies. Asunción, la maestra, que estaba también en el presbiterio, experimentó tan intensa emoción que, acercándose al dinámico consiliario, le sugirió al oído: «¿No le parece a usted que deberíamos cantar el Credo?» Mosén Falcó negó con la cabeza. «Es mucho mejor el silencio.» Y continuó con su sonsonete: «genuflexión, genuflexión», hasta que el último niño —precisamente Félix Reyes, el hijo del ex cajero del Banco Arús— hubo hincado la rodilla.

Terminada la «adoración», el párroco del templo, que era un santo varón, subió al púlpito y dirigió una plática muy poética aludiendo a la festividad del día, al oro, al incienso y a la mirra que trajeron los Reyes Magos, prédica que cerró con algo insólito: con una oración por el alma de quienes fueron capaces de ponerle dos pistolones al Niño Jesús.

Fue una decisión espontánea, que provocó luego muchas controversias. Realmente, era aquélla la primera vez que desde un púlpito un sacerdote se acordaba de rezar por los vencidos. Hasta ese día, y de ello el padre Forteza había pensado hablarle también al señor obispo, sólo se había rezado «por el eterno descanso de los caídos por Dios y por España».

El párroco de San Félix, con aquel simple y elemental

acto, se ganó la simpatía de buena parte de los ciudadanos que militaban en la que el comisario Diéguez llamaba «la Gerona subterránea».

* * *

Festividad de los Reyes Magos... Las familias, los amigos, se intercambiaron regalos como por Navidad se habían cruzado tarjetas y felicitaciones. Mateo le regaló a Pilar el anillo de prometida y en el piso de la Rambla hubo lágrimas y risas a granel.

—¿Para cuándo la boda? —preguntó Matías.

—Casi seguro, el doce de octubre.

—¡Ah, claro! El día del Pilar...

Ignacio le regaló a Marta un medallón de oro de Toledo, y a su madre, Carmen Elgazu, las gafas que le estaban haciendo falta para coser y para leer. Matías les regaló a sus familiares de Burgos una estufa, pues el frío en aquel piso que perteneció al Cojo era insoportable. La esposa del notario Noguer le regaló a doña Cecilia una colección de blondas y puntillas confeccionadas en el pueblo de Blanes, dado que la esposa del general, con ocasión de la tómbola benéfica, había manifestado que le gustaban mucho. Los jefes y oficiales de Artillería le regalaron al general Sánchez Bravo un barroco pergamino en el que figuraban los nombres de las victoriosas batallas en que aquél había intervenido. «La Voz de Alerta», lanzándose una vez más por su vertiente sentimental, le colocó en la boca a Montse, su fiel criada, tres piezas que le faltaban. Se las colocó de oro y le dijo: «Van a durarte toda la vida.» Aunque tal vez el regalo más sorprendente fue el que recibió Pachín, el flamante delantero centro del Gerona Club de Fútbol y máximo goleador de la competición. Pachín recibió un anónimo que decía: «¿No ves que estoy loca por ti, so tonto? Algún día descubrirás quién soy y entonces te tirarás de los pelos por no haberlo adivinado antes.» Pachín, el muchacho asturiano, hijo de minero y formidable atleta, se pasó dos días enseñando el papel a todo el mundo. ¡Si entendiera de grafología! ¡Si aquella letra correspondiera a la *gachí* que le quitaba el sueño, que lo traía a mal traer! Pero ¿cómo saberlo? Rafa, el masajista, le dijo: «Descuida. Continúa con tus cabezazos. Antes de que llegue la Cuaresma esa loca se quitará la máscara.» Pachín, mientras se entrenaba con jersey, para perder grasa, contestó: «¡Ojalá!»

* * *

También la ciudad, con motivo de los Reyes Magos, volvió a regalarse a sí misma, como cuando la llegada del otoño, muchas cosas. Al igual que un árbol crecido en tierra fértil, la vida iba reorganizándose poco a poco, en sus mínimos detalles. Se abrieron al público nuevos comercios, entre los que destacaba la Alta Peluquería, de lujo también propiedad de Dámaso, para las señoras de la buena sociedad. Asimismo la viuda del señor Corbera, el fabricante de alpargatas que murió al lado de César, inauguró una tintorería. La fábrica Soler, de mil y pico de obreros, motivo de tantas huelgas antes de la guerra y que fue incendiada por los «rojos», reabrió sus puertas, acto solemne en el que no faltó un piscolabis para los productores admitidos. «La Voz de Alerta», coincidiendo en ello con el padre Forteza, le dijo al arquitecto: «Lástima que haya vuelto a edificarse en el centro de la ciudad. Ese solar hubiera debido destinarse a jardín, a zona verde. Pero los propietarios pedían una fortuna por él.» La viuda del guardia civil Benítez, fusilado por el Comité de Cosme Vila, dio la gran sorpresa inaugurando una tienda de antigüedades. Jaime, sin renunciar por ello al reparto de *Amanecer* —y al subrayado de las noticias para Matías—, instaló junto a la mencionada fábrica Soler un modesto quiosco destinado a la compra-venta de libros y de tebeos. «Mi intención —le confesó a Matías— es vender novelas de tiros a la plantilla de trabajadores y, de matute, libros en catalán, que ahora se pagan muy bien.» Asimismo fue inaugurada una imprenta, la imprenta Ampurias, cuyo local fue solemnemente bendecido por el párroco del Carmen. Y una agencia administrativa, que constituía una novedad. ¡La agencia administrativa con que había soñado la Torre de Babel! En efecto, la Torre de Babel y Padrosa, culminando su proyecto de dejar el Banco Arús, donde nunca dejarían de ser «caracoles humanos», presentaron su dimisión al director, Gaspar Ley, y se establecieron por su cuenta. Ignacio los ayudó a conseguir el permiso necesario, pues el negocio, habida cuenta de la progresiva burocratización de la vida pública —tramitación de guías, de matrículas, relación de impuestos, etcétera—, parecía destinado a tener éxito. La agencia se llamaría Agencia Gerunda y la Torre de Babel y Padrosa comprendieron desde el primer momento que necesitaban en ella el asesoramiento de un abogado, que a la vez los cubriera de su pasado político. Y he ahí que consiguieron los servicios del asesor jurídico de la C.N.S., llamado Mijares, hombre que había llegado de Alicante, que parecía muy enterado y que con el sueldo que percibía en Sindicatos no podía vivir.

Naturalmente, el Ayuntamiento no podía quedarse atrás y obsequió a los ciudadanos con un regalo práctico, funcional: un guardia urbano para el Puente de Piedra, por el que el tránsito empezaba a ser intenso. La característica sobresaliente de este guardia urbano, oriundo de Logroño, era que exhibía una pata de palo. Mutilado de guerra. Se llamaba Arroyo. Parecía estar clavado allí, como un vegetal. Pero compensaba la rigidez de su cuerpo con la suprema elasticidad de sus brazos, que semejaban auténticas aspas de molino dirigiendo la circulación.

Tampoco la Diputación podía quedarse atrás y anunció la reapertura del Museo de San Pedro de Galligans y, al mismo tiempo, de la Biblioteca Provincial, instalada en el Hospicio. En el Museo hubo que trabajar de firme, pues cuando la retirada «roja» a Francia aquello se llenó de mulos, paja y estiércol. En cuanto a la Biblioteca, pronto los adolescentes y las adolescentes de la ciudad irían a consultar, en la Enciclopedia Espasa, como antaño y como siempre, el significado exacto de las palabras *amor*, *pubertad*, *sexo*...

El Gobernador, ante aquel despliegue de actividades, que se multiplicaban al mismo ritmo en toda la provincia, con la creación del Sindicato del Aceite, de la Madera, del Corcho, etcétera, sostuvo un importante diálogo con su esposa, María del Mar.

—¿No estás contenta? ¿No te ilusiona esto? ¿Preferirías que estuviera en Santander, cultivando un bufete particular, como Manolo, y dedicado a la vida personal?

María del Mar, que tenía la cualidad de no saber mentir, le contestó:

—Por supuesto, lo preferiría. Y precisamente tu comentario viene a darme la razón.

—¿Por qué, si puede saberse?

—Porque los que ostentáis cargos como el tuyo, sin daros cuenta acabáis colocándoos por cuenta propia la corona de laurel...

—Mujer, de veras que no te comprendo.

—Es muy sencillo. Si esto funciona y sale adelante, ello se debe sobre todo al esfuerzo de la gente y no a tu gestión, ni a la de Mateo ni a la de nuestro querido alcalde, que por lo que veo, lo que mejor se le da es sacar muelas sin hacer daño. Si en vez de ser Gobernador de Gerona lo fueras de Almería, no creo que en estas fechas se hubiera reabierto allí una fábrica como la fábrica Soler.

El Gobernador, que ya no llevaba vendado el dedo meñique, pero que continuaba mascando caramelos de eucalipto, se encalabrinó.

—¿De modo que, según tú, no cuentan para nada la labor gubernamental, el orden público, nuestro buen tino? ¿Y antes de la guerra, pues? ¿No podía la gente esforzarse lo mismo? ¿Y a qué se dedicaba? ¡Parece mentira que tenga yo que discutir eso con mi esposa!

María del Mar, que en opinión del doctor Andújar padecía una enfermedad inlocalizable, sin categoría clínica, llamada «inseguridad», «miedo», se ponía nerviosísima.

—Yo no digo que no tenga importancia vuestra gestión. Pero repito que los héroes son los ciudadanos. ¡Hay que ver en qué circunstancias han de desenvolverse! Los hay que trabajan dos turnos. Trabajar, trabajar... Además, ya lo sabes, a mí me interesas tú, y luego, además, Pablito y Cristina.

Por ahí le dolía a María del Mar. Pablito y Cristina estaban en una edad difícil de su desarrollo y se veían bastante desasistidos por su padre. Éste continuaba haciendo viajes a Madrid cada dos por tres —ella sólo quiso acompañarlo una vez, y se aburrió en el hotel, mientras él andaba de uno a otro Ministerio—, yéndose de inspección por los pueblos, y no había día en que no tuviera un funeral por la mañana y una primera piedra o una reunión por la tarde. La vida familiar, reducida al mínimo. Todavía en los primeros tiempos, por la noche había diálogo en torno a la mesa; pero últimamente, aparte las famosas cenas obligatorias, el Gobernador llegaba a casa cuando podía y muchas veces los chicos estaban ya en la cama.

Esa falta de control paterno iba acarreando sus consecuencias, nada agradables en opinión de María del Mar. A Cristina, con sus doce años en sus virginales ojos, le había dado por pavonearse de su posición de privilegio y «del cargo que ostentaba papá». Por eso Pablito tuvo que advertirla mientras entregaba los juguetes a los niños de Auxilio Social. Por eso en el colegio escuchaba los avisos como quien oye llover y aceptaba como la cosa más natural del mundo los constantes halagos de que las monjas la hacían objeto. Y no le daba importancia a nada, porque nada le costó trabajo. Ahora los Reyes le habían traído de todas partes infinidad de regalos y apenas si les prestó atención. «Yo creo —le había dicho María del Mar a Esther— que le regalaríamos un Cadillac de verdad y se quedaría tan tranquila.»

En cuanto a Pablito, era el reverso de la medalla. En su fuero interno continuaba rebelándose contra el «exceso de poder» de su padre, contra su impunidad, que intuía más que otra cosa, y ello lo llevaba a irritarse por cualquier bagatela, a desahogarse soñando despierto sueños eróticos y a no llevar con los demás chicos la vida de camaradería que le hubiera correspondido. Él hubiera querido llamarse Pablo, no Pablito. Y se llamaba no sólo esto último sino, principalmente, «hijo del Gobernador». A ráfagas le daba por hundirse en el estudio, por ensimismarse en los libros; y por tocar la armónica, cada día mejor. Pero había días en que estaba insoportable y queriendo a su madre con amor casi morboso, aunque María del Mar esto se lo consentía de buen grado. De hecho, cuando en el campamento de verano Pablito contestó al *test* de Mateo escribiendo: «quiero ser un hombre», lo que quiso decir fue esto: «quiero ser yo, yo mismo, y no el hijo del Gobernador».

El tema disgustaba al camarada Dávila.

—Está bien, está bien... Procuraré estar más con ellos. Mañana le diré al general Sánchez Bravo que no puedo ir a verlo, que Cristina me necesita.

—Haz lo que quieras, Juan Antonio. Yo continuaré queriéndote lo mismo. Me casé contigo y desde aquel momento te entregué mi vida. Pero repito que nada habré ganado con que no haya huelgas en la calle si por tu culpa nuestros hijos acaban siendo unos desplazados.

* * *

Pero los Reyes Magos trajeron algo más... Trajeron algo a escala nacional. En primer lugar, un Mercedes Benz que el Führer alemán le regaló al Caudillo —réplica del que el propio Führer utilizaba y del que anteriormente le había regalado a Mussolini— y que llegó a Barcelona a bordo del vapor *Cas-*

tillo Pueyo. En segundo lugar, la noticia de que España acababa de conseguir, por un azar favorable del destino, la definitiva solución, que bien podía calificarse de mágica, del problema de los carburantes...

Los detalles del hecho, publicados en el *Boletín Oficial del Estado* y cuyo texto *Amanecer* reprodujo íntegramente, causaron el mayor asombro entre la población. Tratábase del invento de un sistema para fabricar gasolina sintética. La fórmula provenía de Alemania y había sido ofrecida al Jefe del Estado. Las pruebas realizadas al efecto habían dado resultado positivo. La nueva gasolina estaba compuesta por un setenta y cinco por ciento de agua, un veinte por ciento de plantas de fermentación y un cinco por ciento de un elemento desconocido, «que era la base del sensacional descubrimiento realizado por el ingeniero Albert Elder von Filek». Con ello España ahorraría anualmente una incalculable cantidad de divisas y la primera fábrica se levantaría cerca del río Jarama, en los términos municipales de Coslada y Barajas. *Amanecer* añadía, transcribiendo la nota del *Boletín Oficial del Estado*, que la gasolina en cuestión «era de color verdoso, que proporcionaba una llama más blanca que la gasolina corriente, que no hacía humo y que su olor era agradable».

¡Esplendidez de los Reyes Magos! El general Sánchez Bravo creyó estar soñando y leyó *Amanecer* tres veces consecutivas. El Gobernador se abstuvo de opinar, al igual que su chófer y secretario, el camarada Rosselló, experto en automóviles. Igualmente, en el Casino de los Señores, el jefe de Obras Públicas declaró, encogiéndose de hombros: «Si esto es así, España se colocará en cabeza de la técnica mundial y yo le regalaré a mi mujer un abrigo de visón.»

Por descontado, España, como queriendo corresponder de alguna manera a esos obsequios «importados», ofreció también algo al exterior. Se lo ofreció a una nación que por aquellas fechas era considerada hermana: Finlandia, cuya lucha contra Rusia proseguía heroicamente. Sí, España, a través de la Acción Católica, envió a Finlandia, con destino a los fieles practicantes de este país, un espléndido cargamento de vino y otro de cera. Vino español para la consagración en la misa y cera española para que en los altares de las iglesias de Finlandia pudieran llamear los cirios. Era una ayuda simbólica, que en cierto modo venía a compensar aquel batallón de voluntarios al que quiso alistarse Mateo y que no llegó a organizarse. En esta ocasión, al leer la noticia nadie se tocó la nariz en señal de escepticismo. La idea era un hecho hondo y conmovedor. Alfonso Estrada, presidente de las Congregaciones Marianas, enamorado de Sibelius y buen conocedor de las leyendas finlandesas, le dijo a Pilar, en la oficina de Salvoconductos: «Verás cómo ese vino de las cepas españolas y cómo esa cera de nuestras abejas hacen retroceder a los rusos hasta Leningrado.»

* * *

El último presente que trajeron los Reyes Magos fue una leve nevada. Blancos copos cubrieron por unas horas la ciudad, sepultando y embelleciendo las formas más familiares a los gerundenses. El ángel decapitado que coronaba el campanario de la Catedral se encapuchó, como lo había hecho en 1933. Pero pronto la nieve se derritió y el termómetro dio un bajón feroz. La cuesta de enero se convirtió en cuesta de hielo. Las familias utilizaban mil ardides para sacarles partido a las estufas y a los braserillos de que el Gobernador había hablado, pues no pasaban de un par de docenas las casas en que había calefacción. «Esto es la Siberia», decía la gente, ignorando que en Moscú la mujer de Cosme Vila empleaba las mismas palabras. Las oficinas que disponían de calentadores eléctricos, entre las que se contaba la de Telégrafos, se consideraban protegidas de los dioses. En la cárcel se produjo una explosión de sabañones, que afectó incluso a los hermanos Costa, pese a que una hada bienhechora envió a éstos guantes más sólidos que los que Carmen Elgazu le regalara a Paz. Los que redimían penas por el trabajo, ahora en la ampliación del cementerio y en la reparación de la vía del tren de Olot, soplaban en sus manos y hasta en el pico y la pala. Las noches eran por todo ello tan milagrosas, que no sólo el general Sánchez Bravo se emborrachaba de felicidad contemplando el firmamento, sino que incluso los serenos, venciendo la rutina, miraban de vez en cuando hacia lo alto sintiendo que aquello era hermoso.

Tantas fueron las piernas rotas y tantos los brazos fracturados que llegaron al Hospital, que el doctor Chaos decidió, un poco para congraciarse con quienes le andaban a la zaga desde que dio sus heterodoxas conferencias en la Cámara de la Propiedad, ser el Rey Blanco de sí mismo y ofrecerse una Clínica Particular, la Clínica Chaos, imitación, a escala gigantesca, de la consulta privada que había abierto su amigo el doctor Andújar. El agnóstico cirujano, que por lo visto disponía de fortuna personal, dio las órdenes oportunas para el acondicionamiento y puesta a punto de un edificio que el doctor Rosselló, en tiempos, quiso destinar a tal fin, en una zona tranquila, cerca del Estadio de Vista Alegre. Por supuesto, el nuevo establecimiento sanitario contaría con toda clase de servicios, incluido el de maternidad.

El doctor Andújar lo felicitó por su decisión.

—Realmente, es una magnífica idea. En Gerona hacía falta una clínica así y solucionarás incluso el problema de algunos médicos jóvenes que quieren licenciarse del Ejército. Tendrás un gran éxito y te resarcirás de las condiciones en que te ves obligado a trabajar en el Hospital.

—Sí, pero tendré que traerme de fuera el personal subalterno. Las monjas no me gustan, ya sabes. Y estoy dispuesto a pagar lo que sea para contar con un buen anestesista.

—¡Oh, claro! El anestesista es el alma del quirófano.

—El alma no sé. El alma, tal vez sea el enfermo; pero desde luego es una de las piezas clave.

CAPÍTULO XXIX

EL GOBERNADOR NO SE BAÑABA en agua de rosas. Cruzaba, ¡a qué negarlo!, una etapa difícil. Sus disputas con María del Mar lo desasosegaban, como es natural, aunque estaba habituado a ellas y sabía que su esposa no cambiaría, que su único afán era renunciar a toda actividad pública y regresar a Santander. Pero él estaba decidido a continuar en la brecha, precisamente porque, pese a la inauguración de los comercios, al auge de la provincia en muchos aspectos y a la laboriosidad de sus habitantes, hechos que no se podían negar, ocurrían a su alrededor cosas que no le gustaban ni pizca. Cosas que a lo mejor no hubieran ocurrido en Almería si lo hubieran destinado allí; o por lo menos, no en igual medida.

Resumiendo, el Gobernador no estaba ciego y cuando preguntaba: «¿No te ilusiona todo esto?», se refería más bien al futuro que al presente. Sí, tenía plena confianza en el porvenir de España y no compartía las dudas del doctor Chaos respecto a la calidad de la raza, que juzgaba inferior a las llamadas nórdicas. Su fe en la eficacia del Movimiento Nacional era insobornable. Sin embargo, tenía plena conciencia de que todo cuanto Manolo y Esther decían sobre la creciente ola de inmoralidad que azotaba la provincia, era verdad.

Muchos factores se habían confabulado para que tal situación se produjese: las necesidades de la posguerra; la dureza de aquel invierno; la guerra internacional. Esta última cortaba de raíz las fuentes de suministro que hubieran podido hallarse en otros países. Nada podía llegar por la frontera francesa. Y en cuanto al mar, era un mar plagado de minas magnéticas y de buques de vigilancia, hasta el punto que los pocos mercantes españoles que iban a América, en uno de los cuales viajaba Sebastián Estrada, hermano de Alfonso, habían sido pintados con los colores de la bandera nacional, para que su neutralidad fuera reconocida y respetada.

De modo que el racionamiento impuesto por la Delegación de Abastecimientos y Transportes, donde trabajaban el señor Grote y Pilar, iba haciéndose cada día más riguroso, con la consiguiente alarma del vecindario y el aumento de la especulación. Ya *Amanecer* dedicaba entera la segunda página a reseñar las consabidas instrucciones: hoy reparto de arroz; mañana, de garbanzos; pasado mañana, de alubias. Prácticamente todo estaba intervenido, incluso el material óptico, y se había creado un organismo denominado Servicio Nacional del Trigo para controlar la distribución de la harina y la elaboración del pan. Para la circulación de determinados productos se expedían guías especiales. Se hablaba de la cebada como sucedáneo del café, de suerte que, en el Nacional, el camarero Ramón gritaba ya: «¡Un exprés de cebada!» Escaseaban el tabaco y el azúcar. En resumen, se había vuelto a una situación que distaba mucho de parecerse a la del período «rojo», pero que obligaba a las amas de casa a hacer toda clase de equilibrios. Los hados adversos habían decretado que la abundancia, que la maravilla de los escaparates rebosantes de artículos de toda índole, durara sólo unos meses. Manolo y Esther habían dicho: «Como el Gobernador no pare esto, media población vivirá del robo.» La hipérbole apuntaba certero. Ahora bien, ¡qué difícil ponerle remedio! La Policía y la Guardia Civil se mostraron dispuestas a colaborar, pero hubieran sido necesarios tantos ojos como estrellas tenía el firmamento de enero. La guerra había enseñado a las gentes mil argucias para ocultar lo inocultable y para valorizar escandalosamente cualquier mercancía.

El Gobernador optó por añadir, al clásico sistema de las multas, el del bochorno público: hizo estampar en el periódico el nombre y los apellidos de los infractores. Pero no había forma de detener el alud. Cada día la lista de nombres era más numerosa y cada día era más audaz el ingenio de quienes querían amasar dinero a toda costa. Los tenderos sisaban; los joyeros compraban joyas procedentes de requisas de la guerra; los fabricantes de embutidos utilizaban carnes residuales; los constructores de viviendas ponían más arena que cemento; había quien acaparaba la calderilla; se adulteraban el alcohol... y hasta los tubos de inhalaciones. Los campesinos, los payeses, volvían a adueñarse de la situación. Querían comprar bañeras, objetos lujosos y aparatos de radio. Las familias residentes en la ciudad, sobre todo en Gerona y Figueras, tenían que arrodillarse, ¡otra vez!, ante ellos. De nuevo la venganza del surco contra el asfalto. El Gobernador quería asegurar por lo menos el suministro del pan y del aceite, por considerarlos artículos básicos, pero no conseguía evitar las más extrañas mezclas. Por otra parte, aumentaron en forma insospechada los rateros. Gerona recibió una oleada de gitanos y gitanas, que robaban la ropa tendida en las azoteas y los cepillos de las iglesias. Aparecieron también infinidad de «traperos». Al principio, actuaban aisladamente, cada cual con su carrito; pero pronto surgió un almacenista al por mayor —¡el patrón del Cocodrilo!— que dirigió las operaciones. Alquiló dos grandes locales en el barrio, en los que una docena de mujeres, con un pañuelo cubriéndoles la cabeza, seleccionaban el cobre, la lana, el papel... Una anciana medio bruja, llamada Rufina, que hasta entonces había andado por el monte recogiendo hierbajos, se convirtió en la pieza maestra de este negocio de discriminación. La apetencia de los traperos se intensificó de tal forma que muy pronto, sin dejar de husmear en los montones de basura, se decidieron lisa y llanamente por robar: robar neumáticos, artículos de cuero, cañerías de plomo y hasta lavabos...

Fueron unos meses duros, durante los cuales el Gobernador no pudo menos de recordar las advertencias del profesor Civil y del notario Noguer, al regreso de la Cerdaña, cuando él, entusiasmado por el recibimiento de que fue objeto, afirmó que el pueblo catalán era sentimental, tocado de infantilismo, y que debía gobernarse con sentido paternalista. «Los gerundenses —había objetado el profesor Civil— despertarán pronto de su beatitud y entrarán en un período de rabiosa ambición.» «Mi impresión —había corroborado el notario Noguer— es que este espíritu de colaboración que encuentra usted ahora, es esporádico. ¡No querría decepcionarlo! Pero considero que la tarea de usted va a ser más compleja que la de mecer un niño en la cuna.» El Gobernador, evocando estas palabras, barbotó: «¿Por qué habrá estallado, precisamente ahora, esa guerra europea? ¿Por qué?»

El Gobernador, decidido a actuar, empezó por practicar detenciones. Al dueño de un colmado de la Rambla, colmado *La Inmaculada* —denominación que desagradaba a Carmen Elgazu—, le fue descubierta una despensa repleta de géneros intervenidos, y el hombre ingresó en la cárcel. También fue detenido un funcionario del Servicio Nacional del Trigo, que se había convertido en el hombre de paja de un arrocero de Pals que se dedicaba a moler clandestinamente. Fue detenido el contable de Auxilio Social, hombre de confianza del profesor Civil, al que éste sorprendió en combinación con un importante mayorista de cereales. El comisario Diéguez, con su clavel blanco en la solapa, se dedicó a recorrer los trenes nocturnos y descubrió latas de aceite en la barriga de mujeres aldeanas que simulaban estar encinta. Etcétera. Todo ello originaba una desagradable situación, pues tales detenidos eran mezclados en la prisión con los reclusos políticos, los cuales los sometían a toda clase de vejámenes.

«La Voz de Alerta» sugirió una medida que al pronto encandiló al Gobernador y a Mateo: ofrecer a los denunciantes el cuarenta por ciento del importe de las multas. El ensayo resultó desabrido. Personas comúnmente sensatas deseaban sorprender en falta al prójimo. Se dieron casos de hermanos que se denunciaban entre sí. Un limpiabotas de la Rambla, llamado Tarrés, gracias a su fino oído, se enteraba de muchas anomalías y denunciaba. También el barbero Raimundo sucumbió a la tentación. Mitad por ambición, mitad por halagar a las autoridades, organizó una red de espionaje, compuesta en gran parte por mujeres del barrio y por chiquillos.

Ah, no, no todo era fervor patriótico en la ciudad y provincia, y las fogatas en las montañas escoltando el paso de los restos de José Antonio parecían quedar lejos. La noche era lo peor. De noche circulaban por los senderos los carros y las bicicletas, y hombres con sacos a la espalda. Eran bultos dedicados al estraperlo. De noche se apilaban las mercancías en los sótanos y en las buhardillas, y los avaros contaban el dinero. El notario Noguer, que contemplaba este despliegue como desde un palco, le decía a su mujer, con acento un poco cansado: «El país no tiene remedio.»

Poco a poco la situación fue agravándose. Brotaron extrañas organizaciones, a veces sin nombre, a veces bajo el respaldo de una agencia. Agencias que se ofrecían para «facilitar» toda clase de documentos, desde células de empadronamiento hasta carnets de conducir. Algunas llegaron a garantizar que sacarían de la cárcel a tal o cual detenido. Una de ellas, Agencia Rojas, distribuyó por la comarca individuos con uniforme que obligaban a la gente timorata a comprar retratos patrióticos de Franco, de José Antonio, del general Mola... Y una empresa de pompas fúnebres tuvo la feliz idea de alquilar ataúdes para el trasiego clandestino de materias intervenidas. La Agencia Gerunda, bajo la dirección de la Torre de Babel y de Padrosa, se abstuvo de momento de toda acción ilegal, pero su asesor jurídico, Mijares, de la C.N.S., que tenía tres hijos, empezó a preguntarse hasta cuándo resistirían a la tentación. ¡Las posibilidades eran inmensas y su hoja de servicios le permitiría en muchas ocasiones obrar impunemente!

Sin embargo, lo que mayormente alarmaba al Gobernador eran las Sociedades Anónimas de que Manolo habló con Ignacio y con Marta. El jefe de Policía, don Eusebio Ferrándiz, le confirmó la existencia de firmes alianzas entre hombres de negocios y «peces gordos». ¡Ah, claro! ¿Es que la codicia iba a ser privativa de los limpiabotas de la Rambla y del dueño del colmado La Inmaculada?

El jefe de Policía descubrió que la Tejero, S. A., oficialmente dedicada a fabricar papel, no era sino un centro de contrabando que «importaba» desde agujas de gramófono hasta recambios de bicicleta y medicamentos. Los contrabandistas que utilizaba la Sociedad eran hombres del Pirineo que durante la guerra se habían dedicado a pasar gente a Francia. Hombres que conocían los vericuetos y que contaban con la ayuda de los pastores y de los habitantes de las masías. También utilizaban maquinistas de los trenes que llegaban asmáticamente —a veces, transportando a Ignacio— hasta la frontera.

Con todo, el descubrimiento más sensacional de don Eusebio Ferrándiz, quien desde que perdió a su hija en el accidente del Collell no se explicaba que la gente sucumbiera a tan burdas apetencias, fue el del funcionamiento interno de la llamada Constructora Gerundense, S. A. La Constructora Gerundense, S. A., cobró en cuestión de unos meses tal auge, que su brillo eclipsó a las demás. Podía decirse que ninguna actividad, ninguna transacción posible, escapaba a su ojo de cíclope. Su red se extendía coherentemente por toda la provincia, desde los pueblos fronterizos del interior hasta el litoral. Su especialidad era la expropiación de terrenos para edificar viviendas, y la adjudicación de subastas. Pero de hecho sus tentáculos lo abarcaban todo, sin excluir la fabricación de yeso y la recogida de alambre de espino.

El sistema de que se valía la Constructora Gerundense, S. A., era el de «lo toma o lo deja», sistema posible gracias a que el talonario de cheques de que disponía su administrador, un individuo oscuro, ¡que había pertenecido a Izquierda Republicana!, era inagotable.

El Gobernador no acertaba a comprender cómo se las arreglaba la Constructora Gerundense, S. A., para salirse siempre con la suya. La Plaza de Abastos la había construido la Sociedad. El acondicionamiento de la Clínica Chaos lo llevaba a cabo la Sociedad. De la restauración de muchos templos se había hecho cargo la Sociedad, así como del tendido de muchos puentes. Sin contar con que en el transcurso del mes de febrero, y como por arte de magia, el Estado le adjudicó a un precio irrisorio más de sesenta viejos vagones arrinconados en las vías muertas de la estación.

El jefe de Policía hacía cuanto estaba en su mano para pillar en falta a la organización; jamás conseguía probarle nada al margen de la ley.

Hasta que, de pronto, el comisario Diéguez se enteró de que la Constructura Gerundense, S. A., había llevado a cabo la más audaz de las operaciones: la compra de una formidable partida de material de guerra anticuado, inservible, procedente del Ejército, de los Parques de Figueras y Gerona, material «destinado a chatarra». Dicho material no salió siquiera a subasta. Pasó a ser patrimonio de la Constructora Gerundense, S. A., sin que ningún competidor tuviera opción.

El expediente abierto en esta ocasión por el comisario Diéguez, del que se decía que había seguido unos cursillos con la Gestapo, dio el siguiente resultado: los componente de la Sociedad eran, ni más ni menos, los hermanos Costa, el coronel Triguero y el capitán Sánchez Bravo... Ahora bien, ninguno de los cuatro figuraba con su nombre: los hermanos Costa estaban representados jurídicamente por sus esposas y el coronel y el capitán lo estaban por dos ex brigadas jubilados. ¡He ahí el resultado de aquellas conversaciones sostenidas en verano, en una mesa de la Rambla, por el jefe de Ignacio y el hijo del general! ¡He ahí por qué el chismoso señor Grote decía siempre, al verlos juntos: «¡Me gustaría saber qué se traen entre manos!»

El Gobernador se decidió a actuar sin pérdida de tiempo. Sin embargo, la papeleta no era fácil. Los estatutos de la Sociedad eran normales y los había redactado un abogado de Barcelona. De momento, optó por llamar a su despacho a su viejo amigo el coronel Triguero. La entrevista fue dura, sin concesiones. Como había dicho Marta: «No es cuestión de volver a las andadas.»

El Gobernador, en cuanto tuvo enfrente al coronel, lo invitó a sentarse y le dijo:

—Creo que lo mejor es que vayamos al grano. Lo que voy a decirte no tiene nada que ver con el Servicio de Fronteras, que lo llevas muy bien. Se trata de tus actividades... marginales. De tus andanzas en la esfera de los negocios. Me veo en la necesidad de recordarte que perteneces al Ejército y que esto trae consigo la más absoluta incompatibilidad.

El Gobernador había supuesto que el coronel Triguero negaría su participación, dado que actuaba en la sombra. Pero no fue así. El jefe de Ignacio hizo como que espolvoreaba la pechera de su uniforme y replicó, con calma:

—¡Apuesto a que ves visiones! Todo está en regla...

—Lo sé —admitió el Gobernador—. La Sociedad de que formas parte es legal. Pero eso no importa. No puedo permitir que colabores con ella, que te aproveches de tu condición.

El coronel Triguero no se inmutó.

—Que yo sepa —dijo—, no está prohibido aspirar a tener una casita con jardín.

El Gobernador optó por la línea recta.

—En ese caso, la cosa es fácil: pides la baja del Ejército y te vistes de paisano. —Marcó una pausa y añadió—: De no ser así, vas a salir malparado...

El coronel Triguero, sevillano de origen, sonrió. Su seguridad era tal que se hubiera dicho que disponía de una baza escondida que en cualquier momento podía poner en un aprieto al Gobernador. Y no existía tal baza. Simplemente, era un amoral. A raíz de la guerra había decidido «darse la gran vida». Éste era el consejo que le había dado a Ignacio, una y otra vez, en el Servicio de Fronteras y el que lo inducía a esconder en su coche abultados paquetes en sus viajes de Perpiñán a Figueras.

El Gobernador perdió su habitual compostura. Sus gafas negras parecieron dos grandes discos que dijeran: *stop*. En la mesa del despacho brillaba todavía el falso teléfono amarillo con el que, cuando recibía algún pelmazo, simulaba hablar directamente con Madrid. El coronel Triguero le dijo:

—No te excites. Te comprendo muy bien... De todos modos —añadió—, en tu caso cuesta muy poco acusar a los demás. Quiero decir... que resulta fácil ser honrado cuando se poseen, como tú, miles de cabezas de ganado en la provincia de Santander...

El Gobernador, entonces, súbitamente, recobró la calma. Se levantó y dio unos pasos por el despacho, contraído el abdomen. Se acordó efectivamente de su tierra, del señorío de su familia, que era rica, pero que siempre obró no sólo de acuerdo con la ley sino de acuerdo también con los postulados de equidad y comprensión.

—Siempre has sido envidioso —habló el Gobernador—. Eres el clásico hombre lleno de concupiscencia, que para desahogarse desprecia cualquier principio de buena crianza.

—Estás exagerando —contestó, sin perder la calma, el coronel—. ¡Lees demasiados libros de psicología! No hay más que lo que te he dicho: quiero una casita con jardín y que la mujer que cuide de él no sea siempre la misma... —Luego agregó—: Y no te las des de santón. Yo me dedico a comprar, legalmente, chatarra y otras cosillas; tú te dedicas, legalmente, a ser un virrey. Hasta los acomodadores de los cines se arrodillan cuando tú entras. Estamos en paz. Son las ventajas de haber ganado la guerra.

El Gobernador, al oír esto, sentóse de nuevo y, pegando un puñetazo en la mesa, dijo: «¡Basta!» El coronel entonces se levantó. Ni siquiera le dirigió una mirada de desafío. Encogió los hombros como si se encontrara ante un chiquillo que no comprendía las cosas y luego, esbozando un breve saludo militar, dio media vuelta y se retiró.

El camarada Dávila lo vio marchar y se sintió confuso.

Una vez más lamentó haber dejado de fumar, no poder darle con la palma de la mano al mechero de yesca que utilizaba Mateo. Pensó en el doctor Chaos; también, y sin saber por qué, en el director del Banco Arús, Gaspar Ley, cuya sonrisa recordaba la del coronel. Pensó en las promesas que el Movimiento Nacional había hecho a los humildes y en Pablito, su hijo. Le invadió un sensible malestar. Le vino a las mientes una frase de Hitler que había leído una noche en el frente, en víspera de una operación importante: «El hombre, cuando está solo, es más fuerte.» Llamó al conserje y le ordenó que hasta nuevo aviso no quería ser molestado. A los pocos minutos reaccionó y, estirando el brazo, lo acercó al teléfono de verdad…, al teléfono negro que tenía a su derecha.

* * *

Con todo, la escena más violenta fue la que, con pocas horas de intervalo, tuvo lugar entre el general Sánchez Bravo y su hijo. El general se enteró por el propio Gobernador de lo que estaba ocurriendo y citó a su hijo, el capitán Sánchez Bravo, precisamente en la Sala de Armas, donde antaño cruzaban irónicamente sus espadas el coronel Muñoz y el comandante Martínez de Soria.

El general llevaba ya muchos días sintiendo un vivo descontento por el comportamiento de su hijo. De hecho, no sabía qué hacer con él. En su trato social era de una manera; en casa, de otra. Su madre lo había mimado siempre demasiado y él había correspondido despreciándola, considerando a doña Cecilia un ser mediocre, desbordado por las prebendas de que disfrutaba. Se mofaba de sus eternos sombreros y collares y de que enviara al asistente Nebulosa a guardarle turno en la peluquería de señoras. Eso le parecía a él mucho más delictivo que comprar a precio irrisorio viejos vagones de ferrocarril… En cuanto a su padre, el general, lo consideraba un hombre casi perfecto, sin tacha, pero monolítico y corto de alcances. Le hacía gracia verlo mirar por el telescopio en busca de cielos insondables. Por supuesto, admiraba su competencia en el terreno profesional; pero, identificado con las teorías del coronel Triguero, decía de él «que no sabía vivir la vida».

El general se enfrentó con su hijo, al cual ordenó que se cuadrara y escuchara inmóvil lo que iba a decirle. Le recitó el capítulo de acusaciones. Le habló de las partidas de póquer, de su afición a la bebida, de sus excursiones al barrio de la Barca. Por último, se detuvo especialmente en la compra del material de guerra usado.

—En resumen —dijo—, vas a renunciar inmediatamente a tu intervención en esa Sociedad. ¿Entendidos?

El capitán Sánchez Bravo, presidente del Gerona Club de Fútbol, que llevaba el pelo cortado a cepillo, al estilo alemán, simuló asombrarse.

—¿Qué te ocurre, papá? Yo no figuro en ninguna Sociedad.

—Me da igual. Sé que tienes parte en esa Constructora y que pones a su servicio tu influencia.

—¿Mi influencia?

—Sí, la influencia de tu uniforme.

El capitán Sánchez Bravo parpadeó. Luego miró las tres estrellas de su bocamanga. Luego, las medallas que le relucían en el pecho.

—Hice la guerra, papá... Cumplí como los buenos y como tú me enseñaste. ¿He de vivir el resto de mi vida con la paga de capitán? Estoy cansado de comer rancho.

El general puso cara apoplética.

—¡Habráse visto! Te mandaré al calabozo...

El capitán Sánchez Bravo no perdió la serenidad.

—Escucha, papá, por favor... No te excites. Intenta comprender. No me mezclaré en ningún negocio turbio ni me dedicaré a la trata de blancas. Pero no veo por qué no puedo tener amigos...

—¿Amigos? ¿A eso le llamas tener amigos? ¿A liarte con diputados rojos que cumplen condena y con putas del barrio?

—Desenfocas la cuestión, papá... A mi edad... se tienen caprichos.

—¡Basta ya! Renuncia a esa Sociedad.

—Te repito que no formo parte de ella.

El general juntó los pies.

—No te moverás del cuartel hasta que yo te lo ordene.

Dio media vuelta y se fue.

El capitán Sánchez Bravo, al quedarse solo, torció el gesto. Se quedó pensando un buen rato, mirando los tejados de Gerona a través del ventanal. Luego miró los escudos de armas y las banderas.

Súbitamente, le invadió una indefinible tristeza. Menos curtido que el coronel Triguero, la actitud de su padre le había impresionado. Por un momento recordó su formación castrense, puesta a prueba a lo largo de toda la campaña y rubricada con dos cicatrices. Cuando la terrible batalla de Teruel, en la que soportó los veinticinco grados bajo cero sin que se le helara el espíritu, él mismo hubiera gritado «¡ladrones!» a quienes hubieran osado hablar de pasar factura más tarde. Y ahora, obsesionado por la vida a flor de piel, caía en la trampa, en tanto que otros muchos oficiales, si bien perdían un poco el tiempo jugando, vaso en mano, interminables partidas de cartas o de dominó, eran honestos y, por supuesto, incapaces de hacer nada que manchase la victoria obtenida con las armas.

Claro que el coronel Triguero opinaba que «la guerra era la guerra, pero que la paz era la paz» y que lo que les ocurría a los hombres como el general era que «les bastaba con exhibir su fajín de mando en los cuarteles».

El capitán Sánchez Bravo, presidente del Gerona Club de Fútbol, se pasó la mano por la frente. Sudaba. Le temía a su padre y le parecía estar oyendo a su madre, doña Cecilia, cuando se enterara de lo ocurrido: «Pero ¿es cierto, hijo, que te dedicas a comprar trenes? ¿Por qué, en vez de esas tonterías, no te buscas por ahí una buena chica, sabiendo la alegría que con ello le darías a tu madre?»

¡Cuánto costaba tomar una decisión! Porque, en el fondo, lo que más lo emborrachaba no eran ni el alcohol, ni las mujeres, ni el afán de ganar dinero; lo que le emborrachaba de veras era la sensación de poder. La seguridad de que alguien supiera que él, el capitán Sánchez Bravo, formaba parte de la Constructora Gerundense, S. A., bastaba para concederle a ésta todas las facilidades. ¡Incluso algunos árbitros de fútbol se impresionaban al saber que él era el presidente del Club!

Decidió tomarse la cosa con calma. Se sentó, sin abandonar la Sala de Armas, y encendió un pitillo. Debía reflexionar.

Pasó por allí Nebulosa, el asistente. Lo llamó y le pidió que le limpiara las polainas, mera excusa para hablar con alguien.

El asistente obedeció y pronto se arrodilló a los pies de su capitán. Entonces éste le preguntó:

—Dime, Nebulosa. ¿Por qué no te licencias? ¿O es que piensas quedarte en el Ejército?

El asistente hizo con la cabeza un expresivo movimiento.

—¿Qué voy a hacer, mi capitán? Me temo que no sirva ya para otra cosa...

—Ya... ¿Y tu pueblo? ¿No lo echas de menos?

—Ya no me tira el campo.. Me he acostumbrado a esto. —Marcó una pausa—. Estoy bien aquí, con el general.

El capitán sonrió.

—Puedes llegar a sargento. O a brigada...

—¡Ojalá!

El capitán Sánchez Bravo se repantigó en el asiento. Le gustaba pensar mientras le limpiaban las polainas.

—¡Ay, Nebulosa! Lo que yo daría por estar en tu lugar, para tener tan sensatas aspiraciones...

—¡Qué cosas dice usted, mi capitán!

* * *

En casa de los Alvear se planteó, con motivo de la escasez alimenticia, un problema de conciencia. Pilar, en su condición de empleada de la Delegación de Abastecimientos, disfrutaba de un reparto especial, que colmaba con creces las necesidades de la familia. ¿Era lícito aceptar aquello?

Estaba visto que nadie era perfecto... Los Alvear aceptaron el trato de favor, sin discutir siquiera el asunto. A lo más que llegaron fue a ceder una parte a la familia de Burgos, que lo pasaba muy mal. Ignacio se sintió algo decepcionado al respecto, especialmente pensando en su madre, Carmen Elgazu. «Muchas novenas a Santa Teresita, pero doble ración que los demás.»

Tal vez fuera perdonable... Tal vez Carmen Elgazu obrara cuerdamente. Carmen Elgazu deseaba por encima de todo que no les faltara nada ni a Matías, menos fuerte que antes, ni a los chicos, ni al pequeño Eloy, que con eso de jugar al fútbol y crecer desmesuradamene, no conseguía verse saciado.

Carmen Elgazu, por otra parte, se dio cuenta de que se avecinaban días todavía más difíciles y se dedicó a sobornar maliciosametne a los dueños de los comercios vecinos, obsequiándolos, gracias a don Emilio Santos, con cigarros habanos procedentes de las secretas reservas de la Tabacalera.

Pero no paraba ahí la cosa. Inesperadamente se produjo un acontecimiento que hubiera podido resolver con mayor holgura aún el problema alimenticio de la familia. El mismo día en que el general Sánchez Bravo arrestó a su hijo, «La Voz de Alerta», por mediación de Mateo, le propuso a Matías ser concejal del Ayuntamiento.

Matías se quedó estupefacto... y rechazó. «¿Yo concejal? Pero ¡qué entiendo yo de política! El alcalde está loco.»

Pilar se irritó.

—¿Lo ves, papá? Así no hay manera... Nos quejamos de que la gente no es honrada. Y te ofrecen un puesto a ti, que sabrías serlo, y rechazas. ¿No crees que tu obligación sería colaborar?

Matías negó con la cabeza, mientras se acercaba a la radio y la ponía en marcha, para escuchar como todas las noches la BBC de Londres.

—No insistas, hija. No me veo yo en las procesiones con chaqué y subiendo luego a Palacio a besarle el anillo a Su Ilustrísima...

CAPÍTULO XXX

LAS ÚLTIMAS NOTICIAS que Jaime, poeta y ahora librero de ocasión, subrayó en *Amanecer*, fueron las siguientes:

«El coronel Beigbeder, comisario español en Marruecos, ha dirigido un mensaje deseando prosperidad a todos los pueblos islámicos.»

«El Gobierno español proyecta dar gran impulso a la cría del gusano de seda.»

«Churchill ha declarado, a raíz de la guerra ruso-finlandesa: *Todo el mundo puede comprobar que el comunismo hace abyecta el alma de los pueblos*.»

«En la colección de fieras del Retiro, de Madrid, ha muerto de frío el oso polar que figuraba en él, considerado como una de las piezas más valiosas.»

«El valor cívico se demuestra desenmascarando ante la autoridad al propagador de bulos.»

«Existe el proyecto de invitar a los trabajadores a volar, por turnos, en trimotores de los que intervinieron en la Cruzada, para que se familiaricen con el paisaje de España.»

«Se ha reanudado la fabricación de papel de fumar en las fábricas de Alcoy.»

«El Führer ha dicho: *Si el mundo estuviera lleno de demonios los venceríamos*.»

Por fin Ignacio obtuvo la licencia. Colgó definitivamente el uniforme. En el último viaje que hizo a Perpiñán buscó a Canela por todas partes sin dar con ella. Se trajo para España, como siempre, un montón de cartas que le entregaron los exiliados, al objeto de que las echara en el buzón de Figueras, sorteando con ello la censura. Ignacio cumplió su promesa y, como en anteriores ocasiones, al hacerlo le pareció que llevaba a cabo una obra humanitaria.

En Figueras se despidió de Nati y de las demás mecanógrafas, obsequiándolas con cajas de bombones, y estrechó la mano del coronel Triguero. Éste, que le había tomado afecto, le dijo:

—¡Apuesto a que cuando seas abogado defenderás a los pobres!

—No lo sé, mi coronel... Es pronto para hablar de eso.

—Te molestaba la vida militar, ¿verdad?

—Pues, sí... No puedo negarlo.

—¡Bah! También tiene sus ventajillas.

—No lo dudo.

—¡Bien! Dale recuerdos al Gobernador...

—Así lo haré.

—Buena suerte, muchacho.

Último viaje de Ignacio, de Figueras a Gerona, en el tren renqueante de la frontera. Llegada a casa, felicitaciones, ¡ducha! Al ducharse, le pareció que se desembarazaba de una vez para siempre de los esquís, del fusil y de aquellos soldados aragoneses que se pasaron la guerra hablando de mujeres y de vacas. Se presentó al Gobernador... pero no para transmitirle los saludos del coronel Triguero, sino para darle cuenta de su nueva situación.

—Muchas gracias, camarada Dávila. En realidad, estos meses han sido de descanso, gracias a ti.

—¡Huy! No te hagas ilusiones. Ahora tendrás que trabajar de firme.

—Sí, es verdad.

Trabajar de firme había de consistir principalmente en preparse para los exámenes de junio. Faltaban cuatro meses escasos. Ignacio sabía que dichos exámenes serían también «patrióticos», pero no en el grado en que lo fueron los de octubre. Así, pues, era preciso estudiar... Pero, además, necesitaba ganar dinero. ¿Dónde? ¿En Sindicatos? ¿En la oficina de Ex Combatientes? ¿En la agencia de la Torre de Babel...?

El conflicto se le resolvió por sí solo y de la mejor manera. Manolo le propuso: «¿Por qué, en esos meses que faltan, no te vienes ya a mi despacho? Sólo por las mañanas y cobrando una pequeña remuneración. Después de junio, ya con el título en el bolsillo, te impondré la placa de *pasante* y estudiaremos las condiciones definitivas.»

¡Albricias! Ignacio no supo qué decir. Estrechó con fuerza la mano de Manolo.

—No sabes lo que eso significa para mí. ¡Muchas gracias!

Por su parte, el profesor Civil se avino a darle dos horas diarias de clase, de siete a nueve de la noche —Mateo, absorbido por la Falange, renunció hasta nuevo aviso—, y el resto del tiempo podría dedicarlo a estudiar.

Cabe decir que la buena voluntad del viejo profesor y de Manolo lo ayudaron muchísimo en la ardua tarea de adaptar su ánimo a la vida civil... Porque el cambio no era fácil. Instalarse de nuevo en el piso de la Rambla lo desconcertó y, sobre todo, cargó sus espaldas con una gran responsabilidad. En efecto, ahora no podía ya achacar sus caprichos, los espasmos de su carácter, al hecho de estar movilizado. Ahora el futuro dependía de él, de su comportamiento y de su sentido del deber. Dependía de él aprobar; corresponder a la confianza que le había otorgado Manolo; y modernizar un día la oscura cocina en que su madre se quemaba las pestañas.

Todo salió a pedir de boca. El profesor Civil, que cuando daba clases se sentía rejuvenecer, se tomó con tal entusiasmo la tarea de enseñar a Ignacio, que éste se contagió. Contagio que buena falta le hacía, dado que el muchacho, como era de suponer, había olvidado por completo el poco Derecho aprendido antes de la guerra. Por fortuna, él puso de su parte la mejor voluntad. Había perdido el hábito de los libros; pero se sentía fuerte, conseguía concentrarse y no le importaba, esta vez, de verdad, tener la luz encendida hasta las tantas. El calendario era un reto —junio estaba allí mismo—, pero en casa todos le decían: «Aprobarás. No te quepa duda. Aprobarás.»

Tocante al despacho de Manolo, había de constituir para él un estímulo todavía mayor. No sólo porque entre sus paredes empezó a familiarizarse con el léxico de la profesión, sino porque le dio ocasión de comprobar que ésta le gustaba. Ah, sí, los «casos» con que Manolo se las había a diario, y que por supuesto no se referían sólo a multas y a desahucios, despertaron su curiosidad. Ignacio se dijo a sí mismo que el esfuerzo compensaba. Diose cuenta de que ser abogado era un poco ser médico y confesor; siempre y cuando se obrase con recta intención. Porque cada pleito era un enigma y cada cliente una intimidad que se abría. Por otra parte, ¡qué buen estilo tenía Manolo! Manolo aplicaba a la abogacía su sentido de alegría y riesgo, compatible, por lo demás, con la minuciosidad, y ello le daba resultados sorprendentes. Por si fuera poco, en el despacho había, en calidad de ayudante, un vejete que se sabía de memoria los áridos volúmenes del Aranzadi y que era un ejemplo a imitar. Este vejete, llamado Nicolás, le decía siempre que los sumarios disciplinaban la mente, porque no sólo obligaban a alinear —y a valorizar— los datos, ¡sino a tomar en última instancia una decisión! Tomar una decisión... ¿No era éste el supremo objetivo que Ignacio debía proponerse? Así lo creía Esther, quien cada mañana, con tenacidad digna de encomio, entraba sonriendo en el despacho a saludar a Ignacio para preguntarle si le apetecía una taza de café y para repetirle incansablemente, al igual que en el piso de la Rambla: «Aprobarás.»

Ignacio, sensible a esas manifestaciones de afecto, afrontó con noble ímpetu la nueva etapa que se abría ante su vida. A veces, claro, se descorazonaba, pues algo superior a él le roía por dentro, manteniéndolo pese a todo en un estado de perpetua incertidumbre. ¡Ay, su empeño de razonar lo de por sí irrazonable! ¿No sería un francotirador, un ente solitario y marginal, puesto que era incapaz de entusiasmarse por una determinada organización? Poseía el carnet de Falange, pero no asistía a ningún acto. No se sentía a gusto en las Congregaciones Marianas, pese a la seducción personal del padre Forteza. La Acción Católica se le antojaba empírica, sosa. ¡No le gustaba el fútbol! ¿Qué le ocurría? Por suerte, el doctor Chaos, a quien conoció en casa de Manolo con motivo de redactar éste los estatutos de la Clínica Chaos, le dijo algo que le animó: «No te apures, muchacho. Tu inconformismo demuestra una cosa: que quieres ser tú y no otro, que no naciste para formar parte del rebaño.»

Lo malo era que las dudas de Ignacio no se detenían en lo meramente especulativo, sino que afectaban al mismo tiempo a lo vital: por ejemplo, a sus relaciones con Marta... Y eso sí que era doloroso de veras. ¡Era preciso resolver aquello en seguida y de una vez! Pero ¿cómo? Ignacio había llegado de Figueras con la mejor de las intenciones, aupado además porque Marta oponía menos resistencia que antes a la tumultuosa naturaleza del muchacho. ¡Pero estaba escrito que la política iba a interponerse una vez más! En efecto, precisamente por aquellas fechas la chica se ausentó de Gerona, rumbo a Madrid, para seguir en la capital de España unos cursillos de la Sección Femenina que iban a durar dos o tres semanas. Al parecer, las delegadas provinciales debían recibir instrucciones para su futura labor, conocerse mejor entre sí y visitar varios «lugares patrióticos». Ignacio no tenía nada en contra de esas frecuentes escapadas de Marta. Pero en esta ocasión le invadió más que nunca el temor de que su novia, por culpa de las cinco flechas, no llegara jamás a pertenecerle por entero. La madre de Marta se dio cuenta de lo que ocurría y procuró tranquilizar a Ignacio. «Comprendo que para ti esto es molesto —le dijo—, pero ya conoces a Marta. Cree que es su deber. De todos modos, hazte cargo de que cuando se case las cosas cambiarán...» Ignacio movió la cabeza. «Así lo espero», contestó.

El caso es que el viaje de Marta fue a todas luces inoportuno, habida cuenta de que Ignacio seguía recibiendo amenas cartas de Ana María... Pilar, que estaba al quite, atosigaba a su hermano una y otra vez: «No le jugarás una mala pasada a Marta, ¿verdad?» Ignacio se encogía de hombros. «¿Qué voy a decirte? No lo sé. Pero en estos meses podía haberse quedado a mi lado, ¿no te parece? Las mujeres sois algo estúpidas.»

Ignacio empleaba el plural al decirle eso a Pilar porque tampoco sus relaciones con su hermana eran, como lo fueron en otros tiempos, un modelo de cordialidad. Pilar, a veces, le ponía tan nervioso como Marta. ¡Estaba tan segura de sí! Daba la impresión de tenerlo todo resuelto... Ignacio llegó a pensar si no sería el suyo un problema de celos. Sí, tal vez Ignacio estuviera celoso de la felicidad que embargaba a Pilar... y a Mateo. Eran uña y carne. Lo primero que ambos leían en el periódico era la lista de las multas impuestas en la jornada y, a continuación, los discursos de Goebbels. Por lo demás, los dos vestían camisa azul, comulgaban con frecuencia, querían tener muchos hijos... No admitirían jamás que la incertidumbre fuera una virtud superior; a semejanza del doctor Gregorio Lascasas, creían en la línea recta, en la acción, en la fe.

Mateo decía siempre que Ignacio, a fuerza de sutilezas, corría el riesgo de caer en un nihilismo suicida.

Nota alegre, luminosa —nota de fe—, en la nueva etapa de Ignacio: la tertulia diaria con su padre en el Café Nacional. Éste era el único descanso que el muchacho se permitía a lo largo de la jornada. Por supuesto, lo pasaba muy bien dialogando, a primera hora de la tarde, con el señor Grote, con el solterón Galindo, con el inefable Marcos; y con el camarero Ramón. Sin embargo, la razón principal de la integración del muchacho a dicha tertulia era saber que con ello hacía dichoso a su padre. En efecto, Matías, exhibiendo a su hijo, seguía siendo el hombre más feliz del universo. Por mutuo acuerdo habían arrinconado su viejo *slogan*: *Neumáticos Michelin*, sustituyéndolo por el de *Caldo Potax*. Ello provenía de los anuncios que aparecían constantemente de este caldo y de los concursos que la empresa organizaba, ofreciendo cuantiosos premios. Ignacio ahora levantaba el índice mirando a su padre y éste respondía: *Caldo Potax*. Y los dos se reían como chavales. Y los espejos del Café Nacional multiplicaban sus risas hasta el infinito, ante el asombro del limpiabotas Tarrés, que había hecho la guerra en antiaéreos y que desde entonces creía que lo único lógico en el mundo era llorar.

Así las cosas, llegó el 11 de marzo. Fecha importante para Ignacio, quien en su transcurso había de protagonizar, inesperadamente, un episodio que daría al traste con su racha de serenidad. Todo sucedió como si una mano misteriosa actuara opresivamente sobre él. Ignacio, después de almorzar, acompañó a su padre al Café Nacional. Y he ahí que, apenas el muchacho se sentó a la mesa de costumbre, clavó su mirada en Marcos y experimentó una repentina sacudida. ¡Acordóse de la mujer de éste, la guapetona Adela, y de las palabras que ella le dijo en el baile del Casino: «¿Por qué no subes cualquier sábado por la tarde a hacerme un poco de compañía?»!

Cualquier sábado... Aquel día era sábado. Ignacio notó en el acto que su escala de valores iba a chaquetear. Incluso se permitió bromear con Marcos más de lo ordinario, echando cálculos sobre el número de aspirinas que éste se habría tomado en la vida. Pero su decisión era irrevocable. A la media hora escasa, y aprovechando que Galindo propuso jugar la clásica partida de dominó, Ignacio se levantó, pretextando que alguien lo esperaba, y despidiéndose de todos salió disparado a la calle.

Entró en el café de al lado y pidió la Guía telefónica. Su índice temblaba al buscar los nombres. Por fin dio con el que le convenía y, encerrándose en la cabina, marcó el número. La respuesta no tardó en llegar: Adela, desde el otro lado, le dijo simplemente: «Te espero.»

Ignacio se dirigió, como impulsado por el viento, al piso de la mujer. ¡Al diablo la disciplina, al diablo el orden en la mente! El esfuerzo que estaba haciendo ¿no se merecía un alto en el camino?

Adela lo recibió enfundada en una bata de color azul celeste, escotada. La casa era una de las privilegiadas: tenía calefacción. A los cinco minutos el muchacho y la esposa de Marcos se abrazaban con frenesí. Un beso interminable, tremendo, como correspondía al ansia recíproca y a la diferencia de edad. Ignacio no pudo menos de recordar su aventura con doña Amparo Campo, pero aquello llevaba trazas de ser más intenso. Adela le gustaba. Tenía la piel cálida y los senos agresivos. Y hambre de hombre, de hombre en plenitud. Fue el suyo un encuentro que rozó la locura, un encuentro feliz y temerario. Adela susurró en los oídos de Ignacio palabras dulcísimas y otras un poco fuertes. Hubo un momento en que pareció que la mujer iba a desmayarse; luego reaccionó. Ignacio hizo honor a su sexo y en ningún momento se dejó avasallar.

Ignacio salió de aquella casa como ebrio. En las calles, los carteles anunciaban simultáneamente zarzuela, fútbol y ejercicios espirituales para señoras. Las banderas aparecían arrugadas, lacias, por la lluvia recién caída. El ambiente era invernal. Los carros de la basura —¿a esa hora?— circulaban destapados, despidiendo un hedor insoportable.

Antes de subir a su casa entró de nuevo en el Café Nacional y le pidió a Ramón, el camarero, una copa de coñac.

La tertulia se había dispersado. Ramón le dijo: «Creo que deberías subir al piso. Pilar ha venido a buscar a tu padre hace un rato.»

—¿Cómo?

—Debía de ser algo urgente...

Ignacio tuvo como un presentimiento: su madre. Algo le había ocurrido a su madre. Cruzó la calzada de la Rambla de un salto y de otro se tragó los peldaños. Al entrar en casa se confirmó su temor: su madre había tenido una hemorragia espectacular. El médico, doctor Morell, había acudido en seguida y había pronunciado las palabras esperadas desde hacía tiempo: era preciso operar.

* * *

Carmen Elgazu ingresó en la Clínica Chaos al día siguiente. Pintores y electricistas trabajaban todavía en los pisos de arriba, dando los últimos toques, pero en la planta baja, donde se encontraban los quirófanos, algunos servicios funcionaban ya. La proximidad del estadio era tal que, desde cualquiera de las habitaciones traseras, los domingos por la tarde se oía el griterío de los hinchas que presenciaban el partido dc turno. «¡Gol...! ¡Gooooool...!»

La operación, que tuvo lugar el día 14 de marzo, fue difícil, penosa. El doctor Chaos había contratado por fin a un anestesista de Barcelona, llamado Carreras, y también a dos jóvenes médicos licenciados del Ejército. El anestesista, que había trabajado durante mucho tiempo en el Hospital de San Pablo, demostró conocer su oficio. Sumió a Carmen Elgazu en un estado de absoluta insensibilidad. Y entretanto, en el quirófano, las batas blancas de las enfermeras circulaban sin hacer ruido y el doctor Chaos, imponente, con su mascarilla, su delantal y sus guantes, iba pidiendo el instrumental con ademanes tan automáticos que se veía a la legua que llevaba años practicando aquella labor.

Carmen Elgazu permaneció en el quirófano por espacio de dos horas largas. Afuera esperaban, mirando al suelo, mirándose unos a otros, rezando, crispando los puños, Matías, Ignacio, Pilar, mosén Alberto, Paz y Mateo. No fue admitido nadie más, ni siquiera Eloy. Mateo y Paz habían pedido permiso para presenciar la operación, pero el doctor Chaos se lo negó. Era su norma: no admitía curiosos.

Los órganos genitales de Carmen Elgazu fueron extirpados en su totalidad y depositados en una palangana. Todos sabían que iba a ser así y se preguntaban: «¿Será capaz un cuerpo humano de resistir semejante amputación?» «Y en el caso de que así sea, ¿dicho cuerpo no perderá para siempre algo substancial?» ¿Tendría Carmen Elgazu la misma voz, los mismos ojos, ¡las mismas cejas!? ¿Sus piernas seguirían siendo las columnas del hogar? El doctor Chaos les había dado un margen de garantías muy amplio. «Todo saldrá bien, espero. La convalecencia será larga, naturalmente. Pero se recuperará. Su corazón es fuerte y se recuperará.»

A las dos horas el doctor Chaos salió del quirófano y todos lo miraron como si fuera un ángel. Nadie se acordó de la tesis del señor Grote, según la cual el doctor Chaos realizaba siempre aquella operación experimentando un secreto placer... «¡Doctor!» El doctor Chaos buscó con la mirada a Matías y al verlo le dijo en voz alta, para que todos lo oyeran: «Perfecto. No ha habido complicaciones. Ahora saldrá...»

¿Quién había de salir? Carmen Elgazu... El doctor Chaos se fue pasillo abajo, torciendo luego a la derecha. Y a los pocos segundos apareció en una camilla rodante, impulsada por una enfermera, el cuerpo de Carmen Elgazu. El momento fue solemne. Todos los presentes se apartaron a un lado para dejar paso al silencioso vehículo.

Una sábana cubría casi por entero, hasta el cuello, el cuerpo de Carmen Elgazu. Sólo asomaba su cabeza, inclinada a un lado, horizontal; una cabeza absolutamente inmóvil, en apariencia muerta, con unas ojeras horribles, la boca entreabierta, boca de la que salía un gemido sordo y hondo, que fue oído por todos como proveniente del umbral de una vida que no era la común, que estuvo en un tris de perderse para siempre. La camilla dejó tras sí un fuerte olor a éter.

Matías vio pasar indefensa aquella «carne de su carne» y no acertó a contener un sollozo. «Carmen...», musitó. Ignacio y Pilar querían gritar: «¡Madre!», pero no se atrevieron. Mosén Alberto se acarició las rasuradas mejillas. Mateo se pasó la mano por la recia cabellera. En cuanto a Paz, lloró. La hermosa Paz rompió a llorar desgarradamente, como Manuel había llorado el día de Navidad.

La camilla rodante penetró en la habitación número 21, que estaba al fondo. Dos minutos después la enfermera salió de ella y les dijo: «Pueden entrar, pero de dos en dos. Y no hagan el menor ruido.»

Matías fue el primero, acompañado por Ignacio. La habitación estaba tan oscura que apenas si se veía nada, sólo la mancha blanca de la cama. Acercáronse a la cabecera y vieron de cerca el rostro de Carmen Elgazu. Ésta continuaba inmóvil, ligeramente despeinada, y de su boca seguía brotando aquel gemido que partía el alma.

Matías besó a su mujer en la frente. Luego lo hizo Ignacio. En la mesa de al lado había agua mineral. En otra mesa, un inmenso ramo de flores.

Matías e Ignacio abandonaron, casi de puntillas, la habitación, pues sabían que los demás querían comprobar que Carmen Elgazu vivía. Entró Pilar, acompañada de mosén Alberto. Más tarde lo harían Mateo y Paz. Todos se acercarían también a la cama haciendo idéntico esfuerzo para adaptarse a la oscuridad.

Matías e Ignacio, al encontrarse fuera solos, en el pasillo, se miraron por primera vez a los ojos. Y sin saber cómo se abrazaron uno al otro conteniendo los sollozos. La misma pregunta seguía martilleándoles el cerebro: «¿Sería capaz *aquel* cuerpo de resistir semejante amputación?» Ignacio musitó: «El doctor Chaos parecía tranquilo...» «Sí», contestó Matías.

Ignacio se separó de su padre, pues vio venir a mosén Alberto y tuvo la secreta impresión de que el sacerdote propondría algo así como rezar colectivamente una acción de gracias. Aquello le produjo malestar. Así que el muchacho dio unos pasos y de repente vio abierto el quirófano, del que salía una luz blanquecina. Le vinieron a la mente muchas escenas vividas en el Hospital Pasteur, de Madrid. Una fuerza irresistible lo impulsó hacia aquella habitación. Penetró en la estancia, en la que ya no había nadie. Los focos encendidos, la mesa vacía, el instrumental reluciente. Pero, en una mesa aparte, en una palangana, un amasijo rojo y violento, que parecía tener existencia propia: la pieza cobrada por el doctor Chaos: la pieza entregada por Carmen Elgazu.

Ignacio, ante aquella víscera sanguinolenta, en cuyo interior él fue engendrado, experimentó una emoción incontenible. ¡Qué pequeña era, qué importante! Allí estaba en realidad su madre, lo nuclear y fundamental de su madre. En aquella palangana. Todos cuantos intervinieron en la operación lo habían abandonado como se abandona algo ya inútil. Allí estaría, además, el tumor...

Todo aquello era demasiado fuerte para permitir cualquier reflexión. Ignacio se convirtió en un mero centro de sensaciones. Sintió un amor profundo y deseos de llevarse «aquello» con ánimo de guardarlo para siempre en su cuarto, en alguna cajita sagrada. Pero al propio tiempo, ¡Dios, qué complicado era el espíritu!, sintió una repugnancia extrema que le atenazó la garganta.

Miró por última vez los restos violentos y rojos, y salió al pasillo, demudado el semblante. Su padre, su hermana, todos estaban allí esperando, esperando no se sabía qué. Tal vez le esperaran a él, pues advirtió que era el blanco de todas las miradas. ¿Qué habría visto? Ignacio se sobrepuso. «Todo ha ido bien», dijo, arrogándose una inexistente autoridad. Y sacó el paquete de cigarrillos. Se disponía a invitar a su padre y a Mateo a fumar; pero entonces advirtió con asombro que ambos se le habían anticipado, que sostenían entre los dedos el correspondiente cigarrillo. «Sí —repitió—. Todo ha ido bien.»

Entonces Ignacio miró a mosén Alberto. Éste sonrió. Pero acertó a hacerlo con tal discreción que el muchacho se le acercó y tomándole la mano se la besó.

Discretamente, y con paso rápido, cruzó a su lado el anestesista Carreras. Un hombre menudo, que siempre miraba al suelo. No lo reconocieron. El anestesista llevaba doblado debajo del brazo un ejemplar de *Amanecer*.

* * *

Carmen Elgazu permaneció en la Clínica Chaos doce días. Desfiló mucha gente por su habitación, llevándole ramos de flores como si fuera una parturienta, es decir, lo contrario de lo que era. Cuando despertó preguntó por Matías. Estuvo mucho rato pronunciando exclusivamente este nombre: Matías... Luego deliró un poco y habló de Bilbao y de algo que debía de referirse a su infancia.

Todas las noches, sin exceptuar una sola, la veló Pilar. Pilar no quiso ceder tal honor a nadie más. Al principio lo máximo que se permitía, cuando veía a su madre tranquila, era echar unas cabezadas. A partir de la tercera noche se acostó en el diván junto a la cama y durmió a ratos pacíficamente, aunque despertándose al menor movimiento de la enferma.

Carmen Elgazu, los primeros días, creyó morir. De pronto perdía totalmemente las fuerzas y desfallecía. En esas ocasiones, cuando volvía a abrir los ojos parecía despedirse para siempre de los suyos, que se turnaban o que, según la hora, estaban todos a su lado. Por suerte, el doctor Chaos y el propio doctor Morell estuvieron siempre pendientes de ella y desde el primer momento confiaron en que no sobrevendrían complicaciones, como así fue.

Una de las visitantes más asiduas fue la madre de Marta. Ignacio se lo agradeció de veras. Si por azar coincidía con

Paz, o con tía Conchi, la mujer saludaba y luego permanecía mirando al suelo.

Otros visitantes asiduos fueron Eloy y el pequeño Manuel, aunque ninguno de los dos acababa de ver claro lo que había ocurrido. Solían ir juntos, al salir del Grupo Escolar de San Narciso. A veces subían antes al Museo Diocesano para hacer el viaje en compañía de mosén Alberto, quien por supuesto se comportó como un auténtico amigo y que, antes de que Carmen Elgazu entrara en el quirófano, la oyó en confesión.

Matías hizo tantas veces el recorrido a la Clínica, desde su casa o desde Telégrafos, que tuvo la impresión de conocerse de memoria casa por casa y todos los accidentes de la acera y de la calzada. Los últimos días caminaba ya con mayor desparpajo, más erguido, y hasta se permitía, a la ida o a la vuelta, detenerse un poco a contemplar las obras que se efectuaban en el Jardín de la Infancia, o a los tranquilos pescadores que pescaban en el Oñar.

El día en que se efectuó el traslado de Carmen Elgazu a su casa, la familia tuvo la impresión de salir de una pesadilla e intuyó que todo volvería a su cauce normal. ¿Normal...? Bueno, eso era decir mucho. Ignacio, por lo menos, tuvo la sensación de que no olvidaría aquello nunca. ¿Y si su madre hubiera muerto? Una y otra vez notaba en el cerebro el alfilerazo de aquel olor a éter que le penetró en la clínica al salir Carmen Elgazu del quirófano. ¡El éter! El muchacho se acordó de una frase de su amigo Moncho, pronunciada en lo alto de una montaña, desde la cual los valles y los hombres parecían enanos. «Un poco de éter —había dicho Moncho— y todos iguales.»

Tan árido recuerdo vapuleó con intensísima fuerza a Ignacio, por cuanto contrastaba con la exaltación religiosa, trascendente, que se apoderó de la familia: lamparillas encendidas, triduos de acción de gracias y, sobre todo, la comunión. Carmen Elgazu manifestó deseos de comulgar y mosén Alberto la complació, llevándole una Sagrada Forma, en una cajita antigua, pequeña, del Museo.

Carmen Elgazu comulgó en la cama y rodeada de todos, todos con una vela en la mano y un minuto después, al quedarse a solas con Dios, entornados los postigos de la ventana, se apretó el pecho con las manos deseando fervorosamente que Jesús se quedara instalado allí para siempre. Se había puesto su mejor camisón: el camisón de novia, de color blanco, que había guardado en el armario siempre. Y sin saber

393

cómo, de pronto le pareció que junto al lecho, acompañando a Jesús brotaba la figura de César. Fueron unos minutos de profunda introspección, pues tanto más claramente veía a su hijo cuanto con mayor fuerza cerraba los ojos. Siendo lo curioso que César no llevaba en la mano, como la habían llevado los demás, una vela encendida, sino que su propia mano era una llama resplandeciente y sus ojos despedían tal felicidad, que Carmen Elgazu por un momento deseó unirse con él, separándose del resto de la familia.

Aunque, de pronto, venciendo el rapto místico que la embargaba, se asustó. Entonces deseó ardientemente que fueran todos a unirse con César, todos juntos; incluida Paz, la sobrina, incluidos Conchi y Manuel. Por más que ¿era lícito desear aquello? No, no lo era. Que fuera el propio Jesús, el Jesús que se había dignado entrar en su pecho y diluirse en él, en su sangre, quien decidiese el momento de la partida.

La comunión obró efectos taumatúrgicos sobre Carmen Elgazu. A partir de aquel momento se dedicó a sonreír. El primer día que intentó levantarse de la cama —¡Dios, como le dolían las entrañas, que ya no tenía!—, al sentir que las rodillas se le doblaban, sonrió. Y al día siguiente, al conseguir llegar, del brazo de Matías e Ignacio, al comedor amado, donde la estufa ardía y la esperaba la mecedora en la que tantas veces había echado la siesta, sonrió otra vez. Una alegría inmensa se apoderó entonces de la casa, pues la enferma se recuperaba a ojos vistas. Entonces todos le contaron a Carmen Elgazu la terrible impresión que les produjo verla pasar exánime en la camilla rodante, gimiendo como si estuviera en agonía. Prodújose un contagio de confidencias. Todo el mundo volcó lo que había sentido en el hondón del alma. No hubo sino dos detalles que fueron escamoteados: Ignacio no reveló a nadie lo que había visto en la palangana del quirófano y Carmen Elgazu se calló, guardó para sí, que el día en que comulgó vio a César y que la mano de César era una llama esplendorosa.

¡Ay, qué cantidad de pruebas de afecto! Muchas más que por Navidad. Desde el Gobernador hasta el profesor Civil y los tenderos de la Rambla, todo el mundo se interesó por Carmen Elgazu. Jaime, el poeta, subrayó con dos trazos fuertes, en *Amanecer*, la noticia que publicó el periódico dando cuenta «del feliz desenlace de la operación».

Por cierto que Pilar —la muchacha, como siempre que

había enfermos en la casa, se superó a sí misma y se constituyó en la auténtica heroína— recortó dicha noticia y pegó el recorte en una página de su Diario; de aquel Diario que iniciara antes de la guerra, cuando conoció a Mateo.

Matías concluyó la odisea diciendo:

—Lo que más me ilusiona es que salgas al balcón el primer día que luzca el sol. Es decir, ¡el primer día que el sol caliente un poco! Quiero que los transeúntes te vean. ¡Estás tan guapa!

Era verdad. Carmen Elgazu llevaba impresas en el rostro las huellas de la intervención. Pero emanaba de ella un halo de nobleza superior incluso al de antes. Tal vez fuera cierto que el dolor era fecundo. Tal vez fuera cierto que quien había rozado la muerte vivía luego una temporada inspirando respeto a los demás. Alfonso Estrada así lo creía; él, que tanto entendía de fantasmas y de fuerzas ocultas. El primer día que Pilar volvió al trabajo, a la oficina de Salvoconductos, Alfonso Estrada le dijo: «Lo que tu madre haya perdido en lo físico lo habrá ganado espiritualmente.» Pilar protestó: «Pero ¿es que una santa puede perfeccionarse todavía más?»

Ignacio sacó también conclusiones prácticas de todo aquello. Incluso del recuerdo de la frase de Moncho. En primer lugar, fue a confesarse con el padre Forteza, quien le dijo: «Eres un muchacho rebelde; pero eso dice mucho en tu favor.» En segundo lugar, recibió a Marta, cuando ésta llegó, ¡a finales de marzo!, de sus cursillos de Madrid, con una cara un tanto seria.

—Ya ves cuántas cosas han pasado... —le dijo Ignacio—. Y tú ausente, cantando himnos con las otras Delegadas Provinciales.

Marta hizo de tripas corazón. Se disculpó, se disculpó con todas sus fuerzas. Y de pronto depositó en manos de Ignacio un obsequio que había traído para él, un paquete.

Ignacio pensó un momento que acaso dicho paquete lo reconciliara con la muchacha. Debía de ser una pluma estilográfica, pues habían hablado de que le hacía falta, o un mechero de plata. ¡Sí, seguro que era una pluma estilográfica o un mechero de plata!

Ignacio, un tanto nervioso, abrió el paquete. Contenía una piedra. Una piedra casi blanca, dura y cuya forma no recordaba nada en concreto.

—Pero ¿esto qué es?

Marta se explicó con entusiasmo:

—Una piedra de las ruinas del Alcázar... Estuvimos en Toledo. Te la he traído para que la uses como pisapapeles.

Ignacio, con la piedra en las manos, no sabía qué hacer.

—Es un detalle... muy original —comentó—. Un recuerdo heroico.

CAPÍTULO XXXI

EL GOBERNADOR Y MATEO recibieron a Marta con mucha más amabilidad que Ignacio.

—¿Qué tal por Madrid? ¿Qué noticias nos traes?

Marta hizo un informe exhaustivo. Después de alabar grandemente la sencillez y modestia de la Delegada Nacional, Pilar Primo de Rivera, dio cuenta de que el ambiente que se respiraba en la capital de España era de entusiasmo. Existían dos causas de inquietud, dos problemas: la posibilidad de que la guerra internacional se extendiese y la carencia de artículos alimenticios. Al margen de esto, la Patria navegaba con ritmo seguro. Grandes proyectos para la construcción de embalses y de carreteras; plan para transformar Madrid en una urbe digna de la capitalidad de la nueva España; estudio para efectuar una repoblación forestal sin precedentes y, al mismo tiempo, concesión de créditos para prospecciones petrolíferas; métodos revolucionarios para incrementar la industria conservera nacional, etcétera.

En otro orden de valores, volvía a cobrar la debida prestancia la fiesta de los toros, tan descuidada cuando la República. Los toreros de moda seguían siendo Marcial Lalanda, Domingo Ortega, Pepe Bienvenida y Juan Belmonte, pero había irrumpido en los ruedos un cordobés llamado Manolete, de mucho temple y mucho arte, que armaba un ruido de padre y muy señor mío. También entusiasmaba, ¡cómo no!, el fútbol. La gente parecía disputarse en cada partido el porvenir y ello era indicio de que, al igual que en Gerona, en todas partes había energías disponibles y ganas de divertirse sin hacer daño a nadie. Tal vez le había disgustado un poco, para decirlo de algún modo, el mal ambiente reinante con respecto a Cataluña. «Madrid achaca a Cataluña buena parte de la responsabilidad de lo ocurrido. Y entiendo que eso es exagerado.»

Mateo le preguntó a Marta qué programa traía con respecto a las actividades que desarrollar por la Sección Femenina.

—Sería hora —opinó Mateo— de que concretarais un poco, ¿no crees?

Marta, que en aquellas tres semanas había adelgazado mucho y que, por culpa de Ignacio, daba muestras de gran nerviosismo, al oír estas palabras asintió con la cabeza.

—Sí, comprendo lo que quieres decir. Pero ¿es que hasta ahora podíamos hacer algo más?

Había estudiado el asunto de la Sección Femenina en Gerona y había llegado a dos conclusiones: la primera, que las mujeres catalanas, contra lo que pudo parecer inmediatamente después de la liberación, sentían escaso entusiasmo por la política y menos aún por enrolarse en cualquier organización que obligara a llevar uniforme; segunda, que faltaban instructoras, chicas como María Victoria, la novia de José Luis, formadas ya en la guerra y capaces de levantar el ánimo. «Partiendo de estas bases, Mateo, la tarea no es nada fácil, compréndelo. Aquí lo que quieren las chicas es ayudar a la familia y luego casarse.»

No obstante, Marta estaba dispuesta a demostrar que «era inasequible al desaliento». Buscaría las instructoras en la propia Gerona y provincia, y las buscaría entre la clase media, que era la médula de la sociedad catalana. Había pensado ya en tres o cuatro «solteronas» que daban la impresión de tener energía sobrante, energía que a la sazón malgastaban acariciando a sus sobrinitos o persiguiendo ferozmente al primer hombre que se les ponía a tiro. «Pero tenemos que partir de una realidad: habrá que pagarlas. ¿Puedo contar con tu ayuda, Gobernador? ¿Cómo...? ¡Pues busca el dinero y dime que sí!»

Aparte la necesidad de esas instructoras, las actividades que desarrollar, de acuerdo con las consignas recibidas en los cursillos de Madrid, eran múltiples.

Creación de la Hermandad de la Ciudad y el Campo. Punto clave. Había que convencer a las mujeres de que la limpieza era compatible con el estiércol y con la cría de gallinas y de cerdos. «De esa Hermandad puede encargarse una muchacha de Olot que conozco muy bien, la camarada Pascual, hija de campesinos ricos pero que sienten los problemas de la tierra.»

Luego había que organizar el Coro de la Sección Femenina. «Ahí me será muy útil Chelo Rosselló, que tiene nociones de música y muy buena voz. Pero habrá que contratar los servicios de un director, y he pensado buscarlo entre los músicos que antes integraban la Cobla Gerona de sardanas y que ahora están en paro.»

También había que organizar definitivamente las Danzas. La Delegada Nacional había insistido mucho sobre el particular, pues quería exhumar y revalorizar el folklore de cada región de España, que consideraba el más rico y variado del mundo. «En este apartado he tenido suerte. Gracia Andújar, nuestra más reciente afiliada, desde los cinco años ha ido a clase de gimnasio y de ballet, en Santiago de Compostela. ¡Parece una gacela! Un día, en mi despacho, se puso a andar sobre la punta de los pies y nos dejó atónitas.»

Asunción, la Directora del Grupo Escolar San Narciso, podría encargarse de un capítulo importante: las clases nocturnas para las muchachas de servicio que no supieran leer ni escribir.

También había pensado en Pilar para dirigir la sección de Costura; pero Pilar, al parecer, se casaba en otoño y prefería coser los botones a Mateo y a don Emilio Santos... «¡Mira por dónde —comentó Mateo— voy a resultarte un estorbo!»

Por último, de la Sección de Cultura y Propaganda se ocuparía ella misma, Marta, por considerarlo trascendental. Por cierto que al respecto no se había venido de los cursillos con las manos vacías. De momento, era ya un hecho la actuación, en el Teatro Municipal, del famosísimo charlista García Sanchiz y la proyección, en el Cine Albéniz, de una serie de documentales cinematográficos alemanes e italianos, uno de los cuales, titulado «Alas Milagrosas», sobre la aviación del III Reich, era una auténtica maravilla.

Cuando Marta dejó de hablar, parecía más tranquila. No obstante, el Gobernador, el camarada Dávila, no se deshizo en elogios ni nada parecido. Todo lo que había escuchado lo estimaba interesante. Sin embargo, faltaba a su entender un punto vital: la preparación de la mujer para hacer frente a la vida moderna. En otras palabras, para trabajar fuera de casa, sobre todo en oficinas y despachos. «Estaba esperando —dijo el Gobernador— que tocaras este tema y he visto que no lo hacías. ¿No te parece que, dada la mentalidad del pueblo catalán, eso debe pasar casi a primer término? ¿Te das cuenta de la cantidad de chicas que se emplean en empresas, sobre todo, como mecanógrafas? Eso antes de la guerra no existía.

Es una revolución, signo de una mayor vitalidad. Te propongo, pues, que organices clases de mecanografía, taquigrafía, contabilidad, etcétera, y para eso sí que el Gobernador Civil encontrará el dinero donde sea. Eso atraería mucho la atención y la gente vería que hacéis algo "práctico". Me temo que eso, hacer algo práctico, sea lo único que puede hacerte triunfar en esta tierra. Mucho más que traerte a García Sanchiz.»

Marta se quedó pensativa. Lo cierto era que no se le había ocurrido aquello, por suponer que era algo que incumbía a las academias particulares. ¡Claro, la Sección Femenina podía convertirse en la mejor academia, en la más barata y eficiente!

—¡Cuánto te agradezco tu consejo, camarada Dávila! Déjame tomar nota, por favor...

Marta sacó del bolso un bloc y anotó lo dicho. A Mateo le chocó que Marta tuviera la necesidad de usar el lápiz. «En fin —pensó—. Cada cual es cada cual.»

Antes de levantarse la sesión, Marta exclamó:

—¡Ah, qué suerte tenéis los hombres! Organizar lo vuestro es siempre más fácil.

—Depende —opinó Mateo—. Vosotras sois capaces, a veces, de una mayor generosidad. En Guipúzcoa, durante la guerra, disteis tres millones de centímetros cúbicos de sangre para las transfusiones.

Marta miró a Mateo con ironía.

—Vosotros fuisteis por millares a dar la vida, a dar la sangre toda, y no unos centímetros cúbicos.

A partir de aquí el Gobernador y Mateo colmaron de atenciones a Marta. Le preguntaron por Salazar y Núñez Maza.

—Salazar me dijo que lo de la gasolina sintética ha resultado una tomadura de pelo. Lo siento. Y Núñez Maza sigue con las mismas, con su obsesión de repoblar forestalmente a España en el plazo de cinco años. En eso supongo que lleva razón.

Mateo admiraba a Marta y se hacía cargo de las dificultades que tendría que vencer para sacar adelante a la Sección Femenina. Además, era testigo de los sinsabores que todo ello le acarreaba a la muchacha en el plano personal. No se atrevió a mencionarlos, pero no hacía falta. El nombre de Ignacio aleteó en el despacho como un moscardón que chocara reiteradamente contra los cristales.

Hubiérase dicho que Marta leía el pensamiento de Mateo, pues lo miró con especial intensidad y le dijo:

—Ayer vi a Pilar. ¡Qué mona está! Está preciosa...

—Sí... —admitió Mateo—. Es verdad. —Luego bromeó—: De lo que no estoy seguro es de que sepa coser botones.

Marta bromeó a su vez.

—¡Pregúntaselo a las hermanas Campistol!

* * *

Marta actuó con una rapidez y eficiencia dignas de encomio. Rosario, comadrona de la Mutua del Socorro, mujer de treinta y cinco años, soltera, de la que se decía que tenía más fuerza que un boxeador, aceptó el cargo de puericultora a cambio sólo de una modesta gratificación. «Si consigo que las chicas me quieran un poco, me daré por satisfecha.»

La camarada Pascual, de Olot, que también rebasaba los treinta y que jamás despertó el menor entusiasmo entre los hombres, aceptó ponerse al frente de la Hermandad de la Ciudad y el Campo, y se mostró dispuesta a trasladarse a vivir a Gerona. No obstante, desde el primer momento quiso dejar bien sentado que, a su juicio, los resultados que podían obtenerse serían menguados. «Conozco las zonas agrícolas —dijo—. Pues bien, considero que pretender llevar a ellas un poco de higiene es empresa bastante más difícil que ganar la guerra.»

Chelo Rosselló se encandiló con la idea del Coro y ella misma contrató como director a Quintana, el que lo fue de la Cobla Gerona, la cobla que José Alvear asaltó en la Rambla, en 1933, destrozando el trombón. Quintana tenía cincuenta años y había compuesto cincuenta sardanas, aunque sólo había conseguido estrenar una docena. Ahora vivía de recuerdos, con alguna que otra lágrima. Chelo Rosselló se convirtió para él en el Ángel Anunciador. «Pero ¿es posible que se hayan acordado de mí? ¿Cómo...? ¿Que debo tutearla? ¡De ningún modo! ¿No comprende usted que me ha salvado? ¡Sí, sí, me ha salvado! ¡Ustedes me han salvado!»

También Gracia Andújar pegó un brinco alegre al enterarse de lo de las Danzas. Era ágil, estilizada. Su padre, el doctor Andújar, le advirtió: «De todos modos, no comprendo que a tu edad puedas ser instructora. Soy partidario de la juventud; pero sin exagerar... Además —añadió— no olvides que por las tardes te necesito en mi consulta. Lo primero es lo primero.»

Quedaron pendientes de resolución muchas cosas, entre ellas las clases de mecanografía, la sección de deportes, etcétera. Pero todo iría haciéndose, poco a poco, pese a la opinión de Esther, quien afirmaba, parodiando lo que Ignacio le dijera en cierta ocasión a Pilar, que en Cataluña las mujeres habían nacido para cultivar *rosas* y no para lanzar *flechas*.

Pilar, dolida porque, por el hecho de casarse, Marta la borraba prácticamente de la lista (Marta le dijo: «No seas boba. Tendrás otras obligaciones, ya lo verás»), sostuvo con su «futura cuñada», según costumbre, una larga conversación, durante la cual empezaron hablando de las consignas de Madrid y acabaron, también según costumbre, hablando de amor.

Pero esta vez no se refirieron sólo a Mateo y a Ignacio sino también al hermano de Marta, a José Luis.

—¿Sabes lo que me ha dicho María Victoria en la Delegación Nacional? Que se está cansando de mi hermano. Que es demasiado serio. Ya sabes lo que le gusta a María Victoria chunguearse. Pues, por lo visto, José Luis en las cartas no le habla más que de sus trabajos en Auditoría... y de su dichoso Satanás. Claro, es lógico que una mujer desee que la halaguen un poco, que le hablen de otras cosas.

Marta, al advertir la expresión de Pilar, añadió, sonriendo con tristeza:

—Sé lo que estás pensando... Aceptado. Yo soy también Martínez de Soria. Sí, reconozco que actúo peor aún que mi hermano...

Pilar quería tanto a Marta que, a riesgo de lastimarla, estuvo a punto de hablarle de Ana María... Pero a lo último hizo marcha atrás y se limitó a decirle más o menos lo de siempre: que Ignacio necesitaba también, como María Victoria, que lo halagasen, que se ocupasen estrictamente de él, «sobre todo en ese trance crucial que el muchacho estaba viviendo y en que podía decidirse su futuro».

—Corréis el peligro de echar a perder uno y otro algo que podía ser muy hermoso. Ignacio te necesita, Marta... Le ocurre algo, no sé exactamente qué. ¡Bueno, sí lo sé! Piensa demasiado... Se le están derrumbando creencias que hasta ahora lo sostenían. Y tú debes ser su apoyo. Eres la única persona que puede influir en él, si obras con tacto y con cariño. Sobre todo esto último, Marta, es primordial. El cariño es la única arma contra la que Ignacio no puede luchar...

Marta asintió. ¡Estaba todo tan claro! Pero era tonta de

capirote. Amaba a Ignacio con todo su corazón, pero fallaba lastimosamente en los pequeños detalles. Aunque era preciso reconocer que el chico no era nada fácil. En cuanto a ayudarlo en eso que se le estaba derrumbando, el problema era serio. «No creo que a base de cariño logre convencerlo de que el maná fue un alimento bajado del cielo y de que el Papa es infalible.»

—Además —continuó Marta—, los hombres son como son. Tú has tenido una suerte inmensa con Mateo; a veces me pregunto si no lo habrás hipnotizado. Pero fíjate en José Luis. ¿Hubieras imaginado nunca que, teniendo a María Victoria, perdiera los sesos por tu prima?

Pilar, al oír esto, olvidó el resto y puso una cara al borde del colapso.

—¿Qué estás diciendo?

—Lo que oyes... Está loco por ella. No se atreve a acompañarla... porque no, claro. Y además porque la chica sale con ese futbolista, con Pachín. Pero no exageraré si te digo que nunca mi hermano había gastado tanto masaje y tanta agua de colonia como desde que Paz está en el mostrador de Perfumería Diana.

Pilar estaba tan irritada, que no acertaba a hablar. ¡José Luis! ¡Vieja guardia de Falange, oficial del Ejército, hermano de Marta!

—Pero ¿qué tendrá esa mujer, Marta, qué tendrá?

Marta se acarició el flequillo, que tanto gustaba a Ignacio.

—Que es muy guapa, Pilar... No le des más vueltas. Y los hombres, ya sabes, son así.

CAPÍTULO XXXII

La Cuaresma había llegado. Cuarenta días de penitencia, en recuerdo de los cuarenta días que Jesús permaneció en el desierto haciendo oración. El doctor Gregorio Lascasas se preparó a conciencia para vivirla con todo rigor y para hacerla vivir a sus fieles. No podía olvidar las palabras de Jesús: «Apacienta a tus ovejas.» Y aquellas otras: «... yo iré delante de vosotros por los caminos de Galilea».

El doctor Gregorio Lascasas debía ir delante. Se preparó por medio del ayuno y de la meditación. A lo largo de dos semanas se sometió a un régimen severísimo, renunciando a todo aquello que complaciera a su paladar, y meditó especialmente los pasajes evangélicos en torno a la destrucción de Jerusalén por culpa del pecado y en torno a la negación de Pedro: «Y yo os aseguro con toda verdad que esta misma noche, antes que cante el gallo, me has de negar tres veces.»

El doctor Gregorio Lascasas redactó para Gerona y provincia un programa tan perfecto y concreto como el de Marta en la Sección Femenina. Tratábase de crear un clima; y habían de crearlo, con ayuda de las autoridades, los sacerdotes. En las instrucciones que envió a éstos les recomendaba con insistencia que en sus pláticas a los fieles tuvieran en cuenta los conceptos que habían constituido el meollo de su personal e introversa reflexión: Jerusalén sería destruida; y el que se creyera santo, negaría a Jesús.

Todo quedó listo, pues, para que aquellos cuarenta días fueran por partida doble una manifestación de fe y una manifestación de temor. El Carnaval, «costumbre pagana», había sido efectivamente prohibido en España. En Gerona se celebrarían por doquier ejercicios espirituales: en las iglesias, para hombres y para mujeres; en los cuarteles, para los soldados; en la Biblioteca Provincial, para los maestros de escuela... Al efecto llegarían treinta predicadores a la ciudad, y en todas las calles y suburbios se instalarían altavoces para que la voz de Dios fuera oída por los transeúntes. En los bares y cafés quedarían prohibidas las radios y se aconsejaría a todo el mundo que, sin abandonar sus actividades, se comportaran con modestia y discreción. Eloy, la mascota del Gerona Club de Fútbol, pasó un gran susto porque temió que se suspendieran los partidos, pero su temor resultó injustificado. La Andaluza exclamó: «¡Estoy viendo que me obligarán a cerrar!» Tampoco. Aunque sus pupilas se pasarían muchas horas con la baraja en las manos, haciendo solitarios... En resumen, el obispo dominó la situación, pasando el general, voluntariamente, a segundo término.

La Cuaresma se inició con la imposición de la ceniza en las frentes de los fieles. La ceremonia tuvo lugar el miércoles y simbolizaba que el hombre procedía del polvo y que polvo volvería a ser. La mitad lo menos de las frentes de Gerona quedaron marcadas con una cruz de color grisáceo, que era como el tatuaje de la humildad. Hubo quien se negó a someterse al rito: entre éstos, el anestesista Carreras.

Pronto se vio que las instrucciones emanadas del palacio episcopal eran cumplidas al pie de la letra. Las iglesias se llenaron a rebosar. El tono de las pláticas concordaba mejor con el Sermón Escatológico que con el Cantar de los Cantares. Los vocablos más usados eran «justicia», «omnipotencia», «pecado mortal», «juicio», «muerte» y, por supuesto, «infierno». Eran relatos mucho más tétricos que los que Alfonso Estrada improvisaba en la Delegación de Abastecimientos, hablando con Pilar.

Tales relatos intentaban convencer a todos los asistentes de que eran reos de prevaricación. El argumento era obvio: «Quien esté libre de pecado, que tire la primera piedra.» ¿Podía alguien ufanarse, en el claustro de la conciencia, de no haber hecho sangrar, un día u otro, con una punzante espina, la frente de Jesús?

El contagio colectivo se operó con sorprendente facilidad. Y a tenor de este contagio se produjeron en la ciudad dos acontecimientos importantes. Uno de ellos, el Vía crucis general por las calles de la ciudad; el otro, el que tuvo lugar en el patio de la cárcel.

El primero lo presidió el señor obispo en persona, y los múltiples altavoces, muchos de ellos ocultos entre los árboles, contribuyeron a realzar su patetismo. Calculábanse en unas cinco mil personas las que tomaron parte en aquel acto de expiación, presidido por el general Sánchez Bravo, por el Gobernador y por «La Voz de Alerta», los cuales, al término de cada estación, eran los primeros en hincar la rodilla.

Las gentes que presenciaban desde los balcones el paso de la comitiva estaban, por lo común, sobrecogidas. Carmen Elgazu, que debido a su convalecencia era una de ellas, iba rezando los misterios de gozo, lo que Ignacio estimó una incongruencia. Por su parte, Manolo y Esther, que habían invitado al doctor Chaos porque su causticidad les divertía, estaban tan bien situados en su balcón al final de la Rambla, que la perspectiva que se les ofreció era incomparable.

Esther, ante aquel alud humano, comentó:

—Qué fácil es, en las ciudades pequeñas, crear un clima de este tipo... Al obispo le basta con apretar un botón, y ya está.

Esther era muy creyente —probablemente, mucho más que

el general—, pero aquella aparatosidad la sacaba de quicio.

Manolo comentó a su vez:

—Lo malo que tiene Gerona es eso. Prefiere lo fúnebre a lo triste. A mí me gustan los cantos espirituales de los negros; pero los gerundenses se inclinan por el *Dies irae*.

El doctor Chaos había conseguido, como siempre, que *Goering*, su hermoso perro, se quedase quieto a sus pies.

—Todo esto es malsano —juzgó el doctor—. E invita a la hipocresía. Fijaos en esos soldados que marcan el paso a ambos lados de la cruz. ¿Se sienten, de verdad, «reos de prevaricación»? Están esperando llegar al cuartel para contar chistes verdes, como esos que le gustan a doña Cecilia... Y en cuanto a las personas que sollozan sinceramente, peor aún. Se llenan de complejos de culpabilidad. Para no hablar de los críos. La religión, puesto que tanta gente la necesita aún, debería quedarse en los templos, como sucede en otros países, pero no invadir como aquí las calles y las terrazas de los cafés.

El doctor Chaos había hablado en tono menos taladrante y objetivo que otras veces. Como si aquello le doliera de verdad, íntimamente.

Esther le preguntó:

—¿Ha visto usted alguna vez las procesiones andaluzas?

El doctor Chaos se encogió de hombros.

—En el cine... Imagino lo que son.

—¡No, no! Es algo para ser visto.

Manolo intervino:

—Aquello es peor. Allá la gente bebe y canta. Una especie de Edad Media... borracha.

El doctor Chaos vio en aquel momento unas compactas filas de monjas que avanzaban, con sus tocas y sus hábitos hasta el suelo.

—¡Cuánta psicosis! —repitió— ¡Cuánto trabajo posible para mi querido colega el doctor Andújar!

Esther informó al doctor de que el objetivo del señor obispo era que todo el mundo, al final de la Cuaresma, hiciese una confesión general, que abarcara toda su vida.

—Eso me parece bien —comentó la esposa de Manolo—. Es una medida higiénica. Yo misma la hago todos los años y me siento mejor.

—¿De veras? —preguntó el doctor.

Manolo, que se había puesto de buen humor, pues acababa de ver desfilar, agachada la cabeza, a su competidor Mijares, el asesor jurídico de la C.N.S. y flamante abogado de la Agencia de la Torre de Babel, dijo:

—A usted le convendría un lavado de ésos, doctor... Tampoco veo claro que pueda usted vivir sin creer en nada.

El doctor Chaos tardó un rato en contestar. Su boca tomó, como le ocurría a veces, la forma de un piñón.

—Por supuesto —admitió— no es nada cómodo... —Vio a mosén Alberto, quien en medio de la Rambla hacía la veces de maestro de ceremonias—. A veces me cambiaría por cualquier mujeruca de esas que creen de verdad que Jesús fue hijo de Dios...

—¿Usted no lo cree, doctor?

—Si creyera eso me metería en un convento.

—¿Por qué?

—No sé. Acabo de describirlo. El hecho sería tan grandioso, que el resto no tendría importancia.

Manolo lo miró con extrañeza.

—Pero ¿no acaba usted de hablar de psicosis? ¿No ha dicho usted siempre que el catolicismo impide gozar del presente... y ponerse un sombrero tirolés?

—Cuidado. Lo que yo he dicho siempre es que el fanatismo católico impide adoptar en la vida una postura alegre. Pero en estos momentos, no sé por qué, comprendo que es natural que un hombre de fe le dé al presente escasa importancia. Y que si cree de verdad, sea consecuente hasta el máximo e ingrese en la Trapa.

Esther se encogió de hombros, divertida.

—¡Le veo a usted mal, doctor Chaos! ¡Le veo a usted acompañándome a la confesión general!

—Ni hablar... Al contrario. Esta noche tengo una autopsia. Ello me vacunará y continuaré cultivando mis pecadillos.

El Vía crucis torció hacia la plaza Municipal, pasó por la calle de Ciudadanos, subió por la Forsa y atacó las escalinatas de la Catedral. Ése fue el momento más solemne, presenciado por el comisario Diéguez desde el balcón de la Audiencia. La multitud se apretujó en la plaza y las escalinatas quedaron abarrotadas en toda su longitud. Fue un asalto muy distinto de aquél, capitaneado por Cosme Vila, en que los milicianos pretendían incendiar el templo, lo que los arquitectos Ribas y Massana consiguieron evitar. Fue una asalto de exaltada devoción, que humedeció de júbilo los ojos del señor obispo y los de su familiar, mosén Iguacen.

Por último, la Catedral quedó enteramente colmada de fieles, si bien el olor a cera derretida provocó algunos desmayos.

* * *

El otro acontecimiento importante fue, como se dijo, el Vía crucis celebrado en el patio de la cárcel. No fue declarado obligatorio; pero se «rogó» a los reclusos que asistieran a él. En total sumaron unos doscientos los que accedieron; los otros, el resto, permanecieron en sus celdas, fumando junto a las rejas, jugando al ajedrez o tumbados en sus jergones.

La ceremonia se celebró por la tarde, «pasada la hora tercia», cuando el pedazo de cielo visible desde las ventanas empezaba a teñirse de color escarlata. El patio presentaba un aspecto singular, pues en los muros, a cierta altura y a modo de friso, habían sido colocadas, muy distanciadas entre sí, catorce cruces de regular tamaño, cruces de madera, talladas en el propio taller de la prisión. El sacerdote oficiante iba a ser, en esa ocasión, mosén Falcó, satisfaciendo con ello un anhelo largamente acariciado.

Mosén Falcó, bajito y elástico como Jaime, pero de mirada mucho más segura, inició el recorrido, precedido por un recluso elegido por sorteo —un tal Robles, que perteneció a la UGT—, que era quien izaba la Cruz, haciendo las veces de monaguillo. «¡Primera estación! ¡Jesús es condenado a muerte!» La frase rebotó contra los doscientos cerebros que seguían al joven sacerdote, pues la víspera el Tribunal Militar había condenado a la última pena a tres reclusos, uno de los cuales, por ser muy chistoso, había llegado a ser muy querido en la prisión. Aunque con algún retraso y con mucha torpeza, los seguidores hincaron la rodilla. Al término de la lectura del primer texto, nadie contestó. Hasta que los hermanos Costa, que se habían situado en primera fila, como en la misa dominical, rompieron el silencio exclamando: «¡Perdónanos, Señor!» Respuesta que fue coreada con timidez por todos los reclusos.

«¡Perdónanos, Señor!» ¿A qué Señor se dirigían y qué clase de perdón era el que solicitaban, entreabriendo apenas los labios? Gatos paseaban, como siempre, por el borde de las tapias del patio de la cárcel. Y algunos pájaros revoloteaban en correcta formación. La arena crujía bajo las pisadas como si fuera la del cementerio. Mosén Falcó, pese a sus convicciones y seguridad, padecía. No le gustaba aquello. ¿Qué podía hacer él para que aquellas doscientas almas se olvidaran de sí mismas y se sintieran culpables de las profanaciones cometidas, o pensaran en la muerte del Redentor? «¡Octava estación! ¡Jesús consuela a las mujeres que lloraban su Pasión!» ¡Quién, fuera de la cárcel, consolaría a las mujeres de los detenidos? Menos mal que los carceleros, que participaban también en la ceremonia y que eran los únicos que llevaban cirio, daban ejemplo de buena voluntad.

La última estación fue la peor. «¡Decimocuarta estación! ¡Jesús es colocado en el sepulcro!» Fue la peor porque, muy cerca del lugar en que el consiliario de Falange pronunció aquellas palabras, se abría en el muro, a media altura, una ventanuca enrejada, tras la cual contemplaba la escena uno de los tres condenados a muerte en el juicio celebrado la víspera en Auditoría. Un hombre con patillas a lo Pancho Villa, que durante la guerra en el frente había destruido dos tanques y en la retaguardia había fusilado por cuenta propia a cinco guardias civiles. El hombre, al oír lo de «bajar al sepulcro», escupió. Escupió por entre las rejas al patio, aunque su salivazo se licuó en el aire, antes de caer en la arena.

Fueron muchos los que vieron aquel rostro enjaulado; pocos, en cambio, se enteraron del salivazo. Mosén Falcó, sí; y le pareció que le daba en la cara y hasta estuvo tentado de enjugársela. Por fortuna, pronto los hermanos Costa, cuyas voces había ido afianzándose a cada nueva estación, repitieron una vez más, ahora gritando: «¡Perdónanos, Señor!» Grito bordoneado por el balbuceo del resto de los asistentes.

La ceremonia terminó. Hubo un momento de indecisión en el patio. Hasta que mosén Falcó, sin decir nada, cerró el libro que llevaba en la mano y se dirigió a la puerta de acceso al interior de la cárcel. Los funcionarios de la prisión lo siguieron. Y detrás de ellos, poco a poco y también en silencio, los doscientos reclusos.

Cuando éstos llegaron a sus respectivas celdas, adoptaron ante los abstencionistas un aire cohibido y como responsable. Los hermanos Costa no. Sonrieron como siempre y, acercándose al detenido que había hecho de monaguillo y llevado la Cruz, lo obsequiaron con una paquetilla de tabaco.

Otra persona había de tener una decisiva influencia en el desarrollo de aquella Cuaresma gerundense: el inspector de Enseñanza Primaria, Agustín Lago. Para empezar, y a semejanza del señor obispo, Agustín Lago se sometió a sí mismo a una disciplina más dura que la habitual. La idea de la Institución a que pertenecía, el Opus Dei, lo responsabilizaba cada día más. Preparóse conscientemente, meditando también los evangelios y a la vez dos máximas contenidas en su libro de cabecera, *Camino*, escrito por su fundador: *Si tienes impulsos de ser caudillo, tu aspiración será: con tus hermanos, el último; con los demás, el primero.* Y esta otra: *Eres, entre los tuyos —alma de apóstol— la piedra caída en el estanque. Produce, con tu ejemplo y tu palabra, un primer círculo... Y éste, otro... y otro, y otro... Cada vez más ancho. ¿Comprendes ahora la grandeza de tu misión?*

A resultas de ello Agustín Lago, desde su soledad en la modesta pensión de la calle de las Ollas, penetró en la Cuaresma con una suerte de serenidad que admiró a cuantos lo trataban.

Sí, a la postre aquella Cuaresma significaría un rotundo triunfo para Agustín Lago. No sólo porque, en el plano profesional, siguió ocupándose más que nunca de su cargo y de las necesidades de los maestros, sino por que, en el plano religioso, consiguió galvanizar el entusiasmo de la población y el del alcalde en persona para representar en el Teatro Municipal, por Semana Santa, una antiquísima versión castellana de *La Pasión* que había descubierto en los archivos del Monasterio de Guadalupe y que había adaptado convenientemente. Tratábase de un texto poco enfático, realista y humilde. Una serie de retablos de secuencias, que se iniciaban con la Anunciación a María y terminaban en el Calvario, y en la que apenas si los personajes hablaban, a excepción de Jesús. El texto era tan preciso que arrancó de Mateo el siguiente comentario: «Es la primera vez que leo una Pasión teatralizada sin tener la sensación de que me están contando una leyenda.»

Agustín Lago y su idea de representar *La Pasión* en el Teatro Municipal adquirieron rápida popularidad. La labor iba a ser ardua —elección de intérpretes, indumentaria, decorados, etcétera—, pero todo el mundo se dio tal maña que en seguida se vio que la empresa sería llevada a feliz término, compensando parcialmente del escaso relieve que tendría en la ciudad la procesión de Viernes Santo, amputada de raíz por haber desaparecido con la guerra los celebérrimos pasos y las fervorosas cofradías de antaño.

Agustín Lago, Mateo y mosén Alberto, éste en calidad de asesor, formaron el triunvirato responsable del éxito de *La Pasión*. A decir verdad, desde el primer instante los tres comprendieron que lo principal era acertar en el reparto de los papeles. Los estudios efectuados al respecto dieron lugar a no pocas sorpresas, pues de pronto resultaba evidente que el mejor de los hombres, debidamente caracterizado, podía representar a la perfección el más vil de los personajes, o viceversa. Como ejemplo podía citarse el comentario que salió de la boca de Mateo: «¡Ah, qué lástima no disponer del Responsable! Duro y terco, lo estoy viendo hacer un San Pedro inimitable.»

El caso es que, cuando apareció en *Amanecer*, oportunamente, la lista de las personas que encarnarían las distintas figuras del drama de Jesús, la elección mereció el aplauso casi unánime de los lectores. Jaime, el repartidor del periódico, debió de compartir la opinión general, pues subrayó con su lápiz rojo casi todos los nombres aparecidos.

La Virgen Adolescente en la escena de la Anunciación, iba a ser Gracia Andújar. ¿Por qué no? Gracia Andújar, con sólo bajar los ojos, reflejaba un aire de inocencia sin par en la ciudad.

Manolo, el flamante abogado, haría sin duda un Pilato sensacional. Tal vez influyeran en ello la barbita que llevaba, de inspiración romana, y la costumbre que tenía de lavarse las manos antes de irse a la Audiencia.

El doctor Andújar fue un caso especial. Se presentó por cuenta propia para representar un papel: el de Simón Cirineo. Él ayudaría a Cristo a llevar la Cruz en el escenario, lo mismo que en los Viáticos lo ayudaba a subir hasta el lecho de los enfermos.

La elección de María Magdalena ofreció ciertas dificultades. ¿Quién aceptaría? Esther... Mateo pensó en Esther y acertó. Pensó en su ductilidad y en su peinado cola-de-caballo. El caso quedó con ello felizmente resuelto. Por su parte, Esther se mostró encantada. «Me encantará —dijo— perfumar los pies de Jesús.»

San Juan, el discípulo amado, sería protagonizado por Alfonso Estrada, presidente de las Congregaciones Marianas. El muchacho, si se lo proponía, tenía la mirada de un efebo iluminado.

Agustín Lago sacaba a escena, en su obra, al joven rico que le preguntó a Jesús: «Maestro bueno, ¿qué obras buenas debo hacer para conseguir la vida eterna?» El nombre que apareció en *Amanecer* para encarnar al joven rico fue precisamente el de Jorge de Batlle. Todo el mundo se mordió el labio inferior al leerlo, empezando por el interesado. Pero Chelo Rosselló, la novia de éste, hizo cuestión de honor convencer a Jorge para que aceptara el papel. «Debes aceptar, Jorge —le dijo al desasosegado huérfano—. Cosas así son las que te ayudarán a liberarte, a vencer tu sensación de aislamiento.»

Ahora bien, existía una incógnita: ¿quién encarnaría la figura de Jesús? *Amanecer* no precisaba al respecto. Decía simplemente: «No se ha tomado todavía una decisión definitiva.»

Y era verdad. ¿Quién podía cargar con semejante responsabilidad? Mosén Alberto, Mateo y Agustín Lago repasaron *in mente* todos los rostros de Gerona, sin conseguir dar con el apropiado. Entre otras cosas, faltaba saber cómo fue Jesús en la realidad. Se decía de él que tenía «aspecto distinto...» ¿Qué significaba eso? ¿Cómo sería de frente, cómo sería de perfil? Conocíase su estatura y, gracias al Santo Lienzo, podían reconstruirse más o menos algunos de sus rasgos; pero ¿y la expresión?

Por fin surgió el nombre: el padre Forteza. La idea correspondió a Agustín Lago. Sí, el padre Forteza era el hombre indicado, por su ascetismo, visible en sus facciones, y por el respaldo que suponía, además, su ascendencia judía, mallorquina. Pero he ahí que el padre Forteza, pese a contar de antemano con las debidas autorizaciones superiores, opuso una resistencia extrema. «¿Quién soy yo para representar a Jesús? Yo soy un payaso, los sabéis todos. Y Jesús era lo más serio y profundo que ha salido de vientre de madre.»

El forcejeo duró dos días consecutivos. «Si no tuviera que aparecer de frente en el escenario... Si pudiera salir sin dar la cara...» El padre Forteza se atrevía a imitar a Jesús en la actitud de los hombros, en la manera de andar; pero no en la manera de mirar ni de mover los labios. Finalmente, intervino el señor obispo y el asunto quedó zanjado, «por obediencia».

Los ensayos comenzaron con la debida antelación. Se celebraron a diario, por la noche. Y aun cuando tenían lugar a puerta cerrada, los actores empezaron a ser nombrados por la calle de acuerdo con el personaje que les había tocado en suerte. Debido a ello el profesor Civil pasó a ser, en Auxilio Social, Caifás y el jefe de Policía, don Eusebio Ferrándiz, pasó a ser llamado, para general regocijo... ¡Barrabás!

Todo listo, llegó la Semana Santa. La ciudad pareció encogerse. La Andaluza y sus muchas pupilas se pasaban el día charlando, mientras los treinta mil gerundenses hacían, por familias, las reglamentarias visitas a las iglesias, a los Monumentos, para ganar la indulgencia plenaria. Las calles habían sido sembradas de arena, para evitar las caídas originadas por la cera, arena que crujía pedantescamente bajo los pies.

Y de pronto, la noche del miércoles... ¡*La Pasión*, adaptada por Agustín Lago! El Teatro Municipal quedó abarrotado. Las autoridades eclesiásticas, militares y civiles ocuparon los palcos de honor. En el último piso, las cabezas rozaban el techo. Hasta que por fin, en medio de una expectación inusitada, el Drama que dos mil años antes conmovió al mundo se desplegó ante los gerundenses...

El éxito fue apoteósico. El rostro de Gracia Andújar, Virgen Adolescente, arrancada de una tela de Boticelli, no se borraría ya de los asistentes. Sobre todo Pablito, el hijo del Gobernador, quedó embobado. Tampoco el Pilato que hizo Manolo se olvidaría; ni el San José, ¡eficaz gestión de la ambiciosa Adela!, que hizo Marcos... La colocación de los personajes en la escena era impecable. El señor obispo, presidente nato del espectáculo, daba con la cabeza interminentes muestras de aprobación.

Uno de los pasajes más brillantes fue precisamente el del joven rico, el de Jorge de Batlle, propietario de bosques y masías. «Maestro bueno, ¿qué obras buenas debo hacer para conseguir la vida eterna?» Jorge de Batlle lanzó la pregunta con altanería, como era preciso; pero luego, al recibir la respuesta de Jesús: «Si quieres ser perfecto, anda, vende cuanto tienes, y dáselo a los pobres...», desapareció por el foro con un aire de humildad que impresionó al teatro entero.

Y con todo, el máximo triunfador de la velada fue el padre Forteza... Colocóse, además de la túnica, blanca y larga hasta los pies, una peluca, bigote y barba. Pero era inconfundible. Sus ojos eran inconfundibles, pese a que miraban de modo transfigurado. Hizo un Jesús impar. Identificóse de tal modo con su misión que los demás actores, y el teatro en pleno, se contagiaron de su verdad interior y se le rindieron. El padre Forteza fue, al compás de los retablos, del texto, suave, digno, inflexible, poderoso, suave otra vez...

«Bienaventurados los pobres de espíritu, porque de ellos es el reino de los cielos.»

«Bienaventurados los que lloran, porque ellos serán consolados.»

«Yo os digo más. Cualquiera que mirare a una mujer con mal deseo hacia ella, ya adulteró en su corazón.»

«No queráis amontonar tesoros para vosotros en la tierra, donde el orín y la polilla los comen.»

«Las raposas tienen madriguera, y las aves del cielo nidos; mas el Hijo del hombre no tiene sobre qué reclinar la cabeza.»

«Me causan compasión estas turbas, porque tres días hace que permanecen ya en mi compañía, y no tienen qué comer.»

«En verdad os digo que uno de vosotros me hará traición.»

«Padre mío, si no puede pasar este cáliz sin que yo lo beba, hágase tu voluntad.»

«En verdad te digo que hoy estarás conmigo en el Paraíso.»

Terminada la escena del Calvario, el telón bajó... Entonces los aplausos se multiplicaron. No cesaban. El telón subió y bajó de nuevo. Por fin los actores avanzaron hasta el proscenio, cogidos de la mano, mientras iban despojándose de sus estrafalarios gorros y de los postizos que los desfiguraban.

Luego aparecieron también Agustín Lago, con su manga flotante, Mateo y mosén Alberto. El único que faltó a la cita fue el padre Forteza; el padre Forteza se escabulló por una puerta casi invisible y se dirigió, corriendo a buen ritmo, por la plaza Municipal y la calle de Albareda, a su convento, a su celda. Claro, él era Jesús. Es decir, acababa de morir —perdonando— y tardaría tres días en resucitar. ¿Cómo podía salir al proscenio?

El padre Forteza, al encontrarse solo en su celda, se quitó la peluca, la barba y el bigote, y se arrodilló en el reclinatorio. El Crucifijo, el Cristo de verdad, estaba delante de él. Lo miró. El jesuita quería soltar una de sus clásicas carcajadas... pero no pudo. Rompió a llorar. Sin saber por qué, se sintió a un tiempo desesperado y dichoso.

* * *

Al día siguiente, Sábado de Gloria; el otro, Domingo de Pascua. Las campanas voltearon, flotaron al aire las banderas, en los pasillos del Gobierno Civil desaparecieron los cuadros religiosos y el conserje colgó de nuevo las fotografías de paisajes costeros.

La Delegación de Abastecimientos otorgó un suministro extraordinario para que las mesas se alegraran; el rancho en los cuarteles fue también abundante; hubo partido de fútbol, de campeonato, que el Gerona Club de Fútbol, gracias a los gritos de Eloy, ganó por tres tantos a uno; excepcionalmente fueron suprimidos los salvoconductos, excepto para dirigirse a la zona fronteriza.

Alegría: Cristo había resucitado. La gente se fue a los pueblos a visitar a los familiares. Las ermitas cercanas recibieron a multitud de excursionistas y la belleza de la comarca, aquella belleza que el pequeño Manuel descubriera cuando la visita a San Antonio de Calonge, reapareció de sopetón —a semejanza del Jesús redivivo ante las mujeres de Galilea— y se ofreció a buenos y malos, infundiéndoles gozo y confianza.

Pascua de Resurrección. Varios reclusos fueron liberados por gracia del Gobernador. Se presentía la primavera. El general Sánchez Bravo y el Gobernador empezaron a ocuparse del desfile que había de tener lugar pocos días depués, el 1.º de abril, primer aniversario de la Victoria.

TERCERA PARTE

Del 1 de abril de 1940
al 30 de marzo de 1941

CAPÍTULO XXXIII

EL DÍA 1 DE ABRIL tuvo lugar efectivamente el desfile del primer aniversario de la Victoria. Pasaron cañones, un par de tanques, ametralladoras y tropas por la Rambla, por el mismo lugar donde días antes había pasado el solemne Vía crucis. En la tribuna de honor, las autoridades de siempre, con el Gobernador vistiendo el uniforme del Ejército. Los altavoces que habían servido para transmitir las evocaciones religiosas del Vía crucis, sirvieron ahora para transmitir los himnos de siempre. El héroe en esa jornada no fue el obispo: la antorcha había pasado a manos del general.

Según *Amanecer*, fue el día siguiente, 2 de abril, el escogido para inaugurar las obras del que había de llamarse *Valle de los Caídos*, es decir, «el gigantesco monumento que perpetuaría durante centurias la gesta de los muertos en la Cruzada». El primer barreno había hecho explosión. La crónica, redactada por «La Voz de Alerta» según datos recibidos de Madrid, explicaba que el lugar donde se edificaría el Valle de los Caídos había sido elegido personalmente por el Caudillo, quien había sobrevolado y recorrido a caballo durante muchos días los parajes del Guadarrama, decidiéndose al fin por el sitio llamado Cuelgamuros, próximo a los arroyos Guatel y Boquerón. La grandiosa Basílica sería horadada en la roca viva y tendría una capacidad para tres mil personas. Sobre ella se levantaría una cruz de ciento veinte metros de altura, la mayor de la Cristiandad, visible a larga distancia. La obra en conjunto sería comparable a la de El Escorial, cuya ejecución había durado veinte años, y la construirían a la par empresas privadas y batallones de «trabajadores».

Con motivo de esas jornadas los periódicos publicaron de nuevo grandes alabanzas al Jefe del Estado. En Gerona, Jaime, repartidor del periódico y librero de ocasión, estaba descontento... Y lo estaba porque continuaba siendo tan catalanista como siempre y he ahí que uno de los homenajes al Caudillo a raíz de aquellas fechas se lo habían rendido los mismísimos frailes de Montserrat. En efecto, el abad mitrado, padre Antonio María Marcet, se había trasladado a Madrid acompañado de los monjes para entregar al Caudillo, en el Palacio de Oriente, una riquísima arqueta elaborada en las cárceles rojas y que contenía nada menos que la Cédula de la Hermandad de Nuestra Señora de las Candelas, con la que en otros tiempos se honraron Carlos I y Felipe II. La Cédula había sido impresa en papel del siglo x, cuidadosamente guardado durante centurias por los monjes benedictinos del monasterio, y simbolizaba el retorno de España a su pasado esplendoroso.

—Así no iremos a ninguna parte —había comentado Jaime, mientras, en su quiosco de libros, próximo a la fábrica Soler, le entregaba una novela del Oeste a un obrero que cotizaba para el Socorro Rojo y que también, en sus noches de insomnio, escribía versos en catalán.

* * *

Inmediatamente después, y coincidiendo con la lujuriosa apoteosis de la primavera, se desencadenaron en el mundo una serie de acontecimientos trascendentales que conmovieron la conciencia universal y que pegaron a los aparatos de radio los oídos de todos los gerundenses.

El primero de dichos acontecimientos fue el cese de las hostilidades entre Finlandia y Rusia. Firmóse en Moscú el acuerdo preliminar. Probablemente ello debió de coincidir con haberse agotado la cera y el vino que España había enviado en su día a los católicos finlandeses.

Según dicho tratado de paz, Finlandia consentía en ceder a Rusia el istmo de Carelia —la mayoría de cuyos habitantes optaron por trasladarse a Helsinki— y una base militar en la península de Hango. En Moscú, la mujer de Cosme Vila, que jamás había comprendido la agresión rusa al pacífico país vecino, le dijo al ex jefe comunista gerundense: «No entiendo que Rusia no haya sido capaz de conquistar Finlandia. Esto es una derrota, ¿no?»

El segundo acontecimiento —10 de abril— fue la fulminante ocupación de Dinamarca y Noruega por parte del ejército alemán. Operación tan sorprendente que justificaba las palabras de Goebbels a los periodistas: «Nadie conoce de antemano los proyectos del Führer.» Dinamarca aceptó la situación, se rindió sin condiciones; Noruega, en cambio, ayudada por un cuerpo expedicionario franco-británico que desembarcó en Narvik, opuso una débil e inútil resistencia y sus reyes, puesto que Oslo había sido ocupado, se trasladaron a Hamar. En su discurso oficial, Hitler alegó que con su decisión quería evitar el «manifiesto propósito de Inglaterra y Francia de bloquear el suministro a Alemania de materias primas». Pero en Gerona, los estrategas aficionados, que brotaron como setas, opinaron que lo que el Führer pretendía era iniciar por el Norte el cerco de Inglaterra, lo que a buen seguro constituía su obsesión.

Un mes después —11 de mayo— prodújose el tercer acontecimiento, éste de importancia mucho mayor: fulminante ocupación, por parte de Alemania, de Bélgica, Holanda y Luxemburgo. Esta vez la guerra, «el pecado mortal de los hombres», según frase de mosén Alberto, penetraba en el corazón de Europa. La importancia del hecho quedaba subrayada por las propias palabras del Führer: «La lucha que he empezado decidirá el futuro de Alemania para los próximos mil años.» El estupor se apoderó del mundo entero, pues no había existido provocación. La respuesta de las democracias aliadas fue, en opinión del Gobernador de Gerona, muy débil: Churchill sustituyó a Chamberlain en la presidencia del Gobierno inglés: «¿Qué va a hacer Churchill? Cuenta ya sesenta y cinco años. No puede ser el mismo que cuando la guerra 1914-1918.» Además, desde el punto de vista bélico, Inglaterra no estaba preparada en absoluto, como el propio Churchill reconoció en la alocución que dirigió a su pueblo. Por otra parte, si bien Suiza decretó prudentemente la movilización general, no podía sino tirar piedras desde las montañas... En cambio, los Estados Unidos —y éstos sí que constituían una fuerza— se declararon neutrales.

Los comentarios más dispares estaban a la orden del día. En España todo el mundo recordaba la disciplina y eficiencia de las fuerzas y de los técnicos alemanes —Mateo se acordaba mucho del comandante Plabb— que habían intervenido en la guerra civil. «La Voz de Alerta», en su sección «Ventana al mundo», se adhirió sentimentalmente a la actitud del joven rey Leopoldo, quien se puso al frente de las tropas belgas que intentaban resistir, y alabó la actitud de la reina Guillermina, de Holanda, la cual, dirigiéndose a sus súbditos dijo: «Que cada uno cumpla con su deber; yo cumpliré con el mío.»

Ahora bien, ¿cómo contener el alud? Éste era el comentario del general Sánchez Bravo. Cierto que los ingenieros holandeses inundaron parte del territorio, apretando el famoso botón preparado al efecto. Cierto que tropas francesas se dirigieron cansinamente hacia el Norte y que Inglaterra envió al continente otro cuerpo expedicionario. Pero los bombardeos alemanes eran devastadores, los vehículos motorizados, las *Panzer-divisionen*, concebidas para actuar independientemente y no, como era tradicional, pegadas a la infantería, avanzaban por doquier, y además se había producido otra innovación que arrancó del general Sánchez Bravo una exclamación admirativa que hirió incluso los oídos de doña Cecilia: Hitler se había apoderado por sorpresa, valiéndose de tropas paracaidistas, de los aeródromos de Amsterdam y La Haya. «¿Se dan ustedes cuenta? —les dijo el general a sus oficiales, reunidos ante el mapa de operaciones—. Ha sido un ardid genial. ¡Ocupar desde el aire la retaguardia enemiga!»

Lo cierto era que la exaltación en favor de Alemania cundía en toda la ciudad y se manifestaba ostentosamente en las tertulias. No podía olvidarse, ni siquiera en aquellas circunstancias, que «las democracias se habían puesto, durante la guerra española, del lado de los rojos». El Gobernador, Mateo, Marta, don Emilio Santos, José Luis Martínez de Soria y gran parte de la población consideraban al Führer como una suerte de encarnación de la omnipotencia terrestre, que iba a aplastar en un santiamén a todos sus enemigos. Por su parte, el doctor Chaos parecía alegre. Su admiración por los medios de investigación alemana no había hecho más que aumentar. «Ahora con la guerra —dijo—, los cirujanos alemanes harán milagros.» El doctor Andújar se mostró más cauto. Aparte de que no creía gran cosa en la eficacia de la «cirugía de urgencia» surgida de la guerra, más bien consideraba al Führer como una suerte de poseso, y ordenó a sus ocho hijos que rezaran sin descanso para que la ambición de aquel hombre, que al parecer se guiaba por la astrología y no por Dios, se detuviera algún día. «Si por lo menos respetara a la población civil...», decía. Pero las bombas caídas del cielo no tenían cerebro capaz de elegir, ni tampoco corazón. En cuanto al notario Noguer, no hacía más que repetir: «¡Pobre Francia!» Su máximo temor era que Alemania arrasara, como se arrasa en un momento una vida venerable, «la más bella ciudad del mundo: París».

Julio García por fin se había trasladado, en unión de doña Amparo Campo, a Londres, mientras sus dos íntimos amigos, los periodistas Francis y Bolen, permanecían en el frente belga escribiendo crónicas. Si las autoridades y los germanófilos gerundenses hubiesen oído los comentarios del ex policía, se hubieran reído a mandíbula batiente. En primer lugar, Julio García creía en la descomunal personalidad de Churchill, de quien decía que, pese a sus años, continuaba siendo un «león». En segundo lugar, coincidía con el doctor Andújar en que a la larga ganaría la guerra la potencia que dominara el mar, el cual, a su juicio, pertenecía en su amplitud a la flota aliada. Por último, coincidía con Manolo y Esther en que la fuerza potencial del Imperio británico, la *Commonwealth*, era incalculable, sobre todo unida a la del Imperio holandés, el tercero del mundo, con ricas y prósperas colonias en el Pacífico, y a la del Imperio belga, con posición predominante en el centro de África.

* * *

La tesis de Julio estaba clara y era fruto no sólo de su instinto, tan frecuentemente certero, sino de sus renovados contactos con las logias londinenses. «Los ingleses son lentos —decía—. Si Hitler dispone de una fuerza secreta de desembarco que le permita asaltar por sorpresa las Islas Británicas ahora mismo, ganará la partida. Si, por el contrario, confía en desmoralizar con bombardeos al pueblo inglés y le da tiempo a Churchill a poner en marcha su genio organizador, está perdido.»

Los argumentos de Julio García no hubieran podido hacer mella en ningún gerundense, puesto que los éxitos de Hitler seguían siendo tantos y tan rápidos que aquello se estaba pareciendo a la batalla de Polonia. El día 29 de mayo el rey Leopoldo de Bélgica, pese a la «Ventana al mundo» de «La Voz de Alerta», se rindió y se entregó a los alemanes. A su entender, la lucha no tenía sentido. Días después fue franqueada la frontera francesa y las tropas del general Gamelin retrocedieron por todas partes. La famosa Línea Maginot había sido tácticamente ridiculizada. Los prisioneros sumaban tantos y tantos millares, que el Generalísimo del Estado Mayor francés había hecho una patética alocución a sus hombres: «Todas las tropas que no puedan avanzar —había dicho—, deben hacerse matar.» Consigna inútil. Soldados y población civil huían hacia el mar, dominados por el confusionismo más completo, debido al pánico y a la infiltración entre sus líneas de alemanes que hablaban inglés y que, vestidos de oficiales británicos, daban órdenes para desorientar a los convoyes.

El día 17 de junio se produjo otro acontecimiento extraordinario: Mussolini se unió a Alemania, desdeñando la supuesta presión pacifista del conde Ciano, y declaró la guerra a Inglaterra y Francia. Ello suponía un gran refuerzo para Alemania, el afianzamiento del Eje. Y era inútil que Agustín Lago, y otros muchos como él, estimasen inelegante que el *Duce* hubiera apuñalado a Francia por la espalda cuando la lucha estaba ya decidida. El hecho era evidente y tenía su importancia. Tenía tanta importancia, que se acercaba a pasos de gigante el remate de la increíble operación: la ocupación de París. Este nombre era tan evocador que las miradas del mundo entero se fijaron en él. ¿Era posible que la máquina alemana no se atascase, no reventase por algún lado antes de apoderarse de la capital francesa? París no era sólo una idea, era un sentimiento. Era algo tan específico, que cualquier intruso se convertía automáticamente en violador. «Ocupar a París —clamaba el notario Noguer— es como ocupar la Acrópolis o toda una civilización.» ¿Y si los franceses defendían su ciudad y, confirmando con ello los temores del notario, ésta era destruida?

No hubo tal. Ni la máquina alemana se atascó ni hubo «necesidad» de destruir nada. El 15 de junio las tropas alemanas entraron en París sin apenas encontrar resistencia. La ciudad quedó prácticamente intacta. El Ejército alemán desfiló victorioso desde el Arco de Triunfo por la Avenida del Mariscal Foch y soldados alemanes montaron la guardia en la tumba del soldado desconocido y en los Inválidos ante la de Napoleón.

Dos meses, pues, le habían bastado al Führer para obligar a las grandes democracias a abandonar la lucha en el continente europeo, abandono que adquirió caracteres dantescos en Dunkerque, donde, en un prodigio de colaboración y serenidad, barcos y lanchas británicas de todos los tipos consiguieron reembarcar y poner a salvo un total de trescientos mil combatientes ingleses y aliados, mientras las columnas de humo en los depósitos de aquella zona costera, machacados por los *Stukas*, se elevaban al cielo.

Ocupado París, el Gobierno francés se trasladó a Burdeos. Inglaterra exigía que Francia continuase la lucha, pero el Gobierno de Burdeos nada podía hacer ya. En consecuencia, y a instancias del mariscal Pétain, el armisticio fue firmado, valiéndose precisamente, para los trámites necesarios, de las autoridades españolas. Por cierto que, al leer las condiciones de dicho armisticio, el general Sánchez Bravo se quedó una vez más mudo de asombro. «¿Cómo es posible? —les dijo a sus ayudantes—. El Führer deja libre una parte del Sur de Francia; no ocupa tampoco las posesiones francesas de África del Norte; no exige la entrega total de la flota. ¿A qué viene esa generosidad? Palabra que no lo entiendo.»

No parecía que al pronto la objeción del general tuviera la menor importancia. El hecho estaba consumado, y a partir de ese momento los augurios parecían confirmarse: el próximo objetivo sería Inglaterra, donde se habían sacado incluso los cañones de los Museos. Ya no le quedaba a Alemania enemigo a la espalda. Toda su fuerza se concentraría en las costas atlánticas, mirando hacia Londres, hacia Oxford... Las palabras del Gobernador cobraban actualidad: «¿Qué podía hacer Churchill contra aquel infierno desatado?» Marta declaró: «No es probable que Inglaterra se convierta en un nuevo Alcázar de Toledo.»

Las repercusiones de aquel vuelco desencadenado por la Alemania nacional-socialista y por la fascista Italia fueron de todos los calibres. Millares de franceses, de belgas y muchos personajes de otros países no tuvieron más remedio —paradojas históricas— que refugiarse en España, entrando por Irún ¡y por la frontera gerundense! El coronel Triguero, pues, tuvo que ampliar inesperadamente la plantilla de personal de su oficina de Figueras —Ignacio se había salvado de ello por los pelos— y, en espera de las órdenes del Gobernador, no sabía «si debía tratar a estos refugiados como caballeros» o si «debía esposarlos y encarcelarlos». Entre las personas entradas en España figuraban el duque de Luxemburgo, varios miembros de la familia Rotschild, el maharajá de Nepala... La intención de dichos personajes era dirigirse a Portugal o bien a África del Norte, y el Gobierno español se avino a ello en muchos casos. Respecto a los otros fugitivos, los de categoría inferior, se previó su internamiento en campos de concentración, que se abrirían —¡ah, el problema del abastecimiento se intensificaría inesperadamente!— en Miranda de Ebro y otros lugares.

Otro de los aspectos dramáticos de todo aquello era el problema que se les presentó a los exiliados españoles residentes en Francia. Se produjo entre ellos el mayor desconcierto. Temían que los alemanes los fusilaran o los entregaran a las autoridades españolas, y muchos de ellos buscaron refugio en Embajadas. Otros, como Antonio Casal, el ex jefe socialista gerundense, hartos de tanta fuga, se presentaron voluntariamente a las fuerzas alemanas; pero en su mayoría, después de intentar inútilmente embarcar en Burdeos con destino a Inglaterra o América, hallaron la salvación instalándose en la zona francesa «no ocupada». Ése fue el caso de Gorki y de José Alvear, quienes, pasado el gran susto, se instalaron más o menos cómodamente en Perpiñán, aunque siempre con el temor de que una fulminante orden alemana los situara en la frontera española, donde los esperarían ¡otra vez! los capitanes Arias y Sandoval, así como numerosos guardias civiles.

En el mundo, por tanto, estupor creciente; en Inglaterra, perspectivas de sangre y lágrimas; en España, buenas dosis de entusiasmo «vengativo». Sí, aquel «¡ahora les toca a ellos!», pronunciado por tanta gente cuando el rompimiento de las hostilidades a raíz de la guerra con Polonia, fue repetido hasta la saciedad. La humillación de las democracias, y sobre todo del Frente Popular francés, colmaba de íntimo consuelo a cuantas personas habían sufrido su incomprensión durante la guerra española. Por si fuera poco, el papel histórico de la nueva España adquiría con todo ello inusitado relieve, pues los vencedores eran precisamente las denigradas fuerzas del Eje, las que habían ayudado a la España «nacional». Este hecho sobrepasaba las esperanzas de cualquiera, y entre los militantes con camisa azul se hacían toda suerte de vaticinios. «Nos ha llegado el turno —dijo el camarada Rosselló—. El Marruecos francés será nuestro.» Mateo más bien confiaba en mordisquear un pedazo de Argelia... Por lo pronto, y al margen de las palabras, ocurrieron dos sucesos sintomáticos y halagadores: Franco, por medio de fuerzas jalifianas ocupó a Tánger, «para asegurar la neutralidad y garantizar el orden», al tiempo que «estudiaba un proyecto internacional para limitar el teatro de la guerra».

No faltaban personas ecuánimes que, prescindiendo de las ventajas que todo aquello pudiera reportar a España, vivían con profundo dolor el drama de la nueva contienda. Matías Alvear era una de ellas. Estaba desolado y cada telegrama que recibía en la oficina significaba para él una sangrante herida. ¿Cómo era posible que a alguien le gustase hablar de bombas, de combates navales, de «la fuerza aniquiladora de los *Stukas*»? ¿Cómo era posible que su propia hija, mientras bordaba su ajuar para la boda, repitiera una y otra vez: «¡Así aprenderán!»? ¿Y qué culpa tenía la población inglesa de lo que pudiera ocurrir? ¿Y los prisioneros? ¿Y los holandeses muertos? ¿Y los belgas? ¿Y los propios alemanes caídos en la batalla?

También el gallego y aprensivo Marcos se tomó todo aquello a la tremenda. En su oficina de Telégrafos declaró: «Estoy harto de guerra. A no ser por mi querida Adela, solicitaría una plaza de torrero en cualquier faro, lo más solitario y aislado posible.»

En cuanto a Manolo y Esther, se pasaban el día mordiéndose los puños. Esther recordaba sus tiempos de estudiante en Oxford y no alcanzaba a imaginar que acaso las botas alemanas pisaran aquellas históricas aulas de cultura. ¡Y si hubieran tenido en quién confiarse! Pero, aparte del profesor Civil y del doctor Andújar, encontraban escaso eco en la ciudad. El mismo Ignacio andaba titubeante. «Esto es una catástrofe, Ignacio —le decían al muchacho—. Tú no sabes lo que los alemanes, en plan victorioso, son capaces de hacer. La raza aria lleva dentro algo monstruoso.» Ignacio aceptaba tal planteamiento, pero a condición de añadir que Inglaterra a lo largo de su historia había cometido también atropellos sin cuento, gracias a los cuales su Imperio había llegado precisamente a ser lo poderoso que era. Esther abría los brazos en señal de impotencia. «Por favor, Ignacio, no comparemos...», decía. Pero no aportaba argumentos válidos, capaces de convencer.

Naturalmente, tampoco faltaban personas cuyos comentarios, dictados por el más frío materialismo, ponían carne de gallina. Por ejemplo, el administrador de la Constructora Gerundense, S. A., se lamentaba de que a los hermanos Costa no les hubiera dado tiempo a fundar una Compañía de Seguros que abarcara el transporte marítimo. «Podríamos cobrar tarifas enormes para garantizar el flete de barcos cargados de material. O hacer la operación a la inversa y simular hundimientos. ¡Qué sé yo!» En Barcelona, el padre de Ana María, don Rosendo Sarró, que vivía jornadas gloriosas, se había situado en una línea semejante. Consideraba que todo cuanto ocurría tenía un significado claro: había llegado para España la hora de enriquecerse. «Ahora nuestras materias primas podrán venderse al precio que sea, empezando por el volframio. Además, los judíos que entran en nuestro país huyendo pueden dar un gran empuje a nuestra economía. Si de mí dependiera, no les permitiría que se fueran a Portugal...»

Tal vez la persona más equilibrada, la que mayor confianza inspiraba a su alrededor, fuera una vez más el camarada Dávila, el Gobernador, el hombre de las inspiraciones pulmonares profundas. Dominó la situación lo mismo que el obispo había dominado el Vía crucis y el general el desfile de la Victoria. De acuerdo con Madrid, y aunque ello le costara discutir de nuevo dramáticamente con el coronel Triguero, trató a los refugiados —franceses, belgas, judíos y demás— que entraban por aquella zona gerundense «como caballeros» y no «como enemigos», haciéndolos acompañar cortésmente hasta Barcelona, donde el Gobernador de allí se hacía cargo de ellos bajo su responsabilidad. Procuró que la prensa y la radio bajo su control no se desmandasen, lo que hubiera ocurrido sin remedio de haberlas dejado en manos exclusivas del exaltado Mateo.

Dio las instrucciones necesarias al comisario Diéguez para que varios diplomáticos ingleses que se habían instalado en Gerona, en el Hotel Peninsular, no fueran molestados, a fin de que no les ocurriera lo que antaño al doctor Relken, cuando los falangistas entraron en su habitación y lo pelaron al cero y lo atiborraron de aceite de ricino. Deseaba ardientemente, ¡cómo no!, el triunfo alemán; pero le pedía a Dios que tal triunfo no exigiese nuevos derramamientos de sangre. Lo único que no pudo evitar fue que Falange organizara en Gerona, lo mismo que en toda España, manifestaciones constantes y masivas pidiendo la devolución de Gibraltar. ¡El eterno sonsonete! Ahora Inglaterra era vulnerable, la ocasión no podía ser mejor. Varios centenares de personas, en su mayoría jóvenes y chiquillos, entre los que no faltaba nunca «El Niño de Jaén», se reunían casi a diario y recorrían las calles gritando: «¡Gibraltaaaaaaaar! ¡Gibraltaaaaaaaar!» Pilar estaba convencida de que la fruta caería. «¡Qué remedio! —decía—. Está a merced de nuestros cañones.»

Miguel Rosselló, secretario y chófer del Gobernador, admiraba cada día más a su jefe y camarada. No comprendía que, con tal peso sobre sus hombros, conservase tanta serenidad.

—¿Cuál es tu secreto? —le preguntaba—. ¿Cómo te las arreglas, si puede saberse? Si a mí me dijeran que pasan por aquí los Rotschild; y además tuviera tantos detenidos en el Seminario; y los diplomáticos ingleses y alemanes en el Hotel Peninsular, y al mismo tiempo tuviera que perseguir a los estraperlistas y discutir en casa con mi mujer, creo que me volvería loco.

El Gobernador, el camarada Dávila, se quitaba las gafas negras y sonreía.

—Los años, amigo Rosselló, los años. Los años enseñan a no mezclar los asuntos y a hacer de ellos un resumen coherente. No hay más secreto que ése.

—¿Resumen coherente? ¡Ya me dirás!

—Pues claro que sí. ¿No comprendes que todo lo que ocurre demuestra sólo una cosa: que teníamos razón? Olvídate por un momento de los estraperlistas y de los miedos nocturnos de mi querida esposa, María del Mar. ¿Qué sucede? Que mientras Europa está ardiendo, España sigue firme en su trayectoria de reconstrucción nacional. ¿Quién podrá, a partir de ahora, echarnos en cara el Alzamiento? ¿Te imaginas lo que sería esto si aquí hubiera continuado el Frente Popular o si hubieran ganado los rojos? Hitler no se hubiera detenido donde lo ha hecho, en el sur de Francia; hubiera franqueado los Pirineos y ahora nuestro país sería otra vez un campo de batalla. En vez de eso, ya lo ves: España no beligerante... y respetada por todos. La mano que la gobierna demuestra ahora el mismo pulso que a lo largo de la Cruzada. Lee, lee *Amanecer* de hoy y te convencerás...

Era cierto. El periódico de aquel día no llevaría ningún subrayado de Jaime, porque el lápiz rojo de Jaime iba a lo suyo. Pero traía varias noticias de este estilo: se habían reabierto oficialmente las Bolsas de Madrid, Barcelona y Bilbao. España había enviado a la Feria de Milán una brillante participación industrial —trece *stands*— entre la que destacaban productos del corcho elaborados precisamente en la provincia de Gerona. La Delegación Nacional de Sindicatos había creado la organización «Educación y Descanso», cuyo objeto era proporcionar a sus afiliados, los obreros, facilidades para la práctica del deporte, para el disfrute de vacaciones y otras ventajas de este orden. Asimismo se había puesto la primera piedra para la reconstrucción de Guernica. El Coro de la Sección Femenina, bajo la dirección del maestro Quintana, había efectuado su primer ensayo...

—¿Comprendes, camarada Rosselló? Esto es lo importante. Aquí hay una persona que ha visto claro: el mariscal Pétain. El mariscal Pétain declaró anoche por radio que «Franco es la espada más limpia del mundo».

—De acuerdo, de acuerdo —admitía el camarada Rosselló—. Pero no has contestado a mi pregunta. ¿Cómo te las arreglas para mantenerte sereno y en forma? A mí me basta con perder jugando al póquer o con oír en el coche un ruido raro para ponerme nervioso. El argumento de los años no me sirve, pues veo a gente mayor que tú ahogarse en un vaso de agua.

—No sé qué decirte... Será el temperamento. Será el haber vivido en el campo y amar las dificultades. Lo que yo no soporto es que todo me salga bien. El día que el comisario Diéguez me da un disgusto, o que me lo da mi hija Cristina, es el día que vengo al despacho con más ganas de trabajar.

—Desde luego, te envidio. ¿No será un problema de salud?

—¡Por supuesto! Esto es fundamental. Por eso hago gimnasia todas las mañanas y ando lo menos una hora diaria.

—¿Quieres decir que si te fallara la salud no serías el que eres?

—No lo puedo asegurar... También quizá lograra sobreponerme. Pero no estoy seguro.

—A ver si pillas la gripe... Me gustaría comprobar qué tal te portas con cuarenta de fiebre.

El Gobernador volvió a sonreír.

—Seguramente tendría un humor de perros... y deliraría. Deliraría como tantos otros. Como el camarada Núñez Maza, que cree posible repoblar forestalmente a España en cinco años. Como el general De Gaulle, que ha fundado en Londres nada menos que «la Francia Libre». Y como esos diplomáticos alemanes que están en el Hotel y suponen que voy a facilitarles todos los impertinentes informes que me han pedido...

CAPÍTULO XXXIV

LA PRIMAVERA JUGABA al ajedrez con la naturaleza y con los hombres. Parecía ignorar que existían la guerra, los paracaidistas, los sueños del Führer y pilas de cadáveres. Más bien se dedicaba a resucitar. A resucitar las hojas de los árboles, ciertos dolores y muchas apetencias dormidas. La primavera jugaba con el talante, con la edad y con el sexo de quienes la sentían resbalar sobre la piel.

En la cárcel, donde se habían producido muchos indultos con motivo de la Pascua y del aniversario de la Victoria, circuló el rumor de que por Navidad habría una amplia amnistía, que reduciría a la mitad la población penal. Los hermanos Costa tuvieron la certeza de que ellos serían los primeros en beneficiarse. ¡Ah, el día que salieran a la calle! Los picapedreros de sus canteras entonarían una canción... ¡y ellos estrecharían por primera vez las manos del coronel Triguero y del capitán Sánchez Bravo!

Carmen Elgazu mejoró. Mejoró hasta el punto que se atrevió a salir para ir a misa y para realizar algunas compras en las tiendas del barrio, donde fue recibida como una reina. Pero caminaba con dificultad, no podía llevar peso y determinados movimientos le estaban prohibidos. Lo cierto es que se le notaba mucho el zarpazo de la operación. El pelo mucho más blanco y más ojeras. Unos años más. «El espejo no engana a nadie», le dijo a Pilar. Sabía que la recuperación completa era cosa de meses, de modo que convinieron que Claudia, la mujer de la limpieza que iba a ayudarlas sólo dos veces por semana, fuera todos los días. «Al fin y al cabo —echó cuentas Carmen Elgazu—, es de esperar que Ignacio pronto gane más. Y la verdad es que ahora yo no soy la misma.»

A Jorge de Batlle le dio por agravarse de forma alarmante en la depresión que lo atenazaba. Sufrió una crisis mucho más aparatosa que las anteriores. Chelo Rosselló, su novia, viendo que el muchacho llevaba día y medio sin llamarla y sin aparecer por Ex Combatientes, fue a su casa y lo encontró sentado en su sillón, inmóvil y con la mirada perdida... La sirvienta le

427

dijo a Chelo: «El señorito lleva cuarenta y ocho horas, así, sin apenas comer.» Chelo llamó al doctor Andújar y éste, al ver el rostro mineralizado, sin expresión, de Jorge, dijo: «Hay que actuar rápido.» Se llevó al enfermo a su consulta y a la media hora le dio la primera inyección de cardiazol. Jorge sufrió angustias de muerte por espacio de unos minutos, hasta que por fin se quedó profundamente dormido. El doctor Andújar le dijo a Chelo Rosselló que el ataque de inhibición de Jorge era feroz y que debería repetir dicho tratamiento lo menos siete u ocho veces. Jorge, al despertar, no conocía a nadie. Chelo le decía: «Jorge, cariño... Soy yo, Chelo...» Jorge barbotaba palabras ininteligibles. El doctor Andújar estaba atento y su cara revelaba intensa emoción. No obstante, se mostró optimista. «Es una depresión reactiva —le dijo a Chelo—. Si usted me ayuda, su prometido saldrá adelante y tal vez entre luego en un ciclo de euforia.»

La primavera provocó reacciones más alegres que ésta del «huérfano resentido», como le llamaba a Jorge el chistoso señor Grote. Más alegres y entrañables. Motivo clave: el amor. Los afectados fueron, por este orden, Pablito; luego, Paz; el último, Ignacio.

Pablito, desde que viera a Gracia Andújar hacer de Virgen Adolescente, en la escena de la Anunciación, sintió tal estremecimiento que, pese a acercarse la época de los exámenes, empezó a perseguir a la chica por todas partes, con la obstinación de la adolescencia. Soñaba con sus ojos y con aquella su sola trenza, que se le enroscaba en el cuello como una deliciosa serpiente. Pablito sabía de sobra que él sólo tenía quince años y Gracia diecisiete. Pero pensaba que podría compensarlo estrenando un traje un poco más serio, peinándose con la raya a un lado y apretándose un poco más el nudo de la corbata.

Trazóse un plan de ataque digno del general. Empezó a enviarle notas, primero anónimas, luego firmadas. Eran madrigales, algunos de ellos con influencias de Rabindranath Tagore. La muchacha se sentía halagada, pero no podía tomarse aquello en serio. Pablito entonces le escribió una larga carta pidiéndole que se la contestara. Gracia Andújar optó por continuar guardando silencio.

Pablito se sintió ridículo. Pero algo muy hondo le decía que un hombre no podía dejar de querer por sentirse ridículo. Gracia Andújar significaba para él la primavera, los libros de texto y el descubrimiento, esta vez concreto, de la mujer.

¿Cuándo podría hablarle sin prisa, escuchar su voz, adivinar en su rostro si podía acariciar alguna esperanza?

La ocasión se le presentó con motivo de la fiesta de San Fernando, patrón de los Ingenieros. Celebróse una recepción oficial en los cuarteles, con un *buffet* bien provisto, y Gracia Andújar y Pablito coincidieron en ella. Pablito, por fin, pudo acercarse a su razón de ser.

—Me gusta mucho que hayas venido —le dijo.

Gracia, que había estrenado un vestido rosa pálido, precioso, le contestó, riendo:

—Ya lo supongo.

—Te ríes de mí, ¿verdad?

—No, no, nada de eso. Pero ¿qué quieres que haga?

—Pues tu papá me invitó a visitar el Manicomio. El pabellón de los hombres. —Pablito añadió—: Cualquier día de éstos iré.

—Eso está bien. Hay que ver esas cosas.

Pablito no acertaba a coordinar. Él, que en el Instituto, cuando se le apetecía, hacía gala de una asombrosa facilidad de palabra; que tenía un cerebro tan poderoso que a veces le dolía; que estaba muy fuerte en griego, en latín y en todas las disciplinas de un quinto curso bien llevado, se sentía, junto a Gracia y a su trenza única, un palurdo.

—¿Te molesta que te escriba?

—Pues la verdad, sí, un poco. No tiene sentido.

—¿No tiene sentido?

—No, Pablito. Deberías comprenderlo.

—Llámame Pablo.

—No me sale. ¡Eres un chaval!

—¿Quieres un emparedado de jamón?

—No te molestes. Me lo tomaré yo misma.

Gracia Andújar se apartó... y se fue para otro lado. Donde, casualmente, se hallaba Alfonso Estrada.

Pablito sintió que se le hundía el mundo. Un desánimo ignorado hasta entonces se apoderó de él. Abandonó la fiesta y, en un estado casi sonámbulo, tomó el camino de la Dehesa, los brazos caídos a ambos lados del cuerpo.

* * *

Otro amor: Paz Alvear. La primavera le dio a la chica un aldabonazo en el corazón. Pachín, el delantero centro del Gerona Club de Fútbol, muchacho atlético, rubio, al que en los cafés los camareros le decían sistemáticamente: «Ya está pagado», acabó sorbiéndole los sesos a la sobrina de Matías.

Hasta entonces habían salido juntos muchas veces, pero la innata seriedad de Paz paralizaba un poco lo deseos de Pachín. Pero he ahí que, de repente, todo estalló. Ello ocurrió una tarde en que el futbolista, que acababa de ducharse al término de un agotador entrenamiento en el Estadio, esperó a la muchacha a la salida de la Perfumería Diana. En contra de su costumbre, aquel día los dos se fueron andando, andando, a darse una vuelta por la parte de atrás de la Catedral, donde habían sido restauradas las estaciones del Calvario, y cuyo paisaje continuaba recordando, por los olivos y la topografía, el huerto de Getsemaní. Acodados en la barandilla del mirador, desde allí contemplaron el meandro del río Ter, que dibujaba una elegante curva en su camino hacia el mar; el campanario de San Pedro de Galligans y, a la derecha, el ubérrimo valle de San Daniel.

Todo aquello fue penetrándolos como a veces el rencor o una enfermedad desconocida. Hasta que fue haciéndose de noche morosamente, puesto que los días iban alargándose, y se sorprendieron a sí mismos rodeados de soledad.

Entonces, sin saber qué les ocurría, se besaron con una fuerza casi desesperada y al mismo tiempo con una gran dulzura. Permanecieron unidos por espacio de un buen rato, hasta que Pachín murmuró al oído de la muchacha:

—Vámonos un poco más arriba.

Apartándose a la derecha buscaron un espacio libre, con hierba. Lo encontraron a los pies de las murallas, entre bloques de piedra que el tiempo había ido desmoronando.

Paz había perdido por completo el dominio de sí, en tanto que una fuerza violenta se había apoderado del atleta Pachín. En un santiamén, como quien descubre un tesoro o que Papá Noel no proviene del otro mundo, la hija de la vulgar Conchi, la prima de Ignacio, conoció por vez primera, de modo total y pleno, el placer y el daño del amor.

No hubo sollozos, ni gritos, ni medió apenas una palabra. A no ser por las murallas, siempre majestuosas, todo hubiera transcurrido en medio de la mayor sencillez. Lo único, el jadeo de Pachín, que se sintió héroe, aunque esta vez sin la escolta de la multitud que lo jaleaba en los estadios.

Paz no se atrevió luego a pronunciar tampoco una sílaba.

Por su parte, Pachín, más ducho en esas lides, comentó:

—Nunca hubiera creído que fueras virgen...

Paz, sin acertar a explicárselo, al oír aquello no se enfadó. Sintióse aún más feliz.

—Pues ya lo ves. Lo reservaba para ti...

Minutos después se levantaron. El atleta rodeó con su brazo el cuello de la muchacha y, fundidos en un solo ser, iniciaron el regreso hacia la plaza de los Apóstoles y luego se dirigieron al barrio en que vivía la muchacha. Pachín fumaba entretanto y despedía el humo a varios metros de distancia.

Uno y otro notaron que un secreto los unía. Y también que la mutua atracción era fuerte y que aquello se repetiría cuantas veces se le antojase a la primavera.

Llegados a la calle de la Barca, Paz, que paradójicamente iba experimentando un bienestar infantil, contra su costumbre, empezó a reírse de cuanto veía. De una parada de churros, del gitano que pregonaba «El crimen de Cuenca» y de los cristales, empapelados con calcomanías, del bar Cocodrilo, donde su madre trabajaba.

Hasta que, acurrucado en un portal, vieron un gato gris y pequeño, que visiblemente no tenía dueño. Paz se despegó de Pachín y acercándose al gato lo tomó en sus manos con aire maternal. El gatito no protestó. Las manos de Paz le parecieron también un tesoro o Papá Noel.

—Me quedo con él. Es mío —dijo Paz—. ¡Se llamará *Gol*!

—*Gol, Gol*... —Pachín se rió de buena gana. Seguía fumando y echó una bocanada de humo a la cara del animalito gris.

—No seas bruto. Te cogerá miedo.

—¡Qué va! A mí todos los animalitos me quieren...

Esta vez quien se rió fue Paz. Miró con ternura a su hombre y le dijo:

—Es verdad.

* * *

El último afectado por un violento amor primaveral fue Ignacio. La experta y astuta Adela acabó sorbiéndole los sesos lo mismo que Pachín a Paz. Lo grave era que Adela se había enamorado perdidamente del muchacho. La juventud de Ignacio, su inteligencia y su manera de hablar, que tanto contrastaban con la monotonía de Marcos, el aburrido marido que coleccionaba sellos y se miraba sin cesar la lengua ante el espejo, significaba para ella el estímulo apetecido. Adela tenía treinta y cinco años y rebosaba de pasión. Ignacio subía a verla invariablemente todos los sábados, aunque el temor de ser descubiertos los llevaba incluso a hablar de buscarse algún lugar más seguro para sus encuentros. Adela llegó a conocer tan certeramente la sensibilidad de Ignacio, que era capaz de ocuparle el pensamiento más allá de toda lógica.

Ello trajo como consecuencia que Ignacio se sintiera más despegado aún de Marta. No obstante, Adela, con mucha malicia, se abstenía de hablar de la muchacha, fingiendo ignorar su existencia. No le convenía herir al respecto la susceptibilidad de Ignacio. Se limitaba a decirle, en momentos de intimidad: «¿Te das cuenta? Tú necesitas una mujer muy cariñosa, muy cariñosa... Que sepa tratarte como yo y susurrarte cosas dulces al oído...»

No se le escapaba a Ignacio la alusión. Y por unos momentos se colocaba a la defensiva y hasta pensaba en Adela con cierto encono. Pero las palabras de la mujer surtían el debido efecto, sobre todo habida cuenta de que Marta, pese a su buena voluntad, era en exceso retraída.

Y el caso es que el muchacho debía tomar, aquella primavera, una determinación. La ya cercana boda de Pilar lo obligaba a ello, además del sufrimiento de Marta, que no cesaba de repetirle: «Me tienes preocupada, Ignacio... No eres el mismo que regresó de Esquiadores. ¿Qué te pasa? Dímelo, por favor. Ni siquiera llevas el reloj de esfera azul que te regalé con tanta ilusión...»

Ignacio se escudaba en su preocupación por los exámenes y en el mucho trabajo que le imponía el bufete de Manolo. Pero Marta lo sentía lejos. Había momentos en que no era así, claro está. De pronto Ignacio se sentía liberado de la atracción de Adela y, pensando en la integridad de Marta, hubiera fijado también la fecha de la boda: el 12 de octubre. Sí, hubieran podido casarse juntos Marta y él, Pilar y Mateo. En alguna ocasión los cuatro habían hecho este proyecto. Pero la reacción duraba poco. Inmediatamente volvía al desapego. Cualquier nimiedad bastaba para ello; por ejemplo, verla cruzar la Rambla, marcando el paso, al mando de las «pequeñas» de la Sección Femenina.

Ignacio, desconcertado, resolvió decidir el pleito antes de ir a Barcelona, a examinarse en la Universidad. De primera intención pensó en consultar el asunto con el profesor Civil, puesto que éste los conocía a los dos desde hacía años. Pero de repente cambió de idea y prefirió hablarlo con Esther, la cual siempre se preciaba de conocer bien a las mujeres. «Sí, Esther conoce a las mujeres. Y podrá ayudarme.»

Su entrevista con la mujer de Manolo tuvo carácter decisivo. A Esther la halagó que Ignacio, «que valía lo que pesaba y más aún», le consultara algo tan serio. Esther, que llevaba para la ocasión un jersey amarillo muy ajustado, pidió a la doncella que les sirviera el té. «¿Te acuerdas, Ignacio, del primer día que subiste a casa? El té no te gustó ni pizca, pero no te atreviste a decirlo.»

—Por favor, Esther, contesta a mi pregunta...

La postura de la esposa de Manolo fue, al principio, cautelosa.

—¿Por qué me consultas una cosa así, Ignacio? Ya eres mayorcito, ¿no? Has hecho la guerra.

—Sí, pero no me he casado nunca...

Esther jugueteó con la varita de bambú propiedad de Manolo. Por fin se decidió a hablar. En verdad que detestaba las situaciones ambiguas.

—Bien, voy a serte sincera. Yo admiro mucho a Marta. La considero una gran mujer. Una mujer, por supuesto, capaz de hacer feliz a un hombre. Ahora bien... —Esther encogió las piernas y sentándose sobre ellas se acurrucó a un lado del sillón—, tus dudas me parecen lógicas. No, no estoy seguro de que vuestro matrimonio fuera un acierto.

Ignacio no supo si estar contento o no al oír aquellas palabras. Permaneció a la expectativa.

—Explícate, por favor...

—Marta me parece... —prosiguió Esther— un poco dramática. No sé si me expreso bien. Es cerrada, tiene sus ideas y las trascendentaliza demasiado. ¡Bueno, tú sabes eso mejor que yo! En cambio, tú... Tú eres libre. Y tengo la impresión de que lo serás cada día más. En este caso, el asunto es arriesgado. ¡Claro que Marta podría cambiar! Cuando yo conocí a Manolo era también un fanático, y ha cambiado. Pero Marta... ¿Puede cambiar Marta? Dios me libre de afirmar que no. Cuando una mujer se casa, y vienen los hijos, a veces lo somete todo al amor.

Llegada a este punto, Esther se calló. De nuevo pareció disgustarla verse obligada a ahondar en el tema como lo estaba haciendo. Ignacio, que había dejado enfriar el té, la invitó a continuar.

—Continúa, Esther. Te lo ruego...

Esther prolongó su silencio por espacio de unos segundos. Pero por fin movió la cabeza y se encogió de hombros.

—Pues bien —dijo—, creo que he hablado bastante claro. Existe realmente el peligro de que con el tiempo se cree un abismo entre vosotros. Porque es obvio que a ti te tiene sin cuidado la devolución de Gibraltar. En cambio, Marta grita en las manifestaciones como si fuera a comerse de un bocado las Islas Británicas o a míster Churchill.

Ignacio se quedó meditabundo. Al rato dijo:

—Todo eso que has dicho, y que me parece cierto..., ¿lo consideras un impedimento decisivo, a rajatabla?

Esther abrió los ojos de par en par, como en un primer plano de película.

—¡De ningún modo! —el tono de su voz cambió—. Querido Ignacio, aquí hemos omitido la verdadera clave de la cuestión. Porque, la verdadera clave es ésta: ¿quieres a Marta o no la quieres? Porque, si la quieres, todas mis teorías carecen de valor...

Ignacio se mordió el labio inferior. El dilema de siempre.

—Por favor, Esther... ¿Hay algún sistema para saber si un hombre quiere lo bastante a una mujer como para estar seguro de que le perdonará sus defectos?

Esther dejó caer al suelo la varita de bambú.

—Voy a serte franca, Ignacio. A mí siempre me ha parecido que la cosa fallaba por ahí... Que constantemente has de estar «perdonando» a Marta. Eso significa que te esfuerzas por quererla y que no lo consigues del todo. Fíjate en Pilar. ¿Le preocupa a Pilar que Mateo sea un exaltado y tenga vocación política?

Ignacio abrió los ojos.

—¡Mateo es un hombre! La situación es distinta, ¿no?

Esther movió la cabeza.

—Sólo en cierto grado...

Ignacio se inmovilizó. Le pareció que le dolía una muela. Encendió un pitillo. Las palabras de Esther le habían hecho mella: «A mí me parece que la cosa falla por ahí...» ¿Cuánto tiempo llevaba dudando? Desde antes de la guerra. Y la verdad era que no había avanzado un ápice y que últimamente más bien la cosa iba peor. No sólo por culpa de Adela, sino por las cartas que recibía de Ana María, en las que ésta se firmaba *Cascabel*.

Esther leyó el pensamiento del muchacho y quiso añadir algo:

—Ignacio, por favor..., no querría ser yo la responsable de tu decisión. Compréndeme. He accedido a hablarte porque tú me lo has pedido. Pero te repito lo dicho al empezar: el problema es tuyo, de nadie más. Marta te ama de verdad y, por lo tanto, tú no tienes ningún derecho a prolongar esta situación.

Ignacio asintió con la cabeza. Y bruscamente se levantó. Se levantó con la íntima sensación de que acababa de dar un gran paso hacia el final.

* * *

A raíz de este diálogo, todo fue encadenándose de una manera implacable. Marta se dio cuenta de lo que ocurría. Y dispuesta a retener a Ignacio como fuere, tomó una decisión insólita: acompañarle a Barcelona a examinarse. Ello significaba para Marta una increíble complicación, pues la Sección Femenina había acordado abrir aquel verano un Albergue Juvenil en Palamós y la muchacha debía dirigirlo, lo que significaba prepararlo todo y luego ausentarse a lo largo de julio, agosto y septiembre...

—Quiero estar a tu lado. ¡No faltaría más!

Ignacio se quedó estupefacto. Pero entonces se dio cuenta de hasta qué punto estaba decidido. De un modo espontáneo la obligó a renunciar a su proyecto.

—Te agradezco mucho, Marta, lo que acabas de decirme. Pero ¿no te parece una exageración? Eres la jefe de la Sección Femenina. ¿Qué excusa vas a dar?

—Eso corre de mi cuenta... —Marta tuvo un arranque amoroso—. ¡Te quiero tanto!

Ignacio se inquietó. Y se demostró a sí mismo que la coraza que llevaba puesta era dura.

—Hazme caso, querida... Me basta con el gesto que has tenido. En realidad, no puedo negarte que esperaba que algún día hicieras por mí algo así... Pero esta vez quédate... y cumple con tu deber.

Marta, más intranquila que nunca, lo miró con fijeza.

—¿Es que mi presencia te estorbaría?

—¡Por Dios, no digas eso! —Ignacio apenas si acertó a

435

disimular—. Pero a lo mejor los exámenes se prolongan más de la cuenta... Y por otro lado, necesitaré estar lo más concentrado posible.

Marta se sintió derrotada. Los ojos se le humedecieron. Su expresión era muy distinta de cuando en las manifestaciones pro Gibraltar gritaba como si fuera a comerse de un bocado las Islas Británicas o a míster Churchill.

—Está bien, Ignacio. Pero que conste que mi deseo hubiera sido acompañarte...

Ignacio le estrechó con fuerza la mano. Y al hacerlo tuvo la impresión de que se despedía de la muchacha. Ésta se fue... y a lo lejos su silueta con camisa azul se fundió en la oscuridad bajo los soportales de la Rambla.

Ignacio suspiró. Poco después notó que lo ganaba una absoluta frialdad. Recordó las palabras de Esther: «El problema es tuyo, de nadie más.» ¡Claro que sí!

* * *

El día 14 tomó el tren para Barcelona. Al igual que Pablito, se había trazado un plan. La diferencia estribaba en que el plan de Pablito fracasó mientras que el de Ignacio salió redondo.

Al llegar a Barcelona se dirigió a casa de Ezequiel, donde se hospedaría mientras duraran los exámenes. Ezequiel, al verlo, exclamó, contento como siempre: «¡Ahí llega el gran hombre!» y Rosa, la esposa del fotógrafo, primero le preparó un tazón de leche caliente... y luego le asignó la cama que Marta ocupó cuando la muchacha se había ocultado allí, al inicio de la guerra.

Ignacio, desde la misma casa, llamó por teléfono a Ana María. Y ésta acudió al instante a verlo y ya no lo abandonaría hasta el fin de los exámenes... ¡Lo que no le impediría al muchacho concentrarse! Mañana y tarde lo acompañaba a la Universidad y, si era necesario, esperaba horas y horas sentada en un bar cercano. Ana María vivió minuto a minuto la zozobra de aquel fin de carrera. Ignacio se había presentado solo, pues Mateo, por cuestiones de su cargo, había decidido posponer sus exámenes hasta septiembre. Ignacio se había presentado con su certificado de ex combatiente y pronto se dio cuenta de que los ejercicios lo desbordaban. No estaba, ni con mucho, preparado, pese a los esfuerzos del profesor Civil.

A no ser por la certeza de que «aquellos exámenes eran todavía patrióticos», se hubiera sentido abochornado. Pero el ambiente a su alrededor era rotundamente optimista. Especialmente un muchacho de Tarragona, que siempre coincidía a su lado en las pruebas, le decía: «¿A qué apurarse? Ganaste unas cuantas medallas, ¿no? ¡Pues firmas *Arriba España*, como en octubre pasado, y sanseacabó!»

Ignacio siguió el consejo... y acertó.

¡Aprobó! Sí, Ignacio, en uno de los instantes más felices de su existencia, muy poco después del término de los ejercicios, y gracias a que la calificación fue dada con vertiginosa rapidez, pudo leer su nombre y sus dos apellidos, *Ignacio Alvear Elgazu*, en la lista triunfal que el bedel de la Universidad había colocado en el tablero del vestíbulo.

¡Abogado! ¡Ya era abogado! Ana María lo abrazó... Se le echó al cuello un poco como *Goering*, el perro del doctor Chaos, levantaba sus patas traseras cuando veía regresar contento a su amo. Ignacio no sabía lo que le ocurría. ¿Qué hubieran dicho David y Olga? ¿Qué hubiera dicho Julio García? ¿Y por qué pensaba en ellos en un momento así? Se encontró casi llorando en la plaza de la Universidad, rodeado de tranvías. Ana María, por el contrario, pegaba saltos, e Ignacio viéndola se repetía para sus adentros: «Efectivamente, es un cascabel.»

Se dirigieron a la cercana oficina de Telégrafos e Ignacio envió un telegrama a su padre, calculando, por la hora, que éste lo recibiría personalmente y que al leerlo tiraría sin duda al aire el lápiz que siempre llevaba en la oreja, como si fuera un pitillo. También envió un telegrama a Manolo y Esther, otro al profesor Civil... y otro a Marta. Acto seguido, Ignacio y Ana María se dirigieron a su bar preferido, el del Frontón Chiqui, y allí se sentaron y se miraron largamente a los ojos, ojos que cambiaban de color a cada instante, confirmando la teoría del doctor Andújar, según la cual la felicidad es lo contrario de lo inmóvil.

—¡Ana María!...

—¡Ignacio...!

Al fondo del café, dos ancianos fumaban y jugaban en silencio a las damas. La cafetera exprés resoplaba, pero Ignacio y Ana María se habían aislado como si fueran náufragos en un mundo anterior al pecado original.

En aquellos días no habían hablado sino de los exámenes... Ahora éstos quedaban atrás. Ignacio sintió algo hondo, al igual que Ana María. Por sus mentes desfilaban recuerdos de mar y de balones azules... Y sin darse cuenta, se sorprendían con las manos enlazadas.

Ignacio se sentía tan lleno de Ana María que comprendía que debía aclarar de una vez para siempre la situación. ¡No era fácil! Dio muchos rodeos. Habló incluso de la operación sufrida por su madre, Carmen Elgazu, y, por descontado, de Manolo, en cuyo bufete él encarrilaría definitivamente su destino profesional. Por fin, se decidió.

—Ana María —dijo—, hoy es un día muy grande... Hay otra noticia, además del aprobado: estoy completamente decidido a romper con Marta.

Ana María retiró su mano. En San Feliu de Guíxols, el verano anterior, había tenido la íntima seguridad de que aquello sucedería, de que Ignacio un día pronunciaría aquellas palabras. Y el comportamiento del muchacho desde su llegada a Barcelona la había confirmado en esa opinión. Sin embargo, al oírlas en voz alta, sílaba por sílaba, le penetró algo parecido al miedo. ¿Es que podía pasarse así, de una mujer a otra, en una mesa de café?

Ignacio intuyó los escrúpulos de la muchacha y le dio toda clase de explicaciones.

—Comprendo tus reservas, Ana María. No hace falta que digas nada. Pero he agotado todos los recursos. Ni yo podría hacer feliz a Marta ni ella podría hacerme feliz a mí. Si la conocieras te darías cuenta de que tengo razón. Ambos cometeríamos un tremendo error. —Luego añadió—: Lo que ocurre es que he sido un insensato llevando las cosas tan lejos...

Ana María era feliz por dentro. Se daba cuenta de que Ignacio no mentía, de que esta vez aquello era definitivo. Pero no podía dejar de pensar: «¡Si esto me ocurriera a mí, me volvería loca!»

Por fortuna, Ignacio dio con las frases justas. Él necesitaba una mujer alegre, afectuosa y que no tuviera que luchar para colocarlo a él detrás de José Antonio, o de los Albergues Juveniles, o de los documentales cinematográficos del III Reich. En el matrimonio se jugaba uno la vida entera. Marta encontraría a la larga a otro hombre: probablemente, un militar. Cuando la herida se le hubiera cicatrizado. Él, desde que conoció a Esther, comprendió que necesitaba una mujer que se le pareciera. Y Ana María le ofrecía esta posibilidad. Ana María era capaz de jugar al tenis, de enviar *christmas* y de otras mil cosas por el estilo. Y era femenina por los cuatro costados, hasta el pundo de guardarse, como acababa de hacer, los envoltorios de los dos terrones de azúcar que ellos se habían tomado en el café.

Ana María, por fin, agachó la cabeza... sonriendo. Y se declaró vencida —o vencedora—, al margen de los escrúpulos, que por otro lado honraban a su sensibilidad. Entonces tuvo un rapto de alegría. Se acercó a Ignacio y le dio un fortísimo beso en la mejilla, que era como el sello del pacto que acababan de hacer.

—Yo te quiero, Ignacio. Te quise desde el primer día... Pero eso tenía que ser limpio. Ahora creo que lo está. ¡Dios, qué alegría! ¿Te das cuenta de que yo también he aprobado? ¡Pídeme otro café, por favor!

Ignacio y Ana María se aislaron otra vez... y el amor, ya sin niebla, embelleció sus semblantes. Se pasaron una hora regodeándose con el pensamiento del futuro que los aguardaba, mientras allá al fondo, los dos ancianos continuaban fumando y jugando a las damas.

—¡Ignacio!

—Ana María...

Ana María reclinó la cabeza en el hombro del muchacho.

—Te escribiré todos los días... —susurró.

—Y yo te contestaré.

—¿Sabes? En julio nos instalamos ya, otra vez, en San Feliu. ¿Cuántas veces irás a verme?

—Cada semana. Los domingos.

—A ver si es verdad.

Ignacio simuló repentinamente asustarse.

—¿Tú crees que todavía habrá guardias civiles en la playa?

Ana María hizo un mohín.

—Eso... supongo que no habrá cambiado.

—Bueno —aceptó Ignacio, encogiéndose de hombros—. Tendré que contentarme, como siempre, con mirarte sin estorbos debajo del agua.

No quedaba sino un problema que resolver, aparte de la imprevisible reacción que, al enterarse, tuviera el padre de Ana María, «el cada vez más poderoso don Rosendo Sarró»: ¿Cuándo y cómo Ignacio le diría a Marta *esto ha terminado*? Era preciso herirla lo menos posible. Ignacio dijo: «Regresaré a Gerona y esperaré la oportunidad... Lástima que no pueda contar con Pilar. Pilar quiere tanto a Marta, que se pondrá furiosa.»

Ana María dijo:

—Lo dejo en tus manos. Y deseo con toda el alma que Marta consiga reaccionar.

La entrevista terminó, pues Ignacio quería tomar el tren aquella misma tarde. Salieron del bar del Frontón Chiqui y subieron a un taxi, en dirección a casa de Ezequiel, para recoger la maleta. Ana María en el trayecto reclinó su cabeza en el hombro de Ignacio y le pareció que en aquel coche había flores y lacitos blancos, como en los que conducían novias a la iglesia.

Ezequiel felicitó a Ignacio por el aprobado.

—Conque abogado, ¿eh? A ver si les zumbas a los estraperlistas...

Ignacio comentó:

—Ya lo hago.

El mismo taxi los condujo a la estación. Al llegar allí faltaban escasos minutos para que el último tren partiera. Se abrazaron fuertemente, en el andén. Las locomotoras echaban humo espeso y negro; pero este humo acabó desvaneciéndose en la gran nave e Ignacio pensó para sí que del mismo modo se habían desvanecido por fin, ¡ya era hora!, las dudas de su corazón.

* * *

Gerona recibió a Ignacio con banda de música. «¡Menudo telegrama! —exclamó Matías—. ¡El mejor que he recibido desde que estoy en la oficina!»

Destapóse champaña en casa de los Alvear. Champaña que, inesperadamente, mareó a Eloy, así como el de Navidad había mareado a tía Conchi. «¡Hupi...!», gritaba el chico, dando vueltas por el comedor y besuqueando a todos.

Marta participó en la ceremonia... más que nadie, pues se presentó en el piso de la Rambla con un obsequio que significó para Ignacio un mazazo en la cabeza: una placa dorada, idéntica a la que Manolo tenía en la puerta, y que decía: *Ignacio Alvear, Abogado*.

Ignacio palideció. No consiguió otra cosa que tartamudear:

—Gracias, Marta. Es un detalle... maravilloso.

Ignacio no sabía qué hacer con la placa. Todo el mundo

advirtió su incomodidad. Marta comprendió que había gastado en balde su último cartucho. Y Pilar miró a Ignacio sin poder ocultar su irritada desazón.

Una hora después Ignacio había hecho ya las dos visitas inevitables: a Manolo y Esther, y al profesor Civil. Nuevos brindis. Manolo le dijo: «Mañana hablaremos de negocios. Ahora podremos trabajar en serio.» El profesor Civil lo abrazó: «¡Bueno, Ignacio! Estaba seguro de que todo saldría bien.»

Aquella noche, en la cama, Ignacio decidió esperar a que Marta estuviera en Palamós, en el Albergue Juvenil, para ir a verla... y comunicarle la decisión que había tomado, dolorosa e irrevocablemente.

CAPÍTULO XXXV

EL PADRE FORTEZA LLEVABA ya más de dos horas en casa de los Alvear. Había ido allí cumpliendo una misión agradable: recoger datos sobre César, con vistas a la causa de la beatificación del hermano de Ignacio.

Dicha causa había entrado en su fase legal y el señor obispo había nombrado al padre Forteza vicepostulador de ella; es decir, el jesuita sería el encargado de buscar los testimonios y pruebas que pudieran resultar «favorables». Más tarde, no sólo expondría el resultado de sus investigaciones ante el Tribunal eclesiástico, sino que se encargaría de su defensa, mientras el «abogado del diablo», es decir, mosén Alberto, opondría las objeciones pertinentes, con el objeto de que el mencionado Tribunal, oídas ambas partes, decidiese si valía o no la pena proseguir el expediente y mandarlo a Roma.

De ahí que la entrada del jesuita hubiese iluminado el piso de la Rambla.

—Perdonen ustedes —había dicho, con su abierta sonrisa—, pero mi visita tiene carácter profesional.

Carmen Elgazu, al ver al padre Forteza, había exclamado:

—¡Virgen Santísima! —Y había corrido al lavabo a arreglarse el moño y a quitarse el delantal, lo que hizo en un abrir y cerrar los ojos.

441

Entretanto, Matías y Pilar habían acompañado al padre Forteza al comedor y le ofrecieron una taza de café.

—Gracias, pero preferiría algún licor dulce.

—¿Anís? ¿Calisay?

—Preferiría Calisay.

—De acuerdo, padre. Un momento...

Pronto la botella de Calisay y las copitas correspondientes presidieron la mesa y todos se sentaron alrededor. La expectación familiar era enorme. ¿Visita profesional? ¿Qué podía ser?

El padre Forteza pareció querer jugar un poquito con aquellos seres que lo miraban entre alegres y cohibidos. Con la mayor calma sacó un bloc de notas y un lápiz, como disponiéndose a tomar apuntes. Luego, mirando al balcón que daba al río, comentó: «Esto a veces olerá mal, ¿verdad?» A continuación preguntó por Ignacio. «¿Saben ustedes si volverá pronto?» Matías alzó los hombros. «No lo sé, padre... A veces sale muy tarde del trabajo.»

Por fin el padre Forteza se decidió a hablar. Explicó a los presentes a lo que había ido, y toda la familia respiró aliviada. No obstante, desde el primer momento quiso que supieran a qué atenerse con respecto a los trámites a seguir. «Son trámites largos. Pueden durar incluso años. La Iglesia, en estas cosas, es muy prudente.» Añadió que los motivos por los cuales se había abierto la Causa de Beatificación eran dos. Uno, el principal, porque en principio podía considerarse que *César había realmente muerto por Cristo*. «Con demostrar esto sería suficiente.» El otro motivo, secundario, se refería a la conducta observada por el muchacho en los pocos años que había vivido. «Todo el mundo coincide en que poseía virtudes excelsas, propias de una criatura santa.»

—Así, pues —concluyó el padre Forteza—, ese nombre tan raro, vicepostulador, significa eso: yo estoy aquí en calidad de abogado defensor de su hijo.

Carmen Elgazu estaba tan emocionada, que su mano tembló cómicamente al llevarse a los labios la copita de Calisay. Matías no sabía qué decir. Se sentía confusamente halagado, aunque no acababa de entender que su hijo necesitase «abogado defensor». Pilar miraba al jesuita pensando: «Si yo fuese vicepostulador, o como se llame, beatificaría también al padre Forteza.»

Matías fue el primero en reaccionar. Lió con extrema lentitud su cigarrillo, y atrayendo hacia sí el cenicero preguntó:

—Bueno, padre, ¿y en qué podemos ayudarle nosotros?

—Lo primero que desearía pedirles —dijo el padre Forteza— es que me enseñasen algunas fotografías de César.

Carmen Elgazu palideció. Desde la operación ello le ocurría por cualquier motivo. Sin embargo, Pilar se había ya levantado, dirigiéndose a su cuarto.

—Voy por el álbum.

Y he ahí que en aquellos segundos de espera el padre Forteza empezó a hacer uso del lápiz y el papel. Pero no «para tomar notas», como todos habían creído. Simplemente le gustaba, siempre que debía tratar algún asunto serio, amenizarse el trabajo dibujando casitas y árboles, con alguna que otra oveja alrededor.

Pilar regresó al punto.

—Ahí tiene —dijo. Y depósito el álbum en la mesa, al alcance del jesuita.

Se hizo un silencio. Y el padre Forteza, abriendo el álbum, inició su itinerario.

La mayor parte de las fotografías en que aparecía César eran antiguas y borrosas. Pero no importaba. Ante cada una de ellas, el vicepostulador se detenía y la contemplaba con calma. Lo cierto es que la figura del muchacho le impresionó sobremanera. Aquellos ojos abiertos, aquellas orejas separadas, aquel aire de humildad... Siempre con los pantalones excesivamente largos... En una de ellas se le veía en el Collell, en la pista de tenis, recogiendo una pelota. En otra se le veía en el taller de imágenes, el taller Bernat, pintando con unción la llaga del costado de Cristo. César tenía en ella una expresión de ángel, de un ángel que hubiera sacado fuera la puntita de la lengua...

El padre Forteza no pronunciaba una sílaba, por lo que la tensión iba en aumento. Hasta que Carmen Elgazu no pudo más.

—¡Era un santo, padre...! —exclamó, llevándose las manos a la cara y estallando en un sollozo. Luego añadió—: ¡Dios mío, y esa gentuza se lo llevó y lo mató!

Matías estrechó dulcemente el brazo de Carmen Elgazu. Y el padre Forteza miró a la mujer con ternura. El jesuita era todo lo contrario de un ser frío; pero en esta ocasión quería evitar las expansiones inmoderadas.

Por fin cerró el álbum.

—Bueno, esto basta —comentó—. Ahora ya conozco a su hijo.

El padre Forteza se bebió un sorbo de agua. Y acto seguido les dijo que se vería obligado a proceder con cierto método, «de acuerdo con las normas». «Pero es necesario, ¿comprenden?» En las causas de Beatificación era preciso tener en cuenta muchas cosas: los actos de caridad, las fórmulas de devoción, las mortificaciones, la pureza... Y a veces un detalle de apariencia insignificante podía ser más revelador que un acto heroico o espectacular.

—De acuerdo, padre. Estamos a su disposición.

El padre Forteza empezó diciendo que todo lo referente a la caridad que podría llamarse «externa» de César le era ya sobradamente conocido.

—Sé que iba a la calle de la Barca, con su estuche bajo el brazo, y que afeitaba a los viejos y a los enfermos que no podían moverse de la cama... Sé que se sentaba en el vestíbulo de cualquier casa para darles clase a los chiquillos que se encontraban dispersos por la calle. —El padre Forteza se paró—. ¡Sé que lo llamaban 4 × 4, 16!

—Sí, es cierto —ratificó Carmen Elgazu, ya más serena y que procuraba sonarse sin hacer ruido.

El padre Forteza añadió:

—En cambio, no tengo el menor dato sobre sus devociones, sobre su piedad. En este sentido, ¿qué era lo que más destacaba en él?

La pregunta del jesuita hizo que multitud de recuerdos afluyeran a la mente de todos. Carmen Elgazu, y muy especialmente Pilar, cuidaron de seleccionarlos para informarle lo mejor posible. Por supuesto, resultaba un poco difícil concretar. César era una oración continua... Rezaba jaculatorias, el Credo, sentía predilección por la imagen de San Ignacio que había en su cuarto, leía a menudo los Evangelios...

—Tal vez —dijo Pilar—, amaba por encima de todo a la Virgen. Siempre llevaba muchas estampas y medallas, precisamente de la Virgen del Carmen, y las repartía. Y al terminar el Rosario se arrodillaba, porque le gustaba rezar la Salve brazos en cruz.

El jesuita asintió con la cabeza. Y en ese momento Carmen Elgazu, repentinamente iluminada, afirmó que habían olvidado lo más importante: la comunión. En efecto, lo que César consideraba más grande era comulgar... «Sin comulgar no hubiera podido vivir, ¿comprende, padre?» La mujer explicó que, cada mañana, cuando el muchacho regresaba de la iglesia, no se atrevía siquiera a pedir el desayuno, «por respeto a Jesús, que acababa de entrar en su pecho».

El padre Forteza, al oír esto, miró a Matías, quien hasta el momento se había abstenido de intervenir.

—¿Recuerda usted, Matías..., algo significativo en relación con ese amor de su hijo por la Eucaristía?

Matías, a quien la palabra Eucaristía le sonaba siempre un poco rara, titubeó un instante y luego dijo:

—Supongo que hay un dato que lo resume todo: si los milicianos lo detuvieron fue porque se escapó de casa para salvar los copones de las iglesias....

El jesuita, pese a conocer ya este detalle, se quedó pensativo. Y esta vez dibujó en el bloc un árbol. Pilar iba pensando: «Pero ¿se acordará de todo esto el padre? ¿Por qué no lo anota, en vez de dibujar ovejas y arbolitos?»

Prodújose otro silencio. En realidad, la figura del padre Forteza inspiraba también un gran respeto a todos. Todos le recordaban en *la Pasión*, en el Teatro Municipal, recitando: «Bienaventurados los que lloran, porque ellos serán consolados.» «Me causan compasión estas turbas, porque tres días hace que permanecen ya en mi compañía y no tienen qué comer.»

El jesuita manifestó que, con respecto a la piedad, de momento aquello le bastaba y que podían pasar a otro capítulo: el de las mortificaciones. Suponía que ahí resultaría más difícil hacer memoria, pues César realizaría muchas por cuenta propia, sin que se enterase nadie. Pero no había más remedio que proseguir.

Pilar intervino con más decisión de lo que cabía esperar. Habló de la austeridad de César en la mesa y en los juegos; de su preocupación por no sentarse nunca en posturas excesivamente cómodas; de cómo se mordía la lengua cuando en su presencia se criticaba a alguien.

—Se mortificaba constantemente —concluyó la muchacha—. Aunque estaba tan acostumbrado a hacerlo, que no parece que ello lo hiciera sufrir.

El padre Forteza se dirigió nuevamente a Matías.

—¿Es cierto, Matías, que le prohibió usted llevar cilicio?

Matías asintió.

—Desde luego. Se lo prohibí. Aunque —añadió en tono

ligeramente irónico— me temo que no me hizo el menor caso...

—¿Y por qué se lo prohibió usted? —interrogó el jesuita.

Matías se encogió de hombros.

—¡Qué sé yo! César era un chico débil. Y no me gustaba que hiciera esas cosas...

Carmen Elgazu, que se esforzaba en no olvidar detalle —¡con qué relieve recordó el momento en que Matías tiró coléricamente el cilicio al río—; intervino otra vez, afirmando que cuando mayormente se mortificaba César era en época de Cuaresma.

—Se pasaba la Cuaresma sin sonreír siquiera. Adelgazaba todavía más, pues no podíamos conseguir que comiera lo que le hacía falta. Y desde luego, no se atrevía ni a silbar.

Pilar, al oír esto, tuvo un reflejo entusiasta.

—En cambio, cuando llegaba el Sábado de Gloria, al oír las campanas pegaba un gran salto y nos abrazaba a todos. Sobre todo a Ignacio.

El jesuita preguntó:

—¿Por qué sobre todo a Ignacio?

—No sé...

El padre Forteza, llegados a este punto, formuló una extraña pregunta, tal vez por aquello de que un dato insignificante podía ser revelador. Preguntó si era cierto que César visitaba con mucha frecuencia el cementerio.

La palabra sonó fuerte en el comedor. Esta vez quien contestó, haciendo de tripas corazón, fue Matías.

—Desde luego, era lo primero que hacía al llegar del Collell.

—¿Qué cree usted, Matías, que lo impulsaba a ello?

Matías aplastó la colilla en el cenicero.

—Eso... nadie puede saberlo. Lo único que puedo decirle es que allí visitaba de preferencia los nichos de los niños.

Al oír esto, el padre Forteza abrió de nuevo el álbum de las fotografías. Y volvió a fijarse en aquella en que se veía a César pintando en el taller de imágenes la llaga en el costado de Cristo.

Cerrando el álbum, el jesuita modificó el tono de la voz.

—César... era un chico triste, ¿verdad?

Las opiniones fueron en este punto contradictorias. Carmen Elgazu negó con mucha seguridad.

—¡De ningún modo! Era el chico más feliz del mundo... En

muchos momentos respiraba una alegría que no he visto nunca en nadie más.

Matías manifestó perplejidad, pero no dijo nada. En cambio, Pilar apuntó:

—Pues a mí me parece que el padre tiene razón. Que en el fondo, era triste. —La muchacha agregó—: Muchas veces yo le preguntaba: «Pero ¿qué te ocurre, César? ¿Te sientes mal?»

Hubo un forcejeo, pero Pilar se mostró muy firme.

—Es más —concluyó—. Creo que llegué a descubrir la causa de la tristeza de César.

—¡Ah!, ¿sí? —el padre Forteza miró fijo a la muchacha.

—Sí. César estaba descontento de sí mismo... ¡Se consideraba un pecador!

—¿Un pecador?

—Eso es. Decía que era un pecador... Y que debido a ello no conseguía convertir a los hombres de la calle de la Barca.

El padre Forteza abrió los brazos, dando a entender que las intervenciones de Pilar le agradaban. Marcó otra breve pausa y acto seguido se dirigió nuevamente a Matías.

—¿Podría usted imaginar, Matías, que César cometiera alguna vez actos impuros?

Carmen Elgazu miró a Matías como si quisiera sobornarlo.

—No.... —dijo Matías—. Absolutamente imposible. —Luego añadió—: Ni siquiera sabía lo que era eso.

La respuesta fue tan contundente, que el padre Forteza golpeó la mesa con el lápiz. Luego se pasó la mano por la cabeza y, como dispuesto a abreviar, preguntó a todos cuál podría ser, en resumidas cuentas, la principal virtud del muchacho.

Esta vez el mohín de perplejidad fue colectivo. ¿Qué podían contestar? Tal vez la obediencia; tal vez la humildad... Si lo elogiaban, César se ponía nervioso. Matías recordó que en una ocasión el muchacho, en el río Ter, consiguió pescar un pez y se quedó tan aturdido como si hubiera cometido una mala acción.

Carmen Elgazu intervino:

—¿Puedo darle mi opinión, padre?

—Claro que sí.

—Creo que la principal virtud de César era la esperanza... Sí, mi hijo tenía una gran esperanza. Una gran confianza en Dios.

El padre Forteza irguió el busto. Era la primera vez, ¡qué

curioso!, que sonaba en el diálogo la palabra *Dios*. La expresión del jesuita denotaba que habían llegado a un punto particularmente delicado.

—Señora... ¿le habló su hijo, alguna vez, de visiones sobrenaturales?

Esta vez Carmen Elgazu se mordió los labios. Dio la impresión de que le daba apuro entrar en este terreno

—Hable, señora, por favor...

—Es que... —Por fin Carmen Elgazu se decidió—: Una vez me dijo que vio rayos de luz en torno a la imagen de San Francisco de Asís...

El padre Forteza manifestó sorpresa.

—¿De San Francisco de Asís? ¿Es que César amaba mucho a los animales?

Carmen Elgazu dudó un instante.

—No... No creo que los amase de una manera particular.

El jesuita adivirtió que Matías había empezado a liar otro cigarrillo.

—¿Cree usted, Matías, en la posibilidad de que César viera efectivamente esos rayos?

Matías mojó con los labios la franja engomada del cigarrillo.

—La verdad..., no sé. —Y añadió—: De todos modos, César no mentía jamás...

El padre Forteza se dirigió a Pilar.

—¿Te habló a ti de esto en alguna ocasión?

La muchacha movió negativamente la cabeza.

—No. Pero en cambio, un año, por Navidad, me dijo que tuvo la impresión de que el Niño Jesús le había sonreído.

El padre Forteza se mostró ahora impenetrable. Y resultó evidente que no quería seguir en esa dirección. Entonces se dirigió una vez más a Carmen Elgazu.

—Antes dijo usted, Carmen, que César, en muchos momentos, respiraba una alegría que no ha visto usted nunca en nadie más. ¿Cómo podía estar alegre en aquella época, con tanto escarnio y tanta persecución?

Carmen Elgazu no titubeó.

—Él sabía que Jesús triunfaría, ¿comprende, padre? Lo mejor de César era eso: que creía con todas sus fuerzas en las promesas de Jesús.

Las promesas de Jesús... El padre Forteza evocó para sus adentros, en un instante, varios textos dirigidos a los apóstoles: «Vuestra tristeza se convertirá en gozo.» «Dentro de poco ya no me veréis; mas poco después me volveréis a ver.»

La palabra «apóstoles» condujo al jesuita a efectuar un viraje enfocando un aspecto de la cuestión que sin duda le interesaba especialmente.

—¿Considera usted, Carmen, que la máxima aspiración de César era ser sacerdote?

Carmen Elgazu tuvo entonces una intervención absolutamente inesperada.

—Pues la verdad... No creo que la máxima aspiración de César fuera ser sacerdote.

Sorpresa general.

—¿Qué quiere usted decir?

Carmen Elgazu asumió una gran dignidad.

—Yo creo que la máxima aspiración de César era otra: era morir... Sí, ésa era su vocación. Decía que precisamente porque la época era de escarnio debía haber quien expiara las culpas. Meses antes de la guerra le entró ese pensamiento muy adentro y no hacía más que hablar de eso. Decía que todos pecábamos y que él deseaba morir.

Al padre Forteza se le marcaron súbitamente las ojeras. Dejó de dibujar arbolitos. Segundos después prosiguió:

—¿Quién fue el último que lo vio?

Intervino Matías:

—Mosén Francisco... Se había disfrazado con mono azul y se ocultó en el cementerio... Cuando los milicianos se cansaron de disparar y se fueron, mosén Francisco se acercó a las víctimas y consiguió darle a César la absolución.

Un gran silencio se apoderó del comedor. Esta vez fue Carmen Elgazu quien lo rompió, llevándose repentinamente el pañuelo a la nariz:

—¿Sabe usted, padre...? En Gerona hay mucha gente que le reza ya a mi hijo, como si estuviera en los altares. Que le pide favores... —Luego añadió—: Podrá usted hablar con algunas de ellas, si le interesa...

El padre Forteza hizo un gesto que significaba: «Eso, en todo caso, más tarde.»

En ese momento exacto se oyó el llavín en la puerta y entró Ignacio.

Todos se alegraron lo indecible de su llegada. Era la pieza que faltaba. En cierto modo, Ignacio fue quien mejor conoció a César, aparte de que hubiera sido verdaderamente una lástima que el padre Forteza se hubiese marchado sin haberle saludado siquiera.

Ignacio, al reconocer desde el pasillo al jesuita, no pudo disimular su asombro. Llegaba con el semblante un poco demudado, no se sabía por qué. Tal vez por el exceso de trabajo en casa de Manolo.

El muchacho, en dos zancadas, se plantó en el comedor.

—Pero, ¡padre! ¡Cuánto honor! La verdad es que no esperaba...

El jesuita se levantó para estrecharle la mano.

—Ya lo ves, hijo... Has llegado en el momento oportuno.

—¿De veras?

Ignacio, algo desconcertado, besó la frente a su madre y tomó asiento a su lado, en una silla que Pilar le acercó. Y fue la propia Pilar la encargada de explicarle el motivo por el cual el padre Forteza estaba allí.

Ignacio, mientras escuchaba a Pilar, iba moviendo repetidamente la cabeza. Era evidente que le costaba adaptarse al tema, que llegaba con la mente muy ajena a él. Ello intensificó el cambio de clima que la llegada de Ignacio había operado en el comedor. No obstante, el muchacho había visto en seguida el álbum de fotografías sobre la mesa. Y aquello lo puso rápidamente en situación.

—César, claro... —musitó, como hablando consigo mismo, sin dejar de mirar el álbum.

El padre Forteza le dijo:

—Me han contado cosas de gran interés para mi labor. Estoy muy impresionado.

Ignacio, por fin, levantó la vista y la fijó en el jesuita. Y en un tono muy suyo, mezcla de añoranza y de descontento, replicó:

—Lo impresionante sería que César continuara sentado aquí con nosotros, en su silla de siempre.

Carmen Elgazu volvió a palidecer. Matías mudó de expresión.

El padre Forteza comprendió al muchacho.

—Por supuesto —dijo—, tienes razón. Desde el punto de vista humano, mejor sería tenerlo sentado aquí. —El jesuita, midiendo bien sus palabras, agregó—: Sin embargo, en un orden... diríamos trascendente, reconocer la santidad de César podría servir de consuelo, ¿no te parece?

Ignacio sintió activarse en su interior su atávica rebeldía. Era obvio que su lucha era fuerte. Finalmente respondió:

—Compréndalo usted, padre... En estos casos hablar de consuelo resulta difícil...

Esta vez el tono de voz de Ignacio fue más duro que antes. Carmen Elgazu miró a su hijo con expectante temor. El juego era complejo y sutil y las vacías copitas de Calisay parecieron notas frívolas. Ocurría lo siguiente: los allí reunidos ignoraban que Ignacio no llegaba de casa de Manolo, sino de casa de Adela. De ahí su contagiosa incomodidad. Ignacio, un cuarto de ahora antes, le estaba diciendo a Adela: «Es terrible. Me doy cuenta de que no puedo vivir sin ti...»

Se había creado un silencio tenso. El padre Forteza apuntó:

—Sin embargo, insisto en que puede ser hermoso pensar que César es ya un ángel, y que desde arriba está mirando, en estos momentos, este comedor...

Ignacio hizo una mueca. Recordó las dudas que respecto al cielo había expuesto en casa de Manolo y Esther. Incluso pensó: «¿Por qué dice esto el padre, si sabe que a los ángeles y a los santos les basta con la contemplación de Dios?» Pero cedió. ¿Por qué cedió? Porque allí estaba su madre, Carmen Elgazu, que lo miraba con aquella expresión dramática con que lo miró años atrás, cuando él se enfrentó con mosén Alberto.

Ignacio realizó un esfuerzo titánico pero consiguió iluminar su rostro y hablar en tono de gran convicción.

—Tiene usted razón, padre... Sí, seguro que César está en el cielo... y que en estos momentos nos estará mirando.

Carmen Elgazu casi estalló de alegría.

—¡Hijo! —exclamó tomándole la mano con dulzura—. Gracias a Dios que te oigo hablar así.

La situación había dado un vuelco. Las palabras de Ignacio cayeron como una lluvia bienhechora en el comedor. El jesuita miró al muchacho con gratitud, si bien no se le ocultó que su reacción obedeció a un impulso de carácter emocional.

Ignacio, sin embargo, estaba tan contento por haber triunfado sobre sí mismo —además de que se dio cuenta de que su padre lo miraba también con gratitud—, que decidió rematar su buena acción.

—¡César...! —exclamó, como dando a entender que él podría estar hablando de su hermano interminablemente—. A su lado yo era... —¡qué sé yo! Un cobarde. —Sonrió y añadió—: Y como han visto ustedes, ¡sigo siéndolo!

El jesuita protestó:

—No digas eso, muchacho. A tu edad, es lógico que te formules preguntas... Además —prosiguió, en expresivo gesto—, si no lo hicieras así no serías Ignacio, ¿verdad?

Pilar casi palmoteó.

—¡Eso me gusta!

El padre Forteza recogió su bloc de notas, indicio cierto de que daba por terminado «el interrogatorio». Entonces Ignacio, viendo la botella de Calisay, dijo: «¡Hum...!» Y se sirvió una copita y paladeó el licor.

El clima había pasado a ser alegre. El jesuita entonces bromeó de nuevo sobre el nombre que oficialmente le correspondía: vicepostulador. «Todo lo que sea *vice* —comentó—, malo. Significa que la opinión propia no cuenta.»

Ignacio, lanzado a convertir la alegría en euforia, le preguntó al jesuita:

—¿Le han dicho ya que hoy es día grande en esta casa?

El padre Forteza negó con la cabeza.

—No sé a qué te refieres.

Ignacio le notificó entonces que celebraban nada menos que el cumpleaños de su padre, Matías.

El jesuita, al oír esto, estuvo a punto de palmotear también y se volvió hacia el interesado.

—¡Su cumpleaños! Enhorabuena... —El padre Forteza se incorporó ligeramente hasta conseguir estrechar entre las suyas las dos manos de Matías—. ¿Cuántos cumple usted, Matías? ¿Cuántos?

—Exactamente, cincuenta y cinco...

—¡Un chaval!

—Y que lo diga. Mañana ingresaré en las Organizaciones Juveniles.

La sesión, agradable a todas luces, se prolongó por espacio de un cuarto de hora aún. El padre Forteza contó varias anécdotas de su época de noviciado y les habló de la labor evangélica que realizaba en el Japón, en Nagasaki, su hermano mayor, misionero.

Carmen Elgazu preguntó:

—¿Y no corre peligro su hermano en aquellas tierras?

—¡No, no! —contestó el padre Forteza—. Llevar sotana es mucho más peligroso aquí...

Por fin terminó la reunión. El padre Forteza debía regresar al convento... ¡a confesar mujeres!

—En la iglesia habrá una cola de ellas esperándome...

Pilar le preguntó:

—¿Todavía les impone tanta penitencia?

—¡Más, hija mía! Pero vuelven... No hay nada que hacer.

La familia en pleno acompañó al jesuita a la puerta. Pilar intentó besarle la mano, pero el padre Forteza la retiró con habilidad.

—Que César os bendiga a todos... —dijo el jesuita—. Y a mí me ayude a llevar a buen término esta misión, pues hoy no he hecho más que empezar.

Dicho esto salió disparado, bajando los peldaños de dos en dos.

La familia quedó sola. Fueron regresando al comedor. Ignacio se metió en el lavabo. Pilar recogió el álbum y lo devolvió a su cuarto. Matías se dirigió al balcón que daba al río, en cuya agua rielaban las luces de enfrente, y pronto notó a su lado la callada y feliz proximidad de Carmen Elgazu.

CAPÍTULO XXXVI

«¿No hay bastantes infiernos aquí abajo?» Esta frase, atribuida al doctor Chaos, tenía justificación. La guerra clavaba su dardo sobre regiones cada vez más extensas. Rusia, además de apoderarse de los tres estados bálticos, Letonia, Estonia y Lituania, mordía ahora el territorio rumano, las regiones de Besarabia y Bucovina. Entretanto, Italia, dueña absoluta del Mediterráneo central, se disponía a actuar bélicamente en África, atacando la Somalia Británica y, a través de Libia, el propio Egipto, con el doble propósito de inutilizar el pacto de ayuda que este país tenía firmado con Inglaterra y de apoderarse del Canal de Suez. Pero, sobre todo, había empezado la «batalla aeronaval del Canal de la Mancha», preludio del asalto alemán a Inglaterra, que todo el mundo consideraba inminente.

Alemania disponía ya de dos mil millas de litoral, desde Narvik al Bidasoa. Había ocupado las dos islas normandas, propiedad de Inglaterra, Jersey y Guernesey, y su aviación había empezado a trazar cruces gamadas en el cielo inglés. «Alemania, país de aviadores», era la frase que podía leerse en la revista germanófila *Aspa*, publicada en España. El general Sánchez Bravo, que continuaba clavando banderitas en el gigantesco mapa que Nebulosa había colgado en la pared, calculaba que la superioridad de la aviación alemana sobre la inglesa era de ocho a uno: especialmente los *Stukas*, la fuerza explosiva de cuyas bombas levantaba a los defensores diez o doce centímetros del suelo, empezaban a herir de muerte las ciudades y centros industriales ingleses. Sobre Portland habían volado primero cuatrocientos aviones, luego quinientos, luego un millar. ¿Quién detendría las «alas milagrosas» del mariscal Goering? Inglaterra luchaba en el aire en condiciones de gran inferioridad. Antiaéreos, globos-barrera, algunos de los cuales se desplazaban en el espacio y habían sido vistos en las costas de Galicia. El Führer había pronunciado, en su último discurso, la sentencia inapelable: *Delenda est Britannia!* Inglaterra tenía que ser aniquilada... «Y todo ello —expuso Mateo— por la tozudez de un solo hombre, míster Churchill, quien no acepta la realidad de los hechos.»

El general Sánchez Bravo entendía que la «invasión» de Inglaterra se intentaría en todo caso por vía aérea, pues el Führer carecía de la flota necesaria para cruzar el Canal y desembarcar en la Isla. Alemania disponía de submarinos, de lanchas torpederas, pero le faltaban buques de gran tonelaje, aunque se apresuraba a construirlos, al parecer. Inglaterra, en el mar, en el Canal, dominaba, pese a la amenaza de la aviación. Disponía de varios acorazados, apoyados ahora por cincuenta destructores que el presidente Roosevelt le había vendido, con cuyo acto los Estados Unidos habían dejado prácticamente de ser neutrales, para convertirse en no beligerantes.

El profesor Civil, leyendo los periódicos, que daban por descontado que la ciudad de Londres, tan extensa como la provincia de Álava, desaparecería, experimentaba un malestar creciente. «Yo no sé lo que ocurrirá en última instancia en el Canal de la Mancha —decía el profesor—. Pero de momento los aviadores de ambos bandos, los marinos y la población civil inglesa que muere y que pierde sus hogares, constituyen una catástrofe irreparable. ¡Qué insensatez la del mundo, qué insensatez!»

Era curioso que los germanófilos a ultranza, uno de cuyos máximos exponentes era Mateo, no consiguieran sentir pena por lo que ocurría. Por el contrario, las caricaturas que aparecían en la prensa alusivas a lo mal que lo pasaban los ingleses, excitaban su buen humor. En una de ellas, publicada en *Amanecer*, se veía a un inglés que, acuciado por la falta de víveres, por el hambre, se disponía a comerse a otro inglés. «No se preocupe —le decía el primero a su víctima—. Deme usted su tarjeta e iré a comunicárselo a su familia.» Mateo, al leer la historieta, soltó una carcajada.

Todo esto era de tal modo que la mayoría de las personas contrarias al Eje no se atrevían a opinar. Tenían miedo y se callaban. En cambio, había otras cada día más decididas a hacer públicas sus convicciones. Entre éstas se encontraba Agustín Lago. Agustín Lago, en efecto, en una reunión celebrada en Falange para tratar de la organización de los próximos Campamentos Juveniles de Verano, se encaró con Mateo, a raíz de una broma de éste sobre el destino que los alemanes darían a los miembros de la familia real inglesa. Agustín Lago opuso al Eje una objeción concreta: consideraba que el nacismo y el fascismo eran movimientos anticristianos. Ello le bastaba, al igual que a mosén Alberto. «Yo pertenezco a la Iglesia —afirmó—, y la Iglesia no puede de ningún modo aprobar ni la doctrina ni los brutales métodos de conquista empleados por Alemania e Italia.»

Mateo se llevó la gran sorpresa. Poco a poco había ido conociendo a Agustín Lago y había llegado a sentir por él cierto aprecio. «Celebro —le replicó— que hayas hablado con tanta franqueza. Sabré a qué atenerme. Pero ello no evitará que dentro de poco veas a la familia real inglesa en el Canadá... o barriendo en Berlín el despacho del Führer.»

Agustín Lago no se inmutó. Saltaba a la vista que el inspector de Enseñanza Primaria había cambiado mucho desde su llegada a Gerona. Pese a sus ademanes un tanto asépticos y a sus gafas bifocales, se le veía mucho más seguro de sí. Nadie sabía a qué se debía tal cambio. El Gobernador lo atribuía a que durante el curso escolar, ya clausurado, no se había concedido tregua y que al hacer ahora balance, los resultados le habían parecido mucho más halagüeños de lo que pensara en un principio. Los alumnos, en general, habían trabajado de firme, al igual que los maestros. Mateo atribuía dicho cambio a otra razón: Agustín Lago había conseguido vencer el complejo que en un principio le produjo la falta de su brazo izquierdo. «El día que apareció en el Puente de Piedra el guardia urbano con su pata de madera, se sintió acompañado. Ya no era el único mutilado de la ciudad. Ahí empezó a levantar cabeza.»

Agustín Lago hubiera podido contestar: «Todo esto es verdad, pero no toda la verdad.» Agustín Lago, que pese al calor que se abatía ya sobre Gerona seguía vistiendo con la misma pulcritud de siempre, tenía conciencia de que su actual serenidad se la debía en gran parte a una visita que había recibido: la de un compañero del Opus Dei, de Barcelona, llamado Carlos Godó. No se conocían anteriormente, pero Carlos Godó, arquitecto de profesión, supo de él y tomó el tren y fue a verle. La entrevista entre los dos hombres había resultado hasta tal punto cordial que Agustín Lago olvidó por unas horas el profundo dolor que le ocasionaban la guerra y las actitudes pétreas como la de Mateo y gozó del inefable consuelo que en determinadas ocasiones puede proporcionar el súbito descubrimiento de un alma gemela.

¡Carlos Godó! Estuvieron de acuerdo en todo. En que aquellos que se refocilaban con el daño causado a los demás obraban en desacuerdo con el Evangelio; en que era más rescatable para la verdad un seguidor de Lutero que un seguidor del credo de Rosenberg; en que el fundador del Opus Dei, el padre Escrivá, era un «elegido»; en que su Obra, que admitía a no católicos y a gente de todas las razas, estaba destinada a tener proyección universal y quién sabe si a remozar por dentro la estructura, un tanto anquilosada, de la propia Iglesia. Había momentos en que uno y otro, Agustín Lago y Carlos Godó, se reían de sí mismos ante tales profecías, pues por el momento el Opus Dei no contaba sino con unos cuantos muchachos dispersos por la geografía española, sin tradición orgánica y sin apenas contacto entre sí. Pero no importaba. Sentían como una fuerza instintiva que les aseguraba que la Idea, la idea de vivir el Evangelio en medio del mundo, en la propia profesión, sin pertenecer a la clerecía y con absoluta independencia, acabaría dando sus frutos. Se sentían un poco «cristianos primitivos», en su pureza e integridad: continuadores de aquella Iglesia que, gracias a la visión de San Pablo, fue capaz, valiéndose de unos cuantos pescadores y del Santo Espíritu, de penetrar en el corazón del Imperio Romano.

Bueno, ocurría eso. El mundo iba cuadriculándose, como muy bien había presentado el profesor Civil. Al modo como las oleadas de aviones que atacaban a Inglaterra formaban escuadras monolíticas, los hombres que sentían en su carne el zarpazo del cataclismo y aquellos que lo contemplaban desde lejos, pero militando en uno u otro bando, formaban clanes ideológicos en los que el adversario, fuere cual fuere, le resultaba imposible penetrar. Siempre ocurría igual cuando un terremoto asolaba ciudades y conciencias: éstas se veían forzadas a elegir. Y los que elegían la misma orilla se abrazaban con entusiasmo y entonaban a voz en grito, o susurrando, idéntica canción.

Por ello Mateo se reía de las mismas cosas que José Luis Martínez de Soria, y por ello las fotografías, los libros y los *slogans* que tenía en su despacho eran los mismos que hubieran podido encontrarse en el despacho de cualquier otro falangista de cualquier región de España. Asimismo, la habitación que Carlos Godó ocupaba en casa de sus padres, en Barcelona —habitación sobria, con un crucifijo y una imagen de la Virgen— era muy semejante a la de Agustín Lago. ¿Cómo iba a ser de otro modo? Sus objetivos eran paralelos, como lo eran los de David y Olga —otro clan, otra tribu— y los del Responsable y José Alvear. Carlos Godó y Agustín Lago, consecuentes con el pensamiento de *Camino*: «Ojalá fuera tal tu compostura y tu conversación que todos pudieran decir al verte y al oírte: éste lee la vida de Jesucristo», compartían hasta en los detalles más sutiles el mismo repertorio mental. Repertorio que los llevaba, al referirse a Cristo, a decir «el Señor»; a no exhibir hábito ni distintivo alguno, para parecerse en lo externo lo más posible a los demás; a comprometerse con Dios de forma total, pero partiendo de la intimidad más estricta; a dar por sentado que durante mucho tiempo serían incomprendidos, incluso por muchas instituciones religiosas... De lo cual era ejemplo arquetipo el doctor Gregorio Lascasas, quien, escuchando a Agustín Lago, había convertido repetidas veces sus ojos en dos líneas negras, horizontales.

«¿No hay bastantes infiernos aquí abajo?» Agustín Lago, luego de hablar cinco horas consecutivas con Carlos Godó, arquitecto de Barcelona, al que consideró hermano, admitió que sí, porque estaba enterado de los avances rusos en el Báltico y en Rumania, de los bombardeos masivos contra Inglaterra y de la existencia de hombres como Mateo, que concedían valor absoluto a los credos opinables. Pero pensó que «aquí abajo» había también pedazos de cielo. A veces, en el cuarto de una modesta pensión, a una hora avanzada de la noche.

CAPÍTULO XXXVII

JULIO Y AGOSTO. El segundo verano de posguerra había llegado y la dispersión de los gerundenses fue mucho más numerosa que la del año anterior. La fiebre de las vacaciones empezó a subir, como ocurriera antes de 1936. Los obreros, los «productores», deberían contentarse con gozarlas en la ciudad, holgando, durmiendo hasta las tantas y, si acaso, paseándose los domingos con la familia por las orillas del Ter o el valle de San Daniel. Tampoco la clase media, civil y activa, podría alquilar ningún chalet en la costa o en la montaña; pero el número de «privilegiados» aumentó considerablemente, y entre éstos se contaban los estraperlistas de la ciudad que durante el invierno habían conseguido evitar que las autoridades les echaran el guante; la mayoría de los concejales; el camarada Arjona, Delegado Sindical; el jefe de Obras Públicas; etcétera.

Mateo se fue con su campamento juvenil, que ese año llevó el nombre de *Campamento Haro*, en memoria del falangista Eduardo Haro, fusilado por los «rojos», y que no se instaló en San Telmo, sino en la comarca idílica de Arbucias, en un paraje hacia el interior, «pues era bueno que los muchachos cambiaran de lugar y fueran conociendo la oxigenante diversidad de la provincia». Mateo se fue tranquilo, pues Pilar permanecería en Gerona, trabajando y preparando como siempre su ajuar de novia —octubre se acercaba— y cuidando de don Emilio Santos.

Marta partió también a instalar, como estaba programado, su albergue juvenil en Palamós, entre los pinos. Ciento veinte niñas, reclutadas en su mayoría en los pueblos, a propuesta de los jefes locales de Falange, vivirían allí, por turno, en tiendas de campaña, bañándose, aprendiendo, contestando al *test* habitual y cantando himnos mientras se izaba la bandera. Marta, antes de partir, se despidió de Ignacio procurando contener las lágrimas. «¿Irás a verme?» Ignacio contestó: «¡Claro que sí, mujer! Aunque ya sabes que estoy ocupadísimo.»

El camarada Rosselló decidió tomarse igualmente unas vacaciones, pero no para pescar ni para pegar saltos en el bosque, sino para visitar el Penal del Puerto de Santa María. El Gobernador hizo las oportunas gestiones para conseguir que al doctor Rosselló le fuera permitido ver a su hijo, y tuvo éxito. De modo que Miguel Rosselló se dispuso a cruzar en coche, solo, España de Norte a Sur, hasta Cádiz, conmovido ante la idea de abrazar a su padre, a quien suponía vestido con traje de presidiario.

«La Voz de Alerta» se marchó también por una quincena. Se marchó a Puigcerdá, centro elegante, en la Cerdaña. «La Voz de Alerta» no podía imaginar nunca que aquel viaje iba a ser decisivo para él; que en el hotel donde se alojaría, y en el Club de Golf anexo, conocería a una muchacha de veintiocho años, de Barcelona, rica heredera y poseedora de un título de nobleza, condesa de Rubí, con la que haría tan buenas migas que el hombre olvidaría por completo sus escarceos matrimoniales con la viuda de don Pedro Oriol... Lo cierto es que la apareja se entendió tan de maravilla, que la muchacha, llamada Carlota, tuvo la impresión de que las «Ventanas al mundo» que escribía el alcalde gerundense le iban destinadas en exclusiva; y por su parte «La Voz de Alerta» envió una postal a su amigo pamplonica, don Anselmo Ichaso, en la que le decía: «Acabo de conocer a una criatura deliciosa, que entiende de monarquía más que usted y que yo. Lo sorprendente es que, en la cartera que lleva en el bolso, junto a la efigie de Alfonso XIII ha colocado un retrato mío.»

Con todo, el más impensado veraneo lo disfrutó Paz... En efecto, la muchacha, aupada hasta el máximo por sus amores con Pachín, desde el día en que éste la convirtió en mujer a los pies de las murallas, sobre la hierba, había tenido el presentimiento de que algo bueno le iba a ocurrir, que haría dar un completo viraje a su vida. Y acertó. Lo que nunca pudo imaginar es que el alegre disparo llegara por donde le llegó.

Aconteció que Damián, el director y trompetista de la *Gerona Jazz*, en un viaje que hizo a Barcelona vio en un *dancing* a una rubia que animaba a la orquesta cantando por el micrófono. Y le pasó por la mente incorporar la idea a la *Gerona Jazz*. Ambrosio, el del contrabajo, ya mayor, siempre asmático y pesimista, le dijo: «Eso no gustará por aquí.» Pero Damián se burló de él, como siempre. Y se pasó dos días rumiando y acariciándose su alegre bigote.

Hasta que, como cae un rayo, se acordó de Paz. Damián había visto a la chica, cuando las Ferias, en la barraca que

Perfumería Diana instaló en la Gran Vía, y se acordó de su voz, rota y profunda... «¡Perfumería Diana regala jabón a todo el mundo, sin distinción de categorías!» Se acordó de su facha, de sus desplantes a los soldados, de su uniforme de color verde y de su gracioso casquete. ¿No era lo que andaba buscando?

Fue cosa de coser... ¡y cantar! Damián se personó en Perfumería Diana y sin ambages le dijo a Paz:

—Van a empezar las Fiestas Mayores de los pueblos. Necesito una vocalista. Con un mes de ensayo me comprometo a convertirte en una supervedette, más popular que Pachín.

Los ojos de Paz, ¡cansada de vivir con estrecheces!, se abrieron de par en par. Accedió a someterse a una prueba, con micrófono, en casa del propio Damián. Y el resultado fue el que debía ser.

—Lo dicho, chiquilla. Armarás la de San Quintín.

Todo salió a pedir de boca. Pachín reaccionó como los buenos. «¡De acuerdo, no faltaría más! ¡Menuda pareja! Tú y yo, los amos...»

También Dámaso, el patrón de la Perfumería Diana, comprendió que debía darle facilidades. «¡Adelante, pequeña! Por la tienda no te preocupes.» En el piso de la Rambla se armó el natural alboroto, que Matías, divertido con la peripecia de su sobrina, cortó diciendo: «Pero ¿qué mal hay en ello? ¿No echan mano del micrófono los predicadores?» Hasta *Gol*, el gato de Paz, pareció alegrarse y saltó a sus brazos y le lamió la mano.

El presentimiento feliz, la lotería. «*¡Gerona Jazz, con la sensacional vocalista PAZ ALVEAR!*» La ciudad quedó en un santiamén repleta de carteles con su nombre en letras grandes y rojas, carteles que sustituyeron a los de la Semana Santa, ya ajados. Y pronto dicho nombre se estampó aquí y allá por toda la provincia.

Hermoso veraneo el de Paz. De pueblo en pueblo, de fiesta en fiesta. Darnius, Celrá, Vilajuiga, Llagostera, Agullana, Camprodón, Tossa de Mar... La muchacha sabía mover el talle y calzaba sandalias doradas, de tacón alto. Su cabellera les recordaba a los mozos los trigales. Su busto era provocador. Cuando, acercándose al micrófono, lo cogía y miraba a la sala con fingida timidez, inclinando un poco la cabeza, se oía: «¡y olé la madre que te parió!». Entonces Paz pegaba como un grito..., y por unos instantes la sala quedaba hipnotizada, mientras Fermín, el de la batería, ponía los ojos en blanco y enseñaba los dientes. Y cuando Paz hacía mutis y cogía las maracas, moviéndose a compás, las parejas que aborrataban el entoldado se dejaban embrujar por aquel ritmo y vivían momentos de plenitud.

Por su parte, Paz descubrió que «aquello» le gustaba. Que le gustaban las anacrónicas colgaduras y los palcos de dichos entoldados, los carteles con su nombre y hasta el olor y el sudor de la carne que bailaba. Fuera de eso, cada pueblo era un mundo. Aparentemente, todos eran iguales. El mismo bullicio, los mismos vendedores ambulantes, los mismos campesinos endomingados fumando «caliqueños» y bebiendo ron. Pero existía algo distinto en cada lugar: el amor. En Celrá, el novio le ofrecía a la novia una cinta para el pelo; en Agullana, una baratija. En Vilajuiga, mozo y moza de pronto salían fuera y desaparecían entre los pajares; en Palamós, entre las barcas. El amor, según el sitio, se convertía en gaseosa, en cerveza o en porrón de vino tinto. Tal vez las diferencias se debieran a la tradición; tal vez a los vientos; tal vez a la manera como los perros le ladraban a la luna.

Como fuere, la vida de Paz cobró en aquel verano, gracias al disparo alegre de la *Gerona Jazz*, una nueva dimensión. Gozó mucho más que Marta, muchísimo más que el camarada Rosselló e igual que Mateo, que «La Voz de Alerta» y que los estraperlistas que alquilaron confortables chalés.

—¿Estás contenta? —le preguntaba Damián, el hombre del bigote negro y de la trompeta irónica, que se había convertido en su mentor.

—Mucho...

—Mañana, en Hostalrich, cuando toquemos la primera rumba, enciendes un pitillo.

Las fiestas acostumbraban a terminar muy tarde, a una hora avanzada. Entonces, cuando todo el mundo se iba y quedaban por el suelo las serpentinas rotas, los cascos de las botellas y los cucuruchos de papel, una extraña nostalgia invadía los entoldados, parecida a los de los circos después de la función. La tapa del piano, al cerrarse, hacía ¡cloc! como el clavo de un ataúd.

Poco después la *Gerona Jazz* iniciaba el regreso a Gerona, siempre en el mismo taxi de ocho plazas, con un remolque en el que, junto a los instrumentos y en unas trampas construidas a propósito, los músicos acostumbraban a ocultar algún que otro quilo de arroz o unos litros de aceite. ¡Incluso el bombo había sido dotado, con el mismo objeto, de un dispositivo especial de apertura y cierre!

Lo habitual en estos regresos, a las tantas de la madrugada, era que Paz, muerta de cansancio, acabara quedándose dormida y roncando. Pero a veces no. A veces, sobre todo si la noche era clara, se mantenía despierta y miraba fuera, viendo cómo los árboles se amaban en la oscuridad.

Entonces recordaba su época de Burgos, su fracaso en Madrid, pero le sonaban en los oídos todavía los «¡olés!» y las palabras de Pachín: «Tú y yo, los amos...» ¡Dios, se estaba resarciendo de pasadas y lacerantes humillaciones!

Al arribar a Gerona el taxi, como siempre, iba repartiendo los músicos a domicilio. Al llegarle el turno a Paz, la muchacha se apeaba y se despedía de sus compañeros enviándoles con la punta de los dedos un beso. Ambrosio, el contrabajo, le decía: «¡Adiós, supervedette!»

La fiesta terminaba ahí. Pues la escalera del piso en el que habitó el Cojo se le antojaba siniestra. Tanto, que mientras la subía, procurando no tocar con la mano la pegajosa barandilla, se preguntaba: «¿Cuándo podremos trasladarnos a otro sitio mejor?» *Gol*, el gato, solía esperarla dormido en el rellano. Al oír sus pisadas, se despertaba y abría un ojo para mirarla como diciendo: «Pronto, pequeña...»

* * *

Verano, pues, un tanto explosivo, como si un *Stuka* psicológico hubiera dejado caer unas bombas sobre Gerona y sus aledaños.

La bomba de mayor potencia, no obstante, como no podía menos de suceder un día u otro, cayó sobre la cabeza del doctor Chaos.

El doctor Chaos, a lo largo de todo el invierno, se había comportado con gran estilo en el Hospital y en su clínica y con extrema discreción en lo referente a sus costumbres. Instalado en el Hotel Ciudadanos, en la calle del mismo nombre, recibía ciertamente alguna que otra visita sospechosa, por regla general soldados o algún muchacho agitanado; pero no había ley que le prohibiera abrir la puerta de su habitación, el número 42, a quien solicitara ver al doctor.

De modo que, si en los círculos oficiales era mirado esquinadamente debido a sus opiniones, y el Gobernador y el comisario Diéguez esperaban la ocasión propicia para caer sobre él, en cambio en la ciudad tenía buen ambiente, sobre todo porque había sabido conquistarse la simpatía de casi todas las mujeres influyentes, incluida María del Mar. Éste era un hecho real que había causado el asombro de los inexpertos. El doctor Chaos, precisamente por su anomalía sexual, por la elegancia de su perro *Goering* y por la boquita de piñón que al hablar o escuchar ponía de vez en cuando, era siempre bien recibido en las tertulias de «las señoras». Y es que... sabía halagarlas, contarles anécdotas graciosas e hilvanar frases de doble sentido, que animaban las veladas como un polvo de rapé animaba en las aldeas los corrillos de los ancianos. Sobre todo doña Cecilia sentía adoración por el doctor Chaos y siempre decía de él que con sólo verlo se le pasaba el mal humor que le provocaban las constantes banderitas que el general iba clavando en los mapas del cuartel.

Pero el verano llevó al doctor Chaos a buscarse un hotel, el Hotel Miramar, en la hermosa población de Blanes, para pasar allí los fines de semana. Entre otras cosas, necesitaba descansar. Su trabajo era duro en los quirófanos, sin contar con que la blenorragia se extendía como una epidemia entre la tropa.

Entonces ocurrió que, en ese hotel de Blanes, el doctor Chaos, de cuarenta y cinco años de edad, borracho del sol que por las mañanas lo tostaba en la playa y por el buen vino que le servían en la mesa, perdió un poco el control. Súbitamente se enamoró de un joven camarero, llamado Rogelio, de dieciocho años, imberbe, y que tenía un lejano parecido con Alfonso Estrada.

La espléndida y elegante humanidad del doctor Chaos elaboró sobre la marcha todo un programa de seducción que en otras ocasiones similares le había dado resultado: buenas propinas, paquetes de cigarrillos, extraordinaria amabilidad... El joven Rogelio, que en invierno trabajaba en una bóvila, al comienzo del asedio se sintió simplemente un tanto abrumado, dado el prestigio del doctor Chaos. Éste llegó a decirle que tal vez malgastara su tiempo en menesteres tan humildes como fabricar ladrillos y servir en un hotel y que acaso pudiera aspirar a cursar determinados estudios. Esta idea encandiló al muchacho, de origen muy humilde, pero que tenía sus aspiraciones. Hasta que un día, el doctor Chaos, aprovechando que el chico se quedó súbitamente afónico, adoptando aire profesional se le acercó para examinarle la garganta, los ojos y para auscultarle.

El doctor Chaos, al término del examen, le dijo a Rogelio: «Hay aquí algo que no me gusta. Tómate estas medicinas y veremos...»

La afonía desapareció, pero no la palidez del muchacho. De suerte que a la otra semana el doctor volvió a auscultarle la espalda y el corazón, y le prometió llevarlo a Gerona para someterlo a una exhaustiva revisión en la Clínica Chaos.

—Te notas cansado, ¿verdad? Como si te faltaran las fuerzas...

—Sí, un poco.

Rogelio, tal vez por sugestión, lo creía así y no veía otro modo de demostrarle su gratitud al doctor que acudiendo a su habitación cuantas veces era llamado.

Hasta que una tarde de agosto, cuando el sol mediterráneo se derramaba oblicuamente sobre la hermosa población de Blanes y las persianas del cuarto del doctor dejaban filtrar una acogedora luz, el doctor Chaos, ante el torso desnudo de Rogelio, se sintió poseído por su maldita pasión y habiéndose traído consigo una pomada, empezó a acariciarle al muchacho la piel, como si intentara relajarle los músculos.

Rogelio tardó más de un minuto en advertir que algo anormal ocurría. Sobre todo porque su sensación inicial fue placentera, como si experimentase alivio de esa fatiga suya imaginaria. De pronto, se alarmó. Volvióse rápido y miró con fijeza al doctor Chaos. Y vio el rostro de éste encendido, como si llevase una máscara, que se le antojó horrible. Rogelio experimentó un asco indescriptible, aunque se quedó como paralizado. Entonces el doctor Chaos intentó besarlo. El joven camarero pegó como un alarido, empujó al doctor con fuerza inusitada y salió huyendo, si bien le costó lo suyo acertar a abrir la puerta. Bajó jadeante la escalera, sin saber qué hacer, suponiendo que el doctor lo perseguía aún. Se dirigió a su cuarto, donde rompió a llorar rabiosamente. De pronto, reaccionó. Tiró al suelo el paquete de cigarrillos y levantándose fue a contarle lo sucedido a su patrón, el dueño del hotel. Su indignación era tanta que quería avisar a la Guardia Civil. Y no cesaba de frotarse los labios con el dorso de la mano.

El propietario del hotel, Victoriano de nombre, hombre con experiencia pues había trabajado seis años en la Costa Azul, tranquilizó como pudo al joven Rogelio y lo convenció para que dejara el asunto en sus manos. Desde el primer momento comprendió que no le interesaba que aquello trascendiese.

—Anda, vete a ducharte y tómate un refresco. Yo me encargo de ese canalla...

El joven Rogelio, aunque a regañadientes, obedeció. Y Victoriano, el dueño del Hotel Miramar, subió sin pérdida de tiempo a la habitación del doctor Chaos.

Su entrevista con éste, que ya había preparado su equipaje, fue brevísima.

—Si vuelve usted a aparecer por aquí, lo denuncio a la Policía. De momento, me encargo de que el muchacho se calle también...

El doctor Chaos contestó:

—De acuerdo.

Un cuarto de hora después el ilustre cirujano conducía su coche, su Peugeot de segunda mano, por la carretera que lo devolvía a Gerona. Era domingo. Sus manos temblaban en el volante. Sentía una inmensa pena. Se compadecía a sí mismo. Miraba el paisaje circundante y se preguntaba por qué la naturaleza, tan sabia en coordinar la vegetación, le había jugado a él aquella mala pasada. Se cruzó con otros coches, pocos, en los que iban hombre y mujer. Todavía su cara olía a agua de colonia y a masaje, pues se había preparado a conciencia para su frustrado intento. Y era lo peor que la imagen del joven Rogelio lo obsesionaba más que nunca. *Goering*, el perro, parecía también tristón y en vez de asomar su cabeza por la ventanilla se había acurrucado en el asiento, junto a su amo.

Llegado a Gerona, el doctor Chaos se dirigió al Hospital. Las monjas lo saludaron con deferencia. «¿Cómo por aquí, doctor? No lo esperábamos hasta mañana...» «He de arreglar unas cosas.» Y se encerró en su despacho. Y desde allí llamó por teléfono al doctor Andújar.

Sabía que el doctor Andújar no podría modificar su constitución. Pero necesitaba expansionarse con él. Él era la única persona que podía entenderlo. Era su entrañable amigo, que ya intentó encauzar su vida en los lejanos tiempos de la Facultad,

El doctor Andújar se encontraba en su casa, gozando con los suyos, con sus ocho hijos, de la serena tarde dominguera. Se dedicaban a resolver rompecabezas, mientras la señora Andújar preparaba para todos la merienda.

—Voy en seguida. No tardo ni diez minutos.

La entrevista entre los dos médicos, en el despacho del doctor Chaos, en el Hospital, fue dramática.

Dramática porque el doctor Chaos —y el doctor Andújar era buen conocedor de ello— se había pasado la vida justificando desde todos los ángulos su perversión, basándose para ello en las manifestaciones bisexuales evidentes lo mismo en los hombres que en las mujeres, amparándose en citas del Talmud, de los filósofos griegos, de Freud y de Gide, y afirmando, con Ulrichs, que el amor uranista era superior a las relaciones amorosas normales.

Pero todo ello iba a servirle al doctor Chaos de muy poco aquella tarde de agosto, pues la escena con el joven Rogelio lo había sumido en el bochorno y casi en la desesperación.

—Mi querido amigo —le dijo al doctor Andújar—, acabo de darle la razón a Oscar Wilde: «Soy un payaso con el corazón destrozado». He caído una vez más y no puedo ni siquiera inspirar lástima, sino repugnancia o una carcajada. —Y le contó a su amigo su rapto pasional en el Hotel Miramar.

El doctor Andújar, que sentía por el problema homosexual un interés muy vivo y un extremo respeto por la persona de su colega, no experimentó ni repugnancia ni tuvo ganas de reír. Sintió una gran lástima, eso sí, pues tenía enfrente a un gran hombre derrotado, con la cabeza hundida entre los hombros y jugueteando con el papel secante de la mesa.

—Esperaba que un día u otro me llamarías —le contestó el doctor Andújar, sentándose con la máxima naturalidad en un sillón desde el cual veía perfectamente el rostro de su interlocutor—. Desde el día que llegué a Gerona quería enfocar en serio este asunto contigo, pero no me atrevía. Esperaba a que lo hicieras tú, pues me advertiste que no habías conseguido corregirte.

—Pues ya lo ves. El momento ha llegado. Si el dueño del hotel me hubiera denunciado, en estos momentos me encontraría declarando ante la Guardia Civil.

El doctor Andújar encendió un pitillo.

—Lo malo es que no sé por dónde ayudarte —prosiguió—. La fe religiosa podría serte útil, muy útil, pero ya me dijiste que, por ese lado, nada hay que hacer...

El doctor Chaos hizo un gesto de impotencia.

—Desgraciadamente, nada. Al contrario. En estos momentos, suponiendo que creyera en Dios, lo maldeciría por no haberme creado como a ti o como a la mayoría de los mortales.

El doctor Andújar no se inmutó.

—Tampoco puedo confiar en que lo que te ha sucedido va a servirte de escarmiento para no reincidir.

El doctor Chaos suspiró con fatiga.

—No creo... Me conozco demasiado. Esta noche dormiré diez horas seguidas y mañana me esperan en la Clínica dos apéndices y un riñón. Ahora me doy asco, pero ya me ha ocurrido otras veces. La única moraleja posible es que renuncie para siempre a arriesgarme con desconocidos...

—¿Sigues interesándote más bien por los hombres... de clase inferior?

—Pues sí... Como siempre. Pero últimamente...

—¿Qué?

—Será por la edad, pero me vuelvo cada vez más pederasta. Últimamente, me excitan sobre todo los jóvenes, los adolescentes... Lo de esta tarde ha sido una muestra.

El doctor Andújar, sin querer, recordó el modo como una noche, en casa del Gobernador, el doctor Chaos miró a Pablito.

—Eso es mucho más peligroso. Socialmente, se entiende.

—Ya lo sé. Lo mejor sería que me pegara un tiro.

El doctor Andújar, al oír esto, se intranquilizó.

—Eres médico como yo —dijo el doctor Andújar—. Sabes que no existe la droga maravillosa.

—Lo sé.

—Es decir —rectificó el doctor Andujar—, existe una, pero tampoco crees en ella: la voluntad.

El doctor Chaos siguió jugueteando con el papel secante. Volvió a suspirar.

—La voluntad... —Pareció sonreír—. Soy un esclavo, ya lo sabes. Tú también lo eres amando a tus hijos. ¿Podrías dejar de amar a tus hijos?

—No.

—Pues también deberías pegarte un tiro.

El doctor Andújar guardó silencio.

—Si no creyera en Dios, no habría traído hijos al mundo y me habría suicidado antes que tú. ¿Crees que no tengo mis problemas?

—¿Qué problemas? Eres el ser más feliz que he conocido.

—Estás equivocado. Al terminar la carrera pasé una crisis muy grave. Me pasaba el día con prostitutas. Pero luché y vencí.

467

—Claro. Porque tu crisis era normal. Te casaste, y en paz.

—¿En paz? ¿Qué psiquiatra puede hablar de paz? Rodeado de locos... y sin poder hacer nada. Queriendo ayudar a los hombres como tú... y sin poder hacer nada. Comprender que necesitas una pistola... y no tener derecho a dártela.

El doctor Chaos pareció reaccionar. Se había planteado a menudo el problema del suicidio: durante la guerra un alemán herido, de la Legión Cóndor, se suicidó a su lado, porque dijo que se sentiría incapaz de vivir con una sola pierna. Entendió que el doctor Andújar le provocaba para demostrarle que era un cobarde y que si habló de pegarse un tiro fue para ponerse a su nivel.

—Es curioso —comentó, notando que sudaba, por lo que puso en marcha el ventilador que tenía a su lado—. Te he llamado... porque no podía con mi sufrimiento. Y lo que haces es decirme que tú también tienes problemas... y que te salvó una mujer.

El doctor Andújar asintió con la cabeza.

—Por ahí voy... Ése es el camino. ¡No, por favor, no te excites! Hoy debes dormir diez horas... y mañana operar dos apéndices y un riñón. Pero mi consejo es que intentes ese recurso supremo: acercarte a una mujer. No estoy hablando de que te cases, entiéndeme. Pero vuelvo a mi teoría de los tiempos de la Facultad... Continúo creyendo que hay casos recuperables y que tú.eres uno de ellos. Estoy seguro de que también una mujer podría proporcionarte placer.

El doctor Chaos quedó abatido de nuevo.

—¿Crees que no lo he intentado? Durante la guerra, con una enfermera... Y antes, con una viuda, en Madrid. Fue un fracaso espantoso. Me pareció que tocaba una serpiente.

El doctor Andújar se levantó para dejar la colilla en el cenicero, que no estaba al alcance de su mano.

—Pero me has dicho que ahora se ha producido un cambio en ti, que te interesan cada vez más los adolescentes...

—Sí. ¿Y eso qué tiene que ver?

—Quién sabe... Los adolescentes tienen la piel suave. Se parecen a una mujer mucho más que un peón ferroviario...

El doctor Chaos retó a su amigo con la mirada. Por un instante se agarró a la idea como a un clavo ardiente.

—¿Quieres decir que..?

—Yo lo probaría...

El doctor Chaos, sin querer, miró a su perro, que yacía a sus pies. Su piel era suave, como la de Rogelio.

—Estás empleando un truco —dijo de pronto—. Mi deseo no se satisface con sólo tocar la piel.

—Insisto en que lo probaría... —repitió el doctor Andújar—. Tú has hablado de los cambios que la edad produce.

—Las aberraciones me tientan más que nunca.

—No sabemos nada. Tú mismo defiendes esta tesis. Nuestro organismo es un misterio. ¿Quieres que te diga una cosa? Verte tan abochornado me ha infundido esperanzas. Otras veces el incidente de hoy te habría tenido sin cuidado. «Probaré con otro», te habrías dicho. Tal vez hayas penetrado en el hastío... a través de la vergüenza.

—No te he dicho que sienta vergüenza, sino que me doy asco.

—Tampoco puedes afirmar eso. Y no me repitas que empleo un truco. Hay hombres que se han curado, sobre todo al llegar a tu edad. Es un hecho clínico. Y eran menos reflexivos, más instintivos que tú. —El ventilador revolvía ahora el abundante pelo del doctor Chaos—. Imagínate que encuentras una mujer joven... y que te demuestras, aunque sea una sola vez, que eres capaz... Se te abriría el mundo, ¿no?

El doctor Chaos movió desolado la cabeza.

—Es que no puedo ni imaginarlo... Y además ¿qué significaría una sola vez?

—¡Mucho! Significaría enormemente... Porque podrías pensar en algo inédito de que te hablé en una ocasión: tener un hijo.

El doctor Chaos casi pegó un salto.

—Aunque pudiera, no tendría ningún hijo.

—¿Por qué no?

—Porque pienso como los nazis; sólo tienen derecho a la paternidad las personas seleccionadas, sin tara. Y porque he sufrido demasiado...

El doctor Andújar parecía ahora totalmente concentrado.

—El dolor es fecundo.

—En ese caso, esta tarde estoy yo fertilizando la tierra.

—Quién sabe... Es probable que te estés purificando.

—¡Por favor! No emplees, precisamente ahora, esa palabra...

—¿Por qué no? La he empleado adrede. Porque sé que te consideras, en estos momentos, absolutamente impuro y que te equivocas de medio a medio. Porque hay algo en ti que te redime: el amor.

—¿El amor?

—Sí. Tu defecto, en el fondo, es amor. Esta tarde necesitabas amor... Amar con la misma intensidad con que yo amo a los míos. Tú mismo lo has dicho: «No podía con mi sufrimiento.» Y tenías razón. Si no fueras capaz de sufrir tanto no habrías amado nunca a nadie. Ni a hombres inferiores... Ni a tu perro. Ni me habrías llamado por teléfono.

—Te llamé por miedo, no por amor. Me asustaba la soledad.

—Claro. Porque la carne sola no basta. Es el espíritu el que necesita constantemente compañía. En las autopsias eso no se ve, ya lo sé. Pero se ve al enfrentarse con la muerte. Hemos hablado de eso otras veces, ¿no es así?

—¡Claro! —El doctor Chaos se tocó el pelo que el aire del ventilador revolvía sin cesar—. Y ya sabes lo que opino al respecto.

—He de insistir en que cometes un error. La vida es una ley; pero la muerte también lo es.

—La muerte no es ninguna ley, excepto la que significa que ha llegado al fin. La muerte es la estupidez definitiva.

—No es posible que hables así, tú que has estado durante unos meses al frente de un manicomio.

—No te entiendo.

—En todos los manicomios hay un loco que se cree inmortal. Lo hay incluso en ese manicomio que tú conoces... ¿No te da esto que pensar? Bien sabes que son los locos quienes en última instancia tienen razón.

En los ojos del doctor Chaos asomó otra vez la ironía.

—Da la casualidad de que ese loco a que aludes... es homosexual.

—Lo sé. Pero eso no destruye su certeza en la inmortalidad. Sigue dibujando alas en las paredes. Y cuando el sol está en lo alto, se siente dichoso.

El doctor Chaos miró con sarcasmo al doctor Andújar.

—¿También vas a procurar acercarlo a una mujer?

—A él no. Sería un error. Su mente es irrecuperable. Pero ése no es tu caso. Tú sí debes intentarlo. Hasta ahora fallaste, de acuerdo... Pero ahora estoy viendo tus canas... y pienso que muy probablemente esta vez sería distinto.

El doctor Andújar ponía tal calor en cada palabra, que la

nuez, que tanto divertía a sus chicos, le subía y bajaba constantemente. El doctor Chaos consiguió valorar los buenos deseos de su amigo. Desconectó el ventilador. Y su pelo se aquietó. Y pareció que se aquietaba también un poco su corazón.

Todavía el forcejeo se prolongó, pese a que una monja llamó un momento a la puerta interrumpiendo inoportunamente a los dos médicos. Por fin el doctor Chaos se sintió fatigado y dio a entender que había terminado el combate.

—No hemos avanzado nada. Pero me siento mejor que cuando me apeé de mi Peugeot y entré en el Hospital... Te agradezco mucho que hayas venido.

La sonrisa del doctor significaba ya un triunfo para el doctor Andújar. Éste se levantó. Pronto los dos hombres se encontraron de pie, muy cerca, en el centro del despacho.

—No me prometas nada, amigo Chaos... Pero no digas tampoco que no. ¿Por qué asegurar que no has avanzado? No sólo los choques de la infancia pueden marcarnos para siempre. También puede ocurrirnos eso en la madurez.

El doctor Chaos movió la cabeza y se dispuso a acompañar a su amigo hasta la puerta. El doctor Andújar estaba mucho más pálido que él. *Goering* se había despertado y los acompañaba también. Parecía alegre y el doctor Andújar comentó, mirando al animal:

—¿No te parece un buen indicio?

El doctor Chaos sonrió con tristeza.

—No desaprovechas detalle, ¿verdad? —Al estrecharle la mano a su colega repitió—: Una vez más, muchas gracias.

El doctor Andújar salió del Hospital y se dirigió andando a su casa. Tenía la secreta impresión de que sus palabras no habrían caído en saco roto y de que el joven Rogelio le había hecho al doctor Chaos un gran favor. Ahora bien... ¿Qué mujer podría servirle a su amigo? ¿Y era moralmente lícito el consejo que él le había dado?

La gente salía de los cines. La sesión de la tarde de domingo había terminado. Hacía calor, el verano era explosivo... Parejas, parejas, incontables parejas cogidas del brazo.

* * *

—La escena es penosa, Marta, me hago cargo... No sé cómo decírtelo, no sirven las palabras. He luchado, luchado, semanas y más semanas. Me he agarrado a cualquier detalle para convencerme de que era una crisis pasajera, pero he salido derrotado. He llegado a la conclusión de que no seríamos felices, de que cometeríamos un error irreparable. Y somos muy jóvenes, lo mismo tú que yo... Quiero decir que tenemos tiempo para rehacer nuestras vidas en otra dirección... Si haces memoria, te darás cuenta de que, excepto en algún momento de euforia, lo nuestro ha sido siempre un forcejeo, como si hubiera algo que nos impidiera estar unidos como lo están, por ejemplo, Manolo y Esther, Pilar y Mateo. Por mi parte he llegado a la conclusión de que este algo es la política, tu pasión por la política. No soy capaz de hacerme a la idea de que mi mujer emplearía buena parte de su vida en otra cosa que no fuera el hogar. Sé que la mujer, y sobre todo una mujer como tú, ha de servir para algo más que para tener hijos y hablar de trapos; pero ese algo más, que sean los libros, la medicina, ¡qué sé yo! Cualquier cosa menos la política. Esto en las mujeres me molesta, no puedo remediarlo. Debe de ser que me he ido volviendo escéptico. Y me consta, porque la cosa dura desde antes de la guerra, que en esto tú no cambiarás nunca. Ahora mismo, cuando he llegado al Albergue, al ver de lejos esta tienda de campaña, tu tienda de mando, con tantas banderas y un par de niñas montando guardia, he sentido un vivo malestar. Claro, sé lo que estás pensando. Estarás pensando que cuando se quiere de verdad, con toda el alma, estas barreras significan bien poco. Sí... Admito que puedes tener razón. Es posible, por tanto, que mi amor por ti haya sido menos profundo de lo que imaginé... No digo que sea así, pero admito esta posibilidad. Pero el caso es que no podemos seguir como hasta ahora. Yo no puedo seguir fingiendo, fingiendo... Sé que no sería feliz. Y además hay otra cosa: estoy seguro de que tampoco tú lo serías conmigo. Compara nuestras familias y me darás la razón. Tú te has educado en otro ambiente. Los Martínez de Soria pertenecéis a una clase concreta... que no es la mía. Tu madre, por ejemplo, me inspira un respeto extraordinario. La quiero mucho, la he querido y admirado siempre, pero nunca he tenido la sensación de que podría hablar con ella con la llaneza y la naturalidad con que hablaría con otra mujer que no hubiera tenido siempre, presidiendo el hogar, el mapa de España y unas medallas. Hay algo, Marta, hay algo serio que se opone a lo nuestro. Yo soy abogado, escucho a unos y a otros y noto que mis ideas van evolucionando de una manera que no creo que a ti te diera muchas satisfacciones. Doy mucha importancia a cosas que para ti no la tienen y viceversa. Yo pertenezco a la vida civil. Cada día más. Ahora mismo, la guerra europea me produce náuseas. Y todo lo que sea pensar por cuenta ajena me coloca a la defensiva. Bueno, me doy cuenta de que no acierto a explicarme y de que me alargo demasiado. Por favor, no creas que te he estado engañando. Te repito que llevo semanas obsesionado con esta idea, dándole vueltas. Porque sé que me has querido siempre mucho y que te he robado parte de su juventud. Pero por fin me he decidido a venir a verte para hablarte con toda claridad. Es mejor que rompamos nuestro compromiso, Marta. Mejor que lo hagamos ahora, para no ir a un fracaso que luego no tendría arreglo. No estaríamos de acuerdo ni en la manera como deberíamos educar a nuestros hijos. Lo que me pesa es haber prolongado esto tanto tiempo. En eso soy culpable. Debí decidirme en Valladolid, cuando al llegar allí me encontré con que estabas en Alemania dedicada a lo tuyo, que es la Sección Femenina y tu concepto de la Patria. Perdóname, Marta... Si te es posible, no me guardes rencor. Sufro tanto como tú y tus lágrimas me duelen en el alma. Pero ¿qué puedo hacer? Compréndeme... si puedes. Pero acabemos esto hoy, sin prolongarlo más. He venido ex profeso a decírtelo, pues el día que regresé de Barcelona y me diste la placa de abogado... no me atreví. En fin, espero que con el tiempo te harás cargo y no me odiarás. Aunque tienes derecho a hacerlo por lo dicho: esta decisión debí tomarla hace mucho tiempo.

Marta no tuvo valor para contestar. Al principio estaba de pie; mientras Ignacio hablaba, tuvo que sentarse en el taburete que había en la tienda de campaña, al lado de su mochila. Lloraba. Lloraba desconsoladamente; pero Ignacio no se atrevía a acariciarle los cabellos, como era su deseo. Marta salió de Gerona con la convicción de que Ignacio llegaría allí y le diría exactamente todo lo que acababa de decirle. Incluso se había prometido a sí misma aguantar valientemente el golpe, sin dar muestras de desesperación, pero no lo consiguió. ¡Quería tanto a aquel hombre! Y sentía que todo eran argumentos, palabras, que la única verdad era... que no la quería, que no había conseguido quererla como ella a él. Estaba segura de que si ella le prometía renunciar a todo, al Albergue, a la Sección Femenina, ¡al apellido Martínez de Soria!, Ignacio seguiría diciendo: «No, es mejor que lo dejemos.»

—Vete, Ignacio, por favor... No digas una palabra más. Vete, y si hay otra mujer de por medio, que seas feliz...

Ignacio se quedó inmóvil. No sabía qué hacer. Prolongar aquello era absurdo. Absurdo e inútil.

—Adiós, Marta... Perdóname... Yo también deseo que encuentres un hombre digno de ti... y que seas feliz.

Ignacio salió de la tienda. Las niñas del Albergue saltaban a la comba allí mismo, entre los pinos. Por entre los pinos se veía el mar.

Las niñas de la puerta, al verlo salir, lo saludaron gritando: «¡Arriba España!»

* * *

—¡Ana María, Ana María! Ya está todo arreglado... He roto con Marta. Hace una hora, una hora escasa. Acabo de llegar de Palamós, del Albergue en que ella está. Ha sido muy penoso... La chica me quiere de veras. Fue horrible verla sufrir de aquel modo. Ha tenido que sentarse y lloraba, lloraba... Pero no había otro remedio que afrontar la situación. Había pensado en que le hablara antes Pilar. O en ir yo a visitar a su madre. Pero no. Mi obligación era hacer lo que he hecho: decírselo yo claramente. Lo terrible es que ni siquiera en un momento así ha perdido su dominio. Me ha dicho: «Vete... Y si hay otra mujer de por medio, que seas feliz...» Eso me ha aterrado. Porque no creo que estuviera enterada de lo nuestro. Habrá sido una intuición. En fin, Ana María... Ahora ya está. Se acabaron los fingimientos y el escribirte más o menos a escondidas. Dejaremos pasar un poco de tiempo, como hasta ahora, con discreción. Hasta que pueda comunicar a todo el mundo que te quiero, que nos queremos y que tú eres la mujer que yo necesitaba: ¡un cascabel! ¿Comprendes lo que eso significa para mí? Tengo muchos proyectos, Ana María, muchos... Manolo me dice siempre: «Si sigues como hasta ahora, serás un profesional de primera, un gran abogado.» ¡Bah! Yo también lo creo, porque la carrera me gusta. Aunque he de estudiar muchísimo... Pero lo que de momento me importa es que ya puedo decirte que eres mi novia..., que nada nos separa. Déjame darte un beso, Ana María... Hoy es un día triste, pero glorioso. Sufro, pero ¡qué más da! ¡Acércate, cariño! Así..., muy juntos. Dame también tú un beso... ¡Señor, Señor! Me siento como un chiquillo con zapatos nuevos.

—Ignacio... Ignacio... ¡qué alegría más grande!

—Estoy seguro de que seremos felices.

—¡Claro que sí!

—De que lo seremos toda la vida.

—Yo lo sería ya ahora, si no fuera por Marta...

—¡Por favor, dejemos de pensar en eso!

—Sí, tienes razón...

—¿Piensas decírselo a tus padres?

—¿A mis padres? De momento, no... Mi padre, ya sabes: sólo piensa en sus negocios...

—De acuerdo. Dejemos pasar un tiempo...

—¡Bueno! Se lo diré a Charo. A ella sí, ya que veranea aquí conmigo, en San Feliu. ¡Con alguien he de expasionarme, digo yo!

—Bueno, díselo...

—¡Cariño!

—Ana María...

—Me dan ganas... de hacer algo. ¡Sí, de hacer algo!

—A mí también...

—Por ejemplo... ¿podrías besarme otra vez?

—¡Ah, que pícara eres!

—Si no lo fuera no estaría ahora en tus brazos.

—Eso también es verdad.

—Ignacio...

—¿Qué?

—Te quiero...

Había anochecido en San Feliu de Guíxols, en el paseo del Mar. El faro giraba con lentitud. Lejos se veían las luces de las barcas. Nacían estrellas en el firmamento. Era un verano hermoso.

CAPÍTULO XXXVIII

EL GENERAL SÁNCHEZ BRAVO continuaba leyendo con gusto la Sección «Ventana al mundo», que escribía diariamente «La Voz de Alerta» en *Amanecer*. Ocurría que los comentarios del alcalde sobre las noticias más relevantes que se producían en España y en el mundo coincidían muy a menudo con la opinión del general.

En aquel mes de septiembre, tocando a su fin el verano, el general, leyendo el periódico gerundense, se ratificó en su idea y no se recató de felicitar por ello a «La Voz de Alerta» cuando éste regresó de su estancia en Puigcerdá, donde había preferido gritar «Viva el amor» —Viva Carlota, condesa de Rubí— a gritar «Viva el Rey».

Las últimas «Ventanas al mundo» que habían complacido especialmente al general eran de signo muy diverso. La primera de ellas se refería al asesinato de Trotsky, que tuvo lugar en Méjico el día 20 de agosto. El asesino, cuya filiación se ignoraba por el momento, había clavado en el cráneo de Trotsky un *piolet* de montaña que llevaba escondido en los pliegues de la gabardina, en el momento en el que el ex jefe bolchevique estaba sentado en su despacho y se inclinaba sobre un manuscrito. «La Voz de Alerta» trazó una rápida e incisiva semblanza de Trotsky y de sus seguidores en España, los militantes del POUM, e informó de que el famoso prohombre ruso, exiliado, a su llegada a Méjico había calificado a Stalin de «el chacal del Kremlin». «Trotsky —escribió «La Voz de Alerta»— era un teorizante: es lógico que haya muerto con el cráneo atravesado. Su muerte ha causado el mayor asombro entre los que no quieren convencerse de que cada hombre se cava su fosa, de que quien a hierro mata a hierro muere.» Lo que ignoraban el general y también «La Voz de Alerta», era que entre los asombrados figuraban en primer término David y Olga, quienes vivían en la capital mejicana aspirando a publicar en castellano, en su flamante editorial, algunas obras de Trotsky; y que Cosme Vila, residente como siempre en Moscú, al enterarse de la noticia quedó igualmente perplejo, recordando que la maestra asturiana Regina Suárez, a poco de su llegada a la capital soviética, le había comunicado «que varios agentes españoles habían salido de Rusia rumbo a Méjico, con la misión concreta de asesinar a Trotsky».

Otra «Ventana al mundo» que interesó al general Sánchez Bravo fue aquella en que «La Voz de Alerta» comentaba favorablemente el reciente decreto del Gobierno español creando la *Milicia Universitaria*, en virtud de la cual los estudiantes podrían cumplir con sus deberes militares sin ver entorpecida por ello su carrera, y conseguir de modo automático, dentro del Ejército, el grado de oficiales de complemento.

El general, tal y como andaban las cosas, iba convenciéndose más que nunca de que, para que no se malograsen los frutos de la Victoria, el Ejército debía seguir siendo la piedra angular. «El Ejército, el Ejército —le decía una y otra vez a su esposa, doña Cecilia—. Todo lo demás se desviaría en menos que canta un gallo.» La verdad era ésta: año y medio después de terminada la guerra, ni la Falange ni el Requeté ni la Iglesia le ofrecían al general las debidas garantías. El obispo lo incomodaba dado que parecía atribuirle a la Divina Providencia todos los méritos de la campaña. El Requeté —y en eso discrepaba de «La Voz de Alerta»— le daba la impresión de que, a la chita callando, maniobraba para acortar lo más posible la permanencia del Caudillo en la Jefatura del Estado. Y en cuanto a la Falange, lo ponía nervioso. Siempre le había ocurrido esto. Hasta tal punto que en cierta ocasión el general le preguntó a Mateo a santo de qué la Falange se llamaba *Partido* si no había otro. «Para llamarse Partido sería menester que hubiera varios, ¿no es cierto?» De ahí que las pequeñas peleas entre falangistas y requetés —se rumoreaba que en una localidad navarra estos últimos habían irrumpido en un local de Falange llevando de la mano un burro—, divirtiesen al general. Si bien el principal argumento que éste esgrimía en pro de su actitud era que la guerra la ganó el Ejército. «Suprimid con la imaginación —les había dicho a sus oficiales, en la arenga que les dedicó el 18 de julio— a la Falange; Franco hubiera vencido. Suprimid con la imaginación al Requeté; Franco hubiera vencido. Suprimid al Ejército; hubieran vencido los rojos. Del mismo modo, si ahora nosotros nos retiráramos a los cuarteles, sin controlar lo que ocurre por ahí, fatalmente desembocaríamos en una especie de caos organizado.»

Otra «Ventana al mundo» que interesó al general: el beneplácito con que en ella «La Voz de Alerta» acogió la creación oficial de la Fiscalía de Tasas, destinada a cortar de raíz los tejemanejes de los desaprensivos. «Eso es lo que hacía falta —comentó aquél—. Un organismo con poderes absolutos, que pueda enviar los infractores a batallones disciplinarios.»

Por supuesto, tal vez fuera ése el problema que mayormente irritaba al jefe militar: la codicia de que daba muestra la gente, empezando por su propio hijo. El general Sánchez Bravo era, por naturaleza, enemigo de lo fácil. Desde su ingreso en la Academia creyó a pie juntillas que la fuerza de un país radicaba en el mantenimiento de sus virtudes raciales y no en espolear su concupiscencia. Por eso no le gustó ni pizca que el recién nombrado Ministro de Industria y Comercio, don Demetrio Carceller, procediera de Falange y hablara reiteradamente de industrialización. Precisamente en esa «Ventana al mundo» dedicada a comentar la creación de la Fiscalía de Tasas, «La Voz de Alerta» recordó a los gerundenses, primero, que en Numancia los defensores llegaron a comer carne humana y, segundo, que en tiempos del motín de Esquilache era tal la fe que los gobernantes tenían en la eficacia del progreso material que un ministro ordenó que su discurso sobre la *Industria Popular* fuera leído, como un libro sagrado, en el púlpito de las iglesias. «La riqueza material —decía "La Voz de Alerta" en su "Sección", tal vez recordando las teorías del profesor Civil—, si se convierte en fin termina pudriendo el espíritu. El ejemplo de ello lo tenemos en la gastronómica y próspera Francia, que en la batalla de París acaba de ofrecer al mundo el más denigrante espectáculo de cobardía que recuerda la historia moderna.» El general, al leer estas palabras, volteó su bastón de mando y afirmó que España debía vacunarse contra semejante microbio. En su opinión, el Caudillo debía imprimir al país, y sin duda lo estaba haciendo, su ritmo natural: el que le señalaba la áspera Castilla: «No vamos a contagiarnos, precisamente ahora, de los defectos de las democracias, que sólo aspiran a incrementar las Cajas de Ahorros. Confiemos en que la Fiscalía de Tasas impida que los grandes industriales beban champaña en los cabarets, al lado de los campesinos enriquecidos con el hambre de los ciudadanos.»

La tesis tropezaba, naturalmente, con muchos detractores, entre los que destacaban el Gobernador y la propia doña Cecilia. El Gobernador, pese al «denigrante espectáculo de Francia», aspiraba a incrementar más aún el número de chimeneas que poblaban la provincia; y doña Cecilia, pese a lo ocurrido cuando el motín de Esquilache, aspiraba a que su hijo, el capitán Sánchez Bravo, se casara con una mujer rica. «Tú dile que sí a tu padre —aconsejaba al muchacho—. Pero a ver si descubres por ahí alguna millonaria que se deje querer.»

En cierto sentido, pues, el general se encontraba sin apenas escolta frente al alud de la ambición. De ahí su interés por trabar conocimiento con el Fiscal de Tasas nombrado para la provincia de Gerona, don Óscar Pinel. Apenas supo su llegada a la ciudad —el 23 de septiembre, precisamente el día en que el mariscal Pétain, «¡gran militar!», anunció en Vichy su propósito de disolver las logias masónicas francesas— le invitó a un vino de honor, que se celebró en el cuartel.

El Fiscal de Tasas acudió... y su contacto con el general no pudo ser más afortunado. Don Óscar Pinel era hombre de unos cincuenta y cinco años, bajito pero de mirada relampagueante y autoritaria. Por si fuera poco, ¡procedía del Ejército! Fue, durante la contienda, comandante de Intendencia, y hablaba de los suministros con la propiedad con que Agustín Lago hablaba de maestros y de pupitres.

Era viudo, con dos hijas. Una, la mayor, había profesado en un convento de clausura; la segunda se llamaba Solita, era soltera y enfermera de profesión. «Ya la conocerá usted, mi general. Parece un sargento. En casa es la que manda.»

¡Parece un sargento! El general Sánchez Bravo se felicitó por la aportación que la Fiscalía de Tasas significaba para Gerona. Por lo demás, los planes de don Óscar Pinel al frente de dicha Fiscalía no podían ser más convincentes. Se había traído consigo un equipo de inspectores, vascos en su mayoría, que recorrerían incesantemente la provincia. Pondría en práctica, con carácter permanente, aquella medida antipática pero eficiente según la cual los denunciantes cobrarían el cuarenta por ciento del importe de la sanción. Y desde luego, quien infringiera gravemente la ley sería enviado sin contemplaciones a prisión mayor o a trabajos forzados.

El general estrechó con efusión la mano del Fiscal de Tasas, don Óscar Pinel, cuyo mentón revelaba una energía indomable.

—Cuente conmigo, comandante.

—A sus órdenes, mi general.

Pocos días después, con motivo de la inauguración del local en que quedaría instalada la Fiscalía de Tasas —en la plaza del Marqués de Camps—, «La Voz de Alerta» dedicó otra «Ventana al mundo» al nuevo organismo. «Esperamos —dijo— la colaboración de todos los ciudadanos. Es inadmisible que en Madrid haya ya quien cante coplas como ésta:

> *Si Candelas hoy viviera*
> *tan triste fin no tuviera,*
> *porque el estraperlo hoy día*
> *da fama y categoría.»*

Para el Gobernador había de suponer un gran alivio el funcionamiento de la Fiscalía de Tasas, que actuaría en estrecha colaboración con la Delegación de Abastecimientos, donde trabajaba Pilar. Le quitaban de encima una enorme responsabilidad, lo que le permitiría encauzar sus energías hacia otros menesteres más en consonancia con sus dotes y su carácter.

Otras personas, en cambio, arrugaron el entrecejo al contemplar en *Amanecer* el rostro impenetrable del comandante de Intendencia don Óscar Pinel y al leer sus rotundas declaraciones. Entre estas personas figuraban el coronel Triguero y el capitán Sánchez Bravo. Para no hablar de la Torre de Babel, de Padrosa, del abojado Mijares, del patrón del Cocodrilo... y del Administrador de la Constructora Gerundense, S. A.

Cabe decir que el capitán Sánchez Bravo, desde que su padre lo llamó a la Sala de Armas y lo conminó a no «deshonrar el uniforme» dedicándose a negocios marginales, no había movido un dedo en beneficio de la Sociedad. El capitán, impresionado por la integridad del general, se concedió una tregua. Tal vez ello se debiera a que sus ideas no eran tan claras como las del coronel Triguero. Dudaba mucho y en el fondo temía echarlo todo a perder en un santiamén: su tranquilidad y el orgullo que había sentido al luchar en la guerra y al recibir las estrellas que lucía en la bocamanga. De modo que todo el mes de agosto lo dedicó íntegramente a su cargo de presidente del Gerona Club de Fútbol, que el próximo invierno militaría en II División, cargo que lo traía de cabeza, pues debía mejorar la plantilla del equipo, remozar el Estadio, que a no dudarlo se llenaría de bote en bote, y construir un túnel para que los jugadores pudieran trasladarse directamente del terreno de juego a los vestuarios.

El coronel Triguero... era otro cantar. Sostuvo con el capitán Sánchez Bravo un diálogo ceñido, que hubiera hecho las delicias de mosén Alberto, cada día más aficionado a ahondar en los problemas de conciencia.

—Capitán... La Sociedad está quejosa de tu inactividad. Estás chaqueteando. Y te consta que eso es lo último que debe hacer un militar.

—Mi padre tiene razón, coronel Triguero. Si hemos de dedicarnos a los negocios, quitémonos el uniforme.

—¡Eso nunca! Sin el uniforme, adiós influencia. Los hermanos Costa no nos necesitarían para nada.

—Ésa es la cuestión.

—Por todos los diablos... ¡corrígeme si me equivoco! Van a racionar la gasolina. ¿Te haces cargo de lo que eso puede dar de sí?

—Me hago cargo... La Sociedad podría fabricar gasógenos, obtener cupos extra, etcétera. Pero... prefiero meditar con calma la situación.

—¿Hasta cuándo, si puede saberse?

—Hasta Navidad, que es cuando los hermanos Costa saldrán de la cárcel, si mis informes no mienten.

—Por Navidad lo que harás será echar unas lagrimitas, con eso de los belenes y la adoración de los pastores.

—Veremos. Que yo sepa, nadie ha decretado que soy un santurrón.

—Te falta poco. Te has contagiado. Te gusta el rancho del cuartel. Te gustan los garbanzos. Y contemplar tus cicatrices...

—Puede ser; pero la razón principal, por ahora, es mi padre. Tú vives solo y no te haces cargo. Además, tengo miedo. Ya lo tenía antes de la Fiscalía; ahora, mucho más.

El coronel Triguero se atusó el bigote y pareció que le nacían largas patillas.

—Mis respetos por la actitud de tu padre. Pero no irás a creer que todos son como él. Date una vuelta por Madrid y verás.

—Lo sé, lo sé... Allá ellos. Yo quiero reflexionar... y de momento fichar un buen extremo derecha y un buen portero.

La lengua del coronel Triguero chascó.

—¡Bien! Allá con tu vocación de pobre... Si cambias de parecer, ya sabes dónde estoy.

Y se fue.

El coronel Triguero comunicó todo esto al oscuro Administrador de la Constructora Gerundense, S. A.

Éste contestó:

—Entendidos. Esperaremos hasta Navidad. Pero ese niño es tonto de remate. Entretanto, vea usted, coronel, si en Figueras podemos meter baza en las divisas que traen los refugiados franceses y belgas que siguen entrando por la frontera.

Nada, imposible abrir brecha allí. La gente que huía de los alemanes caía inexorablemente en manos del Gobernador. No había forma de maniobrar ni con las joyas que llevaban, ni de sobornarlos con promesas de facilitarles el paso rápido a África del Norte o a Portugal. Sus bienes quedaban confiscados... pero bajo el control de la Guardia Civil, y eran depositados legalmente en el Banco de España. Las órdenes del Gobierno eran al respecto severísimas, de suerte que la oficina del coronel Triguero en Figueras se estaba pareciendo a una cárcel.

Y había más... La actitud de muchos de esos refugiados daba que pensar al coronel Triguero, puesto que no parecían considerar, ni mucho menos, que la guerra estuviera perdida para Inglaterra y Francia. De modo que empezaban a organizarse, poniéndose en su mayoría bajo la protección del cónsul británico llegado recientemente a Gerona: un hombre tranquilo, llamado Edward Collins, que se había instalado en el Hotel del Centro y que cuando oía la palabra Gibraltar sonreía de forma imperceptible. También la Cruz Roja estadounidense se movilizaba a su favor. En cuando a los judíos, se desenvolvían con una astucia impar, pese a que algunos de ellos venían huyendo de la propia Alemania..., ¡e incluso de Polonia! Los más aterrados, quizás, eran los aviadores ingleses que se habían visto obligados a hacer aterrizajes en Bélgica o en la Francia ocupada. Llegaban deshechos, heridos a veces y el coronel Triguero debía atenderlos de modo especial. Por cierto que uno de estos aviadores le contó al coronel que entre las tropas aliadas que combatieron a los alemanes en terreno belga, ¡y hasta en Noruega, en Narvik!, figuraban algunos exiliados españoles. El coronel Triguero se quedó boquiabierto y no pudo menos de preguntarle: «¿Y qué tal?» «Muy valientes», fue la respuesta.

* * *

Así las cosas, el coronel Triguero recibió en su despacho de Figueras una visita inesperada: la de Gaspar Ley, director de la sucursal gerundense del Banco Arús. Fue una entrevista cordial, que abría para el futuro grandes perspectivas.

Gaspar Ley no se anduvo con tapujos. Se presentó al coronel en calidad de representante oficial, en Gerona, de la sociedad barcelonesa Sarró y Compañía y le comunicó que ésta deseaba conectar con la Constructora Gerundense, S. A. «Habrá usted oído hablar de Sarró y Compañía, ¿verdad? Es una sociedad que juega fuerte...»

El coronel, al oír estas palabras, llamó a Nati, la hermosa

mecanógrafa, y le encargó que trajera del bar de abajo un par de cervezas. No obstante, disimuló su entusiasmo y adoptó una actitud expectante.

—¿Puede decirme quién es el señor Sarró?

Gaspar Ley sonrió.

—Nadie le llama señor Sarró. Es don Rosendo Sarró... Un hombre de empuje; y ex cautivo, por más señas. Se pasó toda la guerra en la Cárcel Modelo.

El coronel Triguero se mordió el labio inferior.

—Bien... ¿Y en qué podemos servirles?

—De momento, en nada. Don Rosendo Sarró tiene el proyecto de desplazarse a Gerona para entrevistarse con ustedes.

El coronel Triguero dijo:

—De todos modos, tengo la impresión de que de momento no entra en los planes de la Constructora Gerundense, S. A., fusionarse con nadie.

—¡Oh, no se trata de fusionarse! —contestó Gaspar Ley—. Llegado el caso..., todo esto se resolvería sin papeles. Como si dijéramos... en familia.

El coronel Triguero asintió con la cabeza. Hervía por dentro, pero no modificó su actitud.

—¡Bien, entendidos! Comunicaré esto a mis colegas.

—Eso es —asintió Gaspar Ley—. Ya recibirán ustedes mis noticias.

Gaspar Ley se despidió. Y en cuanto hubo salido, el coronel Triguero soltó una carcajada. Abandonó el despacho y le dijo a Nati: «¡Se acabó por hoy! Puedes irte a flirtear por ahí... hasta nueva orden.»

El problema del coronel Triguero era que había perdido por completo el sentimiento de culpabilidad. La guerra lo había embrutecido. Su amoralidad crecía por días. Tanto, que en el fondo deseaba que los optimistas refugiados que iban entrando tuvieran razón, que la guerra entre el Eje y las democracias se prolongase. Entonces las oportunidades en España —con o sin Sarró y Compañía— serían cada vez mayores... y el capitán Sánchez Bravo, si no había perdido definitivamente el juicio, se decidiría de una vez a tirar por la borda sus escrúpulos y a reintegrarse a la Sociedad.

CAPÍTULO XXXIX

MATEO TUVO QUE HACER FRENTE a una papeleta difícil: aplazar la boda, proyectada para el 12 de octubre, Fiesta del Pilar, Día de la Raza o de la Hispanidad. Tres semanas antes recibió una orden de Núñez Maza, Delegado Nacional de Propaganda, para que se trasladase precisamente por aquellas fechas a San Sebastián, donde tendría lugar una magna concentración de Jefes Provinciales de Falange de toda España. La orden decía, como siempre: «Sin excusa ni pretexto.»

No hubo opción. Pilar, que andaba atareadísima dando los últimos toques a su ajuar y al piso de la plaza de la Estación, donde viviría con Mateo y con don Emilio Santos, tuvo una reacción casi histérica. Lloró, pataleó, se mordió las uñas hasta hacerlas desaparecer. En cuanto a Mateo, se limitaba a mostrarle con aire desolado la orden recibida de Madrid.

—Compréndelo. Van todos los jefes provinciales. Núñez Maza me ha llamado por teléfono. Al parecer ocurre algo grave. No puedo faltar. Por lo que he entendido, se trata de la actitud que ha de tomar la Falange con respecto a la guerra.

—¿A la guerra? —Pilar puso cara de espanto—. ¿A qué te refieres?

—No temas, mujer. Los alemanes quieren conocer nuestra opinión. Serrano Suñer va a Berlín y estas conversaciones previas son necesarias.

Pilar se asustó todavía más.

—Pero ¿es que España va a liarse con Alemania? ¿Eso es lo que pretendéis?

—Yo no pretendo nada, cariño. Me han llamado y tengo que ir, nada más. Lo que quiero es casarme contigo... cuanto antes.

Pilar se hundió en la mecedora en que solía descansar Carmen Elgazu. No supo qué decir. Era el primer golpe «directo» que recibía desde que tenía relaciones con Mateo. Hizo un esfuerzo sobrehumano y dejó de llorar.

—¿Qué vamos a hacer, pues? ¿Cuánto durará esto?

Mateo puso una gran carga de afecto en las palabras que

pronunció luego. Comprendía muy bien lo que aquello significaba para Pilar. Se le ocurrió que podían señalar otra fecha, lo más próxima posible: por ejemplo, el ocho de diciembre, fiesta de la Inmaculada.

—No deja de ser un día bonito, ¿verdad?

—Sí, claro. Precioso...

—Son dos meses nada más...

No había opción. El Gobernador en persona intervino, indicándole a Mateo que su obligación era ir a San Sebastián. Pilar accedió por fin, aunque se encerró en su cuarto y por primera vez pensó en Hitler como hubiera podido hacerlo el señor Grote, su jefe de la Delegación de Abastecimientos.

La noticia cayó como una bomba en el piso de los Alvear. Matías se lo tomó un poco a la tremenda. Se entrevistó con don Emilio Santos, quien en el piso no había cesado de darles prisa a los yeseros y a los pintores.

—Mi querido amigo —le dijo Matías—, esas «magnas concentraciones» empiezan a resultar cargantes. No me gusta esta faena. A una mujer no se le hace eso. Yo, por lo menos, no me hubiera atrevido.

Don Emilio Santos se sentía abrumado.

—¿Qué puedo decirle, Matías? Por lo visto la Falange atraviesa un momento difícil...

—Quien atraviesa un momento difícil es Pilar...

Carmen Elgazu se enfrentó directamente con Mateo. Pero la actitud de éste fue tan rígida, que la mujer quedó desconcertada.

—Pilar ha aceptado —argumentó Mateo—. ¿A qué tanto barullo?

Carmen Elgazu no encontró las palabras justas. Murmuró varias frases incompresibles y, por último, volviéndose hacia Pilar, le dijo:

—Ya lo ves, hija... Diles a las hermanas Campistol que tu traje de novia no corre ninguna prisa...

Y el caso es que el incidente favoreció, de rebote, a Ignacio. Ignacio no se había decidido todavía a comunicar a su familia que había roto con Marta. Entonces lo hizo. Naturalmente, la familia perdió la respiración. El disgusto fue mucho más grave que el que les ocasionara Mateo, puesto que en este caso se trataba de una rotura definitiva. Matías le soltó a su hijo una filípica de categoría, lo mismo que Carmen Elgazu. Ellos querían a Marta, la querían desde hacía años y consideraban inadmisible despachar por las buenas un compromiso que afectaba a la muchacha de modo tan absoluto. «Pero ¿qué te has creído, Ignacio? Eso es muy serio. Un compromiso así es sagrado. ¡Claro, ahora comprendemos por qué Marta se estaba quedando en los puros huesos!» Evocaron incluso la entrañable figura del comandante Martínez de Soria. «¡Debes replantearte el asunto! Marta te quiere de veras. ¿Qué te ha hecho, di? ¿No quería acompañarte a Barcelona cuando los exámenes...?»

Pilar reaccionó de manera más brutal. Estuvo en un tris de pegarle a su hermano una bofetada. «Ha ocurrido lo que me temía. ¡Dios mío! ¿Por qué no avisé a Marta a tiempo?» Llamó a Ignacio «monstruo de egoísmo» y lo abochornó delante de todos comunicándoles que el muy canalla maduraba ese proyecto desde muy atrás, puesto que nunca había dejado de escribirle cartas cariñosas a una monada de Barcelona que se llamaba Ana María.

—Una monada... de la buena sociedad, ¿comprendéis? El chico tiene aspiraciones. ¡No faltaría más!

Ignacio aguantó el chubasco como pudo y su única defensa consistió en escudarse en la orden recibida por Mateo. No, él no quería exponerse a chascos de este calibre. Dirigiéndose a Pilar concluyó:

—Y lo que te deseo, hermana, es que tu fanático Romeo no te obligue a aplazar la boda cinco veces más... Hasta que Alemania haya ganado. O hasta que España vuelva a ser un Imperio.

* * *

Mateo se fue a la magna concentración de San Sebastián, lo que lo obligó además a posponer de nuevo, esta vez para junio, examinarse en la Universidad del último curso de la carrera. Y le ocurrió que, pese a su buena voluntad, en San Sebastián, al encontrarse con sus antiguos camaradas y al conocer a los otros que habían acudido a la reunión, olvidó el asunto de la boda como se deshace un terrón de azúcar. En la capital donostiarra vivió tres semanas intensísimas de yugos, flechas y camisas azules. Por descontado, en las agotadoras sesiones se habló efectivamente de la guerra —había pasado el buen tiempo sin que el presunto desembarco en Inglaterra se hubiera producido— y la opinión general, aunque no unánime, era que España tenía la obligación de ayudar al Eje en forma *militante*. Mateo, excitado por el ambiente, se manifestó en favor. Sin embargo, la realidad era que los allí reunidos no eran quiénes para decidir tamaña cuestión. En última instancia, y fuera cual fuere el acuerdo tomado, Franco y sus generales se arrogarían el derecho, lo que sumió a los jerarcas falangistas en la mayor perplejidad.

* * *

Una vez clausurado el albergue veraniego, Marta regresó a Gerona. Su estado de ánimo era mucho peor que el de Pilar. Subió a su casa y se echó en brazos de su madre, llorando hasta agotarse. Tenía la impresión de que no podría resistir semejante sufrimiento. Su hermano, José Luis Martínez de Soria, no cesaba de repetir la frase de Pilar: «¡Es un canalla!» En un momento dado parecía dispuesto a ir a entendérselas con Ignacio; pero Marta hizo un tal ademán de impotencia que desistió.

La madre de la muchacha carecía de fuerza moral para levantar el ánimo de su hija, habida cuenta de que, roto el compromiso de ésta con Ignacio, vio cernerse sobre aquella casa el fantasma de la soledad. ¡Ah, claro, José Luis se casaría un día u otro con María Victoria, quien se había negado rotundamente a dejar la capital de Espña para residir en Gerona! Cuando esto ocurriera, ¿qué les uniría a ellas a la ciudad? Sólo los recuerdos, la Dehesa y el río; y el cadáver del comandante Martínez de Soria, que yacía en el cementerio.

Marta procuró desahogarse con sus amigas, pero ninguna de ellas podía tampoco hacer nada. Pilar, que era como siempre su mejor confidente, acabó revelándole la existencia de Ana María, con lo que Marta conoció además la irritación y los celos... «¿Qué tendrá esa chica? ¿Cómo es? ¿La conoces tú? ¡Dios mío, qué horror...!» Por su parte, Esther... fingió. Simuló ignorar la noticia, siendo así que Ignacio había ido a pedirle consejo. «Lo lamento, Marta. Lo lamento en el alma. Me hago cargo de lo que esto significa para ti.» Y en cuanto a María del Mar, intentó animarla desde otro ángulo. «El tiempo lo borra todo, Marta... Yo también había querido a otro hombre... Es posible que Ignacio tenga razón y que vuestra boda hubiera sido un fracaso. Ya sé que es fácil decir eso. Pero distráete lo más que puedas y ven a verme cuando te apetezca.

Entrégate más que nunca a la Sección Femenina... Y a esperar.»

Esperar era una palabra fatídica. Sobre todo teniendo en cuenta que Gerona era una pequeña ciudad, por lo que Marta se encontraría a menudo con Ignacio por la calle, o en el lugar más impensado. ¿Cómo reaccionaría al verle? ¿Qué hacer? La revelación de Pilar la había anonadado: «Ana María, Ana María...» Y no se apartaba de su mente el sonsonete de José Luis. «¡Es un canalla!»

Por más que, ¿era Ignacio un canalla? ¿No habría fallado ella? Marta se miró al espejo y se vio terriblemente desmejorada.

La religión le fue, sin duda, de gran utilidad. Marta hizo con mosén Falcó una confesión general y luego comulgó fervorosamente, pidiéndole a Dios fuerzas para no cometer un disparate, pues habían cruzado por su mente extraños pensamientos. Chelo Rosselló, que seguía sin moverse de la consulta del doctor Andújar, escoltando a Jorge de Batlle, le dijo: «Por favor, Marta, domínate. No vayas a caer en el pozo en que ha caído Jorge...»

Nada que hacer. Marta no consiguió siquiera guardar las apariencias. ¡No lo consiguió ni tan sólo en su despacho de la Sección Femenina! Y era lo peor que por aquellos días llegaban en cadena órdenes de Madrid, redactadas con la habitual objetividad. Entre otras cosas le pedían también su opinión sobre los deberes de la Falange con respecto a la guerra. ¿La guerra? ¿Dónde había guerra? ¿Y qué podía importar su opinión? Por si fuera poco, al Mando Nacional le dio por enviar circulares referentes a la maternidad... De repente, en Madrid este problema pasó a primer término. Para empezar, debía organizar para el 8 de diciembre —¡el día de la boda de Mateo y Pilar!— grandes festejos. Debía llenar *Amanecer* de *slogans* dedicados a preparar ese día, uno de los cuales diría: «Lo más sagrado, después de Dios y de la Patria, es la madre. Ella te dio la bienaventuranza de nacer en España. Honra a tu madre, haciéndole un pequeño obsequio en ese día, por pequeño que sea.»

¿Quién habría lanzado en Madrid semejante consigna? ¿María Victoria tal vez...? Sí, claro, María Victoria, novia de José Luis... María Victoria, simpática y exuberante, quien sin duda le hubiera dicho a Marta, simplemente: «¡Qué quieres, chica! Los hombres son así...»

Marta no podría subir ya nunca más al piso de la Rambla. Su camisa azul se encogió. Se movía como una autómata y cuando la comadrona Rosario, regidora de la Sección de Puericultura, la informaba de que en España morían de parto anualmente 3.800 madres, ella no acertaba a echarse a llorar. Y cuando Gracia Andújar le daba cuenta de los avances que conseguía en la Sección de Danzas, Marta movía la cabeza como si le hablaran de una lejana galaxia. «¿Danzas...? Pero ¿es que había en el mundo quien se dedicaba a bailar?»

La muchacha se pasaba horas y horas en su cuarto. ¡Qué extraño se le aparecía el botiquín, con las iniciales CAFE con que salió por Gerona el día del Alzamiento! ¡Cuán preñados de sentido se le antojaban todos los objetos que Ignacio le había devuelto: la placa de abogado que ella le regaló; el reloj de esfera azul; ¡la piedra del Alcázar de Toledo que le trajo cuando su viaje a Madrid! Esta piedra fue un error. Las piedras eran siempre un error.

Sus únicos consuelos, eran, pues, la religión y el afecto de su madre y de Pilar. Su reto constante, el balcón del despacho de Manolo Fontana en que Ignacio trabajaba. ¡Manolo Fontana! Con la llegada del otoño se había cubierto de nuevo la cabeza con el sombrerito verde, tirolés, adornado con la plumilla de pavo real...

CAPÍTULO XL

Pilar sufría, Marta sufría, y sufría el camarada Rosselló... En efecto, éste había regresado del Puerto de Santa María, adonde, como es sabido, había ido a visitar a su padre, encerrado en el Penal. El muchacho había cruzado solo, en coche, España entera —¡Dios mío, en qué estado se encontraban las carreteras y los puentes, el campo y los pueblos!— y apenas si se le permitió hablar un cuarto de hora, entre rejas, con el detenido. «Padre..., ¿cómo estás?» «¿Y tú, hijo? ¿Y las chicas?» Imposible hilvanar un diálogo. El doctor Rosselló vestía ciertamente el traje de presidiario. El camarada Rosselló tenía un nudo en la garganta y no acertaba a hablar. En Gerona alardeaba a menudo de que con la guerra se le había endurecido el corazón; pero en el Penal de Santa María se dio cuenta de que no era cierto. «¿Y el Hospital, hijo? ¿Quién está allí?» «¿Cómo dices? ¿Que Chelo va a casarse con Jorge de Batlle? No, no, recibí la carta. Aquí, ya puedes figurarte...»

Los guardias eran amables... pero debían cumplir con su deber. Así que, una vez transcurridos los quince minutos reglamentarios, separaron a los dos hombres. El camarada Rosselló subió a su coche hecho una furia, llevando incrustada en la retina la imagen de su padre encanecido, roto por dentro. Y llegó a Gerona en un estado de ánimo poco propicio a conducir el automóvil del Gobernador. Éste, que tenía también sus problemas, le decía: «Pero, ¡chico! A ver si te animas. ¡No me gustaría estrellarme contra un árbol, palabra...!»

* * *

En cambio, y como ocurriera en el año anterior, octubre se mostraba generoso para mosén Alberto, para Agustín Lago, quien había preparado concienzudamente el segundo curso escolar de posguerra, y sobre todo para «La Voz de Alerta», dispuesto a poner esta vez toda la carne en el asador para que las Ferias y Fiestas de San Narciso fueran sonadas.

Mosén Alberto consiguió, primero, ser nombrado presidente de la Comisión de Monumentos Históricos de la provincia, lo que le halagó en grado sumo. Todo lo que fuere antiguo lo atraía cada día más, lo mismo que al profesor Civil; y la provincia rebosaba de castillos semiderruidos, de poblados ibéricos por excavar, de viejísimos barcos naufragados a pocos metros de la costa. ¡Cuánto trabajo por realizar y con qué gusto! El sacerdote estaba un poco harto de que la gente, al hablar de la arqueología gerundense, se refiriese exclusivamente a la colonia griega de Ampurias.

En segundo lugar, resultó que los cazadores y pescadores, que abundaban también mucho, por iniciativa propia le pidieron al señor obispo que cada domingo se celebrara para ellos una misa a las cuatro de la madrugada. ¡Y he aquí que el doctor Gregorio Lascasas eligió para complacerlos, en esa hora cruenta, a mosén Alberto! Éste, al principio, reaccionó de forma un tanto aparatosa, alegando entre otras razones que jamás había sentido la menor inclinación por la caza y por la pesca; pero luego lo pensó mejor y se alegró de semejante incomodidad, por cuanto le daba ocasión de autodominarse.

Una vez más actuó sobre él benéficamente, como venía ocurriéndole en los últimos tiempos, la sombra flagelada del padre Forteza, cuya santidad le servía de constante ejemplo.

Fuera de eso, mosén Alberto consiguió ¡oír una sardana! Fue con motivo de la fiesta celebrada por «Educación y Descanso», la organización deportivo-sindical, en honor de los productores cuyos hijos habían obtenido becas oficiales para estudiar. Mosén Alberto se había ido de paseo por la Dehesa, para contemplar las hojas muertas a los pies de los árboles y, de pronto, ¡una sardana! Creyó que soñaba, y no era así. Mosén Alberto se emocionó tanto como los componentes de la Cobla Gerona, que habían sido reunidos en un santiamén y entre los cuales figuraba Quintana, el director del coro de la Sección Femenina. Alguien que pasaba por allí le dijo a mosén Alberto: «No sé si nos toman el pelo o si se han equivocado.» Ni lo uno ni lo otro. Mosén Alberto entendió más bien que se trataba de una nueva demostración del buen tacto que caracterizaba al Gobernador.

Por último, y en el área de sus amistades, el sacerdote encauzó bonitamente la trayectoria del pequeño Manuel Alvear. La simpatía inicial que le inspiró el sobrino de Matías y que se incrementó a raíz del almuerzo navideño en el piso de la Rambla se tradujo en algo positivo: en la puesta en práctica de la idea que desde el primer día tuvo Carmen Elgazu, pero que ésta no se atrevió a manifestar. Manuel ingresaría en el Instituto para cursar el primero de Bachillerato y todas las tardes, a la salida —amén, naturalmente, de los días festivos—, trabajaría en el Museo Diocesano como antaño lo hiciera César, percibiendo por ello una remuneración, además de las propinas que pudiera obtener de los visitantes.

Hubo que salvar, como es obvio, la barrera que significaba Paz. Pero se consiguió. Paz, desde que era supervedette en la *Gerona Jazz* y desahogaba su juventud en brazos de Pachín, se mostraba igualmente insobornable en materia política, cotizando para el *Socorro Rojo* y deseando el aplastamiento de Alemania; ahora bien, sin saber por qué, acaso por comodidad o para no contrariar en demasía las inclinaciones de Manuel, en materia religiosa empezaba a ser más transigente. «Sólo un ruego —le dijo a mosén Alberto, al tratar la cuestión—. ¡No pretenda llevarse al crío al Seminario!» Mosén Alberto se acarició la afeitada mejilla y contestó: «Esto no es de mi incumbencia. Esto, en cualquier caso, habrá de decidirlo Manuel.»

En resumidas cuentas, mosén Alberto vivía satisfecho y por ello escribía con más entusiasmo que nunca en *Amanecer* sus «Alabanzas al Creador». Sólo le inquietaba... el cielo de Gerona. De pronto las nubes se paseaban sobre la ciudad tan apretadamente, con tal carga dramática, que el sacerdote decía: «No me extrañaría que este invierno tuviéramos inundación.» El notario Noguer, que recordaba las muchas que habían azotado a la ciudad, le objetó: «No creo. Ya el año pasado se temió lo mismo por estas fechas. Y vino la tramontana y barrió la amenaza.»

* * *

También para Agustín Lago el otoño había sido a la postre generoso. Pero el final del verano le había traído consigo una desagradable contrariedad, que por espacio de unas semanas agrió el consuelo que había significado para él la reciente visita de Carlos Godó, su compañero del Opus Dei.

El Inspector Jefe de Enseñanza Primaria tuvo un choque, del todo inesperado, con el profesor Civil... Éste oyó hablar de la *Obra de Dios* al señor obispo y, acuciado por la curiosidad, quiso beber en su fuente principal: le pidió a Agustín Lago que le permitiera echar una ojeada al libro del padre Escrivá, *Camino*, que como es sabido constituía para el Inspector la clave de sus meditaciones. Agustín Lago complació gustoso al viejo profesor, convencido de que éste reaccionaría favorablemente. Y ocurrió todo lo contrario. El profesor Civil se llevó las manos a la cabeza. Estimó que *Camino* contenía algunos bellos pensamientos, pero otros se le antojaron del todo inadmisibles. «¿Se da usted cuenta, amigo Lago? Vea lo que dice aquí: *"El plano de la santidad que nos pide el Señor, está determinado por tres puntos: la santa intransigencia, la santa coacción y la santa desvergüenza."* ¿Qué significa eso? Y eso otro: *"Si sientes impulso de ser caudillo, tu aspiración será: con tus hermanos, el último; con los demás, el primero."* ¿Quiénes son los demás? ¿Y por qué querer ser el primero? ¿Y a qué viene esa grosería, y perdone usted la palabra, amigo Lago?: *"El manjar dedicado y selecto, si lo come un cerdo (que así se llama, sin perdón), se convierte, a lo más, ¡en carne de cerdo!"* No lo entiendo, no lo entiendo... Amigo Lago, permítame que le diga que ese libro es confuso, contradictorio... ¿Y por qué su autor emplea el tuteo? Ya está bien que lo emplee la Falange,

¿no cree? Tutear a las almas no me ha gustado jamás. Con su permiso, continuaré leyendo de vez en cuando los Evangelios... y *El Criterio*, de Balmes.»

Agustín Lago se las vio y deseó para convencer al profesor Civil de que lo que valía de *Camino* era su contexto, el aliento sobrenatural que emanaba de sus páginas y le recordó que, en su esporádica dureza, el padre Escrivá, fundador del Opus Dei, no había hecho sino imitar a Cristo, que en múltiples ocasiones se mostró también fustigador; el profesor Civil negó con la cabeza y sentenció: «Cristo era Dios, y tenía derecho a expulsar del templo a quien quisiera; pero cuando Pedro desenvainó la espada en el Huerto y le cortó la oreja a Malco, criado del pontífice, le obligó a envainarla, dándole una suprema lección de tolerancia.»

Agustín Lago pasó unos días mucho más inseguro de lo que podían pensar de él el Gobernador y Mateo. Por fortuna, recordó su coloquio con Carlos Godó —«seremos incomprendidos durante mucho tiempo»— y, sobre todo, encontró en el propio *Camino* el pensamiento consolador: «*Cuando te entregues a Dios, no habrá dificultad que pueda remover tu optimismo.*»

En consecuencia, pues, se tomó más en serio que nunca la idea de «comportarse con la mayor naturalidad en medio del mundo», y después de piropear a la imagen de la Virgen que tenía en el cuarto de su modesta pensión se dedicó con renovados bríos a lo suyo: al trabajo, a ocuparse de la situación de los maestros, que continuaba siendo dramática.

Una vez más encontró en Carlos Godó, con quien mantenía ahora asiduo contacto epistolar, su gran aliado: «No te desanimes, querido Agustín. También yo he librado aquí, en Barcelona, combates similares. Pero avanzaremos, avanzaremos poco a poco... ¿No te acuerdas de las palabras de Chesterton? El milagro del cristianismo es que está loco: pretende vender jabón que no lava...»

Por otra parte, Carlos Godó le tendió el puente necesario para que sus gestiones en el terreno de la Enseñanza resultaran, dentro de lo posible, positivas. Le dio las señas de otro compañero del Opus Dei, residente en Madrid, y que trabajaba precisamente en el Ministerio de Educación Nacional. Se llamaba Víctor Camacho y era jefe de Negociado. «Escríbele en mi nombre. Mándale un informe detallado de todo cuanto necesites y él te aconsejará y te apoyará lo que pueda. En mi opinión, deberías ponerle al corriente, por supuesto, de los problemas de los maestros en ejercicio; pero sin olvidarte de los otros, de los maestros "depurados". Creo que debes prestarles a éstos la máxima atención, por cuanto, como bien sabes, lo que menos importa es el pasado ideológico. ¡La cuestión es que sean competentes!»

Agustín Lago siguió al pie de letra el consejo de su amigo. ¡Y acertó! Víctor Camacho, al recibir en el Ministerio la carta de Agustín Lago sintió como si una llamada cálida hubiera brotado en medio de aquella frialdad burocrática. Y se mostró eficiente en grado sumo. Consiguió el permiso necesario para que los maestros de la provincia de Gerona pudieran en el curso próximo cobrar «las permanencias» —es decir, las horas extraordinarias de clase—, ¡y obtuvo además una asignación para comprar estufas! Y para poner cristales en las escuelas que carecieran de ellos. Y la promesa oficial de levantar, en un plazo de tiempo relativamente corto, treinta viviendas en los pueblos más necesitados.

¡«Permanencias», estufas, cristales, treinta viviendas! Agustín Lago festejó la noticia por todo lo alto con los maestros que acertó a reunir en un ágape de Hermandad que tuvo lugar en Gerona, en el Hotel del Centro, donde se hospedaban el doctor Chaos y el cónsul inglés, míster Edward Collins; ágape que transcurrió con tan sana alegría que un maestro de Santa Coloma de Farnés, mordaz por naturaleza, comparando los manjares que les iban sirviendo con el menú que habitualmente le servían en la pensión del pueblo, se levantó como para brindar y dijo: «Propongo a todos los aquí presentes que nos declaremos reunidos en sesión permanente.»

Agustín Lago soltó una carcajada. ¿Qué le ocurría? ¡Decididamente había dado un paso adelante!

Pero faltaba por resolver la segunda parte de su programa, y ahí sí que la cosa no era para reírse. El Inspector había informado a Víctor Camacho de la trayectoria humana seguida por los maestros que al término de la guerra habían sido expulsados de la carrera por la Comisión Depuradora, que él se vio obligado a presidir. ¡Santo Dios! Algunos habían emigrado a Barcelona; otros, al menos, habían montado un pequeño negocio; muchos se habían empleado en oficinas... Pero en su mayoría pasaban, ellos y ellas, vergonzosas privaciones, por no decir hambre. Se habían convertido en parásitos desmoralizados, lo mismo que muchos de los mutilados que habían combatido con el Ejército «rojo»; en fácil presa para cualquier aventura ilícita. Dato confirmado por el hecho de que entre los primeros denunciantes de la Fiscalía de Tasas al objeto de percibir el cuarenta por ciento de las multas, figuraban precisamente algunos de los maestros expulsados... ¿Qué hacer? Víctor Camacho le sugirió varias salidas. Intentar colocarlos, ¡al margen de lo que en ello hubiere de paradójico!, en Colegios Religiosos, en muchos de los cuales las plantillas no habían sido cubiertas del todo; y darles facilidades para que pudieran montar Academias Particulares...

Agustín Lago obtuvo éxito en ambos terrenos. ¡Cuánto se alegró! No faltaban maestros, de edad avanzada y entrañablemente apegados a su profesión, que le llamaron su Ángel Salvador, a semejanza del músico Quintana cuando Chelo Roselló le propuso dirigir el coro de la Sección Femenina. «¡Nos ha salvado usted! ¡Nos ha salvado usted!» Agustín Lago estuvo tentado de decirle al profesor Civil: «¿Se da usted cuenta, profesor? ¡Ahí tiene la santa desvergüenza!» Pero se abstuvo de hacerlo, puesto que la *Obra* prefería actuar en secreto, evitando que sus gestiones adquirieran el carácter, siempre humillante, de paternalismo benéfico.

Carlos Godó felicitó a Agustín Lago. «Enhorabuena, Agustín. No cejes en tu empeño. Tu responsabilidad es muy grande, pues el problema fundamental de España es éste, la Enseñanza. Según Víctor Camacho, más de un tercio de nuestra población es analfabeta... Amemos a esos analfabetos, porque son hermanos nuestros, porque son hombres y procuremos que consigan santificarse por medio de un trabajo decente. ¡Enhorabuena otra vez! Y créeme si te digo que me gustaría mucho hacer antes de Navidad otro viaje a Gerona para darte un abrazo.»

* * *

¿Y «La Voz de Alerta»?

Euforia, euforia por los cuatro costados. Presidente, esta vez, de la Comisión de Festejos para las Ferias, la provincia entera se desplazaría a la ciudad para gozar de ellas. ¡Y los fuegos artificiales marcarían época! No ocurriría lo que en los primeros, lanzados tres meses después de terminada la guerra, con motivo del aniversario del Alzamiento, en los que la cascada final constituyó un fiasco, puesto que fallaron las aspas y la multitud sólo pudo leer: «Viva... Julio.» Además, concurso de carteles, concurso de escaparates y premios especiales para las calles mejor engalanadas, lo que entusiasmó al vecindario. Cada calle había ya nombrado su Comisión y se presentía una orgía de gallardetes y de tiestos de flores en los balcones. Y al final, en el baile de gala del Casino, ¡la *Gerona Jazz*!

Querida Carlota:

Esto marcha... Será por el gozo íntimo que me proporcionó mi estancia en Puigcerdá, por la suerte que Dios me deparó dándome la ocasión de conocerte, pero esto marcha. Hago lo que puedo para levantar la moral de la ciudad y creo que lo consigo. Me dijiste que te interesaban todos los detalles que se refiriesen a mi labor; pues ahí van. Aunque yo preferiría hablar exclusivamente de nuestros proyectos en común...

Te adjunto el programa de Ferias, por el que te harás cargo de la que aquí se va a armar. En honor tuyo, como verás, se celebrará en la Rambla una extraordinaria audición de sardanas, ¡Sí, el día de San Narciso, el Ayuntamiento obsequiará a la población con seis sardanas, seis, en la mismísima Rambla y a cargo de la Cobla Gerona! Todo un acontecimiento. Supongo que hasta los ancianos bajarán de sus casas para formar en los ruedos.

La gente —no así algunos concejales, que me preguntan qué es lo que me pasa— está entusiasmada porque digo que «sí» a todo. Accedo a todas las peticiones que se me formulan, lo mismo si se trata de instalar un quiosco de periódicos, que una churrería, que un puesto para vender castañas... Ello ha creado un clima muy favorable. Es de admirar el celo con que los guardias urbanos vigilan que los vecinos no sacudan las alfombras en la calle, que no tiren basuras al río y que enciendan las luces de las escaleras a la hora justa. El espíritu·de colaboración es tal que en la Guardería Municipal se amontonan, como muestras de buena voluntad, cantidades ingentes de objetos perdidos. Hoy, día de mercado, una vecina ha entregado incluso dos patos que se ha encontrado sueltos por ahí. ¿Te das cuenta? Digo yo que un pueblo que devuelve los patos perdidos es un pueblo sano. Reconozco que hasta ahora exageré al negar que la masa puede también poseer ciertas virtudes...

Claro que, a fuer de sincero, he de reconocer que no todo se debe a mi gestión. Ha empezado el Campeonato de Fútbol y el Gerona Club de Fútbol le ha pegado al Málaga una paliza: 4-0.

Esto ha enardecido a mis conciudadanos. Y por si fuera poco, se ha fundado en la ciudad un Club de Hockey sobre ruedas, deporte magnífico, elegante, que estoy seguro que cuando lo veas te entusiasmará.

Otra buena noticia es el remozamiento de la emisora de radio. Esto se lo debemos al Gobernador. Es una emisora potente y el director ha concebido un programa que se ha hecho inmediatamente popular: la retransmisión, a capítulo diario, de novelas adaptadas ex profeso... Mejor dicho, de novelones de rompe y rasga, con pastoras enamoradas, algún que otro huerfanito y espadachines. Naturalmente, al final siempre hay boda... lo que me congratula sobremanera. No puedes imaginarte el éxito de estos «seriales». Las amas de casa lloran. Las modistas lloran. Llora todo el mundo, incluidas la esposa del Gobernador, María del Mar, y mi criada, Montse. En suma, que Gerona, gracias a los «seriales», llora... de felicidad, lo que demuestra que lo imaginario conmueve más que lo real.

Mi querida Carlota, te incluyo la última «Ventana al mundo» que he escrito. Te la dedico a ti, como verás, pues en ella demuestro que el idioma catalán, que tan a fondo conoces, llegó a hablarse en todo el Mediterráneo y hasta en Bizancio... Y cito a tu autor preferido: Ramon Llull. Habrá algunas protestas... ¡Qué más da! En eso no puede meterse la Fiscalía de Tasas. Ni tampoco el inspector de Enseñanza Primaria, aunque sea de la tierra del Quijote. En cambio, habré dado un alegrón a mosén Alberto y al profesor Civil, de quienes tanto te hablé. Y estoy seguro de que te lo habré dado también a ti.

Te escribiría mucho más largo, pero me espera el señor obispo... Por lo visto corren por ahí unos cuantos desgraciados que suben por los pisos ofreciendo escapularios que garantizan la salvación eterna. ¡Menudo chasco se va a llevar Su Ilustrísima! Porque yo soy un pecador —bien lo sabes tú—, y por tanto estoy dispuesto a comprar uno de dichos escapularios.

Espero que el correo me traiga luego tu carta. Mañana volveré a escribirte... Entranto, recibe lo que quieras de éste que por tu culpa sufre cada noche una crisis de insomnio.

«La Voz de Alerta»

497

CAPÍTULO XLI

Pocos días antes de la Feria se produjo la catástrofe que mosén Alberto presintió cuando flotaron sobre la ciudad aquellas nubes con carga dramática. El notario Noguer, por una vez, había pecado de optimista. La tramontana no le obedeció. Sobrevino la inundación, llevándose consigo la euforia de «La Voz de Alerta», el encantamiento de la Feria, los arcos de triunfo de las calles engalanadas, algunos puentes, algunas casas, unas cuantas vidas humanas.

Un día u otro tenía que ocurrir. El agua formaba parte de la historia de Gerona con mucha más antigüedad que Cosme Vila, que el Gobernador e incluso que el héroe de la guerra de la Independencia, el general Álvarez de Castro.

Empezó a llover el sábado por la tarde y no paró hasta el lunes al amanecer. Hubo un momento, cuando el agua llevaba ya varias horas cayendo, en que el cielo tenía el color del barro. Un cielo pardo, reumático, tan oscuro que, según el señor Grote, recordaba algunos pasajes del Evangelio. ¡Cómo llovía! Daba miedo. Lloraban las fachadas, los árboles, los letreros de los comercios. Fue cortada la luz y se apagaron los faroles de gas. El agua caía en diagonal, sesgadamente. Ráfagas de viento doblaban los cables telegráficos y paralizaban los relojes públicos. El vecindario se había congregado en los lugares estratégicos para contemplar el espectáculo. Las calles céntricas, la plaza Municipal, el barrio de la Barca, eran ríos desbocados.

A la mañana del domingo las noticias no podían ser peores. Dado que llovía también en el Pirineo, el Ter llegaba enfático y con ira, lo que significaba que el Oñar no podría desahogarse en él y se desbordaría. Así fue. El agua, pese a las medidas tomadas por el vecindario tapiando apresuradamente las entradas, empezó a penetrar en los establecimientos, como si quisiera encaramarse a los mostradores y a los estantes. La Gran Vía, donde ya se habían instalado los autos de choque y los tiovivos, era un canal. El Café Nacional fue arrolladoramente violado por el agua, que alcanzó la altura de los espejos. Lo mismo ocurrió en la «Perfumería Diana», en la barbería de Raimundo, en los estancos y en la tintorería recién abierta por la viuda de Corbera.

Nada podía hacerse. La inundación era un hecho. Cualquier intento significaba ser arrastrado por la corriente. La gente rezaba en las casas —los Alvear, a salvo gracias a la altura del piso, rezaban el Rosario— y la Andaluza había encendido velas a Santa Bárbara y, en unión de sus pupilas y de «El Niño de Jaén», no paraba de santiguarse.

El puente situado frente a los cuarteles de Artillería fue barrido. En la calle de Pedret se hundieron dos edificios ruinosos. En el Seminario los detenidos, apelotonados en las ventanas enrejadas, pensaban: «A lo mejor podemos huir...» En el Hospital los enfermos, azorados, querían abandonar las camas. Un ciego preguntó: «¿Qué ocurre?» Y la monja de turno le contestó, tapándolo con una manta: «Inundación.» En el cementerio, los panteones quedaron sumergidos y en el interior de la fosa común, convertida en barrizal, los huesos antiguos y recientes, de unos y de otros, se mezclaron más que nunca. Se hablaba de personas aisladas en tal o cual tejado. Algunos gatos eligieron lugares inverosímiles para salvaguardarse. En la cuadras de la calle de la Rutlla, los caballos relinchaban. Pero lo peor ocurrió detrás de la piscina, en las márgenes del Ter. Dos familias andaluzas, que se habían construido allí sus casuchas, fueron arrastradas camino del infinito mar. Nadie se dio cuenta de la tragedia. Sólo las despidió un trueno, nacido en el vientre del Apocalipsis.

Todo el mundo se mordía impotente las uñas, mientras el agua continuaba cayendo implacable. Sólo algunos héroes desafiaron anónimamente la hecatombe, a riesgo de sus vidas. Uno de ellos, mosén Falcó, el joven consiliario de Falange. Saltó desde su balcón al de la casa vecina para poner a salvo a la vieja paralítica que vivía en el entresuelo. Fue el suyo un salto inverosímil, que bien pudo depositarlo en el más allá. Otro héroe, ¡tía Conchi! Tía Conchi, por su cuenta, colocándose un saco a modo de capucha, salió disparada y consiguió trasladar a buen recaudo dos niños que descubrió sentados temerariamente en el alféizar de un ventanuco, frente al bar Cocodrilo.

No dejó de llover hasta la madrugada del lunes, momento en que las nubes acusaron fatiga y se abrieron algunos claros. Los equipos de rescate, ¡por fin!, pudieron actuar. Sus componentes exhibían las más absurdas prendas de ropa, como aquellos anarquistas que se fueron al frente de Aragón. El Gobernador, con un casquete y un impermeable que llevó durante la guerra, parecía un comisario ruso. Alfonso Estrada se enfundó una cazadora que había pertenecido a su padre y se calzó unas polainas. Los coches de los bomberos avanzaban contracorriente, tocando la sirena y formando abanicos de agua, en dirección a las zonas bajas de Gerona: la calle de la Barca, el barrio de Pedret. Los pescadores de San Feliu de Guíxols y de Palamós irrumpieron en las calles con sus barcas de remo, provistos de cuerdas y escalas. La consigna era trasladar los accidentados al Hospital, donde el doctor Chaos lo había dispuesto todo de antemano para poder atenderlos.

El nivel del agua tardó mucho en decrecer. Pero por fin lo hizo y empezaron a asomar de nuevo los pretiles de los puentes. A media mañana lucía incluso el sol. Gerona ofrecía un aspecto sobrecogedor y las paredes olían a bosque. Los colores herían la vista, como al salir fuera después de una larga permanencia en un lugar oscuro.

Todos los gerundenses se afanaron en la tarea de desbloquear las alcantarillas y de evacuar el agua. Se habían formado por doquier montones de escombros y aparecían aquí y allá muebles, palanganas, ¡y ovejas muertas! En las tiendas y en los sótanos, el trabajo era febril. Algunos hombres, acostumbrados a cavar trincheras, accionaban la pala con singular maestría. Las mujeres, con pañuelos a la cabeza, anudados al cuello, se parecían un poco a las que Cosme Vila veía quitando nieve en las calles de Moscú. En cada inmueble surgía un líder, que daba órdenes. La brigada municipal de barrenderos se multiplicó. Salió Marta, en cabeza de las muchachas de la Sección Femenina, con su famoso botiquín que decía CAFE. Los aficionados a la fotografía se subieron a la vía del tren para contemplar el impresionante panorama que ofrecía la Dehesa inundada y el Ter, que se empeñaba en bajar dándose importancia. Félix Reyes, con su bloc de notas y su lápiz, tomaba apuntes desde la azotea.

La tropa se había movilizado y los capitanes Arias y Sandoval recorrían a bordo de una barca pintada de rojo las cercanías de la Plaza de Toros, colaborando en el tendido de pasarelas e infundiendo ánimo con su presencia a los dañados por la riada. El capitán Sánchez Bravo se fue al Estadio de fútbol: era un lago tranquilo, aunque las gradas, recién construidas, habían desaparecido, así como las pistas de tenis tan amadas por Esther.

La pesadilla había cesado, pero Gerona era un lodazal y lo sería durante mucho tiempo. El edificio donde estuvo la fundición de los hermanos Costa se había venido abajo. Por otra parte, se sabía que las aguas no habían causado estragos sólo en Gerona, sino en extensas zonas de la provincia, especialmente en aquellas que el Ter cruzaba. Sin duda el balance de las pérdidas sería aterrador.

* * *

Inundación, broche de luto en el otoño de la ciudad y provincia. Durante años se recordaría aquello y mosén Alberto tomó buenas notas con destino al Archivo Municipal. Las víctimas eran numerosas y había desaparecido gran parte del ganado que el Ejército había entregado a los campesinos.

Los datos referidos a la catástrofe llenarían durante mucho días las páginas de *Amanecer*. Pero, en medio de todo, produjose un hecho consolador. España entera se hizo eco de lo ocurrido. Una vez más se puso de manifiesto la eficacia de la cohesión existente entre todas y cada una de las regiones de la Patria. En efecto, en el Gobierno Civil empezaron a recibirse, además de innumerables telegramas de condolencia, víveres, ropa y dinero. Abrióse en todo el ámbito nacional una suscripción *Pro damnificados por las inundaciones de Gerona*, encabezada por un generoso donativo del propio Caudillo.

Mateo, que se encontró con la hecatombe a su regreso de San Sebastián, y que fue encargado de contabilizar las aportaciones, a medida que la cuenta engrosaba le decía al camarada Rosselló:

—Es maravilloso... ¡No cabe duda! España constituye una unidad.

El camarada Rosselló asentía con la cabeza e iba contestando:

—Sí, desde luego...

* * *

Sin lugar a duda, dejando aparte las víctimas y sus familiares, el hombre psicológicamente más afectado por la catástrofe era el Gobernador, el camarada Dávila. Después de haber recorrido la provincia, y de punta a cabo la ciudad, comentó:

—Es calamitoso. De todo lo hecho, lo único que ha quedado intacto es la fábrica Soler. Habrá que volver a empezar...

El tanque acuático había arrasado los campos. La población vivía un mes de noviembre negro como la sotana de mosén Obiols, el sacerdote de los pies larguísimos y la voz tonitronante. El Gobernador presintió en seguida que la situación iba a ser idónea para que los desaprensivos se lanzaran más que nunca, como aves de presa, sobre la gente necesitada. De todas partes le llegaban informes al respecto, y a menudo los protagonistas eran las propias autoridades locales —alcaldes, jefes o secretarios del Partido o de los Sindicatos— que él mismo había nombrado. Todo aquello recordaba la entrada de los moros en los pueblos destruidos, cuando la batalla había sido dura y los jefes les habían prometido derecho al botín.

El Gobernador pasó una crisis de desmoralización. La guerra no lo había anonadado nunca; lo anonadó el agua, como les ocurriera a los italianos en la ofensiva de Guadalajara.

Se dio cuenta de que la indisciplina socavaría los cimientos del edificio patriótico y de honradez que había intentado levantar desde su llegada a Gerona. Y se dio cuenta de que la frase de José Antonio: «Inasequible al desaliento», resultaba a veces superior a las fuerzas de un hombre.

Su confidente fue una vez más Mateo, quien, pese a que en las reuniones de San Sebastián quedó patente que la Falange tenía menos poder del que el hombre de la calle imaginaba, dio pruebas de una entereza envidiable. Mateo fue quien le aconsejó que debía actuar en dos direcciones. La primera, hacer lo posible por restablecer la situación; la segunda, mostrarse implacable en los castigos. Mateo añadió:

—Además, te consta que todos te ayudaremos. Que nos tienes a todos de tu parte, desde el Fiscal de Tasas hasta el conserje de mi despacho.

El Gobernador, sentado a su mesa, no conseguía sonreír.

—Sí, lo sé. Conozco bien vuestra buena disposición. Sin embargo, yo he de dirigir la orquesta. De todo cuanto ocurra el responsable seré yo: el Gobernador. ¿Y en nombre de qué? ¿Y en nombre de quién? Ante mí nadie presenta armas, porque esto no es un cuartel. A mí nadie me besa el anillo ni me pide la bendición, como al señor obispo. Ni siquiera soy el jefe de la Falange; el jefe de la Falange eres tú... Este despacho es incómodo, te lo aseguro. Fíjate en esta mesa. ¡Y los teléfonos no paran! «Se lo diremos al Gobernador...» «El Gobernador resolverá...» ¿Y si me equivoco? El general me meterá en la cárcel o me invitarán amablemente a que me retire a Santander, «agradeciéndome los servicios prestados»...

Mateo comprendía a su jefe y amigo. Los problemas eran realmente babélicos. Y era obvio que lo que más repugnaba al Gobernador era emplear la violencia.

—Me hago cargo, camarada Dávila. Sin embargo, no creo que esto te pille de nuevas... En definitiva, el meollo de la cuestión es el mismo de siempre, el que tú has citado: la responsabilidad. La responsabilidad del mando. Ahora bien, ¿es que un general no ha de santiguarse tres veces antes de decidirse a atacar por la derecha o por la izquierda? ¿Y si se equivoca y por su culpa mueren cien hombres o dos mil? Eso es peor que retirarse a la tierra natal... Anda, saca tu tubo de inhalaciones y respira fuerte. Y lee el periódico de hoy: los japoneses se han unido oficialmente al Eje. El Eje es ahora Berlín-Roma-Tokio. ¿No te reconforta eso un poco? Bueno, entiendo que en estos momentos esas palabras te suenan lejos... Pues haz otra cosa: contempla las fotografías de tus hijos, Pablito y Cristina. Por suerte, la inundación los respetó también...

El camarada Dávila seguía sin poder sonreír. Sus gafas negras continuaban siendo dos discos negros, impenetrables. Lo cierto era que en aquellos momentos tan lejos le parecían las fotografías de Pablito y Cristina como Tokio. La realidad lo aplastaba. La gente pasaba estrecheces, no llegaba a fin de mes. Ni los funcionarios, ni los obreros, ni las viudas. El Fiscal de Tasas, que Mateo había citado, acababa de comunicarle que varias fábricas, alegando carecer de materias primas, lo que parecía ser cierto, estaban decididas a cerrar sus puertas. El profesor Civil le llamó diciéndole que un enjambre de familias se le había presentado en Auxilio Social. Obras Públicas le proponía un viaje a Madrid para tratar del impracticable estado en que se habían quedado las carreteras... ¡Por los clavos de Cristo! ¿No recibiría alguna buena noticia?

—Anda, háblame de tu boda, a ver si me animo un poco. O dile a Manolo que venga y me cuente un chiste...

Mateo sacó su mechero de yesca...

—Por lo visto, has olvidado lo que dijo don Juan de Austria

después de la victoria de Lepanto: que se hallaba como todo español se halla siempre en el día de su mayor gloria: falto de víveres, de dinero, de medicamentos...

—¿Es que me parezco yo a don Juan de Austria? ¿Y qué Lepanto he ganado, vamos a ver? Si a esto le llamas el día de mi mayor gloria... —El Gobernador blandió un papel en el que estaban señalados los pueblos que habían quedado prácticamente incomunicados.

—Cuando te pones así me entran ganas de reír. Primero, porque me das una prueba de confianza. Y segundo porque sé que estás más seguro de ti que nunca. ¡Los cuatro hermanos Dávila! Fuisteis famosos, ¿verdad? No me cabe en la cabeza que uno de los cuatro se declare vencido porque en su feudo han caído unas gotitas de más... ¡Bien! Te dejo solo. Será lo mejor. En estos casos lo que conviene es meditar un poco y mirar fuera a través de la ventana. Verás que los campanarios siguen ahí; que las mujeres cosen en sus hogares; y que el cielo... vuelve a estar azul, como el día en que terminó la guerra.

Mateo añadió: «¡A tus órdenes, siempre!» Y se retiró.

«¡Curioso hombre Mateo! —se dijo el camarada Dávila—. No habla porque sí. Este sillón debería ocuparlo él. A punto de casarse, y votó en favor de la entrada de España en la guerra...»

El Gobernador, efectivamente, se quedó solo. Le dijo al camarada Rosselló, que aguardaba fuera: «No estoy para nadie. Ni siquiera para mí.»

Y se puso a meditar... Fueron unos minutos de concentración intensa, como los del doctor Gregorio Lascasas al entrar en Cuaresma. Contrajo los músculos del abdomen. Se levantó... ¡y miró fuera! Y entonces le vino a las mientes el refrán que durante la batalla del Ebro le oyó a un centinela marroquí, perteneciente a la Mehalla: «Luna recién nacida, a vigilancia convida.» El Nuevo Estado acababa de nacer: había que vigilarlo.

No había opción. Sintió que recobraba las fuerzas. La alusión a los cuatro hermanos Dávila lo espoleó. Y también la entereza de Mateo. Y la de Marta, quien, domeñando su enorme tristeza —¡qué jugarreta la de Ignacio!—, andaba recorriendo la cuenca del Ter en la cabina de un camión, repartiendo lo que pudo arrancar de la Delegación de Abastecimientos. Se volvió y vio en la mesa el periódico. No le llamó la atención la noticia del Eje Berlín-Roma-Tokio, sino un anuncio de la Agencia Gerunda dirigido a todos los ciudadanos y que decía: «Se lo resolveremos a usted todo. Confíenos sus asuntos. Agencia Gerunda lo resuelve todo.» Y el fundador era un pobre muchacho de la UGT, al que llamaban la Torre de Babel...

La palabra *disciplina* le martilleó la despejada frente. Cogió el teléfono y llamó al comisario de Investigación y Vigilancia, comisario Diéguez, cuyo contacto hasta entonces había rehuido en lo posible. El comisario se encontraba en la planta baja, en la Jefatura de Policía, y subió los peldaños de cuatro en cuatro.

—¿Deseaba usted hablarme?

—Sí. Tome asiento, por favor...

Las órdenes que le dio fueron inesperadas.

—Mande usted por ahí a sus hombres y demos un escarmiento. Vamos a imponer multas a la población. Me repugna, pero no hay más remedio.

—Si pudiera usted precisar los objetivos...

—Los que usted quiera, comisario. Multas por derrotismo; por propagación de bulos; por no observar el descanso dominical; por no levantar el brazo cuando se interprete el Himno Nacional; por irse de caza sin la debida licencia de armas; por no llevar luz en la bicicleta; por resistencia a la autoridad; por no admitir la chapita de «Auxilio Social»... ¡Por lo que usted quiera! Naturalmente, lo único que evitará usted será inventarse la infracción. La falta debe haber existido, ¿comprende?

—Comprendo.

—Cuando el infractor sea un jefe local, un alcalde, en fin, una autoridad cualquiera, me lo hace usted constar en el informe de manera visible...

—Tres cruces rojas, si le parece...

El Gobernador fue una ametralladora intentado abarcar todos los campos que atañesen a su autoridad. Su frase final fue: «Quiero llevar el control de todo.»

El comisario Diéguez, que lo había escuchado sin apenas pestañear, al llegar a este punto, al punto final, se miró un momento el blanco clavel de la solapa. Sentíase feliz. Él tuvo siempre esas ideas, no por política, sino por psicología, y estaba seguro de que el Gobernador, «tan liberal y humano», un día u otro entraría en su terreno. Pues bien, ya había entrado.

—Creo que le he comprendido a usted, señor Gobernador. Pero ¿me permite una pregunta?

—Hágala.

—¿A qué se debe este cambio de actitud?

—Se debe a los embutidos.

—¿Cómo? ¿Qué dice usted?

—Sanidad ha descubierto que se venden por ahí embutidos adulterados con toda clase de porquerías, y ello me ha puesto sobre aviso. ¡No puede haber ejemplo más gráfico!

El comisario Diéguez se levantó, satisfecho.

—Si me permite, voy a poner manos a la obra...

—Aquí me tendrá usted, a mí o a alguien que me represente, las veinticuatro horas del día.

—Hasta pronto...

—¡Arriba España!

Arriba España... El Gobernador se quitó las gafas, ¡por fin!, y se secó el sudor. Era duro luchar contra el propio temperamento. Se acarició el dedo de la mano, el dedo que durante tanto tiempo llevó vendado. Todavía le dolía a veces... Ahora le dolía. Pensó en el coronel Triguero: no quería que él, y muchos como él, se salieran con la suya. Pensó en el general: no quería que tuviera razón cuando afirmaba que lo único puro y fiel que existía era el Ejército. La Falange, que en la reunión de San Sebastián había efectuado un balance realista de la situación, debía salvar el bache. Pensó en el obispo: decidió seguirle la corriente, tener a la Iglesia de su parte. La religión era una fuerza terrible, decisiva. Pero ¡Dios!, ¡a veces se ponía ridícula! Con todo lo que estaba sucediendo, y a Su Ilustrísima no se le había ocurrido otra cosa que organizar la *Semana de la Joven*, para las virgencitas de Acción Católica, y publicar otra Pastoral sobre la falta de pudor y recato.

Ahora el Gobernador se sentía lanzado. Llamó a «La Voz de Alerta» y le ordenó que se publicara en *Amanecer* diariamente, durante un mes, el siguiente comunicado: *Tu deber es afiliarte a Falange. Los rezagados serán tenidos por indiferentes; más adelante, por adversarios del Nuevo Estado.* Segundos después se preguntó: «¿No estaré exagerando?» No... De nuevo el periódico que tenía en la mesa acudió en su ayuda. En efecto, era absurdo que *Boisson Blanche* pudiera anunciarse todos los días diciendo: «Vigilad vuestro aliento. Limpiad y sanead vuestro tubo digestivo» y él no pudiera anunciar algo similar para acabar con la indiferencia y con el retorno al egoísmo individual.

Una objeción: ¿Qué le daría a la población a cambio de esos cien ojos que controlarían sus movimientos cotidianos?

Ahora se tambaleaba incluso la palabra «paz...». La dulce palabra que la gente había paladeado desde el 1.º de abril de 1939.

Le daría la seguridad del orden público; de acuerdo. Y la certeza de que todo se hacía para el bien común, para mantener vivo el principio de autoridad, cuya dimisión había llevado a España al cataclismo. Pero ¿y el racionamiento? Los rojos, lo había dicho mil veces, perdieron en gran parte la guerra por culpa del hambre. Y he ahí que pronto iba a crearse incluso la Tarjeta del Fumador... Don Emilio Santos, en la Tabacalera, tenía ya los impresos sobre la mesa. ¿No podría darles a los hombres todo el tabaco que les hiciera falta? ¿Y las mujeres no podrían comprar a gusto sábanas, pañuelos, blusas de seda... para poder continuar cosiendo en el interior de sus hogares?

El Gobernador pegó un manotazo al ya inútil teléfono amarillo y se acercó de nuevo a la ventana. Vio revolotear fuera algunas gaviotas; sobre el Oñar se habían concentrado por docenas, pues el río era su lugar preferido. Se acercaba el invierno. ¿Por qué había inviernos en la vida de los pueblos? Churchill había anunciado a los ingleses «sangre, sudor y lágrimas». Pero los ingleses era ricos y habían provocado a medio mundo y lo habían explotado. Ahora les llegaba su merecido. En cambio, España, sin haber provocado a nadie, se encontraba deshecha, según la expresión empleada por el camarada Rosselló a su regreso del Puerto de Santa María.

Sintióse fatigado y entonces pensó en su mujer, María del Mar, que cuando la inundación, al verlo salir con casquete y con impermeable, insospechadamente le dijo: «¡Mucha suerte, cariño!»

Le invadió una oleada de ternura hacia ella. Y olvidando todo lo demás experimentó el súbito deseo de ver a su esposa, de abrazarla. ¡Llevaban tantos años compartiendo la vida!

Dicho y hecho, abandonó el despacho y cruzando el largo pasillo —al mismo tiempo le dijo al conserje: «Ya puedes irte. Hasta mañana»—, penetró en la parte del edificio destinada a vivienda.

«¡María del Mar!», exclamó desde la puerta.

María del Mar tardó unos segundos en acudir. ¿Dónde diablos estaría? Por fin apareció.

—¿Ocurre algo? —preguntó la mujer.

El Gobernador la miró con fijeza... y con dulzura.

—No, nada. Tenía ganas de verte...

María del Mar se quedó asombrada. No era corriente que su marido entrara en casa a aquella hora, y menos que la mirara de aquella manera y le hablara en aquel tono. ¡Con los días que el hombre estaba pasando!

Sin embargo, la mujer disimuló. Y advirtiendo que tenía las manos ocupadas con las agujas de hacer calceta, las dejó en el acto encima del primer mueble que encontró al alcance y preguntó:

—¿He oído bien...? ¿Has dicho que tenías ganas de verme?

—Sí, eso he dicho.

Los ojos de la mujer se iluminaron. Lo suficiente para expresar su alegría y también para darse cuenta de que el Gobernador estaba cansado.

—¿Necesitas algo... de mí?

—Sí. Necesito darte un beso.

María del Mar se emocionó lo indecible. Avanzó un paso. Él también. Por fin se fundieron en un abrazo y se besaron con fuerza, con fuerza inusitada. Hacía meses que el Gobernador no la besaba así.

Al separarse, ella tenía las mejillas enrojecidas y el corazón le latía como cuando en la guerra él le anunciaba que tendría un día de permiso e iría a verla.

—¡Juan Antonio...! Me has dado una alegría inmensa. ¡Ha sido tan inesperado!

—Sí, ya me lo imagino... La vida que llevamos... es dura para ti. Y a veces me olvido de que tengo esposa.

María del Mar en esos momentos se sintió dispuesta a todo.

—No te preocupes. ¡Ya lo ves...! —Miró hacia el mueble que tenía al lado—. Estaba haciendo calceta.

—Sí. Pero quién sabe en qué estarías pensando.

María del Mar hizo un mohín coqueto.

—¿En qué quieres que pensara? En ti. Y en los chicos...

Los chicos... La palabra se incrustó en el cerebro del Gobernador. Pablito y Cristina, como le dijera Mateo. Entonces el hombre sintió la necesidad de completar su combinatoria sentimental.

—¿Dónde están? —preguntó.

María del Mar casi sintió celos. Le hubiera gustado prolongar la escena.

—Por ahí andarán, cada uno en su cuarto.

El Gobernador miró otra vez a su mujer. Le dio otro beso, ahora en la frente, y le dijo:

—Con tu permiso... Necesito verlos también.

María del Mar no se atrevió a seguirlo. Recordó que iba un tanto desarreglada y, dando media vuelta, se dirigió en busca de un espejo.

Entonces el Gobernador echó a andar hacia el cuarto de Cristina. De repente, pensando en la niña, se había sentido alegre. Oh, claro, Mateo tenía razón: sus hijos —y María del Mar— habían escapado a «las gotitas que habían caído de más».

La puerta del cuarto de Cristina estaba abierta. El Gobernador entró de puntillas y fue acércándose a la muchacha por la espalda, hasta sorprenderla tapándole los ojos con las manos.

—¿Quién soy?

—¡El Gobernador!

El Gobernador... El hombre sonrió. Pellizcó a la pequeña, le tiró de las trenzas.

—¿Qué estás haciendo?

—Ya lo ves. Vistiendo muñecas. Las monjas nos lo han encargado para Navidad.

—¿Para Navidad?

—Sí, para los niños pobres.

Los niños pobres... Cristina pronunció esa palabra como si le quedara también muy lejos.

—¿Estás contenta, Cristina?

—Sí, papá. ¿Por qué?

—¿Qué quieres que te traigan los Reyes este año?

—Pues... no sé. ¿Tan pronto? ¡Bueno, una bicicleta! Para ir a la Dehesa...

—¡Jesús! ¿Con el barro que allí hay?

—Ya se habrá secado, ¿no?

—Seguramente...

Cristina, que se había sentado en las rodillas del Gobernador, dijo de pronto:

—¡Me gusta verte sin las gafas!

—No las llevo por capricho, ¿sabes? Los ojos me duelen.

—¡Bah! Tú eres fuerte. A ti no te duele nada...

Extraña criatura. Se sentía a salvo de cualquier contrariedad y creía de verdad que su padre era todopoderoso.

Charlaron un poco más. Hasta que el Gobernador oyó un pequeño ruido en el cuarto de al lado, el de Pablito. Entonces sintió ganas de proseguir el itinerario. Depositó con suavidad a la niña en el suelo y estampó un fuerte beso en su frente.

—Bueno, me voy... Prometida la bicicleta.

—¡Gracias, papá!

Éste se levantó y, despidiéndose de su hija, salió de la habitación y se dirigió a la de Pablito.

La puerta estaba cerrada y llamó con los nudillos.

—¡Adelante!

Entró. Pablito estaba sentado de codos ante la mesa, estudiando. La temperatura de la casa le permitía ir en pijama, que era lo que le gustaba. Estaba hecho un hombrecito.

—¿Estorbo?

—¡No!

Pablito se volvió. También se sorprendió de que su padre entrara a verlo a aquella hora y que su expresión fuera tan cariñosa.

Prodújose un breve silencio, pues Pablito quedó a la expectativa, sin atreverse a preguntarle «si ocurría algo».

El Gobernador se acercó al sofá que había al lado de la mesa en que Pablito estudiaba y tomó asiento, con aire fatigado.

—¿Estás cansado?

—Un poco... —Pablito volvió hacia él la silla, que era giratoria—. ¿Qué estás estudiando?

—Un tostón: Química...

—¡Oh, Química!

El Gobernador no quería de ningún modo que su hijo se diera cuenta de que había ido a verlo por necesidad. ¡Pablito era un hombre!

—¿De veras no te estorbo?

—De veras.

—Eso de la Química es tan serio...

—¿Serio? Ya te lo he dicho: un tostón.

El Gobernador sonrió.

—Te tira más lo otro, ¿verdad? La Historia, la Literatura...

—¡Desde luego!

Pablito estaba también un poco emocionado. ¿A qué venía el interés de su padre por él? ¡Lo quería tanto, pese a que fuera «un virrey»!

—Has salido a mí, chico. También a mí las Ciencias me parecían detestables... —Acto seguido añadió—: Ya no me acuerdo de nada...

Pablito se chanceó.

—Bueno. Pero tú no tienes que examinarte.

El Gobernador dibujó una sonrisa y se sacó del bolsillo un caramelo de eucalipto.

—¿Quieres?

—¡No, no, por favor!

El Gobernador suspiró.

—No tienes idea —prosiguió, recostando la espalda en el sofá— de las cosas que uno va olvidando. —Marcó una pausa—. ¡El Bachillerato! ¿Dónde queda eso?

Pablito preguntó:

—Será cuestión de memoria, ¿no?

—¡No! —protestó el Gobernador—. Lo que no se utiliza, se pierde...

Pablito, al oír esto, se tocó el lóbulo de la oreja. Lo cierto es que la visita de su padre lo había exaltado. Reflexionó unos segundos y se le ocurrió una peregrina idea.

—¿De veras has olvidado muchas cosas del Bachillerato?

—Figúrate... Y con la guerra por en medio.

—Me divertiría —dijo Pablito, de pronto— comprobar eso...

—¿Cómo?

—No sé... Jugando a hacerte preguntas.

—¿Preguntas?

—Sí. Como si yo fuera un tribunal.

—¡Me niego! —exclamó el padre—. Me niego a jugar a eso.

—Pero ¿por qué?

—Porque no quiero que me pierdas el respeto.

—Eso es imposible.

—De verdad, Pablito... Que no quiero decepcionarte, que se olvidan muchas cosas...

Pablito se había entusiasmado con la idea y no se mostró dispuesto a dar su brazo a torcer. Mordió el cortapapeles que había cogido de la mesa y sin más preguntó:

—A ver... ¡Te prometo que no va a ser nada de Química! Por ejemplo... ¿en qué año nació Miguel Ángel?

—¿Quieres decir... el año exacto?

—Sí.

El Gobernador movió la cabeza.

—No lo sé.

Pablito mordió de nuevo el cortapapeles.

—¿Cuántos obispos se reunieron en el Concilio de Trento?

El Gobernador soltó una carcajada.

—Muchos... ¡Muchísimos, diría yo!

Pablito se había embalado y se convirtió en un cohete.

—¿Quién fue Noab?

El Gobernador miró al techo con expresión soñadora.

—¿Noab?... Eso me suena. Me suena a Antiguo Testamento...

—¿Sabrías dibujar un prisma poligonal?

El Gobernador optó por continuar riéndose.

—Por favor, hijo, no digas palabrotas...

Pablito se rió también. Pero era evidente que se había quedado preocupado. Tuvo la impresión de que si le preguntaba a su padre por el primer verso de la *Eneida* tampoco lo sabría. Y que tampoco sabría la distancia exacta que había de la Tierra a Marte.

Ahora había dejado el cortapapeles y jugueteaba con la pluma estilográfica que su padre le había regalado a principios de curso.

—¿Tantas cosas se olvidan, papá...?

Pablito habló en un tono enigmático. El Gobernador temió que verdaderamente Pablito sacara de aquel juego conclusiones exageradas.

—Hijo... Ya te lo advertí antes. Todos esos... datos acaban perdiendo importancia, según la profesión que luego se ejerce... Y si en un momento dado los necesitas, los encuentras en una Enciclopedia.

Pablito había arrugado el entrecejo.

—Pero... todo esto es cultura, ¿no?

—¡Cuidado! —replicó el Gobernador—. ¡Quién te ha dicho que saber quién fue Noab signifique cultura? Se puede ser un memorión y ser un ignorante de tomo y lomo...

Pablito escuchaba con suma atención.

—No acabo de verlo claro...

—A ver si acierto a explicarme —prosiguió el Gobernador—. Una cosa es aprenderse unas asignaturas, que es lo que se hace al estudiar el Bachillerato, y otra cosa es ser un hombre culto. Tener cultura... es tener sentido del mundo. Haber vivido... Conocer de pronto a las gentes... La cultura no tiene nada que ver ni con las fechas ni con los prismas poligonales.

Pablito guardaba silencio. Por fin preguntó:

—¿Por qué no me pones un ejemplo que me explique la diferencia?

Al Gobernador le hubiera gustado en aquellos momentos fumar en pipa y que el humo se elevara en espiral.

—Muy fácil... Me has preguntado por el año exacto en que nació Miguel Ángel. Un hombre culto es el que al contemplar una estatua del artista siente que comprende lo que éste quiso expresar, el significado de la obra, aunque ignore la fecha en que Miguel Ángel nació.

Pablito respiró, un tanto aliviado. Por nada del mundo hubiera querido que su padre lo decepcionase. No obstante, la teoría de éste se le antojó un poco cómoda tal vez.

—Lo ideal sería conocer las dos cosas, ¿no, papá?

El Gobernador estuvo a punto de contestar: «¡Ah, claro!», pero reaccionó interiormente y aclaró:

—Pues... te diré. Difícilmente las dos cosas van unidas. La gente instruida... acaba examinando en un Instituto. O trabajando en un laboratorio. O en una oficina... La gente culta va mucho más allá. Es la que crea algo, la que mueve el mundo. —El Gobernador añadió—: Junto con los artistas, claro...

Pablito continuaba sumamente interesado.

—En Gerona, por ejemplo... —preguntó—, ¿a quién llamarías tú una persona instruida y a quién una persona culta?

El Gobernador reflexionó.

—Una persona instruida... no sé. Supongo que tu profesor de Historia lo es. ¡Y nuestro querido Alcalde, por supuesto! Una persona culta..., pues el doctor Andújar. Y también lo son el doctor Chaos y el profesor Civil... ¡E incluso Mateo!

—¿Mateo?

—Sí. ¿Por qué pones esa cara? Mateo es culto. Supongo que ha olvidado también el número de obispos que se reunieron en Trento. Pero se ha formado... un concepto de la verdad, ¿comprendes?

Pablito, al oír esto, arrugó el entrecejo de nuevo. Y objetó:

—¿Un concepto de la verdad...? Supongo que hay hombres cultos que tienen de ella opiniones muy distintas. Estoy pensando en la religión. El doctor Chaos, del que has dicho que es culto, es ateo. En cambio, el doctor Andújar y el profesor Civil son muy religiosos...

El Gobernador explicó:

—Eso es natural. Yo no te dije que el hombre culto poseyera la verdad, sino que tiene un concepto de ella. De modo que tienes razón. Esos conceptos pueden ser no sólo distintos, sino incluso opuestos.

Pablito pareció inquietarse. Iba encogiéndose en la silla, achicándose.

—Entonces... ¿la cultura no garantiza estar en lo cierto?

—No.

—En ese caso, ¿para qué sirve?

—Para avanzar poco a poco... Para ir eliminando errores. Sirve, por ejemplo, para saber rectificar. —El Gobernador sintió deseos de tomarse una taza de café...—. Por ejemplo, cuando esta guerra termine, se sabrá quiénes tuvieron razón: si ellos, los anglófilos, o nosotros, los que creemos en Alemania. Y se habrá avanzado un poco...

—Sin embargo, tú ya tienes una convicción. Y me has enseñado a mí a tenerla.

—Claro...

—¿Y estarías dispuesto a rectificar?

El Gobernador se hubiera puesto a gusto las gafas.

—Confío en que no será necesario...

A Pablito se le ocurrieron mil objeciones, sobre todo pensando en Manolo y Esther. Manolo debía de ser también hombre culto, y deseaba que ganaran los ingleses. Se disponía a decir algo, pero de pronto advirtió que su padre lo miraba con tal amor, con un amor tan inmenso, que se olvidó de las objeciones y le pareció comprender que aquello sí era una gran verdad. Una verdad que duraría toda la vida...

Se puso contento. ¡Cuánto tiempo hacía que no tenían ambos un diálogo así!

—¿Sabes lo que te digo? —añadió Pablito—. Que prefiero a los artistas. Tengo la impresión de que son los que avanzan con más rapidez.

—¿Lo dices porque tú escribes versos? —ironizó el Gobernador.

—No, no, nada de eso...

Pablito miró también a su padre con ironía. También lo quería mucho. No obstante, la tesis de éste planteaba el grave problema que desasosegaba al muchacho desde hacía tanto tiempo. Si nada era a priori verdaderamente seguro, el acto de gobernar, de ser «virrey», y no digamos el de imponer una doctrina determinada —so pena de castigar con multas... o con cárcel— era muy arriesgado.

Llegó a pensar que un hombre verdaderamente culto no se

atrevería nunca a dar ninguna orden. Pablito se embarulló un poco y una vez más se sintió torturado al reflexionar sobre aquello.

—Papá..., ¿puedo hacerte una pregunta sin que te molestes?

—¡Claro, hijo! Para eso estoy aquí, charlando contigo...

—Un chico de mi edad, ¿qué ha de pensar de vosotros, los mayores? Del general, de Mateo... e incluso de ti. ¿Que habéis sido cultos?

—No sé a qué te refieres.

—Me refiero a que hicisteis una guerra... Y a que ahora hay otra guerra. Y la guerra es algo espantoso, aunque uno de los dos bandos defienda una verdad.

El Gobernador se puso serio.

—No es fácil contestarte, Pablito... Comprendo muy bien tu objeción. Pero hazte cargo de que la vida obliga a concretar. Si crees que una cosa es injusta, tienes que combatirla. Y en el mundo hay siempre cosas injustas... —El Gobernador, inesperadamente, se fijó en que su hijo, enfundado en el pijama, parecía todavía un niño, y ello lo enterneció—. Además... ¿no escribiste tú una especie de himno a José Antonio cuando su traslado a El Escorial? ¿Qué te impulsó a hacerlo? José Antonio había hablado de utilizar las pistolas...

Pablito se quedó desconcertado. Por un momento, admiró mucho a su padre.

—Yo creo que lo que me impresiona de José Antonio es que era un poeta... —dijo por fin.

—¡Pamplinas! —replicó el Gobernador—. Se expresaba poéticamente, pero era un pensador... Defendía una doctrina. La historia le dará la razón. Y ello demostrará... que fue un hombre culto.

Aquí terminó el diálogo, porque en ese momento entró, acicalada, María del Mar... con las zapatillas de su marido ¡y con una taza de café!

—¿Qué? —preguntó en tono dulce—. ¿Están de acuerdo padre e hijo?

El Gobernador, que casi le agradeció a María del Mar su interrupción, contestó:

—Desde luego.

Pablito rectificó su postura en la silla, sentándose con mayor seguridad, y habló mirando a su madre también con dulzura:

—Pues te diré... Me parece que sólo ha quedado claro que la Química es un tostón.

—¿Sólo eso? —protestó María del Mar, arrodillándose a los pies de su marido para quitarle los zapatos.

El Gobernador comentó:

—Pablito desearía que la vida fuera una multiplicación: dos por dos, cuatro, y ya está.

María del Mar movió la cabeza.

—Pues menudos chascos se va a llevar el hombrecito.

Pablito miró a su madre.

—Yo no he dicho que me gustaría que la vida fuera eso. Pero me preocupa, eso sí, darme cuenta de que nadie sabe lo que es.

María del Mar se levantó y miró a su hijo.

—Tu madre lo sabe... —dijo, con convicción.

—¡Ah!, ¿sí? Pues dímelo...

—La vida es amor. La vida es conseguir que la gente se ame.

—¿Lo estás viendo? —intervino el Gobernador, dirigiéndose a su hijo—. Tú ganas... Tu madre es también una artista.

Pablito miró al suelo. Marcó una pausa. Y por fin dijo:

—Lástima que tú no lo seas también.

CAPÍTULO XLII

Los Alvear recibieron inesperadamente una carta de Julio García... fechada en Nueva York. El membrete ponía: «Hotel Lincoln. Quinta Avenida.» Era una carta bastante larga, en la que Julio explicaba a sus amigos, en un tono mucho más serio que de ordinario, que, debido a los bombardeos, Londres se había convertido en un *horrible infierno*, en vista de lo cual «él y su querida esposa, doña Amparo Campo, habían decidido cruzar el charco e instalarse en los Estados Unidos». Julio García terminaba la carta suplicándole a Matías que, a ser posible, le enviara por correo, de vez en cuando, el periódico *Amanecer*. Doña Amparo Campo, en una posdata, les confesaba que personalmente echaba mucho de menos a París, «ciudad que le había llegado al corazón».

A Matías e Ignacio, que llevaban meses sin noticias de José Alvear, como tampoco de David y Olga, les alegró saber que Julio García y doña Amparo estaban a salvo. Ignacio, bromeando, aventuró la posibilidad de que Julio perfeccionara rápidamente su inglés y que, flanqueado por otros exiliados importantes que, según noticias, rondaban la Casa Blanca, «acabase haciendo amistad con el propio Roosevelt».

Londres, *horrible infierno*... La expresión correspondía exactamente a la idea que daban de la guerra los corresponsales de la prensa española en Berlín y Roma. Manolo y Esther leían las crónicas de dichos corresponsales con el corazón en un puño. Sí, las cosas marchaban bien, al parecer, para Hitler y Mussolini, sobre todo desde su alianza con Tokio. Cierto que la aviación británica daba crecientes muestras de actividad, y que las defensas de antiaéreos, de globos de barrera y de escuadrillas de caza aumentaban su potencia; pero Inglaterra no conseguía con ello impedir la sistemática destrucción de los centros clave de su feudo insular. La ciudad de Coventry había sido arrasada. Las fábricas de Bristol, convertidas en cenizas. Había sido bombardeado el mismísimo Palacio Real inglés, el palacio de Buckingham, aunque los reyes resultaron ilesos. Total, que la máquina destructora puesta en marcha por el mariscal Goering adquiría caracteres apocalípticos.

Parecía, pues, muy lógico que Julio García escribiera desde Nueva York... Julio García seguía siempre el camino del oro. Y a Nueva York iban a parar, día tras día, las reservas de oro no sólo de Inglaterra, sino de los demás países invadidos por Alemania. Lo único incomprensible era, en opinión de muchos gerundenses, que la población inglesa resistiera, pues aquel *infierno*, según había declarado el Führer alemán, no cejaría, sino todo lo contrario.

En el mar las cosas se desarrollaban de otro modo, debido a la potencia de la escuadra inglesa, que combatía incluso en el Mediterráneo, entre Sicilia y Malta, y que probablemente era la única razón por la cual el desembarco alemán en Inglaterra no se había producido. «No es lo mismo —decía Manolo, aferrándose al menor detalle optimista— cruzar el Canal de la Mancha por el aire que cruzarlo por mar. Churchill dispone de acorazados, ha sembrado las costas inglesas de minas magnéticas y sus marinos poseen una pericia extrema. Posiblemente el plan de Hitler es no arriesgarse y conseguir la rendición a base de bombardeos.» El padre Forteza, que seguía los acontecimientos con el mismo fervor con que se ocupaba de la causa de beatificación de César y de consolar a Marta, le dijo a Esther que durante su estancia en Alemania había oído asegurar repetidamente que Hitler le tenía al agua un miedo casi supersticioso. Que no se bañaba nunca de cuerpo entero en el mar y que incluso había llegado a confesar: «En tierra firme soy un héroe; en el mar, un cobarde.» El padre Forteza especulaba sobre la posibilidad de que este miedo estuviera influyendo en los sucesivos aplazamientos de la anunciada invasión.

Pese a todo, los submarinos alemanes recorrían los océanos y hundían tal cantidad de buques ingleses que *Amanecer* empezaba a ser llamado por los gerundenses *La Tonelada*, pues muchos de sus titulares se referían, con gran alarde tipográfico, a las toneladas que, según Berlín, dichos submarinos precipitaban cada día al fondo del mar. Había quien llevaba la cuenta de dichos hundimientos, y que tenía la impresión de que el mando alemán abultaba considerablemente las cifras.

La impresión general en Gerona era de que «aquello no podía durar». Por otra parte, Italia colaboraba con firmeza, no sólo atacando a Egipto desde Libia, sino que ahora exigía de Grecia la cesión de varios lugares estratégicos para luchar contra Inglaterra. «Sería curioso —comentó el profesor Civil— que Mussolini, admirador de los arquitectos del Imperio Romano, destruyera ahora la Acrópolis ateniense.»

José Luis Martínez de Soria y otros oficiales jóvenes, incluyendo al capitán Sánchez Bravo, creían que Hitler acabaría desembarcando en Inglaterra. «Napoleón no se atrevió a hacerlo —decían—, pero Hitler posee... lo que a Napoleón le faltó.» El hermano de Marta había seguido con atención la forma de combatir del Ejército alemán y su admiración no tenía límites. En el Casino contaba que cada soldado de Hitler llevaba consigo en el macuto un ejemplar de los llamados «los diez mandamientos para el comportamiento en la guerra», mandamientos que prohibían a los combatientes utilizar balas dum-dum, maltratar a los prisioneros, hurtar, etcétera. El primero de dichos mandamientos decía: «El soldado alemán combatirá de modo caballeresco para la victoria del pueblo.» Además, José Luis afirmaba que los aviadores germanos que atacaban a Inglaterra introducían, en su forma de actuar, innovaciones extraordinariamente sagaces, como por ejemplo la de simular que un avión había sido tocado y que se caía, para que los antiaéreos ingleses dejaran de apuntar hacia él. Dicho avión, al llegar cerca del suelo, dejaba caer su carga mortífera... y luego volvía a elevarse tranquilamente, mientras otro aparato repetía en otro lugar la misma operación.

El general Sánchez Bravo se mostraba un poco más cauto que los jóvenes oficiales. En su fuero interno creía que la causa de Inglaterra estaba perdida; pero no veía clara la invasión. Admiraba también mucho las decisiones bélicas de Hitler, de quien creía saber que se disponía a lanzar sobre Inglaterra una cantidad ingente de falsas libras esterlinas, tan perfectamente imitadas que crearían entre los ciudadanos británicos la mayor confusión. También elogiaba la idea científica de repartir en la retaguardia alemana, para el abastecimiento de la población civil, *bombones vitaminados*, con vitamina C. «Esos bombones nos convendrían a nosotros», les había dicho al Gobernador y a don Óscar Pinel, el Fiscal de Tasas.

Manolo y Esther disponían de dos hilos que los conectaban con la esperanza: el rostro siempre tranquilo del cónsul británico en Gerona, míster Edward Collins... y las crónicas de algunos de los corresponsales españoles en Londres. Cada día leían dichas crónicas en voz alta y las comentaban con Ignacio, quien a menudo se limitaba a arrugar el entrecejo, como Pablito antes de lanzar una pregunta importante. Dichos corresponsales, especialmente el de *La Vanguardia*, de Barcelona, estaban de acuerdo con la definición de Julio García: Londres, y Coventry, y Bristol, y todo lo demás eran un infierno, sobre todo en las noches de luna, durante las cuales los aviadores de Goering tenían buena visibilidad. Ahora bien, la población inglesa demostraba un temple tal que estimaban sumamente improbable que aquello bastara para desmoralizarla. Por de pronto, las mujeres inglesas se habían incorporado a la lucha con un tesón inimaginable, y no sólo en tareas de Cruz Roja y de vigilancia de incendios, sino en labores duras de transporte y fabricación, y estaban dispuestas, además, a empuñar las armas. Por otra parte, la gran cantidad de sótanos existentes en los edificios londinenses facilitaban el refugio de la gente y permitían que continuaran en ellos buen número de actividades, incluida la salida de los periódicos. Y, sobre todo, los ingleses no habían perdido el humor... En plena lluvia de bombas, las coristas de la capital se habían declarado en huelga porque los propietarios de los «sótanos» en que se celebraban representaciones frívolas querían exigirles que, en honor de los combatientes, apareciesen en escena «más ligeras de ropa que antes». Los Sindicatos no querían tampoco renunciar al día de descanso semanal que necesitaban los obreros. La gente seguía apostando por las carreras de galgos, que no se habían interrumpido; los automóviles particulares se paraban en las colas para ir transportando al público donde fuera menester; muchos hombres habían trocado su bombín por un casco protector —a menudo, por un casco de tipo alemán— y los innumerables heridos que aparecían con las piernas vendadas o los brazos en cabestrillo eran llamados «el ejército blanco». La gente recogía los perros y los gatos que andaban perdidos y aterrorizados entre las ruinas. Todo lo cual podía resumirse en una caricatura aparecida en los periódicos, que se hizo famosa y en la que se veía a un gigantesco tanque alemán conducido por Hitler y sus generales, que se disponía a entrar en Londres pero que topaba con una barrera en la que un guardia londinense le exigía el pago de un penique para seguir adelante...

Por supuesto, la máxima ilusión de Manolo y Esther, aparte de rehacer las pistas de tenis destruidas por la inundación y la de formar parte de la Junta del recién fundado Club de Hockey sobre ruedas, hubiera sido entrar en contacto con míster Edward Collins, el cónsul británico; pero éste no daba facilidades. Siempre se las arreglaba para rehuir cualquier compromiso que no estuviera relacionado con su labor. Últimamente pudieron enterarse, gracias a una indiscreción de Mateo, de que míster Collins, en sus obligadas conversaciones con el Gobernador, dejaba siempre constancia de la buena disposición del Gobierno británico para evitar que España se hundiera económicamente. «Hay que ver —comentaba Manolo—. Inglaterra sufriendo el mayor bloqueo que registra la historia... ¡y comprometiéndose a suministrar a España materias primas por valor de millones de libras, pagaderas a largo plazo! Y entretanto, Hitler concediéndole a Franco la Gran Cruz del Águila Alemana. Y Mateo y sus camaradas de Madrid queriendo meternos en la guerra... Os juro que si llevara bombín y no sombrero tirolés, me lo quitaría al pasar delante del Hotel del Centro, donde se hospeda Mr. Edward Collins.»

Esa posible entrada de España en la guerra a favor del Eje les quitaba el sueño a Manolo y Esther. Según había declarado María Victoria, el gran defensor de tal postura era el Ministro de Asuntos Exteriores, Ramón Serrano Suñer, amigo de Alemania, convencido de su triunfo y soñando, como el camarada Rosselló, con reivindicaciones territoriales en África y en el Mediterráneo, «que devolvieran a España su pasada grandeza». María Victoria había atribuido a Serrano Suñer frases lapidarias en honor de Alemania y de desprecio hacia los Estados Unidos, y había afirmado que en el reciente viaje que había efectuado a Berlín el Ministro español, éste se comprometió prácticamente a secundar los planes de Hitler, consistentes en cerrar por ambos lados el Mediterráneo: por Suez y por Gibraltar. «Nosotros ocuparemos Suez —le habría dicho el Führer— y ustedes, los españoles, por honor y por dignidad, Gibraltar.» Por su parte, Mateo creía saber que Serrano Suñer había accedido en principio a semejante petición.

Manolo se mostraba enfurecido.

—¿Comprendes, Ignacio? Seremos carne de cañón. Primero, no veo que ocupar a Gibraltar resulte fácil, pues parte de la escuadra inglesa está allí. Luego, Inglaterra podría apoderarse, en represalia, de las Islas Canarias. Y si en vista de todo ello los Estados Unidos dan la campanada y se deciden a intervenir, España se convertirá en el gran campo de batalla...

Ignacio no sabía qué decir. Sentía por Inglaterra —no por Francia— una repugnancia instintiva, pese a la huelga de las coristas y a la caricatura del tanque y el penique. No podía olvidar la zona roja, en la que Esther no estuvo ni un solo día. César había caído acribillado en el cementerio, lo que no le impidió a Mr. Attlee, representante a la sazón del Gobierno británico, hacer luego un viaje a Barcelona, saludar puño en alto y regresar a Inglaterra afirmando más o menos que en «la España republicana todo estaba tranquilo». Ignacio empezaba a acumular serias reservas en contra de las doctrinas totalitarias; pero las fórmulas que podían desembocar en un Frente Popular le ponían carne de gallina. Se encontraba, como siempre, en una encrucijada y a veces no podía remediar el sentir celos de quienes militaban convencidamente en un campo o en otro. Por si fuera poco, Manolo era catalán, tierra de comercio y de finanzas. Cuando Ignacio le oía hablar en catalán, en el bufete o fuera de él, Manolo le parecía otra persona, una persona mucho mejor predispuesta que él, hijo de madrileño, a desear conectar con míster Edward Collins.

—No puedo seguir a Serrano Suñer ni a Mateo —le contestó Ignacio a Manolo—, y las palabras Imperio y Gibraltar me dejan frío; pero tampoco puedo seguiros a ti y a Esther. Hablando de nuestra guerra dije una vez que la perdimos todos, unos y otros; y creo que eso se está demostrando. Los rojos defendían el amor libre; los nacionales ponen guardias civiles en las playas y el señor obispo se escandaliza si las parejas se cogen del brazo. Pues bien, empiezo a sospechar que en esa espantosa guerra de ahora va a ocurrir lo mismo, a una escala mucho mayor: que también la perderán todos. Si gana Hitler, como parece, que Dios nos coja confesados; de acuerdo. Se repartirá Europa a su gusto, borrará del diccionario la palabra libertad, y cuando Ana María y yo nos casemos, tal vez en la ermita de los Ángeles, en vez de decir «sí» tendremos que decir: *ja*. Pero, en el supuesto de que se cumplieran vuestros deseos y la cosa diera un vuelco milagroso y ganara Inglaterra..., me temo que Julio García, que nos ha escrito desde Nueva York, no sólo reclamaría este piso vuestro, sino que además veríamos al Responsable sentado de nuevo en el sillón que en el Ayuntamiento ocupa ahora «La Voz de Alerta». ¡Y lo peor es que «La Voz de Alerta», como sabéis, me cae también muy gordo! Por favor, me gustaría dejar este tema y que me explicaras, querido Manolo, por qué consideras perdido el expediente de desahucio contra ese pobre obrero de la fábrica Soler. He estado revisando el Código y a mí me parece que...

Manolo admiraba cada día más a Ignacio. Le gustaba que el muchacho no lo adulase, que pesara el pro y el contra de las cosas y que se tomara tanto interés por las cuestiones profesionales y por aprender. Además, estaba llegando a la conclusión de que los frecuentes silencios de Ignacio y sus eternas dudas no eran de signo estéril; lo había demostrado con el asunto de Marta, tomando por una fin una decisión irrevocable, y se lo demostraba en el despacho a diario, en mil detalles. A la hora de redactar un contrato o los estatutos de una Sociedad era lento... pero seguro. Al final, nada quedaba al azar, ningún cabo suelto. En unos asuntos de herencia que les había confiado la viuda de don Pedro Oriol, Ignacio había demostrado un olfato tan meticuloso como activo. Por si fuera poco, era valiente. Cuanto más notable era la persona o entidad con la que debían enfrentarse desde el bufete, más gozaba defendiendo lo que estimaba justo. Ahora no hacía sino insistir machaconamente en que debían darle la batalla a la mismísima Fiscalía de Tasas, por cuanto sus inspectores a menudo ponían las multas no en razón de la importancia de la infracción, sino a tenor de la situación económica del culpable.

—Eso es ilegal —protestaba Ignacio—. Es antijurídico. Eso es lo que haría Hitler... Y lo que han hecho siempre los ingleses cuando han aplicado la ley a sus enemigos. Tengo la certeza de que si Mr. Churchill concede ahora *navicerts* a los buques españoles, no lo hace para evitar nuestra bancarrota, sino por algún oscuro designio que anidará en su cabeza.

Esther también quería mucho a Ignacio... pese a que éste, medio en broma, medio en serio, atacaba ferozmente a los ricos andaluces —aunque fueran, como ella, de Jerez de la Frontera—, que se habían educado en Oxford...

—No estoy en contra del bridge, mi querida Esther, ni del golf ni de las carreras de galgos. Y esos coñacs de nombre inglés que elaboráis en tu tierra me gustan y me hacen sentir en el estómago un calorcillo reconfortante. Por cierto, que si me sirves una copa de González Byass, te lo agradeceré... Ahora bien, un amigo mío, llamado Moncho, al que espero que algún día conoceréis, me dijo que estuvo en Andalucía y que el espíritu de casta que reina allá abajo lo puso de un humor de perros. En la estación de Sevilla enseñó un duro y trescientos maleteros, casi todos anarquistas, se le arrodillaron y le llamaron Lord. Eso es lo que me preocupa. A veces me pregunto, Esther, si tú no tendrás también espíritu de casta... ¿Cuántas veces has estado en la calle de la Barca? Ninguna, supongo... ¿Lo ves? Lo mismo que Mr. Edward Collins, quien al parecer no se mueve de los barrios céntricos por miedo a ensuciarse los botines. Perdona que te hable así. Digo siempre lo que siento, ya lo sabéis. Creo que eso de las castas es malo, entre otras razones, porque siempre tropieza uno con una casta superior; lo que lo obliga, un día u otro, a arrodillarse ante alguien... A mí no me gusta arrodillarme ante nadie, la verdad, y las diferencias sociales me tienen tan sin cuidado, que si entrara aquí Mr. Churchill le diría: «¿Qué tal, señor Churchill, cómo le va?» Partiendo de esta base —gracias, Esther..., este González Byass es excelente— entiendo que, pese a las apariencias, aquí el más demócrata soy yo. ¡Oh, no, no me admiréis, por favor! No pongáis esa cara de ofendidos... y de admirados. Todas estas teorías se las debo a mi padre, a la manera que mi padre tiene de colocarse el sombrero...

Esther acababa riéndose... Ignacio hablaba de ese modo, pero el primer día que entró en aquella casa se quedó boquiabierto porque descubrió lo que era «el buen gusto». Y el buen gusto era cuestión de casta...

—En eso tienes razón —admitió Ignacio—. A tu lado aprendo mucho. Y no sabes lo que me alegra comprobar que Ana María se viste más o menos como tú... Tiene un jersey casi idéntico al que llevas en este momento. Pero de eso a desear que algún día me reciban en audiencia los reyes de Inglaterra, hay mucho trecho.

* * *

Estas conversaciones entre Manolo, Esther e Ignacio eran muy interesantes, pero no podrían en ningún caso impedir el avance de los acontecimientos. Y los acontecimientos desembocaron muy pronto en un hecho insólito, que hizo temblar los muebles de aquella casa y llenó de miedo, por espacio de unos días, muchos corazones: inesperadamente se entrevistaron en Hendaya el Führer alemán y el Caudillo español, acompañados ambos por sus respectivos Ministros de Asuntos Exteriores y escoltados por un nutrido séquito.

El comunicado conjunto facilitado al día siguiente decía que las conversaciones «se habían desarrollado en el ambiente de camaradería y cordialidad existentes entre ambas naciones», y por su parte los cronistas daban a entender que se trató simplemente de un acto de amistad, de un apretón de manos propio de quienes habían tenido y seguían teniendo intereses comunes. Pero la gente se preguntaba: «¿Para un apretón de manos Hitler se habrá desplazado en un tren especial desde Berlín a Hendaya y Franco habrá cruzado la frontera española en otro tren especial?»

Las cábalas eran para todos los gustos. Todo el mundo especuló sobre los mínimos detalles dados de la entrevista. «¿Por qué Franco asistió a ella vistiendo uniforme militar y Hitler el uniforme de campaña del Partido Nacional Socialista?» El Gobernador le dijo a Mateo: «¿Y por qué el Führer obsequió al Caudillo y a su séquito con una comida en el propio coche de su tren especial? ¿Y por qué en dicha comida el Führer no sentó a su derecha a Franco? ¿Es que el protocolo lo exige así? ¿Y por qué en el andén de la estación recibieron a Franco, para rendirle honores, tres compañías alemanas, precisamente de Infantería...?»

A «La Voz de Alerta» le llamó también mucho la atención el hecho de que en cuanto Franco volvió a España, Hitler se dirigiera a entrevistarse con el mariscal Pétain, «en una pequeña estación de la Francia ocupada». ¿No se trataría de forzar también a la Francia de Vichy a declarar, conjuntamente con España, la guerra a Inglaterra?

El general Sánchez Bravo hubiera dado cualquier cosa, excepto su fajín y su telescopio, por conocer la verdad. «Pero ¿cómo voy a enterarme de nada desde aquí, desde este rincón del mundo? —se lamentó con su esposa, doña Cecilia—. Claro que, si se ha tomado algún acuerdo militar, Madrid me comunicará algo..., ¡supongo!»

Por lo visto, si algún acuerdo se tomó, no fue para su aplicación inmediata. Porque transcurrieron un par de semanas y no ocurrió nada. Mejor aún, empezaron a filtrarse noticias según las cuales el Führer había pedido efectivamente a Franco que entrase en la guerra y que ocupara Gibraltar; o que por lo menos permitiera el paso de las tropas alemanas para que éstas lo ocupasen. Dichas noticias, confirmadas por el coronel Triguero, desde Figueras, añadían que Franco no se negó, pero que impuso condiciones tales que el Führer no sólo no pudo aceptarlas sino que se marchó «con una irreprimible expresión colérica en el semblante». El Gobernador le dijo a Mateo que este detalle le había sido confirmado por teléfono por su colega, el Gobernador Civil de San Sebastián.

Mateo, José Luis Martínez de Soria, Núñez Maza, Salazar y todos los que como éstos pensaban, se indignaron... Tuvieron la impresión de que aquello era cierto y de que en este caso las gestiones de Serrano Suñer en Berlín habían sido inútiles. «Franco manda. El Alto Estado Mayor manda. Hay que aguantarse. Ellos sabrán...» Adiós Gibraltar, hasta nueva orden... Adiós prestigio mundial. Adiós participación en el botín de la victoria.

A Manolo y a Esther, de momento, se les pasó el susto. Lo celebraron con champaña, invitando a Ignacio... y a María del Mar. María del Mar les dijo: «¿Cuándo os convenceréis de que el Caudillo es la máxima expresión de la prudencia? Os lo he dicho mil veces y no me hacéis caso...»

El general Sánchez Bravo también se alegró. Conocía su profesión y consideraba que España no estaba en condiciones de intervenir ni de arriesgarse. En cambio, Nebulosa, su asistente, se emborrachó a sabiendas, pero del disgusto. Tal como le había dicho al capitán Sánchez Bravo, había decidido quedarse en el Ejército; y partiendo de esta base la guerra era lo que le daba más probabilidades de ascender.

A todo esto, Italia había penetrado en territorio griego, pero pronto tropezó con una resistencia desesperada. Su Ejército no conseguía avanzar. El señor Grote comentó: «Otra versión de Guadalajara...»

En cambio, Hitler había intervenido con éxito en Rumania en busca de petróleo —el fugitivo rey Carol, «coleccionista de Grecos», según «La Voz de Alerta», pasó por Barcelona, con destino a Portugal— y el embajador alemán en Madrid hizo pública una oferta a los obreros españoles que quisieran ir a trabajar a su país. Los sueldos eran tentadores. *Amanecer* publicó dicha oferta, que suscitó en las fábricas gerundenses comentarios por todo lo alto. Los obreros se decían unos a otros: «¿Nos vamos, o qué? Porque, aquí, ya lo veis: mucho discurso, pero miseria...» Costaba decidirse: la familia, la tierra, la Dehesa, los campanarios... Y se acercaba Navidad: «Ya veremos. Es cuestión de pensarlo.»

Paz, en la Perfumería Diana, comentó: «Si piden obreros fuera... es que aceptan ya que la guerra va a ser larga.»

CAPÍTULO XLIII

LAS ALUSIONES DEL GOBERNADOR y de Ignacio a las disposiciones tomadas últimamente por el señor obispo respondían a una realidad. Y es que también el doctor Gregorio Lascasas había efectuado un balance, a raíz de la visita pastoral que giró por la diócesis y de los informes enviados por los párrocos, habiendo llegado a la conclusión de que, en cuestión de unos meses, a caballo del relajamiento que trajo consigo el verano y del «sálvese quien pueda» provocado por la inundación, el espíritu colectivo de piedad que caracterizó la inmediata posguerra y que tan de manifiesto se puso en la pasada Cuaresma había sufrido un colapso. No en vano San Pablo había repetido una y otra vez que lo difícil era perseverar.

De modo que, analizando las cosas, el señor obispo no hacía más que adoptar en su terreno una actitud similar a la que en el suyo había adoptado el Gobernador. ¿O acaso la disciplina cívica era más importante que la moral?

Lo malo es que... exageró, en opinión de muchos. En efecto, bien estaba organizar una «Semana de la Joven» y ocuparse de la decencia pública. Pero de eso a insultar con la palabra «compañeras» —réplica de la denominación dada por los «rojos» a sus mujeres— a las novias o a las prometidas que permitieran que el varón las cogiera del talle o les pasara el brazo por encima del hombro... De eso a lanzar una tremenda diatriba contra la letra de las tonadillas en boga entre las muchachas de la Sección Femenina: *El que tenga un amor que lo cuide, que lo cuide. La salud y la platita que no la tire, que no la tire*. O aquella otra: *Yo te daré... una cosa que yo sólo sé: ¡café!...* Naturalmente, el señor obispo sabía muy bien que dichas tonadillas fueron cantadas por los soldados en el frente. «Ahora bien —se preguntaba—. ¿Qué significa este *café* y a qué viene esa alusión a la *platita*?»

Mosén Iguacen, que compartía minuto a minuto el estado espiritual y físico del doctor Gregorio Lascasas, estaba en el secreto. de que en la reacción de éste habían influido varios factores. El primero, el espaldarazo que en esa línea había recibido nada menos que de la mismísima Subsecretaría de Gobernación, la cual dictó desde Madrid una orden que decía: «A partir de la fecha, en los cines deberá haber la iluminación justa para que la película pueda ser vista sin dificultad por los espectadores; pero la distribución de las luces o focos deberá ser tal que impida a las parejas cometer actos contrarios a la moral cristiana.» Otro espaldarazo lo recibió precisamente del doctor Andújar. Cierto, el doctor Andújar organizó en Gerona, con la contagiosa sinceridad que imprimía a todas sus acciones, la Congregación de Caballeros del Pilar, los cuales, como primera manifestación, habían decidido peregrinar colectivamente a Zaragoza, a la Basílica de la Excelsa Patrona, al objeto de jurar ante los Evangelios su voluntad de defender las piadosas creencias en la Asunción y Mediación de María, antes de la declaración dogmática que a la sazón y sobre el particular se estaba estudiando en el Vaticano. «Que un hombre de ciencia como el doctor Andújar —dijo el señor obispo— haya tenido este rasgo no sólo demuestra una vez más que las grandes inteligencias hincan a menudo la rodilla ante la fe, sino que me obliga a velar para que su ejemplo cunda entre el resto de los fieles.»

Además, el señor obispo había sufrido, todo a la vez, una decepción, una grave advertencia para su salud y la pérdida de un entrañable amigo. Ello lo llevó a densificar su mundo religioso interior, sin medir en toda su amplitud que acaso la población no marchara a compás de lo que a él pudiera ocurrirle.

La decepción le provino a través de *Amanecer*. De pronto algunos pintores locales, entre los que figuraba Cefe, aquel que había querido exponer desnudos en la Biblioteca Municipal, publicaron anuncios pidiendo *modelos*. Todo el mundo sabía lo que una modelo significa en el estudio de un pintor, y al señor obispo no se le escapaba que no estaba en su mano prohibir aquello. Ahora bien, se daba la circunstancia de que tales pintores eran los mismos a los que el doctor Gregorio Lascasas había encargado las pinturas murales de las iglesias que se habían reconstruido, lo que supuso para ellos un considerable beneficio. Tratábase, pues, de un flagrante acto de ingratitud, o de asepsia espiritual, que denotaba que los pinceles de aquellos hombres lo mismo servían para pintar en un altar la figura del Padre Eterno que para reproducir en el taller «carne pecadora».

La advertencia para su salud le llegó en forma de un tumor en la garganta, que de buenas a primeras tuvo la apariencia de maligno. Durante unos días el prelado vivió con la convicción de que iba a morir y su resignación edificó a cuantos lo rodeaban. Por suerte, el doctor Chaos pudo darle al final la buena noticia de que se trataba de una falsa alarma, que quedó radicalmente resuelta con unas sesiones de radioterapia.

Por último, la pérdida de un entrañable amigo: el cardenal Gomá. Falleció en Madrid el cardenal Gomá, Primado de España y gran defensor de la palabra *Cruzada* aplicada a la guerra civil. El doctor Greogrio Lascasas lo había tratado mucho y sentía veneración por él. Al igual que ocurriera en toda España, dispuso funerales solemnes y preces de toda suerte por el alma del que estaba siendo llamado *Atleta derribado*; pero el doctor Gregorio Lascasas quiso llegar a más para honrar su memoria. De ahí que intensificara su natural obstinación. De ahí que dispusiera que fueran leídos en el púlpito capítulos enteros de doctrina extraídos de la obra escrita del cardenal. Y no podía dudarse de que algunos de ellos daban pábulo a discusiones de toda índole, como por ejemplo aquel en que venía a decirse que únicamente la Iglesia Católica había tenido en realidad mártires, habida cuenta de que *mártir* significaba *testigo* y no podían admitirse otros testigos de Cristo que los católicos. «¿Y los misioneros protestantes, pues?», preguntó el señor Grote, quien en Canarias había tratado a gente nórdica. «¿Y los comunistas? ¿No son también mártires de "su" fe?», preguntó Marcos, ferviente admirador de cualquier acto de valentía. «¿Y los anarquistas que yo he visto marcharse pecho descubierto al frente?», preguntaba el solterón Galindo, en el Café Nacional. El doctor Gregorio Lascasas, siguiendo la línea doctrinal del cardenal Gomá, replicaba diciendo que los comunistas y los anarquistas actuaban guiados por el odio y que para ser mártir la condición indispensable era el amor. En cuanto a los militantes de religiones no católicas, en el mejor de los casos no eran sino víctimas de superstición... Entonces intervino Matías diciendo: «Pues yo entiendo que hay mártires de muchas clases y que nadie puede atribuirse la exclusiva. En mi opinión, un hombre que se tira al agua para salvar a otro y se ahoga es un mártir, lo mismo si es católico, que budista, que ateo. Y un hombre como el doctor Chaos, para citar el primero que se me ocurre, que quema su vida en el quirófano extirpando tumores de todas clases, es también un mártir.»

En resumidas cuentas, pues, en aquellos meses de octubre y noviembre el estado de ánimo del señor obispo no sincronizó como era deseable con el de la población. Sólo obtuvo buena acogida popular, por tratarse de un detalle tierno, una de sus intervenciones: la de instalar y bendecir la gran campana de la Catedral, la antecesora de la cual había sido fundida por Cosme Vila para convertirla en metralla.

En efecto, cuando dicha campana sonó por primera vez se produjo como un repentino silencio en toda la ciudad y el barrio antiguo se hizo más augusto todavía. Entonces el doctor Gregorio Lascasas, asesorado por mosén Alberto, aprovechó para informar a todos los feligreses de que el nombre de *campana* procedía de la región italiana, Campania, donde en el siglo III San Paulino implantó su uso en la Cristiandad. No faltaron melómanos, como Alfonso Estrada, que discutieron áridamente sobre el sonido de dicha campana. Unos decían que no emitía, como era su obligación, la nota *fa*, sino la nota *do*. Pero los profanos no entendían de tamañas sutilezas y se sintieron satisfechos con la venerable adquisición.

Mosén Iguacen se dio cuenta de lo que ocurría y con todo el respeto debido le sugirió al prelado aragonés la posible conveniencia de compensar con algo más amplio la tibia acogida que habían obtenido sus normas de inflexibilidad. El doctor Gregorio Lascasas, influido quizá por el temor a la muerte que vivió los días en que el doctor Chaos le tratara la garganta, se acordó entonces de aquella visita que tiempo atrás le había hecho el padre Forteza suplicándole que interviniera en favor de los detenidos que Auditoría de Guerra juzgaba... Y se decidió, ¡por fin!, a hacer una gestión en tal sentido, solicitando en lo posible una mayor clemencia.

Nadie hubiera podido asegurar que el cambio que se operó en Auditoría se debiera precisamente a esta gestión del señor obispo. Tal vez el tiempo que iba pasando paliaba por sí solo, por inercia, la actitud del Tribunal. Pero lo cierto es que las sentencias empezaron a ser más benignas. Lo fueron hasta tal punto que mucha gente se tiraba de los pelos pensando en algún familiar juzgado un año antes. «Si lo hubieran juzgado ahora le habrían salido seis años menos...» «Ahora lo hubieran absuelto, sin más.» El señor obispo, estimulado, pidió incluso que se aceleraran los procesos incoados por el Tribunal de Responsabilidades Políticas, que funcionaba con torturante lentitud y que juzgaba incluso a los muertos, pues tratándose de confiscación parcial o total de bienes había que tener en cuenta a los herederos. El señor obispo consiguió una mayor rapidez, aunque no pudo evitar que, en medio de muchas absoluciones y devoluciones de bienes —igualmente inimaginables un año antes—, varios propietarios de mayor y menor cuantía, que tuvieron algún cargo en período «rojo», fueran desterrados de la Península, enviados a posesiones españolas de África por un período de tiempo más o menos largo. O que fueran inhabilitados a perpetuidad para ocupar puestos públicos.

Como fuere, esa intervención del doctor Gregorio Lascasas llegó a conocimiento de los ciudadanos. No todo el mundo la aplaudió y Paz, por ejemplo, comentó: «Eso... ¡antes!» Pero qué duda cabe que se granjeó con ello muchas simpatías y que no faltaron quienes, gracias a ello, le perdonaron de buen grado su detonante inexorabilidad en materia de «pudor y de recato»; aquella inexorabilidad que lo llevó a insertar en la *Hoja Dominical* —Hoja que Matías cuidó muy bien de enviar, camuflada en medio de varias revistas, a Julio García, a Nueva York— una antigua redondilla dedicada a las mujeres y que decía:

> *A cualquier hombre atrapa*
> *—una mujer que se empeña—,*
> *más que por lo que enseña,*
> *por lo que tapa.*

CAPÍTULO XLIV

A LO LARGO DEL MES de noviembre ocurrieron también otras cosas. Primero, los preparativos de dos bodas, que tendrían lugar en la primera decena de diciembre. Una de ellas, con ritmo acelerado, la de «La Voz de Alerta» y Carlota, condesa de Rubí; la otra, prevista desde hacía tiempo, la de Mateo y Pilar. Antes, empero, germinó en el cerebro del director de la Emisora una idea similar a la de los «seriales», o novelas adaptadas, idea que produjo también un gran impacto en la ciudad y comarca.

Tratábase del *disco dedicado*. Cualquier abonado a la Radio podía solicitar, para la fecha y hora que indicase, la emisión de un disco y dedicarlo a una persona determinada. El éxito de la idea fue fulminante. La emisión era escuchada por todo el mundo, dado que cualquier nombre podía sonar en el aire en el momento más impensado. «A mi novia Teresa, con todo mi cariño, Juan.» «Para Pili, de parte de quien ella sabe...» «Para nuestro abuelito Ramón, en el día de su cumpleaños. Toda la familia reunida.»

Los comentarios fueron favorabilísimos, entusiastas. «Esto es magnífico. Cosas así son las que hay que hacer.» El profesor Civil se vio obligado a admitir por una vez que los «chismes técnicos» podían también ser utilizados en forma poética. Los no abonados debían pagar una peseta por cada solicitud. Por descontado, Eloy se gastó una peseta y le dedicó a Carmen Elgazu un tango de Carlos Gardel, que era la música que a ella más le gustaba. También Pablito gastó «su» peseta, dedicándole a Gracia Andújar el *Ave María*, de Schubert. Pero Gracia Andújar estaba tan ocupada que no escuchaba nunca la radio, y ni siquiera se enteró.

* * *

En cuanto a las bodas, ocurrió que «La Voz de Alerta» no quiso perder tiempo. Las cartas que recibió de Carlota demostraron que ésta poseía una rara penetración intelectual, y ade-

531

más su grafía era «de colegio de pago». Sin contar con la calidad del papel, agradable a la vista y al tacto. Fuera de eso, «La Voz de Alerta», de cara al invierno, le temía más que nunca al vacío de su piso.

Total: hizo un par de viajes a Barcelona. Carlota aceptó la propuesta, efectuóse en regla la petición de mano y los condes de Rubí dieron su beneplácito.

Fue una boda —*Amanecer* la llamó «ceremonia de enlace»— por todo lo alto, aunque sin banquete, en homenaje póstumo a Laura.

Se celebró en la Catedral, y ofició y bendijo a los contrayentes el obispo en persona, doctor Gregorio Lascasas, quien en la plática de rigor hizo un canto a la familia numerosa, canto que su amigo «La Voz de Alerta», que pronto cumpliría los cincuenta años, estimó un tanto optimista. Lo mismo Carlota que su familia impresionaron vivamente a los asistentes al acto y a los mirones que se congregaron en la puerta del templo. Se veía a la legua que los condes de Rubí pertenecían a la aristocracia catalana. Una distinción basada en la sobriedad. Pocas joyas, pero de gran valor. Las modistillas, que esperaban a la salida, y también algunos empleados del Ayuntamiento, se quedaron un tanto decepcionados. Esperaban más boato, más collares y brillantes más gordos. Los concejales le regalaron al alcalde una radiogramola último modelo.

El viaje de novios fue ideal. Carlota, que tenía «espíritu de casta» y que amaba a Cataluña con toda su alma, sugirió un primer itinerario que fue aceptado por «La Voz de Alerta» sin rechistar: visitar Montserrat, Poblet y Santas Creus. Los tres monasterios despertaron en la pareja sentimientos a la vez religiosos y telúricos. En Poblet se encontraron con que precisamente se había hecho cargo oficialmente del monasterio, muy abandonado, la Orden del Cister, después de ciento cinco años de ausencia. La geología de Montserrat les pareció a ambos una vez más un milagro de la naturaleza y obsequiaron a la Moreneta, Patrona de Cataluña, con una lámpara votiva. En Santas Creus, Carlota, que físicamente era muy raquítica, pero cuya natural viveza proporcionaba frecuentes sorpresas, se emocionó de tal suerte que se puso a recitar por lo bajo unos versos de Antonio Machado, de quien dijo que merecería ser poeta catalán.

La segunda parte del itinerario del viaje nupcial fue sugerido por «La Voz de Alerta». «La Voz de Alerta» hubiera querido ir a Italia, en recuerdo de su huida de la zona roja, para visitar Roma y Florencia y convencerse a sí mismo de que en efecto debería haber nacido en la época del Renacimiento; pero las circunstancias bélicas le hicieron desistir. Decidió, pues, ir a Dacharinea, por donde en 1936 entró en la España Nacional, y luego a San Sebastián y Pamplona, en cuyas ciudades, durante la guerra, había exhibido con ostentación su boina roja.

Carlota se enamoró de San Sebastián. Pillaron un par de días de mar embravecido, y el espectáculo la fascinó. «La Voz de Alerta» no cesó de bromear sobre «las damas enfermeras» con que había alternado durante su estancia allí, y Carlota se mostró celosa... y enamorada. Sí, «La Voz de Alerta» pudo gozar del placer que significaba haber despertado un gran amor. Por lo visto, en el enclenque cuerpo de Carlota cabía mucha pasión. Carecía de experiencia, pero ello añadía encanto a la circunstancia. «El obispo tiene razón, querido. Hemos de tener muchos hijos...» «La Voz de Alerta», en los momentos de exaltación, en los momentos en que se parecía al Cantábrico indómito que la pareja oía bramar desde la habitación del hotel, le daba la razón; una vez calmado, pensaba para sí que con tener un solo hijo le bastaría.

En Pamplona fue la apoteosis... porque en Pamplona estaba don Anselmo Ichaso, quien previamente les había enviado a Gerona, como regalo de boda, la cubertería de plata.

—¡Don Anselmo!

—¡Mi querido amigo!

Don Anselmo continuaba dirigiendo *El Pensamiento Navarro* y exhibiendo su barriga de siempre. No había cambiado apenas; por el contrario, su hijo Javier Ichaso, el de una sola pierna y los ojos obsesionados, excesivamente juntos, había envejecido, aunque se mostró más charlatán, más alegre.

Nada podía encantar tanto a don Anselmo como que «La Voz de Alerta» se hubiera casado con una condesa, aunque fuera catalana. Navarra entera se puso a los pies de los novios; Navarra... y sus trenes eléctricos, en miniatura, que arrancaron de Carlota chillidos de admiración.

Hablaron largamente... Don Anselmo Ichaso deseaba que se efectuase cuanto antes la restauración monárquica en España. «Es la salida natural... —dijo—. Un día u otro ha de llegar.» Refiriéndose a Alfonso XIII, que continuaba en Roma, les aseguró que, según informes, pronto iba a abdicar a favor de su hijo don Juan. «Por cierto —explicó don Anselmo— que durante la guerra don Juan entró en España bajo el nombre de Juan López, encasquetóse una boina de requeté y quiso salir para el frente. Y yo sin enterarme... Pero ocurrió que en Aranda de Duero fue reconocido y el general Mola, que no quería líos políticos, lo mandó detener y lo devolvió a la frontera.»

—¿Cree usted de verdad que es presumible la restauración monárquica? —le preguntó Carlota a don Anselmo.

—Depende de dos circunstancias —contestó éste, con su característica seguridad—. De la marcha de la guerra actual... y de si conseguimos el apoyo de unos cuantos generales...

A continuación don Anselmo le contó a «La Voz de Alerta» que los negocios de construcción en que andaba metido —«ya sabe usted, mi querido amigo, que lo mío es eso: construir»— estaban cobrando gran auge. Acababa de fundar una Sociedad, Duarte y Compañía, a la que habían sido confiados los grandes proyectos de ampliación urbana de Pamplona. Aunque su objetivo principal era optar a la subasta para la adjudicación de la gigantesca obra iniciada por el Caudillo: el Valle de los Caídos... «Ya saben ustedes a qué me refiero, ¿verdad? Ahí, en el Guadarrama... Eso sería, para Duarte y Compañía, un golpe muy fuerte. Y personalmente me sentiría muy orgulloso de contribuir a una empresa patriótica de tanto alcance.»

—Por lo demás —don Anselmo cambió el tono de la voz—, los huesos de mi hijo Germán, muerto en el frente, podrían reposar allí...

Javier Ichaso, el hijo que le quedaba a don Anselmo, acompañó en coche a la pareja hasta Javier, para visitar el Castillo.

—Cuando me case —les dijo—, les prometo devolverles la visita: iré a Gerona a verlos...

—Contamos con ello —respondió Carlota—. Recorreremos los monumentos románicos que tenemos allí.

Todo perfecto. «La Voz de Alerta» y Carlota, a su vuelta a Gerona, se encontraron con el piso hecho un primor. Montse, la criada, había trabajado lo suyo. Durante la ausencia de los «señores» se había recibido un último obsequio, que emocionó a «La Voz de Alerta»: un bastón de madera de boj, con las iniciales de los contrayentes, bastón tallado y pulido, a lo largo de muchas horas, por los ancianos del Asilo, que seguían siendo los grandes protegidos del alcalde.

Carlota, al penetrar en la alcoba, abrazó inesperadamente a su marido y apoyó la cabeza en su hombro.

—Soy feliz... —dijo—. Completamente feliz...

«La Voz de Alerta» le acarició el cabello.

—No sabes cuánto me alegra oírte decir eso...

Al día siguiente, y en honor de su mujer, «La Voz de Alerta», pretextando la conmemoración del segundo aniversario del rompimiento del frente de Cataluña por las fuerzas «nacionales», previo el permiso del Gobernador ofreció a los gerundenses la audición de sardanas en la Rambla prevista para la Feria y que tuvo que suspenderse a causa de la inundación.

La reacción popular fue masiva. El entusiasmo se desbordó. Se formaron por lo menos diez corros, que llegaban hasta el Bar Montaña, donde se reunían los futbolistas. Los músicos de la Cobla Gerona, empezando por el maestro Quintana, soplaron de lo lindo, como si llevaran siglos esperando aquel momento. Y al terminar cada sardana la empezaban de nuevo. El comisario Diéguez entendió que aquello era excesivo, una tácita provocación; pero sabía que la Cobla Gerona contaba con el permiso gubernativo, y no pudo intervenir.

—Pues sí que estamos buenos —barbotó, apostado en el interior del Café Nacional.

El general se enteró desde el cuartel de lo que ocurría en la Rambla y comentó:

—Esa condesita barcelonesa va a traernos complicaciones...

* * *

Los preparativos para la boda de Mateo y Pilar fueron un poco más laboriosos. Reunir todos los documentos necesarios, empezando por la partida de nacimiento de Mateo, le llevó a la Torre de Babel, de la Agencia Gerunda, lo menos tres semanas. Por suerte, la Torre de Babel se mostró diligente. Mateo era jerarquía... y había que complacerle.

Las hermanas Campistol se las vieron y se las desearon para confeccionar el traje nupcial de Pilar a entera satisfacción de la muchacha. Ésta se mostró muy exigente, llevando a las modistas por la calle de la amargura. «Pero ¿qué te pasa, Pilar? ¡Si te sienta a maravilla!» Pilar se miraba al espejo, dando la vuelta con lentitud. «Cuelga un poco de aquí... ¿No se dan cuenta?» «¿Y ese velo? ¿Creen ustedes que puedo presentarme así?»

Pilar hubiera querido contar en aquellos días con la ayuda de Marta. Pero, después de lo ocurrido entre ésta e Ignacio, era imposible. Pilar consideró eso una contrariedad muy grande. «Marta conoce mis gustos... ¡Mira que no poder tenerla ahora a mi lado! Ni siquiera podré invitarla a la boda, claro...» Gracia Andújar y Asunción hicieron cuanto estuvo en su mano para suplir en lo posible la ausencia de Marta.

Pilar dejó de trabajar —Alfonso Estrada, en Salvoconductos y el señor Grote, en la Delegación de Abastecimientos, la echarían mucho de menos—, pues además debía ocuparse de convertir el piso de la plaza de la Estación en hogar. Hacían falta visillos, alfombras, los mil detalles indispensables para crear intimidad. La elección de los muebles de la alcoba, que eran los únicos que les faltaban, le ocasionó también mucho ajetreo. Pilar se empeñó en conseguir una cama antigua, recia, lo más alta posible. Mateo se encogía de hombros. «¿Por qué tan alta, vamos a ver?» «Me gustan así, Mateo. ¿Hay algo malo en ello?» «No, pero como no la cojamos del Servicio de Recuperación... o del Museo Diocesano...»

Llovían los regalos. Recibieron muchos más que «La Voz de Alerta». Entre ellos destacó el que les hicieron, mediante colecta, los jefes locales de Falange: una bandeja de oro de Toledo con el yugo y las flechas grabados. También les satisfizo mucho una Biblia, encuadernada en pergamino, que les envió Agustín Lago. «Ese yugo de la bandeja —bromeó Mateo con Pilar— parece una alusión... Y la Biblia será sin duda para que nos aprendamos de memoria el libro de Job.»

Capítulo difícil... el del asesoramiento prematrimonial de Pilar. Carmen Elgazu no soltaba prenda. Matías habló del asunto con Carmen, pero ésta lo rehuyó, poniendo incluso mala cara. «¿Qué quieres, pues? —dijo Matías—. ¿Qué sea mosén Alberto quien aconseje a la chica?» Ignacio olfateó que a su madre el tema la violentaba —¿por qué sería así, si había tenido tres hijos?— y un buen día, precisamente el día que se casó «La Voz de Alerta», entró en el cuarto de Pilar y abordó sin remilgos la cuestión.

Pilar, al pronto, se puso nerviosísima. Su noviazgo con Mateo había sido, en unas cuantas ocasiones, más apasionado de lo que Ignacio podía imaginar. De todos modos, era obvio que la noche de la boda tendría que afrontar «lo desconocido». Desde este punto de vista, la intervención de Ignacio estaba justificadísima. Ahora bien, Pilar confiaba en que Mateo se comportaría como era menester y que, por tanto, las explicaciones holgaban.

—Comprendo que reacciones así, Pilar. Pero debes escucharme, pues no se trata de largarte un sermón. Lo único que quería decirte... es que este asunto tiene más importancia de la que a lo mejor le atribuyes. Y que al parecer a veces las cosas no resultan, para la mujer, tan fáciles... Me refiero al principio, claro... En fin, supongo que me entiendes. Por suerte, Mateo es un chico sano. Pero te lo repito; a veces cuesta un poco adaptarse... ¡Por favor! Alguien tenía que decirte eso, ¿no crees? —Ignacio elevó el tono de la voz—. En realidad, es absurdo que andemos todavía con tantos tapujos. ¡A estas alturas deberías haberte leído ya media docena de libros que trataran de todo esto! Pero vivimos rodeados de tabús. Bueno, te dejo... Anda, tranquilízate, y comprende que he venido a verte con la mejor intención...

Pilar luchó consigo misma. Comprendió perfectamente a su hermano. Pero le ocurría que no le perdonaba a éste lo de Marta y que a resultas de ello se colocaba siempre a la defensiva. De todos modos, antes que Ignacio cruzara el umbral de la puerta consiguió sobreponerse y le dijo, con toda sinceridad:

—De acuerdo, Ignacio... Te he comprendido. Muchas gracias.

¿Por qué le ocurría a Pilar que, al ver de espaldas a las personas que quería mucho, de pronto se emocionaba? En esa ocasión le sucedió lo mismo. Fue al ver a Ignacio de espaldas cuando le brotaron del fondo aquellas palabras.

Llegó el ocho de diciembre. Gran número de balcones aparecieron engalanados en la ciudad, en honor de la Inmaculada. La colgadura del balcón de los Alvear decía, como casi todas: *Ave María Purísima*. Marta, al despertar, pensó en Mateo y Pilar y se deshizo en un mar de lágrimas. Por suerte andaría todo el día muy ocupada con los festejos organizados por la Sección Femenina, pues la festividad había sido declarada «Día de la Madre».

La boda se celebró en la parroquia del Carmen. El celebrante fue, naturalmente, mosén Alberto, quien por fin logró protagonizar una misión agradable. Pilar entró en la iglesia del brazo de su padre, Matías Alvear —éste, sosteniendo en la mano izquierda el obligado par de guantes—, y en ese momento sonó la *Marcha Nupcial*, que emocionó a los concurrentes. Carmen Elgazu llevaba un sombrero de ancha ala que le sentaba muy bien, según opinion de Josefa y Mirentxu, sus dos hermanas, llegadas ex profeso de Bilbao para la ceremonia. Carmen Elgazu, al ver, por debajo del ala del sombrero, a Pilar vestida de blanco, sollozó para sí: «¡Dios mío, qué guapa está mi hija!» Los asistentes, que llenaban el templo, formaban un conjunto heterogéneo, que abarcaba desde el Gobernador y el doctor Chaos hasta el Jefe de Telégrafos y la guapetona Adela, sin olvidar a Claudia, la mujer de limpieza de los Alvear.

Paz, tía Conchi y Manuel habían sido especialmente invitados por Matías. Pilar deseaba que aquel día su prima pillara un gripe y tuviera que quedarse en casa. Pero no fue así. De modo que la «sensacional vocalista», que no recordaba haber entrado jamás en una iglesia, estuvo presente, si bien obligó a tía Conchi y a Manuel a colocarse en el último de los bancos reservados a la familia; lo contrario de Eloy, que se arrodilló en el primer banco y que lo que realmente hubiera deseado era hacer de monaguillo.

En la misa, en el momento de la Elevación, sonó el Himno Nacional. Y luego oyóse un coro de ángeles: Marta, pese a los festejos de la jornada, se las compuso para enviar el Coro de la Sección Femenina. Pilar reconoció las voces de sus amigas y los ojos se le humedecieron. También se humedecieron los de mosén Alberto cuando pronunció las palabras absolutas: «Yo os declaro marido y mujer.»

En el banquete, que se celebró en el restaurante de la Barca, bajo el cual discurría el Ter, ya amansado, hubo brindis a granel y Matías y don Emilio Santos repartieron puros habanos a todos los varones, mientras se decían el uno al otro: «Dentro de un año, abuelos...» Adela, que apenas si conseguía quitarle a Ignacio la vista de encima, bebió más champaña de lo preciso y se fue de la lengua contándoles a sus vecinos de mesa, entre los que se contaba el doctor Chaos, su luna de miel con Marcos, que resultó un fiasco por cuanto el pobre Marcos se resfrió en el tren y se pasó los quince días tosiendo y tomándose la temperatura.

Mateo y Pilar se despidieron por fin. Desaparecieron a la chita callando... Un taxi los llevó al cementerio, donde depositaron en la tumba de César el ramo nupcial. Y luego, en tren, iniciaron el viaje de boda.

Fue el suyo un viaje mitad amoroso, mitad patriótico. Pilar se hubiera conformado con lo primero, pero... Pernoctaron en Barcelona —lo «desconocido» resultó doloroso para Pilar, quien se acordó de las advertencias de Ignacio— y al día siguiente, a Madrid.

En Madrid se encontraron con una copiosa nevada. En realidad nevaba en toda Castilla, y la metáfora de la tierra vistiendo también el traje nupcial acudió fácilmente a su pensamiento. Por suerte, en el hotel la calefacción funcionaba a partir de la puesta del sol y encontraron en él un buen cobijo.

—Mateo..., ¡cuántos años esperando estos momentos!

—Es cierto, Pilar. Pero ahora ya está. Y para siempre.

—¿Me querrás mucho? Ya oíste a mosén Alberto: en lo bueno y en lo malo...

—Claro que te querré, pequeña.

—Me gusta oírtelo decir.

—Pues te lo diré otra vez: para siempre... y en lo bueno y en lo malo.

Lo bueno fue, por el momento, eso: la efusión, la fusión de los dos en uno solo, en un solo ser, que pronto había de resultar perfecta. Lo malo fue el frío. Mateo quiso visitar Toledo, las ruinas del Alcázar. A Pilar le costó un poco emocionarse, pues el termómetro señalaba siete bajo cero y la nieve confería a las venerables piedras formas caprichosas, estrafalarias.

—Vámonos de aquí, Mateo. Te lo ruego. No puedo más...

—Fíjate. Ahí estalló la mina comunista...

—Sí, ya lo veo. Pero vámonos, por favor...

—Ahí era donde Moscardó imprimía el periódico...

—¿Y con qué se calentaban? ¿Podían encender fuego...?

Al regreso a Madrid, otra vez la vertiente amorosa.

—Te quiero, Mateo.

—Yo también a ti.

—Cuidaré de tu padre como si fuera el mío.

—Eso espero. Se merece todo cuanto hagamos por él.

Mateo le enseñó a Pilar la zona de la Ciudad Universitaria, teatro de tantas luchas, donde se hicieron fuertes las Brigadas Internacionales y donde murió Durruti. «Aquí cayeron centenares de hombres. Fue algo espantoso. Pero ahora esto se reconstruirá. Afluyen donativos de toda España. Una Ciudad Universitaria modélica, en la que quién sabe si nuestros hijos estudiarán un día...»

—¿Tan lejos querrás mandarlos?

—Bueno, es un decir...

¡Dirigiéronse al Alto del León! Pero la nieve les impidió llegar a la cumbre. Mateo se mordió los puños. Había soñado con aquella visita. Con lo mucho que allí, bajo las chabolas, había gozado y sufrido.

—Allí tenías que verme. Me dejé crecer la barba...

—¡Qué horror! Las barbas pinchan. Te prefiero así.

—¿Cómo lo sabes si no lo has probado?

Otra vez a Madrid y visitas obligadas a Núñez Maza, en Propaganda; a Salazar, en Sindicatos; a María Victoria, en la Sección Femenina.

—¡Enhorabuena, tortolitos!

—¡Que sea por muchos años!

—¿Qué preferís, niño o niña?

Mateo habló con sus camaradas de los temas que le interesaban. De la muerte de Azaña, ocurrida el 2 de noviembre en Francia, en Montauban. Salazar le aseguró que Azaña se confesó antes de morir, que pidió la asistencia de un sacerdote. «Una confesión que duró cinco horas. Para que veas. A la hora de la verdad...»

Núñez Maza estaba satisfecho porque acababa de crearse el Consejo de la Hispanidad, con vistas a la proyección a Hispanoamérica. «Sin embargo —dijo—, los exilados ejercen allí una tremenda influencia. Muchos intelectuales han ido al copo en puestos importantes, y no sólo en Méjico; también en el Perú, y en Uruguay, y en la propia Argentina. Los comunistas han formado varias células en La Habana, disfrazadas con nombres de entidades culturales, y lo mismo cabe decir de Santo Domingo. También en los Estados Unidos se meten por todas partes. Las Universidades les abren las puertas. ¡Ese Roosevelt! Mal rayo lo parta. Es masón y nos dará mucho que hacer. Los anarquistas han anclado sobre todo en Venezuela y Colombia. En fin, que el Consejo de la Hispanidad tendrá que roer un hueso duro. Sobre todo porque los españoles, cuando están fuera, trabajan. Y se han llevado allí la experiencia de nuestra guerra civil...»

Pilar intervenía:

—¿Y tú cuándo te casas, Núñez Maza? Ya va siendo hora ¿no te parece?

—No sé, chica. ¡Tengo tanto que hacer!

—Razón de más. Tu mujer te ayudaría.

—¡Psé! Nunca se sabe... Si te sale aficionada a los trapitos...

Mateo cogió del talle a Pilar.

—Búscatela como yo. Femenina por los cuatro costados... y además estudiando a Carlos Marx.

Pilar hizo un mohín.

—¿A Carlos Marx? Ése fue peor que Roosevelt.

María Victoria estuvo un poco desagradable. Después de las consabidas felicitaciones, se puso a hablar mal de los catalanes.

—Ya se lo dije a José Luis. Yo, en Gerona, ni hablar. Me moriría. Si quiere casarse conmigo, viviremos aquí, en Madrid.

Pilar la contradijo.

—Pues a mí Gerona me gusta. Se está bien allí. Ahora hemos estrenado campana en la Catedral...

Mateo añadió:

—Y vuelven a tocar sardanas. ¡Por cierto que José Luis bailaba una, en la Rambla!

—¡Anda, vamos! —cortó María Victoria—. Hasta ahí podíamos llegar.

Mateo hubiera querido visitar otros muchos lugares: Brunete, Belchite, el Santuario de Nuestra Señora de la Cabeza. E ir a Valladolid. Y a Salamanca y Burgos. Pero continuaba nevando y todo estaba intransitable. Pilar le susurraba al oído: «Tanto mejor. Con lo bien que estamos en el hotel...»

Mateo renunció a muchos sitios. Pero, naturalmente, había uno de ellos que era sagrado: El Escorial. Lo reservaba para la última visita, y así lo hizo. El colofón. Salieron en el coche de Núñez Maza, conduciéndolo éste con extrema pericia, y se postraron ante la tumba de José Antonio con mucho más recogimiento que el que embargó en aquel mismo lugar a Heinrich Himmler, Jefe Superior de la Policía alemana, que lo había visitado unas semanas antes. Mateo lloró a los pies de la losa fría de José Antonio. Y también Pilar. «José Antonio, ayúdanos... Ayúdanos a ser fieles a tu mandato.»

A la salida de El Escorial, Mateo le preguntó a Núñez Maza si no sería posible visitar las obras iniciadas en el Valle de los Caídos, que estaba allí mismo, a pocos quilómetros, cerca del pueblo de Guadarrama.

—No creo que haya inconveniente... —dijo Núñez Maza—. Aunque no veremos nada. Están trabajando simplemente en la carretera de acceso al lugar donde se levantará la Basílica. El terreno es rocoso y los barrenos explotan que da gusto.

—De todos modos, me gustaría verlo.

El coche, con cadenas, se dirigió al lugar. Los guardias, al ver la banderita, y previa inspección de la documentación de

Núñez Maza, saludaron y los dejaron pasar. Pronto oyeron una explosión. Y luego otra.

Y de pronto, vieron a los hombres que allí trabajaban, vistiendo las más extrañas prendas para protegerse del frío. ¿Cuántos habría? Pasarían del millar... La temperatura debía de ser inferior a los doce grados bajo cero. Había barracones de madera de los cuales salía humo, el humo de las estufas.

Núñez Maza les explicó:

—La mitad de estos hombres pertenecen a una empresa constructora; los demás, son presos que redimen penas.

Mateo preguntó:

—Podrían escapar fácilmente, ¿no?

—¿Escapar...? ¡Oh, sin duda! Pero ¿adónde irían?

Mateo miró la nieve en torno.

—Sí, claro. No llegarían muy lejos...

Se apearon del coche. Parejas de la Guardia Civil patrullaban por entre los trabajadores de pico y pala. Era duro aquello. Muy duro.

—¿Cuántos metros tendrá la cruz?

—No lo sé exactamente. Creo que unos ciento veinte. Y habrá hospedería y unos cuarteles.

El panorama era desolador. Era el desierto helado. Las rocas parecían enemigas del hombre, aunque la nieve las acariciase. Haría falta mucha dinamita.

Pilar estaba un poco asustada. El lugar le parecía demasiado tétrico. Ella hubiera preferido algo así como el Valle de. San Daniel, verde y jugoso.

—No seas boba. La grandeza reside precisamente en esto, en que el paisaje es lunar. España no es Versalles. ¡Apañados estaríamos! España es, en parte, esto que aquí ves...

Pilar movió la cabeza.

—Claro...

Mateo se acercó a los prisioneros. Los miraba a la cara. Todos tenían una gota helada en la nariz. Recordó la batalla de Teruel y a Teo.

Núñez Maza le preguntó si buscaba a alguien y Mateo le dijo:

—Pues sí... A un tal Reyes, de Gerona... Debe de estar aquí. Estaba en Alcalá de Henares pero, según noticias, pidió el traslado, quizá para abreviar más la condena.

—¿Querrías hablar con él?

—No, no. Sólo verlo.

Núñez Maza se dirigió a un capataz y éste consultó la lista.

—¿Alfonso Reyes? Sí, trabaja allí... Yo los acompañaré.

Anduvieron cosa de doscientos metros. Hasta que, a una distancia de un tiro de piedra, Mateo y Pilar reconocieron al ex cajero del Banco Arús. Tenía un pico en la mano y no parecía cansado en absoluto. Un pitillo le colgaba de los labios, apagado al parecer.

Pilar se emocionó increíblemente. Recordó que aquel hombre había ayudado a Ignacio en la zona «roja», cuando en el Banco los demás empleados se metían con él. Recordó a Félix, su hijo, que el profesor Civil acogió en Auxilio Social y que ahora no hacía más que dibujar.

Todos guardaron silencio. Y entonces se oyó la canción de los picos, como en las canteras de Gerona propiedad de los hermanos Costa, situadas sobre el cementerio. Llegaban camiones con víveres. Los guardias civiles, bajo sus capotes, estaban tranquilos, mirando de vez en cuando el humo que salía de los improvisados barracones de madera.

«Muchas gracias, capataz.» Regresaron al coche. Y emprendieron el regreso a Madrid.

Mateo y Pilar no tenían ganas de hablar, pero Núñez Maza sí.

—¡Será un monumento grandioso! El nuevo Escorial. El Caudillo en persona dirigirá las obras.

Siguió contando cosas. España había restablecido sus relaciones diplomáticas con Chile, y la Argentina había enviado un barco de trigo. «Una buena ayuda, que hay que agradecer.» Estaban ya muy lejos y a Pilar le parecía oír todavía, intermitentemente, la explosión de los barrenos.

Esa visita al *Valle de los Caídos* impresionó mucho a la chica.

—Tengo miedo —le dijo a Mateo— de que trasladen aquí los restos de César...

—¡Qué cosas tienes! César está bien donde está.

—Eso creo yo.

Permanecieron todavía dos días en Madrid. Fueron al teatro ¡y a un cabaret! Pilar se divirtió horrores y las luces violeta la excitaron de tal modo que para bailar con Mateo se le colgó del cuello.

—Si tu madre te ve, le da un ataque.

—¿Por qué? Soy una mujer casada, ¿no?

—¡Huy! Es verdad...

La orquesta que tocaba se llamaba *Columbia Jazz.* Y la vocalista, también sensacional, también con larga cabellera rubia, Dorita.

* * *

Por fin enviaron un telegrama a Gerona. «Llegamos mañana.»

Así fue. Llegaron a Gerona a media tarde, fatigados —en el tren todas las mujeres llevaban cestas y bultos— y en la estación, y pese al retraso, se encontraron con toda la familia esperándolos.

Carmen Elgazu, al ver a Pilar, tuvo la impresión de que su hija había cambiado horrores en aquellos doce días. Le pareció mucho mayor, más mujer.

Hubo abrazos y risas.

—Sólo una postal, ¿eh? ¿Tan ocupados estabais?

Mateo bromeó.

—La culpa es de Pilar. No me soltaba un momento.

Los novios se dirigieron a su hogar, al piso de la plaza de la Estación. Todo estaba en orden. Reinaba en él una gran paz. La cama era alta, altísima... Pilar había ganado la partida.

Don Emilio Santos dijo:

—Bien, hasta luego. Salgo a dar una vuelta.

—¿A estas horas? ¿Por qué?

—Tengo trabajo en la Tabacalera. La gente quiere fumar, ¿comprendéis? Cuando hace frío, la gente quiere fumar...

Al quedarse solos, Pilar se dirigió al despacho de Mateo. ¡Un pájaro disecado sobre un pedestal! Y las paredes llenas de libros.

—Parece un templo, ¿verdad?

Mateo se acercó por la espalda a Pilar y la rodeó con el brazo.

—Un templo, eso es... Y tú serás el monaguillo.

* * *

La boda de Pilar dejó un gran hueco en el piso de la Rambla. Pilar tenía sus defectillos, como todo el mundo, pero llenaba la casa. Sobre todo cuando estaba alegre y le daba por reír. Todos recordaban salidas suyas de cuando era más pequeñita, como aquella que tuvo un día a mitad del almuerzo:

«Papá, ¿es cierto que los rusos persiguen a las monjas y las tocan?»

Resultaba un tanto difícil acostumbrarse a su ausencia. Carmen Elgazu pensaba: «Si por lo menos tuviéramos teléfono...» Matías, a veces, al llegar a casa, daba vueltas como si le faltara algo, como si no supiera qué hacer. En uno de esos ratos se sentó a la mesa del comedor y escribió una larga carta a Julio García, al Hotel Lincoln, de Nueva York, contándole pormenores de la boda. Julio García, al recibirla, le dijo a doña Amparo Campo: «Tenemos que mandarles algo... Por ejemplo, una pequeña figura que represente la estatua de la Libertad.»

Ignacio, en cierto aspecto, salió ganando, pues por fin podría disfrutar de una habitación para él solo. En efecto, Eloy se trasladó al cuarto de Pilar, en cuyas paredes, sin encomendarse a nadie, claveteó con chinchetas fotografías de los grandes ases del fútbol, aunque en este terreno el muchacho andaba un poco tristón pues el Gerona Club de Fútbol, pese a Pachín y al apellido del Presidente, perdía todos los partidos que jugaba en campo contrario, por lo que su clasificación era medianeja.

Sí, Ignacio, ¡por fin!, tendría en casa un rincón independiente. Quedóse con la cama de César y la sobrante se la dieron al pequeño Manuel, que hasta entonces había dormido en un camastro.

En un comercio de compra-venta de muebles Ignacio adquirió un sillón y cambió la pequeña biblioteca por otra mucho mayor, aunque le faltaban libros para llenarla. Esther le dijo que existían libros simulados, de cartón, con el título impreso en el lomo. Pero ¿dónde encontrarlos? Hizo una visita a Jaime, el librero de ocasión, cuyo pequeño negocio prosperaba. Ignacio hubiera comprado allí un arsenal. Pero se conformó con las obras completas de Freud, una edición barata en cinco volúmenes. ¡Con el tiempo que hacía que andaba tras ellas!

—Si me las vendes a plazos, me quedo con ellas —le dijo a Jaime.

—¡Qué cosas tienes! Llévatelas... y paga cuando quieras.

—De acuerdo. Mira. Ahí van cincuenta pesetas. El primer plazo.

—Haces una buena compra. Freud es muy interesante.

Ignacio llegó a casa contento como unas Pascuas. Enseñando los libros a su padre levantó el índice...; y Matías contestó con su clásico *slogan*: *Caldo Potax*.

—¿Qué libros son ésos? —preguntó Carmen Elgazu.

—Hablan de la libido, madre. No creo que te interesen.

—¿De la libido? ¿Y qué es eso?

Carmen Elgazu supuso que tenían relación con el trabajo de Ignacio en la abogacía.

—Así me gusta, hijo, que estudies. Por cierto: ¿no te aumenta el sueldo tu jefe? La boda de Pilar ha sido la ruina... ¿Te dije lo que me costó el sombrero?

Ignacio sonrió.

—No te preocupes, mamá. Creo que a primeros de año ganaré doscientas pesetas más.

—¡Ah, eso sería una bendición! Porque ahora, sin Pilar, necesitaré que Claudia me ayude lo menos cuatro horas diarias...

Ignacio colocó los libros de Freud, los cinco volúmenes, en su recién adquirida biblioteca, a la que Matías previamente había pasado una capa de nogalina que la dejó como nueva. Ignacio tomó al azar uno de los volúmenes y lo hojeó. Y encontró estas frases: «Cuando la relación amorosa con un objeto determinado queda rota, no es extraño ver surgir el odio en su lugar.» «El odio es, en relación con el objeto, más antiguo que el amor.» Ignacio, pensando en esas dos frases, no pudo menos de evocar a Adela, quien el día de la boda de Pilar, cuando el banquete, se le hizo tan odiosa como al doctor Chaos. También leyó: «La multitud no reacciona sino a estímulos muy intensos. Para influir sobre ella es inútil argumentar lógicamente. En cambio, será preciso presentar ante ella imágenes de vivos colores y repetir una y otra vez las mismas cosas.» ¡Le pareció estar oyendo al Gobernador... y a Mateo!

Ahora bien, lo que él quería estudiar preferentemente en Freud era aquello que citó al hablar con su madre: la influencia de la libido y todo lo referente al *alma colectiva* y a la sugestión. Ignacio había tenido últimamente varias conversaciones con el doctor Chaos, cuya personalidad le interesaba cada día más, y deseaba capacitarse para tratar con él de estas cuestiones.

Otra novedad aportó Ignacio a lo que empezó a llamar «mi» habitación: claveteó en la pared varias reproducciones de cuadros de Picasso, que recortó de una revista. Figuras retorcidas, como vistas simultáneamente desde ángulos distintos. No era un placer para la vista ni se sentía preparado para ahondar en aquellas composiciones, que por cierto eran la antítesis del concepto de que en cierta ocasión le habló mosén Francisco. Pero Picasso le interesaba. Sin duda era un rebelde... y dudaba de todo. ¿Podía pedirse más?

Carmen Elgazu, que ya se había horrorizado con los futbolistas de Eloy, se horrorizó mucho más al ver aquellos «mamarrachos» traídos por Ignacio, sobre todo porque parecían rodear, acosar, por todos los lados, la imagen de San Ignacio, que su hijo conservaba en la mesilla de noche.

—Pero ¿qué significa esto si puede saberse?

—Nada, mamá. Es pintura moderna. No lo entenderías.

—¿Moderna? ¿A qué llamas tú moderno?

—No sé... El mundo avanza.

Carmen Elgazu se colocó sus lentes, que según y cómo le daban aire de marisabidilla, y se plantó frente a una de las reproducciones de Picasso: el rostro de un muchacho con un solo ojo.

—¿Quieres decir que puede que un día lleguemos a tener esa facha?

Ignacio se rió.

—En cierto sentido, a veces la tenemos ya...

—¡Anda, hijo! Confío en que mis nietos saldrán de otra manera, como Dios manda.

—¡Oh, eso sin duda! Sobre todo si se parecen a Pilar... Y a ti.

Ignacio dio un beso a su madre y se quedó solo. Sentóse a la mesa, encendió un pitillo —¿por qué echaba también de menos, tan intensamente, a Pilar?— y cogió papel y pluma.

Querida Ana María: Lamenté mucho que no pudieras asistir, ni siquiera de incógnito... a la boda de Pilar. Estaba preciosa de veras. Y todavía no me hago a la idea de que mi hermana se haya casado. Espero que la política no le estropeará la luna de miel... y la vida futura. Lo digo porque, según Freud, el odio es más antiguo que el amor...

Pienso comunicar pronto «lo nuestro» a mis padres. El día de Navidad quizá. Por supuesto, ya lo saben. Pero no de manera oficial.

Me siento bien aquí, en mi mesa, pensando en ti. Mándame pronto una fotografía tuya grande, pues no dispongo de lupa para mirar las que te sacó Ezequiel. Una fotografía en la que se vean tus dos ojos... No uno solo como en esos intelectualísimos retratos de Picasso.

Cada día ocurren cosas. Ayer fue un día ajetreado. No sólo en el despacho, sino en casa. Primero dediqué un disco a mi padre. Lo dieron a lo hora del almuerzo y en la mesa se armó la gran juerga. Y luego, a la noche, llamaron a la puerta y resultó que vino a verme un compañero mío de la guerra. No sé si te hablé de él alguna vez. Lo llamábamos Cacerola y era nuestro cocinero. Un chico romántico, ¡más romántico que yo! Ingresó de inspector en la Fiscalía de Tasas y solicitó la plaza de Gerona. La verdad es que no me lo imagino haciendo denuncias por ahí... Luego saldré con él a tomar café-café y hablaremos de nuestros tiempos en Esquiadores.

Te quiero, Ana María... La boda de Pilar me ha provocado una reacción lógica (si soy capaz de reacciones lógicas, ello significa que no pertenezco a la multitud, sino a mi Yo). Me ha hecho soñar en el día en que la novia seas tú y yo haga las veces de Mateo.

¿Cuándo será? No lo sé... He de trabajar mucho. He de aprender mucho. Cada día que pasa me convenzo más de que Manolo tiene razón: nada puede compararse al placer de las asociaciones mentales. Extraer del dato mínimo conclusiones mágicas. Y viceversa. ¿Recuerdas lo de Eugenio d'Ors?: hay que elevar la Anécdota a Categoría...

¿Les has dicho algo a tus padres...? ¿Sobre todo a tu padre, «don Rosendo Sarró»? Te lo pregunto porque hablé con Gaspar Ley y el hombre me lanzó tres o cuatro indirectas...

¿Sigues estudiando inglés? Cuéntame todo lo que haces, todo lo que piensas... Necesito verte, Ana María. Necesito verte muy pronto. Por Navidad lo más tardar. O te vienes tú aquí, o yo hago una escapada a Barcelona... Ya está bien de cartitas, ¿no te parece? Claro que escribir tiene también su encanto... Ahora mismo lo estoy pasando bárbaro y hasta me he quemado los dedos con la colilla... Y más encanto tiene aún recibir el sobre del otro (el «otro» eres tú. ¿No te suena raro?). Pero preferiría tenerte a mi lado en carne y hueso.

Etcétera.

Repercusiones de la boda de Pilar. Y de la boda de «La Voz de Alerta». Ignacio estaba celoso... Se hubiera casado también en seguida. Aunque, en cuanto él se casara, ¿qué harían sus padres en el piso? Les quedaría Eloy... Ley de vida, claro.

¿Y Marta? *Amanecer* hablaba de ella, de sus actividades.

Había recibido en la Sección Femenina a una serie de «juveniles», ceremonia de traspaso que resultó muy emotiva, y organizaba para la cabalgata de Reyes un concurso de farolillos. Ojalá esos Reyes Magos le trajeran a Marta el remedio adecuado para curarse... la soledad.

CAPÍTULO XLV

Los preparativos de la Navidad se parecieron mucho a los del año anterior, tal vez porque quien iba a nacer era Aquel que es siempre igual a sí mismo. Celebráronse más representaciones teatrales de los Pastorcillos, y la ciudad, mejor predispuesta a creer en el azar, gastó más en Lotería. En cambio, el champaña, los turrones y las golosinas en general estaban racionados y sólo la gente adinerada consiguió proveerse a medida de sus deseos.

Sin embargo, se produjeron algunas novedades. Dámaso, dueño de la Perfumería Diana, quiso romper una lanza en la Barbería de lujo del entresuelo de la Rambla. Compró un secador eléctrico para secar el cabello. Obligó a los dependientes a llevar bata azul. Y, como número fuerte, contrató a una manicura, Silvia de nombre, que empezó a trabajar precisamente el día en que Mateo y Pilar regresaron de su viaje de bodas.

El barbero Raimundo, en el barrio de la Barca, desde su cuchitril, abarrotado de carteles de toros y anuncios de Anís del Mono, al enterarse de la «idea» de Dámaso se carcajeó, al igual que los restantes barberos de la ciudad. «¡Secador eléctrico! ¡Bata azul para los dependientes! Una monada... ¡Y manicura! ¡Manicuras en Gerona! Que no me joda... Claro que hay algún que otro "equivocao", como el doctor ese del perrito... Pero no tantos.»

Una vez más Dámaso acertó. El mismo Ignacio se pasó a la Barbería de Dámaso, cuyo espejo frontal, de una sola pieza, abarcaba toda la pared y donde podía uno leer toda clase de revistas. También se había ganado muchas simpatías uno de los dependientes, un madrileño llamado Herreros, que poseía el raro arte de contar más chismes que el señor Grote, pero sin que se notara. Mas la atracción principal la constituyó Silvia. Al principio, es cierto, nadie se atrevía a utilizar sus servicios. Hasta que un buen día el capitán Sánchez Bravo se decidió. «¿Por qué no?», dijo. Y Silvia, sentada en un taburete, muy juntas las piernas, le cortó las uñas que fue un primor. «Por favor, caballero..., ¿me da la otra mano?» ¡Dios! ¿Cuándo se había visto y oído en Gerona una cosa así? Pronto la crema varonil de la ciudad, sin excluir al doctor Andújar, imitó al capitán Sánchez Bravo. ¡Silvia era tan callada, sonreía tan imperceptiblemente! ¡Tenía unas pestañas tan largas...! La primera vez que Ignacio se hizo cortar las uñas se sintió hombre importante, y al regresar a casa miró las de su padre y exclamó: «¡Qué horror! Tú también deberías ir...»

Galindo comentó, en el Café Nacional:

—Gerona va progresando. El año pasado, por estas fechas, los christmas del abogado Manolo Fontana. Este año, manicura en la Perfumería Dámaso... ¡No, si nos estamos civilizando!

Otra novedad que sorprendió a la población corrió a cargo de Solita, la hija del Fiscal de Tasas, a la que éste, hablando con su amigo el general Sánchez Bravo, había calificado de «sargento».

Solita entró de enfermera en la Clínica Chaos. Era una muchacha con muchos arrestos y ganas de aprender. Le oyó una conferencia al doctor titulada «Importancia de la anestesia» y al día siguiente se presentó para trabajar en su Clínica. Demostrados sus conocimientos, especialmente en lo que se refería al instrumental quirúrgico, el doctor Chaos, que lo que deseaba era disciplina en el quirófano, la aceptó.

Y ocurrió que... hicieron muy buenas migas en seguida. Solita, aun sin conocer al madrileño Herreros y al señor Grote, había oído contar muchas cosas del doctor Chaos. Pero replicó que aquello no le importaba nada, que el doctor Chaos era un cirujano competentísimo y muy educado, y que allá él con su vida privada. A su padre, el Fiscal de Tasas, le dijo: «Además, tanto mejor para mí... Me dejará tranquila.»

Solita daría, por supuesto, muchas sorpresas al doctor Chaos. La primera fue demostrarle que había oído hablar de un médico escocés, bacteriólogo, apellidado Fleming, que afirmaba haber descubierto una substancia originada por un moho mucho más eficaz que las sulfamidas para matar los microbios patógenos sin atacar las células del enfermo.

—Pero, ¿cómo sabe usted eso, Solita?

—Recibo periódicamente revistas médicas americanas.

—¿Lee usted inglés?

—Perfectamente.

—Dígame... ¿Qué más sabe sobre esa substancia?

—Pues... poca cosa más. Que el doctor Fleming la llama penicilina... Que hasta ahora la ha obtenido sólo en bruto... Que empezó a hacer pruebas cuando la primera guerra mundial... En fin, que ojalá el descubrimiento sea una realidad y que algún día dispongamos en la Clínica de unos cuantos frascos. Supongo que para el período postoperatorio sería fenomenal.

El doctor Chaos sonrió.

—Me gusta oírle hablar así, Solita. No tenía yo en la Clínica con quién tratar de esos temas... Pues sí, es verdad lo que usted cuenta. El doctor Fleming ha descubierto eso. Yo me enteré por una revista alemana. Por cierto que daba un detalle que me llamó mucho la atención. Decía que el doctor, antes de encontrar ese moho, efectuaba las pruebas a que usted aludió con elementos muy diversos: mucus nasal, saliva, clara de huevo... Y que el que mejor resultado le había dado habían sido las lágrimas. ¿No es curioso? ¡Ah, sí! El doctor Fleming exprimió durante años docenas de limones para poder llorar... —El doctor Chaos cambió de tono—. Por lo visto estaba convencido, como yo, de que las lágrimas pueden curar muchas cosas...

Solita miró con fijeza al doctor Chaos. Se encontraban en el pasillo central de la Clínica.

—¿Por qué dice usted eso, doctor?

El doctor Chaos, mientras levantaba sus largos brazos, con las manos ya enguantadas, dispuesto a entrar en el quirófano, contestó:

—Por nada, Solita. No haga usted caso.

Solita no le obedeció. Reflexionó sobre aquello a lo largo de toda la operación, que fue rutinaria: un apéndice. Y luego siguió reflexionando. Y a la hora de la cena le dijo a su padre, don Óscar Pinel:

—El doctor Chaos me da pena...

—¿Por qué, hija mía?

—Porque tiene mucha clase. Y no es feliz...

—¿Cómo va a serlo? Pero nosotros no tenemos la culpa, ¿verdad?

—No, claro...

* * *

Llegó el 25 de diciembre, Navidad... En el piso de los Alvear se celebró un almuerzo semejante al del año anterior, pero con la presencia de Mateo y de don Emilio Santos. Hubo que alargar la mesa todo lo que ésta daba de sí. Por fortuna, no se produjo el menor incidente con Paz, gracias a que Mateo supo tratarla con sumo tacto y a que mosén Alberto permaneció en el Museo Diocesano. Su sirvienta había caído enferma y juzgó elemental no dejarla sola en un día tan señalado. Manuel volvió a recitar su poesía dedicada al Niño-Dios y Eloy volvió a levantarse y a pegar en el aire un puntapié imaginario. Y tía Conchi volvió a marearse un poquitín... y a eructar.

En el Gobierno Civil la fiesta fue por todo lo alto. El Gobernador había soñado con reunir en Gerona para ese día a toda su familia: a los «cuatro hermanos Dávila», de que Mateo le habló. Pero sus gestiones fracasaron. Los dos hermanos que vivían en Santander cuidando de las fincas y del negocio de ganadería tenían muchos hijos y no pudieron desplazarse. Sólo los visitó el primogénito, coronel de Caballería en Madrid, que llevó obsequios para Pablito y Cristina. El coronel, en la mesa, habló con tal precisión y autoridad de una serie de asuntos relacionados con España y con la guerra, que a la hora del brindis Cristina le dio un codazo a su hermano, a Pablito, y le preguntó en voz baja: «Escucha..., ¿quién manda más, el tío o papá?» Una de las cosas que afirmó el coronel Dávila, a quien María del Mar colmó de atenciones, fue que Franco, cuando su entrevista con Hitler en Hendaya, llegó a la estación con una hora de retraso, haciendo esperar al Führer una hora larga... También se hizo lenguas del monumental belén instalado en el Parque del Retiro, de Madrid. «Más de cuatrocientas figuras, el Palacio de Herodes, el sepulcro de Raquel, la Fuente Sellada, el Portal de la Gloria... —El coronel añadió—: Es una maravilla. No creo que en Cataluña se haya hecho nunca nada igual.»

Fue una Navidad extraña en Gerona y en el mundo. El conflicto internacional, las batallas en el aire, en el mar y en la tierra gravitaban sobre el ánimo de la gente. Predominaban las plegarias por la paz. El Papa recibió, como todos los años, al Sacro Colegio Cardenalicio, que acudió a felicitarle, y en su mensaje les dijo que las condiciones indispensables para el «nuevo orden europeo» debían ser «La Paz con la Justicia». También anunció que la Iglesia, a través de Radio Vaticano, se encargaría de dar noticia de los heridos, de los prisioneros, de los refugiados, para que sus familiares supieran a qué atenerse. Este proyecto emocionó sinceramente al consiliario de Falange, mosén Falcó. «La Iglesia siempre en su sitio», dijo en casa de los Martínez de Soria, que le habían invitado. José Luis comentó: «De todos modos, desde el punto de vista militar eso puede tener sus inconvenientes.»

Los partes oficiales darían cuenta luego de que la «actividad había sido escasa» durante la jornada, sin duda en homenaje al Nacimiento de Jesús. Sin embargo, Goebbels, en Berlín, declaró por la radio: «El mundo entero admira a Hitler. Nosotros, los alemanes, tenemos el privilegio de poder *amarle*.» Y por otra parte, se supo que en Tierra Santa, en el pueblecito de Belén, por primera vez desde hacía dos mil años, la Nochebuena se había celebrado en la más completa oscuridad. Las autoridades británicas prohibieron incluso encender la tradicional hoguera de los pastores ante el templo. Las procesiones y desfile de los peregrinos se efectuaron en medio de las tinieblas, bajo la vigilancia de aviones ingleses.

Agustín Lago, que hubiera deseado compartir ese día con su amigo Carlos Godó, de Barcelona, almorzó en su modesta pensión con los dueños. A la hora del café y los licores les contó una serie de graciosas anécdotas de la guerra, con un desparpajo que admiró a todos, habida cuenta de que un casco de metralla le había arrancado a Agustín su brazo izquierdo. Por si fuera poco, el Inspector de Enseñanza Primaria no le quitó el ojo de encima a una sirvienta recién llegada, de seno robusto y andar picaresco. «¿Qué? Está buena la chiquilla, ¿verdad, Inspector?», aventuró el patrón. Agustín se ruborizó... pero consiguió contestar: «¡No me disgustaría enseñarle a leer!» El militante del Opus Dei se mordió el labio inferior al oír su propia frase; pero pensó para sí: «¡No ha pasado nada! Las cosas son como son.»

Asunción celebró la festividad con más espíritu eclesiástico. A media tarde se dirigió personalmente al Palacio Episcopal, donde la esperaba el señor obispo. El objeto de la visita era entregarle a éste las llamadas *Huchas del Granito de Trigo*, que los alumnos del Grupo Escolar San Narciso habían llenado desde el inicio del curso. Tratábase de una idea de la Directora de dicho Grupo, puesta en práctica aquel trimestre: los alumnos, cada sábado, habían ido vertiendo en la hucha correspondiente una granito de trigo por cada buena acción que hubieran realizado durante la semana. Las huchas, por descontado, habían quedado repletas, al tope, y su destino —el destino del trigo en ellas recogido— era que las monjas de clausura lo convirtieran en hostias, hostias que se reservarían para los misacantanos. Cuando el doctor Gregorio Lascasas recibió de manos de Asunción la sorprendente y virginal ofrenda, le dijo a la muchacha: «No creo que nada pueda gustarle tanto al Niño-Dios como estas huchas que acaba usted de entregarme. Muchas veces me pregunto si no será usted, verdaderamente, una elegida del Señor.»

Navidad extraña en Gerona y en el mundo... ¿Y la Lotería? La Lotería, que en todas partes fue un éxito rotundo, se mostró tan caprichosa como siempre y favoreció con el gordo a Madrid; con el segundo premio, a una serie de vecinos pobres del barrio de Gracia, de Barcelona; con el tercero, a unas cigarreras de Sevilla. Un guardia civil cobraría un millón de pesetas. Un ferroviario, medio millón. Matías comentó: «Eso es lo que me gusta: que la lotería favorezca a familias modestas.» Eloy dijo: «Nosotros somos una familia modesta. ¿Por qué, pues, no nos ha tocado nada?»

En Gerona, sólo pedrea... Entre los favorecidos se contaban los componentes de la *Gerona Jazz*, gracias a un décimo que había comprado en Barcelona el batería, Fermín. Paz cobraría unas pesetillas, que distribuiría en cuatro partes. Una, para el Socorro Rojo, del que recientemente a propuesta de Jaime, el librero, había sido nombrada cajera; otra, para comprarle un vestido a tía Conchi; un vestido... ¡y champú!; otra, para comprarle una bufanda de lana a Manuel, pues en el Museo Diocesano hacía un frío que pelaba; la última, para comprarle a Pachín tres corbatas verdes, idénticas. «¿No lleva el comisario Diéguez siempre un clavel blanco en la solapa? —le dijo Paz al futbolista—. Pues tú llevarás también siempre un distintivo: corbata verde.» Pachín sonrió... Y, como siempre, echó un soplo de humo a los ojos de *Gol*, el gato-mascota de la muchacha.

* * *

Un hecho era indudable: el más alegre de los almuerzos de Navidad tuvo lugar en los respectivos hogares de los hermanos Costa. Los hermanos Costa, el 24 de diciembre, fueron liberados. El previsto indulto se confirmó. Salieron de la cárcel en compañía de otros muchos reclusos igualmente beneficiarios del decreto.

En el interior del Seminario la liberación de los hermanos Costa constituyó una suerte de catástrofe. Los presos que continuarían allí tuvieron la sensación de quedarse huérfanos: tal era la fuerza estimulante de los dos ex diputados de Izquierda Republicana. Pero ¿qué hacer?

Los Costa salieron a las once y media de la noche, de la Nochebuena, como sombras, cruzándose con los fieles que se dirigían a la Catedral para asistir a la misa del gallo. Y dedicaron el día de Navidad íntegramente a sus esposas, las cuales, en las semanas precedentes, habían acondicionado como era menester los respectivos hogares, sitos en el mismo inmueble, en la calle de Ciudadanos.

El almuerzo navideño se celebró en el piso más alto: a los Costa les gustaba volar.

En los brindis una palabra dominó a todas las demás: la palabra libertad. ¡Por fin libres! Libertad condicional —no podrían ausentarse de Gerona—, pero libertad. ¿No era aquello hermoso? ¡Dormir en una cama de mullido colchón! ¡Bañera con agua tibia! ¡Olor a mujer! «Lo más duro de la cárcel es eso: que huele siempre a hombre... ¿Comprendéis, pequeñas?»

Al día siguiente, festividad de San Esteban, los Costa permanecieron también en casa. Por un lado anhelaban salir a la calle a respirar; pero por otro, ¡era todo tan acogedor allí dentro!: pisar una alfombra, utilizar un cenicero, encender una lámpara, ¡los espejos! Llevaban meses sin verse de cuerpo entero. En los espejos de luna se contemplaron a placer. Tuvieron la impresión de haber envejecido mucho. Y era verdad.

—Sí, no le deis más vueltas: os han salido muchas canas.

—Lo curioso es que estamos más gordos.

—Os conviene una revisión médica a fondo.

—Tal vez.

Salieron el día 27. Todo preparado para Año Nuevo y para Reyes. Escaparates deslumbrantes. Y mucho frío... Un buzón monumental en la Rambla para que los niños echaran en él sus cartas a los Magos de Oriente.

La ciudad los reconoció. Los reconoció en seguida. Y hubo reacciones muy diversas, lo cual los asombró, pues los Costa habían soñado con unánimes demostraciones de afecto. Nada de eso. Salidos de la cárcel, mucha gente los saludaba con indiferencia. «Enhorabuena», les decían al pasar, sin detenerse a estrecharles la mano. Peor aún: abundaban las actitudes de reproche e incluso de desprecio. Los obreros «rojos» los consideraban traidores, por sus actividades en Francia en favor de los «nacionales»; los «nacionales» a ultranza jamás los mirarían a la cara y estimaban que el indulto era a todas luces inmerecido.

Aquello supuso para los Costa una dura lección. Achacaron la general indiferencia «a que la gente tenía miedo». Sus esposas admitieron: «Es posible. De todos modos... ¡cuando conozcan vuestros proyectos!»

Sin embargo, era evidente que debían obrar con cautela. Nada de actos exhibicionistas, que resultarían improcedentes. Ni siquiera se atrevieron a ir al restaurante de la Barca a comer ranas. Ahora bien, había un par de visitas que no podían dejar de hacer. La primera, al cementerio, al panteón de su hermana Laura. Alquilaron un taxi y fueron allí. La lápida decía: *Laura Costa. Caída por Dios y por España*. Se santiguaron. La segunda visita fue para el notario Noguer. Quisieron darle las gracias por cuanto hizo por ellos a raíz del juicio. «Ya sabe usted dónde nos tiene... Cuente con nosotros.» Apenas salieron, el notario Noguer le dijo a su esposa: «¿Te das cuenta? Como si de un momento a otro tuvieran que avalarme a mí...» En cuanto a visitar o no a «La Voz de Alerta», preferían reflexionar sobre el asunto. Entre otras cosas le reprochaban a su cuñado que le hubiera guardado a Laura tan corta ausencia, que hubiera vuelto a casarse.

El día 30 salieron ya menos angustiados. Se pasearon, un poco al azar, por la ciudad. ¡Cuántos cambios! Multitud de detalles, a los que sus esposas y los gerundenses en general se habían habituado, les herían la retina. ¡Qué cantidad de letreros, de carteles, de consignas! No quedaba libre un palmo de pared... Algunas de aquellas consignas los sobrecogían. «La finalidad del Frente de Juventudes es el Imperio.» «Cada niño que muere es un ciudadano que se pierde para la Patria.» «¡Gerundenses! Dios te estás mirando...» Y aquellos retratos a la trepa, silueteados en negro, de Franco y de José Antonio.

También los sorprendió la riada humana que entraba y salía de las iglesias. De repente, al reconocer a determinada persona con el misal debajo del brazo, los hermanos Costa se miraban: «¿Ése también....?»

Se detenían ante las librerías. Aparte de los libros infantiles, propios de aquellas fechas, gran predominio de devocionarios, de catecismos, de vidas de santos, el Kempis... Un solo libro de historia: «El general Sanjurjo, su vida y su obra», por el Caballero Audaz. ¿Dónde estaban Baroja y aquellos folletos de Gorki sobre «los milagritos» de Lourdes?

En la Dehesa se emocionaron. «Esto siempre está igual. Esto es eterno...» Recordaron el día en que, desde allí, partieron en abigarrados camiones los voluntarios para el frente de Aragón. «¿Te acuerdas de Porvenir, con la bocina? Estaba chiflado...» «¿Te acuerdas de Santi, con la pancarta que decía *Somos la rehostia*?» Sus esposas les dijeron:

—Mejor que no habléis de eso. Vosotros les hacíais el caldo gordo.

Todo les parecía destartalado: la huella de la guerra. Llevaban impresa en la memoria la imagen de la floreciente Francia, de la Francia de antes de la invasión alemana; Marsella, la Costa Azul... Ahora, en Gerona, además de la Fundición Costa, que se vino abajo cuando la inundación, solares sin edificar; construcciones cuyas obras se habían paralizado; restos de refugios antiaéreos; una especie de monotonía, de expresión única, en los semblantes. «¿A qué se deberá?»

¡El Estadio de Vista Alegre! ¡Su amado campo de fútbol! Aquello les gustó... El verde césped, rectangular y perfecto, y aquel pasillo subterráneo para los jugadores... «¿Ese Pachín... será tan bueno como dicen?» Los hermanos Costa de pronto se entristecieron en el Estadio. No les importaba no poder salir de Gerona y saberse constantemente vigilados. Pero no poder formar parte de la junta del Gerona Club de Fútbol...

¡Ah, claro! Pese a sus proyectos, y a su talonario de cheques, debería pasar algún tiempo antes de adaptarse a su nueva situación. Entonces pensaron que la idea de la revisión médica era conveniente. Fueron a la Clínica Chaos y el doctor los atendió con solicitud. Análisis de sangre, de orina, radiografías, auscultaciones...

—Un poco anémicos. ¿Quién lo diría? Bueno, con vitaminas y un régimen alimenticio racional, todo arreglado.

Sus esposas los llevaron también al sastre. A un sastre recién llegado de un pueblo, pero que había aprendido el oficio en Lyon.

—¿Qué se les ofrece?

—Los señores desearían unos cuantos trajes...

—¿Unos cuantos? Un momento, por favor... Siéntense, por favor...

El día uno de enero se atrevieron a entrar en el Café Nacional para zamparse una copa de coñac. Y allí recibieron la primera prueba de adhesión espontánea. Ramón, el camarero, al verlos salió a su encuentro y les dijo en voz baja: «¡Viva la República!»

Aquello los estimuló. Al día siguiente subieron a la Barbería Dámaso, cuya instalación los dejó asombrados. Desde sus respectivos sillones descubrieron la presencia de Silvia, la manicura, y los dos hermanos se guiñaron el ojo. «Por favor, las uñas...» Al terminar, cada uno de ellos le dio cinco duros de propina. Silvia se azoró tanto que, contra su costumbre, por un momento separó un poco las piernas.

El día cinco presenciaron la Cabalgata de los Reyes Magos. El espectáculo los fascinó. Pensaron que era doloroso no haber tenido hijos. Ahora los hubieran visto desfilar, con el farolillo... «Desde luego —comentaron— esas tradiciones son bonitas. La guerra se perdió por eso, porque Cosme Vila y demás no respetaron esas costumbres.»

Cosme Vila y demás... Este pensamiento los obsesionaba. ¿Qué habría sido de los exiliados? ¿De los hombres con los que hicieron causa común durante la República y al inicio de la guerra civil? Ahora, con los alemanes en Francia...

El administrador de la Constructora Gerundense, S. A., les dio información cumplida del paradero de cada cual —excepto de Antonio Casal, que se había quedado en París—, añadiendo una noticia que los dejó desolados: en octubre, o sea, hacía de ello tres meses, Companys, el ex presidente de la Generalidad de Cataluña, había sido entregado por los alemanes a las autoridades españolas. «Lo juzgaron en Barcelona y lo fusilaron en el acto, en Montjuich.»

—Pero ¿es posible? ¿Es posible que el Gobierno de Vichy lo entregara?

—Así fue. Pero hay más: Companys, antes de morir, y al igual que Azaña, pidió un cura y se confesó...

—¿Un cura? Pero ¡si Companys era espiritista!

—Precisamente por eso: creía en el más allá...

Los Costa movieron simultáneamente la cabeza.

—Hay que ver, hay que ver...

Entonces se interesaron por los «vencidos» que andaban por Gerona, y fueron también detalladamente informados por el Administrador. Por supuesto, entraba en sus planes dar trabajo a todos los reclusos que habían salido de la cárcel el mismo día que ellos. Así se lo habían prometido y así lo harían.

Los desazonó especialmente enterarse de la suerte que había corrido Alfonso Reyes, el ex cajero del Banco Arús, que había sido siempre, dentro de Izquierda Republicana, hombre adicto, honrado, leal. «Conque... redimiendo penas a doce grados bajo cero, ¿verdad?»

Se sintieron culpables. Los invadió un sentimiento de culpabilidad. «Él allí, y nostros haciéndonos la manicura...» Imposibilitados para ayudar a Reyes, volcaron su atención hacia su hijo, Félix. Lo mandaron llamar y el muchacho se presentó, un poco intimidado:

—¿Tú qué querrías hacer?

—Dibujar.

El chico los impresionó. Estaba muy delgado, pero había en su interior algo que era de fuego. Después de una breve charla convinieron en que le pagarían los estudios y en que ayudarían a él y a su madre con una cantidad mensual.

—Y cuando quieras ir a Bellas Artes, ya sabes...

—¡Muchas gracias! ¡Muchas gracias!

Félix salió de allí convencido de que los hermanos Costa no eran dos sino tres: Gaspar, Melchor y Baltasar.

* * *

Los interesados en las actividades de la Constructora Gerundense, S. A., no acertaban a explicarse que los hermanos Costa, quince días después de haber salido de la cárcel, no se hubieran dignado a pisar todavía las oficinas de la Sociedad, instaladas en la calle Platería. Habían supuesto que les faltaría tiempo para tomar posesión del despacho cuya placa decía *Dirección* y que convocarían una reunión general. En vez de eso, los hermanos Costa continuaban deambulando románticamente y tomándoselo todo con una parsimonia que crispaba los nervios. Sobre todo el coronel Triguero, desde que había recibido la visita de Gaspar Ley con la oferta de ponerlos en contacto con la sociedad barcelonesa Sarró y Compañía, no vivía. «Pero ¿a qué esperar? Han sido indultados. No pueden ocupar cargos públicos. Pero ¿quién les impide dedicarse a los negocios?»

Los Costa procuraban calmar los ánimos de sus colaboradores: «Paciencia... Todo se andará.» Sabían que el Gobernador había dicho: «Que se anden con cuidado. Prefiero uno de la FAI a esos arribistas que salen siempre a flote.» Sabían también que la Fiscalía de Tasas tenía atribuciones para enviar a los infractores incluso a batallones disciplinarios... «Por favor, no os impacientéis. Dejadnos actuar a nuestro modo. Además, ¡no perdemos el tiempo! De momento, lo importante es observar el panorama.»

De acuerdo con esta idea, pues, los Costa se dedicaron por encima de todo a informarse sobre algo que estimaban esencial para enfocar las cosas de una u otra manera: la marcha de la guerra. Las noticias en la cárcel les habían llegado siempre tan unilateralmente, que habían salido de allí convencidos de que Mr. Churchill era una pulga y Hitler un elefante. En aquellos quince días, leyendo entre líneas la Prensa y, sobre todo, escuchando por la noche la BBC, de Londres, se dieron cuenta de que el pleito no era tan sencillo. Su asombro fue muy grande, pero era así. «¿Te das cuenta? Eso no está tan claro... En realidad, la pelota está en el tejado.»

Para hablar de este modo se basaban en lo ocurrido en las últimas semanas: mientras los italianos sufrían serios reveses en el frente griego-albanés, los Estados Unidos, bajo la presión del reelegido presidente Roosevelt, incrementaban cada vez más su ayuda a la causa británica y votaban enormes presupuestos para el rearme. En África, en el desierto líbico-egipcio, también Mussolini tropezaba con una reacción enemiga inesperada. El jefe supremo de las fuerzas, el general Grazziani, había tenido que ceder ante la acción conjunta de las tropas inglesas, ayudadas esta vez por varias compañías neozelandesas, por otras australianas, por unidades del *Camel Corps*, ¡y por una división india! Lo cual indicaba que Inglaterra empezaba a aglutinar los recursos de su Imperio; mientras por su parte el general De Gaulle, instalado en Londres, pese a haber sido repudiado por Pétain, se afianzaba día a día como jefe absoluto de la Francia Libre y procuraba atraerse a los súbditos de los territorios franceses de ultramar.

Los Costa sabían que no cabía valorar con exceso esa reacción, pues «los italianos no contaban» y Hitler continuaba siendo superior y tal vez se estuviera preparando para asestar en cualquier momento el golpe definitivo. Sin embargo, de momento, lo dicho: la pelota estaba en el tejado, y nada de pulga y nada de elefante. Y cuanto más se extendiese y se complicase el conflicto, más probabilidades para Inglaterra... y mejores perspectivas para la Constructora Gerundense, S. A.

A otra cosa se dedicaban los Costa: a garantizarse, antes de empezar su acción, el debido asesoramiento jurídico. En realidad, su deseo hubiera sido depositar sus asuntos en manos de Manolo Fontana, cuya actuación en Auditoría de Guerra les había parecido digna de todo encomio; pero descartaron a Manolo precisamente por eso, por la «integridad profesional» de que el ex teniente jurídico hacía gala en su bufete.

En cambio, estimaron idónea la forma de actuar de la Agencia Gerunda, no sólo porque su anuncio en *Amanecer* continuaba asegurando «Se lo resolveremos a usted todo», sino porque su abogado, Mijares, era un lince, que según opinión unánime había demostrado tener mucha experiencia y ganas de prosperar. «Si el abogado Mijares —le dijeron los Costa a su administrador— se aviniese a renunciar a la asesoría de la C.N.S. y a ocuparse exclusivamente de nuestros asuntos, por mediación de Agencia Gerunda, le haríamos una oferta.... especial.»

El administrador sonrió. Aquello empezaba a encarrilarse. También sonrió el coronel Triguero, aunque éste continuaba preguntándose día tras día: «¿Por qué no me llamarán? ¿Cuándo podré estrecharles la mano?» Habló con el administrador.

—Por favor —le dijo el coronel—, dígales de mi parte que soy mayor de edad... Que el Gobernador y el general llevan lo menos cuatro meses enviando a Madrid informes y más informes intentando empapelarme, sin conseguirlo. Y es que... tengo en Madrid un hada milagrosa que vela por mí. ¡Y que Dios mediante continuará haciéndolo!

El adminsitrador asintió con la cabeza y le dijo:

—Sin embargo, convendría que hablara usted, coronel, con el capitán Sánchez Bravo. ¡Convénzalo como sea! Le necesitamos. Prometió decidirse cuando los hermanos Costa salieran de la cárcel. Pues bien, ya están fuera, y hasta ahora no ha dicho una palabra...

CAPÍTULO XLVI

EL AÑO DE 1941, RECIÉN ESTRENADO, se anunciaba pródigo en acontecimientos de toda índole. La población vivía pendiente de lo que pudiera ocurrir en el momento más impensado.

Por de pronto, las noticias por aquellas fechas subrayadas en rojo por Jaime, fueron las siguientes:

«En Barcelona van a iniciarse los festivales Wagner, por la Compañía Nacional de Francfort, al tiempo que será abierta al público la Exposición del Libro Alemán, con abundante exhibición de literatura nacional-socialista.»

«En Valencia ha sido entregado a las chicas de la Sección Femenina un lote de gallos reproductores, para que la Hermandad de la Ciudad y el Campo cuide del mejoramiento avícola de la comarca.»

«La hija del Caudillo, Carmencita Franco, ha visitado en Madrid una exposición de juguetes, siendo obsequiada con una muñequita y con un gato vestido de mosquetero.»

«La Guardia Marroquí del Jefe del Estado ha celebrado la Pascua Musulmana en el Pardo. La esposa de Su Excelencia, doña Carmen Polo, ha hecho en ella acto de presencia y ha probado la comida.»

«En el Teatro Cómico, de Barcelona, ha sido estrenada una revista, con abundancia de vicetiples, titulada *Las Stukas*.»

«Buques mercantes han descargado, en diversos puertos españoles, carne congelada procedente de la Argentina. Dicha carne será repartida inmediatamente entre la población.»

«En Inglaterra han sido detenidos en masa los afiliados al Partido Fascista Británico, con Sir Oswald Mosley, su jefe, a la cabeza.»

«Existe el proyecto de convertir en santuario el dormitorio del proto-mártir Calvo Sotelo.»

«También se proyecta entregar imágenes de la Virgen del Pilar a todas las oficinas de las Bancas oficiales.»

Etcétera.

Imprevisible año 1941... ¿Qué ocurriría? Cada hombre sabía que la vida no era un lago, que era un mar. Que en cualquier momento podían servirle carne congelada o arrestarlo, como era el caso de Sir Oswald Mosley. Que se despertaban apetencias dormidas y que otras morían para siempre. Y así Solita, la enfermera del doctor Chaos, advirtió que sentía por éste una admiración tal que empezó a alarmarse. Y Pablito, enamorado más que nunca de Gracia Andújar, cada día al salir del Instituto se iba a la Biblioteca Municipal a leer las historias de Pablo y Virginia, ¡y de Romeo y Julieta! Y el bueno de Cacerola, el amigo de Ignacio, llevaba ya tres semanas de inspector en la Fiscalía de Tasas y todavía no había levantado un solo atestado ni se había sentido con ánimo para imponer ninguna sanción.

Tía Conchi fue, inesperadamente, el mejor testimonio de que, en un segundo cualquiera, las apetencias podían morir para siempre. Porque tía Conchi murió. ¡Ah, sí, Jaime hubiera podido subrayar también la noticia! Tía Conchi murió en un estúpido accidente de tren, cerca del pueblo de Sils, en la línea Gerona-Barcelona; uno de los muchos accidentes que ocurrían a diario y que habían obligado al mando militar a hacer público que cuidaría de investigar las causas, por si se trataba de sabotaje.

Tía Conchi había salido de madrugada, por encargo del patrón del Cocodrilo, en busca de aceite para venderlo al margen de la ley. Y he aquí que en una curva unos cuantos vagones se salieron de los rieles, dieron una vuelta y acabaron incendiándose. Tía Conchi fue llevada en una ambulancia al Hospital, pero falleció en el camino.

Fue una noticia cortante como una navaja cabritera. Luto en la familia, que desfiló entera por el Hospital. Pero la tía Conchi había sido ya bajada al depósito de cadáveres y no todos sus allegados se atrevieron a penetrar allí para verla.

Paz y el pequeño Manuel se abrazaron llorando, incapaces de admitir del todo que el hecho fuese real. En el cuarto de tía Conchi todo estaba intacto, pobre y sucio, como esperando el regreso de la mujer: revueltas las ropas de la cama y un par de horquillas en la almohada, colocada de través al borde del colchón.

Carmen Elgazu se tapó la cara con las manos, pensando que a su cuñada no le habría dado tiempo a confesarse. Matías recibió una impresión fortísima. Era quien mejor se llevaba con la que fue mujer de su hermano. Sabía tratarla e incluso arrancar de ella alguna sonrisa. Precisamente por Reyes la había obsequiado, sin decírselo a nadie, con un modesto reloj de pulsera.

El problema era el siguiente: ¿dónde enterrarla? Descartóse la fosa común, pero no había nichos disponibles en el cementerio. El Municipio ampliaba constantemente los pabellones, pero las muertes se daban prisa en invierno y todo estaba siempre abarrotado, como en la Gran Feria.

No cabía sino una solución: el nicho de César. La idea brotó... y pareció un escopetazo. En el piso de la Rambla corrió como un escalofrío. ¡César! ¿No habría algo sacrílego en aquel emparejamiento, en aquella promiscuidad?

Pero ¿quién se atrevía a decir en voz alta una cosa así? Matías planteó el asunto con tal autoridad, que ni siquiera Pilar se atrevió a oponer ningún reparo.

Celebróse el entierro. Las mujeres se quedaron en casa sentadas en semicírculo, sin apenas hablarse. Los hombres acompañaron la carroza fúnebre. El pequeño Manuel presidió el cortejo, con un traje que en cuestión de horas fue teñido de negro. Matías, Ignacio y Eloy se compraron corbata negra y se colocaron un brazal. En la comitiva formaban también Mateo, Pachín, el dueño de la Perfumería Diana, el patrón del Cocodrilo, los amigos de Matías y todos los componentes de la *Gerona Jazz*, los compañeros de Paz.

El momento en que se descubrió el nicho en que descansaban los restos de César fue particularmente dramático. Otra vez los albañiles en acción... La lápida cedió por fin. Manuel miró con ojos desorbitados el féretro de su primo. Matías e Ignacio se mordieron los labios hasta casi hacerlos sangrar. El ataúd de tía Conchi quedó depositado encima del de César y el nicho fue cerrado de nuevo. Hacía frío en el cementerio. Todas las coronas en torno se habían marchitado y los cipreses se elevaban como siempre, destacando sin fuerza contra el cielo grisáceo. Mosén Alberto rezó: «Padre nuestro, que estás en los cielos...» Y todo el mundo contestó a coro, con voz muy queda. Los albañiles se habían retirado empujando la carretilla.

La ceremonia concluyó. ¡Con qué rapidez sucedían las cosas eternas...! Allá quedaban, unidos para siempre, César y tía Conchi. Sí, el maridaje era extraño, insólito. La vida —y la muerte— realizaban carambolas de fantasía.

En dos coches volvieron los hombres a la ciudad. En la calle de la Barca, los que no pertenecían a la familia se dispersaron. Los demás se reunieron en el húmedo piso de Paz. Pachín subió también... por vez primera. Faltaban sillas, de modo que el futbolista se situó al lado de la chica y le puso la mano en el hombro, como protegiéndola. De pronto, un tanto cohibido, se despidió de todo el mundo y se fue.

Nadie sabía qué decir. La expresión de Paz, vestida también de negro, era indefinible. Una mezcla furiosa de rabia y dolor. De vez en cuando decía: «Esto es absurdo... La vida es absurda...» Carmen Elgazu no se atrevía a proponer que se rezara en voz alta el rosario.

Pilar, viendo a su prima enlutada y sin pintar, sintió pena por ella. La vio... huérfana, sobre todo a partir del momento en que Pachín se despidió. Su sangre tuvo una noble reacción y se ofreció para prepararle a Paz una taza de café. Paz miró sorprendida a Pilar y le dijo: «Sí, gracias, me sentará bien...»

Matías e Ignacio hubieran querido consolar a Manuel; pero de ello se encargaba Eloy, sentado a su lado, quieto, con las manos sobre las rodillas. Por otro lado, Manuel parecía como hipnotizado. Sin duda reflexionaba profundamente. El traje, teñido de prisa, se le había empequeñecido y le daba un aspecto que en otras circunstancias hubiera sido risible.

De repente se oyó como un gemido, proveniente del cuarto que había ocupado tía Conchi. Allí estaba el gato, *Gol*, acurrucado. Ignacio fue por él y se lo entregó a Paz, que tomó en sus manos al pequeño animal y lo sentó en su falda acariciándolo.

Se hizo de nuevo el silencio. Y todo el mundo miraba a *Gol*, como si fuera el verdadero protagonista de la tragedia.

CAPÍTULO XLVII

Los temores de Ana María y de Ignacio se revelaron bien fundados: el padre de la muchacha se opuso a las relaciones de ésta con Ignacio. Don Rosendo Sarró, fundador de Sarró y Compañía, ex cautivo, hombre «de grandes apetencias» y «que hacía continuos viajes a Madrid», aspiraba a que su hija se casara con un hombre adinerado, a ser posible de Barcelona y de su misma condición social.

Hacía ya algún tiempo que don Rosendo Sarró husmeaba

que Ana María tenía «su» secreto; pero no había prestado al asunto la atención debida. Finalmente, la muchacha, a raíz de la carta de Ignacio, le confesó a su madre sus amores «con un muchacho residente en Gerona, pasante de abogado e hijo de un funcionario de Telégrafos». «Por favor, mamá, ayúdame... No se trata de un capricho; mi decisión es firme.»

A los dos días el padre oyó la noticia de labios de su mujer. Don Rosendo Sarró reaccionó de acuerdo con su idiosincrasia, que le aconsejaba no tomar ninguna resolución sin antes tener en la mano todos los datos pertinentes. En este caso nada iba a resultarle más fácil, puesto que su amigo y colaborador Gaspar Ley estaba en Gerona. Le pidió a éste un informe completo sobre Ignacio; y el informe de Gaspar Ley fue ecuánime... y determinante. «Conozco personalmente a Ignacio. Muchacho inteligente, sano. Algo inestable y confuso... Pero brillante y bien dotado para su profesión. Bien relacionado. Ambicioso. Puede asegurársele un porvenir holgado, pero, por supuesto, siempre dentro de los límites de la clase media.»

Aquello le bastó a don Rosendo Sarró. Su sentencia fue: *no*. Un no tan rotundo como la voz de mosén Obiols, catedrático del Seminario.

Llamó a Ana María. A lo primero intentó disuadirla por las buenas; pero ante la insistencia de su hija, don Rosendo Sarró, que no estaba acostumbrado a perder, se decidió a cortar por lo sano.

—Está bien. Te prohíbo que prolongues este asunto un día más. Escribe a ese muchacho despidiéndolo y se acabó. Dale cualquier excusa. Dile que te vas a vivir al Japón o algo así...

Ana María le contestó, con serenidad casi majestuosa:

—Eso no arreglaría nada, papá. Si me fuera al Japón, Ignacio continuaría queriéndome lo mismo. Y yo también a él.

Don Rosendo Sarró rozó la apoplejía.

—Ya conoces mi criterio. Busca una solución. ¡Que no me entere yo de que no me has hecho caso...! Por de pronto, te vendrás conmigo de viaje. He de estar en Málaga hasta después de Reyes. Me acompañaréis tu madre y tú.

Ana María, que conocía a su padre como si fuese su propia piel, comprendió desde el primer momento que lo que éste procuraría sería impedir que Ignacio fuera a Barcelona a verla. ¡Un viaje a Málaga! Precisamente Ignacio había nacido allí... La muchacha sonrió por dentro... e incluso encendió un pitillo, cosa que su padre le tenía también prohibido.

—Papá, imagino lo que pretendes y te anticipo que será inútil. Esperaré lo que haga falta, pero nada me hará cambiar de opinión. Iré contigo, de acuerdo. Pero esto no solucionará nada. A la vuelta llamaré a Ignacio y volveré a verle.

Don Rosendo Sarró se le acercó como dispuesto a pegarle una bofetada; pero la actitud de su hija era tan digna, que no se atrevió. Ana María aprovechó el momento para añadir, sin moverse de su asiento:

—Lamento contrariarte, papá. Comprendo que Ignacio no es el hombre que querrías para mí; pero estoy decidida. ¿Por qué no te haces cargo de que el que tú elegirías no lo soportaría yo ni cinco minutos? —Ana María, dulcificando el tono de su voz, agregó—: Por favor, querría que comprendieras una cosa: no busco el dinero, sino la felicidad.

El problema era arduo. El fundador de Sarró y Compañía se quedó desconcertado. Se había acostumbrado tanto a creer que el dinero y el poder eran la clave de la existencia, que no comprendía que alguien, y menos su propia hija, pudiera sostener otro criterio. «¡No busco el dinero sino la felicidad!» ¿A qué venía esa monserga? Con dinero él había conseguido recuperar por completo su salud, algo mermada a raíz de su estancia en la Cárcel Modelo. Con dinero había sepultado la personalidad de su esposa y se había agenciado un sinnúmero de amistades. A veces le parecía que con dinero había logrado incluso crecer un poco en los últimos tiempos... Sí, en Madrid, en el Hotel Palace, que era su centro de operaciones, se sentía alto, cada vez más alto, y los incontables servidores que salían a su encuentro se le antojaban pigmeos que brotaban de las alfombras. ¿Cómo podía ocurrírsele a su hija, que tenía prestancia, gracia y naturalidad, renunciar a todo esto y encandilarse por ese «tal Ignacio», que al parecer fumaba tabaco negro, que solía llevar sucios los zapatos... y que ahora se dedicaba a defender pleitos de tres al cuarto? ¡Ah, no! Si era preciso adoptaría procedimientos expeditivos.

Don Rosendo Sarró fingió no haber oído lo último que le había dicho su hija.

—Andando... —le ordenó—. Puedes preparar las maletas.

* * *

Málaga, 23 de diciembre de 1940.
Querido Ignacio: Tal como te dije por teléfono, salimos an-

teayer de Barcelona... Y ya estamos aquí. No podremos vernos en estas fiestas como habíamos planeado, pero nos veremos a la vuelta, que calculo que será por el 10 de enero.

Me paso el día pensando en ti. Escríbeme en seguida a Lista de Correos, dándome las señas exactas de la casa en que naciste. Pienso ir allá para ver la calle, los balcones y para pasarme las horas sentada en el portal...

No te apures, Ignacio. No me echaré atrás. Te quiero. Te quiero con toda mi alma y nadie ni nada podrá oponerse a lo nuestro. Mi padre vive en el limbo, obsesionado por el dinero. No sabe hablar más que de eso; y mamá, eschuchándolo... y comprándose joyas y elefantes de marfil. Parece que le va a dar por ahí, por coleccionar elefantes de marfil. ¿Te imaginas?

En cambio, lo que yo quiero es amor. Mi propio padre me sirve de ejemplo. No está tranquilo un momento, siempre pendiente de la Bolsa, de las noticias de la oficina, de los telegramas. En casa —y aquí, en el hotel, lo mismo— se pasea como un oso enjaulado. Es curioso observarlo. Se pasea con los brazos a la espalda y midiendo los mosaicos, como si continuara estando en la Cárcel Modelo.

Te quiero, Ignacio; pero has de saber que tendremos que luchar.

Por eso, escucha lo que voy a decirte: no te fíes demasiado de Gaspar Ley. Ha cambiado mucho. No es el mismo que cuando la guerra. Papá le ha dado a ganar mucho dinero, porque por lo visto se está haciendo también el amo del Banco Arús. Anoche nos dio la tabarra con eso. ¡Mi padre, el amo del Banco Arús! ¿No es gracioso? Unos años antes, y tú hubieras sido el botones de mi padre...

En cambio, puedes fiarte de la mujer de Gaspar, de Charo. Charo está de nuestra parte. Es mujer y me comprende. Además, tiene su propia experiencia... ¡Antes era feliz con Gaspar! Y ahora viven separados, como sabes. Gaspar le dice que «no encuentra piso» en Gerona. ¿Te das cuenta?

La carta que me escribiste antes de marcharme era preciosa. ¡Cuánto me gustó que, mientras la redactabas, casi te quemaras los dedos con la colilla...! Vuelve a escribirme. ¡Todos los días! Necesito saber si tu cariño aumenta o no. El mío, sí. Y seguirá aumentando por minutos. El mío no es anécdota; es categoría.

Te incluyo la fotografía que me pedías. ¿Te gusta...? Estoy muy fea... pero soy yo. Porque, ¿verdad que soy muy fea?

Me preguntabas si estudiaba inglés. Sí, y avanzo mucho. El día que nos casemos sabré perfectamente decir yes.

¡Claro que me hubiera gustado asistir a la boda de Pilar! Y espero como tú que sean felices... a pesar de la política. Entre tú y yo no existirá ese problema, ¿verdad?

Me encanta que le dedicaras un disco a tu padre... Por cierto, ¿le has dicho algo? Supongo que en tu casa no ocurrirá lo que ha ocurrido en la mía...

Pero te repito que no te preocupes. Todo se arreglará.

A mi regreso, pide permiso y vente a Barcelona... ¡El café del Frontón nos está esperando!

Entretanto, recibe un beso muy fuerte. Un beso de esos que le obligan a una a ir luego a confesarse...

Tuya,

CASCABEL

Ignacio contestó inmediatamente a Ana María, a Lista de Correos. Sin embargo, estaba irritado. ¡Por los clavos de Cristo! ¿Por qué había de ocurrirle siempre lo mismo? ¿Por qué no conseguiría sostener un noviazgo normal?

Su primer impulso le aconsejó ir al Banco Arús y cantarle las cuarenta a ese Gaspar Ley, que por lo visto jugaba con dos barajas, pues siempre que se encontraba con él se mostraba de lo más amable. Pero desistió. ¿Qué adelantaría con ello? Gaspar Ley estaba a sueldo del importante señor Sarró.

Ahora bien, no dejó de hacerse mientras las consabidas reflexiones. Pese a los juramentos de Ana María, ¿no surgirían luego dificultades? ¿Se avendría Ana María a vivir en Gerona, modestamente? ¿Y si le salía de la entraña —Freud diría, del «inconsciente»— el espíritu de casta de que él había hablado con Esther? Recordó las palabras de Pilar: «Una monada barcelonesa de la buena sociedad... ¡Ah, claro, el muchacho tiene aspiraciones!»

Ignacio, de pronto, se horrorizó. Le horrorizó su posible papel de «pariente pobre». Pariente sin balandro, sin coche, sin elefantes de marfil...

El muchacho, mientras esperaba el regreso de Ana María, pasó unos días que no se los deseaba a nadie. Por si fuera poco, había visto varias veces a Marta en compañía del alférez Montero, el de los tiros de gracia. ¿Por qué había sentido... celos? ¿Por qué? La última vez los estuvo espiando porque le pareció que Montero la cogía del brazo, lo que no resultó cierto. ¿Qué podía importarle? He ahí un fenómeno declaradamente idiota.

Como siempre que sufría una crisis, Ignacio pensó en Adela... Adela, pasión y carne, palabras susurrantes al oído. Experimentó la imperiosa necesidad de ir a verla, de desahogarse con ella sin pérdida de tiempo. Pero resultó que cuando la llamó por teléfono... recibió otro mazazo. Adela le dijo que no podía recibirlo, que tenía miedo, que se había dado cuenta de que Marcos sospechaba algo. «No precisamente de ti. Pero sospecha algo...» «Tendremos que buscar otro sitio para vernos. Aquí, en casa, no podrá ser...»

Ignacio se quedó de una pieza.

—¿Otro sitio? ¿Dónde?

Adela contestó:

—Perdona... No podemos hablar de eso en este momento. He de colgar...

Se oyó «croc» e Ignacio se quedó con el auricular en la mano, con aire estúpido.

Ahora que todo había pasado recordaba la escena como si fuera hoy. Salió de la cabina telefónica más confuso que antes. Sentóse en el Café Nacional y le pidió a Ramón, el camarero, una copa de coñac. Paseó la vista por los espejos, en el fondo de los cuales asomaba siempre el sombrerito irónico de Julio García. Y los brazaletes de doña Amparo Campo.

Le invadió un tedio mortal. Como si se le hubiera hundido el mundo. Como si todo le saliera al revés.

Entonces se abrió la puerta... y entró en el café Cacerola, su amigo. ¡El bueno de Cacerola, que bien se merecía una sonrisa y una palmada en el hombro!

Cacerola, al ver a Ignacio, elevó con júbilo las cejas y se le acercó. Le pidió permiso para sentarse a su mesa. Y apenas lo hizo miró detenidamente a Ignacio y le dijo:

—¿Qué te ocurre, muchacho? Tienes mala cara...

—¿Tú crees?

Cacerola se rió. Cacerola, cuando se encontraba con alguien a quien quería, se reía por cualquier cosa.

—Ya sé lo que te ocurre: te pasas la vida encerrado. Ya no te acuerdas de la montaña. ¡A que no te vas nunca de excursión! ¿Lo ves? Echas de menos el aire puro que respirábamos allá arriba...

Ignacio asentía con la cabeza.

—Es posible...

—¿Posible?... ¡Seguro! Oye... ¿Por qué no salimos juntos algún domingo? A La Molina, a esquiar... Como en aquellos tiempos de Panticosa...

Esquiar... la montaña... ¿Dónde quedaba eso? El mismo consejo que le daba Moncho cada vez que le escribía.

—Quizá tengas razón, Cacerola. Algún día saldremos... Sí, algún día te llamaré.

—No te olvides, Ignacio. Llámame a Fiscalía. A primera hora de la mañana me encuentras allí seguro.

¡Uf, qué días había pasado! Pero por fin regresó Ana María. El doce de enero, dos días más tarde de lo previsto. E Ignacio habló con Manolo y tomó el tren y se fue a Barcelona. Y los dos enamorados se vieron, como siempre, en el café del *Frontón Chiqui* y los embargó la dicha más completa. «Es bonito luchar, ¿no te parece?» «Sí, de este modo las cosas se saborean más.» Al fondo del café habían puesto un billar y las bolas se deslizaban por el tapete verde como en Málaga la mirada de Ana María se había deslizado por la fachada de la casa en que Ignacio nació.

Luego fueron a visitar a Charo. La mujer los recibió con todo cariño. Pero desde el primer momento les previno que la lucha que deberían sostener sería realmente dura.

—Creo que no te haces cargo, Ana María, de quién es tu padre. Mientras seas menor de edad puede hacer contigo lo que quiera. Mandarte el extranjero, a algún colegio... ¡Quién sabe! —Charo marcó una pausa—. Don Rosendo Sarró... ¿Quién pudo imaginarlo? ¿Sabes lo que dicen de él en Barcelona, en los medios financieros? Que es una potencia...

Ignacio soltó una carcajada. Precisamente en aquellos días el muchacho había leído, en su remozado dormitorio con librería, el capítulo que Freud dedicaba a «los que fracasan al triunfar». Según Freud, muchos hombres enfermaban, perdían el equilibrio cuando habían conseguido su deseo más arraigado, más largamente acariciado. «Como si estos sujetos no pudieran entonces soportar su victoria.» Caían en la angustia, angustia relacionada a menudo con un sentimiento de culpabilidad escondido en el Yo. A Ignacio no le cupo la menor duda de que el padre de Ana María —y tal vez también Gaspar Ley, el marido de Charo— desembocaría un día u otro en esa situación.

Por otra parte, Charo había pronunciado la frase clave: «Mientras seas menor de edad...» Pero ¿y cuándo ya no lo fuera? Entonces Ana María sería libre para decidir. Y le faltaba sólo un año para ello.

—Nada, Charo, que no nos asustas. El amor lo puede todo.

—Sí, ya sé. De todos modos...

Ana María intervino.

—Además, tú nos ayudarás, ¿no es cierto? Tú tienes influencia sobre mi padre.

— ¿Yo? —Ahora quien se rió fue Charo—. ¿Es que hay alguien que pueda influir sobre don Rosendo Sarró? —La mujer se dirigió a Ignacio—. Nada, Ignacio. Eres tú quien debe ganarse a pulso el premio. ¡Adelante en ese bufete en que trabajas! A ver si pronto intervienes en la Audiencia. Al fin y al cabo, ¡un buen abogado no es un peón albañil!

Ignacio asintió con la cabeza.

—Eso digo yo...

Continuaron bromeando, si bien Ignacio debía ahora esforzarse, por cuanto sabía que, por culpa de las andanzas de la Constructora Gerundense, S. A., podía muy bien darse el caso de que si debutaba en la Audiencia lo hiciera precisamente en contra de los intereses de Sarró y Compañía.

Ana María se dio cuenta de que algo le preocupaba y le pellizcó en la mejilla.

—¿En qué estás pensando? Di.

Ignacio parpadeó y consiguió disimular.

—Estaba pensando... en las palabras de Charo. ¡Efectivamente, ser un buen abogado no es ser peón albañil!

Ana María le miró con fijeza.

—No vas a decirme que eso te asusta...

El muchacho reaccionó.

—¿Asustarme? ¡Habla con mi jefe! Su opinión es que, antes de diez años, seré nombrado, por unanimidad, Ministro de Justicia.

—¡No me digas! Tanta humildad me confunde...

Ignacio se rió de buena gana y ensanchó el tórax al modo de los atletas.

—¿No te gusta que de vez en cuando me eche un farol? ¿O es que preferirías tener un marido perfecto?

—¡Virgen santa, perfecto! ¡No te falta nada que digamos!

Charo vio tan compenetrada a la pareja, que sus ojos se humedecieron. Ella vivió con Gaspar muchos años así. Y de repente el dinero se metió por medio y todo se esfumó. ¿No acabaría royéndole a Ignacio el mismo microbio? ¿Precisamente para demostrarle al señor Sarró que no lo necesitaba para nada?

La pareja no se dio cuenta de lo que le ocurría a Charo. Se habían embobado mirándose. Ana María le estaba diciendo a Ignacio:

—Un día de éstos me escapo y me voy a Gerona.

—No eres capaz.

—¡Qué poco me conoces!

—Algún día te conoceré... del todo.

—No seas grosero.

—¿Grosero yo? Nanay... En Gerona hay alguien que me da clases de buenas maneras. Alguien que ha estudiado en Oxford.

Ana María fingió enfadarse.

—Sí, lo sé. Cuidado con esa señoritinga, ¿eh?

—¡Por favor, Ana María! Es una señora, casada como Dios manda.

—Pero se llama Esther. Y Esther, no sé por qué, es un nombre que me da miedo.

—Pues a mí me encanta.

Se rieron. Y Charo, que los quería mucho y que no conocía la doblez, acabó también riéndose.

—Anda, sí —dijo, recogiendo la idea que Ana María expuso antes—. ¡Un día de éstos nos vamos a Gerona! Yo te acompañaré.

—¿Cuándo? ¿Cuándo será?

—Pues... un día que tu padre esté en Suiza, o en Lisboa, vendiéndoles el mismo volframio a los alemanes y a los ingleses...

—¿Cómo?

Viendo la cara que pusieron Ana María e Ignacio, Charo exclamó:

—¡Jesús, qué poco entendéis de negocios! ¿No sabíais que es lo que está de moda?

Fue un viaje perfecto, que terminó con el desánimo que había invadido a Ignacio mientras Ana María estuvo en Málaga. El muchacho llegó a Gerona contento como unas pascuas. Al entrar en su casa gritó: «¡Eureka!», para que su madre tuviera la impresión de que se encontraba en Bilbao. Y al entrar a la mañana siguiente en casa de Manolo le dijo a éste:

—¿Sabes? ¡Ana María es un bombón!

Manolo se acarició la barbita.

—¿De veras? ¡Lo celebro! —Luego agregó, enigmáticamente—. De todos modos, algún día trataremos a fondo el tema de los bombones...

Ignacio miró a su «jefe» y se quedó pensativo. Y a la noche, al encerrarse en su leonera, contempló las reproducciones de Picasso y se dijo que éste tenía razón: que cada cosa podía ser vista desde ángulos muy distintos.

CAPÍTULO XLVIII

EL DOCTOR ANDÚJAR, con toda su sabiduría a cuestas, con toda la autoridad moral que se había ganado entre los gerundenses, conseguía no sin apuros cubrir mensualmente el presupuesto familiar.

Trabajaba mucho en el Manicomio; pero en la consulta particular, muy poco. Las previsiones del doctor Chaos se habían cumplido: la gente no estaba preparada para conceder beligerancia a un psiquiatra. La gente admitía de buen grado cualquier tipo de diagnóstico —tuberculosis, hepatitis, reúma, falta de glóbulos rojos—, pero si se le hablaba del «mecanismo nervioso y emocional», se colocaba a la defensiva. Las palabras «angustia», «ansiedad», «descompensación», «psique», provocaban reacciones verdaderamente curiosas. «Doctor, ¿me quiere usted decir de qué me está hablando?» «Oiga. No creerá usted que estoy loco, ¿verdad?» Mateo, en cierta ocasión, le había dicho al doctor Andújar: «A mi entender la cosa está clara: es un problema de educación.» «¡Toma! —había contestado el psiquiatra—. A eso le llamo yo descubrir el Mediterráneo...»

Todo ello era tanto más injusto cuanto que el doctor Andújar, pese a todo, había obtenido ya algunos éxitos. Por ejemplo, había conseguido remontar el ánimo de la viuda de don Pedro Oriol. La viuda de don Pedro Oriol se había quedado tan patitiesa con la boda de «La Voz de Alerta» —después que éste la había obsequiado a ella con infinidad de atenciones y con muchos ramos de flores— que creyó morir. El doctor Andújar acertó a consolarla, buscándole una ocupación, que en este caso fue el diseño de figurines. La viuda de don Pedro Oriol descubrió, gracias a un *test* exhaustivo a que la sometió el doctor Andújar, que tenía talento para ello, y ahora se pasaba el día modelando, modelando figurines..., ninguno de los cuales se parecía a «La Voz de Alerta».

Otro éxito: el alférez Montero, el que acompañaba a veces a Marta. El muchacho, que durante mucho tiempo había mandado los piquetes de ejecución con automatismo de subordinado, de pronto, en el cementerio, empezó a experimentar náuseas y luego, por las noches, a tener pesadillas. En cuestión de unas semanas cayó en una depresión profunda. Habló con el doctor Andújar y éste le dijo: «No tienes más remedio que darte de baja del Ejército y empezar una vida nueva, que borre poco a poco de tu subconsciente estas imágenes.» El alférez lo obedeció. Y al verse vestido de paisano y al empezar a trabajar en algo completamente ajeno a Auditoría de Guerra y al cuartel —aficionado a la literatura, fue nombrado provisionalmente encargado de la Biblioteca Municipal—, volvió a sonreír como antes y a frecuentar el Casino y la casa de la Andaluza.

Otro éxito del doctor: Marta. Gracia Andújar fue quien cuidó de que la muchacha acudiera a la consulta de su padre. «Comulgar está bien, ¡no faltaba más! Pero necesitas también alguna medicina que te ayude. Y alguna orientación... concreta.» El doctor Andújar le dio ambas cosas a Marta. Un tranquilizante que se evidenció muy eficaz —la muchacha notó que se insensibilizaba un poquito, que sufría menos— y al propio tiempo la convenció para que se sumergiera más que nunca en su trabajo de siempre, es decir, en su tarea en la Sección Femenina. «No ganarías nada acurrucándote en un rincón. Lo que necesitas es evadirte; y no hay mejor evasión que el trabajo. Por otra parte, ¡hay tanto que hacer! La Sección Femenina sin ti se vendría abajo. Y nadie te lo perdonaría. Ni el Gobernador, ni Mateo, ni mi hija Gracia, ni yo...»

El doctor Andújar, que descubrió en Marta hermosas cualidades, pero que intuyó que no era, por supuesto, la mujer idónea para Ignacio, con quien había coincidido en varias ocasiones, fue tan persuasivo que la muchacha sin darse cuenta se sorprendió tomándose otra vez en serio las consignas que María Victoria le enviaba desde Madrid... Estaba triste; pero esto era normal en ella, sobre todo desde que su padre murió.

Y con todo, el mayor triunfo del doctor Andújar, el único que trascendió con eficacia a la población, fue el obtenido con Jorge de Batlle.

Jorge de Batlle fue dado de alta por el doctor el día 18 de enero; exactamente el día en que, según *Amanecer*, habían sido identificados en Toledo los restos de Luis Moscardó, el hijo sacrificado por el héroe del Alcázar.

Jorge salió de allí con inhibiciones todavía... Con angustia todavía... Pero amando otra vez la vida; y amando, sobre todo, a Chelo Rosselló, que había sido su ángel tutelar y la demostración palpable del poder taumatúrgico de un alma capaz de compartir el dolor de otra alma.

Lo cierto es que Jorge de Batlle se pasaba el día cantando las alabanzas del doctor Andújar. «Es un sabio. Me ha convencido. ¡Quiero vivir! Y no denunciaré a nadie más, a nadie más... Y me casaré con Chelo en cuanto esté restablecido del todo y hayamos encontrado un piso que a ella le guste.»

¡Jorge de Batlle jurando que no denunciaría a nadie más! Se habló de ello en las tertulias, en las barberías de Raimundo y de Dámaso y en todas las demás. ¿Qué le había ocurrido? ¿En qué consistía eso del cardiazol? ¿De modo que una substancia, una descarga líquida, podía convertir en mansedumbre la cólera? Así, pues, el doctor Chaos, en aquella disertación suya en que puso en entredicho la libertad del hombre y que tanto escándalo armó, no andaba del todo descaminado...

He ahí otro de los rompecabezas del doctor Andújar... La gente confundía los términos en seguida. Si él no curaba a los enfermos era un botarate, un pedante que usaba palabras raras y que gozaba preguntándole a uno «si había precedentes en la familia» o «si guardaba de la infancia algún recuerdo desagradable». Si los curaba, demostraba que eso del espíritu eran zarandajas y que lo que privaba era la bioquímica.

Gracia Andújar, su duende particular, lo animaba: «Podrías dar un ciclo de conferencias de divulgación. O charlas por la radio. ¿Por qué no lo intentas? ¿Quieres que me ocupe de eso?»

El doctor se mostraba escéptico, mientras acariciaba el cabello de oro de su hija:

—A las conferencias no iría nadie. Sólo tú y la viuda de Oriol... En cuanto a la radio, la gente prefiere los seriales... y los discos dedicados.

El doctor Andújar sabía que existían en Gerona determinadas personas que hubieran podido colaborar con él eficazmente: los sacerdotes... Pero no encontró en ese terreno la menor facilidad. Su único «proveedor», como él lo llamaba, era el padre Forteza. Efectivamente, el jesuita era el único religioso de la ciudad capaz de decirle a un penitente, en su celda o en el confesonario: «Voy a serle a usted franco. La absolución que yo pueda darle no va a resolverle a usted el problema. Necesitaríamos de la colaboración de un médico; por ejemplo, del doctor Andújar.»

Fuera de él, nada que hacer. ¡Y es que el señor obispo, a quien el doctor Andújar, valiéndose del notario Noguer y de Agustín Lago, tanteó sobre el asunto, no se decidió a ponerse de su parte! El doctor Gregorio Lascasas, pese a la estima que sentía por el psiquiatra, arguyó que el problema era muy delicado y que un ministro de Dios, antes de decidirse a «abandonar un alma» poniéndola en manos de la ciencia médica, debía pensárselo tres veces. Citó incluso un texto de San Marcos: «Y les dio a los doce el poder de curar enfermedades...» Lo cual no fue óbice para que el señor obispo meditara sobre la cuestión. En primer lugar, porque ni por un instante podía suponer que en los deseos del doctor influyeran para nada afanes materialistas. Y en segundo lugar, porque la tesis del mismo, según la cual los sacerdotes debían saber distinguir entre un conflicto religioso o moral y un trastorno psíquico, era correcta y respondía a una realidad. Él mismo, el señor obispo, había sentido a menudo auténtica preocupación al comprobar que muchas monjas vivían sumergidas en un mundo de enfermizos escrúpulos o que se volvían histéricas cuando él se dignaba visitar su convento; o al advertir que abundaban los sacerdotes que, sin darse cuenta, del odio al pecado habían pasado a odiar al pecador, y otros cuya actitud ante el Mal era tan agresiva que se veían incapacitados para acceder al plano sublime de su misión, que era el Amor. En tales casos, era obvio que las conciencias de los fieles que a ellos se confiasen recibirían influencias nocivas...

No obstante, el señor obispo consideró imprudente intentar modificar la postura mental de los sacerdotes que llevaban ya años ejerciendo su ministerio. En cambio, admitió la posibilidad de iniciar esta labor en el Seminario, de preparar en esa línea a los sacerdotes del futuro...

La actitud del señor obispo, que implicaba aplazamiento *sine die*, causó contrariedad al doctor Andújar, ¡sobre todo porque en su opinión el primer necesitado de ayuda era el propio señor obispo! Ciertamente, ésta era la raíz de la cuestión y el motivo por el cual el doctor Andújar no se atrevió a enfrentarse directamente con el prelado. No quiso ponerlo en guardia, ni ofenderlo. Pero tenía la certeza de que el doctor Gregorio Lascasas hubiera debido someterse a tratamiento. ¿Neurosis de angustia? ¿La agresividad que atribuía a otros? ¿Obsesión por la minuciosidad, por los archivadores metálicos, por el sexto mandamiento? No, no. Algo mucho peor que eso: soledad.

El señor obispo, según el doctor Andújar, padecía de soledad. Su temperamento autoritario lo aislaba patéticamente. Se salvaba por la acción, por el trabajo cotidiano y por su indesmayable empeño apostólico; pero el doctor Andújar había advertido en los ojos del prelado ráfagas de honda tristeza. En su opinión cometía un grave error: escasez de consejeros. Escuchaba a los canónigos, a determinadas personas, pero en el momento de tomar una decisión rompía con los demás y la tomaba desde su más estricta y personal intimidad. Quería cargar él solo con la cruz. Se había tomado demasiado a pecho su papel de pastor. De ahí sus exageraciones en su Campaña Moralizadora. Y su reiterada lectura del Apocalipsis. De ahí sus resfriados... Sí, el doctor Andújar creía a pies juntillas que los estornudos del señor obispo eran de origen psíquico.

«¡Si mosén Alberto quisiera echarme una mano!», pensaba el doctor Andújar. Porque mosén Alberto era el confesor del señor obispo. Lo fue desde el día en que éste entró en Gerona para tomar posesión de la diócesis. Pero mosén Alberto se interesaba más por la arqueología que por la neurología. A la sazón era feliz porque los miembros de la institución «Amigos de Ampurias», fundada en Barcelona, habían respaldado su antigua teoría según la cual el apóstol Santiago había desembarcado en aquel lugar para iniciar su predicación por España.

El doctor Andújar, que veía a menudo al doctor Chaos, puesto que éste, desde su drama veraniego, se había puesto en sus manos con la mejor voluntad, le dijo:

—Amigo Chaos, estoy desolado. He de admitir que tenías razón. Es muy difícil trabajar aquí. Tanto o más que en Santiago de Compostela. Sí, estoy con los que creen que la nueva campana de la Catedral emite un sonido demasiado grave.

El peor defecto del doctor Andújar era que hubiera deseado sanar al mundo entero. Y que su cerebro no descansaba apenas, pues al encontrarse delante de otras personas leía, sobre todo en los ojos y en los tics de cada cual, en su interior, lo que resultaba fatigoso. ¡Menos mal que tales personas le daban a menudo grandes sorpresas, especialmente con respecto a su evolución, a su conducta! Ahí estaban, para citar dos ejemplos recientes, los casos de Paz y de Manuel Alvear. Paz, a los ocho días de morir su madre, decidió no llevar luto más allá de un mes y se personó en la Agencia Gerunda encargándole a la Torre de Babel que le buscara un piso mejor y más céntrico. En cambio Manuel, mucho más incapaz de evacuar las cargas del espíritu, no había vuelto a abrir un libro en el Instituto y se paseaba como alma en pena por las inmensas salas del Museo Diocesano, deteniéndose de vez en cuando ante la calavera que le habían regalado a mosén Alberto.

Por fortuna, el doctor Andújar se conocía a sí mismo y acertaba, en mayor grado aún que el Gobernador, con el método necesario para mantenerse en forma, pletórico de facultades y para no afectarse en demasía. Escuchar canto gregoriano lo ayudaba mucho. Y además era optimista por naturaleza. Estaba convencido de que, pese a todo, pese a las dificultades y al sonido grave de la campana, los gerundenses acabarían por rendirse a su anhelo de servidumbre, lo que permitiría educar debidamente a sus hijos y que éstos continuaran riéndose cuando la nuez le subía y le bajaba con irresistible comicidad.

—Doctor Chaos, cada día estoy más convencido de que el hombre, para alcanzar el equilibrio, necesita darse, darse a los demás. Dicho de otro modo, el hombre necesita compañía. Y conste que ahora no me refiero a ti, a tu problema... Hay que abrirse, hay que abrirse... Abrir el corazón, como en el quirófano abres tú la barriga de tus pacientes.

El doctor Chaos no podía menos de preguntarse con quién se abría el doctor Andújar, aparte de su hija Gracia. Porque no cabía imaginar que su amigo pudiera compartir con su mujer, con la inefable doña Elisa, sus inquietudes profesionales, ni confiarle sus parciales fracasos. Claro que el doctor Andújar le hubiera dado «su» respuesta. Sin duda le hubiera dicho que le bastaba con que su matrimonio lo presidiera el amor. En ese campo, ciertamente, no podía quejarse. Doña Elisa lo quería con los entresijos del alma, y era una madre perfecta en materia de dulzura y de solicitud. Con sólo entrar en la casa ello era palpable: los muebles siempre intactos, la ropa siempre limpia, flores en la sala de espera, los hijos hablando en voz baja y merendando cada domingo, todos juntos, tostadas y chocolate caliente.

—Sí, te comprendo, amigo Andújar. Pero hay gente que se

abre a los demás y no por ello es equilibrada ni halla la necesaria compensación. Si tu teoría fuera verdadera, todos los charlatanes serían felices.

—Esa objeción no es digna de ti, querido Chaos. Abrirse no significa precisamente hablar. Bien sabes a lo que me refiero; a veces basta con apoyar la cabeza en un hombro querido para sentirse consolado. Se trata de entregarse por dentro. A veces es suficiente con mirar, y hasta simplemente con sentir que la otra persona está cerca.

Eso lo conseguía sobradamente el doctor Andújar. Quería a su mujer y a sus hijos con la naturalidad y la hondura con que las raíces quieren al árbol que crece. Era un convencido de que una familia numerosa, si no era producto de la miseria, de la promiscuidad y del hastío, era un don de Dios. Y también quería a sus enfermos. Y, más aún, a quienes, estando enfermos, no acudían a él porque su título de psiquiatra los asustaba y porque temían que les preguntase si guardaban de la infancia algún recuerdo desagradable.

Por otra parte, ¡era tan hermoso sacar a alguien del pozo negro! A Marta; a la viuda Oriol; al alférez Montero; a Jorge de Batlle...

Pero ¡por Dios! ¿Y el Manicomio...? ¿Y cuándo podría sacar del pozo —del pozo de la agresividad— al comisario Diéguez?

CAPÍTULO XLIX

MES DE FEBRERO DE 1941... El día 4 se celebró el segundo aniversario de la liberación de Gerona por las tropas «nacionales». Fue coincidente que la víspera, día 3, Marta recibiera una postal del legionario italiano Salvatore, fechada «en algún lugar de Albania». Por lo visto, Salvatore era uno de los millares de «camisas negras» del Duce que combatían contra los ingleses en el litoral mediterráneo, en el frente griego. Salvatore decía escuetamente: *Ciao*... Y firmaba. Si *ciao* significaba «adiós», ¿significaba que Salvatore se despedía para siempre? ¿No estaría en algún hospital, herido de muerte? Marta barbotó: «¿Por qué existen las guerras, Señor?»

Las fiestas de la «liberación» se celebraron, según *Amanecer*, con «inusitado esplendor». Ceremonias religiosas y militares. A última hora, proyección en el Cine Albéniz de la película patriótica *Sin novedad en el Alcázar*, que obtuvo un resonante éxito. En el curso de la jornada se acordó conceder al Caudillo la medalla de oro de la ciudad. En el momento en que «La Voz de Alerta» firmó el documento a propósito, Carlota, que estaba a su lado, le dijo: «El día que se restablezca la Monarquía, acuérdate de concederle al Rey esa medalla. Pero que sea un poco mayor...» «La Voz de Alerta», ocho días después, se enteraría de que Su Majestad Alfonso XIII acababa de abdicar en Roma a favor de su hijo don Juan, confirmando con ello las noticias que desde hacía tiempo circulaban al respecto.

Fue un mes de febrero lleno, como todos los meses, de sorpresas: la vida continuaba siendo mar y no lago. En París falleció el filósofo Henri Bergson, por quien el notario Noguer y el profesor Civil sentían predilección, por cuanto había defendido siempre la primacía del espíritu sobre la materia. En Neyri (Inglaterra) falleció también, ¡a la edad de ochenta y tres años!, Mr. Baden Powell, el fundador de los *Boy Scouts*. La noticia pasó casi inadvertida. Sin embargo, Mateo al leerla dijo que el Frente de Juventudes, y todos los niños del mundo, hubieran debido llevar un brazal negro durante una semana.

Habíase celebrado la fiesta de San Antonio Abad, con la bendición de las caballerías y el reparto de panecillos y roscones. La plaza de la Catedral se convirtió en asamblea de caballos, destacando los que intervenían en los concursos hípicos organizados por el capitán Sánchez Bravo. El señor obispo los bendijo, y al hacerlo pensó que aquellos nobles animales planteaban menos problemas que los seres humanos. Se dejaban engalanar sin pavonearse por ello; recibían el agua bendita sin creerse santos ni blasfemar; estaban siempre a las órdenes del jinete; y no sufrían —«sólo padecían»—, puesto que no tenían alma. Exagerando un poco, podía decirse de ellos que, con respecto al hombre, eran mártires, puesto que de un tiempo a esta parte acababan siendo sacrificados en los mataderos para abastecer las desnutridas carnicerías.

Ahora bien, la persona que en aquel mes de febrero, aniversario de la Liberación, hizo méritos suficientes para recibir una bendición especial, fue aquella a que se refirió el pensa-

miento del doctor Andújar: el comisario Diéguez. Por la sencilla razón de que cumplió con afán digno de encomio, la voluntad del Gobernador Civil, las instrucciones que éste le había
dado unas semanas antes a fin de congelar en lo posible la
insana avidez de dinero que se había apoderado de la provincia.

El comisario Diéguez cumplió de tal modo, que muchos de
los «indisciplinados» se tomaron una tregua, hicieron marcha
atrás. A algunos no les dio tiempo, como por ejemplo a los
componentes de Tejero, S. A., los cuales, convictos y confesos
de una serie de delitos de contrabando, fueron a parar con sus
huesos en la cárcel. Su presidente, un tal Pedro Riuró, antiguo
agente de Bolsa, fue enviado a un batallón disciplinario que se
encontraba perforando un túnel cerca de Garrapinillos, en la
provincia de Guadalajara.

«Mande usted por ahí a sus hombres y demos un escarmiento —había dicho el Gobernador—. Objetivos, los que usted
quiera... Si el culpable ostenta algún cargo, es autoridad, há-
galo usted constar en el informe.»

A tenor de estas palabras, una serie de personas cayeron
en las garras del comisario Diéguez por infracciones de la más
diversa índole.

Ambrosio, el contrabajo de la *Gerona Jazz*, fue acusado de
estafar a la Compañía de Electricidad. Inventó un ingenioso
sistema para que no corriera el contador y fue descubierto y
sancionado.

Uno de los traperos del barrio de la Barca ingresó en la
cárcel conjuntamente con los miembros de Tejero, S. A., sustituyendo a los presos políticos que habían sido indultados por
Navidad. Descubrióse que tenía a su servicio una serie de
mujerucas, que pasaban por las casas ofreciendo patatas a
condición de que previamente les fuera entregado el saco para
transportarlas; el hombre había reunido desde primeros de
año cerca de quinientos sacos, que había vendido a muy buen
precio, puesto que el yute escaseaba.

Galindo fue multado por resistirse a admitir la chapita de
Auxilio Social que se exigía para entrar en el cine: multa de
doscientas pesetas, sin posible apelación. «El Niño de Jaén»,
que iba para «bailaor», fue sorprendido robando un neumático
de un camión de transportes y permaneció cuarenta horas en
el cuartelillo, hasta que la Andaluza advirtió de ello a Mateo y
éste lo sacó. El madrileño Herreros, dependiente de la Barbe-

ría Dámaso, fue multado a su vez por hacer correr el bulo de que España, pese a las circunstancias de escasez, enviaba víveres a Alemania.

Otra de las personas encartadas fue precisamente Rogelio, el joven camarero del Hotel Miramar, de Blanes. El muchacho resultó un pícaro de siete suelas. Al término de la temporada veraniega en dicho hotel, se instaló en Gerona dispuesto a estudiar algún plan que le permitiera vivir sin dar golpe. Probó con las sirvientas, enamorándolas e instándolas luego a que les robaran cubiertos de plata a los «señores»; pero una de ellas fue descubierta e, interrogada por el comisario Diéguez, «cantó». Rogelio ingresó también en la cárcel. Y al encontrarse entre rejas, el muchacho, que anteriormente nunca se había dedicado a nada ilegal, meditó y llegó a la conclusión de que el culpable de su estado de ánimo, de su corrupción, era el doctor Chaos. El incidente con éste le había dejado huella, tal vez al mostrarle la cara deforme de la vida. «Me las pagará —se dijo para sí—. Me las pagará.»

Con todo, el servicio más importante prestado por el comisario Diéguez fue el de los abortos, y su víctima propiciatoria la comadrona Rosario, regidora de Puericultura de la Sección Femenina... Rosario, mujer complicada, de ambiciones ocultas, se había convertido, ¡quién pudo preverlo!, en la sustituta del doctor Rosselló, con la ayuda de un farmacéutico y a base de una clientela muy barata: prostitutas y algunas de las «andaluzas» que habitaban las cuevas de Montjuich. Marta, advertida del caso, no se tomó la molestia de mover un dedo a favor de Rosario, por cuanto el acto de su camarada de la Sección Femenina le repugnó sobremanera.

En resumen, la actuación del comisario Diéguez impuso la disciplina deseada por el Gobernador Civil y, sobre todo en los pueblos, provocó el pánico entre los alcaldes poco escrupulosos.

Ahora bien, había un aspecto de la cuestión que aparecía confuso: el «pozo de agresividad» en que vivía, de modo permanente, el comisario Diéguez. ¿Qué lo impulsaba a sonreír con tanta satisfacción cada vez que cumplía un servicio? ¿Era el suyo un homenaje a la justicia, al bien común, o un acto de secreta venganza?

En vano don Eusebio Ferrándiz, jefe de Policía, quien desde la pérdida brutal de su hija prefería esclarecer las causas a registrar los efectos, había hurgado en el espíritu del comisario Diéguez con el propósito de razonar su comportamiento; tropezaba con un muro.

—Comisario Diéguez, ¿podría decirme qué siente usted cuando descubre que una persona es culpable?

—¿Qué siento? Pues... ¿qué le diré a usted? Sé que mi obligación es levantar acta. Sonsacarle todo lo que pueda...

—Comisario Diéguez, ¿y al inicio del interrogatorio, cuando cabe la posibilidad de que se esté cometiendo un error? ¿Qué es lo que siente usted?

—Pues... ganas de conocer la verdad del asunto. Soy policía, ¿no?

—¿Y si la persona resulta luego inocente?

—¡Ah! Son cosas que ocurren, ¿no es así? Si el individuo resulta inocente, pues se le piden excusas. Y se hace cargo...

La clave de la psicología del comisario estaba ahí, en opinión de don Eusebio Ferrándiz. En el momento más espontáneo decía *individuo*, no *personas*. Deformación profesional. El comisario Diéguez, desde este ángulo, era perdonable. Actuaba con la naturalidad y suficiencia con que en el campo nace la hierba.

¿Peligrosa mentalidad? Tal vez... Pero, en todo caso, era sin discusión el mejor agente de la plantilla. Olfato y rapidez. Sin su colaboración, la red vigilante establecida por don Eusebio Ferrándiz en la provincia se desmoronaría por su base. Era, por lo tanto, la pieza ingrata pero inevitable, como podían serlo el verdugo o los laceros que el Ayuntamiento movilizaba cuando, de tarde en tarde, aparecía por la ciudad un perro rabioso.

Don Eusebio Ferrándiz era de otra pasta. Veinte años en el Cuerpo de Policía y todavía se preguntaba a menudo: «¿Qué derecho tengo yo a permitir que se amenace a la gente, e incluso que se la pegue para que *cante*?» Pero la explicación era categórica; lo exigía su cargo. Debía velar por la seguridad de la población. En resumen, ¡complicado mundo!, el argumento del comisario Diéguez: «Soy policía, ¿no?»

* * *

Por fin los Costa se decidieron a actuar y tomaron posesión del despacho directivo de la Constructora Gerundense, S. A., sito en la calle Platería. El acto fue sencillo y tuvo lugar el día 13; es decir, el mismo día en que Franco se trasladó a Bordighera para entrevistarse con el Duce, entrevista cuyo comunicado conjunto, hecho público al día siguiente, se pareció substancialmente al publicado en ocasión del encuentro Franco-Hitler celebrado en Hendaya. *Amanecer* añadió que el Caudillo, a su regreso a España, paró en Montpellier, donde conversó larga y amistosamente con el general Pétain, su «maestro» y uno de los hombres que Franco admiraba.

Los Costa dieron la impresión, desde el primer momento, de que irían a lo suyo... pero con prudencia. La Fiscalía de Tasas, el Gobernador ¡y el comisario Diéguez!, los inquietaban. El comisario Diéguez era la flecha que, como fuere, deberían esquivar.

Procuraron, pues, no hacer ostentación. Nada de reformas en el local, un tanto destartalado. Se compraron dos coches, pero de segunda mano. Cumplieron con la promesa que le hicieron a Félix, quien gracias a ello pudo matricularse en la Escuela de Bellas Artes, que empezó a funcionar en la ciudad, bajo la dirección de Cefe, el pintor de desnudos. El único gesto un tanto aparatoso, aparte el de situarse en misa en el primer banco, fue hacer un importante donativo al Gobierno Civil, con destino a la construcción de la Ciudad Universitaria de Madrid.

En cuanto a la reorganización interna de la Sociedad, su primera disposición consistió en nombrar un secretario. Eligieron a Leopoldo, el muchacho que trabajaba en el Consulado Español de Perpiñán, amigo de Ignacio, al que los Costa habían conocido a raíz de sus gestiones para regresar a Francia. «Es un hombre cabal. No aspira a hacerse millonario en dos meses, como el administrador... Y con él podremos hablar de política y de las andanzas de ese tal De Gaulle, que está resultando un tipo de cuidado.»

La segunda disposición tomada fue reunir en el despacho a la Torre de Babel, a Padrosa y al abogado Mijares. La operación les salió redonda. No sólo convencieron a este último —el talonario de cheques bastó— para que cesara en Sindicatos, sino que compraron la mitad más una de las acciones de la Agencia Gerunda. Con lo que la Torre de Babel y Padrosa, en premio a su audacia, pasaron a ser socios, aunque minoritarios, de los Costa.

Inmediatamente después llamaron al arquitecto municipal y le dieron las instrucciones necesarias para que levantara de nueva planta el edificio de Fundiciones Costa. «En realidad

—decían siempre los dos hermanos—, lo que profesionalmente nos interesa es esto: la metalurgia. Todo lo demás es circunstancial.»

Simultáneamente empezaron a pagar los correspondientes jornales a los detenidos que salieron de la cárcel el mismo día que ellos y a los que habían prometido darles trabajo. «Desde este momento trabajáis ya para nosotros. Sois obreros —perdón, *productores*— de la Fundición.» Algunos de dichos productores habían ya trabajado en ella antes de la guerra. El administrador comentó: «Creo que ha sido una idea práctica. De ese modo no se irán a trabajar a Alemania, como tantos otros.»

Y, entretanto, ¡conocieron al coronel Triguero! Por fin éste pudo estrecharles la mano a los dos ex diputados. Sin embargo, la entrevista fue mucho más breve de lo que el coronel hubiera deseado. Holgaba hablar de las operaciones realizadas en el pasado y en las que el jefe de Fronteras actuó con mano maestra. Interesaba el futuro. En otras palabras, era preciso conseguir la adjudicación de las obras de la nueva cárcel que iba a construirse en el vecino pueblo de Salt —el señor obispo reclamaba, y con razón, la devolución del Seminario— y, sobre todo, las obras de los nuevos cuarteles, cuya autorización el general había obtenido del Ministerio del Ejército. «Esto de los cuarteles es importante. ¡Suponemos, coronel, que la operación va a resultarle a usted fácil!»

El coronel, al oír esto, hizo un guiño muy expresivo.

—Pues lo siento, pero están ustedes en un error... —objetó—. Hablar de cuarteles es meterse en la boca del lobo.

Los Costa le miraron.

—¿Y el capitán Sánchez Bravo?

—No hay manera de convencerle. Hoy mismo he hablado con él, antes de venirme aquí. Sigue contestando: «Papá me da miedo.» No se decide a colaborar.

Los hermanos Costa no se inmutaron, limitándose a cabecear varias veces consecutivas.

—Ofrézcale cien mil pesetas si nos consigue los cuarteles. Una operación aislada. No tiene por qué vernos ni por qué formar parte de la Sociedad. Cien mil pesetas al contado y en billetes sin estrenar.

El coronel Triguero se quedó de una pieza y estuvo a punto de preguntar: «Y a mí, ¿cuánto me corresponderá?»

—De acuerdo, lo intentaré...

—¡Muchas gracias! —contestaron los Costa, levantándose.

El coronel, apabullado por la contundencia de sus interlocutores, se levantó a su vez. Iba a decir algo, pero los hermanos Costa se le anticiparon.

—Coronel Triguero, confiamos en esa hada milagrosa que, según usted, vela en Madrid por sus intereses...

El coronel, todavía sin reponerse, contestó:

—Pueden confiar en ella...

—Un ruego: siga usted en Figueras. Venga usted a Gerona lo menos posible.

—Así lo haré...

Ya en la puerta, los hermanos Costa le dijeron:

—¡Pero, por favor, venga usted siempre vestido de paisano!

El coronel se miró el uniforme.

—¡Oh, claro! Perdón...

* * *

Al día siguiente, los hermanos Costa se entrevistaron con Gaspar Ley, representante en Gerona de Sarró y Compañía. Prefirieron visitarle en su propio feudo, es decir, en el Banco Arús.

Dicha entrevista fue también breve; pero cabe decir que Gaspar Ley sacó de los dos ex diputados una impresión excelente. Aunque sin motivo para ello, los había imaginado un tanto vulgares y manejando un léxico más bien restringido. Nada de eso. Tenían buena pinta, llevaban traje de muy buen corte, se expresaban sin circunloquios y con precisión. Había en su apariencia física algo fofo, pero ello podía achacarse a su prolongada estancia en la cárcel. Por otra parte, no carecían de sentido del humor, cualidad siempre loable.

Garpar Ley, terminado el breve preámbulo, les ratificó que Sarró y Compañía, que oficialmente se dedicaba a importación y exportación, deseaba ampliar su negocio. «Don Rosendo Sarró tiene un concepto moderno de la producción y de las transacciones. Prefiere ser cigarra a ser hormiga, ¿comprenden? Dicho de otro modo, en materia de finanzas tiene más bien mentalidad americana.»

Los Costa asintieron con la cabeza.

—¿De qué capital dispone esa Sociedad, si puede saberse?

Gaspar Ley se tocó el aparato que llevaba para la sordera.

—Me resultaría difícil calcularlo...

Los Costa, al oír esto, levantaron simultáneamente, debajo de la mesa, las punteras de los zapatos.

—Hay un punto que convendría aclarar. ¿Por qué Sarró y Compañía, siendo tan importante, desea conectar con nosotros?

—La razón es geográfica —explicó Gaspar Ley—. Gerona está cerca de la frontera... Y dispone del puerto de San Feliu de Guíxols, pequeño pero poco vigilado.

Hubo un silencio.

—¿No podría usted ser más explícito?

—Lo lamento. Don Rosendo Sarró prefiere concretar personalmente los detalles secundarios.

Los Costa marcaron otra pausa.

—Tenga usted en cuenta que nosotros no podemos salir de Gerona...

—No importa. Don Rosendo Sarró está dispuesto a desplazarse.

—¿Cuándo?

—Me habló de eso. Él propone el día de San José. Dice que las fiestas de precepto le traen suerte.

Los Costa sonrieron.

—¡De acuerdo! A nosotros también.

Gaspar Ley sonrió a su vez.

—¿Algo más?

Los ojos de los Costa rodaron por el despacho de su interlocutor.

—Sí, una última pregunta. El Banco Arús... ¿juega aquí algún papel?

Gaspar Ley abrió los brazos.

—Puede decirse que el Banco Arús pertenece a Sarró y Compañía...

La respuesta pareció satisfacer a los hermanos Costa, los cuales se levantaron y estrecharon la mano de Gaspar Ley. Antes de salir, uno de ellos depositó sobre la mesa de éste una caja de cigarros habanos.

Una vez fuera, los dos ex diputados se miraron e hicieron un mohín que significaba: «¡Esto marcha!» En cuanto a Gaspar Ley, no pudo menos de pensar que los Costa eran, al igual que don Rosendo Sarró, los clásicos industriales catalanes que imprimían un ritmo progresivo al país. Mientras existieran tipos como ellos, Cataluña continuaría su ruta... Aunque hubiera letreros que prohibieran hablar en catalán. Aunque el general Sánchez Bravo se regocijara por dentro cada vez que leía en el periódico que el Gobierno tenía la intención de instalar una factoría en la provincia de Málaga o en la provincia de Segovia...

* * *

A primeros de marzo los hermanos Costa dominaban la situación. Entre otras cosas se dieron cuenta de que los sistemas de trabajo que el momento imponía no tenían nada que ver con los de antes de la guerra civil. Habían surgido auténticos prestidigitadores, de los que dijeron «que debían de haber aprendido el oficio en la cátedra de don Juan March». Por ejemplo, se enteraron de que algunas fábricas de tejidos... no fabricaban. Conseguían en Madrid el cupo de lana, de algodón o de la materia que fuese y procedían automáticamente a venderla, sin tomarse la molestia de llevarla al telar. También se enteraron de que existía una lucha titánica para obtener el permiso de fabricar gasógenos, que el Gobierno había declarado de interés nacional.

A decir verdad, los Costa estaban contentos. Los sufrimientos pasados no habían hecho mella en ellos y las perspectivas eran halagüeñas. Todo iba apuntalándose con firmeza. El capitán Sánchez Bravo, según noticias, al oír la cifra *cien mil* había cambiado de color y había soltado un taco, perdonable a todas luces. El personal que los rodeaba era adicto —Leopoldo se mostraba de lo más eficiente— y más lo sería cuando supiera que era intención de los ex diputados dar a todos sus empleados una participación anual en los beneficios. Por otra parte, y en otro orden de valores, empezaban a recibir por las calles espontáneas muestras de afecto...

La Torre de Babel, que visitaba a los Costa a menudo, mostraba asimismo una euforia contagiosa. «¡Hay que ver! —les decía, desde su estatura inalcanzable—. ¡Hay momentos en que ya no sé si perdí la guerra o si la gané!» Lo mismo le ocurría a Padrosa, su compañero, cuyo sueño era tener coche propio y a base de él engatusar un día a Silvia, la manicura de Barbería Dámaso, y conseguir llevarla a la cama. O casarse con ella; le daba igual...

Los hermanos Costa eran más cautos. Sabían que, pese a las apariencias, la guerra se había perdido, y por consiguiente volvían a lo de siempre: las autoridades podían de un plumazo hacerles la pascua, e incluso mandarlos —había precedentes de ello— a Garrapinillos, provincia de Guadalajara, a perforar un túnel.

Conscientes de tal circunstancia, externamente adoptaban una actitud circunspecta. Antes eran conocidos por su exuberancia y por sus estentóreas carcajadas; ahora, por su seriedad. Era muy raro que salieran sin sus respectivas esposas. Ramón, el camarero del Café Nacional, no disimulaba su desencanto. «Pero ¿es que en Francia no aprendieron ustedes ninguna historieta no apta para menores? ¿Será verdad que no se movieron ustedes de Marsella? ¡Por favor, que esto es el aburrimiento padre!»

Los Costa sólo daban rienda suelta a sus impulsos... en el Estadio de Vista Alegre. Es decir, en el fútbol y en los partidos de hockey sobre ruedas.

El hockey sobre ruedas, que desconocían por completo, los entusiasmó. Era un deporte felino, apasionante, y el equipo de Gerona era sin duda el mejor y encabezaba la clasificación del Campeonato.

En cuanto al fútbol, en él los dos hermanos, que gracias al capitán Sánchez Bravo consiguieron dos abonos de tribuna, se desgañitaban a placer, primero porque les salía de la entraña —¡efectivamente, Pachín marcaba unos goles de antología!— y luego porque allí todo estaba permitido y nadie se ocupaba de ellos. Claro, el fútbol era la gran válvula de escape ideada por las autoridades, el sucedáneo de las luchas políticas, de los mítines y de las huelgas. «¡Fuera, fuera...!» «¡Que le rompan una pierna!» «¡Criminal!»

Lo único que les dolía, que les dolía de veras, era la actitud de su cuñado, «La Voz de Alerta». Por fin se habían decidido a enviarle un aviso: «Nos gustaría saludarte...» «La Voz de Alerta» se negó. «Hice lo que pude por vosotros cuando os juzgaron. No veo ahora motivo para prolongar nuestras relaciones.»

Los Costa ignoraban que «La Voz de Alerta», pensando en Laura, hubiera accedido a la entrevista; pero que Carlota, condesa de Rubí, se opuso a ello con toda energía. «Me darías un gran disgusto si les estrechases la mano a ese par de granujas.» ¡Ah, cuando la condesa de Rubí decía «me darías un gran disgusto», «La Voz de Alerta» dejaba caer al suelo estrepitosamente la vara de mando!

CAPÍTULO L

Coincidiendo con la estratégica incorporación de los hermanos Costa a la vida de la ciudad, vientos huracanados, de impresionante fuerza, azotaron extensas zonas de España, Portugal y el estrecho de Gibraltar, ocasionando una serie de catástrofes.

La ciudad más particularmente afectada fue Santander, patria chica del Gobernador Civil y de María del Mar... Así como durante mucho tiempo se hablaría de la inundación que había sufrido Gerona, era de prever que durante muchos años, y con mayor motivo, se hablaría del «incendio de Santander», iniciado el 17 de febrero a consecuencia, al parecer, de un cortocircuito habido en la Catedral, con el desprendimiento de un cable de alta tensión. El viento se apoderó del fuego inicial y lo llevó en volandas. Las primeras noticias llegadas a Gerona hablaban de la destrucción de la Catedral, del Palacio Episcopal, de los dos periódicos locales —*Diario Montañés* y *Alerta*—, y de gran parte del comercio céntrico de la ciudad. También se hablaba de que el huracán había ocasionado muchas víctimas en Vigo, en el litoral portugués, y de que el tren eléctrico de Bilbao había caído al río Urola.

Santander..., patria chica del Gobernador Civil y de María del Mar. Ni que decir tiene que el Gobernador se dispuso inmediatamente para la marcha hacia la capital montañesa, donde vivían casi toda su familia y la familia de su esposa. Por desgracia, ésta no podría acompañarlo, por hallarse en cama con gripe. Lo acompañarían, en cambio, Miguel Rosselló, al volante del coche, y José Luis Martínez de Soria, quien en todo cuanto se relacionase con el fuego veía la intervención directa de Satán.

De hora en hora las noticias iban siendo más alarmantes, de suerte que el Gobernador decidió no demorar el viaje ni un minuto, dejando la provincia en manos de Mateo.

La despedida fue dramática. María del Mar, en el lecho, no cesaba de repetir:

—¡Mira que no poder ir contigo! ¿Cómo te las arreglarás para darme noticias?

—Haré lo que pueda, querida... Ahora, por favor, no me entretengas más. Cuida de los chicos.

Pablito y Cristina se le echaron en brazos y lo llenaron de besos.

—Adiós, papá... ¡Llámanos en seguida!

—Claro que sí...

En el último momento, el Gobernador le dijo a su hijo:

—Bien, Pablito... Cuida de mamá. Quedas al mando de la casa. No olvides que eres el varón.

—Descuida, papá.

El coche partió como un rayo. Y en el camino, gracias a los periódicos y a la radio, el balance se iba concretando: pasaban de cuatrocientas las casas destruidas, el viento no cesaba y colaboraban en las tareas de extinción y salvamento el Ejército, la Falange, los bomberos, y docenas de voluntarios llegados de Bilbao, de Burgos, de todos los puntos.

Fue un viaje agotador, sin apenas descanso, turnándose al volante los tres hombres. José Luis Martínez de Soria conducía como los ángeles —o como los demonios— y, sobre todo en las curvas, experimentaba tal placer que nadie hubiera dicho que se dirigía a contemplar el espectáculo que ofrecía una ciudad incendiada.

Apenas si se hablaban. Cada quilómetro era una eternidad. Miguel Rosselló era el que más fácilmente conseguía dormir. El Gobernador no pudo dar una sola cabezada, y a ratos le daba por silbar. Cuando la tensión nerviosa era excesiva, de pronto parecían olvidarse del motivo del viaje y hablaban de los temas más diversos: de la singular personalidad de fray Justo Pérez de Urbel, asesor nacional de la Sección Femenina; de la reciente puesta en circulación de las nuevas monedas de cinco y diez céntimos... Hasta que de pronto se acordaban nuevamente de Santander. Y entonces relacionaban lo ocurrido en la ciudad con los bombardeos de Londres, de Berlín, ¡de Génova! Génova, según la radio, había sido objeto de un terrible bombardeo inglés, comparado con el cual ese balance de cuatrocientas casas destruidas y de treinta mil personas sin hogar debía de ser una insignificancia.

—Sí, claro —decía el Gobernador—. Pero en Génova no se me ha perdido nada. En cambio, en Santander... ¡Dios, qué barbaridad!

Por fin alcanzaron la capital montañesa. El panorama los retrotrajo a la guerra: a Teruel, a Brunete, a la Casa de Campo, de Madrid... Pero todos los familiares del Gobernador y de María del Mar estaban a salvo. ¡A salvo! Era para llorar de alegría. Apenas algunos rasguños en el patrimonio Dávila: un par de inmuebles en la calle de la Esperanza.

El Gobernador y José Luis Martínez de Soria —por cierto que María Victoria estaba allí, procedente de Madrid, con unos camiones de socorro de la Sección Femenina— se quedaron en la capital, colaborando con las autoridades, mientras Miguel Roselló salía hacia Torrelavega a poner el telegrama que había de devolver la tranquilidad a María del Mar, a Pablito y a Cristina... «Todos bien. Alegría inmensa. Abrazos.»

Marcos, al captar en la estafeta de Gerona este telegrama, comentó con Matías:

—¡Vaya, menos mal! El Gobernador, pese a todo, me cae simpático.

* * *

En el interior del hogar del Gobernador la marcha de éste había traído, en el plano psicológico, considerables repercusiones, de modo especial por lo que se refiere a Pablito. «Bien, Pablito... Cuida de mamá. Quedas al mando de la casa. No olvides que eres el varón.» Pablito había contestado: «Descuida, papá.»

Pero ocurrió que, apenas el coche estuvo fuera, Pablito se sintió súbitamente desamparado. Encerrado en su cuarto, rodeado de libros de texto, de revistas y con un par de dibujos de su amigo Félix clavados en la pared, pensó en su madre, María del Mar, tosiendo en la cama; en Cristina, su hermana, más irresponsable que nunca; en aquel enorme caserón del Gobierno Civil, y le pareció que todo en conjunto iba a ser un peso excesivo para sus espaldas. Sintióse ridículo, sentado en su silla de estudiante de Bachillerato, sin arrestos para encender un pitillo, como había imaginado. «Eres el varón...» Parecióle que el incendio de Santander lo señalaba con el dedo, que era una suerte de aviso destinado a demostrarle que no había cumplido aún dieciséis años, que era un crío y nada más, un crío con muchas preguntas en el alma y en la punta de la lengua, pero sin ninguna respuesta.

Pablito procuró reponerse. Se fue al lavabo. Se friccionó

con agua de colonia, se peinó, se ciñó fuerte el nudo de la corbata, y hecho un pimpollo se dirigió al cuarto de su madre, a la que oía toser. «He de consolarla —se decía—. He de consolarla.» Pero las piernas le temblaban mucho más que si tuviera que examinarse.

Por fin alcanzó la alcoba, sumida en una media luz tibia.

—Mamá...

—Hola, hijo... ¡Pasa! ¿Por qué te quedas ahí?

Pablito se acercó. El muchacho capaz de preguntarle a su padre quién era Noab y por qué los mayores se dedicaban sistemáticamente a hacer la guerra, apenas si tuvo valor para acercarse al lecho en que su madre, María del Mar, yacía, con el termómetro puesto.

—Ya voy, mamá... Ya estoy aquí.

Pablito llegó junto a la cama. Y, pese a la penumbra, consiguió ver a su madre, tapada hasta el cuello. ¡Qué hermosa le pareció! Los ojos le brillaban, debido a la fiebre, y los labios, un poco resecos, tenían una tristeza especial. Su madre estaba pálida, pero bien peinada. No llevaba pendientes y olía a agua de colonia; sin duda acababa también de friccionarse. Las manos le asomaban por el embozo de la sábana. Manos blancas, de asombrosa virginidad.

—Pero ¿ocurre algo, hijo? No te asustes... ¡Estoy segura de que recibiremos buenas noticias!

Pablito no acertó a contestar. Sintió en el corazón que amaba tanto a aquella mujer que le había dado la vida, que inesperadamente se le echó al cuello.

—¡Cuidado, hijo, que llevo puesto el termómetro!

Daba igual... ¡Que se partieran por la mitad todos los termómetros del mundo, puesto que ninguno podría dar la medida de la fiebre de amor que se había apoderado de Pablito en aquella tarde de febrero!

—Te quiero, mamá... Te quiero muchísimo...

—¡Hijo...!

—Te quiero, mamá... Y estás guapísima... Sí, guapísima...

María del Mar pasaba alternativamente del asombro a la ternura. Con su mano derecha acariciaba la juvenil cabellera de su hijo, el cual iba hundiendo poco a poco la cabeza en el pecho materno.

—Pablito, hijo... ¿Qué te ocurre? ¡Estás asustado!

—No, no estoy asustado... Pero te quiero... Y papá está fuera...

María del Mar se declaró vencida, comprendió. Y sonrió y lloró de felicidad, pese a la zozobra que la embargaba y a que la cabeza le daba vueltas.

—Tranquilízate, cariño... Tu padre volverá pronto... —Pablito sollozaba—. Acuérdate de cuando la guerra... Siempre volvía... Siempre volvió.

La escena se prolongó por espacio de cinco minutos, que parecieron también una eternidad. Hasta que Pablito reaccionó. Hasta que el muchacho se dio cuenta de que apenas si le permitía a su madre respirar...

Se incorporó.

—Perdona, mamá... No sé lo que me ha pasado...

—¿Perdonarte yo? ¡Llevaba meses sin sentir una alegría tan grande...!

Pablito se sentó en el borde de la cama. Se pasó por los ojos el dorso de la mano. Sacó un pañuelo y se sonó. Hubiérase dicho que iba a sonreír, pues también una inmensa dulzura había invadido su pecho, absolutamente independiente del drama de Santander.

Pero en aquel momento tuvo plena conciencia de que la cama en que estaba sentado era el lecho conyugal. Entonces oscuras imágenes cruzaron su mente; aquellas imágenes que el doctor Andújar denominaba «relámpagos de intimidad». No era la primera vez que ello le ocurría. Y habitualmente había reaccionado mal, casi con hostilidad con respecto a su padre. Pero en esta ocasión todo era distinto, Dios sabía por qué. Todo le pareció... normal. Con la lógica de las estrellas que a la noche aparecían en el cielo; con la misteriosa lógica de la naturaleza, lógica necesaria para que él estuviera allí y Cristina anduviera cerca haciendo diabluras.

Tal vez notara, en lo más hondo, un poco de celos...; nada más. Pero su madre, que ahora le estrechaba con amor la mano izquierda, se convirtió para él en la imagen perfecta de la pureza...

—De veras, mamá... Perdóname... Qué crío soy todavía, ¿verdad?

—Al contrario, hijo... Es hermoso que los hombres lloren. Tu padre, ¿sabes?, también llora de vez en cuando...

* * *

«Todos bien. Alegría inmensa. Abrazos.» Este telegrama, puesto por Miguel Rosselló, contribuyó a acelerar la recuperación de María del Mar, quien, pese a todo, tuvo que pasarse unos días sin salir de casa.

En esos días fueron tantas las pruebas de afecto que recibió, que se sintió abrumada. Todo el mundo quería saber si el incendio había afectado directamente a su familia o a la del Gobernador y cómo andaba ella de su gripe. «Bien, bien. En medio de todo, hemos tenido mucha suerte. Juan Antonio me ha llamado ya dos veces por teléfono, desde Torrelavega. Aquello ha sido pavoroso, pero nuestras familias están a salvo. Y yo me siento ya mucho mejor.»

Sus amigas —Esther, doña Cecilia, la viuda de Oriol y Carlota, la cual había entrado en aquella casa por la puerta grande— acudían a menudo a hacerle compañía a María del Mar, mientras Mateo había dispuesto, a través de *Amanecer*, la consabida suscripción *pro damnificados de Santander*, suscripción a la que contribuyó toda la población, sin excluir al cónsul alemán —recién llegado a Gerona, llamado Paul Günther—, ni al cónsul inglés, míster Edward Collins. Las listas de los donantes iban saliendo en el periódico y naturalmente las cifras variaban mucho. El Banco de España contribuyó con cinco mil pesetas; la gente modesta, con una peseta o con dos.

Las tertulias de María del Mar con sus amigas resultaron muy agradables.

—¿Sabéis que casi me apetecía que Juan Antonio se fuera unos días por ahí? Necesitaba pensar un poco... De vez en cuando resulta agradable quedarse sola, ¿no creéis?

Era raro que María del Mar hablara así, pues siempre se quejaba de que su marido tenía que estar viajando. Pero en esta ocasión se lo tomó por el lado bueno. Y es que, realmente, necesitaba reflexionar. Desde la escena con Pablito había decidido poner mejor voluntad aún en aceptar la vocación política del Gobernador. Cuando éste regresara... procuraría interesarse más por sus problemas.

Sus amigas la animaron a ello.

—Claro que sí, mujer. Los hombres lo necesitan.

Esther dijo:

—También yo a veces he de aguantar largos discursos de Manolo sobre el artículo tal del código cual.

María del Mar iba recuperándose —la ausencia del Gobernador iba a durar una semana— y la mujer se daba cuenta de que esos desahogos con sus amigas, en la sala de estar del caserón del Gobierno Civil, en cuya chimenea los leños ardían, le hacían mucho bien.

Doña Cecilia, por ejemplo, tenía la santa virtud de ponerlas a todas de buen humor, especialmente porque al aludir a las cuestiones internacionales y a la guerra se armaba unos líos con los nombres que era para reírse. «¿Cómo se llama ese general chino que odia tanto a los japoneses?» «Chiang Kai-Shek», le informaba Carlota. «¡Ay, hija! Con ese nombre no se puede ganar, ¿verdad?»

Hablaban de todo un poco: de los maridos, de los hijos, de los curas, de las chachas... y del doctor Chaos. Sí, nombraban a menudo al doctor Chaos, sobre todo porque Solita, su experta enfermera, había ido a poner unas inyecciones a María del Mar y ésta se había dado cuenta de que Solita bebía los vientos por el doctor.

—Sería gracioso que tuviéramos un idilio en puertas, ¿no os parece? A veces, esos hombres, cuando llegan a cierta edad...

—Pero... —preguntaba Esther—. ¿En serio crees que Solita se ha enamorado?

—¡Toma! Tan seguro como que Manolo y tú fumáis tabaco rubio...

—¡Ja! Esto es divertido.

María del Mar se percató muy pronto, con viva satisfacción, de que no se producían jamás situaciones tensas, ni siquiera entre Carlota y Esther, eternas rivales en cuestiones de buen gusto y elegancia. Incluso cuando se ponían a comparar sus respectivos lugares de origen procuraban esforzarse en no chocar. Tal vez, al respecto, la más beligerante, o la más rígida, fuese Carlota. Ésta, en efecto, les reprochaba a sus amigas que en el fondo se encontraran poco a gusto en Cataluña y las acusaba de no haberse tomado la molestia de conocerla bien.

—¿A que no habéis estado nunca en Poblet y Santes Creus? ¿Ni habéis ido nunca al Valle de Arán? ¿Lo veis? Así no hay manera...

Esther, como siempre, se arrellanaba en el sillón, en actitud indolente.

—¿Es que te has recorrido tú toda Andalucía? ¿Cómo? ¿Que no has estado nunca...? ¡Pues anda! Y me acusas a mí... que me casé con un catalán.

—Pero ¡si toda España es hermosa! —exclamaba doña Cecilia—. ¿A qué hacer distingos?

No eran distingos. Pero cada cual estaba orgullosa de lo suyo. Esther, por ejemplo, se pirraba por la crianza de reses bravas. «Os encantaría visitar una ganadería. Os lo aseguro.» María del Mar, que no soportaba los toros, excepción hecha de los bisontes pintados en las cuevas de Altamira, se jactaba en cambio de la gran cantidad de coros y orfeones que había en el Cantábrico. «Desde Guipúzcoa hasta Asturias... ¡hay que ver!» Carlota simulaba escandalizarse. «Pero, ¡por Dios, cómo vamos a comparar! ¡En Barcelona tenemos ópera, el Liceo! Por cierto que esta temporada están dando todo Wagner...» «¿Y el flamenco? —preguntaba doña Cecilia, haciendo como que palmeaba—. ¡Y olé!» «Eso, no —rechazaba con energía la viuda de Oriol—. El flamenco destroza los oídos.»

Nunca llegaba la sangre al río... Y cuando María del Mar o Esther se quejaban de cualquier cosa, Carlota las interrumpía súbitamente diciendo:

—Y pensar que si yo tuviera, como vosotras, un par de hijos, sería feliz...

María del Mar y Esther la miraban, con expresión de sorpresa.

—Pero... ¡hija! ¡Si acabas de casarte!

—Ya lo sé, ya lo sé... Pero querría tenerlos ya... y creciditos. Poder hablar con ellos. Es mi ilusión.

María del Mar pensaba en Pablito.

—Desde luego, dan mucho quehacer. Y muchos sobresaltos... Pero dan también muchas alegrías.

Esther se mostraba también encantada con su parejita. «Cada día son más salados.»

—No te preocupes, Carlota. Todo llegará.

Doña Cecilia solía lamentarse de que su hijo, el capitán Sánchez Bravo, anduviera mariposeando sin mostrar el menor deseo de casarse.

—¡Ese bribón —decía— va a privarme del gustazo de ser abuela!

A veces pasaban revista a las mujeres hermosas de la ciudad, como en los concursos de belleza que se celebraban antes de la guerra. «Si se organizasen ahora —bromeaba la viuda de Oriol—, el obispo se moriría del susto.» «Pero ahora el obispo no está aquí. ¿Así, pues, a quién elegiríamos *Miss Gerona*?»

El envite daba lugar a vivas controversias. Descartada Esther, por su condición de casada —Esther esbozaba una reverencia—, la lucha quedaba entablada entre Silvia, la manicura, y la hija del jefe de Obras Públicas, que era un primor pero que parecía destinada a quedarse para vestir santos. Un día Carlota se pronunció sin remilgos... ¡por Paz Alvear! Hubo protestas. «Pero... es una chica muy vulgar, ¿no?» Carlota opinó: «Tal vez. Pero que se lleva a los hombres de calle, eso seguro. Empezando por mi marido, no creáis...» Entonces la viuda de Oriol recordó que el año 1933 una muchacha gerundense había obtenido nada menos que el título de *Miss Europa*.

A María del Mar le gustaba plantear el problema del feminismo. Aseguraba que las mujeres españolas eran las más femeninas del mundo. «Entonces —objetaba Esther—, ¿cómo te explicas que en el país, y salvo excepciones, los maridos se pasen la vida en los cafés?» Carlota estimaba que los hombres eran muy superiores en todo, incluso en generosidad. «Nosotras somos egoístas, hay que reconocerlo. A veces me pregunto para qué servimos... Ellos son arquitectos, ingenieros, abogados, ¡alcaldes! Escriben, inventan... Con sólo mujeres viviríamos todavía en la Edad de Piedra.» La viuda de Oriol abundaba en la misma opinión. ¡Parece ser que tienen el cerebro más desarrollado que nosotras, que su cerebro pesa más.» Doña Cecilia se reía. «¡Eso sí lo creo! Son más pesados que los sermones del señor obispo.»

Las tardes volaban en el caserón del Gobierno Civil. No, no había acritud entre aquellas mujeres. A veces la merienda que les ofrecía María del Mar era tan suculenta que, pensando en las cartillas de racionamiento, les remordía un poco la conciencia. «Supongo que es un abuso, ¿verdad? ¡Pero las tartas de nata son tan ricas!» Cuando jugaban a las cartas ponían tal pasión en el juego que doña Cecilia, que actuaba de espectadora, acababa tomándoles el pelo. «¡Ni el general pone esa cara cuando juega ante los mapas a hacer la guerra!»

No era raro que, a mitad de la sesión, entrase Cristina, llevando alguno de los graciosos pijamas que solía usar para andar por casa. Entonces todo se paralizaba y la pequeña se convertía en la reina de la reunión.

—¡Cristina! ¡Encanto!

—Anda, hija. Saluda a esas amigas de mamá... Dales un beso.

—Sí, mamá.

Doña Cecilia acariciaba el cabello de la niña y volvía a pensar que el capitán Sánchez Bravo era un bribón, puesto que no la obsequiaba con una nieta como Cristina.

Al término de esas reuniones, cuando las amigas de María del Mar se habían marchado —Carlota, que conducía ella misma su coche, coche negro, precioso, las acompañaba a todas a sus respectivos domicilios—, la mujer del Gobernador suspiraba satisfecha. Y se sentaba en su sillón preferido a descansar. A veces sentía celos de la juventud de Esther y de Carlota y, repentinamente, se entristecía. Rehuía los espejos, que le hubieran devuelto demasiadas arrugas. Entonces, a escondidas de Pablito y de sí misma, tomaba un paquete de tabaco que guardaba en un cajón y encendía un pitillo... rubio. Las espirales de humo dibujaban palabras en el aire: Santander, gripe, femineidad; o frases enteras: orfeones del Cantábrico, cerebros masculinos, que pesaban más, monasterios de Poblet y Santes Creus, que ella, ¡por simple pereza!, no había visitado nunca.

CAPÍTULO LI

Lo menos que podía decirse de Pilar es que vivía feliz. El piso de la plaza de la Estación, pese a las mejoras hechas en él, especialmente en la cocina, y pese a la hermosa alcoba con cama antigua, altísima, era modesto, pero un vivo testimonio de paz. Pilar y Mateo se entendían a las mil maravillas. Según expresión de don Emilio Santos, «eran dos tórtolos». Don Emilio Santos afirmaba que quien mejor lo pasaba era él. «He ganado una hija, que me cuida como me cuidaba mi mujer, que en paz descanse. Al menor descuido, una golosina en la mesa. La ropa, limpia. Pilar cada mañana me pone la inyección para mis piernas y por la noche, antes de irme a la cama, me calienta la botella de agua. En fin, que me ha tocado la lotería...»

Tal vez la nota discordante fuera Teresa, una chiquilla de quince años recién cumplidos que Pilar había tomado en concepto de criada. Era torpona, no daba una a derechas y Pilar a menudo se enfadaba con ella. Pero tampoco llegaba la sangre al río y Teresa, que por otra parte era muy graciosa, le decía a su «señorita», a Pilar, que tuviera un poco de paciencia, que lo que ella quería era aprender.

La gran ventaja de Pilar fue seguir al pie de la letra los

consejos de su madre, Carmen Elgazu. «Los hombres quieren limpieza en la casa. Sé limpia, sobre todo. El suelo, las lámparas, las camisas... Sobre todo, las camisas. Y la comida variada. Tienes la ventaja de que Mateo podrá conseguirte el racionamiento que quieras. A veces un plato de crema es más útil que cien discursos. ¡Ah, y pon ceniceros en todas partes!»

Pilar obedeció. Casi exageraba. El piso relucía. Mateo, más exigente que María del Mar en esas cuestiones, se negó a lo del doble, o triple, racionamiento; pero Pilar se espabiló por su cuenta. El dinero no le alcanzaba para adquirir muchas cosas en el mercado negro, pero por algo había trabajado en la Delegación de Abastecimientos, en la sección de cartillas... y por algo el señor Grote, que continuaba allí, le había dicho siempre: «Si necesitas algo, ya sabes.»

Pilar descubrió que tener hogar propio, ser la dueña, la «señorita», la «señora», daba tal sensación de plenitud que sólo faltaba que al abrir la ventana luciera el sol para alcanzar lo dicho: la felicidad. Y si llovía, lo mismo... Era hermoso encender la estufa —de serrín, como en la Rambla— y ponerse a coser mientras fuera caía el agua mansamente. Además, los ruidos que oía desde la casa se le hacían entrañables, especialmente los ocasionados por el paso cercano de los trenes. El latido de las locomotoras y su silbido disparaban su imaginación, recordándole que el mundo estaba en marcha. Y que, con el mundo, estaba en marcha su corazón. A veces, el humo procedente de la estación empañaba los cristales; pero entonces Teresa acudía con prontitud, y con un paño blanco les devolvía la transparencia original.

Mateo sólo tenía una queja: Pilar lo llamaba demasiadas veces por teléfono. De repente, por cualquier motivo, marcaba el 1374, el número de Falange. «¿Está mi marido...? Por favor, que se ponga.» *Mi marido...* ¡Qué bien sonaba la palabra! Mateo cogía el auricular: «¿Qué ocurre, pequeña?» «Nada, tenía ganas de oír tu voz...» «Pero ¿no comprendes que...?» «No comprendo nada. Quería oír tu voz...» En otras ocasiones inventaba excusas fútiles, insignificantes. «Mateo, no olvides el mechero, que luego me das la lata...» «Mateo, Teresa y yo hemos quitado el polvo de todos tus libros, uno por uno. Y verás lo que te he puesto en el despacho...»

Cualquier cosa le causaba ilusión. Ir de compras con Teresa, llevando ésta la cesta. Detenerse en los escaparates buscando una boquilla para don Emilio Santos o unas plantillas para

Mateo, que se quejaba de que a veces le dolían los pies. Llamar por teléfono a las amigas, procurando que su voz no delatase el grado de dicha que la embargaba. Invitándolas a merendar, o simplemente a que vieran la nueva colcha que había terminado de bordar. Llamaba a Asunción, para bromear con ella acerca de Alfonso Estrada. «Hazme caso. Duro con él. Y píntate los labios...» Llamaba a Marta. «No vamos a dejar de vernos, ¿no te parece? ¡Procura escaparte un rato esta tarde!» Llamaba a Chelo Rosselló para preguntarle: «Pero, chica, ¿todavía no te casas con Jorge? La verdad, no sé a qué esperáis... Te juro que el estado ideal de la mujer es el matrimonio.»

Menos a menudo llamaba a Esther... Esther la intimidaba un poco. Esther era muy «sabia», leía mucho, y a Pilar no le quedaba tiempo para abrir un libro. Apenas si, haciendo un esfuerzo, y porque se lo había impuesto como obligación, leía el periódico, para poder comentar con Mateo la marcha de la guerra. No fuera a ocurrir que Hitler hubiera entrado en Londres y ella no estuviese enterada... Además, Mateo salía casi todos los días en *Amanecer*. Lo menos tres veces a la semana —Pilar había sacado el promedio— aparecía su fotografía. Pilar las recortaba todas y las pegaba en un álbum que pensaba regalarle el día en que se cumpliera el primer aniversario de su boda.

Carmen Elgazu la visitaba muchas tardes. Y a veces escuchaban juntas la radio, el serial de turno. Mateo había adquirido para su suegra una mecedora casi idéntica a la del piso de la Rambla, para que Carmen Elgazu se sintiera cómoda. Matías espaciaba un poco más las visitas. Y en lo posible procuraba coincidir con don Emilio Santos, con quien sostenía largas charlas sobre los temas más dispares. Últimamente les había dado por reírse contándose el uno al otro aventuras de la juventud, quedando bien claro que Matías había vivido una mocedad bastante más animada que don Emilio Santos. «Matías, si Carmen supiera todo esto le daba un síncope.» «¡Bueno! No se enterará... Es la ventaja que tenemos los hombres. Llegamos al matrimonio sin que se nos note nada.»

Día glorioso para Pilar era cuando conseguía que Mateo no tuviera nada que hacer, ningún jefe local que nombrar, ningún discurso que pronunciar, y la llevara al cine o al teatro. Entonces Pilar se ponía su mejor abrigo, su mejor traje, sus mejores abalorios y se plantaba en el palco «reservado para las autoridades» o en la fila de butacas «del cordón rojo», como una reina. Si coincidía allí con la esposa del delegado de Sindicatos, tanto mejor, porque era muy simpática y no le importaba hablar de trapos. Si coincidía con Carlota... la cosa era más complicada. Carlota le infundía tanto respeto como Esther. Y era mucho mayor que ella. Entonces no tenía sino una arma que esgrimir: sus pocos años, sus mejillas sonrosadas y su hermoso escote.

Algunas veces, invitaban a Ignacio a almorzar. Y todo salía de perlas. Ignacio, desde que Pilar se había casado, se tomaba más en serio a su hermana. Ésta había dejado de ser para él la chica que tenía chispa, pero escasas ideas propias y reacciones un tanto impertinentes. La veía... mujer. Tres meses de matrimonio le habían conferido como una aureola que en el fondo conmovía a Ignacio. Por si fuera poco, esas invitaciones, esos almuerzos, habían servido para que Mateo e Ignacio volvieran a conectar como antaño. En los últimos tiempos el trabajo distinto los había distanciado un poco. Ahora eran cuñados. Su sangre se había acercado, mezclado en cierto modo, lo que demostraba que el matrimonio era un sacramento que salpicaba a los demás, a muchas personas. Mateo e Ignacio, al tomar ahora café juntos, café servido por Pilar, revivían sus emociones afectivas, los itinerarios de su pensamiento desde que Mateo llegó a Gerona, allá por el año 1933, dispuesto a fundar la célula de Falange, y le dijo a Ignacio, en casa del profesor Civil, que «ser español era una de las pocas cosas serias que se podía ser en la vida».

—Mateo, ¿no preferirías ahora decir que una de las cosas más serias es casarse?

Ignacio decía esto porque andaba preocupadillo con su problema, con el problema que le había planteado el padre de Ana María. Viendo a Mateo y a Pilar, tan de la misma clase, tan parecida su gesticulación, su forma de doblar la servilleta y hasta de decir: «perdonad un momento, voy al lavabo», se preguntaba si en la intimidad le ocurriría a él lo mismo con Ana María. En el fondo, él y Ana María se conocían sólo a través del sentimiento. A veces le daba la impresión de que sólo se habían visto en bañador, y debajo del agua... Habían tomado café juntos, pero no habían comido juntos jamás. Y jamás se habían visto el uno al otro en zapatillas.

Y era lo peor que este tema no podía tratarlo con Mateo y Pilar, puesto que la sombra de Marta andaba por medio... De modo que procuraba olvidarlo y observar a su hermana y a Mateo. ¡Ah, sí, había que rendirse!: dos tórtolos. Mateo se derretía cuando Pilar, al pasar detrás del sillón en que estaba sentado, le revolvía el pelo o le tomaba la mano y le daba en ella un par de palmaditas. Y Pilar se volvía loca cuando Mateo la buscaba de improviso en la cocina y la pellizcaba: «¡Huy, qué tonto eres! ¿No ves que el aceite de la sartén está hirviendo?»

A mediados de marzo las visitas de Carmen Elgazu menudearon un poco más... Circulaba por el piso de Pilar cierto aire de misterio. Matías y don Emilio Santos se miraban a veces... y sonreían. Hasta que, un día, la noticia se confirmó: Pilar iba a tener un hijo.

—¡Mateo! ¡Es verdad! ¡Es verdad!

Mateo dejó por un momento de pensar en Falange y abrazando a Pilar apoyó la cabeza en su hombro, y, sin poder evitarlo, rompió en un sollozo. Tuvo la sensación de que aquello iba a equilibrar definitivamente su vida. A veces se notaba viviendo demasiado para los demás, sin tiempo, *sin tempo*, para él. Saber que ahora iba a prolongarse en otro ser, que aquello que se albergaba en las entrañas de Pilar era suyo, más allá de las consignas y de la lucha, lo volvió a una realidad que casi había olvidado: la de que era un hombre. Hombre primero, jefe político después...

—Siéntate, Pilar... ¡Esto es un milagro! Amor mío, pequeña...

—¡Mateo!

—¿Sabes una cosa? Telefonéame cuantas veces quieras... Sin necesidad de excusas...

—Mateo... ¡por favor! Que me estás haciendo daño...

—¿Es posible? ¿Puede dañarse al abrazar?

—Pues... me está pareciendo que sí...

—¡Cariño! Ya no necesito plantillas... Tengo la impresión de que voy a volar.

En efecto, Mateo voló. Voló hacia regiones de ensueño. Desde siempre había deseado ser padre de familia, y a ser posible, de familia numerosa, como el doctor Andújar. Seis, ocho hijos, doce: le daba igual... A veces, en los Campamentos de Verano, tenía la impresión de que toda aquella muchachada azul le pertenecía. Pero en esa tarde de marzo, mientras latían cerca las locomotoras de la RENFE —el Estado acababa de nacionalizar los ferrocarriles de vía ancha— y la tramontana procedente del Ampurdán silbaba más que ellas y rebotaba contra los cristales limpiados por la graciosa Teresa, se dio cuenta de que el Frente de Juventudes era algo muy distinto a la paternidad. Los «flechas» eran hijos adoptivos, del pensamiento y del deber; la vida que se iniciaba en el seno de Pilar, en cambio —¿qué extravagante forma tendría ya?—, era un hijo verdadero, el epicentro del misterio, de un misterio que, al revés de la mayoría, pugnaba cada día por desvelarse, por convertirse infaliblemente en realidad, en una realidad de color amoratado y rosa; con veinte dedos, y dos ojos, y dos orejas, y una naricilla para respirar.

Fue, en verdad, un acontecimiento. Un acontecimiento que aceleró la circulación sanguínea de las dos familias, pero que al propio tiempo paralizó los relojes. Los relojes, desde ese momento, daban la impresión de que no andaban. Como si esperasen a que llegara una nueva hora en la tierra, una tierra en la que sólo había un habitante: Pilar.

Felicitaciones a granel... El teléfono con las amigas funcionó más que nunca. Bromas en el Café Nacional. El señor Grote, Marcos, Galindo, empezaron a llamar a Matías «el abuelo». «¡Ramón, un coñac para el abuelo!» «¿Qué dice el abuelo?»

—El abuelo —decía a veces Matías, levantando con maestría, todas a un tiempo, sus fichas de dominó— saluda a la concurrencia al grito de *¡Arriba España!*

Carmen Elgazu exageró. Prácticamente se trasladó al piso de la plaza de la Estación y se multiplicaron los consejos.

—Hija, come, come mucho... Tienes que comer por dos...

—Hija, no se te ocurra ducharte con agua fría...

—Hija, mucho cuidado con los caprichos. Ya sabes que...

—Sí; ya sé, luego el crío nace con lunares...

Pilar se sentía tan mimada, que se volvió exigente. Hubo un momento en que Ignacio temió que su hermana se convirtiera en déspota. Pero no hubo tal. A Pilar le gustaba sentirse protegida, pero también tenía plena conciencia de su responsabilidad.

Lo que sí tuvo, con toda evidencia, fue un reflejo de tipo religioso. Le dio gracias a Dios por lo ocurrido y cada vez que iba a la consulta del doctor Pedro Morell y éste le decía: «Esto marcha perfectamente...», a la salida Pilar entraba en la iglesia del Sagrado Corazón, adonde fue precisamente cuando tuvieron que operar a su madre, y allí le rezaba a la Virgen-Adolescente, la de los congregantes, la del padre Forteza, para que la ayudara a soportar el embarazo y para que, en el momento del parto, tuviera ella las fuerzas necesarias para comportarse como debía comportarse una mujer.

El doctor Morell... ¡Qué hombre! Pilar lo admiraba, admiraba su profesión. Tocaba los extremos de la vida y de la muerte. Un día ordenó que le extirparan a Carmen Elgazu lo que ésta tenía de madre, la esterilizó; otro día, no lejano, la ayudaría a ella a lo contrario, a tener un hijo. ¿Un hijo o una hija?

Pilar deseaba un hijo. Y que se llamara César. Por eso una mañana alquiló un taxi y, sin decírselo a nadie, se fue al cementerio y, dirigiéndose al nicho en que César dormía, Pilar le ofreció a su hermano el fruto de su vientre y le rogó que le traspasara un poco de su bondad.

Fue una escena solitaria y conmovedora, entre los cipreses oscuros, pese a que tía Conchi, el cadáver de tía Conchi, estaba también allí, detrás de la lápida, presenciándolo todo.

A Mateo lo mismo le daba que fuera chico o chica. «Vamos a tener otros muchos... De todo habrá.»

Esther se mostraba disconforme con los consejos que Carmen Elgazu le daba a Pilar.

—No seas boba. Eso son cosas pasadas... Lo que tienes que hacer es lo contrario: bañarte, hacer ejercicio... ¿No comprendes? ¡Y nada de comer tanto, por favor! Anda, Pilar, que yo tuve mis dos críos sin apenas darme cuenta...

Pilar escuchaba a todo el mundo, pero sobre todo a su propio corazón. Y éste le estaba haciendo una jugarreta... de la que no se atrevía a hablar ni siquiera a Mateo: el miedo a la guerra.

Desde que se había quedado encinta no podía pensar en la guerra, ni leer los partes alemanes, ingleses y demás sin sentir un miedo pavoroso. Infinidad de palabras tenían ahora para ella otro significado; incluyendo palabras que le eran muy caras a Mateo... «Mitad monje, mitad soldado.» ¿Por qué su hijo iba a ser mitad monje, mitad soldado? Sería lo que se le antojara ser, ¿no? ¿Y las consignas de la Sección Femenina, de la Hermandad de la Ciudad y el Campo? *Cada hijo que muere, es un ciudadano que se pierde para la Patria.* ¿Sólo para la Patria? ¿Y la madre, no lo perdía?

—Por Dios, no le digas esas cosas a Mateo...

La voz que hablaba así era la de la propia Pilar. Y en alguna ocasión, la de Carmen Elgazu. Aunque ésta añadía:

—De todos modos, no te preocupes. También Mateo cam-

biará. Cuando los hombres tienen un hijo, todo es distinto...
¡Si hubieras conocido a tu padre! Cuando Ignacio nació me
prohibió que abriera las ventanas. Y eso que siempre había
estado hablando de que había que airear las habitaciones...

Y lo cierto era que los relojes, pese a las apariencias, andaban... Sobre todo uno: el del piso de la plaza de la Estación,
instalado en el comedor. *Tic, tac, tic, tac...* Marzo, abril... Cuando llegara octubre, finales de octubre, ¿qué ocurriría? El gran
milagro de que Mateo habló. Nacería un nuevo César...; o una
niña amoratada y rosa, con veinte dedos, con dos ojos, con
dos orejas, con una naricilla para respirar.

—¿Qué dice el abuelo?

—El abuelo presenta esta vez cuatro dobles. Hay que ba-
rajar las fichas de nuevo...

* * *

La felicidad de Pilar y Mateo produjo en Ignacio una fuerte impresión. Aquello no era un proyecto; era un hecho. Un
hecho que intensificó lo indecible su propio amor por Ana
María, pero que lo intranquilizó de nuevo. Ignacio a veces se
miraba al espejo y se veía vulgar, fiscalizado además por los
rostros esquizoides, rotos, de Picasso, que colgaban en la pared de su cuarto. Y, por más que su última entrevista con Ana
María, en Barcelona, había sido encantadora y que las cartas
que la muchacha le escribía, casi a diario, no podían ser más
estimulantes, era evidente que debería pasar mucho tiempo
antes de estar en condiciones de instalar bufete propio y de
poder ofrecer «a la hija de don Rosendo Sarró» un nivel de
vida digno.

Por añadidura, el piso de la Rambla, ahora que conocía a
fondo el de Manolo y Esther, lo acomplejaba cada día más.
Claro que disponía de la soñada habitación para él solo..., con
las obras de Freud, pero era un hogar de lo más humilde. ¿Y
sus padres? Eso era peor aún. De un tiempo a esta parte no
podía evitar el juzgarlos como desde un observatorio. ¿Por
qué su padre, Matías, al gargarizar, antes de acostarse, metía
tanto ruido? ¿Por qué su madre a veces se dejaba olvidadas,
como tía Conchi, un par de horquillas en el lavabo?

De pronto Ignacio reaccionaba. ¡Al diablo los fantasmas!
Al fin y al cabo, don Rosendo Sarró no era un aristócrata; era
un financiero. Financiero, por otro lado, rigurosamente inmo-

ral, sobre todo a raíz de la guerra. ¡Quién sabe el ruido que metería él al gargarizar! Y, por supuesto, a juzgar por lo que le había contado Ana María, la madre de ésta carecía en absoluto de la distinción espiritual de Carmen Elgazu, cuyos actos constituían siempre una lección de bondad.

A todo esto, don Rosendo Sarró, objeto de las pesadillas de Ignacio, realizó el previsto viaje a Gerona para entrevistarse con los hermanos Costa. Ana María se lo comunicó a Ignacio con la debida antelación: «Llegará el día de San José, alrededor de las once y media.»

Ignacio se mantuvo a la espera, en la calle de José Antonio Primo de Rivera, paso obligado, y consiguió ver efectivamente a su futuro «suegro». Éste llegó poco antes de las doce y se reunió con Gaspar Ley en el Café Savoy. Llegó con un coche fastuoso... y chófer uniformado. Su estampa era la de un triunfador. A Ignacio, que lo estuvo espiando desde el Puente de Piedra, le pareció más alto que cuando lo viera en San Feliu de Guíxols durante el verano, con la caña de pescar a cuestas. Llevaba un sombrero gris y un sólido abrigo cruzado. Al estrecharle la diestra a Gaspar Ley dio la impresión de que los huesos de la mano de éste crujirían, como los del doctor Chaos...

Poco después los dos hombres se dirigieron al local de la Constructora Gerundense, S. A., de la calle Platería. Ignacio tuvo la certeza de que Gaspar Ley, al pasar por la Rambla, le diría a don Rosendo Sarró: «Ahí, en esa escalera sombría, vive el pretendiente de tu hija...»

Estimó humillante aguardar a que la reunión terminase. De modo que subió a su casa. Aunque comió sin apetito y sin dejar de preguntarse: «¿Y cómo me enteraré del acuerdo que hayan tomado? Tal vez Ana María, en la próxima carta, pueda decirme algo...»

No hubo necesidad de esperar tanto. Al día siguiente, por la tarde, Manolo, en el bufete, le informó del resultado de las conversaciones: positivo. Sarró y Compañía trabajaría con la Constructora Gerundense, S. A., sin que ello constara en ningún papel. Todo se realizaría a través de una nueva Sociedad cuya fundación habían concebido los hermanos Costa: Sociedad que se llamaría Emer —Empresas Españolas Reunidas— y que, cara el público, se dispondría a disputarle el mercado a la Constructora Gerundense, S. A. ¡Ah, el truco era corriente en aquellos tiempos! Al frente de dicha Sociedad, los Costa colocarían, en calidad de hombre de paja, nada menos que a Carlos Civil, el hijo del profesor Civil, que continuaba en Barcelona taciturno, intentando en vano abrirse camino.

—¿Comprendes, Ignacio? La jugada es perfecta. ¡Crearse la propia competencia! Y como garantía, el apellido Civil. Por lo demás, el hijo del profesor hará lo que le manden...

Ignacio se quedó de una pieza. ¡Astucia de las «aves de presa»! Emer no despertaría recelos... ni siquiera en el general Sánchez Bravo.

La carta de Ana María, fechada el 21 de marzo, confirmó lo dicho por Manolo. «Mi padre regresó de Gerona muy satisfecho en lo referente a sus negocios. Su aspecto no mentía. Pero, naturalmente, aprovechó la ocasión para pincharme. Me dijo que Gerona era una ciudad aburrida y sucia, sin porvenir...»

Por fortuna, Ana María añadía algo más. Añadía que se había salido con la suya tocante a su proyecto de ir también ella a Gerona. Iría con Charo, por Semana Santa, con la excusa de ver la procesión. Pasarían lo menos dos días, en el hotel en que se hospedaba Gaspar Ley. «Ya está todo arreglado. Mi padre ha puesto el grito en el cielo, pero al final ha optado por ceder. Me ve tan firme, que sabe que si se opone va a ser peor. ¡Así que pronto volveremos a vernos, Ignacio! ¿Te das cuenta de lo que esto significa? Charo me está ayudando mucho. La verdad es que en gran parte la organización de este complot se lo debo a ella. ¡Ah, estoy segura de que Gerona no me parecerá a mí ni aburrida ni sucia! Para mí será el cielo. Porque amarse es el cielo, ¿verdad, Ignacio?»

La alegría del Ignacio fue indescriptible. Ana María demostraba estar dispuesta a todo y ello le infundía valor. Trazó un plan minucioso para que Gerona le causara buena impresión: el barrio antiguo, el camino del Calvario, la Dehesa... Se informaría con exactitud sobre los datos históricos y arqueológicos para poderle decir, en la Catedral, en los Baños Árabes: «Esto es del siglo tal, esto del siglo cual...» ¡Y tomarían café en el Savoy! A ser posible, a la misma mesa en que se sentaron don Rosendo Sarró y Gaspar Ley...

Manolo y Esther aprobaron su proyecto. «Sí, sí, tráela a casa... —dijo Esther, con entusiasmo—. Me muero de ganas de conocer a Ana María. Podremos presenciar la procesión desde aquí, desde el balcón.»

Luego Manolo e Ignacio sostuvieron, en el despacho, una

larga conversación de orden profesional... La necesidad de superación de Ignacio lanzó a éste a la aventura. El muchacho le dijo a Manolo que jamás pudo soñar con aprender tanto en tan poco tiempo. Y que estaba contento con el nuevo sueldo que cobraba desde primero de año, y, sobre todo, de la amistad fraternal que los unía. Pero... entendía que Manolo exageraba tocante a su honestidad. Que se le estaban escapando de las manos asuntos muy importantes... No se atrevía a mencionar el de los hermanos Costa. Pero Manolo había rechazado otras muchas ofertas, que, en su opinión, eran perfectamente defendibles. Un abogado no era un misionero. Los tiempos corrían como corrían y se imponía, a veces, hacer la vista gorda. Ahí estaba el ejemplo de Mijares, que en cuestión de unos meses había subido como la espuma... Y ahí también el cargo que acababa de aceptar nada menos que un hijo del insobornable profesor Civil... ¡Sí, sí, trabajaban mucho, ya lo sabía! No daban abasto, y el prestigio era el prestigio. Sin embargo, los expedientes eran por lo general de poca monta. ¿La vida no consistía en aprovechar las grandes oportunidades? Ignacio comprendía perfectamente la repugnancia que sintió Manolo en Auditoría de Guerra. Pero en el mundo de las finanzas era otro cantar. Ahí estaba entendido que valían los trucos y el esconder la mano izquierda. La moral no era una cuestión matemática. Tal vez cupiera replantearse la cuestión...

Manolo escuchó a Ignacio con expresión impenetrable. Sólo al final sus facciones se endurecieron. Tanto, que Ignacio de pronto oyó unas palabras severas:

—Por favor, Ignacio, cállate... No me decepciones, te lo ruego.

Ignacio sintió que el pitillo que fumaba se le caía de los dedos. Se azoró lo indecible. Manolo vestía una de sus americanas deportivas, de *cheviot*, y jugueteaba con un clip, aunque sin llevárselo a la boca, como solía hacer Padrosa... La barbita romana de Manolo pareció temblar y se apoderó del despacho como un aire de juicio sumarísimo.

—No me decepciones. Creí haberte convencido de que el prestigio era rentable...

La dignidad de Manolo era tal, que apenas si éste tuvo necesidad de añadir nada más. Ignacio se sintió repentinamente ridículo. Ridículo y culpable. Se había precipitado. Había hablado como un necio. Ahora le iba a ser difícil rectificar.

Manolo continuaba mirándolo, jugando con él más a su antojo que con el clip. La ambición lo había cegado por unos momentos... ¡Dios, cuánto costaba forjarse la personalidad definitiva! ¿O es que ese estadio supremo no se alcanzaba nunca?

Manolo vio a Ignacio tan abatido... que se disgustó de nuevo, aunque ahora por otro motivo.

—Te estoy leyendo por dentro... Y te comprendo menos todavía. Si te decidiste a plantearme el problema, ahora deberías defenderlo...

Ignacio estaba hundido. No sabía qué decir.

—Soy un estúpido. Realmente, lo que me gustaría es esfumarme.

Entonces Manolo se levantó, dio unas vueltas por el despacho, sin decir nada. Había vivido demasiado para no hacerse cargo de las causas que impulsaron a Ignacio a hablar de aquel modo. La sombra de don Rosendo Sarró, la incertidumbre... Alguna vez le había ocurrido a él algo semejante cuando empezó a acompañar a Esther. Esther le hablaba de montar a caballo por los prados ingleses y él no era más que el hijo de un acreditado abogado de Barcelona. Se hizo socio del Club de Golf... Hubiera dado cualquier cosa para poderle regalar a Esther un pura sangre o para ganar el Derby...

Se detuvo delante de Ignacio. Éste había encendido otro pitillo y estaba presto para el sermón. Algo vio en Manolo que le permitió intentar sonreír, aunque no pudo hacerlo. Por fin dijo:

—Listo para sentencia...

Manolo se acarició la barbita con aire irónico, lo que en él era buena señal.

—Escucha lo que voy a decirte, Ignacio... Mide tus fuerzas. Mide tu egoísmo... Siéntate ante las obras de Freud y medita. ¡Pero hazlo pronto! Decide en tu interior tu escala de valores... Decide si el dinero ha de ser para ti un medio... o un fin.

Ignacio asintió:

—Comprendo.

—Si aceptas que el dinero ha de ser sólo un medio, y que el prestigio es rentable... obra en consecuencia. De mí puedo decirte que estoy convencido. Mejor aún, tengo pruebas de ello: mañana la fábrica Soler, de mil y pico de obreros, como tú sabes, me nombra asesor oficial... —Manolo abrió los brazos y lanzó el clip al aire—. Si el expediente te parece de poca monta, ¡qué le vamos a hacer!

Fue una lección suprema para Ignacio. El muchacho se emocionó. Se levantó y estuvo a punto de acercarse a Manolo y abrazarlo efusivamente. Pero no tenía derecho a hacerlo: tanta había sido su torpeza...

Ignacio hubiera deseado prolongar un poco más la escena, tener tiempo para congraciarse con Manolo. «Manolo, escúchame un momento. A veces ocurre que...» Manolo lo interrumpió con cierta brusquedad. Pretextó que Esther le estaba esperando... y empezó a andar hacia la puerta. Menos mal que Ignacio conocía a su jefe y que comprendió que éste le echaba ya a la cosa un poco de teatro.

—¡Bien! Hasta mañana, Manolo...

—Hasta mañana, Ignacio... Si es que no prefieres pasarte a la Agencia Gerunda, con la Torre de Babel...

Ignacio bajó la escalera convencido de que no olvidaría nunca aquella escena.

En la calle respiró hondo. Subió a su casa con el ánimo tranquilo. Encontró a su padre jugando al parchís con Eloy. Éste, al verlo, gritó:

—¿Jugamos los tres? Dos es muy aburrido...

Carmen Elgazu, desde la cocina, gritó:

—¡Esperadme! Hoy no voy a casa de Pilar... Vamos a jugar los cuatro.

Carmen Elgazu eligió las fichas amarillas. Y, como siempre, ganó.

* * *

La Semana Santa no tardó en llegar. En ese año no se representaría la Pasión en el Teatro Municipal, adaptada por Agustín Lago. Ni Gracia Andújar haría de Virgen María, ni el padre Forteza doblaría, con peluca, a Jesús. Pero la procesión empezaría ya a tener la prestancia de antaño: formarían en ella tres cofradías, encabezadas por la de la Purísima Sangre, y se estrenarían tres pasos cuyas imágenes habían sido esculpidas, por desgracia, en los talleres de Olot. De modo que a las diez de la noche, como era tradicional, centenares de antorchas volverían a iluminar espectralmente las callejuelas de la ciudad, rememorando la muerte del Gólgota... La seriedad sería extrema... Nadie se emborracharía, como en Sevilla, y nadie tampoco cantaría saetas... En los balcones, respeto y mudez. Lo mismo en el de la Andaluza y sus pupilas, que en el del Ayuntamiento, donde se habían citado, para presenciar el espectáculo, María del Mar, doña Cecilia, Carlota y Pilar.

Ignacio no pudo identificarse ni por un momento con el dolor de la Semana Santa. Porque Ana María, fiel a su promesa, llegó a Gerona el miércoles por la noche, acompañada de Charo... Ignacio esperó a las mujeres en la estación, en compañía de Gaspar Ley, quien en los minutos en que estuvieron juntos aguardando trató al muchacho con cortesía, pero con aire un poco distante. ¡A Ignacio no le importó! Nada le importaba ya, a excepción de la consideración de Manolo y del amor de Ana María.

¡Qué bien estuvo Charo desde el primer momento! Le tapó la boca a su ambicioso y adulón marido, Gaspar Ley. En cuanto vio que Ana María e Ignacio se abrazaban en el andén puso cara complacida y esbozó en guasa una bendición, a la que los muchachos correspondieron con una sonrisa de gratitud.

—¡Gerona! —exclamó Ana María, instantes después, al abandonar la lúgubre estación—. ¡La insoportable ciudad! —La muchacha echó un vistazo y añadió—: ¡Pero... si tenéis hasta taxis!

Había, en efecto, una fila de taxis esperando.

Gaspar Ley, que oía extraños silbidos en su aparato para la sordera, haciéndose cargo del equipaje de Charo, dijo:

—Sí, vamos a tomar uno.

Al subir al coche, Ana María reprendió a Ignacio, recordando el día en que lo acompañó a casa de Ezequiel:

—Es la segunda vez que has olvidado decirle al chófer que pusiera ahí detrás un ramo de flores blancas...

La estancia de Ana María en Gerona había de ser un éxito. La muchacha se comportó con tal soltura y dio muestras de un gozo tan hondo, que a Ignacio se le disiparon por ensalmo todos los recelos.

Fueron dos días felices, que trascurrieron en un abrir y cerrar de ojos y en completa discordancia con el dolor de la ciudad. Sólo de tarde en tarde, al pasar frente al Hospital, o al ver a un niño raquítico, o a un perro vagabundo, Ana María e Ignacio pensaban: «Cristo ha muerto.» En las horas restantes Gerona era ya Resurrección.

Lo más extraordinario fue que se olvidaron de sí mismos. Los dos muchachos, sabiéndose independientes en Gerona, sin la proximidad de los padres de Ana María, saboreaban una anticipada luna de miel. Pero una luna de miel tan alejada de la carne, que les dio por desear que los demás compartieran su felicidad. ¿Quiénes eran los demás? El mundo entero. Por supuesto, Charo, que había sido su ángel tutelar; pero también Gaspar Ley, que andaba a rastras, el pobre, visitando «monumentos»; y el señor obispo, que presidía todas las ceremonias; y «El Niño de Jaén», al que encontraban en todas partes; y Cacerola, que andaba loco buscando un capuchón; y Manuel Alvear, el primo de Ignacio, que no paraba un minuto cumpliendo incesantes encargos de mosén Alberto, y que fue la única persona de la familia a la que Ignacio presentó a Ana María.

—Manuel, te presento a mi novia, Ana María...

Manuel se azoró mucho y balbuceó:

—Tanto gusto, señora...

¡Señora! ¡Ja, ja! Por Dios, no reírse, que Cristo había muerto...

Todo salió a pedir de boca. La escalera de la Rambla a Ana María no le pareció sombría en absoluto. Todo lo contrario. Sólo al pensar que por allí subía el cartero para entregar sus cartas a la madre de Ignacio, la emocionó de tal forma que la muchacha se quedó plantada en medio de la calzada y dijo:

—¿Sabes que la casa de Málaga, en que naciste, se parece mucho a ésta?

¡Cómo miró al balcón, cubierto con un crespón negro! ¡Cómo espió por si a través de los entreabiertos postigos vislumbraba el rostro de Carmen Elgazu o de Matías Alvear!

Ignacio le advirtió, apretándole el antebrazo:

—No, a esta hora, no. Deben de estar en el comedor...

En el comedor... ¿Por qué no podía ella subir y abrazarlos a los dos y decirles: «Tenéis otra hija»? ¿Y por qué no podía hacer lo propio con Pilar y con Mateo, subir a su casa y decirles: «Tenéis otra hermana»?

—No es posible aún, Ana María. Compréndelo. Pero me las arreglaré para que puedas verlos a todos, por lo menos de lejos.

Así fue. El muchacho se enteró de la hora exacta en que sus padres visitarían la parroquia del Mercadal, iniciando su tradicional recorrido para ganar la indulgencia plenaria. Y allá condujo a Ana María, hasta la esquina, a esperar.

Cuando se acercaron los padres de Ignacio, a los que la muchacha sólo conocía por un par de borrosas fotografías,

Ana María los reconoció en el acto. Fue una corazonada. Carmen Elgazu tenía sin discusión «porte de reina». Lejos aún de la iglesia, andaba ya componiéndose la mantilla... Matías llevaba el sombrero en la mano y se golpeaba con él, ligeramente, la pierna derecha...

Uno y otro iban a pasar tan cerca, que Ana María retrocedió sin darse cuenta.

—Así, que son ellos...

—Sí...

La muchacha se emocionó sobremanera. «Tus padres...», murmuró. Y apretó fuerte, muy fuerte, la mano de Ignacio. Eran dos señores. Eran mucho más que eso: un hombre y una mujer como Dios mandaba.

El paso de Carmen Elgazu y de Matías duró unos segundos tan sólo. Pronto penetraron en el vestíbulo de la iglesia y desaparecieron en el interior. Allá dentro sería ya imposible localizarlos. El templo estaba abarrotado. Por lo demás, ¿a qué insistir?

—Te pareces mucho a tu padre. ¡Muchísimo! Y cuando los exámenes en Barcelona, con una revista que compraste, te pegabas en la pierna como él con el sombrero...

—Me alegra oírte decir eso... Me alegra de veras.

Ana María consiguió también ver a Mateo y a Pilar. Ignacio se enteró de que estarían presentes en la Catedral, en el Sermón de las Siete Palabras. Y allá se fueron. Los vieron sentados en los primeros bancos, reservados para las autoridades. Mateo vestía el uniforme de gala de Falange y Pilar, toda de negro, se había colocado en la cabeza la peineta y la mantilla, detalle que chocó a Ignacio.

Ana María se emocionó también mucho al verlos. Sin querer, los ojos se le fueron tras Mateo. «Tiene buena facha», dijo. Y era verdad. Pilar... cuando se levantaba parecía sostenerse con cierta dificultad. No estaba desfigurada. Un poco mofletuda y con los labios abultados.

—La pobre, claro... Estará completamente mareada...

—No creo —dijo Ignacio—. Hasta ahora lo pasa muy bien.

Una pregunta asomaba de continuo a los labios de Ana María... pero no pasaba de allí. ¿Dónde estaba Marta? Era su obsesión desde que se convino en que haría el viaje a Gerona: conocer a Marta, ver a la chica que durante años había ocupado el corazón de Ignacio.

Pero no se decidía, entre otras razones porque estaba convencida de que se encontrarían con ella —¡Gerona era tan pequeña!— y que el propio Ignacio le diría: «Aquélla es...»

No se equivocó. En la mañana del Jueves Santo vieron pasar a unos cien metros unas chicas de la Sección Femenina que se dirigían en formación hacia la Cruz de los Caídos que había precisamente frente a Telégrafos. Delante iba Marta. Ana María miró de tal modo a las chicas y sobre todo a la que las capitaneaba, que a Ignacio no le cupo más remedio que decir:

—Si quieres conocer a Marta... allí está.

Ana María la miró... y se le encogió el espíritu. Una mezcla de sentimientos. Celos retrospectivos, sensación de victoria, un poco de piedad. Marta le pareció distinguida, pero físicamente un poco aséptica. Carente de expresividad.

—Está muy delgada...

—Sí...

Fue como una decepción. Ana María casi hubiera deseado una rival más peligrosa. Por fin la piedad se impuso y la muchacha miró a Ignacio con los ojos húmedos.

—Ya no queda nada, ¿verdad? —le preguntó, innecesariamente.

—Nada absolutamente... Parece imposible, pero es así.

¡Bueno, Ignacio se había aprendido correctamente la lección! Fue el mejor guía de la Gerona histórica que un forastero, que un turista, podía apetecer. «El recinto romano de la ciudad tenía forma triangular... Los vértices los señalaban la torre Gironella, un ángulo de la plazoleta de San Félix y por último la calle de las Ballesterías...» «Allí tienes la Catedral... En el siglo x era una iglesia primitiva. Pero había en ella tantas goteras, que el cabildo se dolía de que era imposible oficiar en los días de lluvia o de temporal. Entonces el obispo Pedro Roger proyectó levantar un nuevo templo y...» «¡Ese campanario de San Félix es el más bello de los campanarios de Cataluña... En Barcelona no tenéis ninguno que se le pueda comparar. La primera piedra la puso, en 1368, el obispo Íñigo de Valterra... y dirigió las obras el maestro francés Pedro Zacoma...» «Vamos ahora a San Pedro de Galligans... La portada de la iglesia es una joya del siglo xi, como también la nave central... Te encantará... estoy seguro. A mí San Pedro de Galligans me gusta muchísimo...»

Ana María, que para pasar aquellos dos días se había llevado tres trajes, sonreía por dentro viendo los esfuerzos de

Ignacio. No lo interrumpía, aunque no retenía ni una sola fecha ni conseguía descubrir el significado de las formas de ningún capitel. Tan sólo, después de visitar los Baños Árabes, le sugirió:

—¿Por qué no me llevas a las murallas, para ver el valle de San Daniel?

Hacía frío. Fue una lástima. Y había neblina en la ladera. El verde ubérrimo de la primavera había muerto. Sin embargo, era fácil imaginar lo hermoso que aquello podía ser... Y se veía el meandro del Ter a lo lejos y la inmensa cúpula arisca que formaban los desnudos árboles de la Dehesa.

Allí, acodados en los restos de un mirador, se dieron el único beso de aquellas dos jornadas; a doscientos metros escasos de donde Paz y Pachín se juntaron frenéticamente, por primera vez, sobre la hierba.

Más tarde, al visitar las avenidas de la Dehesa, en la que no había nadie, gozaron tanto pisoteando hojas, persiguiéndose entre los troncos, perdiéndose por la parte norte de la Piscina donde alguien, tal vez Rufina, la medio bruja de los traperos, había encendido una pequeña hoguera que olía como si fuera incienso, que no se acordaron de que los labios estaban hechos para unirse. Se abrazaron, eso sí. Con toda la fuerza de un bosque. Con toda la fuerza de un amor contenido normalmente por la distancia.

Ana María sólo veía a Charo y a Gaspar Ley a la hora de las comidas, en el mismo hotel en que se hospedaba Mr. Edward Collins, el cónsul inglés.

Charo le preguntaba:

—¿Qué tal, Ana María?

—¿Hace falta que te lo diga?

—No, estás rebosante...

—¿Quieres que te cuente quién fue Pedro Roger...? Un arquitecto francés que puso la primera piedra de los Baños Árabes...

—Pero ¡qué barbaridad estás diciendo!

—Te lo juro, Charo. Ignacio está enteradísimo...

—¿Habéis ganado ya la indúlgencia plenaria?

—Hemos ganado diez o doce...

En un momento dado, Ana María, viendo que su amiga no le preguntaba nada sobre Marta, le dijo:

—¿Sabes que he conocido a Marta?

—¡Ah!, ¿sí?

—La vi de lejos...

—¿Y qué tal es?

—Muy distinguida...

Hasta que llegó la hora de la procesión. Fue entonces cuando Ignacio no acertó a disimular por más tiempo y les comunicó a sus padres que Ana María estaba en Gerona.

—Manolo y Esther nos han invitado a ir a su casa, a su balcón. Haceos cargo...

Carmen Elgazu se tapó por un momento la boca con la punta de los dedos. ¡Le había dolido tanto lo de Marta! Pero era un hecho consumado y ahora se moría de ganas de conocer a Ana María. Iba a decir algo, pero Matías se le anticipó.

—De acuerdo, hijo. Me parece muy bien.

Importante momento... Cuando Ana María entró en el piso de Manolo y Esther, Ignacio se dio cuenta de que aquél era sin duda alguna el ambiente de la muchacha. La manera como entregó el abrigo a la doncella que les abrió la puerta, indicaba que tenía el hábito de hacerlo... ¡Qué naturalidad! Y lo mismo al saludar a Manolo —flamante asesor oficial de la fábrica Soler, de mil y pico de obreros— y a Esther, que se había puesto, para la ocasión, un vestido negro infinitamente más acertado que el que llevaba Pilar en el Sermón de las Siete Palabras.

—Conque Ana María, ¿eh? Estás en tu casa, hija.

—Muchas gracias...

—¿Quieres tomar algo?

—Café-café, si es que lo hay...

El inevitable retraso de la procesión, que, pese a los esfuerzos de mosén Alberto, maestro de ceremonias, salió de la puerta de la Catedral a las diez y media, permitió a los cuatro sostener un largo diálogo. Ana María no pareció extasiarse en aquel piso. Únicamente preguntó de qué siglo era una talla adquirida últimamente por Esther, que representaba un San Sebastián traspasado por varias flechas.

Esther y Ana María hicieron tan buenas migas, que daba gusto verlas juntas y aun dejarlas aparte. En cierto modo, parecían hermanas. ¡Si hasta llevaban casi idénticos zapatos!

Cada vez que Manolo e Ignacio salían al balcón para ver si la cabeza de la procesión asomaba por la esquina de la calle de Ballesterías —«uno de los tres vértices del recinto romano»—, Esther y Ana María se disparaban hablando.

—¡Tenía unas ganas locas de conocerte!

—Y yo a ti...

—¿Te llaman siempre Ana María o Ana-Mari?

—Ana María...

—Un poco largo, ¿no?

—Tal vez...

Esther, en uno de esos cuchicheos, cantó las alabanzas de Ignacio.

—Te felicito. De veras... Llegará donde quiera.

—¿Está Manolo contento con él?

—¡Cómo! Lo quiere más que a mí. No te digo más...

Ana María le preguntó:

—¿Y Gerona, qué tal...? ¿De verdad está esto tan soso?

—Un poco... Pero ésa es otra cuestión.

—A lo mejor vengo yo y entre las dos lo animamos...

—¡Calla, en eso confío! Pero por lo que pueda ser, no tardes demasiado...

—Eso ya...

—¡Bah! Todo acaba por arreglarse.

—¿Qué remedio, verdad?

Manolo las llamó.

—¡Esther, llama a los niños, que ya viene!

—¿Quién viene, qué...?

—¿Qué...? ¡La procesión!

—¡Oh, perdona! Estábamos en el limbo...

La doncella trajo a la parejita de la casa, a Jacinto y a Clara, y Ana María los izó uno tras otro y los besó, al igual que Ignacio, quien acostumbraba a bromear mucho con ellos. Jacinto y Clara por fin se escabulleron y salieron rápidamente al balcón.

Todos los imitaron y se acodaron cómodamente en la barandilla. Ignacio miró el piso saliente del balcón y pensó, como otras muchas veces: «Pero ¿cómo es posible que esto no se caiga?»

El cortejo del Viernes Santo empezó a desfilar... Sí, todo aquello era muy solemne. Las antorchas, los caballos, los capuchones... Al lado de mosén Alberto, y vestido de monaguillo, Manuel Alvear... En el balcón de la Constructora Gerundense, S. A., de la calle Platería, los hermanos Costa, con traje oscuro, junto a sus esposas. A Manolo le sorprendió verlos allí. Había supuesto que desfilarían también bajo los capuchones de la Cofradía de la Purísima Sangre.

Cristo había muerto. Pero Ignacio y Ana María vivían. Vivían en aquel céntrico balcón, que no se caía por milagro, enlazados por la cintura y diciéndose:

—Simpática Esther, ¿verdad?

—Un encanto.

—¿Sabes en quién he pensado al ver la procesión?

—No sé...

—En mosén Francisco...

—Mosén Francisco... ¡Qué hombre!

—¿Me quieres?

Ana María despidió chispitas por los ojos.

—En este momento debería estar prohibido. Pero sí.

Jacinto y Clara, agarrados a los barrotes, miraban como hipnotizados al gran Cristo que, merced a un esfuerzo increíble, el doctor Andújar sostenía en lo alto, escoltado por Agustín Lago y por Mijares, que llevaban los cordones laterales.

Poco después pasó Jesús Yacente, joya de la iglesia de San Félix, dentro de la urna de cristal, con los soldados llevándolo en andas. Luego pasaron los penitentes con cadenas, con cruces... Penitentes anónimos, como los soldados. Cumpliendo probablemente promesas hechas durante la guerra.

Detrás, las autoridades. El fajín del general era como un clavel en la noche. El Gobernador no se había quitado las gafas negras. ¿Por qué? «La Voz de Alerta» parecía un conde. El notario Noguer, un notario. Mateo, un centurión romano...

El obispo, doctor Gregorio Lascasas, avanzando con el báculo, parecía meditar hondamente, al tiempo que medía el enlosado y la piedad y el grado de penitencia de la ciudad.

—Mañana he de regresar a Barcelona... ¡Qué horror!

—Sí, esto habrá sido como un sueño.

No fue un sueño, fue una realidad.

Terminada la procesión, Ana María e Ignacio se despidieron de Manolo y Esther y de los chicos, y se lanzaron a la calle, mezclándose entre la multitud. Estuvieron andando hasta las tantas. Ana María iba mirándolo todo como quien se despide de algo muy querido. Los cofrades regresaban de la Catedral llevando en la mano el capuchón, que ahora parecía una prenda inútil.

Ana María se empeñó en pasar por centésima vez delante de la casa de Ignacio y luego delante del Banco Arús, que estaba casi al lado del hotel. Delante del Banco se paró y preguntó:

—¿Cuántas veces barriste ese vestíbulo?

—¡Huy! Y los días de lluvia, tenía que llenarlo de serrín...

—¿Te acuerdas mucho de aquella época?

—Más de lo que te figuras... Aprendí mucho ahí dentro.

Ana María miró a Ignacio. Y al llegar a la puerta del hotel comentó, al tiempo que le daba el beso de despedida:

—Una de las cosas que más me gustan de ti es que empleas a menudo la palabra aprender...

CUARTA PARTE

Del 30 de marzo
al 12 de diciembre de 1941

CAPÍTULO LII

LAS NOTICIAS PUBLICADAS en *Amanecer* que en aquellas semanas merecieron el honor del subrayado en rojo de Jaime, y que provocaron en el ánimo de Matías reacciones de muy diversa índole, fueron las siguientes:

«Los jugadores del Club de Fútbol Barcelona depositaron una corona de laurel en la tumba de José Antonio, en El Escorial. La ofrenda fue hecha por el capitán del equipo, Escolá. Un padre de la Comunidad de Agustinos rezó un responso y finalmente, en el Patio de los Reyes, el entrenador azulgrana dio los gritos de rigor.»

«El presidente de la República Argentina, Oswaldo Ortiz, ha regalado al Caudillo una montura típica de los gauchos de las pampas, los cuales son considerados como descendientes del Caballero Hispánico.»

«Ante el problema que plantea la proliferación de la mendicidad en Madrid se están construyendo, en los pabellones próximos al Puente de la Princesa, albergues para cuatrocientos mendigos.»

«El escritor español Pío Baroja pronunciará el 5 de abril una conferencia en el local social del Real Club de Tenis, de Barcelona. Será obligatorio el traje de etiqueta.»

«El ex rey Carol, de Rumania, que se refugió en España a raíz de la anexión alemana de su país, se ha fugado a Portugal, cruzando a pie la frontera por Badajoz. El ex rey ha abandonado en su hotel de Sevilla todo el equipaje y todos sus perros. Algunos de esos perros son ejemplares valiosos, para cuya adquisición se han recibido ofertas importantes.»

«En Madrid ha pronunciado una conferencia el embajador inglés, Sir Samuel Hoare, titulada: "Entre dos guerras". Al final de la misma el embajador afirmó que, pasada la actual crisis, las costumbres inglesas continuarán basándose en el respeto a la Corona, a la Biblia y a la Marina.»

«Una nueva Sociedad, la Fefasa, elaborará fibras artificiales sustitutivas del algodón, de la lana y de la seda, empleando para ello paja de cereales españoles.»

«En Sevilla ha hecho explosión un polvorín. Más de tres mil personas han quedado sin hogar. El Ayuntamiento, en señal de duelo, ha suspendido las próximas Ferias.»

Sin embargo, la noticia más importante dada a conocer por aquellas fechas fue la del fallecimiento de Alfonso XIII, ocurrido en Roma el día 28 de febrero, a consecuencia de un ataque cardíaco.

El comunicado oficial del Gobierno daba cuenta de que el Rey había sido asistido en sus últimos momentos por el padre López, jesuita, y que sería enterrado provisionalmente en la capital italiana, en la iglesia española de Montserrat, en la capilla que guardaba los restos de los Papas españoles Alejandro VI y Calixto III.

El Caudillo decretó un día de luto nacional, que durante tres días ondearan a media asta todas las banderas y comunicó que los restos del Rey serían trasladados, llegado el momento, a El Escorial.

Matías comentó largamente con don Emilio Santos la muerte del Rey. Matias había votado por la República, pero la figura de Alfonso XIII le mercería respeto, por cuanto si se marchó de España en 1931 lo hizo, según su propia declaración, «porque la patria había dejado de amarle, porque no quería dominar por el terror y porque creía que con ello evitaría derramamiento de sangre». Con lo cual, según Matías, demostró ser un perfecto demócrata.

Además, Alfonso XIII, hombre, le había caído siempre simpático a Matías.

—¿Cuál era su debilidad, don Emilio? Las mujeres... ¿Hay algo malo en ello? Prefiero eso a que lo llamaran el Impotente, como aquel otro rey que no recuerdo cómo se llamaba...

—Enrique IV.

—Eso es.

No, a Matías no le parecía mal que Alfonso XIII hubiera sido galanteador.

—¡Tuvo una infancia tan triste! Natural que luego quisiera divertirse un poco, ¿no le parece?

Don Emilio Santos contestó:

—En realidad, tuvo mala suerte toda su vida. Tan raquítico al nacer; la pronta muerte de sus hermanas; el atentado cuando la boda; los hijos lisiados, y, desde mil novecientos treinta y uno, el destierro. ¿No será por el número trece que le correspondió?

Matías comentó:

—Eso leí yo en un libro de «El Caballero Audaz» que me encontré en un desván en Telégrafos antes de la guerra...

La noticia impresionó también al Gobernador, quien dio las órdenes oportunas para que se cumplieran en Gerona las disposiciones del Gobierno y presidió los funerales que se celebraron en la Catedral. Sin embargo, el Gobernador fue menos indulgente en sus comentarios. Hablando con Mateo dijo:

—Era un monarca débil... Y eso no puede perdonársele a un rey.

Los más afectados en la ciudad fueron «La Voz de Alerta», ¡Carlota!, el notario Noguer, la viuda de Oriol... y los gitanos.

«La Voz de Alerta» publicó en «Ventana al mundo» una semblanza conmovida de Alfonso XIII, en la que lamentó no haber aprovechado su estancia en Italia, cuando huyó de la zona «roja», para rendirle una visita de pleitesía. En dicha semblanza «La Voz de Alerta» recordó también que fue Alfonso XIII quien consagró España al Sagrado Corazón de Jesús, entronizando su imagen en el Cerro de los Ángeles.

Carlota, monárquica hasta la medula, en los funerales lloriqueó y a la salida dijo:

—A ver si la profecía de don Anselmo Ichaso se cumple y pronto gobierna a España un verdadero rey y no un general.

En cuanto a los gitanos, asistieron en masa al funeral —y entre ellos figuraba «El Niño de Jaén»—, colocándose con sus exóticos atuendos en los altares laterales del gran templo cuyos orígenes Ignacio detalló tan minuciosamente a Ana María...

Para muchos gerundenses aquel acto de adhesión de los gitanos constituyó una sorpresa. Pero el notario Noguer, que tantas cosas sabía, dio la necesaria explicación:

—Es cosa sabida... En España los gitanos son católicos... y monárquicos. Adoran al Papa, a la Virgen de Lourdes y al Rey. No hay que olvidar que ellos se consideran descendientes de los faraones...

La viuda de Oriol comentó:

—No deja de ser curioso.

El padre Forteza vivía una temporada de muy intensa actividad, aunque a menudo, al leer las noticias como la de la construcción en Madrid de albergues para mendigos, sentía ganas de abandonar los quehaceres apostólicos que lo absorbían en Gerona y dedicarse íntegramente a los pobres. Instalarse en el barrio de la Barca y entregar allí la vida por los necesitados. Le temía a la Iglesia triunfante... Les temía a las riquísimas casullas que exhibía el doctor Gregorio Lascasas. Temía que los fieles interpretaran con malicia el hecho de que quien atendió al Rey en su muerte fuera precisamente un miembro de la Compañía de Jesús...

Sin embargo, entretanto, y mientras meditaba al respecto, continuaba asistiendo a los reclusos en la cárcel, a la que había llegado un nuevo director que invitaba a la población penal a cantar los himnos con el brazo extendido, lo que creaba problemas. Continuaba ocupándose de la causa de la beatificación de César, recogiendo, de acuerdo con lo que les dijera a los Alvear, los testimonios directos de aquellas personas que se beneficiaron de la labor caritativa del seminarista, labor de un volumen verdaderamente insospechado. Asimismo, el jesuita dedicaba como siempre muchas horas a la Congregación Mariana, con resultados que él estimaba positivos. Una serie de muchachos, presididos por Alfonso Estrada, llevaban una vida ejemplar, haciendo honor a la cinta azul que les colgaba del pecho en los actos litúrgicos. Eran muchachos dignos, serios... y castos. Tal vez Matías, consecuente con su tesis más o menos irónica, hubiera tildado a muchos de ellos de falta de virilidad, por lo menos en su aspecto externo y en sus ademanes. «¿Por qué será que casi ningún congregante tiene necesidad de afeitarse?» Pero el padre Forteza estaba convencido de que la objeción carecía de valor, de que él insuflaba a aquellos chicos una formación que los convertiría en hombres en el más recio sentido de la palabra. Admitía que la castidad juvenil, acompañada de un fervoroso amor a la Virgen, podía producir en determinados casos cierta inestabilidad emocional; pero entendía que tal peligro quedaba compensado con creces por el sistema directo de confesión que continuaba utilizando en su celda, en aquella celda de la ropa puesta a secar, del desbarajuste, del crucifijo austero y de la jaula con un pajarillo...

¡Ah, sí, el padre Forteza aborrecía cada día más la religión «merengue» y seguía resistiéndose a escuchar en confesión a las prolijas mujeres! «San Francisco Javier, San Francisco Javier es el modelo... —repetía una y otra vez, sobre todo cuando recibía carta de su hermano, misionero en Nagasaki, donde el santo predicó—. Rezaba... pero sabía enfrentarse con los maremotos. Y con el hambre. Y con los gobernantes japoneses.»

El más difícil de los congregantes que tenía a su cargo era Pablito. Pablito, además de sus pinitos literarios, seguía soñando noche tras noche, día tras día, con redondeces de mujer, y le salían granos en la cara. El padre Forteza le obligaba a reventarse esos granos delante del espejo, al tiempo que le decía: «¡Fuera ese pus! ¡A dominarte! ¡Demuestra que eres hombre!» Pablito pensaba: «¿No lo demostré ya llorando en el lecho de mi madre?» Pero era el caso que esa otra hombría que le exigía el padre Forteza le costaba al muchacho un esfuerzo mucho mayor, de suerte que habitualmente se declaraba vencido, cayendo siempre en lo mismo. Cada semana el padre Forteza le repetía: «De acuerdo. ¿Ves este cilicio? Mañana me lo apretaré un poco más... ¡A ver si durante esta semana consigues aguantarte!.» Pablito entonces no sabía si besarle la mano al jesuita, si indignarse con él y no verlo más, o si encerrarse en su cuarto a leer novelas de Salgari.

Últimamente al padre Forteza le había sido encargada otra misión. Se la encargó el señor obispo, en gracia a que el jesuita dominaba varios idiomas: la asistencia religiosa de los refugiados extranjeros que, por motivos de salud, después de pasar, en Figueras, por las manos del coronel Triguero y de la Guardia Civil, eran internados en el Hospital gerundense y reclamaban un sacerdote.

Esta circunstancia, este contacto íntimo del padre Forteza con gente que llegaba directamente del teatro de la guerra, unido a su profundo conocimiento de la psicología alemana, lo convirtió imperativamente, por la misma inercia de los hechos, en el «comentarista internacional» más solicitado e incisivo de cuantos existían en la ciudad. Comentarista, desde luego, que sólo ejercía como tal en la intimidad; es decir, que no escribía en el periódico ni se acercaba nunca a la emisora de radio.

Lo cierto es que su celda empezó a ser llamada «el centro de información Forteza», puesto que acudían a ella, para escuchar su versión de los acontecimientos bélicos que se desarrollaban en Europa y en el mundo, un número de personas cada vez mayor, y cada una de ellas con un propósito definido. Así, por ejemplo, el profesor Civil, preocupado desde siempre por la cuestión judía, de la que tantas veces había hablado en clase con Ignacio y con Mateo, sabía que nadie como el padre Forteza podía informarle sobre las actividades nazis en este aspecto. El notario Noguer le exigía, en nombre de la amistad y de la Diputación, un comentario objetivo sobre la insólita evolución que el mariscal Pétain, presionado por los alemanes, imprimía a la demócrata Francia. Manolo y Esther le suplicaban que valorara con un sentido realista la flema de que daba muestras Mr. Edward Collins, el cónsul británico, flema comparable a la que, en su conferencia en Madrid, evidenció Sir Samuel Hoare. El propio Agustín Lago le había pedido su parecer con respecto a la actitud de Pío XII, a quien las radios anglosajonas acusaban de germonofilia. Etcétera.

El padre Forteza no veía razón alguna para callarse. De modo que, utilizando siempre su parabólico lenguaje, dejaba satisfecho, en lo que cabía, al interlocutor de turno: felicitándose él, en el fondo, de que tales personas no se limitaran a leer los partes de guerra, sino que tuvieran conciencia de lo que éstos podían significar en el terreno del espíritu.

—Profesor Civil, el asunto de los judíos, que tanto le interesa a usted, es muy serio. En Alemania la población judía se acerca a los cuatro millones, si no estoy equivocado; en toda Europa, a los diez millones. De sobra conoce usted el odio que los nazis sienten hacia esa raza. Si ha leído usted *Mi lucha*, de Hitler, me ahorrará explicaciones. Pues bien, las cosas van adquiriendo, según mis informes, un cariz lamentable. Mientras yo vivía en Heidelberg, se quemaban en Alemania, de vez en cuando, algunas sinagogas, se expropiaban empresas y tiendas judías, se trazaban planes de emigración —a Palestina, a Madagascar...—, todo ello bajo el pretexto de la salvaguarda de la casta nórdica, a la que por cierto Himmler bautizó con un bello nombre: *la Orden de la Sangre Preciosa*. Ahora, por lo visto, hay algo más y los relatos de la BBC de Londres parecen ajustarse a los hechos. Desde que estalló la guerra se ha pasado a una acción mucho más directa, y no sólo en Alemania, sino en todos los territorios ocupados, especialmente Polonia. Sí, parece ser que lo peor está ocurriendo en Varsovia, en cuyo *ghetto* han sido confinados quinientos mil judíos, previa matanza de los dementes, de los ancianos y de los inválidos.

Me consta que usted, profesor Civil, no siente tampoco una simpatía especial por esa raza, que, por una jugarreta del azar, resulta ser la mía... No voy a discutírselo, aunque está bien claro que un cristiano no puede permitirse la menor discriminación. Ahora bien, mi opinión es que lo cosa no ha hecho más que empezar. A medida que la guerra se complique —y se está complicando, como usted habrá podido observar—, los nazis llevarán su persecución a los últimos extremos. Hitler está convencido de que los judíos —junto con nosotros, los jesuitas— son la encarnación del Mal. Y por desgracia, no es hombre que consulte con Dios; consulta a los astros, los cuales bien sabe usted que lo mismo son capaces de hacer concebir sueños poéticos que sueños infernales.

El profesor Civil se quedaba asustado. Era cierto que él atribuyó siempre a la raza judía la responsabilidad de tres de los grandes males que en su opinión aquejaban a la humanidad: la deificación del dinero; la rotura psicológica, a través de la literatura y el arte, y la pérdida del sentido de la individualidad. Pero de eso a confinar en un *ghetto* a medio millón de hombres y mujeres, con el peligro del tifus exantemático... De eso a concebir una aniquilación masiva...

El profesor Civil salía de la celda del padre Forteza doblemente preocupado, por cuanto su hijo, Carlos, que acababa de llegar a Gerona para ponerse al frente de la Emer, sucursal de Sarró y Compañía, daba la impresión de estar tocado de todos los defectos mencionados: no hacía más que hablar del patrón oro, sonreía con displicencia al oír hablar del arte románico de las iglesias gerundenses y parecía feliz mezclándose con la multitud. «Me lo han cambiado —decía el profesor Civil—. Dándole ese cargo me lo han cambiado. No le falta sino colocar en la oficina —o en su casa, presidiendo las comidas de mis nietos— la estrella de David y el candelabro de siete brazos.»

El notario Noguer salía también asustado del «centro de información Forteza». El jesuita contestaba a sus preguntas diciéndole que, según los refugiados franceses con los que dialogaba en el Hospital, Pétain, ¡a sus ochenta y cinco años!, estaba convirtiendo a Francia en un estado gemelo del estado nazi...

—Naturalmente, mi querido notario Noguer, puede existir ahí una alteración de lo que el señor obispo llamaría «el principio de la causalidad». Cierto que Pétain firma decretos sorprendentes desde el punto de vista francés, como el de la pérdida de la nacionalidad francesa del general De Gaulle; la obligatoriedad de la enseñanza religiosa en los centros docentes oficiales; la prohibición del divorcio durante los tres primeros años del matrimonio; las severas amonestaciones a quienes hagan circular folletos antialemanes, etcétera. Pero, en mi opinión, todo ello no es más que una prueba de astucia por parte del veterano héroe de Verdún. Intenta tener contentos a los alemanes, calmarlos, evitar males peores. ¿Qué otra cosa puede hacer? El papel de Pétain es triste, desde luego. Él mismo lo ha dicho: «Me temo que los franceses no comprenderán nunca mi sacrificio, que no me perdonarán.» Pero lo cierto es que en la Francia ocupada empieza a marcarse el paso de la oca..., que se expurgan las bibliotecas y que la *chérie liberté* que usted conoció allí ha pasado a ser un recuerdo.

El notario Noguer se asustaba al oír esta versión porque se preguntaba a sí mismo si él, en caso de ser francés, comprendería o no comprendería al mariscal Pétain... El asunto era complejo. ¡Claro que podía tratarse de una astucia salvadora! Pero hacerle el caldo gordo al invasor... ¿Qué límites se trazaría el mariscal? ¿Hasta dónde llegaría? ¿No era preferible hacerse quemar en una hoguera?

El padre Forteza no podía evitar el pasarlo bien cuando sus interlocutores de turno eran Manolo y Esther... La joven pareja le exigía con la mirada que les diera una seguridad: la seguridad de que, contra todas las apariencias, Inglaterra acabaría venciendo. Parecían decirle: «Usted, que es hombre de Dios, que sabe que en Polonia los nazis han matado a sacerdotes católicos y que Himmler ha hecho grabar en todas las dependencias de las SS. la frase de Nietzsche: *Bendito sea lo que endurece*, profetice que estamos en lo cierto, que esta pesadilla pasará y que esas muchachas de la Sección Femenina Alemana que van a llegar a Gerona de un momento a otro, invitadas por el Gobernador, regresarán pronto a su país, dejándonos tranquilos.»

Ocurría que el jesuita no podía profetizar absolutamente nada. Vivía tan en el aire como los propios Manolo y Esther.

—En primer lugar, y pese a que la Compañía de Jesús usa léxico militar, yo no soy militar, como sabéis muy bien... En segundo lugar, supongo que la inclinación definitiva de la balanza dependerá de lo que en lo futuro decidan los Estados

Unidos y Rusia, lo cual, a los ojos de un simple jesuita mallorquín como yo, resulta tan imprevisible como saber lo que se obtendrá de la paja como sustitutivo de la seda natural.

Manolo y Esther se miraban entre sí desolados... Desolados y convencidos de que el padre Forteza hablaba como debía hacerlo, que decía lo único que cabía decir. Porque ¿a santo de qué basar en la sonrisita de Mr. Edward Collins una confianza ciega en «la victoria final»? Mr. Edward Collins podía muy bien ser el clásico funcionario inglés educado en el sentido reverencial de la impasibilidad.

Todo imprevisible... ¡Cuán cierto era! Los acontecimientos lo demostraban a diario y podían cambiar radicalmente en cualquier momento. Desde primeros de año habían ocurrido unas cuantas cosas que invitaban a Manolo y Esther a cierto optimismo: los éxitos ingleses en Grecia y en África del Norte, que habían traído consigo la dimisión del mariscal Graziani y habían llevado a Churchill a citar en una alocución el séptimo capítulo del Evangelio de San Mateo: *Pedid y os será dado; buscad, y encontraréis; llamad y se os abrirá;* la existencia en Londres de lo que el general De Gaulle llamaba «una Europa en miniatura», compuesta por un núcleo de gobiernos exiliados —el de la propia Francia, el de Polonia, el de Noruega, el de Bélgica, el de Holanda, el de Luxemburgo, el de Checoslovaquia...—, que se habían juramentado para proseguir la lucha hasta la liberación de sus patrias respectivas; el hecho de que el asalto a la capital británica no se producía ¡y la afirmación de Roosevelt según la cual los Estados Unidos ayudarían a su hermana Inglaterra *en forma completa y sin condiciones*, a cuyo fin iniciaba la construcción de veinte mil aviones!

Pero la otra cara de la medalla estaba ahí..., como en la procesión del Viernes Santo estaban la Andaluza y sus pupilas contemplando el paso de Jesús yacente... Alemania había firmado otro tratado con Rusia, vigente hasta agosto de 1942. Yugoslavia y Bulgaria se habían adherido al Pacto Tripartito. El ministro japonés Matsuoka había anunciado su visita a Europa. Y, sobre todo, Hitler, el sempiterno Hitler, había pronunciado otro discurso de rotundidades épicas, prometiendo a sus súbditos «próximos acontecimientos de importancia trascendental». «Cuando miro a mis adversarios de otros países —había dicho el Führer—, no temo dar mi opinión. ¿Qué son esos pobres egoístas? Grandes especuladores que no viven más que de los beneficios que sacan de esta guerra. En estas circunstancias no puede haber bendición para ellos. Alemania, en un plazo cortísimo de tiempo, les dará una lección que no olvidarán jamás.»

Claro que esas amenazas eran el pan nuestro de cada día. Pero esta vez la cosa parecía ir tan en serio como con ocasión de la campaña de 1939. Efectivamente, todo indicaba que, ante el fracaso italiano, Alemania se disponía a invadir los Balcanes y tomar el mando de las operaciones en el desierto africano. Un nombre empezaba a sonar: el del general Rommel... ¿Qué ocurriría si Hitler se salía con la suya y ocupaba Grecia, Egipto... y el Canal de Suez? ¿Por dónde Inglaterra —por dónde Mr. Edward Collins— podría evitar la catástrofe que se cerniría, sin que el adversario tuviera ya enemigos a la espalda, sobre su territorio?

—Mis queridos Manolo y Esther —concluyó el padre Forteza—, no queda más remedio que continuar a la espera. Y ahora, si queréis, por esta escalera interior saldréis a la capilla del Santísimo, que es el Único que todo lo puede...

En cuanto a Agustín Lago, quien desde su choque con el profesor Civil visitaba al padre Forteza con frecuencia, era tal vez la persona que más tranquila salía de sus consultas con el jesuita. Y es que la preocupación del militante del Opus Dei no se refería a aspectos raciales, ni nacionalistas, ni militares, sino religiosos. Y ahí las respuestas podían ser contundentes.

—Calumnias, amigo Lago... Meras calumnias. Pío XII hace honor a su pontificado, nada más. Es cierto que siente por Alemania una simpatía basada en su larga estancia en aquel país: trece años de nuncio apostólico... Nunca lo ha negado y es lo único que ha dejado traslucir en sus declaraciones. Pero nadie puede probar que ello haya condicionado en ningún momento su actividad diplomática con respecto a la guerra. Primero procuró evitarla; luego ha enviado mensajes de consolación a todos los países que se han visto envueltos en ella; y ahora dedica sus esfuerzos a impedir su extensión y a ayudar a las familias de los prisioneros y de los desaparecidos. ¿Por qué no ha condenado oficialmente las invasiones territoriales de los nazis? No soy quién para juzgarlo... Sin embargo, imagino la razón: en Alemania hay unos cuarenta millones de católicos... Si el Papa rompiera los lazos de convivencia entre la Iglesia y el III Reich, ¿cuál sería la réplica de Hitler? Podría ser catastrófica. ¿No lo crees, hijo? El Papa le daría al Führer el pretexto para obrar con la Iglesia alemana como ha obrado con esos sacerdotes polacos...

La argumentación era convincente para Agustín Lago. Lo cual no significaba que fuera consoladora. Agustín Lago hubiera deseado que el Vaticano estuviese en condiciones de condenar abiertamente las ocupaciones de los nazis, pues la *Nueva Europa* de que éstos hablaban no le producía a él la menor ilusión, habida cuenta de que no creía, como lo creía Himmler, que la «casta nórdica» fuera *la Orden de la Sangre Preciosa*. Con permiso de *Amanecer*, más bien creía lo contrario. En eso estaba de acuerdo con el profesor Civil: tenía fe en los hombres nacidos en el Mediterráneo. Prefería el idioma latino a los idiomas alemán e inglés. Prefería el Derecho Romano a la filosofía de Schopenhauer y a las ironías de Bernard Shaw. Y le producía un temor inmenso —tanto como a Manolo y a Esther, y como al notario Noguer— la posibilidad de que los alemanes ocupasen Atenas y se hicieran retratar frente a la Acrópolis.

El padre Forteza, con frecuencia, al quedarse solo, especialmente después de celebrar misa, se preguntaba a sí mismo: «Bueno... ¿y a santo de qué me consultan todo esto? ¿No estaré pecando de autosuficiencia, de vanidad? ¿Qué valor tiene que haya dialogado en el Hospital con dos docenas de refugiados, que haya viajado un poco y que me haya leído el credo de Rosenberg? Puedo equivocarme. Corro muy bien el peligro de interpretar erróneamente los hechos...»

Entonces volvía a sentir la tentación de dedicarse a los pobres, de irse a un suburbio y dar de comer a la gente y enseñarla a leer y a multiplicar... como hacía César. Ahora bien, ¿no eran, en cierto sentido, igualmente pobres cuantos acudían a consultarle? ¿No necesitaban resolver sus dudas tanto como los estómagos necesitaban comer?

—Bien, bien... Vamos a proceder por orden. Primero, lavarme estos calcetines. Luego, cumplir lo que le prometí a Pablito: apretarme un poco más el cilicio...

* * *

El mes de abril dio la razón al padre Forteza... y a Hitler: la situación dio un viraje de noventa grados.

En poco más de tres semanas las tropas del Führer obligaron a los ingleses a retirarse del sudeste europeo. Un nuevo

Dunkerque... Soldados alemanes entre los que figuraba el comandante Plabb, forzaron el paso de las Termópilas, se derramaron por la llanura de Tesalia, ocuparon Atenas y clavaron la cruz gamada en la cumbre del monte Olimpo. Mientras, en el mar, el acorazado *Bismarck* hundía al crucero inglés *Hood*, el buque de guerra más grande del mundo...

Entonces dejó de opinar el padre Forteza y opinó el general Sánchez Bravo. El general Sánchez Bravo dijo simplemente: «El ejército alemán ha demostrado una cosa: que es invencible.»

Se lo dijo al coronel Romero, a los capitanes Arias y Sandoval, a doña Cecilia, a Nebulosa y por último a su propio hijo, el capitán Sánchez Bravo, de quien el general no tenía de un tiempo a esta parte la menor queja.

El capitán Sánchez Bravo asintió con la cabeza:

—Es cierto, papá...

Y advirtiendo que éste ofrecía un aspecto eufórico, el capitán se preguntó si no sería el momento de soltar algo que le quemaba la lengua desde hacía unas semanas. Miró al general y le dijo:

—Hablando de otra cosa... ¿Por qué demoras tanto la construcción de los nuevos cuarteles? ¿No crees que esa nueva Sociedad, Emer, podría encargarse de ello? Su director-gerente es el hijo del profesor Civil...

El general Sánchez Bravo contestó:

—Lo estoy pensando, desde luego. Emer se ha presentado a la subasta. Construye un poco más caro que esos diputados izquierdistas con los que andabas liado, pero parece que trabajan con honestidad.

—¡Bueno! —comentó el capitán, alzando con estudiada displicencia los hombros—. No sé hasta qué punto hay alguien que trabaje hoy con honestidad...

—¿Por qué no ha de haberlo? —protestó el general—. ¿O es que crees que toda España se ha contagiado de la corrupción de los banqueros de Wall Street?

—Toda España, no; pero ya sabes... De todos modos, el hijo del profesor Civil tiene un dato a su favor: en Barcelona, en su Academia de Idiomas, se negó rotundamente a enseñar inglés.

—¿Hablas en serio?

—Me lo dijo su padre, el profesor.

El general bamboleó la cabeza.

—¡Pues mira por dónde es un detalle que no está mal!

CAPÍTULO LIII

Los días se alargaban. La luz diurna se resistía a desaparecer, como los griegos habían resistido a la invasión alemana, hasta el punto que algunos soldados, antes que rendirse, se habían suicidado tirándose al mar desde lo alto de una roca, envueltos en la bandera nacional.

Era la primavera. Una primera que se anunciaba espléndida. Los gerundenses, después del duro invierno, comprobaban con alegría que el sol empezaba a resbalarles con fuerza sobre la piel. Mosén Alberto, en una de sus «Alabanzas al Creador», recordó a sus conciudadanos que en la visión romana el animal que simbolizaba el invierno era el lobo y que por ello, al llegar la primavera, en muchos pueblos de la montaña los pastores simulaban entrar en una cueva y matar a dicho animal, símbolo de que sus ovejas estarían a salvo.

Mosén Alberto no había escrito este comentario porque sí. Había advertido que lo que más gustaba a los lectores era que les hablara de temas históricos-costumbristas. Sobre todo a los lectores de edad madura. Y es que la gente un poco mayor echaba de menos muchas cosas de antaño, que con la guerra civil se habían perdido. La frase «recuerdo que antes de la guerra...», adquiría muchas veces, al margen de lo político, un significado de nostalgia.

En aquella primavera, cuyos acontecimientos a escala mundial no pudieron impedir que la vida minuciosa y cotidiana prosiguiese, mosén Alberto se situó, gracias a *Amanecer*, en un primer plano, porque, basándose en las excursiones domingueras que las familias empezaron a organizar a las ermitas y a las montañas —por cierto, que por fin Cacerola consiguió que Ignacio se decidiera a oxigenarse y a salir de la ciudad—, el sacerdote optó por publicar en su Sección sistemáticos comentarios sobre las comarcas visitadas y sobre Cataluña en general. Su éxito lo resarció en parte del sacrificio que suponía para él tener que celebrar la misa de los cazadores a las cuatro de la madrugada, hora que el sacerdote, con vigoroso acento humorístico, seguía calificando de «inmoral».

Gracias, pues, a la erudición de mosén Alberto, súpose en Gerona que, en otros tiempos, en las poblaciones amuralladas era costumbre, llegado el primer día de Cuaresma, cerrar con una sábana las puertas de entrada a la ciudad, considerándose *pecadores* a los que en aquel momento se encontraban en el exterior. Al efecto, mujeres vestidas de brujas y con la cara arrugada se situaban en dichas puertas y, en cuanto veían regresar a uno de dichos pecadores, al tiempo que levantaban la sábana para dejarlo pasar, lo imprecaban con palabras durísimas y con maldiciones.

Mosén Alberto habló también de la ceremonia según la cual en las ermitas en que había una imagen de la Virgen, si ocurría que en un determinado día festivo ésta no recibía ninguna visita, los pájaros del lugar reemplazaban a los hombres y se las ingeniaban para entrar en la capilla y cantarles dulces cánticos a María. Tal leyenda entusiasmó al señor obispo. El doctor Gregorio Lascasas, en un alarde de humildad, comentó: «Nunca, en Aragón, había oído nada tan bonito...»

También llamó la atención el comentario referente al Domingo de Pascua. En Gerona acababa de celebrarse sin ningún rasgo especial, aparte de la alegría callejera y las «monas» y los «huevos» en las pastelerías. Pero al parecer en otros tiempos era costumbre, además de eso, balancearse y mecerse a lo largo de la jornada... Según mosén Alberto, durante mucho tiempo, el día de la Resurrección del Señor los excursionistas ataban cuerdas a los árboles y se balanceaban en ellas; había cola en los columpios; los abuelos mecían a sus nietos en las rodillas; las jóvenes mamás mecían a sus bebés en la cuna, con mucha más pasión que en el resto del año. Al parecer se concedía a esta ceremonia un valor mágico de fecundación. El balanceo favorecía y aceleraba la germinación y el crecimiento de las plantas y de los frutos.

También, gracias a mosén Alberto, la primavera en el mar tuvo su comentario en *Amanecer*. Según el sacerdote, antiguamente, llegado el mes de mayo, los pescadores en el litoral remendaban sus redes preparándose para la nueva campaña y las teñían con colores vistosos, al tiempo que silbaban melodías distintas según el color, pues cada uno tenía su significado y su virtud. Asimismo, en las romerías marineras de la época era costumbre habitual romper alguna vasija o plato utilizado en la comida al aire libre y enterrarlo luego, con la esperanza de reencontrar los pedazos al año siguiente. Este detalle llamó la especial atención de Cacerola, el cocinero, quien, en presencia de Ignacio, el día en que ambos subieron a Rocacorba, después del almuerzo quebró por la mitad y enterró a los pies de un arbusto la tosca vajilla que habían llevado consigo, lo que dio lugar a que el bonachón inspector de la Fiscalía de Tasas, romántico y enamoradizo, preguntara después de hacerlo: «De todos modos, ¿tú crees que el año próximo estaré yo aquí todavía?»

Ignacio no dejaba de enviar ninguno de esos recortes de *Amanecer* a Ana María, pues sabía que con ello haría las delicias de la muchacha. Y acertaba. Ana María devoraba los artículos de mosén Alberto y en sus cartas se las ingeniaba siempre para relacionarlos con su amor, amor según ella más potente que el sol, puesto que no se limitaba a resbalarle sobre la piel.

Sí, Ignacio. Me gusta que te vayas de excursión con tu amigo Cacerola. La primavera... es eso: la primavera. Barcelona se ha transformado también. Los jardines han florecido y la gente sonríe por las calles. En cuanto a mí, lo que son las cosas: me ha dado por columpiarme, como hacían los antiguos gerundenses. Y también he sentido deseos, vivos deseos, de mecer lo antes posible, en alguna hermosa cuna, a un hermoso bebé. ¡Y de teñir de color de rosa, como hacían los marineros, la red con que te tengo aprisionado!

Resultó chocante que esas cartas de Ana María y los artículos de mosén Alberto impresionaran tanto a Ignacio. Cacerola le decía: «Es la montaña. ¿Te das cuenta? Tenía yo razón.» Tal vez sí... Ignacio, en la ciudad, veía al pueblo catalán sometido a concupiscencias como cualquier otro pueblo; pero, en esas salidas, al contemplar las colinas y los prados salpicados de aldeas y de riachuelos, tuvo la sensación de que había allí una verdad superior a Sarró y Compañía y a los trapicheos con el volframio y el algodón. Y de que, en efecto, Carlota tenía razón cuando le decía a Esther que la raza catalana era muy antigua, de mucha tradición y el fino producto de una cultura ascendente. Jaime, el librero, al tiempo que sacaba cinco gruesos volúmenes de historia que tenía escondidos debajo del mostrador, le dijo: «No te equivocas, Ignacio. Y si quieres convencerte de ello, llévate estos libros... Te los envolveré, por si te tropiezas con el comisario Diéguez y el gachó, como diría tu padre, está de mal humor. Y como siempre, me los vas pagando a plazos, cuando quieras...»

* * *

Primavera y amor... De acuerdo con lo previsto, se casaron Jorge de Batlle y Chelo Rosselló. El doctor Andújar le dio el último empujón al muchacho, convenciéndolo de que necesitaba, además de una esposa que lo cuidara, tener hijos, que le darían la sensación de que no todo había terminado.

—Dios le ha puesto en su camino a Chelo, que, además de ser inteligente, es muy buena. Hágame caso. Créame...

—Sí, doctor...

—¡Hala, pues!, a arreglar los papeles... y al altar.

Dicho y hecho. El hermano de Chelo, Miguel Rosselló, se quedó estupefacto y objetó algo absurdo: «¿Qué haré yo solo en el piso?» «¡Cásate también!»; contestó Chelo.

Las chicas de la Sección Femenina se afanaron para hacerle a Chelo Rosselló el traje de novia, traje parecido, en cierto modo, al que su hermana Antonia, ya en el noviciado, llevaría el día que hiciera los votos.

La boda se celebró en la iglesia de San Félix. Hubo muchos lirios y muchas luces en el altar; pero no banquete, dada la situación del doctor Rosselló y a causa del uniforme listado que éste llevaba en el Penal.

Prodújose, al salir de la iglesia, un detalle emotivo parecido al de la boda de «La Voz de Alerta» y Carlota; los novios se dirigieron al cementerio, a depositar el ramo en el panteón de los padres y de los hermanos de Jorge, asesinados por Cosme Vila.

El viaje de boda de la joven pareja fue modesto. Jorge, pese a sus exclamaciones de «¡quiero vivir!», no estaba en condiciones de recorrer monasterios, de irse a Pamplona o al castillo de Javier. Se compraron un Citroën de segunda mano y visitaron algunos lugares de la provincia: la Costa Brava, el lago de Bañolas, los balnearios de Caldas de Malavella...

Resultó que por todas partes Jorge poseía masías y hectáreas de terreno. Jorge, de repente, detenía el coche y, señalando una casa de payés, una era y unos árboles, le decía a Chelo: «Esto es nuestro.» O bien: «¿Ves aquella familia? Son colonos nuestros.» Colonos que, si reconocían «al hijo de don Jorge», acudían a saludarlo, gorra en mano.

Chelo pensaba: «¿Qué vamos a hacer con tanto dinero?» Ella hubiera preferido ser pobre, pero tener la seguridad de que Jorge no volvería a padecer ninguna otra crisis como la que había pasado.

—¿Estás contento, Jorge?

—Lo estoy. Gracias a ti y al doctor Andújar...

—Además, piensa en los hijos... Serán un gran estímulo, ¿no crees?

—Es posible. Pero me da miedo que salga alguno con defectos.

—¿Por qué dices eso?

—¡He sufrido tanto!

—Ya lo sé, querido. Pero ahora empezamos una vida nueva.

Al regreso de su corto periplo se instalaron en un piso de la calle de Ciudadanos y lo primero que Jorge encargó para decorarlo fue una reproducción del árbol genealógico de la familia, que el Responsable había destrozado un día.

—Las armaduras no, por favor... —suplicó Chelo.

—Claro que no, mujer...

El doctor Andújar, consecuente con su terapéutica habitual, aconsejó a Chelo que Jorge se ocupara en algo, además de la Delegación de Ex Combatientes, que realmente le daba muy poco que hacer.

Chelo creyó haber encontrado la solución.

—Cuidar de las fincas, doctor. ¿Le parece poco? He observado a Jorge... En el campo parecía otro. Palpaba los troncos, contemplaba los pajares, se interesaba por la siembra... Parecía sentir la tierra. Y también parecían gustarle los animales, sobre todo los caballos. ¿No cree usted que podríamos enfocarlo por ahí?

—¡Desde luego! Nada mejor, Chelo. Con el coche... os resultará fácil.

Chelo Rosselló añadió:

—Además, él mismo ha dicho que hay que mejorar las condiciones de vida de algunos colonos. Efectivamente, los hay que lo pasan muy mal. ¡Cómo viven! Como en la Edad Media... ¡Mira que oírle a Jorge hablar así! Parece un milagro.

El doctor Andújar no rechazaba nunca esta palabra. La admitía como real. En el ejercicio de su profesión había presenciado tantas transformaciones en un sentido o en otro, hacia arriba o hacia abajo, que había terminado por invertir los términos del refrán. «Con el mazo dando... —decía— y a Dios rogando.»

—Tal vez acabéis, Chelo, por instalar una granja-modelo... Chelo miró con fijeza al doctor.

—¡Qué curioso que diga usted eso!

—¿Por qué?

—Porque Jorge comentó con Alfonso Estrada esa posibilidad.

—¿Con Alfonso Estrada?

—Sí. El padre de Alfonso era veterinario, aunque no ejerciera como tal. Y por lo visto su aspiración era tener una granja.

—Ya...

El doctor añadió:

—Bien, Chelo... ¿y qué hay de la agresividad de Jorge?

—¡Oh! Eso pasó a la historia... —Chelo marcó una pausa—. Las únicas personas que todavía parecen ponerlo nervioso son los hermanos Costa...

Primavera y amor... Se había formado en Gerona un nuevo hogar. Y Marta había perdido, en la Sección Femenina, otro de sus puntales.

* * *

El doctor Chaos y Solita sentían también los efectos de la prolongación de la luz diurna... María del Mar, al hablar con sus amigas, no se había equivocado: aquello era un idilio.

Solita, desde luego, se había enamorado del doctor. Varios factores intervinieron en ello. Primero, la edad... Solita frisaba los treinta años y nunca la sedujo la idea de quedarse soltera. Segundo, la competencia profesional del cirujano. Lo que al principio fue admiración fue trocándose por parte de Solita en ferviente afán de colaborar. Tercero, la piedad. Solita se compadeció hondamente de aquel hombre con quien la naturaleza se había mostrado tan caprichosa, tan esquiva... y que no tenía otro consuelo que el de la fidelidad de su perro, *Goering*.

En cuanto al doctor, se autosugestionó para llegar a la conclusión de que correspondía a Solita en sus sentimientos. Era la primera vez que podía dialogar largamente con una mujer sin aburrirse, y la primera vez que, al sentir sobre sí unos ojos femeninos que lo miraban con amor, no experimentaba malestar físico, incomodidad.

El período de prueba para ambos había sido un tanto largo. Las mañanas durante las cuales el doctor Chaos iba al Hospital, a Solita se le hacían interminables; y, a semejanza de lo que hacía Pilar con Mateo, buscaba mil pretextos para llamarlo por teléfono. En justa correspondencia, el doctor Chaos, al encerrarse en la habitación del hotel, finalizada la jornada, sentía frío en los huesos, echaba de menos aquello que todo el mundo llamaba «el hogar».

Un dato llamó la atención del doctor Chaos: se le habían curado, como por ensalmo, las hemorroides... El doctor Andújar al enterarse de eso sonrió, porque sabía que las hemorroides que sufrían muchos pederastas eran el sustitutivo del período mensual que caracterizaba a la mujer y que aquéllos hubieran deseado sentir en su organismo.

El caso es que los coloquios entre el cirujano y la enfermera fueron adquiriendo paulatinamente un carácter de intimidad. El itinerario de esos coloquios era siempre el mismo: un comentario sobre la última intervención; una rápida ojeada a la cirugía de antaño, con incisos más o menos filosóficos, y por último, un canto solidario al placer que podían experimentar dos personas si tenían la suerte de trabajar, como era su caso, tan compenetradamente.

—No sé lo que haría sin ti, Solita...

—Y yo sin ti, doctor...

—A veces, mientras opero, me entregas el instrumento preciso sin necesidad de que te lo pida.

—Conozco mi oficio, doctor...

—¿Es sólo eso?

—¡Bueno! Tal vez acierte a leer tu pensamiento. A pesar de que llevas máscara...

El doctor Chaos se reía con ganas. ¿Cuándo se había reído él tan frecuentemente con ganas? Aquel forcejeo era una novedad; y por cierto, apasionante.

La piedad... La piedad o compasión había jugado un papel importante en la actitud de Solita. Ésta había advertido que el doctor carecía de muletas para caminar resignado. Nunca hablaba de su familia. ¿O es que no la tenía? Nunca hablaba de sus amistades, a excepción del doctor Andújar. Lo salvaba su sentido de la ironía; y poder, de vez en cuando, hacer *crac-crac* con los dedos. ¡Si por lo menos hubiera sido hombre religioso! Pero el doctor era un muro en este aspecto.

—¿Comprendes, Solita? Es el hombre el que, al sentirse

desamparado, ha creado a Dios; no lo contrario. Invocar a un Ser Supremo para que intervenga en nuestros asuntos es como ponerse una inyección antitetánica.

El punto de fricción intelectual era éste... El motivo de discusión que les llevó horas y horas —mientras avanzaba y moría el invierno, y nacía la primavera— era el de la divinidad. Porque Solita era creyente. De no serlo, ¿cómo hubiera soñado un solo instante en que el amor de una mujer podía curarle al doctor Chaos las hemorroides? Se hubiera declarado vencida de antemano y se hubiera quedado tranquilamente en casa, esperando a que llegara su padre, don Óscar Pinel, para jugar con él a *batallas navales*, que era el juego predilecto del Fiscal de Tasas.

—No estés tan seguro, doctor... Si no se cree en Dios hay que creer en el Absurdo. Y ello resulta igualmente incomprensible, y mucho menos consolador.

—En eso estoy de acuerdo. Se lo dije en una ocasión a Manolo y Esther. ¿Qué no daría yo por creer que los pajaritos, algún día festivo que otro, entran en las ermitas solitarias para cantarle melodías a la Virgen?

Poesía... El doctor Chaos afirmaba que el sentimiento religioso era mitad poético mitad necesidad vital. Por eso todas las religiones, desde las más primitivas a las más cultas, se parecían en sus mitos, en su liturgia y hasta en su indumentaria. Y por eso todas habían bloqueado, tanto como les fue posible, los avances de la ciencia, para no sentir que sus pilares eran socavados por la base.

—No hay más que abrir un libro de historia, Solita. Durante siglos la Biblia ha sido el dique contra el que se han estrellado los cerebros como Copérnico, como Galileo... ¡No, no! ¡Anatema! ¡Al fuego! ¡Eso no figura en las Sagradas Escrituras!

—Doctor Chaos..., ¿quieres que te prepare una taza de café?

—Sí. ¿Por qué no? Solita..., ¿dónde estábamos? ¡Ah, sí! ¿Sabías que la Iglesia se opuso durante años y años a que los médicos practicásemos autopsias? Claro, descuartizando el cuerpo, la resurrección de la carne iba a ser luego mucho más difícil...

—¿Cuánto azúcar te pongo, doctor? ¿Dos cucharadas, como siempre?

—Sí, como siempre... Pero ¿por qué me interrumpes, diablos? ¿O es que no te interesa lo que te estoy diciendo?

—Me interesa mucho. Pero podemos conciliar las autopsias con el azúcar, ¿no te parece?

El doctor Chaos se tomaba un sorbo de café.

—Sí, claro...

Ocurría también que el doctor Chaos quería deslumbrar a su oyente, la cual se abstenía de utilizar perfume de mujer. El primer paso firme lo dieron a mediados de mayo, precisamente con ocasión de haber tenido que analizar, por orden de la policía, el cadáver de un anciano a propósito del cual se sospechaba que había muerto envenenado. El cadáver había sido exhumado y su aspecto era nauseabundo. Por contraste, fuera lucía el sol aquella tarde, un sol que parecía purificar el mundo y justificar el simulacro de la muerte de los lobos.

—¿Conoces, mi querida amiga —le preguntó el doctor a Solita, mientras manipulaba los tubos de ensayo—, lo que le ocurrió, en el siglo XVII, a un tal Francisco Redi, de Florencia? Solita respondió con naturalidad.

—Creo que sí... Observó en el microscopio que los gusanos de la carne cruda salen de los huevos depositados por las moscas. Y como en la Biblia está escrito que del cadáver de un león lo que salieron fueron abejas, pues, se le procesó por hereje...

—Exacto... ¿Crees que eso tiene perdón? —El doctor Chaos cambió de expresión súbitamente—. Pero ¿cómo es posible que una mujer sepa esas cosas?

—¡Ay, doctor! Las mujeres... cuando algo nos interesa, somos capaces de estudiar lo que sea. Hasta eso de la carne cruda...

Solita había pronunciado la frase «cuando algo nos interesa» con toda intención, cargándola de una extraña afectividad. El doctor Chaos se desconcertó. Pero disimuló. Y mientras pedía el bloc de notas para redactar el informe sobre el pobre anciano supuestamente envenenado, continuó hablando. Afirmó que la única religión que, al término de un período de intolerancia más sangriento aún que el del cristianismo, había acabado por respetar los conocimientos adquiridos por los sabios antiguos, había sido la religión islámica. Los árabes construyeron observatorios astronómicos en El Cairo, en Damasco y Antioquía... Y en medicina, fueron los únicos que, durante mucho tiempo, se aprovecharon de las enseñanzas de Hipócrates, de Celso y de Galeno... El cristianismo, ni pum. En la alta Edad Media los frailes dibujaban todavía mapas estrafalarios, en los que Jerusalén ocupaba el centro de la tierra y del mundo.

—Yo creo en la evolución, ¿comprendes, Solita? La naturaleza es evolución constante. Lo que no sabemos es hacia dónde evolucionamos...

Solita sí lo sabía. Por eso escuchaba al doctor Chaos con tanta atención. Por eso también, en cuanto éste hubo dado fin al informe solicitado por la policía —el anciano había muerto de muerte natural—, se sentó a su lado, muy cerca, más cerca que de costumbre, y se dijo:

—Yo también creo que evolucionamos, doctor... Sí, en eso estoy completamente de acuerdo contigo. ¡Y te advierto una cosa! Si no evolucionamos más, y más de prisa, es porque tú no quieres.

El doctor Chaos no supo lo que le ocurrió. Algo parecido a lo del verano anterior, en el hotel Miramar, de Blanes. Sólo que ahora el objeto de su excitación no era un joven camarero, sino Solita.

Miró a los labios de su enfermera y le dio un beso. Un beso profundo, en el que puso toda su capacidad. El doctor intuyó que en aquel momento se jugaba muchas cosas. Por eso tal vez hizo un movimiento falso con el brazo y una de las probetas que había en la mesa del laboratorio se cayó al suelo.

Solita depositó también en aquel beso un sinnúmero de esperanzas. El corazón le latía tan fuerte que creyó que iba a sufrir un colapso.

¡Albricias! ¡El doctor Chaos no experimentó repugnancia! Olvidó todo su pasado y vivió aquel momento, momento largo, detenido, con creciente euforia. ¿Sería posible? A punto estuvo de dar gracias a Dios, como cualquier ser primitivo y desamparado. Al separarse de Solita creyó estar soñando y le pareció que oía, procedente del patio de la clínica, los ladridos de *Goering*.

No hubo más aquella tarde. Por el momento, bastaba. Solita balbuceó: «Oh, doctor...» Y éste se levantó como ebrio, preguntándose si Solita no lo habría narcotizado.

La noticia corrió como la pólvora hacia la consulta del doctor Andújar.

—Eso marcha, amigo Chaos... Te felicito. No podemos cantar victoria, pero eso marcha...

Fue el punto de partida. Luego ya, todas las tardes, el doctor Chaos se las ingeniaba para quedarse a solas con su enfermera ayudante, la cual continuaba absteniéndose de perfumarse y de pintarse los labios. Y en cuanto el trabajo lo permitía, y siempre al término de un vivo diálogo que por sí mismo había ido orientándose hacia la necesidad de tener compañía, el cirujano atraía hacia sí a Solita y la besaba. Ahora al besarla hundía sus manos, sus manos de artista del bisturí, en la cabellera de Solita, y hasta recorría con ellas el cuello y los hombros. El doctor descubrió que prefería besarla estando de pie. A Solita eso no le importaba. Su amor por aquel hombre que luchaba consigo mismo aumentaba a cada caricia y la curaba de muchos complejos que ella había padecido, contra los cuales los *combates navales* que libraba con su padre no le habían sido nunca de la menor utilidad. «Algo tendré yo... —se decía la mujer— cuando he conseguido que un hombre como el doctor Chaos me bese y me acaricie los hombros.» Solita hubiera deseado que las batas de enfermera hubieran sido más escotadas... Porque, de momento, jamás el doctor intentó acariciarle los senos.

También este segundo paso fue dado, aunque de modo tímido e incipiente. Pero bastó para que revolotearan de nuevo por el despacho del doctor Andújar los mejores augurios.

—Confiesa que todo esto era impensable, amigo Chaos... Ahora te tomarás, además, esas pastillitas. Y mientras tanto, dime. En el orden espiritual, ¿qué sientes por Solita?

El doctor Chaos, que parecía transfigurado, que vivía una primavera que no podían soñarla los prados de hierba seca, le contestó:

—Estoy loco por ella... La quiero. La quiero con toda mi alma.

—¿Has dicho alma? ¿He oído bien?

—Sí. ¿Por qué no? Solita asegura que tenemos alma. ¿Entonces...?

El doctor Andújar veía en lontananza la posibilidad de que su amigo Chaos —¡cuánto lo quería, cuánta ternura sentía por él!— se afianzase en su pasión y llegara a casarse. «Eso sería la solución, como tantas veces te he dicho. Probablemente, todavía alguna vez te estremecerías al ver a otro hombre, al Rogelio de turno... Y caerías. Pero no por ello dejarías de amar a Solita y de estar con ella. Sobre todo, si tuvieras un hijo.»

La idea del hijo, que el doctor Andújar le había expuesto a su amigo desde el primer día, perseguía ahora al doctor Chaos. Le ocurría lo que nunca le ocurrió: veía un niño por la calle y se quedaba absorto contemplándolo, pensando que podría ser suyo. Le gustaba coincidir con la salida de los colegios, lo que

«La Voz de Alerta» hubiera atribuido a un incremento de su perversión. Y no era así. Lo demostraba un hecho; ingresó en la clínica, para ser ingresada de amígdalas, la hija del delegado de Sindicatos, camarada Arjona, que contaba nueve años de edad. El doctor Chaos sintió hacia ella en seguida una inclinación especial. Necesitó llevarle juguetes y besarla en la frente. «En mi infancia la hubiera arañado», pensó el doctor Chaos.

La situación llegó a un punto tal que no podía prolongarse mucho más. Chaos pensaba en Solita día y noche y a ésta le ocurría lo propio con él. En la clínica, el anestesista Carreras, estupefacto, los observaba con el rabillo del ojo. Contrariamente al doctor Andújar, el anestesista Carreras no creía en los milagros.

—Solita, ¿por qué no cenamos juntos un día de éstos? ¿El sábado, por ejemplo? ¿Hace?

—¿Dónde, doctor?

—En mi hotel...

—¿En tu hotel?

—Sí. Lo he pensado detenidamente. Celebraremos... cualquier aniversario. El de la colocación de la gran campana de la Catedral...

Solita reflexionó.

—Bien... ¿por qué no?

La cena transcurrió con intimidad, sin sobresalto, excepto el que experimentó el personal del hotel al advertir que el doctor Chaos había invitado a una mujer.

El doctor Chaos a lo primero se refirió a la cirugía. Afirmó que, pese a las trepanaciones craneanas realizadas por los egipcios mucho antes de Jesucristo, la cirugía había permanecido estancada durante milenios y no había dado su paso definitivo hasta mediados del siglo XIX, con el descubrimiento de la narcosis primero y de la antisepsia después. Al segundo plato el doctor Chaos se puso sentimental y brindó por esa ciencia, o ese arte, gracias al cual ellos se habían conocido y estaban aquella noche sentados uno frente al otro. A la hora del café Solita fue completamente feliz tomando el azucarero y preguntándole al doctor Chaos:

—¿Dos cucharadas como siempre, doctor?

Faltaba el paso definitivo: enfrentarse con la sociedad. También fue dado. Ello tuvo lugar con motivo del I Congreso de Cirugía Española que se celebró en Barcelona a primeros de junio. El doctor Chaos fue invitado a leer en él una ponencia y hacer una demostración. Durante una semana, maestro y discípula trabajaron sin apenas descanso para preparar aquella intervención. Y la víspera, el doctor Chaos le dijo a Solita:

—Tienes que acompañarme a Barcelona... Te necesitaré.

Solita escuchó la propuesta y notó escalofrío en la espina dorsal. Se pasó la mano por los ojos, cansados, y contestó:

—De acuerdo. Hablaré con mi padre y te acompañaré.

Fue un viaje armónico, por carretera, en el coche del doctor, puesto que había coherencia entre las personas, las ideas y el paisaje que los circundaba.

También fue armónica la ponencia que leyó el cirujano en el Congreso, ante más de cien colegas, y también lo fue su actuación en el quirófano: una traqueotomía. Solita, mientras le pasaba el instrumental, iba leyendo sus pensamientos... pese a la máscara.

El doctor Chaos y Solita se hospedaron en el mismo hotel: el «Majestic», del paseo de Gracia, donde antaño se hospedó el doctor Relken y en cuyo comedor éste le dijo a Julio García: «Mi cerebro me lo pago yo.»

La tercera noche, mientras cenaban, después de la intensa jornada clínica, que fue la clausura, el doctor Chaos —¿qué le ocurría?— no aludió para nada ni a la Inquisición ni a las diferencias existentes entre las técnicas operatorias de Barcelona y de Madrid. Comió vorazmente, como si llegara andando desde el *ghetto* de Varsovia. Y bebió vino tinto, de Perelada, pues dijo que su sabor le recordaba a Gerona y la tramontana que llegaba del Ampurdán, donde se alineaban los viñedos.

Solita, a su vez, tenía coloreadas las mejillas. La palidez del quirófano se había esfumado. ¿O se habría puesto polvos, la muy sagaz? Solita, además, fumó..., lo que no era habitual en ella. Y pidió una copa de coñac.

A medianoche, el ascensor los llevó al tercer piso, donde tenían las respectivas habitaciones. Y al encontrarse en el pasillo, con las enormes llaves en la mano, apenas si tuvieron necesidad de pronunciar una palabra: el doctor Chaos miró a Solita a los ojos, que brillaban como bocetos de estrellas, y la muchacha echó a andar.

Él la siguió y ambos entraron en la habitación de la mujer.

El cambio fue brutal. Mientras Solita se desnudó y el doctor Chaos hizo lo propio, las luces tenues del cuarto parecían entonar una musiquilla arrulladora. Pero en cuanto los dos cuerpos, debajo de las sábanas, entraron en contacto, el doctor Chaos experimentó una violenta sacudida y luego se quedó estático, sin fuerzas para moverse.

El hombre concentró toda su atención. Hizo lo imposible para darle órdenes a su mente, para sentir... Para demostrarle a Solita no sólo que era un hombre, sino que era *su* hombre, con el que compartiría luego para siempre la Clínica, el amor y el pan.

Resultó inútil. El doctor Chaos notó una suerte de asfixia y sus manos, yertas sobre la piel caliente de Solita, eran la imagen de la pena y de la impotencia.

Solita dio una vuelta sobre sí misma y, la cara contra la almohada, martilleó ésta con los puños y rompió a llorar sin consuelo. El doctor Chaos deseaba morir. Contornos antiguos, de hombres, fustigaron su cerebro. Le invadió una indiferencia glacial. Se dio asco a sí mismo. Le dio asco Solita. Le dio asco el mundo.

No se atrevió a pedir perdón... Saltó de la cama y su intención fue ducharse. Pero renunció a ello y vistióse con calma, en un estado de postración extrema. Se sentía infinitamente agotado. No era el mismo ser que el día anterior, con una fascinante rapidez de reflejos, operó una traqueotomía a la vista de más de cien colegas.

Una vez vestido se atrevió a balbucear:

—Perdón...

Y salió de la habitación de Solita. En el pasillo del hotel había ceniceros y delante de algunas puertas, zapatos. Zapatos de hombre y de mujer, alineados correctamente. ¡Dios, qué horrible sensación!

Se pasó la noche en blanco, sin acertar a coordinar las ideas. Ya nada le importaba. ¿Por qué el doctor Andújar, su amigo, lo achuchó hasta conducirlo a una situación semejante? ¿Por qué no lo dejó en paz con su anormalidad? En las paredes de la habitación colgaban grabados ingleses. Representaban caballos de carrera. Caballos vigorosos, de línea estilizada. Caballos de raza. También era de raza *Goering*, que dormía sosegadamente sobre la alfombra, a los pies de la cama.

Pensó en la castración. ¿Por qué no? Antiguamente en Roma los papas hacían castrar a los pequeños cantores para que no se malograsen sus voces infantiles... De una vez para siempre acabaría con la tortura. Y sabría a qué atenerse. Y el comisario Diéguez podría impunemente romper su ficha.

648

Se levantó con la luz del alba. Redactó una nota para Solita, nota muy escueta, y la deslizó por debajo de la puerta de su habitación. Luego bajó, pagó la factura del hotel y regresó solo a Gerona, en su coche. *Goering* parecía tener frío a aquella hora y se negó a asomarse por la ventana. Los postes de telégrafos semejaban dedos que señalaban con ira al cielo. De vez en cuando, una consigna: «Ni un hogar sin lumbre, ni un español sin pan.»

El doctor Chaos, una vez en Gerona, se abstuvo de llamar, o de visitar, al doctor Andújar. Ni siquiera fue al Hospital. La idea de que las monjitas lo saludarían diciendo: «Buenos días, doctor...», lo horrorizó. Se dirigió a su hotel y se desplomó en su lecho de siempre, testigo de tantas orgías inconfesables. Y se durmió hasta la hora del almuerzo.

* * *

Al día siguiente el doctor Andújar, después de escuchar detenidamente al doctor Chaos, le dijo:

—¡Bien...! Es pronto ahora para sacar conclusiones... De momento, por favor, lo único que te pido es que me des el número del teléfono particular de Solita.

CAPÍTULO LIV

PAZ ALVEAR, DECLARADA *miss* Gerona por Carlota, condesa de Rubí, se acordaba con frecuencia de su madre, pero sin angustia. Su madre fue en verdad un ser gris, apergaminado, que dejó huella escasa, excepto en el pequeño Manuel, que visitaba el cementerio de vez en cuando. Paz no quería ser cruel, pero cuando más la echaba de menos era cuando tenía que cocinar y fregotear. Había hecho donación del escasísimo ajuar de la mujer a una vecina medio paralítica y había tirado su peine, su cepillo de dientes y algunos otros chismes al cubo de la basura. *Gol*, el gato mascota de la casa, ahora se había acostumbrado a dormir en la cama que fue de «tía Conchi».

Paz tenía... dos problemas: Manuel y Pachín.

Manuel había caído de lleno en las garras de mosén Alberto. Paz hizo cuanto pudo para romper el cerco, pero fracasó.

Continuó hablándole pestes de la Iglesia, que había consentido la muerte de su padre en Burgos. Continuó hurgando y criticando los libros de texto que su hermano llevaba en la cartera e incluso le enseñó un antiguo catecismo que le prestó el librero Jaime, editado en Gerona cuando la guerra de la Independencia, en el que se decía textualmente:

«—¿Qué son los franceses?

»—Antiguos cristianos y herejes modernos.

»—¿Es pecado asesinar a un francés?

»—No, padre; se hace una obra meritoria librando a la Patria de sus violentos opresores.»

—¿Comprendes, so tonto? Los curas han sido siempre así. ¡Fíjate en la fecha!: 1808... Ha pasado siglo y medio y siguen en las mismas.

Nada que hacer. Mosén Alberto ejercía sobre Manuel una influencia decisiva. Por otra parte, en el Museo Diocesano, cada día más enriquecido, el muchacho se había acostumbrado a considerar sagradas determinadas cosas, sobre todo al contemplar los cuadros que representaban a Cristo. Sí, la figura de Cristo había ido penetrando en él con intensidad creciente. ¡Manuel comulgaba ya una vez a la semana, sin que Paz se enterase! Y al hacerlo sentía que en aquellas hostias elaboradas por las monjitas había algo más que pan... Había serenidad, buenos pensamientos, deseos de amar al prójimo y de perdonar. Aquel pan era la explicación de que todo no acaba aquí abajo, como su hermana pretendía. Era el pan con que César se alimentó siempre... ¡Oh, claro, César se había ido convirtiendo en el otro gran «opresor espiritual» de Manuel! Éste llevaba siempre en la cartera una fotografía de su primo, que Carmen Elgazu le había regalado. Y cada vez que la miraba pensaba que las teorías de su hermana fallaban por algún lado. O que por lo menos eran exageradas. Paz se daba cuenta y pensaba para sí: «¡Pues sí que estamos buenos! Lo dije en broma y va a resultar verdad: a ése me lo meten en el Seminario...»

El otro problema de Paz era Pachín. Pachín la quería más que nunca. Le decía en todos los tonos inimaginables: «Sin ti no podría vivir.» Pero habían surgido dos amenazas. Una, Pachín terminaría en agosto el servicio militar y su familia residía en Asturias. Otra, el Club de Fútbol Barcelona había declarado públicamente que quería ficharlo para la próxima temporada. Pachín, gracias a sus testarazos, era el máximo goleador de Segunda División. Un dirigente del Barcelona lo había estado vigilando por esos campos de España y había dicho: «Es una tontería que ese chico se pudra en Segunda División. Tiene madera de jugador internacional.» ¿Internacional? La palabra le había gustado a Paz, por aquello del himno del mismo nombre que ella canturreaba por lo bajines en Perfumería Diana. Pero si Pachín fichaba por el Club de Fútbol Barcelona, ¿qué iba a ocurrir? O se casaban —y Pachín no hablaba nunca de ello, «porque era muy joven y no le convenía engordar»—, o ella se iba tras él. De lo contrario, si te he visto no me acuerdo.

Pachín le decía que era pronto para preocuparse. «Estamos en mayo. Faltan tres meses para licenciarme. No tomaré ninguna decisión sin contar contigo. ¿Qué más puedo decirte? Pero tengo derecho a mejorar, ¿no? Ya buscaremos una solución...»

Paz descubrió que era muy celosa. Nunca lo hubiera imaginado. Era celosa no sólo de Pachín, sino de todo cuanto se refiriese a todos aquellos a quienes quería. Por ejemplo, últimamente tenía celos de Adela, porque un día advirtió que Ignacio al mencionarla lo hacía con una excitación especial. «¿Qué le encuentras a esa mujer...? Le quitas la faja y sales huyendo...» Ignacio se rió. Bueno, se rió sólo a medias, puesto que llevaba mucho tiempo sin poder abrazar a Adela, debido a que las sospechas de Marcos no se habían disipado.

En cambio, la muchacha había resuelto favorablemente el asunto del piso que andaba buscando. La Agencia Gerunda, a través de la Torre de Babel, acababa de conseguirle uno en la calle del Carmen, del que podría tomar posesión en agosto. Por cierto que la Torre de Babel retenía a Paz innecesariamente en la oficina, pues el muchacho se estremecía de pies a cabeza al ver a la prima de Ignacio. Por ello le daba largas al asunto. «Vuelve el sábado... Seguramente habrá algo.» «Pásate por aquí el martes. ¿Te acordarás?» Hasta que Paz le dijo, haciendo un ademán chulesco: «Ya está bien, rico. Que el piso no va a ser para ti...»

También resolvió favorablemente su propósito de incrementar sus ingresos, a sabiendas de que con ello se distanciaba todavía más de sus antiguos *slogans* de la UGT. Aparte de que con la primavera la *Gerona Jazz* había reanudado sus actividades —cada pueblo celebraría nuevamente la Fiesta Mayor—, la muchacha se aseguró sin gran esfuerzo otro sueldo no despreciable: se convirtió en la modelo de Cefe, el pintor de desnudos, gracias a los anuncios que éste, al igual que sus colegas, había ido publicando al respecto en *Amanecer*.

—Pero, ¡diablos! —exclamó el pintor, al vez a Paz—. No sabía yo que en Gerona existiera una sirena de esta categoría...

—No será porque me haya quedado encerrada en casita, ¿verdad?

El acuerdo fue completo, entre otras razones porque Cefe no sólo pagaba bien, sino que trabajaba sin malicia. Paz se dio cuenta de ello en seguida y simpatizó con el pintor, con el que charlaba a gusto a lo largo de las sesiones.

Y es que Ceferino Borrás —éste era su nombre— era un tipo singular. Se había criado en el Hospicio. Ahora tenía ya cincuenta años cumplidos y su mujer, al terminar la guerra, se le había ido a Francia con uno de las Brigadas Internacionales. Estudió en Bellas Artes, en Barcelona, y era figurativo ciento por ciento, especializado en el retrato femenino.

—Cuando la Dictadura de Primo de Rivera —le contaba a Paz—, me hinché de pintar señoras con clavel en el escote; pero luego, cuando vinieron los tuyos, el Frente Popular, el negocio se fue al carajo.

Ahora la época le ofrecía de nuevo grandes perspectivas. «Sí, sí, que vengan condesitas a Gerona... Tarde o temprano, todas pasarán por este taller.»

Se ejercitaba en el desnudo, precisamente porque exponer desnudos estaba prohibido y habían surgido compradores clandestinos, que no regateaban el precio. El trato con Paz había sido tajante: nadie la reconocería, pues le cambiaría la cabeza. «Pero ese cuerpo... Tienes un cuerpo delicioso, pequeña. ¡Ojalá te hubiera conocido yo a los veinticinco años! A ti no te hubiera dejado escapar...» Paz se reía. «¡Cefe, que ya no estás para estos trotes...!» «¡Ay, mi querida Paz! —exclamaba el pintor, mirándola de arriba abajo con un ojo cerrado y el pulgar en el aire—. ¿Cómo voy a contradecirte? No se me ocurre más que una palabra: Amén.»

El pintor Ceferino Borrás llevaba lacito negro, de mariposa, en el cuello. Y una cabellera para ser esculpida. Era distraído, bohemio y charlatán: el tópico por excelencia. No le gustaba la política. Decía que si en los cuarteles la gente hiciera la instrucción con pinceles en vez de hacerla con fusiles, no habría guerra ni en el aire, ni en la tierra, ni en el mar. «Y esos alemanes... ¡que no me destruyan ahora una sola estatua de Grecia! Si lo hacen, me uno a Inglaterra con mi arma secreta: la no-violencia.»

Paz aprendía mucho con Cefe. Éste no se cansaba de asegurarle que lo bonito era no odiar a nadie y tener una visión virginal del mundo. «De esta forma se vive tranquilo y las arrugas tardan en llegar. No me gusta que te metas en jaleos de Socorro Rojo y demás, ni que clasifiques a las personas de buenas a primeras. ¿Por qué? Todo el mundo es como es, ¿no te parece?

—¿Tú no odias a nadie, Cefe? —le preguntaba Paz.

—¿Yo? ¿Qué voy a odiar? Odiar es perder el tiempo. ¿A ver ese busto...? Así... No odio ni siquiera a los cubistas, fíjate. Lo que pasa es que me dan lástima, eso es. Porque, vamos. Mientras haya mujeres como tú... ¡a mí que me den academia, mucha academia!

Paz temblaba a veces ante la posibilidad de que Pachín se enterase de que ella posaba para Cefe. ¡No era lo mismo ser vocalista —Pachín había dicho: «¡Adelante! ¡Tú y yo, los amos!»— que desnudarse ante otro hombre, aunque éste se llamase Ceferino Borrás! Pero no había peligro, de momento. ¡Pachín estaba tan seguro de sí!

En cambio, y sin saber cómo, se enteró de ello Ignacio. E Ignacio, que se llevaba muy bien con su prima, hasta el punto de que no pasaba nunca enfrente de Perfumería Diana sin detenerse para saludar a la chica desde fuera, le afeó su conducta.

—¿No comprendes que Gerona es una ciudad carca y que esto te puede perjudicar?

Paz se defendió.

—¡Pero si no lo sabe nadie! A menos que tú vayas por ahí pregonándolo...

—¡Qué tontería! Pero Gerona es un pañuelo...

Paz se mordió la punta de la lengua.

—Claro, claro... —aceptó. Y volvió a lo suyo—: ¡Si se entera Pachín!

Al oír este nombre Ignacio tuvo una reacción inesperada. Movió la cabeza de forma tal que Paz se dio cuenta de que Pachín no le caía en gracia al muchacho. Alguna vez lo había sospechado, puesto que Ignacio no le hablaba nunca de él; pero ahora la cosa no dejaba lugar a dudas.

Ignacio se franqueó con Paz en este sentido.

—¿Qué voy a decirte? Le conozco poco. Pero creo que podrías aspirar a algo mejor...

Paz se picó de tal suerte que le contestó:

—¿Algo mejor? ¿Qué quieres? ¿Que me busque por ahí un Jorge de Batlle?

Ignacio procuró calmarla. El muchacho quería a Paz y herirla no fue ni sería nunca su propósito. Todo lo contrario. Ignacio se explicó. Le repitió lo que le había dicho en innumerables ocasiones: lo que Paz debía hacer era alternar con personas que pudieran elevar su nivel. En otras palabras, cultivarse. Cultivar su inteligencia, como había cultivado su voz y sus «tablas» en los escenarios, con la *Gerona Jazz*. La chica cometía horribles faltas de ortografía y lo más seguro era que ignorase el nombre del presidente de los Estados Unidos.

—¿Crees que Pachín te solucionará esto? Ayer lo vi en el bar Montaña... ¡Sí, es un atleta! Pero ¿qué más? ¿Te has preguntado alguna vez qué será de él el día que tenga que colgar las botas?

Paz tuvo uno de sus desplantes.

—¿Colgar las botas? ¡Hay tela para rato, querido! ¿Sabías que el Barcelona quiere ficharlo para la próxima temporada? Pues entérate de una vez... Además, le quiero, ¿comprendes? Le quiero y se acabó. —Paz añadió, después de una pausa—: Por favor, Ignacio, no hablemos de cambiar de pareja... Mejor no tocar este asunto, créeme...

Esta vez quien se mordió la lengua fue Ignacio.

—De acuerdo, querida. Tú ganas.

CAPÍTULO LV

LO MISMO EL GOBERNADOR que Mateo, en sus respectivos viajes a Santander y San Sebastián, habían oído rumores en el sentido de que la orientación reformista y revolucionaria de Falange inspiraba temores «en las altas esferas» de Madrid. De pronto, tales temores se concretaron en hechos: prodújose una reestructuración en el seno del Gobierno. Cambios de ministros y cambios en los altos mandos del Partido.

La cosa, pues, no les pilló de nuevas, sobre todo en lo

respectivo al camarada Salazar, uno de los miembros más brillantes de la antigua Falange y partidario a ultranza de que los Sindicatos fueran un organismo vivo, auténtico defensor de los intereses de los «productores». Salazar había tropezado siempre con dificultades y había sido acusado de demagogo. Por ejemplo, en varias ocasiones había intentado enviar a Gerona, en sustitución del indolente camarada Arjona, al bullicioso Montesinos, de Valladolid, aquel muchacho que en plena guerra fue una de las cabezas de la resistencia contra el decreto de Unificación y que conoció por ello la cárcel. Pues bien, Montesinos no había ido a Gerona. El camarada Salazar, pese al humo de su cachimba, no obtenía el beneplácito necesario para muchos de sus proyectos. Y decíase que cuando, el 1 de abril de 1940, primer aniversario del fin de la guerra civil, consiguió reunir en Madrid, en el paso de la Castellana, a millares y millares de trabajadores, el espectáculo provocó en el Ministerio del Ejército una reacción violenta.

Pese a todo, la lista de los miembros que componían el nuevo Gobierno sumió al Gobernador y a Mateo en la mayor perplejidad, pues si por un lado entraron en él varios hombres escasamente entusiastas de la doctrina social del Movimiento, por otro lado, unos días después, dos importantes carteras —Trabajo y Agricultura— fueron adjudicadas a dos falangistas intachables: José Antonio Girón y Miguel Primo de Rivera, éste hermano de José Antonio.

El asunto se presentó más oscuro aún, o más propicio a la cábala, cuando Salazar, que unos meses antes había efectuado un viaje a Alemania, donde estudió a fondo la organización obrera hitleriana, que estimó modélica, fue destituido de su cargo. Y el asombro llegó al límite cuando cesó también en el suyo el camarada Núñez Maza, por haber manifestado públicamente su disconformidad respecto al reajuste ministerial.

Salazar y Núñez Maza, que paradójicamente continuaron formando parte del Consejo Nacional, escribieron sendas cartas a Mateo, en las que le decían que la única esperanza para el Partido radicaba a partir de ese momento en la «buena fe que presidiera la acción del Ministro Serrano Suñer, presidente de la Junta Política» y «en la gestión que pudiera realizar el nuevo Secretario General de FET y de las JONS, camarada José Luis Arrese, quien sobre el papel gozaría de poderes muy amplios». José Luis Arrese merecía la confianza de ambos falangistas destituidos. Pero Salazar y Núñez Maza se temían que, en la práctica, el sometimiento del Partido al Gobierno iría siendo cada vez mayor, «puesto que Arrese sentía tal admiración por el Caudillo, que era inimaginable que defendiera el programa falangista si éste pudiera atentar en algún sentido contra la unidad nacional». Por de pronto, Arrese, hombre muy católico, había declarado lo siguiente. Primero, había que *espiritualizar la vida*; segundo, *hacer a España más española*; tercero, *implantar la justicia social*. Mateo comentó: «¿No crees, querido Gobernador, que la implantación de la justicia social debería ir en primer término?»

Mateo hablaba así porque, en los ratos que Pilar le dejaba libre —Pilar y la preparación de los exámenes de junio, ya que Mateo por fin se había decidido a presentarse y terminar la carrera de Derecho—, se asustaba ante el creciente desnivel que se establecía entre quienes se enriquecían con asombrosa facilidad y las necesidades de los humildes. Según sus informes, cinco grupos bancarios controlaban en aquellos momentos el setenta por ciento de la riqueza industrial del país. Celebrábanse por doquier Primeras Comuniones con un lujo tal que «aquello se estaba pareciendo a las orgías de Negrín». Mateo, en los contactos que desde su boda había reanudado con Ignacio, había tenido que admitir que la vida económica de la nación iba desembocando en un capitalismo cerrado y despótico, muy alejado de las primitivas intenciones. El padre de Manolo, don José María Fontana, en su bufete de Barcelona, palpaba todo ello a diario: quien conseguía un determinado permiso de importación, el monopolio de cualquier producto o fletar un barco de lo que fuere, acumulaba, a veces, en cuestión de unas horas, una fortuna. Teniendo en cuenta, además, que la prolongación del conflicto internacional era ya cuestión obvia, la premisa podía establecerse así: «Era muy fácil, en provincias, encarcelar a estraperlistas de poca monta o a los accionistas de Tejero, S. A. Pero ¿y en Madrid? ¿Quién encarcelaba a quién en los centros oficiales de Madrid?»

Mateo, hablando con el Gobernador, llegó a la conclusión de que resultaba de todo punto ingenuo sorprenderse por lo que ocurría. De hecho, no podía ser de otro modo. Como tantas veces se había dicho, la Falange, debido a la guerra, se encumbró demasiado pronto. No hubo tiempo material para formar políticamente a un número de hombres lo bastante crecido para ocupar con la necesaria autoridad los puestos clave y para ejercer una presión determinante. Tampoco cabía echar en olvido aquellas consideraciones del profesor Civil acerca de la excesiva juventud de ciertos mandos... «Ha ocurrido lo inevitable: falta de experiencia.»

El Gobernador asintió a la tesis de su entrañable amigo y camarada.

—En efecto, tienes razón. Pero ¿qué podíamos hacer, querido Mateo? Es más fácil producir un buen coronel de Caballería, como mi hermano, o un buen hombre de negocios, que un buen Jefe Provincial o un buen Gobernador... La política es un arte abstracto. ¿Cómo saber si se ha acertado o no? ¡Y nuestro pueblo es tan difícil! Gobernar es empeño de años... y de tradición. Por ejemplo, cuando le di al comisario Diéguez aquellas órdenes a rajatabla creí haber hecho diana. Ahora, francamente, no sé qué pensar. Probablemente hemos cometido muchos errores; y es de suponer que a nuestras jerarquías nacionales les haya ocurrido lo mismo.

Se hizo un silencio entre los dos hombres, parecido al de los alumnos del Grupo Escolar San Narciso cuando mosén Obiols, entornando los postigos, los obligaba a realizar el examen de conciencia.

—Por otra parte —prosiguió el Gobernador—, tal vez José Luis Arrese tenga razón y lo que importe por encima de todo, dadas las circunstancias, sea conservar la *unidad nacional*, que tanto sacrificio nos costó. En Gerona, por ejemplo, ¿sería aconsejable romperla? ¿Sería aconsejable que yo, en nombre del yugo y de las flechas, me enfrentara abiertamente con el general Sánchez Bravo porque no comparte nuestras inquietudes sociales? ¿Y que me enfrentara por lo mismo con el obispo, con el notario Noguer y con «La Voz de Alerta»? Los rojos cayeron en esta trampa; y el resultado fue la catástrofe. Pensándolo bien, no es culpa de nadie, ni de Franco, ni de Serrano Súñer, ni de nuestros Salazar y Núñez Maza, si poco después de nuestra victoria estalló esa horrible guerra sin fin. En resumen, pues, considero que nuestro deber en estos momentos es tener paciencia...

Todo aquello sonaba a desánimo sincero. Sin embargo, podía en cierto sentido ser la voz de la cordura, de esa cordura que María del Mar elogiaba siempre en Franco y que tal vez explicara satisfactoriamente la combinación que éste acababa de hacer en las altas esferas: reforzar y ampliar las atribuciones de la Falange... pero tenerla en un puño. Permitir que algunos se enriquecieran... pero evitar la desmembración.

Hasta que la batalla que se libraba en el mundo hubiese terminado y España no tuviera que pedir de rodillas *navicerts* a los ingleses, que por cierto apretaban cada vez más, en el Atlántico, el cerco a los buques españoles —y no sólo a los que traían combustible del Caribe, sino incluso a los que traían víveres del Brasil o de la Argentina—, por temor a que cayeran en manos del enemigo.

El Gobernador y Mateo no se atrevían a mirarse a los ojos. La cabellera mosqueteril de Mateo parecía haberse ajado; y las gafas negras del camarada Dávila eran dos esferas enlutadas. El silencio llegó a ser tan espeso que los dos hombres comprendieron que aquello no podía prolongarse. ¿No era su lema mantener el ánimo contra toda adversidad? ¿No se pasaron momentos más difíciles aún durante la guerra? «Zamora no se ganó en una hora...» ¿Cómo iba a ganarse en tan poco tiempo algo tan serio y tan profundo como la Revolución Nacional que había preconizado José Antonio?

José Antonio... Era el hombre que les hacía falta, la pieza maestra que se les fue, porque los hados, y el rabioso mecanismo de España, lo habían querido así... Si José Antonio hubiera sobrevivido a la contienda todo habría tomado un rumbo distinto. También él era joven; pero se había curtido desde la niñez... y gozaba ya de tradición. «Su palabra era exacta. Tenía autoridad moral. ¡Qué lástima que no existan teléfonos para llamar a los muertos!»

Estas palabras, que el Gobernador había pronunciado varias veces en sus discursos, tuvieron la virtud de hacer reaccionar al camarada Dávila. Por otra parte, era su obligación hacerlo. Le llevaba a Mateo varios años de ventaja y no podía permitir que el muchacho, ¡sobre todo teniendo en cuenta que su mujer esperaba un hijo!, se desmoronase.

—Mateo... ¿no estaremos dramatizando demasiado la cuestión?

Mateo suspiró... y levantó la vista. ¡Qué curioso! Tenía los ojos húmedos. Pero, inesperadamente, consiguió sonreír. Su sonrisa fue una mezcla de tristeza y de súbita esperanza. En cualquier caso, despertó en el camarada Dávila un sentimiento de vivo afecto hacia él.

El Gobernador añadió, imprimiendo un nuevo rumbo al diálogo sostenido hasta entonces:

—¿Qué edad tienes ahora, Mateo?

Éste se encogió de hombros.

—Voy por los veintitrés...

El Gobernador miró al techo como echando cuentas.

—Así, pues, empezaste en Falange a los diecisiete...

—Más o menos.

—Un chaval...

El Gobernador miró sin querer el retrato de su mujer y de sus hijos que presidía la mesa. Mateo se anticipó a su comentario diciendo:

—Sí, era un poco mayor que Pablito...

El Gobernador pareció emocionarse.

—¿Sabes que es la primera vez que me doy cuenta de lo que esto significa?

Mateo volvió a encogerse de hombros. No supo qué comentario hacer.

—Realmente... —prosiguió el Gobernador—, tu generación ha sido una generación heroica. Lo disteis todo: quiero decir, disteis la juventud.

Mateo protestó:

—Más meritorio es lo vuestro. Tú te fuiste al frente estando casado y siendo padre de familia.

—Ya, ya... Pero nosotros habíamos vivido lo nuestro... Nos dio tiempo a cometer las maravillosas locuras de la adolescencia...

—¡Bah! ¿Qué clase de locuras?

—¡Todas! ¿No te das cuenta? A la edad en que tú llegaste a Gerona con un programa patriótico y la camisa azul, yo, en Santander, me dedicaba a comprar helados y a perseguir a todas las sirvientas que se me ponían a tiro...

Mateo se rió.

—Verdaderamente —admitió—, no puedo negarte que te envidio un poco... Sí, a veces noto que me hace falta haber vivido unos años así. —Mateo sacó tabaco y su mechero de yesca—. ¡Helados... y sirvientas! No está mal.

El Gobernador se rió también.

—De todos modos —atajó—, no deja de ser hermoso este sacrificio... En realidad soy yo quien debiera envidiarte.

—¡Bueno! —Mateo encendió el pitillo—. Las cosas son como son. Y si tuviera que volver a empezar, haría lo mismo.

Los dos hombres se miraron entonces con emocionada fraternidad. Se sintieron íntimamente unidos. Los cambios de ministros, las destituciones habidas, quedaban lejos. O se habían convertido en meros accidentes de la misión que ellos se habían impuesto.

—¿Así, pues, acordamos proseguir la lucha?

—¡Cómo! —exclamó Mateo—. ¡Más que nunca! Cara al sol, con la camisa nueva...

El camarada Dávila se levantó.

—Está visto que no tenemos remedio...

Mateo, que permaneció sentado, concluyó:

—De todos modos, es verdaderamente una lástima que no podamos llamar a José Antonio por teléfono...

CAPÍTULO LVI

OCURRIERON TANTAS COSAS antes que el calendario indicara la llegada oficial del verano, que para dar cumplida noticia de ellas *Amanecer* hubiera debido doblar el número de sus páginas. Algo rigurosamente imposible, por cuanto cada día el papel escaseaba más y era de peor calidad, hasta el punto de hacerse difícil la lectura del periódico. «La Voz de Alerta» se desesperaba por ello, pues opinaba que un periódico mal impreso influía negativamente sobre la moral de los lectores, dándoles una desagradable sensación de pobreza.

Sin embargo, los gerundenses fueron enterándose, de uno u otro modo, de todo cuanto ocurría en los ámbitos local, nacional e internacional. Puesto que cada mañana un rayo podía bajar del cielo y alterar la marcha del mundo, la curiosidad se mantenía viva, excepto para quienes, como el pintor Ceferino Borrás, o como el anestesista Carreras, de la Clínica Chaos, habían polarizado sus energías hacia objetivos profesionales o íntimos muy concretos y restringidos.

Gerona se enteró de la breve visita que efectuaron a la ciudad las cincuenta muchachas de las Juventudes Hitlerianas, llegadas a España por invitación especial de la Sección Femenina. Su aspecto, potente y saludable, llamó la atención y no dejó de arrancar muy diversos comentarios. Marta se desvivió por atenderlas, obsequiándolas con la proyección, en el Teatro Municipal, de varios documentales sobre la reconstrucción de carreteras, seguidos de una sesión de danzas folklóricas bajo la dirección del maestro Quintana, director de la Cobla Gerona. También en el Ayuntamiento se celebró una recepción en su honor y se organizaron varias excursiones a los lugares típicos, con explicaciones entresacadas de los artículos de mosén Alberto. El cónsul alemán, Paul Günther, hizo las veces de intérprete y no era raro que mientras hablaba asomara en los labios de las muchachas alemanas una sonrisa un poco irónica.

Por supuesto, a Marta no dejó de causarle desagrado el aire de superioridad que presidió el comportamiento de aquellas camaradas nacionalsocialistas, desagrado que por otra parte Marta había experimentado ya cuando estuvo en Berlín y fue invitada a saludar brazo en alto la estatua del Hombre Alemán desnudo. No obstante, era difícil sustraerse a la impresión de fuerza que emanaba de aquellas criaturas pertenecientes a la *casta nórdica* de que Himmler hablaba como un místico. Por lo que Marta le dijo a José Luis, su hermano: «Realmente, desde el punto de vista físico nuestra raza a su lado es inferior. La camarada Pascual, de Olot, que anda por los pueblos predicando la higiene, se ha quedado con la boca abierta.» Un dato parecía revelador: lo primero que las cincuenta muchachas pidieron al llegar a Gerona fue ducharse y luego cada una de ellas exprimió tres limones y se tomó el jugo.

El 12 de mayo, la *casta nórdica* dio otra sorpresa a los gerundenses: Rodolfo Hess, lugarteniente de Hitler, y del que se había rumoreado que era el presunto sucesor del Führer en la jefatura del III Reich, se fugó de Alemania por vía aérea y se lanzó en paracaídas cerca de la localidad de Glasgow, en Escocia. En un principio nadie dio crédito a la noticia. Pero pronto las autoridades inglesas la confirmaron plenamente. El aparato era un Messerschsmidt 110, que se estrelló contra el suelo, y el fugitivo era realmente Rodolfo Hess, partidario, al parecer, de que su país llegara a una inteligencia con Inglaterra.

La explicación que dio Berlín no convenció a nadie: Rodolfo Hess padecía desde hacía tiempo de una enfermedad mental, lo que se había mantenido oculto por inexcusable prudencia. El caso es que el hecho produjo el mayor estupor. Manolo y Esther exageraron su trascendencia. Creyeron que aquello significaba que algo ignorado y profundo fallaba en la máquina germánica. «¿Y si Hess había sido enviado en misión especial...?» Por desgracia, el cónsul británico, Mr. Edward Collins, continuó sonriendo al salir del hotel, pero sonriendo como de costumbre, no de otra manera. Así, pues, la anécdota tenía intrínsecamente su importancia, pero no influiría para nada en el futuro de la guerra. Demostraba, eso sí, que también en «las altas esferas» de Alemania podían producirse fisuras. El profesor Civil comentó: «Si Hess está en su sano juicio, su decisión es grave; y si realmente está loco, peor aún. Porque ¿qué jefe de Estado nombra a un loco su hombre de confianza?»

Poco después, el acorazado alemán *Bismarck*, el que había hundido recientemente al crucero inglés *Hood*, fue acorralado y puesto fuera de combate por la flota británica. La represalia no se había hecho esperar. Otro golpe para el prestigio de Alemania. «¿Y pues? —se chanceó el madrileño Herreros, en la barbería Dámaso—. ¿Es que el capitán del *Bismarck* se había fugado también a Inglaterra y había facilitado a la Marina inglesa los informes necesarios?» Silvia, la manicura de las piernas muy juntas, preguntó, mientras le cortaba las uñas a Padrosa: «¿Tenemos en España algún acorazado como ese *Bismarck*?» Padrosa replicó: «Ni soñarlo, reina. Pero si accedes a casarte conmigo, encargaré uno para ti.»

No, el curso de los acontecimientos seguiría marcando un rumbo cíclico. Ahí acabaron, por el momento, las noticias adversas a Alemania. El 21 de mayo el ejército del Führer, en una gigantesca ampliación del aterrizaje efectuado por Rodolfo Hess, dejó caer millares de paracaidistas sobre la isla de Creta y la conquistó en pocas semanas, obligando a los ingleses a refugiarse en África. La operación fue un prodigio de estrategia y aun de elegancia. Por lo menos, ésa fue la opinión del general Sánchez Bravo. «Fíjense ustedes —les dijo éste a los capitanes Arias y Sandoval, frente a un mapa de la isla griega—. En Noruega, Hitler empleó la primera arma secreta: los paracaidistas; en Creta, la segunda: los planeadores. Cada Junker llevaba enganchados en la cola tres planeadores, cuyos soldados ocupantes se dejaban caer en el momento oportuno sobre el punto previamente señalado. ¡Y los ingleses, con la boca abierta! Natural... En resumen, señores, otro Dunkerque para Su Majestad el Rey. Y van tres.»

Pero no todo paraba ahí. También en la costa mediterránea de África el ejército de Hitler asombró al mundo, gracias al general Rommel, quien justificó con creces la aureola que empezaba a rodear su nombre. En efecto, el general Rommel había sido enviado allí, al mando del que fue llamado *Afrika*

Korps, para salvar, al igual que en Albania y en Grecia, el prestigio del *Imperium Romanum* —expresión grata al conde Ciano—, que no conseguía, pese al ardor que ponía en la lucha el legionario Salvatore, avanzar un palmo. Los ingleses les habían ganado en el desierto la batalla a los italianos merced, según noticias, al audaz empleo de los tanques, los cuales, en contra del parecer de muchos técnicos, demostraron poder maniobrar perfectamente bajo las temperaturas africanas. Pues bien, Rommel les respondió con la misma moneda. En poco tiempo sus vehículos motorizados se infiltraron setecientos quilómetros hacia el Este, venciendo por otro lado reiteradas tempestades de arena. Conquistó Mara el Bregha y más tarde Agedabia y Benghasi. ¡Benghasi...! El desconcierto del general Wawell, proclamado héroe en Inglaterra por su victoria sobre los italianos, no tenía límites. Y menos los tuvo cuando se supo que las unidades utilizadas por Rommel habían sido en realidad escasas, puesto que la mitad de ellas lo menos eran simples automóviles corrientes, sobre los que el general alemán había hecho montar unos caparazones de cartón piedra que les daba apariencia de tanques, estratagema que engañó a los aviadores de reconocimiento ingleses. El general Wawell se sintió humillado, pero retrocedió todavía más... Retrocedió otros trescientos quilómetros, hasta el fuerte de Mechilli, donde Rommel se apoderó de un inmenso botín, que le permitió cercar a Tobruk, apoderarse de Bardia y cruzar la frontera egipcia por Sollum.

La hazaña era única. El nombre de Rommel se convirtió en leyenda en los países beligerantes. Ni siquiera las radios inglesas regatearon elogios al general alemán, y los corresponsales de Prensa escribían: «Rommel volaba en autogiro delante de sus columnas. Aterrizaba, daba las órdenes pertinentes. Volvía al buen camino lo vehículos despistados, impeliendo a todos a avanzar lo más rápidamente posible. Cuando soplaba el terrible viento llamado *khamsin*, algunos soldados se protegían con la máscara antigás, pese a lo cual vomitaban. La luz en el desierto era amarillenta, espectral, sustituyendo a la luz del día. Y Rommel seguía avanzando.»

Puede decirse que, en los mismísimos colegios gerundenses, durante aquellas semanas se hablaba de Rommel como durante un tiempo en los colegios rusos se había hablado del Campesino, «el héroe español». Tal vez ello se debiera a la seducción del lugar de operaciones: el desierto, nombre siempre fascinante, que evocaba en los chiquillos imágenes de camellos, de dunas y beduinos. Miguel Rosselló, que sabía calibrar las dificultades de accionar según en qué terrenos vehículos motorizados, hizo en *Amanecer* un canto de alabanza a Rommel. Miguel Rosselló estaba convencido de que el general inglés Wawell retrocedería hasta el Canal de Suez, por lo que tituló su artículo *La huida de Egipto*, ironía que obtuvo general aceptación.

* * *

Entretanto, en el ámbito nacional se ganaban también algunas batallas. El 8 de junio se firmó en Madrid un acuerdo entre el Gobierno español y la Santa Sede. Firmaron por España el Ministro de Asuntos Exteriores, Ramón Serrano Suñer, y por el Vaticano monseño Cicognani, nuncio de Su Santidad. En dicho acuerdo quedó fijado, entre otras cosas, el procedimiento a seguir para el nombramiento de arzobispos, obispos, administradores apostólicos con carácter permanente, etcétera. El comunicado oficial daba cuenta de que se trataba de la negociación previa para llegar a la firma de un nuevo Concordato, en espera del cual «la religión *exclusiva* de la nación española debería ser la católica, apostólica y romana».

El obispo de Gerona, doctor Gregorio Lascasas, experimentó, a la vista de este acuerdo, una de las mayores alegrías desde la terminación de la guerra civil, puesto que con él quedaba reforzada al máximo la autoridad de los prelados españoles. Se expansionó en este sentido con Agustín Lago, a quien llamaba lo menos una vez al mes para estar al corriente de la marcha de las escuelas.

—Estamos de enhorabuena, hijo mío... ¡Pronto, un nuevo Concordato! Bien sabe usted que lo más importante para España es esto: impedir la introducción de creencias no católicas. Y he ahí que, dadas las características de los países beligerantes en esta guerra, nos exponíamos a que, fuese quien fuese el vencedor, intentara implantar aquí nuevas doctrinas. ¡Ahora los obispos españoles dispondremos de fuerza jurídica para oponernos a ello!; además de la que sin duda volvería a prestarnos el Ejército. Eso es importante. En confianza le diré, querido amigo Agustín Lago, que las monjitas del Palacio me han servido, a la hora del almuerzo, una copita de champaña...

Agustín Lago quedó un tanto desconcertado. La monolítica fe del doctor Gregorio Lascasas era, ciertamente, una garantía de incorruptibilidad; pero en cierto sentido contrastaba con los postulados de ecumenismo y de libertad personal que defendía básicamente el Opus Dei. Ahora bien, había algo que no admitía dudas: el doctor Gregorio Lascasas estaría dispuesto al martirio, en cualquier instante, para defender su postura. Ello, en todo caso, inspiraba un gran respeto.

—Señor obispo —acertó a contestar Agustín Lago, con su característica discreción—, yo también me he alegrado mucho con la noticia de ese acuerdo. Lástima que en mi pensión no haya monjitas a las que pedirles también una copita de champaña...

El doctor Gregorio Lascasas se rió, mientras se levantaba y se dirigía al ventanal para mirar al exterior, a la maravillosa plaza de los Apóstoles, que daba entrada a la Catedral.

De pronto el señor obispo se volvió hacia su interlocutor y le dijo, con acento rotundo:

—¿Me permite usted una pregunta, amigo mío?

Agustín Lago contestó:

—No faltaría más...

—¿Quién es su director espiritual?

Agustín Lago titubeó un instante. Luego respondió:

—Mi director espiritual es el Nuevo Testamento.

El señor obispo... ¡tosió! Continuaba con su bronquitis crónica, pese a que el sol bañaba a raudales la plaza de los Apóstoles.

—Pero ¿no es el padre Forteza?

—Pues... no. El padre Forteza es, simplemente, mi confesor.

El doctor Gregorio Lascasas guardó silencio. Parecía un tanto aturdido.

—De todos modos, admira usted mucho a la Compañía de Jesús, ¿no es cierto?

Agustín Lago tuvo una expresión de sorpresa.

—¡Claro! Muchísimo...

—¿Y no cree usted —prosiguió el señor obispo— que el Opus Dei puede significar para ella, a largo plazo, lo que Rommel ha significado para el general inglés Wawell?

La manga flotante de Agustín Lago se cayó a su izquierda.

—Perdone, señor obispo, pero no entiendo lo que quiere usted decir...

El obispo miró con fijeza a su feligrés. Agustín Lago le sostuvo la mirada.

—Es muy sencillo... Desde nuestro primer encuentro me he informado más a fondo sobre el Opus Dei. ¿Sabe usted? También los obispos hemos de tener nuestros aviones de reconocimiento... Pues bien, he sacado la impresión de que ustedes pretenden ejercer un tipo de apostolado más moderno que la Compañía de Jesús... Sí, ese apostolado ejercido desde la profesión, ¡y sin llevar sotana!, podría muy bien responder a las necesidades de los tiempos... ¿Comprende ahora lo que quiero decir?

Agustín Lago se sentía incómodo, sentado en el sofá, mientras el doctor Gregorio Lascasas estaba de pie. Intentó levantarse, pero el señor obispo, con su corpachón, le indicó que no se moviera. Entonces el militante del Opus Dei contestó, con acento seguro:

—Si Su Excelencia me permite..., le diré que no veo la menor incompatibilidad. Mi opinión es que hay trabajo para todos. Cierto que el propósito de nuestro fundador, el padre Escrivá, difiere del de la Compañía de Jesús; pero ello es natural. Y por descontado, nunca supliremos a los jesuitas en una serie de campos en los que ellos llevan siglos de experiencia...

El doctor Gregorio Lascasas sonrió.

—Me gusta oírle hablar así, hijo... Sí, me gusta que no se forje usted demasiadas ilusiones. Ahora bien, yo, en su lugar, no me conformaría con leer el Nuevo Testamento: tendría además un director espiritual, y precisamente el padre Forteza. Sí, mi consejo sería que firmase usted con él un Concordato... de larga duración.

* * *

Dos últimas noticias, antes de la que Hitler iba a comunicar al mundo y que haría palidecer por mucho tiempo a todas las demás. *Amanecer* las publicó el mismo día; si bien Jaime no las subrayó, porque había renunciado a repartir el periódico. El negocio de los libros le iba viento en popa y presentó su dimisión. Matías le dijo a Carmen Algazu: «Me alegro por Jaime; pero a partir de ahora el periódico será más aburrido...»

La primera de dichas noticias concernía al Tribunal de Responsabilidades Políticas. Este Tribunal, que no cesaba de actuar, había dictado su sentencia contra La Pasionaria, en la que se condenaba a la acusada al pago de veinticinco millones de pesetas, a quince años de extrañamiento del territorio nacional y a la pérdida de la nacionalidad española. La segunda noticia concernía a la Falange: La Junta Política había acordado que las cinco rosas, ya marchitas, que adornaron la tumba de José Antonio en Alicante, fueran enviadas, como regalo emotivo y en una artística urna, a la Casa de España, de Nueva York.

* * *

La noticia que Hitler comunicó al mundo fue que Alemania declaraba la guerra a Rusia. Sin previo aviso, y pese al pacto de no agresión concertado entre los dos países, en la madrugada del 26 de junio las tropas alemanas cruzaron las fronteras soviéticas. Von Ribbentrop dijo: «La máquina militar más grande de la historia se ha puesto en marcha hacia el Este.» Al lado del III Reich lucharían las tropas finlandesas, al mando del mariscal Mannerheim, y las tropas rumanas, al mando del general Antonescu.

Esta vez el viraje había sido de tal calibre que la tierra pareció temblar. Los teletipos informativos acribillaron a sus agencias. Las emisoras de radio parecían haberse vuelto locas. Unos comentaristas decían: «Esto es el principio.» Otros decían: «Esto es el fin.»

Hitler lanzó una fulgurante proclama para justificar su decisión. Afirmó que Rusia había traicionado el pacto germano-soviético. Que se había dedicado sistemáticamente a una propaganda subversiva en los territorios ocupados por Alemania, creando en ellos disturbios, como los que tuvieron lugar en Yugoslavia. Que ejercía por doquier una labor de espionaje con fines concretos de agresión. Que había concentrado en las fronteras alemanas ¡ciento sesenta divisiones! Que había atacado a Finlandia sin el consentimiento del Gobierno alemán. Que había cometido crueldades horribles en los Estados bálticos que se había anexionado. «El bolchevismo es una amenaza para el mundo y Alemania ha decidido acabar con él.»

Acabar con el bolchevismo... La frase sonaba bien. ¿Qué actitud tomarían las democracias capitalistas? Pronto se supo: lanzaron un suspiro de alivio. Hitler, sin duda mal aconsejado por los astrólogos, había caído en la trampa: creación del segundo frente. Inglaterra se solidarizó con Rusia. Una frase de Lord Marley definió la tesis del Imperio Británico: «Inglaterra debería unirse con el diablo para luchar contra Alemania.» El deán de Canterbury organizó preces a favor de los soviets. Los Estados Unidos ayudarían también a la URSS... *Amanecer* dijo: «Se repite, a escala mundial, la lucha entablada en España en 1936.»

Nadie sabía lo que iba a ocurrir. El auténtico poderío de Rusia era la incógnita. Nadie dudaba de que la máquina militar puesta en marcha por Hitler era efectivamente la más grande de la historia. Ahora bien, ¿hasta qué punto ello bastaría para triunfar en tan gigantesta empresa? El recuerdo de Napoleón acudió a todas las mentes... La inmensidad del territorio ruso, de que tanto hablaron a Cosme Vila en la Escuela de Formación Política, de Moscú, ocupó una vez más el primer plano de las especulaciones. ¿Y el invierno, el invierno ruso, que tanto asustaba a la mujer de Cosme Vila? ¿Conseguiría Hitler asestar un golpe definitivo al Ejército Rojo antes que la nieve sepultara los caminos? 26 de junio... La fecha había sido bien elegida. Y el comienzo no podía ser más prometedor: las divisiones motorizadas del Führer avanzaban arrolladoramente. Y así, como si se buscara un símbolo, el primer bombardeo aéreo había convertido en llamas varios objetivos de San Petersburgo, la antigua ciudad zarista, que la revolución había denominado Leningrado y en la que desembarcaron los comunistas españoles admitidos en Rusia.

La guerra había cambiado el signo. Ahora tenía otro nombre, al igual que le ocurriera a San Petersburgo: *Cruzada contra la Rusia Soviética*. En todas las parroquias alemanas se leía un mensaje, opuesto al del deán de Canterbury, que decía: «La lucha contra la URSS es la lucha por el cristianismo de todo el mundo.» Hungría y Eslovaquia declararon la guerra a la URSS. Francia rompió con ésta sus relaciones diplomáticas. El Duce pasó revista, en Verona, a la primera división italiana dispuesta para trasladarse al frente ruso. Se alistaban, para acudir al combate, voluntarios franceses, noruegos, suecos, daneses. En el interior de Rusia, según las primeras impresiones, reinaba el mayor desconcierto. En Gerona, personas como el notario Noguer pensaban, aun sin atreverse a decirlo en voz alta: «Ahora comprendemos que el corazón de Hitler es realmente capaz de algo grande.»

Ésa fue la inmediata repercusión en España. Los ánimos

se galvanizaron en favor de Alemania y los anglófilos como Manolo y Esther no acertaban a opinar. Actos de afirmación patriótica brotaron como por ensalmo en toda la geografía nacional. Bombardear a Londres era, al fin y al cabo, discutible... ¿Pero era discutible bombardear a Leningrado... y Moscú?

Las jerarquías de la política española dieron el ejemplo. El ministro Serrano Suñer, en Madrid, ante una imponente manifestación, gritó: «¡Rusia es culpable! ¡Culpable de nuestra guerra civil! ¡Culpable de la muerte de José Antonio, nuestro fundador! ¡El exterminio de Rusia es exigencia de la Historia y del porvenir de Europa!» José Luis Arrese, secretario general del Movimiento, recordó a todos los camaradas el «millón de muertos» que, por culpa de Rusia, habían convertido a España en un campo de sangre.

El contagio colectivo, aquel fenómeno psicológico que tanto preocupaba al doctor Chaos, se convirtió una vez más en realidad. La Falange anunció que organizaba banderines de enganche para ir a luchar contra Rusia. Navarra, y en su nombre la Excelentísima Diputación Foral y Provincial —don Anselmo Ichaso redactó el texto—, sugirió su adhesión entusiasta a todos los países que luchaban contra el comunismo. «Navarra se une en espíritu con los valientes defensores de la civilización cristiana y eleva sus preces al Altísimo por el triunfo total en la lucha por nosotros iniciada en julio de 1936.» Aparecieron carteles en todas partes, sin exceptuar la Rambla gerundense:

«Para vengar a España. Para estar presentes en la tarea de Europa. Alistaos en los banderines de voluntarios contra el comunismo.»

«Rusia nos robó, en 1936 y 1937, seis mil niños de España, que hay que rescatar cueste lo que cueste.»

El 1 de julio, día en que murió en Nueva York el gran pianista Paderewski, primer presidente de la República polaca después del armisticio de 1918, los corresponsales de Prensa que se habían ido al frente ruso empezaban a publicar sus crónicas. Dichas crónicas revelaban que el espíritu con que luchaban los soldados rusos era contradictorio. Mientras en determinados sectores huían a la desbandada o se entregaban ¡con los generales al frente!, en otros demostraban un valor extraordinario y «se pegaban al terreno como lapas». Los lectores no sabían a qué carta quedarse. En un punto, eso sí, coincidían todos los informadores: en que los comisarios políticos, tan conocidos en España —los gerundenses recordaron a Goriev y a Axelrod, y por la memoria de Ignacio desfilaron los muchos que viera en Madrid, durante su estancia en el Hospital Pasteur—, actuaban de forma despiadada. Pistola en mano, cuando sus hombres chaqueteaban, disparaban a placer, como había ocurrido en la batalla del Ebro, de lo que fue testigo la Torre de Babel. A veces se decidían por encerrar una sección en cualquier refugio, taponando luego la salida. Otras veces enterraban a los cadáveres de pie, de modo que sólo asomara la cabeza.

Tales detalles levantaban oleadas de indignación, al igual que los referidos al lamentable aspecto que ofrecían los prisioneros rusos. Según los cronistas alemanes, algunos combatían descalzos y declaraban que habían vendido sus botas para comprar cigarrillos, lo que contrastaba con la apariencia pimpante de los jefes. ¿Dónde estaba la tan cacareada igualdad? Para los lectores recalcitrantes, para quienes sospechaban que se trataba de mera propaganda, ahí estaban las correspondientes fotografías... Claro que éstas podían también falsearse, o elegirse a voluntad. No obstante, era evidente que a medida que fueran pasando los días la verdad se abriría paso, tanto más cuanto que la gente estaba ya acostumbrada a leer entre líneas. ¡Sí, por lo menos en este sentido la decisión de Hitler era de agradecer! Por fin el mundo —y Gerona— sabría si Rusia, prácticamente aislada del exterior desde 1917, era o no era un *paraíso*.

Pablito no abandonaba un momento la Geografía y repetía nombres de cordilleras y de lagos rusos. Cuando se dijo que las tropas húngaras habían entrado en acción atravesando los desfiladeros de los Cárpatos se tuvo la impresión de que iba a revelarse pronto el gran secreto. ¡Ah, la resonancia de las palabras! Cárpatos... Y Ucrania, el granero de Rusia... Los alemanes pisaban ya aquel suelo. ¿Cómo serían las espigas en sus campos? ¿Los sabios rusos habrían conseguido trigo mejor y más alto?

—Esto es apasionante —decía el doctor Andújar—. Tengo la impresión de que confirmará mi teoría: que el pueblo ruso es muy simple y que la complejidad es privativa de las clases dirigentes...

—Habrá muchas sorpresas —opinaba mosén Alberto, insólitamente excitado—. No creo yo que les haya dado tiempo a hacer tabla rasa con la religión... Los jóvenes, quizá sí sean ateos. Pero no la gente mayor.

—Ese Stalin debe de ser un tuno —comentaba Raimundo, el barbero—. Habrá puesto en primera línea a los más débiles, a los que tosen y demás. Pero, a lo mejor, Hitler tropieza pronto con los gigantes...

Imposible precisar, por lo menos de momento. La invasión adquiría proporciones enormes y las noticias no podían reducirse a esquemas. El material ruso cogido parecía bueno, pero no era comparable al alemán; excepto, quizás, un tipo de tanque de cuarenta y dos toneladas... La aviación rusa luchaba en condiciones de inferioridad. Los pilotos alemanes perseguían a los soviéticos y los derribaban como en Gerona, los domingos, los oficiales abatían a los pichones. Se hablaba de procedimientos de combate inhumanos y al margen de las leyes de la guerra, como el de abandonar, en la huida, latas de conserva con alimentos envenenados... También se decía que muchos heridos se suicidaban para no caer en manos de los alemanes.

Los informes empezaron a concretarse... Los soviets, desde 1917 —*Amanecer* lo publicaba en grandes titulares— habían sometido a la población rusa a torturas indescriptibles para imponer su revolución. En Ucrania, la GPU había arrojado familias enteras a los calabozos rociándolas luego con gasolina. El día 6 de julio Alemania publicó una estadística según la cual, desde el asalto de Lenin al poder, los asesinatos en Rusia sumaban once millones, de los cuales nueve millones eran campesinos; un millón eran obreros; setenta y cinco mil, oficiales del Ejército; cuarenta y un mil, intelectuales... «Está visto —comentaron los hermanos Costa— que ser campesino es siempre más peligroso que ser industrial.» El Administrador de la Constructora Gerundense, S. A., que tanto entendía de números, se limitó a decir: «No comprendo quién puede haber establecido una estadística así, tan minuciosa.»

Las primeras grandes batallas se libraron en Bialystok y en Minsk, donde veinte mil soldados rusos, después de asesinar a sus comisarios políticos, acabaron rindiéndose. Los alemanes llegaron luego al río Dnieper y se dirigían hacia el Duna... Pablito seguía en el mapa, con el índice, el curso de estos ríos. También en otros sectores avanzaban los finlandeses y los rumanos. Y estaba a punto de ser rota la llamada línea Stalin, en ruta hacia Kiev.

El general Sánchez Bravo prestaba atención especial, como

es lógico, a los partes de guerra alemanes, pero también a los informes procedentes de Londres... Por un momento el jefe militar pensó que Inglaterra, en vista de que Hitler atacaba a Rusia, enemigo común, querría hacer las paces con Alemania. Pero pronto se convenció de que no iba a ser así. El día 15 de julio el Imperio Británico se comprometió a no firmar con Alemania una paz por separado... Al mismo tiempo, la aviación inglesa intensificaba sus ataques contra el territorio del Reich ¡y tropas norteamericanas desembarcaban en Islandia! Sin duda Stalin empezaría a recibir, a través del Ártico, envíos de material de los Estados Unidos... Sin duda Churchill le estaría escribiendo a «papaíto Stalin» cartas rubricadas con un abrazo fraternal. ¡Más aún, un corresponsal londinense escribió que la alianza inglesa con Rusia recordaba las palabras del caballero que se casó con la moza del hostal! «Es verdad —había dicho el caballero— que es ligera de cascos, que tiene malos modos y que odia a la gente bien. Pero ¡es tan voluminosa!»

El padre Forteza figuraba entre los gerundenses más desconcertados. *Cruzada contra la Rusia Soviética...* Aquello le pilló desprevenido, pese a sus intuiciones y a la última carta que había recibido de su hermano, desde el Japón, en la que éste le hablaba de dicha posibilidad.

El jesuita llamó al profesor Civil y le dijo:

—Prepárese usted a recibir ahora noticias sombrías sobre la suerte de los judíos... A los que hayan sido probolcheviques, los alemanes no los encerrarán en ningún *ghetto*; los aniquilarán.

A «La Voz de Alerta» le desconcertó la actitud de Italia.

—¿Por qué Mussolini ha enviado a Rusia sólo una división? ¿Es que el Eje se ha resquebrajado?

Doña Cecilia, la esposa del general, no hacía más que santiguarse.

—¡Abandonar latas de conserva envenenadas! ¡Familias rociadas con gasolina! Esos ingleses no tienen perdón de Dios...

CAPÍTULO LVII

Los BANDERINES DE ENGANCHE abiertos en toda España y los carteles que aparecieron por doquier respondían a una realidad: existían en el país muchos voluntarios dispuestos a luchar contra Rusia. De modo que el Alto Mando tomó el acuerdo de formar una División, la División 250, que, en homenaje al color de la Falange, se llamaría *División Azul*. Las inscripciones se harían con la mayor rapidez, no fuera a ocurrir que precisamente los españoles, que habían sufrido en su carne el manotazo soviético, llegasen tarde...

Amanecer dio cuenta puntual de la marcha de las inscripciones. Cádiz iba en cabeza. Pero lo cierto es que el movimiento abarcaba la nación entera: Valencia, Barcelona, Sevilla, Madrid, Guipúzcoa... Sucedíanse las noticias emotivas: se habían alistado numerosos obreros de la Constructora Naval del Ferrol; de un pequeño pueblo de Pontevedra habían acudido a la capital de la provincia cuarenta camaradas; muchos jefes y oficiales del Ejército reclamaban también el honor de alistarse... Ofrecíanse capellanes castrenses, enfermeras, y alguno de los rusos blancos que formaban parte de aquel Coro que cantó en Gerona, en el Teatro Municipal.

La División, por lo tanto, sería heterogénea. ¡Había incluso veterinarios! Y algunos aviadores y zapadores y sanitarios y un contingente de fuerzas de la Guardia Civil... Si efectivamente llegaba el invierno y la campaña no había concluido, harían falta esquiadores...

Gerona, por supuesto, no iba a quedarse atrás. El relámpago patriótico había caído también sobre la ciudad antiguamente amurallada, despertando algunas conciencias. La gente se preguntaba: «¿Quiénes se alistarán?» En el Grupo Escolar San Narciso se hablaba del maestro Torrus. En Telégrafos se hablaba de un cartero que coleccionaba sellos de Rusia. Eloy temía que se alistara el capitán Sánchez Bravo, presidente del Gerona Club de Fútbol.

La intuición popular, por una vez, erró el tiro. Ninguno de

los citados se presentó en las oficinas del banderín de enganche, abiertas en la plaza de San Agustín.

El primer voluntario de la ciudad que se alistó fue Cacerola. El amigo de Ignacio continuaba a disgusto en la Fiscalía de Tasas. Tan pronto como leyó que Rusia le había robado a España seis mil niños, a los cuales había que rescatar costase lo que costase, decidió responder a la llamada y se presentó en la plaza de San Agustín, dispuesto a estampar su firma. «Necesitarán cocineros, ¿no es así?» No dijo más.

Detrás de la mesa, en funciones burocráticas, se encontraban los capitanes Arias y Sandoval.

—Enhorabuena, chico. Encabezas la lista...

Cacerola preguntó:

—Podremos tener madrinas de guerra, ¿no?

—¡Claro que sí!

—A mí me gustaría... Gracia Andújar.

—¡Oh! Es de suponer que aceptará.

El segundo voluntario fue Alfonso Estrada. El presidente de las Congregaciones Marianas lo consideró un deber. Acudió a la celda del padre Forteza y salió de allí con una bendición especial. «Me parece bien, hijo, me parece bien... La vida está hecha para que la entreguemos, poco a poco o de golpe. La causa es noble. Dios quiera, sin embargo, que no te pongan uniforme alemán...»

Alfonso Estrada abandonaría, pues, la oficina de Salvoconductos y los libros de Filosofía. Ahora ya no le contaría a Pilar cuentos de miedo; ahora los viviría él, en el frente ruso. Y ya no tocaría al piano música de Sibelius, música descriptiva del viento de Finlandia; tendría que guarecerse él del viento real, como los soldados del *Afrika Korps* se resguardaban en África del *khasim*, que hacía vomitar.

El presidente de las Congregaciones Marianas se alistó en homenaje a la Virgen. Y lo hizo con una entereza singular. Estaba seguro de que no le ocurriría nada. «No tiene mérito —les dijo a los capitanes Arias y Sandoval—. No me ocurrirá nada.» Tenía la certeza de que regresaría pronto y de que se traería consigo, en el macuto, un icono que más tarde mostraría con orgullo a sus hijos e incluso a sus nietos.

El capitán Arias, al entregarle la documentación en regla, le preguntó, sonriendo:

—¿Quieres tú también madrina de guerra?

Alfonso Estrada contestó:

—Ya la tengo. Es Asunción, la maestra. Me está bordando un escapulario de la Virgen del Carmen.

El siguiente voluntario fue mosén Falcó, el asesor religioso de Falange. Se creyó en el deber de dar ejemplo y lo dio. Su entrevista con el señor obispo no careció de emoción.

—Pero... ¡hijo! ¿Lo ha pensado bien?

—Sí, señor obispo...

—Le felicito, le felicito... Tiene usted valor.

Mosén Falcó, que sabía que el señor obispo había sentido siempre ciertos recelos con respecto a Falange, comentó:

—Es de suponer que algunos de los muchachos querrán confesarse de vez en cuando...

—¡Claro!

—¿Quiere usted darme su bendición?

—¡No faltaría más! Arrodíllese...

Mosén Falcó se arrodilló. El doctor Gregorio Lascasas irguió su ancho busto aragonés, *In nómine Patris et Filii et Spiritus Sancti*... Sonó, en aquel momento, la gran campana de la Catedral. Oíanse gritos de niños que jugaban frente a Palacio.

—Que Dios le proteja, hijo mío... Escríbame cuando pueda.

Cinco soldados artilleros se ofrecieron también voluntarios. Eran amigos. Desde que se conocieron en el cuartel, en la *mili*, no se separaban. No habían hecho la guerra española y tenían sed de aventuras. Se lo jugaron a cara o cruz. Salió cara y se alistaron. «Seguro que esto nos valdrá una cruz...»

El capitán Arias les preguntó:

—¿Esto es efecto del coñac, o habéis reflexionado debidamente?

—No nos gusta el coñac. Sabemos lo que hacemos.

El capitán Arias insistió:

—La guerra es algo serio...

—Rusia es culpable. Queremos alistarnos.

—De acuerdo, muchachos... ¡Arriba España!

—¡Arriba!

Otro voluntario: José Luis Martínez de Soria. Pero su madre lo disuadió.

—¡Hijo! Murió tu padre; murió tu hermano... Marta y yo estamos solas. ¿Por qué has de irte? ¿Has hablado ya con María Victoria?

—Sí, ella se ha alistado ya... Se va de enfermera...

—José Luis, hijo... ¡te lo prohíbo! No sé si tengo derecho a hacerlo, ¡pero te lo prohíbo...! ¡Por favor, José Luis! ¿No ves lo solas que estamos?

La viuda del comandante Martínez de Soria se echó a llorar con tal desconsuelo, que por un momento a José Luis, teniente jurídico, le pareció que su madre faltaba a la dignidad. Por otra parte, Marta guardaba un mutismo casi hiriente. Desde que Ignacio la había dejado, a veces hacía eso, se inhibía y no se sabía lo que estaba pensando.

José Luis, que hasta ese momento había obrado por instinto, sin reflexionar —«Rusia es culpable»—, de pronto pensó que Rusia era enorme... y que las aguas del Dnieper, de que hablaban los partes de guerra, debían de bajar turbulentas y con fuerza para arrastrar un sinfín de cadáveres.

Miró con calma a las dos mujeres. Sus ojos eran de luto. Realmente, ¿a qué exponerse? ¿No había ofrecido ya su vida cien veces? ¿No había ya bastante sangre Martínez de Soria regando la tierra?

La viuda del comandante Martínez de Soria, inesperadamente, perdió el conocimiento. Se quedó inmensamente pálida y la cabeza le cayó sobre el pecho. Entonces Marta acudió a ella, junto con José Luis. La reconfortaron con agua de colonia. Por fin José Luis dijo simplemente:

—Está bien. No me iré... —Y salió de la casa dando un portazo.

En cambio, quien se alistó fue Rogelio, el camarero... ¡Sorprendente reacción! Rogelio, al salir de la cárcel, cumplida la condena que le fue impuesta por haber jugado sucio con las sirvientas, se encontró sin norte, próximo a la desolación. Andaba por Gerona sin saber qué hacer. Había pedido trabajo en un par de cafés, sin resultado. «No hay clientes, ya lo ves... Esos mejunjes que servimos, los espantan.»

Entonces leyó uno de los carteles. «¡Español! ¡Alístate...!» ¿Por qué no? Rogelio no había hecho nunca nada digno en su vida. Una vida gris, como la luz de Gerona en invierno, como el trabajo de los hombres que al atardecer alumbraban en la Rambla los faroles de gas.

¡Si se alistaba se convertía en héroe! Y conocería otras gentes, otros muchachos, que lo mirarían con respeto. Y conocería otras tierras... Porque, para ir al frente ruso, había que cruzar Francia y Alemania... ¡Francia! ¡Con lo bien que estaban las francesitas! Tal vez les permitieran darse una vuelta por París... ¡Y Alemania! ¡Con lo bien que estaban las alemanas! Aquellas cincuenta que habían visitado Gerona... Algunas, tabú. Pero otras... Y todas se habían duchado, según noticias, y se habían zampado jugo de limón.

—¿Nombre y apellidos?

—Rogelio Ros Bosch.

—¿Edad?

—Veinte años.

—¿Profesión?

—Camarero.

—No has hecho la *mili*, claro...

—Ahora la haré.

—¿Eres de Falange?

—No, señor.

—¿Por qué te alistas?

—Rusia es culpable.

El capitán Sandoval miró a Rogelio. Éste había adoptado un aire de seguridad, casi de indiferencia, que ponía los pelos de punta. Fumaba con el cigarrillo esquinado, con cierto cinismo.

—De acuerdo. Pero has de traer dos fotos. ¡Arriba España!

—¡Arriba!

El capitán Arias lo llamó en el último momento.

—¿Has dicho que eres camarero?

—Sí, señor.

—Te nombro mi asistente...

Rogelio abrió los ojos.

—¿Cómo...?

—Sí... Capitán Arias. Nos encontraremos en la Dehesa, el viernes a las diez de la mañana.

Rogelio cabeceó.

—Muy bien... —De pronto, el muchacho sonrió y adoptando aire de camarero fino añadió—: ¿Desea algo más el señor?

Horas después se personó en el banderín de enganche una mujer. Tendría... unos treinta años. Su aspecto era un tanto hombruno, si bien los ojos la traicionaban, daban testimonio fiel de su femineidad. Y su cutis era suave, sin arrugas. Con el peinado corto y una gran seguridad en los ademanes. Llevaba un bolso caro, de piel de cocodrilo. Zapato de tacón alto. Distinguida, sin afectación.

Daba la impresión de haber sufrido, de estar sufriendo. Ello se le notaba en el rictus de la boca y en cierto escepticismo que aureolaba toda su persona. Quería alistarse, pero nada en ella delataba el menor entusiasmo patriótico. Los capitanes Arias y Sandoval, al verla entrar, se habían levantado.

Era Solita. Solita Pinel, la hija mayor del Fiscal de Tasas, la ex ayudante de quirófano de la Clínica Chaos. Quería alistarse de enfermera. «Supongo que podré ser útil... Durante la guerra estuve treinta meses en Zaragoza, en varios hospitales.»

Los capitanes Arias y Sandoval la conocían. Se miraron, extrañados, el uno al otro.

—Señorita..., reciba usted nuestra enhorabuena. Es usted valiente.

—No lo crean...

—¿Cómo que no?

Solita se encogió de hombros. El bolso de cocodrilo se le balanceó en el antebrazo.

—He traído las fotografías... El carnet de Falange... ¿Qué otra cosa se necesita?

Solita no había comunicado su decisión más que al doctor Andújar, con quien estaba en contacto desde lo que le ocurrió en el Hotel Majestic con el doctor Chaos. El doctor Andújar le había dicho:

—Váyase, Solita... Ponga usted tierra de por medio. Yo no puedo hacer nada. Si su padre pone inconvenientes, dígamelo...

Solita obtuvo también el consentimiento paterno. ¡Y he ahí que, mientras los capitanes Arias y Sandoval tomaban los datos requeridos, tuvo, al revés que Alfonso Estrada, el presentimiento de que ella no regresaría de la aventura! Que se quedaría en Rusia para siempre, «en algún lugar cerca de Bialystok, o de Minsk», muerta. Muerta por un bombardeo, por una bala, o segada su cabeza por la hoz de un joven militante comunista, arrojado... y varonil.

—De acuerdo, Solita... El viernes, a diez de la mañana, en la Dehesa.

Solita asintió.

—Si no les importa, de momento no vestiré de enfermera. Iré como camisa azul y boina roja.

El jueves, víspera de la concentración prevista en la Dehesa —habían empezado ya a llegar voluntarios de Barcelona y afluían de todas partes donativos para obsequiar a los *divisionarios*—, se presentó en el banderín de enganche Mateo. Mateo Santos, jefe provincial de FET y de las JONS.

Los capitanes Arias y Sandoval se levantaron, se cuadraron y lo saludaron extendiendo el brazo.

—Les pido mil perdones... —dijo Mateo sonriendo—. No he traído ningún aval.

Amanecer publicaría luego en primera página la fotografía de Mateo; y Pilar la pegaría más tarde, muchísimo más tarde..., en el álbum que guardaba y cuya etiqueta decía: *Prensa*.

Mateo, en cuanto leyó el discurso del ministro Serrano Suñer —«¡Rusia es culpable!»— y supo que se organizaba una expedición de voluntarios, sintió en lo más hondo que su obligación era ir. Le vino a la memoria su reciente diálogo con el Gobernador: «Si hubiera hombres políticos, no nos encontraríamos en esta situación.» Alistarse era un golpe de efecto, un golpe político. Ejemplaridad. Los jefes locales que no se alistaran, alegando que debían sembrar las tierras o cuidar del archivo de Falange, se sentirían avergonzados. Y quienes hubieran podido acusarlo a él de buscar prebendas, de aprovecharse de la victoria, de disponer de coche oficial, se acurrucarían en un rincón sin pretexto para seguir calumniándolo.

Ahora bien, ¿y las circunstancias familiares? Pilar esperaba un hijo. La curva de su vientre iba notándose cada vez más. Pilar hacía gimnasia, por consejo de Esther, y satisfacía sus pequeños caprichos golosos, por consejo de su madre. Últimamente había decidido que ya no cabían dudas: el bebé sería varón y se llamaría César.

Estaba, además, don Emilio Santos... Su padre, que volvía a sentir la alegría de vivir después de su período de recuperación. Mateo imaginó su asombro, el temblor de su nariz y recordó sus palabras con ocasión de la guerra ruso-finlandesa: «Pero ¡hijo! ¿Es que no puedes vivir sin un fusil en la mano?» Luego tendría que enfrentarse con Matías, con Carmen Elgazu... y con Ignacio. ¡Ignacio! ¿Por qué éste le preocupaba de un modo especial?

Nada lo arredró. Ninguna consideración. No se miró al espejo porque le dio miedo. Se encerró en su despacho de jefe provincial y miró el crucifijo, que lo presidía, y luego el retrato de José Antonio, cuyas cinco rosas, ya marchitas, que adornaron su tumba, habrían llegado ya a Nueva York.

No esperó mucho a comunicárselo a la familia. ¿Para qué retardar el momento? Cuanto antes, mejor. Así les daría tiempo a hacerse a la idea...

Entendió que la primera que debía enterarse era Pilar.

Aguardó un momento en que don Emilio Santos no estuviera en casa. Dio muchas vueltas antes de afrontar la cuestión, mientras Pilar hacía calceta, feliz. Sentado en el comedor, con una copa de coñac en la mano, Mateo habló de Rusia, de Inglaterra, de la Academia de Ávila, en la que hizo los cursillos de alférez provisional... Habló de los once millones de asesinatos que se les calculaban a los soviets; de los planeadores de Creta —tres, enganchados en la cola de cada Junker—; de una frase de José Antonio al Tribunal que lo juzgó: «Creemos que una Nación es importante, en cuanto encarna una Historia Universal.» Por último, viendo que todo aquel preámbulo no servía para nada, puesto que Pilar continuaba sin alertarse, sin soñar en cuál iba a ser el desenlace, se fatigó de tanta dilación y, con el tono más natural y amable que pudo arrancar de sí mismo, le pidió a su mujer que lo mirara... y le dijo:

—Pilar..., he decidido alistarme. Creo que es mi deber.

Pilar, al oír esto, hizo una mueca. Pero inmediatamente reaccionó. Una sonrisa se dibujó en sus labios, un poco abultados. Mirando la copa de coñac que Mateo sostenía en la mano, tuvo la sospecha de que éste se había alegrado un poco y de que, en consecuencia, el muchacho le había jugado aquella broma, aun a sabiendas de que podía haberla asustado.

Sin embargo, Mateo no se movió. Y su expresión era indefinible... Entonces Pilar, sin alarmarse aún, dejó a un lado las agujas de hacer calceta —el hilo se le enredó en las manos y ella volvió a sonreír— y por fin, levantándose, se acercó a Mateo, poco a poco, hasta acabar por sentarse en sus rodillas. Una vez sentada le rodeó el cuello con sus brazos y lo besuqueó.

—¡Qué tontolín eres...! —susurró—. ¿Por qué me gastas bromas así? ¿No comprendes que puedes asustarme?

Mateo sintió que los besos de su mujer le quemaban.

—Lo siento, Pilar, pero no es broma... Me alisto... Te repito que creo que es mi deber.

Pilar, entonces, se puso en pie. Y retrocedió, desorbitados los ojos. Abrió la boca y miró a Mateo como si fuera a volverse loca. Mateo, con el alma rota pero con el pensamiento libre, recordó las palabras pronunciadas por el sacerdote en el altar, el día de la boda: «en lo bueno y en lo malo...».

—¡Mateo...! ¡Te has vuelto loco!

Fue un grito desgarrado. Pilar conocía a su hombre. Y ahora que lo había mirado a distancia, había comprendido que no estaba borracho y que su decisión era cierta.

—Pilar, por favor, escúchame...

Pilar rodó por el suelo. Su cuerpo se dobló y cayó. Acudió Tere, la criada: «¿Qué le ocurre a la señorita?» Mateo se arrodilló a los pies de Pilar y la acomodó en el sillón. Pensó que acaso hubiera debido decírselo de otra manera. Hablar antes con don Emilio. O con Carmen Elgazu... O marcharse, pretextando cualquier cosa y escribir una vez cruzada la frontera. Pero lo cierto era que ya se había planteado a sí mismo la cuestión, comprendiendo que cualquier procedimiento era inútil, que llegaría el momento en que Pilar debería enfrentarse con la realidad.

No, aquél no era un desmayo como el de la viuda del comandante Martínez de Soria. Costó Dios y ayuda conseguir que Pilar recobrara el conocimiento. Hubo que abrir todas las ventanas, acostarla. Su palidez era mortal. E iba murmurando, de vez en cuando: «No, no..., no es verdad...»

Sí lo era. Mateo se mantuvo firme.

—Tú sabes que te quiero, Pilar... Y si hubiese sabido que esto iba a ocurrir, hubiéramos aplazado la boda. Pero conoces mis convicciones. Las conoces de siempre. La Patria es sagrada para mí...

Pilar se había quedado sin fuerzas. Era una mancha exangüe en aquella cama altísima, de línea antigua, que con tanto cariño eligió.

—Pero ahora... no estoy yo sola... Espero un hijo. Un hijo tuyo, Mateo...

—Ya lo sé, Pilar... ¡Por Dios, sé valiente! Quiero a ese hijo como tú... Pero he de ir. No tengo más remedio. Aunque sé que volveré...

Pronunció estas palabras sin convicción. Porque Mateo sabía lo que era la guerra. Aunque Pilar no lo oyó siquiera. Había cerrado dulcemente los párpados, como si fuera a dormirse, y de repente había estallado en un llanto inenarrable, que hizo que Tere, la criada, comprendiendo al fin de qué se trataba, se retirase.

Luego se produjo en la alcoba un silencio tan delgado que se cortaba a sí mismo. Pilar de vez en cuando movía un pie. Mateo no pensaba sino en una cosa: en si el choque habría podido complicar el embarazo y perjudicar a Pilar o al hijo. Pilar se había colocado panza arriba en la cama, con las piernas ligeramente separadas.

Entonces se oyó el llavín de la puerta: era don Emilio

Santos. Llegaba feliz, porque había podido andar desde la Tabacalera sin fatigarse. Además, el sol era hermoso. Iba hacia el ocaso. Lo vio un momento por encima del tejado de la Estación.

—Tere..., ¿me preparas una taza de café?

Mateo salió al encuentro de su padre. Lo esperó en el comedor. Le dijo lo que ocurría.

El primer impulso de don Emilio Santos fue propinarle a su hijo un terrible bofetón. Pero la mirada de Mateo, que adivinó sus intenciones, lo paralizó.

—Eso no, padre...

Se oía un ruidillo en la cocina, como si en los fogones hirviera un samovar.

Don Emilio Santos dio media vuelta. Quiso darle la espalda a su hijo.

—¿Dónde está Pilar?

—En la cama... Se ha acostado.

El padre de Mateo se dirigió a la alcoba: Pilar, al verlo, haciendo un esfuerzo se incorporó. Entonces don Emilio se sentó a su lado, en el borde del lecho y la abrazó con ternura y con ternura la invitó a que se tendiera de nuevo.

—Pilar, hija...

Pilar no acertaba a hablar. Además; todavía no se había acostumbrado del todo a llamar «padre» a don Emilio Santos. A veces, sí. Pero en ocasiones solemnes, y aquélla lo era, no le salía.

—¡Está loco! ¡Se ha vuelto loco! —gritó, gritó casi, don Emilio Santos, deseando que Mateo, que continuaba de pie en el comedor junto al balcón, lo oyera—. ¡Hay que impedir que cometa esa barbaridad!

Pilar acertó por fin a balbucear:

—No podremos hacer nada... Lo más seguro es que se haya alistado ya...

Mateo oyó aquellas palabras. La clarividencia de Pilar casi lo irritó. Pero al momento se le pasó. Comprendió que no era él quien tenía derecho a pedir explicaciones.

Tere apareció con la taza de café para don Emilio Santos, pero éste la rechazó.

—Luego, luego...

Otra vez el silencio en la casa. Y los sollozos.

El forcejeo duró media hora lo menos. Intentos de Mateo para que se hicieran cargo. Todo inútil. Sus palabras —Rusia,

Patria, deber— caían en el vacío. Parecían rimbombantes. Por lo visto, las palabras, con un hijo en las entrañas de la mujer, cambiaban de significado.

Don Emilio Santos sentenció:

—Todavía estás a tiempo, Mateo... Si no cambias de opinión, habrás de atenerte a las consecuencias...

No se sabía exactamente lo que don Emilio quería indicar con eso. Entonces ocurrió lo imprevisto. Pilar sacó fuerzas de flaqueza y se incorporó en la cama. Luego puso los pies en el suelo y con raro acierto los introdujo en las zapatillas que yacían allí. Seguidamente, y sin decir nada, se fue al teléfono y marcó un número: el número de Ignacio, en el despacho de Manolo.

—Ignacio, soy Pilar... ¡Ven, por favor! Te necesito...

Y colgó.

Mateo se puso furioso, aunque no acertó a protestar. Dudó entre marcharse o irse al lavabo a frotarse la nuca con agua fría. Eligió esto último. Y luego orinó, mirando de frente, a la pared, como si allí estuviera el enemigo de sus ideales.

A gusto hubiera permanecido en el lavabo hasta que Ignacio llegara, pero era imposible. Tuvo que salir. Vio a Pilar sentada en el comedor, con aire infinitamente abatido. Y a don Emilio Santos tomándose, ahora sí, la taza de café.

Se encerró en el despacho y se distrajo pasando la mano por los lomos de los libros. Y tratando de encender un pitillo con su mechero de yesca.

Ignacio tardó unos quince minutos en llegar; a todos les parecieron una eternidad.

Cuando el muchacho entró en el comedor. Mateo estaba también allí, dispuesto a recibirlo. Mateo quería comunicarle él mismo lo que estaba ocurriendo, pero Pilar se le anticipó. Pilar, por dentro, todavía no daba la causa por perdida... En un momento dado, estando en la cama, le había penetrado la esperanza. Porque... ¡Mateo la quería tanto! Aquello era un rapto, un deslumbramiento, e Ignacio conseguiría hacerlo desistir.

—Perdona que te haya llamado así, Ignacio... Pero es que... Mateo quiere alistarse en la División Azul.

Fue una escena borrascosa. En cuanto Ignacio, previa consulta con Mateo, comprendió que la cosa iba en serio, discutió con éste como jamás lo había hecho. Aquello le parecía indigno. Una canallada. Un hombre que fuera hombre no podía casarse y a los seis meses irse a la guerra porque sí, sin necesidad. Para dárselas de héroe. En nombre del Imperio o de otra majadería similar. Un militar debía aceptar el hecho, era su profesión. Pero un paisano... Aunque llevase una camisa de color especial... La guerra era una cosa horrible y para sentirse atraído por ella era preciso haber perdido el juicio.

Ignacio retó a Mateo. Lo retó a que lo convenciera de que aquel acto era necesario. La División Azul, ese holocausto simbólico, debía ser algo exclusivamente para solteros. «Yo podría alistarme, si no prefiriera el Derecho al fusil. Pero tú, casado y esperando un hijo, no...» ¿Acaso para los sueños del Führer era necesaria la carne de Mateo... y la carne de Pilar? Y todo por hacer honor a un himno romántico. O, tal vez, para salir retratado en *Amanecer*.

Mateo, en varias ocasiones, estuvo a punto de gritar: «¡Basta ya!» O de acercarse a Ignacio y agarrarlo por la solapa. No lo hizo porque temió que Pilar volviera a caerse redonda al suelo. Pero lo cierto es que, cuanto más hablaba Ignacio, más distante se sentía de él y más convencido de que su deber era no transigir y acudir al banderín de enganche. Al fin y al cabo, desde que el mundo era mundo, había sido así siempre. Siempre el hombre, al partir para una empresa grande, había dejado una mujer hecha un mar de lágrimas.

Ignacio leyó en el pensamiento de Mateo. Entonces intentó un último recurso:

—Lo que te ocurre a ti es que te da miedo la vida, la vida tal y como la vivimos los demás. Es más fácil dar órdenes a un flecha previamente colocado en la puerta que estudiar, como yo, un expediente de separación de bienes. Por eso no has terminado todavía la carrera de abogado, ¿verdad? A cada convocatoria; una excusa... Estamos en junio: esta vez la excusa... va a ser la División Azul. Van a ser esos comisarios rusos que encierran a sus soldados en un refugio, como tú vas a hacer con Pilar, y luego lo taponan. ¡Magnífico...! También es más fácil irse por ahí con una estrella en el pecho que cuidar de la familia, que aguantar la monotonía de las horas junto a la mujer que hace calceta.

Pilar, pendiente de la escena, comprendió por la actitud de Mateo que Ignacio perdería también la batalla... Mateo se sentía herido, profundamente herido, y era obvio que estaba a punto de echar de casa a Ignacio. Por su parte, don Emilio

Santos respiraba con dificultad; con tanta dificultad que acabó levantándose y encerrándose en su cuarto.

Mateo no se tomó la molestia de contestar a Ignacio punto por punto. Consiguió dominarse. Comprendía que aquello era doloroso. Pero él seguía creyendo que un hombre podía tener razones superiores por las cuales abandonarlo todo y darse. Por lo demás, Pilar supo desde el primer momento cómo era él. «Me aceptó tal como soy. Y me conocía. Pilar sabe que he arrastrado tras de mí a otros camaradas, lo cual me obliga. ¡Claro que Hitler no necesita de la carne de Pilar! Pero yo necesito cumplir con mi deber. En cuanto a lo de salir retratado en el periódico, te lo perdono porque te llamas Ignacio.»

Al término de estas palabras, Ignacio miró a Mateo tal como éste había supuesto: con desprecio. Cabeceó varias veces consecutivas... Por fin, comprendiendo que la suerte estaba echada, se dirigió a Pilar:

—Lo siento, hermana... El padre de tu hijo está deshumanizado... No hay nada que hacer.

Salió de la casa. Y mientras andaba comprendió que le tocaba a él ir al piso de la Rambla y comunicar la noticia a sus padres. En las paredes vio los consabidos carteles: «Para vengar a España. Para estar presentes en la tarea de Europa. Alistaos a los banderines de enganche contra el comunismo.» Al pasar delante de Perfumería Diana, por la fuerza de la costumbre miró adentro: Paz había colocado un pequeño espejo en un estante y estaba arreglándose el pelo.

Matías y Carmen Elgazu perdieron el habla. Al enterarse, por boca de Ignacio, de la decisión de Mateo, sintieron que envejecían de repente.

—Pero... ¡Esto es horrible!

Carmen Elgazu se acercó a Ignacio y lo asió de los brazos.

—¿Qué dice Pilar...? ¡Dios mío, pobre hija mía! ¿No hay forma de impedirlo, Ignacio? ¿Y si hablaras con el Gobernador?

Ignacio se encogió de hombros.

—Es de suponer que el Gobernador le dará la enhorabuena...

Matías se acercó al balcón que daba al río y musitó:

—Debí haberlo imaginado...

No acertaban a coordinar. Trazaron mil planes en pocos minutos. Pero ¿qué planes? De nada serviría que Matías y Carmen fueran a ver a Mateo y se enfrentaran con él. No podían inmiscuirse en aquello. «Es el marido... Pilar se casó con él.»

* * *

Los vaticinios de Ignacio se cumplieron. Todos los complots familiares se estrellaron contra la decisión irrevocable de Mateo, quien no encontró sino un aliado: el pequeño Eloy. El pequeño Eloy no se atrevió a manifestarlo en voz alta, pero admiró el gesto de Mateo. Pese al recuerdo de Guernica. Pese a lo mucho que quería a Pilar.

Además también resultó cierto que el Gobernador le dio a Mateo la enhorabuena. Aunque añadió: «Lo lamento por tu mujer... Para ella, claro, es un mal trago.»

En cambio, Mateo se encontró con la sorpresa de que Marta se puso en contra suya. Marta, que desde el primer momento había ordenado a las muchachas de la Sección Femenina que se organizaran para atender a los voluntarios, le dijo a Mateo:

—Es un error... Tú deberías quedarte. Mi madre y yo convencimos a José Luis para que se quedara. —Marta añadió, apartándose el flequillo de la frente—: Yo perdí a Ignacio... por cosas parecidas a ésta. Y te juro que es doloroso perder a quien se ama...

Mateo rechazó de plano el argumento.

—Te equivocas, Marta. Tú habías perdido a Ignacio el primer día. Vivíais... dos mundos. Lo que me sorprende es que ahora pareces renegar del tuyo...

Marta puso cara triste.

—¿Qué voy a decirte? No reniego de nada. Pero a veces, cuando estoy sola, me hago preguntas...

Mateo zanjó el asunto.

—¡Bueno! Lo tuyo es natural. Eres mujer. Pero yo... Y me sorprende que José Luis se haya vuelto atrás.

Manolo y Esther, como es lógico, se abstuvieron de intervenir. Pero le dijeron a Ignacio: «Menudo cuñado te tocó en suerte...» Esther añadió: «Yo me di cuenta de cómo era Mateo en aquel baile que celebramos en el gimnasio de los anarquistas, cuando hizo pedazos los discos de canciones "rojas" que llevó Alfonso Estrada.»

Todo lo demás... euforia. Al margen de aquel drama íntimo, exteriormente todo era euforia en la ciudad, en vísperas de la salida de la expedición. *Amanecer* publicó efectivamente la fotografía de Mateo, con un pie que decía: «Las jerarquías dan ejemplo.» Rodeando la efigie de Mateo, un friso en el que aparecían los capitanes Arias y Saldoval, Alfonso Estrada, Cacerola, los cinco soldados artilleros, Rogelio... y Solita.

Estos hombres —y esta mujer— fueron, para la gente de la calle, desde aquel momento, héroes. ¡Partir para Rusia! Ahora que llegaba el verano y los árboles en el bosque darían sombra y las olas romperían mansamente en la playa.

Ramón, en el Café Nacional, comentó: «¡Menudo viaje...!» El comisario Diéguez pensó, para sus adentros: «Eso sí tiene mérito... y no interrogar a "rojillos" que rechazan la chapita de Auxilio Social.» Con todo, acaso la persona más vivamente afectada fuera el doctor Chaos. El doctor Chaos, al contemplar en la misma página del periódico los rostros de Rogelio y de Solita, perdió el habla, como anteriormente les ocurriera a Matías y Carmen Elgazu... Lo de Rogelio podía pasar. El doctor Chaos supo oportunamente que el chico había ingresado en la cárcel, que era una vida sin norte. ¡Pero Solita...! Se sintió responsable, inmensamente responsable. ¡Qué morterazo habría recibido aquella mujer, puesto que había decidido alistarse! Al doctor Chaos le faltaron fuerzas para darle a *Goering* el terrón de azúcar que el perro, con la lengua fuera, le estaba reclamando.

El general hubiera deseado que su hijo, el capitán Sánchez Bravo, se alistase. Pero el capitán negó con la cabeza. «Si no es una orden, prefiero quedarme...» El general reflexionó; por suerte, intervino en seguida doña Cecilia diciendo: «¡No le hagas caso a tu padre, hijo! ¿No llevas ya tres heridas en el cuerpo?» El general sentenció: «Ordenarte una cosa así... no puedo hacerlo.»

Pleito resuelto. Y euforia por doquier en la ciudad. Los *divisionarios* llegados de fuera para unirse a los gerundenses eran obsequiados en todas partes. Acamparon en la Dehesa, en tiendas de lona, y todos los muchachos y todos los niños de la ciudad, incluyendo a Pablito, al «El Niño de Jaén» y a los inseparables Eloy y Manuel Alvear, desfilaron por allí para verlos.

Las chicas de la Sección Femenina atendían a esos voluntarios, a los que a última hora se agregaron un par de docenas llegados de los pueblos de la provincia. ¡Claro, Gerona no era solamente la capital! Cada alcalde que podía presentar un voluntario se sentía un tanto justificado ante el Gobernador. La camarada Pascual, de Olot, repartía vasos de café caliente. Gracia Andújar repartía medallas y detentes..., hablaba con Cacerola, su «ahijado», con solicitud especial. Asunción se ocupaba exclusivamente de Alfonso Estrada. Estaba enamorada de él. «Que Dios te acompañe... Y la Virgen.» «Te escribiré, Asunción... Si la pólvora me lo permite.» Cacerola parecía feliz, bajo los árboles, rodeado de camaradas que, al enterarse de que era cocinero, le decían: «Oye... ¿Qué tal los ingredientes rusos? ¿Sabes si por allí hay garbanzos y si es costumbre adobarlos con caviar?»

Los voluntarios pasaban en un santiamén del misticismo a la picardía, y del «Vamos a armar la de San Quintín» al pánico. Celebróse una misa en la Catedral y todos comulgaron: misticismo, organizado por el voluntario mosén Falcó. Pero he ahí que a la salida, en la mismísima plaza de los Apóstoles, viendo a Marta y a sus subordinadas, rompieron a cantar:

> No me marcho por las chicas,
> que las chicas guapas son, guapas son...

Y a continuación otra tonada que, cruzando los muros del Palacio Episcopal, hizo estremecer los atentos oídos del señor obispo:

> Un estudiante a un niña le pidió... ¿qué le pidió?
> Le pidió una linda cosa y la niña se la dio...

La certeza de armar la de San Quintín la tuvieron en el transcurso del baile que el Gobernador organizó en su honor, en la Piscina, la noche antes de la partida. Mateo no asistió a ese baile. Permaneció en casa empeñado, sin conseguirlo, en que Pilar o don Emilio Santos le dirigieran la palabra. Pero todos los demás *divisionarios* acudieron a la fiesta, ¡amenizada por la *Gerona Jazz!* Damián se había ofrecido para tocar aquella noche sin percibir honorarios de ninguna clase. Bell/ rasgo orquestal en favor de la Nueva Europa. Y ocurrió que los voluntarios, al ver a Paz Alvear agarrada al micrófono, con un traje de escamas plateadas y uno de sus provocadores casquetes verdes en la cabeza, se desbocaron. «¡Viva la madre que te parió!» «¡Si te vienes con nosotros tomamos Moscú el dieciocho de julio!» «¡Oye, maja! ¿Eres cosaca o qué?»

Paz Alvear sufría... y gozaba a la vez, cosa que venía ocurriéndole hacía tiempo. Aquellas camisas azules eran para ella puñales, pero reconocía que debajo de ellas había hombría. Y además su padre le había hablado siempre muy mal de Rusia. Así que ¿qué pensar? Al tercer baile se decidió por odiar. Odió a toda aquella muchachada, tal vez porque un teniente se empeñó en colocarle en la cabeza, en sustitución del casquete verde, una boina con la bandera nacional. Los odió tanto que se embelleció más aún, y de pronto, le dijo a Damián:

—Vamos a tocar el *Raska-yu...*

—¡A la orden! —accedió Damián.

¡Raska yu cuando mueras qué harás tú...!
¡Raska yu cuando mueras qué harás tú...!
¡Tú serás un cadáver nada más...!
¡Raska yu cuando mueras qué harás tú...!

Esta letra, al pronto coreada por todos, no dejó de surtir su efecto en los novatos. Rogelio, por ejemplo, se puso a temblar. El pánico repentino de que se habló... Y también temblaron los cinco soldados artilleros. Preferían, por supuesto, la tonada del estudiante que le pidió a la niña no sé qué linda cosa... Pero Paz Alvear se desgargantaba con el *Raska-yu* y con el «cadáver nada más» y la Piscina iluminada se convirtió durante unos minutos en un cementerio de hombres vivos, en una profecía de muerte.

El día siguiente era el viernes señalado en las oficinas del banderín de enganche. Los capitanes Arias y Sandoval llegaron con mucha anticipación a la Dehesa, donde se efectuaría la definitiva concentración. Los dos capitanes se pusieron a las órdenes del coronel Tejada, procedente de Barcelona. Solita llegó acompañada de su padre, don Óscar Pinel. A última hora lo había pensado mejor y vestía de blanco, vestía de enfermera, como durante la guerra en los hospitales de Zaragoza.

Media Gerona acudió a la Dehesa para acompañar a los divisionarios hasta la estación. Fue el momento de las grandes dádivas: botellas, tabaco, chicles... «Oye... ¿por qué chicles? ¿Es que estamos liados con los americanos?»

Todas las autoridades estaban allí, desde el General y el Gobernador hasta el señor Obispo y el notario Noguer. También estaban allí doña Cecilia —con sus guantes blancos, un nuevo sombrero y un nuevo collar—, María del Mar y Carlota, condesa de Rubí. «La Voz de Alerta» sintió un leve escalofrío... ¡El mensaje enviado por Navarra —redactado por don Anselmo Ichaso— a los países combatientes contra Rusia había sido tan emotivo!

Mateo llegó con cierto retraso: a las nueve y media exactamente. Había esperado hasta el último momento a que Pilar, sobre todo Pilar, comprendiera y cambiara de actitud. Estaba seguro de que al final le entregaría... cualquier cosa: una bolsa conteniendo un bocadillo y una naranja. Una botella de vino... Que por lo menos le habría cosido en el interior de la camisa azul una imagen de su patrona, la Virgen del Pilar.

Nada. Pilar mantuvo su postura, alternando lágrimas y silencio. Las últimas noches, tres o cuatro, habían sido de pesadilla. En la almohada, las dos cabezas separadas, divergentes, formaban una V. Ambos intentando dormir, sin conseguirlo. Levantándose continuamente para ir al lavabo. Y cuando el sueño vencía a uno de los dos, era peor. Si la que dormía era Pilar, Mateo encendía la luz ambarina de la mesita de noche y contemplaba las mejillas, sonrosadas, de aquella mujer que era carne de su carne. Y se le hacía un nudo en la garganta: un nudo en forma de yugo... Si quien se dormía era Mateo, Pilar lo oía respirar. ¡Respiraba normalmente, con la pasmosa serenidad del hombre en paz con su conciencia! O roncaba...

Eran noches interminables, las primeras del mes de julio. Fuera, en el cielo, había un gran lujo de estrellas. De estrellas de alféreces provisionales...

Mateo tuvo que irse a la Dehesa, a incorporarse, sin escuchar de labios de Pilar una palabra de cariño. Sólo un beso, dado en el umbral de la puerta. Un beso y una advertencia: «Todavía estás a tiempo. Quédate...» Igualmente le ocurrió con su padre: «Hijo..., quédate.» Horas antes había subido a despedirse al piso de la Rambla, y Matías y Carmen Elgazu e Ignacio lo recibieron como si fuera un extraño, sin invitarlo siquiera a sentarse.

Pero Mateo era el jefe provincial... En cuanto llegó a la Dehesa y vio a la gente preparando sus macutos para dirigirse a la estación, respiró hondamente. Aquél era el mundo que le tocaría vivir, el mundo por el cual había prestado juramento cuando tenía dieciséis años «y los demás muchachos sólo pensaban en comprarse helados...».

Se presentó al coronel Tejada:

—¡Creí que nos marcharíamos sin ti...! —dijo éste.

—Nada de eso, mi coronel...

Formaron en filas de a dos.

—¡Alinearse con el codo!

Aquello olía a Somosierra, a Teruel...

La banda de música del Regimiento los acompañó a la estación. Los balcones estaban engalanados como para la reciente procesión del Corpus. La gente gritaba: «¡Arriba España! ¡Viva Franco! ¡Viva Hitler! ¡Muera Rusia!»

Muera Rusia... ¿Podía una nación morir?

Al pasar por la plaza de la Estación, Mateo sintió ganas de gritar: «¡Vista a la derecha... mar!» Para que todos los voluntarios miraran hacia su casa, donde sin duda Pilar estaría espiando entre los postigos del balcón.

No lo gritó. Sólo él miró. Y vio efectivamente la sombra de Pilar. Y la de don Emilio Santos. Pero fue sólo un momento. Había árboles en la plaza y la formación avanzaba. Y Cacerola preguntaba: «¿Cuándo cantamos *Cara al Sol*?»

Cara al Sol fue cantado en el andén. Emoción en las gargantas y en la entraña. El general a gusto hubiera subido al tren, que estaba esperando... de cara a Barcelona.

¡Oh, sí, ésa fue la gran sorpresa! Todos los divisionarios suponían que se irían directamente a Francia por la línea de Port-Bou. Pero por lo visto el Alto Mando había decidido lo contrario, tal vez para no tener que cruzar el pedazo de Francia no ocupada por los alemanes. Partirían hacia San Sebastián y entrarían en la nación vecina por Hendaya, donde montaban la guardia soldados del Führer.

> *...me hallará la muerte si me llega*
> *y no te vuelvo a ver...*

—¡Arriba España!

—¡Arriba!

Subieron al tren. Y éste arrancó, renqueando. Una gran bandera nacional ondeaba en lo alto de uno de los coches, junto con otra rojinegra.

Alfonso Estrada y Mateo coincidieron asomados en la misma ventanilla. Como siempre, la última visión de Gerona fueron los campanarios de San Félix y la Catedral.

—Yo me quedo con San Félix —dijo Alfonso.

Mateo consiguió sonreír.

—Pues yo con la Catedral... ¡Qué remedio!

* * *

Todo el viaje hasta Irún fue un flamear de pañuelos. En Vitoria, la Sección Femenina los obsequió con una gran cantidad de barajas y con paquetes de galletas. En San Sebastián, damas de la buena sociedad, como aquellas que en tiempos cultivó «La Voz de Alerta», les entregaron gigantescos termos llenos de café caliente, idéntico al que les sirvió en la Dehesa la camarada Pascual. Galletas y café: ambas cosas las pedía el cuerpo.

Al cruzar el puente internacional, con mucha gente apostada aquí y allá para presenciar el paso de «Los Voluntarios» —por lo visto era aquélla la tercera expedición que pasaba en cuatro días—, el tren entero cantó:

¡Adiós, España...! ¡España de mi querer, mi querer!
¡Adiós, España, cuándo te volveré a ver...!

En Hendaya, en la estación, las fuerzas alemanas de guarnición tocaron atención —en el mismo lugar en que se había celebrado la entrevista Franco-Hitler— y presentaron armas. Los divisionarios se apearon unos momentos para estirar las piernas y les salieron al encuentro unas señoritas alemanas, uniformadas, con aspecto de haberse duchado hacía poco..., y les repartieron bolsitas que contenían sardinas noruegas, queso, pan de forma cuadrada, de sabor desagradable, salchichas...

Unos quilómetros más... y Burdeos. En Burdeos —donde el mariscal Pétain y De Gaulle discutieron sobre si Francia debía o no debía rendirse— había que esperar un par de horas y los voluntarios recorrieron al azar las inmediaciones de la estación. Algunos paisanos, al reconocerlos, levantaban el puño... O escupían. Eran franceses. O tal vez exiliados españoles. Los soldados alemanes contemplaban con indiferencia semejante provocación y los voluntarios habían recibido orden de «no responder». «¡Si serán maricas!»

De regreso a la estación, en cuanto el tren se puso en marcha, ya hacia el interior de Francia, Mateo se acercó al capitán Sandoval y le preguntó:

—¿Tiene usted idea, mi capitán, de cuál va a ser el itinerario?

El capitán Sandoval, mientras luchaba por abrir una lata de sardinas noruegas, le contestó:

—Pues... no puedo decirte exactamente. Pero creo que vamos a un campamento alemán, próximo a Bayreuth, llamado Grafemwhor o algo así. Allí aprenderemos, supongo, la instrucción... Hasta el día que juremos bandera.

—¿Jurar bandera?

—¡Bueno! Me refiero a la bandera alemana. Creo que tendremos que jurar fidelidad a Hitler...

Mateo, que tenía en las manos el gigantesco termo que le dieran en San Sebastián, se quedó inmóvil.

—¿Y luego? —preguntó al cabo.

—Luego... a Rusia. A rescatar a Cosme Vila...

Mateo soltó una carcajada.

—¡Es una idea, fíjese...!

CAPÍTULO LVIII

Cosme Vila, en Moscú, ignoraba que Mateo y el capitán Sandoval estuvieran maquinando llegar a la capital soviética y *rescatarlo*, a buen seguro con la intención de quemarlo vivo en la Rambla de Gerona; pero sabía que en España se había formado una División para luchar en el frente ruso. Y les había dicho a sus camaradas, los catalanes Soldevila y Puigvert, y al madrileño Ruano: «Eso no me gusta.»

El ex jefe comunista gerundense habló así porque su desconcierto había sido también total al enterarse de que Alemania había declarado la guerra a Rusia. En la Escuela de Formación Política, a la que seguía asistiendo, las consignas de elogiar al III Reich, recibidas a raíz de la firma del pacto de no agresión germano-soviético, habían creado en Cosme Vila una suerte de automatismo. Cosme Vila, que, contrariamente a su mujer, empezaba ya a familiarizarse con el idioma ruso —todos los motes cariñosos que empleaba al dirigirse a su hijo eran motes rusos—, se había habituado a considerar que los grandes enemigos de Rusia eran, además de Franco, las democracias anglosajonas. En las enseñanzas recibidas desde su llegada a la capital de la URSS flotaba la idea de que serían Rusia y Alemania los países que impondrían en Europa su ley, en cuanto Inglaterra se rindiera. Rusia aportaría sus inmensos recursos... y Alemania su preparación técnica.

De repente, todo había cambiado. Hitler había demostrado que no quería competidores y que su afán era que esos recursos de la URSS pasaran a formar parte del patrimonio alemán. Desde el primer momento Ruano, el intelectual madrileño, había afirmado que el ataque alemán no era «antibolchevique», no era «ideológico», sino «físico y económico». Hitler pretendía apoderarse de las riquezas del subsuelo ruso, del petróleo del Cáucaso, etcétera, e impedir que la Unión Soviética se convirtiera realmente, andando el tiempo, en una gran potencia. Opinión que coincidía extrañamente con la formulada, según noticias de «La Voz de Alerta», por el conde Ciano y por Mussolini...

Así, pues, Cosme Vila, además de desconcertado, estaba asustado. Su aislamiento informativo había continuado siendo prácticamente absoluto: él y sus camaradas ignoraban lo que ocurría en «las altas esferas» infinitamente más de lo que, en España, pudieran ignorarlo el Gobernador y Mateo. Desde 1939 habían conseguido sostener breves diálogos con La Pasionaria, cuya fotografía aparecía constantemente en los periódicos; con Togliatti, el jefe italiano; con André Marty, el jefe francés; con el checo Gotwald, todos los cuales, en el momento de producirse el ataque alemán, se encontraban pasando sus vacaciones en Kunsevo; pero siempre habían tropezado con una indiferencia glacial por parte de estos dirigentes. Asimismo, habían hecho una visita a la Academia Frunze, donde recibían cursos superiores de enseñanza militar Modesto, Líster, Tagüeña, etcétera, pero el divorcio fue allí aún mayor. En cuanto al Campesino, que tal vez hubiera sido el más asequible, desde primeros de 1941 había sido expulsado de dicha Academia por «indisciplinado», por continuar negándose a *rusificarse* y por cantarle las verdades al lucero del alba, y a la sazón se encontraba trabajando en la construcción del faraónico Metro de Moscú, de mármol, construcción que a raíz de la guerra se aceleró, pues «podía convertirse en el mejor refugio antiaéreo de la capital».

El susto de Cosme Vila era, pues, doble. Acostumbrado a

llamar a Churchill «el primero entre los estranguladores del movimiento de liberación de los pueblos», de pronto debía llamarlo «el mejor aliado de Rusia», puesto que había prometido a Stalin aviones, botas, diez mil toneladas de caucho, aluminio y evitar, mediante vigilancia aérea y marítima por las aguas del Norte, que Alemania atacara a Rusia por el Ártico. Lo mismo ocurría con respecto a Roosevelt, «vil encarnación del sistema opresor del capital sobre el proletariado». Roosevelt estaba dispuesto a ayudar sin tasa a la Unión Soviética en su lucha contra «los caníbales Hitler y Von Ribbentrop» enviando mercancías de todas clases, y a partir de ahí era «leal a la causa del pueblo ruso».

Por otra parte, el primer golpe de efecto alemán había socavado las raíces del Kremlin, y Cosme Vila lo sabía. Cosme Vila había captado en la radio una información según la cual en el primer raid la aviación alemana había destruido por sorpresa en el suelo ruso, en sus fábricas y aeródromos, tres mil aviones. Y en pocas jornadas las divisiones blindadas de Hitler habían avanzado hasta Minsk. Y era cierto que muchas unidades rusas huían o se entregaban al enemigo; aunque, según Soldevila y Puigvert, que en la Escuela estaban especializándose en el estudio de las diferencias étnicas de la población rusa, se trataba, en estos casos, o bien de divisiones ucranianas, minadas por sentimientos de independencia, o bien de regimientos de calmucos o de montañeses del Cáucaso. En suma, una minoría; los demás combatientes resistían... en la medida de sus fuerzas.

La inquietante pregunta de Cosme Vila era: «¿Conseguiría Stalin controlar la situación?» Imposible predecirlo. Cosme Vila confiaba en él, ¡cómo no! Pero ¡Hitler llevaba tanto tiempo preparándose...!

Varios aspectos de la actitud de Stalin le infundían cierta esperanza, aunque sólo el tiempo diría si no habrían constituido un mero espejismo. Aspectos escasamente ortodoxos desde el punto de vista comunista, pero que denotaban astucia y picardía. Por ejemplo, el «Padre de la Unión Soviética» había tardado diez días, desde el rompimiento de las hostilidades, en dirigirse personalmente al pueblo ruso, señal de que había meditado detenidamente lo que iba a decir; y sus palabras fueron: «Camaradas, ciudadanos, hermanos y hermanas, soldados y marinos... Me dirijo, amigos míos, a todos vosotros...» «El ataque contra nuestro país es una perfidia que no tiene paralelo en la historia.» «¡Muerte al invasor!» «Que cada cual se bata con ánimo de no retroceder, diciéndose a sí mismo: no he de morir sin antes dejar junto a mí el cadáver de un alemán...»

Lenguaje insólito, a fe. Ni una alusión al *socialismo* ni al *Partido* En vez de *proletarios*, ciudadanos, hermanos, hermanas... En vez de *Repúblicas Soviéticas*, país... En vez de *enemigo del comunismo*, invasor... Todo ello unido al léxico empleado por los periódicos, indicaba que Stalin, para hacer frente a aquella guerra, invocaba al *patriotismo* y no a la *revolución*. ¡Ah, Stalin debía saber muy bien que estaba muy lejos de contar con la adhesión de los doscientos millones de rusos! En cambio, si apelaba al concepto de Patria y él conseguía erigirse en catalizador...

—O mucho me equivoco —comentó Cosme Vila—, o pronto leeremos en *Pravda* elogios a Pedro el Grande, a Catalina II, y escucharemos por ahí viejos himnos zaristas. Sí, esta guerra va a ser eso, patriótica... Guerra rusa contra el germanismo, el eterno enemigo... El «viejo» se las sabe todas...

Otra medida que Cosme Vila alineó en el mismo frente psicológico: la orden dada por Stalin de deportar a Siberia a todos los habitantes de origen alemán, incluyendo a los comunistas, y el anuncio según el cual Hitler atacaría de modo preferente a los semitas —¡el padre Forteza habría acertado, pues!— y desataría una campaña feroz contra los koljoses, es decir, contra las cooperativas agrícolas.

Y otra: su reconciliación con la Iglesia Ortodoxa, que «durante centurias había salvaguardado la unidad nacional contra los mahometanos y contra la Polonia católica». Stalin recibió en el Kremlin, ¡quién pudo predecirlo!, al Metropolitano de Moscú y a siete arzobispos.

Todo ello resultaba apasionante desde el punto de vista estratégico, pero no aminoraba la gravedad de la situación presente. ¿Qué ocurriría? ¿Y si Hitler, contestando a estas artimañas con la fuerza del hierro, continuaba penetrando hacia el interior de Rusia? Decíase que, en el Kremlin, Stalin se estaba construyendo un refugio especial; pero se hablaba también de trasladar el Gobierno a la ciudad de Gorki...

—¿Y qué será de nosotros, los españoles? ¿De los que estamos en Moscú y de los que trabajan en las fábricas? ¿Qué será de Regina Suárez y de sus alumnos? ¿De todos los niños españoles que andan por ahí?

Cosme Vila temía que, en un momento de crisis, cualquier «extranjero» fuera considerado peligroso, como les había ocurrido a los súbditos de origen alemán, y que fueran deportados... o convertidos en carne de cañón.

—Lo más probable —decía Soldevila— es que muchos de nuestros compatriotas se ofrezcan voluntarios para ir a luchar... ¡Las fábricas y las minas son tan aburridas!

—A mí me parece —opinó Ruano— que si en alguien Stalin puede tener confianza es precisamente en nosotros, los españoles. Quién sabe si nos llamará para custodiar el propio Kremlin, en caso de que la situación empeore...

Una cosa resultaba cierta: Cosme Vila y sus camaradas de la Escuela de Formación Política no se ofrecerían voluntarios para tomar un fusil... Habían cobrado conciencia de *élite*; se habían, por decirlo así, burocratizado. La demografía rusa, la anónima densidad de la población —aquellas ciento ochenta y tres razas de que les había hablado su primer profesor, el lituano—, era la que debía llevar el peso directo de la batalla.

La mujer de Cosme Vila lloriqueaba... Les temía a los bombardeos. «No tenemos ningún refugio cerca de casa... Y si es verdad que los alemanes fusilan a las mujeres y a los niños...» ¡Ah, el eterno miedo de aquella mujer! Menos mal que, si la guerra se prolongaba —si conseguía resistirse hasta el invierno—, sabría hacer milagros en la cocina, con el poco racionamiento que les fuera asignado...

El 20 de julio Cosme Vila y sus amigos tuvieron en sus manos el texto íntegro del discurso que Franco había pronunciado en Madrid el día 18, «aniversario del Alzamiento», ante el Consejo Nacional. Tal discurso les produjo una fuerte impresión, por la rotundidad de las afirmaciones del «Caudillo», que contrastaban con su habitual y comedido lenguaje. «La suerte está echada. En nuestros campos se dieron y se ganaron las primeras batallas. En los diversos escenarios de la guerra de Europa tuvieron lugar las decisivas para nuestro Continente. Y la terrible pesadilla de nuestra generación, la destrucción del comunismo ruso, es ya de todo punto inevitable. No existe fuerza humana capaz de torcer estos destinos...» Más adelante añadió: «Se ha planteado mal la guerra y los aliados la han perdido. Así lo han reconocido, en la propia Francia, todos los pueblos de la Europa Continental. Se confió en la resolución de las diferencias a la suerte de las armas y ésta les ha sido adversa. Nada se espera ya del propio esfuerzo; claro y terminantemente lo declaran los propios gobernantes. Es una nueva guerra la que se pretende, una guerra *entre los continentes*, que prolongando su agonía les dé una apariencia de vida, y ante esto, los que amamos a América, sentimos la inquietud de los momentos y hacemos votos porque no les alcance el mal que presentimos.» «La campaña contra la Rusia de los Soviets, con la que hoy aparece solidarizado el mundo plutocrático, no puede ya desfigurar el resultado. Sus añoradas masas sólo multiplicarán las proporciones de la catástrofe.» «La Cruzada emprendida contra la dictadura comunista ha destruido de un golpe la artificiosa campaña contra los países totalitarios. ¡Stalin, el criminal dictador rojo, es ya aliado de las democracias! Nuestro Movimiento alcanza hoy en el mundo justificación insospechada. En estos momentos en que las armas alemanas dirigen la batalla que Europa y el Cristianismo desde hace tantos años anhelaban, y en que la sangre de nuestra juventud va a unirse a la de nuestros camaradas del Eje, como expresión viva de solidaridad, renovemos nuestra fe en los destinos de nuestra Patria, que han de velar estrechamente unidos nuestros ejércitos y la Falange.»

Cosme Vila comentó:

—La cosa está clara. Franco le teme a la intervención de los Estados Unidos...

Ruano, que echaba de menos el tabaco español —el que fumaba en Rusia le producía carraspera—, añadió:

—De todos modos, también el «gallego» se las sabe todas... ¿Qué pretende con esa División Azul, con esa sangre de la juventud española? No hay más que una explicación: comprar, con unos cuantos muertos, el derecho a participar luego en el reparto del botín...

Soldevila se sulfuró.

—Pero ¿de qué estás hablando? ¿Es que das por perdida la guerra?

Ruano miró al techo de aquella casa de la calle de Bujanian, en el que la humedad había trazado unas líneas que remedaban las de un frente de batalla.

—Si los Estados Unidos se limitan a enviarnos unos cuantos tanques y latas de conservas, sí... Necesitamos eso que Franco teme: que declaren la guerra a Hitler. Mi impresión es que, con nuestros propios medios, aquí no tenemos nada que hacer...

Los comunistas españoles residentes fuera de Rusia, repartidos por el mundo entero, vivían también, al igual que Cosme Vila y sus camaradas, horas angustiosas. Sin embargo, no cejaban en su labor. En Hispanoamérica, desde Santo Domingo y Cuba hasta Uruguay, Panamá y la Argentina, habían creado multitud de organizaciones «con el objeto de recoger fondos para ayudar a los pueblos invadidos de Europa», pero que en realidad servían para ampliar sus tentáculos. Dichas organizaciones recibían los más diversos nombres: Frente Nacional Antifascista, Liga de Mutilados de la Guerra de España, Comité de Ayuda a la URSS, etcétera. Y sus miembros procuraban introducirse en los antiguos y tradicionales Centros de emigrantes españoles —gallegos, asturianos...— y en las Universidades. El núcleo de mayor expansión era Méjico, el único país que sostenía relaciones oficiales con los exiliados españoles, y cuyas bellezas naturales y originalidad temperamental habían terminado por subyugar a David y Olga. Aparte de los exiliados españoles comunistas, actuaban también con tesón antiguos combatientes de las Brigadas Internacionales, muchos de ellos utilizando falsos pasaportes: los que habían pertenecido a los componentes de la Brigada Lincoln, de los Estados Unidos, que había luchado en la guerra de España.

Gorki, en Perpiñán, es decir, en la Francia no ocupada, había perdido alrededor de veinte kilos. Separado de Cosme Vila, siempre con la espada del mariscal Pétain apuntando a su barriga, no sabía qué hacer. No se atrevía a instalar ninguna emisora clandestina ni a editar ningún folleto contra la Virgen de Lourdes. Vagaba por los cafés, en los que a veces coincidía con Canela, la cual estaba furiosa porque el pro-hombre de Izquierda Republicana que la protegía cuando Ignacio habló con ella, la había abandonado; y porque la disputa pública que sostenían Negrín y Prieto en el exilio —éste en Méjico, y aquél en Londres— sobre los «fondos monetarios pertenecientes a la República Española», ofrecía al mundo un espectáculo lamentable.

Por otra parte, Gorki había perdido a José Alvear, con quien en las horas trágicas de la invasión alemana de Francia había hecho buenas migas. José Alvear permaneció unos meses con Gorki en Perpiñán, echando de menos a su *madame Bidot*, de Toulouse; pero de repente, enterado de que en la

Francia ocupada, sobre todo por el Norte, se habían fundado embrionarias células de resistencia francesa, favorables a la *Francia Libre* de De Gaulle, había cruzado sin más la línea divisoria y se había ido primero a Lyon y luego a París, donde se encontró con Antonio Casal, muerto de miedo, dudando entre esconderse en cualquier *chambre de bonne* o irse a trabajar a Alemania, puesto que «allí pagaban buenos sueldos, suficientes para alimentar a la familia».

—¡Abur...! —le había dicho José Alvear a Gorki, al marchar. Y ahora, en París, estaba en contacto con otros anarquistas españoles que, en conexión con algún que otro «franchute», proyectaban volar trenes o apuñalar centinelas alemanes por la espalda; reteniéndolos únicamente el temor a las represalias anunciadas por Hitler.

A José Alvear le hubiera gustado recibir noticias del Responsable y demás familia; pero, desde la Francia ocupada, le era imposible. Sus relaciones se habían cortado como las de Gorki con Cosme Vila. Las últimas noticias que había recibido de aquél procedían de Venezuela. El Responsable continuaba en Caracas con sus hijas, con el Cojo y demás, y se limitaba a decir que «toda Sudamérica era la juerga padre», que él «lo hubiera pasado en grande con Pizarro o cualquiera de esos tipazos» y, ¡cómo no!, continuaba despotricando, como siempre, contra los comunistas, «los cuales cuando menos lo esperas te liquidan, como le había ocurrido en Méjico a ese pobre imbécil llamado Trotsky».

José Alvear levantó la moral de Antonio Casal, ex jefe socialista gerundense, íntimo amigo de la Torre de Babel. Mucha falta de hacían a Casal palabras de aliento desde que Julio García se había marchado de París.

—Anda, no seas mameluco —le decía José Alvear—. Ese Hitler de la rehostia acabará perdiendo. ¿No ves el lío en que se ha metido? ¡Rusia...! Ni que fuera Andorra... Le van a dar una que pa qué... ¿Tú sabes de alguien que haya copado a Rusia? Menda no... Ni siquiera Stalin. Además... ¿te has fijado en esos teutones? ¡Menuda facha! Se pasan el día sacando fotos de la Torre Eiffel e invitando a las *midinettes*... Te digo, Casal, que no tienen eso que han de tener los hombres: iniciativa particular... Son la Aritmética, te lo juro. Aquí le das el mando a la Federica Montseny y, en vez de irse a Grecia o al desierto ese de África, hubiera cruzado a nado el Canal de la Mancha y se hubiera ido directamente a romperle la crisma a

Churchill, al míster. Y se acabó. Y si te he visto no me acuerdo. Eso era lo normal... y lo estratégico. Ahora en Rusia... ¡la reoca!

Antonio Casal sonreía con escepticismo.

—Todo eso es muy bonito... Y te expresas muy bien. Pero recuerdo que también hablaba así Porvenir cuando se fue al frente de Aragón con la columna Durruti... «¡Pasado mañana, Zaragoza es nuestra!» Y aquí estamos todos..., incluyendo a la Federica Montseny. Y en Zaragoza, la Virgen del Pilar. Y los alemanes, los amos... Los amos, incluso de las *midinettes*...

* * *

Washington, 1 de julio de 1941.

Queridos amigos Alvear: Sólo unas líneas para que sepáis que Amparo y yo estamos bien y para daros nuestras nuevas señas: Imperial Hotel, Washington, D.C. — U.S.A.

¿Cómo estáis? Recibimos la participación de boda de Pilar. Imaginamos que será feliz... y acaso esperando ya a la cigüeña... ¿A que sí?

Hubiéramos querido mandarle un obsequio —por aquí venden cosas preciosas—, pero ¿cómo hacerlo? Los barcos, como sabéis, se dedican desde hace tiempo a transportar otro tipo de regalo...

Esta ciudad es muy hermosa, con muchos árboles y muchos edificios antiguos. Abundan los negros, pero también hay gente fina. ¡Deberíais oírme hablar inglés! Se me da bien. En cambio, Amparo, que en París sólo sabía decir pardon *aquí hace lo mismo: sólo sabe decir:* okey.

No he recibido ningún periódico ni revista de Gerona... O no los habéis mandado, o se han perdido por el camino. Lo lamento mucho. Me divertían horrores, sobre todo las Hojas Parroquiales que Matías metía entre página y página, con ese Consultorio Moral *que imagino era obra de mosén Alberto. Por cierto, ¿ha publicado ya* Amanecer *mi sentencia? Me refiero al expediente abierto contra mí por el Tribunal de Responsabilidades Políticas...*

Ignacio... ¿qué tal? Sé que terminaste la carrera. ¡Enhorabuena! Pero, dime. ¿Y Marta? ¿Os casasteis ya? Anda, apresúrate... Amparo asegura siempre que el estado ideal del hombre, que el estado okey, es el matrimonio.

¡Cómo pasa el tiempo...! Más de dos años ya que faltamos

de Gerona. Y estamos otra vez en pleno verano. Imaginamos
que la Costa Brava estará llena de bañistas... y de guardias
civiles.

Bueno, ha llegado la hora de poner punto final. A ver si un
día termina esta guerra y podemos volver a vernos. Entretanto,
ponedle una vela a San Narciso para que nosotros sigamos
prosperando, igual que vosotros. Recibid un sombrerazo frater-
nal de

JULIO GARCÍA

Repito las señas. Imperial Hotel. Washington, D.C. — U.S.A.

CAPÍTULO LIX

LA VIDA CONTINUÓ EN GERONA. Los que se habían marchado a
Rusia habían dejato tras sí un halo romántico o dramático,
según las circunstancias de cada cual. Pero la vida continuaba, a ritmo un poco lento, debido al calor. El calor se apoderó
de nuevo de la ciudad. Gotas de sudor perlaban las frentes. La
gente se aireaba con el pañuelo y doña Cecilia manifestaba su
nostalgia por la época en que las mujeres usaban el abanico,
«Aquellos abanicos..., con aquellos motivos tan preciosos...,
con aquel varillaje precioso también... El abanico era un gran
adorno para la mujer. ¡Debería salir un decreto que lo declarara obligatorio!»

La ola de calor dispersó, como siempre, a los ciudadanos
que podían permitirse el lujo de veranear. La Organización
Sindical soñaba con el día en que todos los «productores»
pudieran disfrutar de sus vacaciones pagadas en buenos albergues en el mar o en la montaña; pero de momento las posibilidades eran escasas. Los Campamentos Juveniles volvieron a
funcionar, eso sí. Por algo se decía que el Frente de Juventudes era «la obra predilecta del Régimen». Y uno de esos Campamentos, el de Aiguafreda, de la Sección Femenina, se llamó
este año «Campamento División Azul».

Fueron varias las familias que se marcharon de Gerona en
busca de aire, de bosque y de agua. El notario Noguer, observando aquel despliegue, recordaba los veranos de antes de la

guerra, cuando el paro obrero hacía estragos y los hombres se sentaban en las aceras, la espalda reclinada en la pared y la boina o la gorra caída sobre los ojos. Parecían estatuas... a punto de ponerse en pie. Daban miedo. Uno tenía la impresión de que en cualquier momento se levantarían todos y empezarían a disparar... como así ocurrió.

Ahora eran pocos los que se sentaban en las aceras. El paro obrero no existía y los hábitos —era preciso reconocerlo— se habían modificado. A la noche se organizaba alguna tertulia en las puertas, o en los vestíbulos, sobre todo en las calles poco céntricas. Pero sin boina ni gorra que ocultara los ojos. Los ojos eran visibles y ello resultaba una bendición de Dios.

«La Voz de Alerta» y Carlota se fueron a Puigcerdá, a la mansión que poseían allí los padres de la «alcaldesa». Antes de marchar, Carlota fue a la consulta del doctor Morell. La mujer quería tener un hijo y, habida cuenta de que de momento no llegaba, quiso someterse a reconocimiento. El doctor Pedro Morell no descubrió en el organismo de la condesa Carlota nada anormal.

—¿Entonces? —preguntó ésta.

—Tal vez fuera conveniente hacerle un reconocimiento a su esposo —dijo el doctor—. No podemos olvidar que en su anterior matrimonio tampoco tuvo hijos.

Carlota asintió con la cabeza. Era cierto. Habló con su esposo... Pero «La Voz de Alerta» puso mala cara. Sin saber por qué, le desagradaba la idea. En el fondo creía que en todo caso fallaría por su mujer.

—De acuerdo, de acuerdo... Cuando regresemos de Puigcerdá, si no ha habido novedad, iré a la consulta del doctor Morell.

En Puigcerdá reencontraron viejas amistades, y «La Voz de Alerta» fue bien recibido en la «colonia», gracias, sobre todo, a sus dotes de conversador. Su mordacidad, unida a su extensa cultura, hacía estragos. Sacó motes a todo el mundo. Descubrió que era capaz de hacer reír al prójimo, cualidad siempre halagadora. Al Gobernador lo llamó el «Aspirante», por lo de las inhalaciones. Y a Carlota, debido a su afición a la joyas antiguas, la llamó «condesa de los Rubíes».

De vez en cuando miraba a su alrededor —campos de golf, de criquet, piscina—, y comentaba, limpiándose los cristales de sus lentes de oro:

—No se puede negar que, opine lo que opine Mr. Collins, el nivel de vida aumenta...

Carlota en Puigcerdá era feliz, pese a que su padre, de la nobleza catalana, se pasaba el día quejándose del proyecto gubernamental de crear «el gran Madrid».

—¿Han leído ustedes el periódico? Van a construir en Madrid una Ciudad Olímpica... Estadio cubierto, con capacidad para ochenta mil personas... Aparcamiento para cuatro mil coches... Etcétera. ¿Quién pagará eso? La industria catalana. Así estamos.

Otra familia que se dispersó: la de Manolo y Esther. Esther no había visto a los suyos desde la terminación de la guerra. Los añoraba tanto —sobre todo a su madre, Katy—, que decidieron que se fuera con los chicos, hasta mediados de septiembre, a Jerez de la Frontera. Manolo iría luego a buscarla, y si era capaz de resistirlo se pasaría allí una semana.

—Ya sé que aquel ambiente no te gusta —le dijo Esther—. Que las bodegas y las fiestas toreras te ponen nervioso. Pero, en fin, confío en que sobrevivirás...

Manolo estimó muy lógicos los deseos de Esther. De modo que se ocupó en todos los pormenores del viaje. Llegado el día, los acompañó a la estación. Esther llevaba un espléndido pañuelo de seda anudado al cuello y aparecía desbordante de ilusión.

—Lamento que tengáis que ir en tren...

—¿Por qué? ¡Me encanta el tren, ya lo sabes!

Jacinto y Clara se echaban al cuello de Manolo una y otra vez.

—¿Por qué no te vienes con nosotros, papá?

—Porque tengo trabajo, hijos...

Los tres rostros amados permanecieron en la ventanilla hasta que el convoy se perdió de vista. Entonces Manolo se quedó solo, con Gerona a cuestas, con su despacho, con su barbita a lo Balbo.

Pasó un par de días muy triste, y ello lo unió más aún a Ignacio, con quien sostenía interminables diálogos sobre Esther, sobre la guerra, sobre la «faena» de Mateo... Ignacio dijo: «Por suerte, parece que Pilar resiste bien el golpe.»

Manolo comentó:

—¡Bueno! Eso no se sabrá hasta que nazca el crío.

De pronto, Manolo se sintió a gusto solo en casa. Respiró un indefinible aire de libertad.

—Es curioso —le confesó a Ignacio—. Ahora resulta que estas vacaciones me sientan de maravilla. ¿Quieres que nos vayamos esta noche a comer ranas a la Barca?

—Bien... ¿Por qué no?

También se dispersó la familia del Gobernador. María del Mar no había visto tampoco a los suyos desde el final de la guerra civil. Y se moría de ganas de comprobar por sí misma el estado en que quedó Santander después del incendio y qué prisa se daban en reconstruirlo.

El Gobernador estimó también que todo ello era lógico y María del Mar, llevándose a Pablito y a Cristina, se fue para su patria chica. Utilizaron el coche oficial, si bien el chófer esta vez no sería Miguel Rosselló, por cuanto éste debía permanecer en Gerona cubriendo la vacante que Mateo había dejado en la Jefatura provincial de FET y de la JONS.

No señalaron fecha de regreso. Se hablarían por teléfono todos los días.

—A lo mejor he de ir a Madrid y paso a recogeros —dijo el Gobernador.

—De acuerdo. Cuídate mucho...

Pablito abrazó a su padre con fuerza. Le dolía separarse de él. Parecíale que se iba al fin del mundo.

—¿Quieres que me quede contigo?

—¡De ningún modo, hijo! ¿Es que no te gusta ir a Santander?

Pablito hizo un mohín.

—Pues... la verdad es que me gusta mucho...

—Anda, pues... No seas tonto y vete con tu madre.

El Gobernador no supo si se quedaba triste o no. ¡Tenía en efecto tanto que hacer! Sin Mateo se sentía desamparado. Desamparado él, y desamparada la Falange, pese a la buena voluntad de Miguel Rosselló. Permanecía lo menos posible en casa. Y los actos oficiales continuaban ocupándole mucho tiempo. ¡Y las Fiestas Mayores! La provincia celebraba tantas... Es decir, eran tantos los pueblos que había en la provincia... Y cada uno de ellos reclamaba su presencia, como reclamaba la de la *Gerona Jazz*.

El problema radicaba en que no podía aplicar en todas partes el mismo discurso, pues *Amanecer* lo reproducía íntegro cada vez y los lectores se hubieran dado cuenta. Por fortuna, el tema de la División Azul le daba ahora mucho de sí... Además de que había descubierto un eslogan que arrancaba invariablemente fuertes aplausos: *El pan negro que comemos estos días es mucho más grato y confortable que el pan blanco obtenido con vilipendio*.

Los hermanos Costa alquilaron una torre en Palamós y depositaron allí a sus esposas. Ellos irían y vendrían, siguiendo al compás que les marcaran la Constructora Gerundense, S. A. y la Emer. Ambas sociedades les daban mucho trabajo, pese a que Carlos Civil, el hijo del profesor Civil, estaba demostrando insospechadas dotes de mando. Pero Emer se había comprometido a entregar el 30 de septiembre las obras de la nueva Cárcel, en el vecino pueblo de Salt —se adjudicaron la subasta sin mayores dificultades— y en la misma fecha debía estar terminado el edificio de Fundiciones Costa, empresa que, como es sabido, era la íntima y personal condecoración de los dos hermanos. Además... ¡don Rosendo Sarró! Y su representante en Gerona, Gaspar Ley. No los dejaban vivir. Los Costa se habían considerado siempre a sí mismos fenómenos de actividad. Pero don Rosendo Sarró les daba ciento y raya. No le bastaba con sus exportaciones «a los países beligerantes»; ahora estaba empeñado en darle un empujón a la industria de los aglomerados de corcho —de ahí que necesitase el pequeño puerto de San Feliu de Guíxols— y en hacer combinaciones con las Compañías de Seguros. Los planes que les había expuesto a los Costa eran tantálicos... y casi ofensivos. «Ustedes se andan por las ramas, amigos míos —les había dicho Gaspar Ley—. ¡Construir una cárcel! ¡Explotar una fundición... y canteras de piedra! Lo siento, señores, pero don Rosendo Sarró, cuando habla en la intimidad, les llama a ustedes... *los picapedreros*.»

Los Costa se tragaban todo esto con dificultad. Aunque comprendían que Gaspar Ley tenía razón. No obstante, su defensa era buena. «¿Es que puede usted comparar la situación de don Rosendo con la nuestra? Nosotros somos ciudadanos de tercera, como esas cartillas de racionamiento... Cada sábado tenemos que presentarnos a la Policía.» «Nada, nada —insistía Gaspar Ley—. Que continúan ustedes con la mentalidad de antes de la guerra.»

El amor propio de los Costa rugía... Por de pronto, apartaron por completo de los negocios a sus esposas, aunque éstas, por ser «adictas», seguían firmando todos los papeles, y cuando, los domingos, los dos hermanos se iban a Palamós y encontraban a aquéllas jugando al bridge con otras señoronas veraneantes —influencia de Esther—, ellos ponían cara de circunstancias.

—¡Si por los menos aprendierais a jugar! —les reprochaban ellas—. Podríais tomar parte en los campeonatos...

—¿En los campeonatos? ¡Si mañana hemos de estar en Gerona otra vez, a primera hora!

—¡Oh, perdón! Se nos había olvidado...

Otra pareja que abandonó la ciudad: Jorge y Chelo. De entre todas las masías que aquél poseía eligieron una cerca de Arbucias, rodeada de inmensos prados, y empezaron a acondicionarla a su gusto. Carlos Godó fue precisamente el arquitecto que, a sugerencia de Agustín Lago, les hizo el proyecto, que les encantó. Por supuesto, instalaron en la casa calefacción. Y en unos terrenos aparte, junto a la vivienda de los colonos, la granja... Por fin Jorge había confesado que sí, que no le importaría permanecer muchos días al año en la masía y poner en ella una granja. ¡Ay, las vueltas que daba el mundo! El ex aviador Jorge de Batlle, que había soñado con volar sobre Moscú, sueño que ahora hubiera podido realizar, de haberse alistado en las escuadrillas de la División Azul, se pasaba el día rodeado de libros de Avicultura. ¡Los «desafectos» de Gerona podían estar tranquilos! Jorge no los iba a perseguir ni a denunciar. Le interesaban más las incubadoras, las mezclas alimenticias y la posibilidad de conseguir huevos de dos yemas.

Chelo le decía:

—¿Sabes que cada día tienes mejor aspecto?

Era verdad. Jorge mejoraba. Los aires de Arbucias, pueblo al que los «rojos» habían mandado a tantos y tantos niños para protegerlos de los bombardeos, niños que luego fueron llevados a Rusia y cuya suerte preocupaba ahora a Cosme Vila, le sentaban bien. Por otra parte, adoraba a Chelo.

—Has sido mi ángel. Eres a la vez Marta y María.

—¡Eh, cuidado...! Soy Chelo nada más.

Sólo una nube en el horizonte de Chelo: había recibido una carta de su hermana, Antonia, fechada en el noviciado, en la que ésta le decía: «Me ha escrito papá desde el Penal. Se nota que está muy triste. ¡Recemos por él!» A gusto Chelo hubiera hecho un viaje al Puerto para visitar a su padre. Pero no se atrevió a proponérselo a Jorge. En este caso concreto, no sabía cómo él iba a responder.

Una veraneante feliz: Adela. La guapetona Adela había

convencido a su marido, Marcos, para que le alquilara una casita en Playa de Aro para todo el mes de agosto. Marcos se había resistido a ello, por la sencilla razón de que él tenía sus vacaciones en septiembre. Pero Adela, pensando en Ignacio —ambos se deseaban con el ardor de siempre—, le objetó que en septiembre a veces el tiempo se ponía malo. «Y yo necesito baños de sol, ya lo sabes. El médico me lo ha dicho.»

¡Adela, en Playa de Aro, tendida sobre la dorada arena...! En cuanto los guardias civiles de que Julio García había hecho mención en su carta se descuidaban, ¡zas!, se quitaba el albornoz. Y le ofrecía al sol —en espera de Ignacio— su piel todavía tersa. Incluso por las tardes se subía a la azotea y allí, sin más testigo que el cielo, se desnudaba por completo y se tendía sobre un colchón rojo, de goma, pensando, pensando...

Otro veraneante feliz: la Torre de Babel. La Torre de Babel se iba todos los fines de semana a Llafranch, con un Topolino que le había tocado en un concurso organizado precisamente por Caldo Potax. Caldo Potax había convocado un fácil concurso —la altitud exacta, sobre el nivel del mar, del Santuario de Nuestra Señora de Fátima—, ofreciendo como premio el diminuto coche. Los acertantes fueron muchos y se procedió a efectuar entre ellos el consabido sorteo, saliendo favorecido el ex empleado del Banco Arús, que sin duda estaba de buenas.

¡Los gerundenses se reían viendo a la Torre de Babel en el Topolino! Pero todo era propaganda para la Agencia Gerunda. La Torre de Babel, dada su estatura, para entrar en el vehículo se veía obligado a encogerse como mosén Iguacen ante el señor obispo, y para conducir debía separar grotescamente las piernas. Pero la Torre de Babel hacía todo eso con gusto y silbaba por esas benditas carreteras, rumbo a Llafranch... A veces —muy pocas— silbaba antiguas canciones de la UGT.

Dispersión veraniega... En las grandes plazas de toros, la llamada *Fiesta Nacional* iba recobrando el auge de otros tiempo. El señor Grote, en el Café Nacional, afirmaba que dicho auge coincidía siempre con las dictaduras, las cuales hurgaban con admirable ahínco en la llamada *entraña de la raza*. «Y en España, amigos, ya se sabe. Si hurgamos, de verdad de verdad, en la entraña de la raza, encontramos un toro.»

En cambio, el fútbol se había concedido una tregua hasta el otoño, excepto la celebración de un partido internacional con la «nación hermana», Portugal. Dicha tregua influyó decisivamente en la conducta del capitán Sánchez Bravo, presidente del Gerona Club de Fútbol, el cual hizo saber a los restantes miembros de la Junta Directiva que hasta el 1 de septiembre no quería oír hablar ni de jugadores, ni de árbitros, ni de césped verde. «Necesito ocuparme de mis cosas, ¿comprenden?», alegó. «¡No faltaba más!» Ah, las «cosas» del capitán Sánchez Bravo eran sencillas: el póquer, los Concursos Hípicos... y darle el golpe de gracia a su padre en el asunto de la construcción de los cuarteles. Podía decirse que el pleito estaba prácticamente resuelto a favor de la empresa Emer, de modo que el capitán esperaba que le cayeran de un momento a otro cien mil pesetas, en billetes sin estrenar. Mientras, se dedicaba a lo dicho y a Silvia, la manicura: es decir, competía, en circunstancias ventajosas, con Padrosa. Porque Silvia se pirraba por los uniformes. Por los uniformes y por actuar en el cine. Había leído en *La Vanguardia* que la productora Vizcaya Films ofrecía oportunidades a las señoritas de 17 a 25 años que quisieran ser *estrellas*. «Desde el lunes próximo —decía *La Vanguardia*— puede usted ser estrella de cine. Preséntese en Barcelona, calle Aribau, 150, bajos, y empezará su carrera.» Silvia estaba dispuesta a hacer el viaje; pero el capitán Sánchez Bravo le dijo: «Mucho cuidado. Lo más probable es que el gerente de Vizcaya Films sea un tipo gordo, mucho más bajito que yo, con ojos de sátiro.» «¡Jesús! —exclamó Silvia, juntando las piernas—. No me asuste usted, capitán...»

Los niños que no habían tenido cabida en los Campamentos, también holgaban. Y se dedicaban a bañarse en el Ter, a jugar a matar rusos —ya no mataban ingleses— y a apedrear los trenes que pasaban. Esto último constituyó una novedad, que sólo el doctor Andújar hubiera podido interpretar.

Paz Alvear, en cambio, no sólo no holgaba sino que podía decirse de ella que trabajaba a destajo. ¡La *Gerona Jazz*! El dueño de Perfumería Diana le concedió las debidas vacaciones y por su parte la muchacha le dijo a Cefe: «Cefe, hasta octubre no me verás el pelo... y todo lo demás.» Pero la *Gerona Jazz* le ocupaba todo el tiempo. A veces, por la tarde, tocaban en un sitio, y por la noche, en otro, lo que a los músicos les iba de perlas para el trasiego de productos alimenticios en el compartimiento del taxi y en el interior del bombo, bombo cuyas dimensiones eran tales que Paz temía que acabara llamando la atención. Damián, el director, sabía muy bien que el éxito de la orquesta se debía en gran parte a Paz. ¡Pero ésta se mostraba caprichosa y le planteaba problemas! Últimamente, por ejemplo, se había empeñado en recibir lecciones de canto. «Pero ¿es que no lo comprendes? —se desgañitaba Damián—. Si tu fuerza consiste precisamente en que tu voz es inaguantable... No aspirarás a cantar en el Liceo, ¿verdad?» Paz acabó dándole la razón. Lo malo de Damián era eso: que siempre tenía razón, que siempre la aconsejaba cuerdamente.

Mes de agosto, pues, triunfal para la prima de Ignacio. ¡Tomó posesión del piso que le había proporcionado Agencia Gerunda, piso bonito y alegre, aunque desamueblado por el momento! Sin embargo, llegó lo que tenía que llegar: el conflicto Pachín. Éste obtuvo la licencia prevista, causó baja en el Ejército y se marchó de Gerona rumbo a Asturias, a visitar a su familia, familia minera, en el pueblo de Cangas de Onís. Se despidió de Paz más enamorado que nunca. Loco por ella. Y prometiéndole regresar pronto y discutir juntos, como habían acordado, el porvenir... Pero a las tres semanas Paz no había recibido más que un par de cartas del chico, y precisamente en una de ellas éste le comunicaba que su fichaje por el Club de Fútbol Barcelona, para la temporada venidera, podía considerarse un hecho.

Paz, al leer esto, se encalabrinó.

—¡Como me haga una faena —le dijo a Damián—, lo mato!

—Por favor, muñeca, no digas eso... —le riñó el director de la *Gerona Jazz*—. Pachín dará muchos días de gloria a España con sus cabezazos. Respétalo... Ahora que tienes piso nuevo, debes empezar a ser patriota.

—Eres un bruto —gruñó Paz—. Un botarate... ¡Yo también ficharé por alguna orquesta de Barcelona!

—Ni pensarlo —replicaba Damián, moviendo la cabeza—. Aquí eres «sensacional». En Barcelona serías una más... A menos que te decidieras por algún cabaret, lo que a Pachín le sentaría como una patada en las espinillas...

El gran consuelo de Paz era su tío Matías, al que visitaba en Telégrafos con frecuencia. La sonrisa de Matías al verla la compensaba de muchos sinsabores. «¡Entra, entra, sobrinita! Me ayudarás a pegar estos telegramas...» Paz pegaba uno siempre, simbólicamente, en el papel azul. Y luego se sentaba a fumar un pitillo con su tío y con el depurado Marcos.

—Estoy reventada... Anoche terminamos a las cuatro...

—¿Qué te ocurre? ¿Estás afónica?

—Siempre lo estoy por las mañanas. Y no debería fumar... Luego, después de comer, se me pasa.

—¿Quieres tomarte un café?

—Bueno...

Marcos, al oír esto, se levantaba y le ofrecía el termo que llevaba siempre consigo, mucho más pequeño que el que les fue entregado a los voluntarios de la División que salieron para Rusia.

El otro consuelo de Paz era *Gol*, el gato, que ahora, en el nuevo piso, vivía como en un mundo alucinante. *Gol* echaba de menos —y a veces a su ama le ocurría lo mismo— los mugrientos rincones del piso que fue del Cojo.

¿Y Marta...? ¿Qué era de Marta en aquella estación veraniega?

Lo de siempre: el Campamento de Aiguafreda, el Campamento llamado División Azul... Tomó posesión de él dos días después de la marcha de los divisionarios. Y en él pasaba las horas intentando olvidar a Ignacio. Para ello hacía cantar a las chicas una y otra vez el himno *Prietas las filas* y una melodía cuya letra decía:

> *Bajo el sol y cara al mar*
> *está nuestro campamento*
> *de educación y solaz...*

Lo cual no significaba que la vida le resultara monótona. Siempre ocurrían cosas, y siempre había algo que celebrar. Por ejemplo, el 3 de agosto hubo gran holgorio en el Campamento. Había sido declarado *Día del Amanecer*, no en atención al periódico gerundense sino a que en tal fecha Cristóbal Colón salió por primera vez rumbo a América... Día de América. Marta hizo a las niñas a su cargo un discurso que le salió muy bien. Cantó la gesta de los Reyes Católicos y de los conquistadores castellanos y extremeños. Añadió que, según varios historiadores, era muy posible que Colón no fuera italiano, sino español, y explicó a su adolescente auditorio que los primeros grandes cartógrafos del mundo fueron asimismo españoles —exactamente mallorquines y catalanes— y que a ellos se debía el primer mapa del Mediterráneo, de aquel mar ilustre en cuyas orillas tenían ellas instalado el Campamento.

Otra fecha importante en Aiguafreda fue el 8 de agosto. El día 8 de agosto murieron, en circunstancias muy diversas, Bruno Mussolini, hijo del Duce, y Rabindranath Tagore, el poeta indio preferido de Gracia Andújar.

Bruno Mussolini murió en accidente de aviación en los alrededores de Pisa. Su vida joven y heroica se inclinó mucho más que la famosa Torre de dicha ciudad; y el Duce acudió a llorar a su lado. En cuanto a Rabindranath Tagore, murió, a los ochenta años de edad, en Calcuta, víctima de una grave dolencia. Su legendaria barba se quedó yerta para siempre, y acudieron a llorarlo todos los poetas jóvenes de la tierra.

Marta trazó rápidamente la semblanza de los dos hombres. de Bruno Mussolini dijo que a los diecisiete años abandonó estudios y familia para ir a luchar a Etiopía y que desde entonces había servido, siempre como aviador, a su patria... y a España, puesto que combatió en una escuadrilla italiana cuando la guerra civil española. «Ha muerto como un héroe, mientras probaba un nuevo tipo de cuatrimotor de bombardeo.» De Rabindranath Tagore dijo que a los dieciocho años había escrito ya siete mil versos y que fue también un gran patriota, que defendió toda su vida la causa de su pueblo, la India, contra el colonialismo inglés. «Hace diez años devolvió al Rey de Inglaterra todas las condecoraciones que había recibido de sus manos, por considerarlas símbolos de deshonor, puesto que la policía británica efectuó por aquellas fechas una cruel matanza entre la población india.»

—Camaradas, recemos, junto a la hoguera de este Campamento, un padrenuestro por el alma de Bruno Mussolini, símbolo de la juventud heroica, y otro padrenuestro por el alma de Rabindranath Tagore, símbolo de la vejez y de la sabiduría. Los dos acaban de escribir, cada cual a su manera, su último verso. Que Dios los tenga en su gloria.

* * *

Ignacio, aquel verano, vivía dos vidas: una, la de Gerona, con sus padres, con Manolo, con su trabajo, con Pilar; otra, la de los fines de semana, con sus visitas a Adela, en Playa de Aro, y a Ana María, en San Feliu de Guíxols.

Con respecto a Ana María, Ignacio disfrutaba en aquellos meses de una gran ventaja: don Rosendo Sarró, muy ocupado con el volframio y similares, estaba siempre de viaje o al frente de su despacho en Barcelona. Apenas si hacía alguna que otra escapada a San Feliu de Guíxols. Ello dejaba el campo libre a la pareja, pues la madre de Ana María había terminado por decirle a su hija: «Conoces mi criterio: creo que te estás precipitando. Pero considero que ya eres mayorcita. Por lo tanto, haz lo que quieras.»

La vida de Ignacio en Gerona era intensa. El ritmo lento que el calor había marcado a la ciudad no rezaba para él. La salud del muchacho era tan espléndida que le sobraban energías. Había perdido hasta la costumbre de dormir la siesta. Ahora, después de comer, se dedicaba a escribir cartas. Le había entrado la comezón de la correspondencia, un poco porque descubrió que llegar a casa y oír que su madre le decía: «Hay varias cartas para ti», lo hacía sentirse importante. Rasgaba los sobres con aire disimuladamente solemne, enarcando un poco las cejas. Luego guardaba las cartas en el bolsillo, sin dar explicaciones; a veces se acercaba al balcón del comedor y, pese a las ordenanzas municipales, tiraba los sobres al río.

Naturalmente, escribía a Ana María, pero también a antiguos camaradas de la Compañía de Esquiadores, cuyo paradero de pronto le interesó. Entre éstos se contaba Moncho, ¡que había terminado, en junio, la carrera de Medicina! Le escribió tres veces en quince días, rogándole que fuera a Gerona para verlo. Por fin Moncho accedió. También escribió, con la excusa de hablarles de Cacerola, a Royo y a Guillén, al Valle de Tena. De hecho, lo que persiguió al hacerlo fue cerciorarse de que los dos esquiadores con los que compartió tantas guardias y tanto frío y que se pasaron la guerra hablando de vacas y de mujeres, no sabían apenas pergeñar unas líneas y cometían más faltas de ortografía que Paz. Escribió también a Toulouse, a madame Geneviève Bidot, preguntándole por José Alvear, de quien no sabían nada. Contestó a Julio García. Una carta larga, en la que le daba al ex policía amplias noticias de la actualidad gerundense y le pedía que le enviara revistas norteamericanas. Escribió a Ezequiel. ¡Y a David y Olga!, de quienes había recibido por Navidad una tarjeta con las señas. Sí, de repente Ignacio sintió necesidad de volver a conectar con los maestros. El verano tuvo la culpa de ello: el recuerdo de Olga saliendo del mar a medianoche... ¿Qué estarían haciendo en Méjico, aparte de publicar libros que el obispo de Gerona hubiera juzgado perversos? David y Olga le contestaron a vuelta de correo... Sus palabras rebosaban de cariño y de nostalgia. Le repetían mil veces «Querido Ignacio». Estaban bien, dedicados a la editorial, a organizar actos culturales en el Centro Catalán y a redactar, ¡otra vez!, un Manual de Pedagogía..., ahora con la experiencia acumulada con la derrota. Además le decían que «un español no era del todo español, no estaba completo, si no conocía a Méjico».

—Curioso... —comentó Ignacio, para sí—. Ahora resultará que soy español sólo a medias.

No obstante, se dio cuenta de que seguía queriendo también mucho a los dos maestros y que el vacío que su marcha había dejado en él no podría colmarlo nadie.

Al margen de su sarampión epistolar, Ignacio trabajaba lo suyo en el bufete de Manolo. Precisamente en aquel mes de agosto se produjo el primer choque entre los dos abogados: Manolo-Mijares. Un asunto de *límite de propiedad*. La Constructora Gerundense, S. A., compró unos terrenos para instalar una fábrica de papel, y los propietarios colindantes pleitearon. Había una cláusula confusa en las escrituras y dichos propietarios se sintieron lesionados en sus intereses. Mijares defendería a la Constructora Gerundense, S. A., y Manolo a la parte demandante.

—Algún día tenía que llegar —le dijo Manolo a Ignacio—. Ya estamos frente a los hermanos Costa. Y voy a profetizarte algo: antes de un año tendremos que habérnoslas con tu futuro suegro... No sé qué va a ocurrir, pero ocurrirá algo. Y ése será el primer pleito que defenderás tú solito, en la Audiencia.

Ignacio se llevó las manos a la cabeza.

—¡No, por favor! ¡Eso no...!

Manolo lo miró irónicamente.

—¿Qué te ocurre, Ignacio? Algún día has de hacer oír tu voz en la Sala, ¿no crees? —Viendo que Ignacio seguía con cara de susto, añadió—: Si, llegado ese día, no has reaccionado aún, le pediremos a tu prima que te preste el micrófono...

Ésa era la gran fuerza de Manolo: su sentido del humor. Manolo lo atribuía a que había leído mucho a Chesterton y a Bernard Shaw, y no era cierto. Era algo innato, y la vida lo divertía. Gozaba viviendo y buscándoles matices a las situaciones. «Si no le diéramos color a ese acto extraño que es respirar, los días se harían interminables», solía decir.

Ignacio había comprobado esto con motivo de la ausencia de Esther. Manolo no sólo superó su tristeza inicial, sino que aprovechó al máximo su independencia. En una de las cenas que organizaron los dos en el casi solitario restaurante de la Barca, desde cuya terraza se oía discurrir el agua del Ter y el diálogo nocturno de los árboles de la orilla, el jefe de Ignacio le confesó a éste que había hecho honor al temperamento macho de la raza: había engañado a Esther, por primera vez desde que llevó a ésta al altar.

—Pero no temas. No ha sido con la doncella... Eso hubiera sido humillante para mi mujer. Y para mí... Me ha salido al paso una señora... ¡Bueno! El caso es que lo he aprovechado. Con alevosía y, naturalmente, con nocturnidad.

Ignacio se quedó perplejo... sólo a medias. Estaba acostumbrado a confesiones de esa índole. Todos los maridos adúlteros que conocía, aunque no hubieran estado en Méjico, no se consideraban españoles ciento por ciento si no le habían contado su aventura a un amigo. Él mismo, Ignacio, sin ser marido aún, ardía en deseos de contarle a alguien sus relaciones con Adela. Le faltaba ese detalle para encontrarle todo su sabor.

—Así, pues... —dijo Ignacio, contestando a la confesión de Manolo—, lo que tú entiendes por darle color a la respiración es que Esther, a su regreso, no te encuentre desentrenado.

—Exacto.

Entonces Manolo se creyó en la obligación de disculparse.

—No es que alabe mi conducta, entiéndeme... Pero ese bochorno de agosto... ¿Te das cuenta?

Manolo encendió una pequeña pipa que acababa de comprarse. Pero la temperatura era tan tibia, que acto seguido la apagó y encendió un cigarrillo.

—Verás... Esther es muy celosa, ¿sabes? No puedes hacerte idea... ¡Sí, comprendo que te sorprenda! Lleva pantalones, juega al tenis, es liberal... Monsergas. En este asunto me tiene en un puño. Me controla al minuto. Y ahora resulta que tiene motivos para ser así... Ahora resulta que obra santamente...

Ignacio no sabía qué decir.

—Me fastidia este control, Ignacio. Así que, en cuanto se ha presentado la ocasión, he traspuesto la barrera... como cada quisque.

El cigarrillo de Manolo punteó en la semioscuridad. Ignacio le preguntó a Manolo:

—Por curiosidad... Si Esther se enterase de esto, ¿te lo perdonaría?

Manolo abrió los ojos de par en par, con expresión cómica.

—¡Ni pensarlo...! Se quedaría en Jerez con sus papás. Y borraría mi imagen de la memoria de mis hijos.

Ignacio porfió con malicia:

—Y si ella te hiciera a ti algo parecido, ¿qué?

Manolo se acomodó en el sillón.

—Me pegaría un tiro.

Ignacio movió la cabeza.

—Entonces... —dijo—, todo eso de Bernard Shaw y de Chesterton y de Oxford, nada... Entonces resulta que sois tan ingleses como pueda serlo mi amigo Cacerola.

Manolo se encogió de hombros.

—Así es...

Ignacio se quedó pensativo. En el fondo le había impresionado que Manolo hubiera engañado a Esther. Manolo se dio cuenta y le dijo:

—Todo eso te demostrará una cosa, Ignacio: el matrimonio es un compromiso extraño... En el mejor de los casos se sostiene por un hilo. —Marcó una pausa—. La convivencia, entiéndelo... La convivencia es algo terriblemente difícil.

Nueva sorpresa. El tono de Manolo era reticente.

—Pero tú has tenido suerte, ¿no es cierto? Vuestro matrimonio... prácticamente es perfecto.

Manolo continuaba arrellanado en el sillón. El agua del Ter seguía bajando, al amparo de la noche.

—No lo creas... ¡En fin! No me considero desafortunado... Esther y yo... nos llevamos bien. Pero nos llevamos bien sobre todo cuando hay gente delante.

Ignacio se tomó de un sorbo el café que había dejado enfriar.

—¿Quieres decir... que cuando estáis solos os peleáis?

—¡No! Eso nunca... Es decir, en raras ocasiones. Nos queremos... ¡Por Dios, no pongas esa cara! Nos queremos, chico, nos queremos de verdad... La cosa no va por ahí. Pero te repito que la convivencia... ¡Oh, qué difícil resulta explicarle esto a un soltero!

—Lo siento, Manolo; pero si no me pones algún ejemplo...

—¿Algún ejemplo...? —Manolo estaba tranquilo—. Pues verás. Entrar en el cuarto de baño cuando ella acaba de bañarse y encontrar el espejo empañado con el vaho caliente... Al principio, uno llega a respirar hondo ese vaho. Es íntimo. Es excitante. Ahora me fastidia. He de dominarme para no coger la toalla y hacer un claro en el espejo que me permita empezar a afeitarme...

Ignacio se rascó con el índice la ceja izquierda.

—Puedes afeitarte en otro momento, ¿no?

—¡Ahí está! Claudicación... ¿Es que no me escuchas? Al principio ese vaho me gustaba...

—Ya...

Manolo prosiguió:

—Otro drama... Tú sabes que tenemos unas vértebras en la espalda, ¿verdad? Pues bien, exactamente la tercera, la tercera vértebra, le duele a Esther... He de darle friegas todas las noches, con una pomada que hasta ahora le mandaban de Gibraltar. —Manolo añadió—: Huele. Es una pomada que huele... Y además, en el contrato no figuraba que un día empezaría a dolerle a Esther la tercera vértebra...

Ignacio se rascó con el índice la ceja contraria, la derecha.

—Pero... ¡todo esto es una broma!

—¿Una broma? ¿Has dicho una broma? —Manolo llamó al camarero para pedirle coñac—. ¡Bueno...! No hay nada peor que la insensibilidad. Y esta noche, querido Ignacio, eres insensible... ¿Un coñac, por favor?

El camarero viró en redondo y fue por la botella.

Manolo sonrió.

—¡Ah, el matrimonio...! Me las sé todas, Ignacio. ¿Quieres otro matiz de la cuestión? Eso de adivinar lo que el otro está pensando... y de saberse de antemano los gestos que hará... Hay quien dice que ahí radica la felicidad. ¡Supongo que se referirá a la vejez! Y yo acabo de cumplir los treinta y seis... ¿No será que el hombre es polígamo?

Manolo se rió. El camarero llegó con la botella de coñac y dos copas, como si se hubiera dado cuenta de que Ignacio también necesitaba vigorizarse. Manolo esperó a que el camarero se fuera y luego prosiguió:

—Esther... Caprichosa... Con sus pantalones de raya perfecta... Con sus jerseys, que son un primor... ¡Demasiado elegante, Ignacio! Y yo he de imitarla, ponerme a tono... ¿Crees que me gusta ese sombrerito tirolés que llevo en invierno? Pero he de hacer *pendant*... —Manolo se tomó de un trago el coñac—. ¡Ay, amigo mío, mi pasante...! A ti, con Ana María, va a ocurrirte algo parecido... Y eso que la prefiero mil veces a Marta, que a lo mejor ahora estaría en la División Azul... Sí, va a ocurrirte lo mismo, a menos que don Rosendo Sarró caiga en manos de la Fiscalía y lo manden a Garrapinillos... ¿Te fijaste en el dúo Esther-Ana María la noche de la procesión? Parecían gemelas... Ana María también ocupará el cuarto de baño antes que tú y tú, para afeitarte, también tendrás que coger la toalla y hacer un claro en el espejo...

Ignacio hizo un esfuerzo y consiguió sonreír.

—¡Bien! —dijo—. Pero yo tengo una gran ventaja sobre ti, por lo que veo: no me importará no hacer *pendant*. No llevaré nunca sombrero tirolés.

* * *

Fuera de Gerona, Adela y Ana María...

Lo de Adela era una llama.

—Te necesito, Ignacio. Ven, acércate. Abrázame...

Adela mandaba a los chicos y a la criada fuera, a jugar a la playa o a que pasaran la tarde en Torre Valentina, y esperaba el autocar que trajera a Ignacio. Desde la ventana lo veía pararse en la carretera. La casita que le había alquilado Marcos en Playa de Aro se erguía sobre un montículo, disponía de salida trasera, hacia el bosque. Era muy difícil que alguien los sorprendiera. No había vecinos. Y Marcos tenía guardia en Telégrafos, en Gerona, precisamente los sábados y los domingos.

Era una fusión erótica y nada más. Nada más por parte de Ignacio. Pero Adela le estaba tomando afecto al muchacho. «Eso... engendra cariño, ¿sabes?»

Adela era una experta en cuestiones de amor. Conocía el valor de un lunar pintado hoy aquí, mañana allá. Y sabía adoptar posturas, previamente ensayadas en el espejo —como se decía que Hitler preparaba sus discursos—, que hubieran puesto nervioso al propio Cefe, pintor de desnudos.

—Pero ¿dónde has aprendido todo eso, guapa? —le preguntaba Ignacio—. No será en el Kama-Sutra, ¿verdad?

—El Kama-Sutra... ¿Y eso qué es?

—Quiero decir que no creo que tu marido sea precisamente un maestro...

—¡Ji-Ji! Marcos..., el pobre... ¿Me vas a obligar a decirte... que he conocido a otros hombres antes que tú?

Adela quería darle celos a Ignacio.

—No te obligaré a nada, Adela... Anda, yo también te necesito. Ven, acércate...

Ignacio, antes de abandonar la casa, tenía que admirar el último bañador que Adela se había comprado. Y subir a la azotea, donde ella se ofrecía al sol. Y luego el chico se tomaba una merienda fenomenal.

—Hay una cosa que me horroriza: pensar que algún día puedo perderte...

—Pero, mujer... No me perderás nunca. ¿No ves que estoy loco por ti? ¿Te das cuenta de que expongo mi pellejo?

—Sí, pero... ¿y cuando te cases?

—¡Por favor, Adela! Eso está muy lejos... Y además, ya veremos.

—Sí, claro, ya veremos... Yo querría una seguridad, ¿comprendes?

Por suerte, Adela sabía sonreír en el momento oportuno.

—Sí, tienes razón, Ignacio. Hay que vivir el presente... ¡Ay, bendita Playa de Aro! —Adela miraba hacia el mar—. ¿Quieres otra tostada con mantequilla?

—Pues... sí.

La despedida era siempre frenética. «Ahora, otra vez sola... Otra semana esperando el autocar.»

En San Feliu de Guíxols, Ana María... Cambio de decoración. Allí lo que importaba mayormente no era lo presente sino lo futuro.

Ignacio llegaba cada semana a San Feliu abochornado. Cada vez tenía que inventar excusas, pues nunca sabía la hora de llegada. A Ana María le hubiera gustado ir a esperarlo a la estación. Precisamente aquel tren pequeño, asmático, le hacía gracia. Pero Ignacio le decía: «No te molestes. A lo mejor vengo con alguien en coche... No sé a qué hora terminaré el trabajo. Compréndelo.»

Daba igual. Por fin se reunían y se iniciaba, hasta el domingo por la noche o hasta el lunes, aquel idilio profundo, sincero, que la anécdota de Adela y su lunar móvil no conseguía romper.

San Feliu de Guíxols estaba hermoso aquel verano. Las cicatrices de la guerra iban desapareciendo. Habían reparado y limpiado por completo el rompeolas y también, y a conciencia, el paseo del Mar. En el rompeolas circulaba siempre la brisa y desde la rotonda del faro se veía una gran extensión de azul. Y el agua al rebotar contra las rocas de contención arrancaba sonoridades misteriosas, que excitaban la imaginación de Ignacio. «¿Sabes, Ana María, que en el Manicomio hay un torrero que afirma que los peces se siembran?»

—¿Cómo? ¡Qué curioso!

La imaginación de Ignacio era el mejor antídoto para Ana María, tocada a veces de una lógica excesiva. Ana María tenía una gran sensibilidad, pero le costaba inventar mundos. Los dibujos de Félix, el protegido de los hermanos Costa, la hubieran desconcertado. Estaba segura de que lo intocable no se podía ver. Mejor dicho, ella se sentía incapaz de ver lo intocable. En cambio, Ignacio le aseguraba que, pese a las teorías del doctor Chaos, el espíritu era más verdad que el cuerpo, los deseos más reales que la nariz y que en el interior de cada cosa habita un duende.

—Todo es subconsciente, ¿comprendes, Ana María? Nos movemos por impulsos ignorados, como esa agua que viene de lejos. Por impulsos que no son nuestros, que no nos pertenecen. A ti, por ejemplo, te asusta el viento. Lo he notado; a mí, por el contrario, me gusta. ¿Por qué será? Algún antepasado tuyo se veía envuelto en una galerna o en un huracán... A mí, como sabes, me dan asco los mariscos... Hay aquí algo oculto, remoto... Debes leer a Freud. ¡Y preguntarte qué son los sueños! Por cierto, ¡si te contara lo que soñé anoche! Oh, sí, todo tiene un significado, incluso esa voracidad que nos invade a veces al ver una tostada de pan untada con mantequilla...

San Feliu de Guíxols estaba hermoso porque los pescadores, en los bancos del paseo del Mar, tomaban el sol y miraban el rizado del agua más allá del puerto y la Punta de Garbí, intentando profetizar el tiempo que haría. Ignacio decía que los pescadores miraban raramente al cielo, o que sólo lo hacían como orientación, con un sentido funcional. Lo que les interesaba de veras era el mar. «Los que miran al cielo son los campesinos, porque la tierra, la tierra escueta y parda, es terriblemente inexpresiva. Es mucho más expresivo el mar.»

Una nota desagradable en el mar de San Feliu de Guíxols: el balandro de don Rosendo Sarró. Se lo habían construido durante el invierno, de acuerdo con sus instrucciones. Allí estaba, como una bandera, como una admonición. Blanco, con unas franjas encarnadas. Un poco como si fuera de la Cruz Roja... Se llamaba *Victoria*.

—¿Por qué le pusisteis ese nombre? Debía llamarse Ana María...

—No, Ana María no le pega a un balandro. Aunque *Victoria* tampoco me gusta. No sé...

—Yo sí lo sé... —decía Ignacio—. Tu padre le puso un nombre autobiográfico.

Ana María se reía.

Aquel verano había mucha más gente que el anterior. Amistades de Ana María y de los padres de ésta. Ignacio fue presentado a ellas. Todavía Ana María no se atrevía a decir: «Mi novio...», o «mi prometido...». Decía: «Os presento a un amigo... Ignacio Alvear.»

El nombre gustaba a las amigas de Ana María. Y les parecía bien que fuera abogado y que tuviera el pelo negro y unos ojos que perforaban las cosas. Ahora bien, ¿y su familia? ¿De qué familia era? Porque Ana María rehuía, durante la semana, salir a solas con otro muchacho...

—Su padre es funcionario de Telégrafos.

Los pensamientos de las amistades de la familia Sarró retrocedían. Pero a Ana María no le importaba. «Son señoras cursis. Y mis amigas, niñas bien...» Ana María era valiente, lo era su amor. Lo era tanto, que la chica se había puesto a estudiar mecanografía y taquigrafía con el objeto de ayudar a Ignacio una vez casados. Su madre le había comprado una máquina portátil y se pasaba un par de horas cada tarde tecleando. Y tres veces a la semana iba a clase de taquigrafía con un esperantista de San Feliu, un hombre que escribía a una velocidad increíble. «Como siga usted así, pronto escribirá más de prisa que yo.»

Ignacio se sentía conmovido por aquella prueba de buena voluntad.

—Es lo menos que puedo hacer. Porque no puedo estudiar Derecho Romano, ¿verdad? Soy ya vieja para eso...

Ana María gozaba con cualquier cosa. Bailando sardanas, desde luego. Trenzaba los pasos con gracia singular. Los viejos aficionados se colocaban detrás de ella para verle los pies. Y se miraban haciendo signos de aprobación. También gozaba mucho saliendo de paseo en bicicleta con Ignacio. Ana María tenía una bicicleta rutilante, último modelo. Ignacio se veía obligado a alquilar una, vieja y torcida, de manillar alto y ridículo, pero que servía para la ocasión.

A veces, pedaleando, pedaleando, llegaban hasta Playa de Aro... E incluso hasta Palamós. El asfalto y la brisa incitaban a su juventud a esforzarse. «¡Ana María... espérame! ¡Que yo llevo un cacharro!» «¡Nada de eso...! ¡Demuestra que hiciste la guerra!»

Claro que se lo demostraba... De pronto le daba alcance en cualquier tramo solitario de carretera y entonces se apeaban y se sentaban en la cuneta y se besaban. Nada más. Ignacio respetaba a la muchacha de forma tal, que Ana María se lo agradecía. «Te lo agradezco, Ignacio...» Ignacio no podía decirle que a quien debía agradecérselo era a Adela.

Era un verano espléndido, sin apenas nubes. Y eso que Ignacio, puesto en guardia a raíz de su conversación con Manolo, procuraba adivinar cuáles podían ser, más adelante, los motivos de roce con Ana María.

Poca cosa. Encontraba escasas discrepancias. Alguna vez Ana María le reñía porque no le interesaban la música, ni el teatro, ni el ballet. Ignacio se preguntaba si aquellos baches de educación llegarían a tener tanta importancia como el vaho en los espejos del baño y como un dolor en la tercera vértebra. Tal vez sí. Manolo no hablaba nunca gratuitamente. De todos modos, ¿existía algún matrimonio perfectamente sincronizado, aun perteneciendo a la misma clase? Sus padres, Matías y Carmen, no estuvieron nunca de acuerdo en la manera de educar a los hijos. La cuestión era saber soportarse. ¿Soportarse? ¿Cómo era posible que utilizara ya este verbo, si las bicicletas estaban allí, esperando a su juventud, y el asfalto era gris, pero cómodo, y la brisa mecía a sus espaldas los cañaverales?

Ana María reflexionaba también por cuenta propia. Sobre todo en la playa, por las mañanas. Lo que más le preocupaba de Ignacio, aparte de la inestabilidad emotiva, crónica, del muchacho —de repente éste parecía ponerse una careta y era capaz de cualquier desplante, por simples ganas de mortificar—, eran sus dudas religiosas. Los domingos por la mañana iban a misa y él asistía a ella distraído, pensando en las musarañas. En ocasiones adoptaba incluso una postura irónica. Y cuando el párroco soltaba alguna barbaridad, lo que ocurría a menudo, le daba un codazo y le decía: «Eso es una idiotez.»

Lo malo era que Ignacio parecía estar documentado en heterodoxia... Porque Ana María tampoco aceptaba de la religión una serie de costumbres externas, anacrónicas. Y la molestaban la intolerancia y la excesiva seguridad. Pero había algo para ella tan sagrado, tan sagrado como para el profesor Civil: los Evangelios... Pues bien, ahí radicaba precisamente el punto de fricción. Ignacio no le ocultaba que de un tiempo a esta parte los Evangelios le parecían contradictorios. Que algunos, como el del «sagaz administrador», no los comprendía. Y que era muy difícil saber a ciencia cierta lo que Cristo dijo, puesto que Cristo habló en arameo —como Teresa Neumann, la estigmatizada, cuando estaba en trance— y la Iglesia no ofrecía sino traducciones. A menudo, traducciones de traducciones...

—¿Qué significa, en arameo, *espíritu*? ¿Lo sabes tú...? ¿Y *hombres de buena voluntad*? ¿Y la palabra *Padre*? ¿Y la palabra *cielo*? ¿Qué quiso dar a entender Jesús cuando dijo: «si no os hicierais semejantes a los niños no entraréis en el reino de los cielos»? ¿Que hemos de renunciar a nuestra madurez?

Ana María sufría.

—Pero ¿por qué has de torturarte así? Doctores tiene la Iglesia, ¿no te parece?

—Sí, claro... Pero ¿quién me garantiza que esos doctores han avanzado más que yo?

—¡Por Dios, Ignacio! ¡No hables así!

Ignacio procuraba tranquilizarla.

—Ana María, pequeña..., no te preocupes. No he perdido la fe. No creo perderla nunca. Te amo a ti y amar es ya creer en Dios... Lo que ocurre es que aspiro a ser religioso de una manera más consciente. ¡Sí, ya sé lo que vas a decir! ¡Vas a decir que quiero un Dios a mi medida! No se trata de eso. Más bien se trata de lo contrario. Presiento que Dios es mucho más grande de lo que quieren hacernos creer, de lo que nos han dicho hasta ahora. ¡Bueno! Dejemos eso por hoy... ¿Sabes lo que me hace falta? Confesarme... Esta semana me confesaré con el padre Forteza y el próximo domingo oiré la misa, toda la misa, de rodillas. ¿Vale? Bien... Pues vamos a celebrarlo. Vámonos al rompeolas a ver el mar...

El 31 de agosto ocurrió en San Feliu de Guíxols algo chusco. Un comerciante de harinas fue obligado por el Fiscal de Tasas, don Óscar Pinel, a pasearse todo el día por las calles con un cartel que rezaba:

He tratado de estraperlar cinco mil quilos de harina a Auxilio Social. Soy un sinvergüenza.

La gente se desternillaba de risa. Ignacio y Ana María, por el contrario, miraron a aquel hombre con una mezcla de confusos sentimientos. Ignacio no podía olvidar las palabras de Manolo: «Antes de un año tendremos que habérnoslas con tu futuro suegro...» Y Ana María pensaba también en su padre, en frases aisladas que le había oído por teléfono.

El hombre del cartel representaba unos cincuenta años. Al parecer era un propietario de Castillo de Aro, que poseía varios molinos. Tenía aspecto campesino; pero miraría poco al cielo, era de suponer... Se le veía tan angustiado, que daba pena. ¡Cinco mil quilos de harina a Auxilio Social!

—Vámonos... Eso me crispa los nervios.

—A mí también.

Se fueron a contemplar escaparates. A Ana María le gustaban las perfumerías. En una de ellas leyeron un letrerito que decía:

> *No se pinte los labios*
> *Avívelos con Marilú.*
> *Es un consejo Pimpinela.*

—¿Quién es ese Pimpinela? —preguntó Ignacio, mirando con fijeza a los labios de Ana María, sin pintar.

Ana María se rió.

—Un fabricante-filósofo, que conoce a las mujeres más que tú...

Anocheció en San Feliu de Guíxols. Ignacio y Ana María entraron en un café, que les recordaba el del Frontón Chiqui, de Barcelona. Hablaron de la guerra. Ambos deseaban, pese a todo, no sólo que Mateo saliera con bien de la aventura, puesto que ésta no tenía ya remedio, sino que llegara a Moscú.

—Entre los alemanes y los rusos, nos quedamos con los alemanes, ¿verdad?

Ana María guardó como siempre en el pequeño bolso el envoltorio de los terrones de azúcar, para su colección.

—De acuerdo..., *monsieur* Voltaire.

A continuación la chica añadió:

—Y hablando de Moscú... ¿Cuándo nos casamos?

Ignacio hizo un guiño expresivo.

—¡Voy a decírtelo!: el día que me guste la ópera...

Ana María se santiguó.

—¡Jesús! Voy a quedarme para vestir santos...

CAPÍTULO LX

LAS PRIMERAS CARTAS que se recibieron de los voluntarios de la División Azul las recibieron Gracia Andújar e Ignacio. Ambas las firmaba Cacerola.

Cacerola le contaba a Gracia Andújar, su madrina de guerra, que se encontraba bien, lo mismo que los demás compañeros, en el campamento de Grafenhwor, en Alemania, en la región de Nuremberg. El general que iba a mandar la División, general Muñoz Grandes, había llegado ya al campamento. De momento ocupaban el tiempo adiestrándose, haciendo ejercicios de tiro... y jugando con las barajas que les regalaron al pasar por Vitoria. No sabía cuándo partirían para el frente ruso. La población alemana los había recibido maravillosamente. Él, Cacerola, vivía en la pura gloria, pues siempre había deseado conocer otras tierras. «De momento lo único que desaría es que me mandases una fotografía tuya, para tenerla en la tienda y poder mirarla siempre que quiera.» Gracia Andújar fue en seguida al fotógrafo, pasando antes por la lujosa Peluquería Dámaso, dispuesta a satisfacer el primer deseo de su ahijado, de quien Ignacio le había dicho: «Es el corazón más puro que he conocido. El único peligro que corres es que antes de tres meses te pida que te cases con él.»

La carta dirigida a Ignacio, firmada también por Cacerola, estaba precisamente fechada el 18 de julio. Era una carta nostálgica, recordando los tiempos de Esquiadores. «Lástima que no estés aquí, Ignacio. ¡Aprendí tanto a tu lado! Cada vez me doy más cuenta de lo triste que resulta ser ignorante. Muchos camaradas se ponen a hablar de cosas que no entiendo. Algunos chapurrean ya algunas palabras en alemán. Yo no conozco más que una: *Verboten*, que al parecer significa *prohibido*. Confío en que Mateo conseguirá que me pongan de cocinero, que es para lo que sirvo, aunque aquí hay que cocinar con mantequilla y todo el mundo preferiría el aceite. He conocido a una chica alemana que se llama Hilda... ¡Bueno, no se lo digas a Gracia Andújar! Adiós, Ignacio. Te escribiré otra vez cuando pueda.»

La carta siguiente llegada a Gerona era de Solita. Iba dirigida a su padre, don Óscar Pinel, Fiscal de Tasas. Era muy escueta y rezumaba tristeza. Solita decía que había hecho amistad con otra enfermera, llamada María Victoria, «que era precisamente la novia de José Luis Martínez de Soria». «Es una muchacha de gran vitalidad, que me ha tomado mucho afecto. Está un tanto asustada porque no sabe siquiera poner inyecciones y aquí hay que vacunar a todo el mundo; pero su alegría es contagiosa, lo que me hace mucho bien. Yo me defiendo lo mejor que puedo, aunque me encuentro todavía un poco desconcertada. ¡Ha sido un cambio tan brusco! ¿Y tú, cómo estás? ¿Y el general? Dale muchos recuerdos. Y escríbeme pronto y cuéntame cómo te las arreglas sin mí...»

También mosén Falcó, el asesor religioso de Falange, escribió al señor obispo notificándole que la vida religiosa en el campamento de Grafenhwor era muy intensa, «con muchas comuniones en las misas de los domingos».

Por supuesto, Pilar se llevó la palma en cuestión de recibir cartas. Mateo le escribió cuatro en quince días.

La primera decía así:

Espero que, pese a tu disgusto, te dignarás leer esta carta, que te escribo con todo mi cariño. Y espero también que andando el tiempo comprenderás que no tenía opción y que hice lo que debía. Y que más tarde, cuando todo haya pasado y me encuentre otra vez a tu lado y al lado de nuestro hijo, del hijo que esperamos..., te enorgullecerás de que tu marido haya tomado parte en esta nueva Cruzada contra el comunismo.

Aquí me he encontrado con otros muchos camaradas también casados. Y he comprobado, hablando con ellos, que no todas las mujeres han reaccionado como tú. Las hay que fueron las primeras en alentar a sus maridos a que se alistaran. Uno de estos camaradas, con el que he hecho buena amistad, que se llama Olano, tiene un hijo ¡de cinco meses! Y aquí está... Desde luego, mucho más feliz que yo.

No puedo negarte que tu comportamiento me ha afectado como pocas cosas en la vida. Me resultará difícil olvidar que ni tan sólo quisiste ir a despedirme a la estación. Pero no dudo que reflexionarás y que cambiarás de actitud. Yo, entretanto, tengo tu fotografía en la cartera y no me acuesto nunca sin contemplarte un buen rato y sin darte un beso muy fuerte.

Me dijiste que me comprenderías si yo fuera militar... ¿No te das cuenta de que ser de Falange es formar parte de una Mili-cia, es decir, que en el fondo es lo mismo? ¿Qué diferencia hay entre llevar el uniforme caqui o la camisa azul? Uno y otro convierten las cuestiones patrióticas en cuestiones de honor.

Adiós, Pilar... Y hasta siempre. Te abrazo con todo mi amor.

MATEO

La segunda carta era de tono distinto. Mateo continuaba aludiendo en ella a la incomprensión, y repetía más o menos los mismos argumentos. Pero hablaba ya de otras cosas.

Mi gran sorpresa ha sido encontrarme aquí con los camara-das Salazar y Núñez Maza... Destituidos de sus cargos hace poco, como recordarás, han querido dar ejemplo y fueron los primeros en pedir un puesto en la División. Su actitud me ha reconfortado mucho. Núñez Maza, que como sabes no puede vivir sin llevar el micrófono en la mano, va a hablar un día de éstos, en emisión especial destinada a España. Tal vez a través de la Emisora de Gerona puedas enterarte de la fecha exacta y de la hora... Y si consigues saberlo, y quieres conectar la radio, a lo mejor se te contagiará un poco el entusiasmo que aquí reina. Además, es posible que esas emisiones sean periódicas, en cuyo caso algún día podría hablar yo también... y decirte de viva voz todo lo que siento por ti.

Naturalmente, continúo haciendo nuevas amistades. En el campamento hay gente de todas clases, aunque todo unidos por una ilusión común. Hay un muchacho que tiene en Rusia un hermano de doce años, que en 1937 fue llevado allí en una de las expediciones que organizaron los «rojos» de Asturias. Es el que más prisa tiene en salir para el frente... Otro individuo, que se hace llamar Difícil, me ha dicho que durante la guerra cono-ció, en Madrid, a Miguel Rosselló, cuando éste se dedicaba a espionaje. Si ves a Miguel, cuéntaselo. Es un tipo raro, que tiene la manía de llevar en el bolsillo una pelota de ping-pong y de juguetear con ella.

Nuestra moral es muy alta, gracias al ejemplo de los jefes y a la personalidad humana del general Muñoz Grandes. Además, los alemanes se desviven con nosotros. Hemos hecho una excur-sión a Nuremberg, otra a Hof y uno de estos días nos llevarán a Bayreuth, donde se organizan los grandes festivales wagne-rianos.

Toda esta región es muy hermosa y la organización, modélica. Basta ver esto para comprender la admirable eficacia del Ejército alemán. Para darte algún ejemplo te diré que nos han entregado unas lonas impermeables, individuales, pero calculadas de tal forma que uniendo cuatro de ellas puede formarse una tienda de campaña. También nos han regalado un acordeón para cada Compañía. Con frecuencia vienen a visitarnos niños de las Juventudes Hitlerianas —¡cuánto me acuerdo, al verlos, de nuestros Campamentos de Verano!— que lanzan al espacio cometas adornadas con banderines españoles. En todas partes las bandas de música tocan nuestros himnos. Pero la verdad es que lo hacen tan mal que nos da risa...

Etcétera.

En la última de las cartas Mateo le contó a Pilar que había celebrado con gran solemnidad la ceremonia de jurar fidelidad al Führer *mientras durara la guerra.* Y que el Alto Mando había dispuesto que llevaran todos el uniforme de guerra alemán, aunque con un escudo en el brazo derecho representando la bandera española y exhibiendo, en el pecho, las medallas ganadas en la guerra civil.

Ser admitidos en el seno del Ejército alemán nos ha producido a todos mucho orgullo, lo mismo que escuchar las alocuciones de los jefes españoles y alemanes y que desfilar luego delante de ellos.

Todavía no he recibido ninguna carta tuya. ¿Es que no piensas escribirme? ¿Será posible, Pilar, que me tengas sin noticias? Todos los demás camaradas han recibido ya carta de España. Tu silencio me causa una gran tristeza, igual que el silencio de mi padre.

Es posible que ahora tarde un poco más en escribirte. Corren rumores de que pronto saldremos para el frente. Adiós, Pilar, tocan a rancho. Mis muchachos han formado ya. ¡Arriba España!

MATEO

* * *

Pilar había ido recibiendo todas estas cartas con lágrimas en los ojos. Las había leído con avidez, en compañía de don

Emilio Santos, y luego, arrugando el papel, las había tirado.

La muchacha estaba bien. Por fortuna, el doctor Morell le había dado la casi seguridad de que el trauma no habría afectado a su embarazo. Pero se mantenía firme en su postura. No se arrepentía de ella. Continuaba creyendo que la marcha de Mateo había sido «una canallada», dijese lo que dijese ese tal Olano que abandonó a su hijo de cinco meses.

Por supuesto, Pilar y don Emilio Santos fueros los únicos que conectaron la Radio —Radio Berlín— para oír las alocuciones de los miembros de la División Azul. *Amanecer* precisó el día y la hora. Quien primero habló fue efectivamente Núñez Maza: un canto patriótico sin ninguna idea nueva, excepto la noticia de que en el sector de Smolensko había sido hecho prisionero el hijo primogénito de Stalin, Jacobo Dzugasvili. Otro día hablaron los aviadores que se habían incorporado al campamento. A partir de ahí, una voz anónima fue dando a diario noticias de muchos camaradas, destinados a la familia. «De parte del divisionario Benito Tejada, para sus padres y hermanos.» «El camarada Crispín Gutiérrez informa a su familia de que se encuentra en perfecto estado y con mucho ánimo.» Un poco como el *Disco dedicado* que había popularizado en Gerona el director de la Emisora.

Pilar esperaba, pese a todo, oír un día la voz de Mateo. Pero no la oyó. Únicamente el 15 de agosto Radio Berlín dijo: «De parte del alférez Mateo Santos, un abrazo muy fuerte para su esposa, Pilar, y otro para su padre, don Emilio Santos.»

Aquella noche Pilar lloró más que nunca. Parecióle que la voz anónima le llegaba del confín del mundo. Tampoco aquel saludo oral, que por suerte se oyó con nitidez, consiguió que la muchacha perdonara a Mateo. Ahora bien, la decidió, por fin, a escribirle unas líneas... Unas cuantas líneas sólo para decirle que «no había novedad». *Amanecer* había publicado las debidas instrucciones para cursar las cartas: era preciso poner el nombre y apellido, y a continuación, escuetamente: DIVISIÓN ESPAÑOLA, ALEMANIA. Matías fue encargado de echar la carta a Correos.

Don Emilio Santos escribió también a su hijo, aunque a escondidas, sin confesárselo ni a Pilar ni a nadie. Y es que ni Matías, ni Carmen Elgazu, ni Ignacio, querían oír el nombre de Mateo. Todos se limitaban a devorar, cada cual por su cuenta, todas las noticias que aparecían en los periódicos relativas a la División.

Con todo, a fines de agosto Pilar se decidió a confeccionar un jersey para Mateo... en previsión del «invierno ruso», del que la Prensa empezaba a hablar. La muchacha confeccionaba simultáneamente ropita para el bebé y semejante dualidad le producía honda congoja.

Sus visitas al piso de la Rambla eran ahora mucho más frecuentes. A no ser porque esperaba un hijo, a veces le hubiera parecido que nada había ocurrido en su vida, que continuaba soltera. Y era curioso que la distrajeran tanto las continuas visitas que le hacía el pequeño Manuel. Manuel Alvear, con su aire siempre atento, siempre servicial, y en cuyo Atlas había marcado con un ruedo rojo el nombre de Grafenhwor, le recordaba en cierto modo a César. Pilar acabó creyendo que el chico era para ella como una sombra protectora, que la libraría de algún mal irremediable. A veces Manuel le traía algún recorte de *La Vanguardia*, de los corresponsales en Alemania. En uno de ellos, que impresionó mucho a Manuel, se decía que Radio Moscú había establecido una hora diaria de emisión llamada «Hora Cristiana», en la que se podían escuchar sermones, plegarias y cánticos religiosos. ¡Todo para que las gentes de las aldeas que hubiesen conservado la fe en Dios se decidieran también a luchar! «Es de suponer —añadía el corresponsal— que en la Plaza Roja de la capital soviética habrán tapiado la lápida que decía: *La religión es el opio del pueblo*.»

Pilar en esa ocasión tuvo un exabrupto y le dijo a Manuel:

—¿Y a mí qué me importa todo eso? Lo que yo querría es que Mateo regresara.

*　*　*

¡Ah, menos mal que Pilar ignoraba las condiciones en que se desenvolvía la División Española! Porque, en efecto, llegó el día de marchar para el frente... ¡Santo Dios! Dicha marcha se efectuó más o menos cómodamente, en ferrocarril, hasta la frontera polaca, hasta Angustow Suwalki. Pero a partir de ahí, ¡por espacio de casi mil quilómetros!, fue realizada a pie. Ése fue el gran asombro de todos los divisionarios. Todos habían creído que la División sería motorizada y que dispondría del material más moderno para ello. Nada de eso. Por causas desconocidas, la División fue hipomóvil. Les fueron asignados muchos caballos y gran número de cabezas de ganado para la

Artillería y las columnas de Transporte, cuyo mantenimiento y cuidado les causaba mucho trastorno, pues hubieran hecho falta gran cantidad de veterinarios y disponían de muy pocos. Hasta el extremo que Alfonso Estrada llegó a pensar: «Ojalá hubiera estudiado yo veterinaria, como mi padre, en vez de Filosofía y Letras.»

Mateo, al igual que Rogelio y todos los demás, aguantó firme la marcha. Todavía le duraba la destreza adquirida durante la campaña española. El paso de los divisionarios por los pueblos de Polonia fue recibido con entusiasmo por los sacerdotes católicos y por la población en general; en cambio, en Lituania, cruzaron zonas de ambiente triste, miserable, un tanto hostil, debido a las represalias de que habían sido objeto, por parte de los soldados alemanes, las comunidades judías que allí había, muchos de cuyos miembros habían sido tatuados en la espalda con una marca amarilla.

La División llegó a Rusia por el sector de Witebs. Mateo y Cacerola —iéste cocinero de la Sección!— al pisar suelo ruso primero escupieron en él y luego, unos metros más allá, se arrodillaron y lo besaron. Su curiosidad al ver los primeros rostros de los aldeanos rusos era ilimitada. En Witebs se terminó la caminata y de nuevo en ferrocarril subieron hacia el norte, hacia Shimks. Por fin llegaron al río Volchow y al oeste del lago Ilmen, donde relevaron a los soldados alemanes de guarnición, ilos cuales les pidieron que cantaran *Si a tu ventana llega una paloma*...! Los capitanes Arias y Sandoval supusieron que la incorporación española a aquel sector era indicio de que se preparaba la gran ofensiva para la conquista de Leningrado.

El temperamento alegre de los divisionarios produjo el mayor asombro entre la población rusa, así como su religiosidad. Este temperamento, y los acordeones, y el natural galante de los muchachos como Núñez Maza y como Cacerola, abrirían brechas profundas entre la juventud femenina de los pueblos cercanos, pese a las dificultades del idioma y a las terribles sanciones previstas en el código militar alemán en caso de contraer una enfermedad venérea.

En algunos de esos pueblos Mateo comprobó que la miseria era horrible. Ni la revolución de 1917, ni las bravatas de Cosme Vila, ni los planes quinquenales habían conseguido remediarlas. Muchos campesinos rusos no conocían la cama ni las sábanas. Dormían sobre paja. Por todas partes, restos de fotografías de Stalin, de Molotov y de Vorochilof. En algunas casas se veía algún icono y en todas «silbaba levemente el samovar». La gente de edad madura parecía resignada, como si estuviera acostumbrada a sufrir y no le diera importancia. Los niños miraban a los «invasores» como personas llegadas de otro planeta. Todo les llamaba la atención: las cantimploras, las bicicletas y, sobre todo, los gramófonos. Escuchar un gramófono era para ellos como un milagro. Se notaba a la legua que desconocían todo lo que no fuera Rusia. «¿Por qué los alemanes son rubios y vosotros bajitos, enjutos y tan habladores?», les preguntaban a través de los intérpretes. En los Manuales de Historia de las escuelas todo aparecía deformado y apenas si en ellos se hablaba de lo acaecido antes de 1917. En los hospitales abandonados a la llegada de las tropas alemanas, los libros de medicina eran muy primitivos.

Pronto Cacerola aprendió el modo de llamar a la puerta de las casas rusas. Llamaba con los nudillos y preguntaba:

—*Mosna?*

—*Da, da...* —le contestaban desde el interior.

Da, da significaba que podía entrar y sentarse junto al fuego. Cacerola entraba y se pasaba el rato allí, en silencio, pensando en Gracia Andújar, en la alemana Hilda... y en la más joven aldeana rusa que hubiera en la casa.

Lo primero que hicieron los divisionarios, cerca del lago Ilmen, además de llamar a las puertas con los nudillos y preguntar: *Mosna?*, fue cavar trincheras... y ponerles nombres de mujer.

¡Seguro que una de dichas trincheras se llamaría Pilar!

Rusia... ¡Qué raro misterio! Parecían confirmarse las suposiciones del doctor Andújar: el pueblo era simple; los dirigentes, complejos. Tan complejos, que algunos de ellos, por los altavoces y en un español asombrosamente correcto, invitaban a los divisionarios españoles a que se pasaran a sus filas.

—¡Habráse visto, so cabrones! —rugía Salazar.

A Mateo lo preocupaba un detalle: no veía aviación propia por ningún lado.

—¿Y si vienen a bombardearnos?

—¡Ah! Ese amigo tuyo, mosén Falcó, te echará la bendición...

CAPÍTULO LXI

EL GOBERNADOR CIVIL, camarada Dávila, pasó unas semanas como no se las hubiera deseado siquiera ni al hijo de Stalin, Jacobo Dzugasvili. Se dio cuenta de que sin Pablito y Cristina no podía vivir. Cuando llegaba la noche y se quedaba solo en casa, en el enorme caserón oficial, en vez de sentirse libre, como era el caso de Manolo, notaba que le faltaba el aire. A veces se pasaba un buen rato en el cuarto de Pablito, sentado en el sillón de éste, con una agobiante sensación de vacío. Luego se iba al cuarto de Cristina y seguía con la mirada los animalitos de trapo que la niña había alineado en un estante a lo largo de la pared. También la alcoba le parecía fría, pese al verano. Y cuando se decidía a llamar por teléfono a Santander, a María del Mar, lo hacía siempre desde la cama, porque le parecía más íntimo, utilizando el aparato que se había mandado instalar en la mesilla de noche.

El día 1 de septiembre decidió que la separación había durado ya bastante y emprendió viaje a su tierra, para recoger a los suyos. Pasaría antes por Madrid, para plantear en diversos Ministerios importantes asuntos que afectaban a la provincia, asuntos relacionados especialmente con Abastos y con la red de carreteras. El general le prestó un chófer del Parque Móvil, un muchacho de la provincia de Córdoba, respetuoso y callado, que había servido con los «rojos», por lo que llevaba movilizado desde el año 1936.

—Mucho cuartel, ¿verdad? —le preguntó el Gobernador.

—Sí, un poco —contestó el muchacho.

En Madrid, el Gobernador aprovechó bien el tiempo. Su ilusión hubiera sido pedirle audiencia al Caudillo para recabar de él su apoyo personal a las peticiones que llevaba en la cartera; pero el Caudillo se había ido a descansar a Galicia, al Pazo de Meirás, y a la sazón andaba de visita por el Norte, otorgando premios a familias numerosas —un matrimonio de Gijón tenía veinticinco hijos y recibió veinticinco mil pesetas— y a las mujeres que daban a luz trillizos.

Pero no importaba. En los Ministerios fue bien atendido,

especialmente en el de Trabajo, donde el titular, el falangista Juan Antonio Girón, recientemente nombrado, parecía dispuesto a dar un gran impulso a las cuestiones laborales y a los Seguros para los «productores». También en la Delegación Nacional de Sindicatos obtuvo la promesa formal de que el camarada Arjona, delegado en Gerona, recibiría el cese y sería sustituido por otro camarada más eficiente y enterado. «Antes de dos meses —le prometieron al Gobernador— tienes allí un Delegado tan activo que te arrepentirás de haber presentado tu queja.» El Gobernador sonrió y se tocó las gafas negras. Eso no lo asustaba. Lo que él quería era trabajar.

Terminadas las visitas oficiales, sostuvo una larga conversación con su hermano, el coronel de Caballería que fue a Gerona por Navidad. El coronel estaba de muy buen humor, y lo recibió con extrema cordialidad.

—Tienes que ir sin falta al Museo del Prado —le dijo, de buenas a primeras—. El Mariscal Pétain nos ha devuelto *La Inmaculada*, de Murillo, y la escultura *La Dama de Elche*. Allí están expuestas ambas obras. Son una maravilla. Y desde luego —añadió—, no puedes largarte a Santander sin ver la revista *Déjate querer*. Precisamente mañana celebran las cien representaciones. Las damitas que salen en el escenario no son de Elche... pero te juro que no importa.

El coronel le contó luego que el día en que Alemania declaró la guerra a Rusia y Serrano Suñer hizo aquel discurso gritando: «¡Rusia es culpable!», algunos falangistas se exaltaron de tal modo que se fueron a la embajada inglesa y tiraron piedras a las ventanas, rompiendo los cristales.

—Y ahora verás cómo son esos ingleses —prosiguió—. Los falangistas pedían a voz en grito: «¡Gibraltar! ¡Gibraltar!» Entonces salió un secretario de la Embajada y, sin inmutarse, les dijo: «Por aquí no es...» Y, chico, la manifestación se disolvió.

Fue una conversación substanciosa. El Gobernador, gracias a su hermano, se enteró de muchas cosas. No en vano Madrid era el ombligo de la nación. Pasaron revista a las leyes fundamentales del Estado, promulgadas unos meses antes, y las elogiaron sin reservas. «Están redactadas con mucha astucia.» Hablaron de la construcción del Valle de los Caídos, que costaría un dineral. «Parece que van a parar allí todas las multas que impone la Fiscalía de Tasas.» Hablaron de la encarnizada campaña de los carlistas contra Falange y del poder que ostentaba el ministro Serrano Suñer, cuñado de Franco.

«¿Te has enterado de la canción que corre por ahí? Pues agárrate: Dice así:

> Tres cosas hay en España
> que no aprueba mi conciencia:
> El subsidio, la Falange
> y el cuñado de su Excelencia.

El coronel le confirmó luego al Gobernador que uno de los objetivos más concretos y esperanzadores del Caudillo era dotar al país de una red de pantanos. «Esto va a ser una realidad. Se ha empezado ya la construcción de varias presas. Confiemos en que ningún Von Filken meta baza en el asunto.» «¿Von Filken?», preguntó el Gobernador. «Sí, hombre. El alemán ese de la gasolina sintética.»

La velada fue agradabilísima. Se prolongó hasta muy entrada la noche. Y al día siguiente, el Gobernador, que durmió hasta la hora de almorzar, soñando con que algunos de esos pantanos sería construido en la provincia de Gerona, emprendió el viaje a Santander, renunciando por partida doble al Museo del Prado y a la revista *Déjate querer*.

En Santander abrazó a María del Mar, a Pablito y a Cristina con toda la fuerza de que fue capaz. Los encontró cambiados y sumamente alegres.

—¡La separación os ha sentado estupendamente!

—No digas eso... Hemos veraneado, nada más.

El Gobernador movió la cabeza. Por lo menos en lo que se refería a su mujer, María del Mar, era evidente que en Santander se encontraba en su elemento, mejor que en Gerona. Con su familia, con las costumbres, con el paisaje. «Sí, no puedo negar que esto me tira.»

También le ocurría eso al Gobernador, pero sabía disimularlo. En compañía de Pablito recorrió la zona siniestrada en febrero y comprobó que la reconstrucción se había iniciado con buen ritmo. Habían afluido donativos de toda España y el Gobierno había ayudado mucho. Luego se fue al campo a saludar a sus dos otros hermanos, los que cuidaban del patrimonio familiar, el patrimonio Dávila. Se dio cuenta de que el menor de ellos, Mario Dávila, eludía el tema político. No hacía más que hablar de vacas, de terneras, de pastos y de las tierras de labranza. «A Mario le ocurre algo —pensó el Gobernador—. Estará decepcionado.» Pero no estimó oportuno empezar con discusiones.

Permaneció en Santander día y medio y emprendió con la familia el regreso a Gerona. Pablito estuvo muy hablador durante el viaje. En aquellas semanas, era cierto, se había divertido de lo lindo. Se había bañado y había visitado una y mil veces los barrios en que transcurrió su infancia. Y había hecho excursiones por la provincia con sus primos hermanos y con antiguos condiscípulos. No estaba seguro de que le tirase mucho Santander. Había en Cataluña algo que lo atraía irresistiblemente. Algo que no sabía lo que era y que Manolo había definido como «el espíritu emprendedor». «Pero ¿qué es lo que quiero yo emprender? —había objetado Pablito—. Lo que yo quiero es estudiar y llegar a ser Cervantes o Aristóteles.» «Pues no sé, chico —le había dicho Manolo—. Será que te atrae el catalán, ahora que ya empiezas a entenderlo.»

Contrariamente a lo mucho que charló Pablito en el camino, el conductor cedido por el general, muchacho que mientras estaba al volante iba masticando briznas de hierba, no pronunció por cuenta propia más que una frase en todo el trayecto, y fue con ocasión de ver en un árbol de la carretera un cartel de toros anunciando a los espadas Domingo Ortega, Pepe Bienvenida y José Luis Vázquez. «El único torero de verdad que tenemos en España, hoy por hoy, es Manolete», sentenció. «Claro —comentó Pablito—. Como que es cordobés, como usted...»

Llegados a Gerona, todo el mundo encontró rejuvenecida a María del Mar. «Pero ¡si te has quitado diez años de encima! ¡Estás preciosa!» Ella contestaba, halagada: «Los aires de mi tierra...»

Pablito se sintió un tanto desplazado, pues faltaban todavía tres semanas para reanudar las clases, clases en las que Agustín Lago quería introducir profundas modificaciones. Pablito llevaba consigo tanta energía acumulada que volvió a perseguir a Gracia Andújar; pero ésta había dado tal estirón, se había hecho tan mujer —por algo era ya «madrina de guerra»—, que el chico, sin necesidad de consejos ni de que lo llamaran otra vez «mocoso», se retiró por el foro y se dedicó a conocer Gerona tanto como conocía Santander. Y puesto que su amigo Félix Reyes, al que llamaba «pintor avanzado», se encontraba en el Campamento de Tossa de Mar, recibiendo de los hermanos Costa «paquetes de embutidos» y otras chucherías, se asesoró con mosén Alberto, docto en la materia. Mosén Alberto lo obsequió con varias monografías referidas a la ciudad y alrededores —aquellas que Ignacio consultó por Semana Santa, en espera de la visita de Ana María— y le contó anécdotas sobre los famosos *Sitios* de la ciudad, cuando la guerra de la Independencia. Pablito correspondió a mosén Alberto visitándolo varias veces en el Museo Diocesano, que continuaba enriqueciéndose, y tocando allí mismo la armónica, sobre todo melodías montañesas, que bajo aquellas bóvedas adquirían una resonancia especial. Manuel Alvear, el pequeño y celoso guardián de aquellos tesoros que el sacerdote iba recuperando, habitualmente rehuía, por timidez, la presencia del hijo del Gobernador; pero cuando le oía tocar la armónica se ocultaba tras una pared, lo más cerca posible, y lo escuchaba con delectación.

En cuanto a Cristina, se fue al Campamento de Aiguafreda, Campamento *División Azul*, aprovechando que éste no se cerraría hasta el primero de octubre y que aquellos días de septiembre eran menos desapacibles de lo que Adela había profetizado al hablar con Marcos. El Mediterráneo, mucho más sosegado y azul que el Cantábrico, encandiló a la muchacha. «Aquí me atrevo a bañarme —dijo—. Allá, muchos días me daba miedo, no sé por qué.» Marta proyectó su atención sobre Cristina y llegó a la conclusión de que la niña era menos superficial y engreída de lo que parecía a primera vista. «No es Pablito —afirmó—. Pero tiene su mundo.» Por ejemplo, a Cristina la encantaban los peces y las mariposas. «En realidad —comentó la chica, con ocasión de una visita a las ruinas de Ampurias, donde se quedó pasmada ante la perfección de las figuras de los mosaicos romanos—, los peces cuando nadan parece que vuelan y las mariposas cuando vuelan parece que nadan.» La frase gustó tanto a Marta —tal vez porque Ignacio hubiera podido decirla—, que la repitió a todas las niñas del Campamento, cuando éstas se reunieron para izar las banderas.

¿Y el Gobernador? El Gobernador se encontró con problemas más graves que los que acapararon el ánimo de sus hijos. Su ausencia había durado diez días. Miguel Rosselló exclamó: «¡Gracias a Dios que estás de vuelta!» El Gobernador había dejado la provincia prácticamente en manos de Miguel Rosselló y del notario Noguer. Pero éste quería estar tranquilo, como el mar Mediterráneo. De modo que rubricó por su cuenta: «Si tarda usted una semana más, esto se va a freír espárragos. Y perdón por la frasecita.»

¿Qué había ocurrido? Nada de particular. Lo de siempre: actividad de los desaprensivos. Por algo el Ministerio de Hacienda acababa de anunciar que en el segundo trimestre de 1941 la Guardia Civil había efectuado en España 9 289 servicios que afectaban a contrabando y defraudación.

El comisario Diéguez le puso al corriente al Gobernador de las últimas sutilezas de los desaprensivos gerundenses: pasaban a domicilio individuos que recababan donativos para la División Azul... Algunos médicos recetaban cantidades enormes de azúcar y de jabón para «los niños enfermos», abusando de una cláusula de la Delegación de Abastos en la que se concedía a éstos primacía. Y dos especialistas «otorrinos», recién llegados a la ciudad, habían encontrado el medio de vaciar los bolsillos de sus clientes: quitarles las amígdalas. Apenas una persona abría ante ellos la boca, tales especialistas ponían cara de susto y exclamaban: «¡Qué espanto! Hay que quitar estas amígdalas en seguida. Mañana mismo, a las nueve, le espero a usted.» Y al día siguiente, ¡fuera!, extirpación. Y factura al canto.

El Gobernador mascó un caramelo de eucalipto, como siempre que dialogaba con el comisario Diéguez.

—Mi querido comisario —dijo—, todo esto está muy feo. Y por supuesto, puedo cortar por lo sano lo de los donativos para la División Azul e incluso puedo hablarle al doctor Chaos de esas recetas de azúcar y de jabón para los niños. Ahora bien, ¿cómo voy a impedir que los otorrinos quiten las amígdalas? Precisamente me paso la vida hablando de extirpar, donde sea, los focos de infección... Aparte de que a mi mujer, en Santander, un médico amigo le ha aconsejado que se las quite...

El Gobernador recuperó su sillón de mando y tomó varias disposiciones. La primera, celebración de solemnes funerales por el alma de Bruno Mussolini, el hijo del Duce muerto en accidente cerca de Pisa. Gracia Andújar comentó: «¿Y Tagore? ¿Por qué no celebramos también funerales por el alma de Tagore?» La segunda disposición consistió en ordenar que fueran tiradas en ciclostyl, y repartidas entre la población, copias de dos patrióticas cartas que había recibido del frente ruso, firmadas por los capitanes Arias y Sandoval. La tercera, cursar una invitación oficial al campeón de ajedrez Manuel de

Agustín, para que diera, en el Casino, una sesión de simultáneas a ciegas. «¡Simultáneas a ciegas! ¡Diez tableros! Hay que ver de lo que es capaz el cerebro de un hombre.» A continuación, mandó referencia a *Amanecer*, de las dos últimas pruebas de amistad que Hitler había dado a España: el envío de una carta autógrafa a un comerciante sevillano que se la había solicitado y la entrega de un retrato suyo al Ayuntamiento de Sabadell, que también lo había pedido.

Con todo, lo más importante que hizo el Gobernador a su regreso fue pedirle una audiencia privada al general. Tenía varios motivos para ello. Ponerle al corriente de las novedades que se traía de Madrid. Preguntarle su opinión sobre la marcha de la guerra. Y, sobre todo, consultarle un delicado asunto que afectaba a su labor gubernativa en Gerona y sobre el que no se atrevía a tomar por cuenta propia ninguna determinación.

El general Sánchez Bravo recibió a su ilustre visitante con suma cordialidad.

—Siéntese, por favor... Ya sabe cuánto me gusta cambiar de vez en cuando impresiones con usted. ¿Quiere tomar algo?

—Pues... sí. Coñac, si lo tiene usted a mano.

—¡Claro que sí!

El general pulsó el timbre y apareció Nebulosa.

—Tráete una botella de González Byass. Si no has vaciado las reservas, claro está...

Nebulosa se ruborizó y abandonó la estancia, regresando en seguida con la botella y dos copas.

La entrevista fue larga. El general discrepaba de muchos de los *slogans* con que el Gobernador martilleaba a los ciudadanos, pero personalmente sentía por él una gran estima. Lo sabía íntegro, y ello le bastaba. Tal vez fuese excesivamente teórico, pero esto les ocurría a todos los paisanos... «Comprendo —solía decir el general— que no se puede obligar a todo el mundo a pasar por la Academia de Zaragoza. Pero un baño de disciplina castrense no les vendría mal a todos los españoles. ¡Sí, ya sé que existe el servicio militar! Pero suele durar poco y la mayoría de los muchachos se lo toman a guasa y no hacen sino esperar la licencia.»

El coloquio se desarrolló según el orden previsto. Empezaron hablando de Madrid, de las impresiones recogidas por el Gobernador en su viaje. La anécdota del diplomático inglés sobre Gibraltar —«por aquí no es...»— no le hizo ninguna gracia al general; en cambio, el hombre se rió a mandíbula batiente con la cuarteta —que se atribuía a los carlistas— alusiva a Serrano Suñer. Y también le gustó que en los Ministerios lo atendieran solícitamente.

—Eso significa que empieza a haber disciplina... Porque, antes, en verano, en los Ministerios no quedaba nadie.

El Gobernador le notificó también la inminente sustitución del Delegado Provincial de Sindicatos y los elogios que había oído respecto al Ministro de Trabajo, Juan Antonio Girón. El general se encogió de hombros. Era evidente que todo cuanto pudiera hacer el Sindicato, por vertical que fuese, le tenía sin cuidado. Referente al Ministro de Trabajo, al que sólo conocía por las fotografías de los periódicos, preguntó:

—¿Está usted seguro de que es un hombre competente?

—Seguro, mi general...

—Me alegra oírle decir eso...

El segundo tema tratado fue el de la guerra. Ahí el general se despachó a gusto y satisfizo cumplidamente los deseos del Gobernador de conocer su criterio.

Por supuesto, el general Sánchez Bravo se mostró completamente de acuerdo con la tesis sostenida por el Caudillo en su discurso del 18 de julio —el discurso registrado por Cosme Vila y sus camaradas— según el cual «los aliados estaban vencidos».

—No tienen nada que hacer —afirmó el general, con una contundencia que impresionó al Gobernador—. La máquina alemana es implacable. Stalin lo sabe y por eso reclama que los ingleses abran un segundo frente en Noruega, en Francia... o en las Islas Canarias. Pero ¿qué puede hacer el viejo Churchill? Aguantar nada más. Pedirles a las amas de casa inglesas que entreguen toda la cacharrería que tengan, para construir aviones, y hasta arrancar las verjas de las casas. E intensificar los bombardeos. Pero nada de eso impedirá el avance hacia Leningrado por el norte, hacia Moscú por el centro y hacia Odesa por el sur. Los partes de guerra cantan, ¿no es verdad, mi querido amigo Gobernador? Hitler se prepara para el asalto a la capital soviética —aquel día me emborracho yo, se lo juro, imitando a mi hijo una vez en la vida...— y por el Sur ha llegado ya a Nicolaief. Por cierto: ¿ha visto usted el último número de la revista *Signal*?

El Gobernador negó con la cabeza.

—Lo tengo en el despacho, pero no lo he hojeado todavía...

—Pues véalo usted cuanto antes. En Nicolaief los generales soviéticos han lanzado al combate incluso a los dementes, a los locos. Y a muchachos de quince y dieciséis años. ¿Sabe usted lo que eso demuestra? Pues muy sencillo. Que se encuentran en la misma situación que los rojos aquí, cuando la batalla del Ebro...

El Gobernador preguntó:

—¿Qué importancia le da usted a la reunión que han celebrado Roosevelt y Churchill en el Atlántico, a bordo de ese misterioso crucero norteamericano?

El general siguió mostrándose contundente.

—Con vistas al resultado final, ninguna. Pretenden extender más aún el área de la guerra, eso es todo. Por eso Inglaterra ha ocupado Abisinia, en África; el Irán, en el Próximo Oriente, y por eso se oponen a la petición japonesa de establecer bases en Indochina. Pero repito que se trata de simples maniobras de dispersión, que ya en nada pueden influir.

El Gobernador insistió:

—¿Y el «general invierno»? ¿No puede ser una dificultad? La Sección Femenina ha empezado a confeccionar abrigos para los voluntarios de la División Azul...

El Gobernador militar de Gerona hizo un nuevo gesto negativo.

—No creo que sean necesarios. La conquista de Moscú se está perfilando y ello será un golpe definitivo. Tan definitivo, que Stalin deberá rendirse y marcharse a Siberia, en compañía de La Pasionaria y *adláteres*.

Al general le gustaba de vez en cuando decir *adláteres*, no sabía por qué. También le gustaba decir *tutti contenti*.

Llegados ahí, el Gobernador se sirvió un poco más de coñac y abordó el último tema, el que afectaba directamente a su labor al frente de la provincia.

—¿Me permite, mi general, que le haga una consulta? Mejor dicho, ¿que le pida un consejo?

—No faltaría más...

—Muchas gracias... —El Gobernador, contra su costumbre, se arrellanó en el sillón—. Usted sabe que tenemos en Gerona a ese tal Mr. Collins, el cónsul inglés. Hay que reconocer que, aparte de sus sonrisitas, se comporta correctamente. El coronel Triguero —y me permitirá usted que toque madera al pronunciar este nombre— me asegura que Mr. Collins hasta ahora se ha ocupado exclusivamente en atender a los refugiados de su país, o del Canadá, que llegan heridos, o sin dinero, o faltos de documentación. O sea, que se ha limitado a lo que atañe a su cargo. Pues bien, tengo la impresión de que no podría decir lo mismo del cónsul alemán, Paul Günther, y de los agentes alemanes que se hospedan aquí, en el mismo hotel que Mr. Collins. En otras palabras, le diré que el comisario Diéguez ha llegado a la conclusión de que en su mayoría son agentes de la Gestapo y que pretenden sonsacarles, a dichos refugiados extranjeros, datos que puedan ser de interés para la política alemana.

El general irguió el busto, como el doctor Gregorio Lascasas cuando oía hablar de Lutero o de los enciclopedistas.

—¿Está usted seguro de lo que dice?

El Gobernador paladeó con lentitud su segunda ración de González Byass.

—Me temo que sí... Y la verdad es que no sé si debemos darles facilidades... o lo contrario. —Marcó una breve pausa—. Eso es lo que he querido consultarle a usted.

El general reflexionó. Estaba muy lejos, en ese instante, de decir *tutti contenti*. Por fin sentenció:

—Nada de facilidades... Opóngase usted a esta intromisión. La actuación del Caudillo en Hendaya nos dio la pauta: España ha de conservar su independencia. ¡Brrr...! —El general se levantó y dio unos pasos por la habitación—. Una cosa es enviar a Rusia una división de voluntarios y otra cosa permitir que en nuestro territorio uno de los países beligerantes, aunque sea amigo, se dedique al espionaje.

El Gobernador se mordió el labio inferior.

—¿No cree usted, mi general, que podríamos encontrar la manera de ayudar a dichos agentes alemanes... sin que la cosa trascendiese?

El general se plantó delante de su interlocutor.

—¡De ningún modo! Sería demasiado expuesto... Mr. Collins es inglés, y si algo tienen los ingleses es olfato... —La actitud del general era rígida—. Es de todo punto necesario evitar que ese hombre pueda presentarle a su Gobierno una queja justificada en contra nuestra.

El Gobernador se quedó meditabundo. Comprendió las razones del general. España tenía sus compromisos con Inglaterra, entre los que no era el menor una deuda de varios millones de libras esterlinas... Marcó una pausa y por fin dijo:

—De acuerdo, mi general. Procuraré zanjar el asunto... No va a ser fácil, pero lo procuraré.

El general lo miró con fijeza.

—Es una orden —le dijo.

El resto de la conversación fue intrascendente. El Gobernador, sabiendo que la pregunta halagaría al general, le preguntó cuándo se pondría la primera piedra de los nuevos cuarteles, tan necesarios.

—Muy pronto... —contestó el general—. El día uno de octubre. Hemos tenido suerte de que la viuda de don Pedro Oriol nos haya regalado unos solares espléndidos, al lado de la estación de Olot. Y la empresa Emer, con la que he firmado ya el contrato, nos ha puesto un precio razonable. —El general añadió—: Desde luego, hay que reconocer que en Cataluña existen también buenos patriotas...

En aquel momento abrió la puerta, sin llamar antes, el capitán Sánchez Bravo. Por lo visto se había escapado de la vigilancia de Nebulosa. Al ver al Gobernador se detuvo en el umbral y dijo:

—¡Oh, perdonen ustedes! No sabía que estuvieran aquí...

El general, cambiando de expresión, miró a su hijo con indisimulable cariño. ¡Estaba ahora tan contento con él!

—Pasa, hijo... El Gobernador y yo hemos hablado ya de todo cuanto teníamos que hablar.

El capitán Sánchez Bravo, que llegaba de la Barbería Dámaso, sonrió y entró en el despacho, cerrando luego la puerta tras sí.

—¿Qué tal por Santander, Gobernador? —preguntó, en tono cordial.

El Gobernador adoptó frente al capitán una actitud reservada, que no le pasó inadvertida al general.

—¡Bien! Aquello ha empezado a resurgir... —Seguidamente añadió, en tono irónico—: Precisamente el general me estaba diciendo ahora que también las empresas constructoras de aquí se muestran activas... y razonables.

El capitán Sánchez Bravo no se inmutó. Miró la botella de coñac. Le faltaba la copa correspondiente para poder utilizarla.

—Efectivamente... —dijo, al cabo—. Ayer estuve visitando las obras de la nueva cárcel, en Salt. Están casi terminadas. Quedará muy bien. Muy confortable.

El Gobernador, que se había levantado, parecía dispuesto

a marcharse. No obstante, viendo que el capitán llevaba en la mano un ejemplar de *El Mundo Deportivo*, le preguntó, en tono tan irónico como el de antes:

—¿Qué tal se presenta la nueva temporada de fútbol, capitán?

—¡Oh, excelente! —contestó el hijo del general—. El Barcelona nos ofrece tres de sus jugadores reservas a cambio de Pachín...

El general miró a su hijo con expresión ridícula.

—¿Quién es ese Pachín? —preguntó.

El capitán sonrió.

—¿Es posible que no lo sepas, papá? Pachín... Nuestro delantero centro... Licenciado hace un mes, por más señas.

El general barbotó:

—Ese fútbol...

El Gobernador, que había ido acercándose a la puerta, decidió por fin despedirse.

—Mi general —dijo—, le ruego que me ponga a los pies de su esposa. ¡La recordamos mucho! —El general inclinó la cabeza—. Capitán, mucha suerte... —El capitán Sánchez Bravo, sin dejar de sonreír, inclinó la cabeza a su vez.

En cuanto el Gobernador hubo salido, el general se volvió hacia su hijo y le preguntó:

—¿Qué mosca os ha picado a los dos? Parecíais perro y gato...

El capitán se dirigió hacia la botella de coñac.

—Nada, papá. Nos gusta bromear.

CAPÍTULO LXII

LLEGÓ EL OTOÑO A PASO DE TORTUGA. El verano se resistía a morir. Todavía los rayos del sol doraban las fachadas, pero a la noche refrescaba y, según el general, experto en la materia, numerosas estrellas se eclipsarían para no reaparecer ya hasta la primavera.

Fue un final de septiembre ventoso. Los hilos telegráficos silbaban; *Goering*, el perro del doctor Chaos, estaba nervioso; los árboles en el bosque se encrespaban como pidiendo el milagro de la lluvia que haría brotar setas, algunas de ellas, venenosas. Desaparecieron los carritos de helados. Las farmacias anunciaron toda suerte de remedios contra el catarro, y el aprensivo Marcos compró en una de ellas tres cajitas de pastillas del doctor Andreu, con el pretexto de que dejaban buen sabor de boca. En *Amanecer* volvieron a publicarse los anuncios de los sucedáneos del carbón. Los maniquís en los escaparates de confección se pusieron abrigos y bufandas. La Andaluza comentó: «La cuesta de octubre es mala. Luego, con las Ferias —si no hay inundación—, la cosa vuelve a animarse.»

Todo el mundo regresó a Gerona, a imitación del Gobernador y familia. Adela fue la primera. Sola en el piso, de pronto estiraba los brazos como desperezándose, ahíta de felicidad, frente a una fotografía de Playa de Aro. Su instinto tenía memoria.

Manolo, tal como estaba previsto, fue a Jerez de la Frontera, pasó allí tres días justos y regresó con los chicos, con Esther... y con la madre de ésta. La madre de Esther, familiarmente conocida por Katy, se empeñó en ir a Gerona. «Puedo quedarme con vosotros hasta Navidad. Aunque si os molesto, me echáis...» A Manolo, que no se llevaba muy bien con su elegante suegra, porque era muy entremetida y de talante pesimista —Manolo decía de ella que lo que más le gustaba eran los funerales—, le pareció que Navidad estaba al final de los tiempos... Pero sonrió y dijo: «¡No faltaría más!»

Ignacio conoció a la madre de Esther. Y le dijo a Manolo:

—Mi querido jefe, creo que tus escapaditas nocturnas se han terminado, hasta nueva orden...

—¡Oh, desde luego! —exclamó Manolo, acariciándose la barbita.

El doctor Chaos regresó también. Este año no se había ido a ningún hotel de la Costa Brava. Se fue a las Islas Baleares, llevando incrustado en la mente el consejo que le diera el doctor Andújar: «Intenta con otro tipo de mujer distinta a Solita, más joven y de formas más suaves.» El doctor Chaos hizo todo lo contrario: claudicó. Se lió, en Palma de Mallorca, con un marino de veinte años, que le aceptó incluso dinero. De ahí que su vuelta a Gerona llevara el signo del bochorno personal. Porque además se había dado cuenta de que un cambio se había producido en él, de que ya no cedía impunemente a su anormalidad. Se había quedado en tierra de nadie. Por suerte, en Gerona se encontró con que la Clínica rebosaba de enfermos y el trabajó le ocupó muchas horas. Aunque en el quirófano, sin Solita —¿qué estaría haciendo ésta en Rusia?—, se sentía desamparado.

El doctor Andújar lo llamó e insistió:

—Debes procurar curarte. ¡Hazme caso! ¡Prueba con otra mujer!

Nada que hacer. A los pocos días el doctor Chaos encontró en Gerona a su nuevo efebo: un soldado del mismo pueblo que Nebulosa, al que sus compañeros llamaban «la Rosarito».

«La Voz de Alerta» y Carlota regresaron dos día más tarde que el doctor Chaos. Regresaron de Puigcerdá tostados por el sol de la montaña y, apenas reinstalados en la casa, Carlota le planteó a su marido el problema de la esterilidad. «La Voz de Alerta» no tuvo más remedio que someterse a una minuciosa exploración en la consulta del doctor Morell, quien diagnosticó que el alcalde necesitaba de una ligera intervención quirúrgica.

—¿Está usted seguro, doctor?

—Completamente.

—¿Y quién puede encargarse de eso?

—El doctor Chaos.

¡Por los clavos de Cristo! «La Voz de Alerta» se negó en redondo.

—De ningún modo. Iré a Barcelona...

Carlota lo miró comprensiva.

—De acuerdo, cariño. Donde tú quieras. Pero que sea pronto...

Días después regresó Agustín Lago.

Agustín Lago, aparte de unos días de descanso en Altea, donde se dedicó a respirar aire puro y a leer a García Morente, lo que le fue muy provechoso, decidió recorrer el Sur, Andalucía: Granada, Jaén, Sevilla y, por descontado, el litoral, desde Almería hasta Huelva. Huelva lo acongojó, especialmente por las condiciones en que trabajaban los mineros de Riotinto y porque le dijeron que por allí había leprosos. ¡Leprosos en España! Pero lo que más le impresionó fue la desértica tierra almeriense. Pensó que Almería era un pedazo de África que, en alguna noche de pesadilla geológica, se desgajó de aquel continente, Dios sabría por qué.

Al regreso se detuvo en Barcelona a instancias de Carlos Godó. ¡Qué inteligente hombre! Afirmaba que en los años próximos la arquitectura sufriría un cambio profundo, bajo la presión del crecimiento demográfico —las guerras terminaban un día u otro— y de la necesidad de emplear material más barato. También afirmaba que Agustín Lago vivía en Gerona demasiado solo... y que por esta razón, además del deber apostólico y del deber profesional, le urgía atraerse allí algún amigo para el Opus Dei. «Hemos de ensanchar nuestro campo, Agustín. Y nuestra vida personal es corta...»

Agustín Lago llegó a Gerona con esta idea en la cabeza ¡Atraerse a un amigo para la *Obra*! A lo primero pensó en Alfonso Estrada, presidente de las Congregaciones Marianas; pero Alfonso Estrada se había ido lejos, a Rusia... ¿A quién podría dirigirse, pues? Evocó unos cuantos nombres: el ex alférez Montero, Miguel Rosselló, Mijares, Ignacio Alvear... ¡Ah, cuán difícil era abrir brecha! El Opus Dei exigía mucho y daba poco. Era una suerte de compromiso directo entre el alma, la persona y Dios.

Ignacio había llamado la atención de Agustín desde el primer momento. Pero, entre todos, parecióle el más inabordable. ¡Bueno, tal circunstancia no lo amilanó! Todo lo contrario. Era una suerte de reto... estimulante. Y la Gracia estaba ahí, esperando. ¡Si consiguiera captar al muchacho! Sería el tipo idóneo para iniciar la cadena.

Agustín Lago decidió: «El Señor, cuando lo considere oportuno, me indicará el modo de llamar a su puerta.»

Decidió eso, por cuanto de momento le había salido al paso una íntima dificultad: la sirvienta de la pensión, que se había dado cuenta de que Agustín se estremecía al verla y que, muy coqueta, le preguntaba a diario: «¿Le he hecho bien la cama al señorito?»

Latigazo de la carne. Lección de humildad. Agustín Lago se sumergió en la meditación de *Camino*, donde pudo leer: «Por defender su pureza, San Francisco de Asís se revolcó en la nieve, San Benito se arrojó a un zarzal, San Bernardo se zambulló en un estanque helado... Tú ¿qué has hecho?» El pensamiento lo consoló sólo a medias, pues en Gerona no había nieve ni estanque helado, y por su parte él no se sentía con ánimo para arrojarse a un zarzal...

¿Y el próximo curso escolar? ¿Y los maestros? ¡Ay, también ese asunto presentaba mal cariz! De Madrid seguían diciéndole: «Paciencia, Inspector, paciencia. ¿No comprende que España ha estado abandonada durante siglos?»

Tal abandono era cierto. Pero ¿podía esgrimirlo como argumento ante quienes en la provincia confiaban en su gestión? Pobres maestros... El verano había sido ruinoso para ellos. Con él se les acabaron las «permanencias» y la cuota mensual que, al igual que en toda Cataluña, percibieron por cada alumno durante el curso anterior. Cobraron la paga limpia, por lo que en su mayor parte anduvieron mendigando traducciones o clases particulares, a semejanza de los maestros depurados, cuya papeleta también había resuelto... sólo a medias. *Amanecer* se llenó de anuncios que decían: «Preparación de Bachillerato. A domicilio.» «Repaso de asignaturas. A domicilio.» «Lecciones de latín y francés.» Uno se anunció: «Aproveche el verano para reformar su letra. Tener buena letra es indispensable para triunfar.»

Agustín Lago, al leer dichos anuncios, había sentido pena en el alma. Y ahora, con el próximo curso en puertas, muchos titulares habían decidido sencillamente nombrar un sustituto, lo que les permitiría buscarse otro trabajo que les rindiera más. Otros habían obtenido del médico baja por enfermedad. Otros se mostraban dispuestos a organizarse de tal modo las clases que pudieran entretanto corregir pruebas de imprenta... ¿Qué autoridad moral tendría para prohibir semejantes abusos? Grave responsabilidad...

Los hermanos Costa dieron también por finalizado el veraneo de sus esposas. Fueron a buscarlas a Palamós y, el día señalado, 30 de septiembre, Carlos Civil hizo entrega oficial a las autoridades, en nombre de Emer, de la nueva cárcel levantada en el pueblo de Salt, cárcel cuya solidez había merecido los elogios del capitán Sánchez Bravo.

La inauguración de dicho edificio, contra lo que hubiera podido suponerse, pasó casi inadvertida. Sólo se enteraron del acontecimiento los familiares de los detenidos: al revés de lo que ocurrió con la inauguración, el mismo día, del Cine Ultonia, que despertó la curiosidad de toda la población.

Pero el caso es que la nueva cárcel existía. Y que el día 2 de octubre, por la noche, se inició el traslado de los mil presos que quedaban en el Seminario, el cual por fin quedaría vacío y a disposición del prelado de la diócesis. Dichos presos fueron trasladados en camiones y no faltaron quienes, en el momento de subir al vehículo correspondiente, sintieron un nudo en la garganta, ante el temor de que el chófer emprendiera el camino del cementerio... Pero no fue así. Y al darse cuenta de que en efecto no había trampa y se dirigían al pueblo de Salt, casi gritaron de gozo, bajo las estrellas. ¡Recorrer, aunque fuese por unos minutos, las calles! ¡Sentir cómo el oxígeno de la libertad —oxígeno sin tapias alrededor— penetraba en sus pulmones! ¡Qué hermosas eran las fachadas, los faroles! ¡Qué emoción ver la silueta de los serenos y cómo les agradecieron a los noctámbulos que hubieran permanecido dialogando en las esquinas!

Lástima, eso sí, que el trayecto no lo hubieran hecho a la luz del día... Ello les hubiera permitido ver las tiendas, y los cafés, ¡y cuerpos de mujer! Alguno de los reclusos llevaban ya más de dos años sin salir. Los huesos les dolían con el traqueteo del camión. Los más indiferentes fueron los que redimían penas trabajando. Éstos estaban ya acostumbrados al exterior y les decían a los otros: «No seáis mentecatos. Lo único que veríais de día serían los carteles de la Falange.»

El señor obispo, una vez bendecida la nueva cárcel, se trasladó al Seminario para tomar posesión de él. Lo asustó el hedor, el hedor que brotaba de las paredes, de los waters... ¿Cómo era posible que aquello hediera tanto si las rejas dejaban pasar el aire? Las celdas de los condenados a muerte olían a paja y a blasfemia. ¡Cuánto trabajo costaría acondicionar aquello, convertirlo en un edificio digno de las nuevas hornadas de seminaristas que allí deberían estudiar y santificarse!

El otoño devolvió también a la sensacional Paz Alvear al mostrador de Perfumería Diana, puesto que la *Gerona Jazz* terminó con sus compromisos. Como se dijo, la campaña de la orquesta había sido gloriosa, y además en el piso de Paz, recién estrenado, había ya los muebles indispensables; pero la muchacha vivía unos días de una violencia interior que la retrotraía a la época de Burgos.

Pachín se había ido... Había fichado, como estaba previsto, por el Barcelona Club de Fútbol. El muchacho asturiano se desplazó a Gerona para discutir el asunto con Paz, pero desde el primer momento ésta se dio cuenta de que la decisión era firme en la mente de Pachín. Por otro lado, las razones que él aducía eran sólidas. Barcelona era su oportunidad... Podía llegar a vestir la camiseta de internacional... Y en tres o cuatro años podía amasar una buena cantidad de dinero que les permitiera casarse con holgura. «¿Te das cuenta? Tengo veintidós años... ¡Me parece estar soñando!»

¡Tres o cuatro años! Paz se enfureció.

—¡Me voy contigo a Barcelona! También allí encontraré una orquesta y una perfumería...

Entonces Pachín se colocó a la defensiva. Apenas si se tomó la molestia de dulcificar el tono.

—Sé razonable, mujer. Aquí tienes a tu tío Matías y a Ignacio. Y yo allí me deberé a mi Club... Ten un poco de paciencia. Y cuando llegue la hora, haremos las cosas como es debido.

Paz comprendió. Y se mordió los labios hasta casi hacerlos sangrar. Pachín ensayó entonces una sonrisa e intentó abrazar a la muchacha, pero ésta se le resistió. «Me das el esquinazo, ¿eh? Como si fuera una palurda de pueblo. ¡Te juro que no va a serte tan fácil!»

Fue una escena violenta, que terminó en llanto por parte de Paz. Llanto que Pachín contempló colocado en jarras, como un jugador en el momento de aguardar el momento del partido.

Pero al día siguiente Pachín se marchó... y Paz se quedó sola, con una gran sensación de desconcierto. Y de nada le sirvió que Dámaso, en la Perfumería Diana, le dijera: «Pero ¡mujer! ¡Si con tu tipejo puedes aspirar a lo que quieras!» El amor propio de la muchacha seguía susurrándole al oído planes de venganza.

La Torre de Babel, al enterarse de que Pachín se había ido «así por las buenas», le dijo a Padrosa:

—Ahora quien se lanzará al ataque seré yo...

Padrosa, mientras mordía su clip de turno, comentó:

—Te deseo mejor suerte que la que yo he tenido con Silvia. ¡Y eso que he llegado a prometerle un acorazado!

La Torre de Babel señaló el letrero de Agencia Gerunda y contestó:

—Agencia Gerunda lo resuelve todo...

CAPÍTULO LXIII

Si Jaime, el librero, que había ya trocado su quiosco por una tiendecita situada en la calle de Albareda, pagada a plazos y en cuya parte trasera organizaba románticas reuniones catalanistas, hubiera repartido todavía *Amanecer*, en aquellas últimas semanas habría subrayado con lápiz rojo las siguientes noticias:

«El Papa, Pío XII, había recibido en audiencia especial a veinte soldados alemanes y les había dado a besar el anillo.»

«Había aparecido en el cielo, solemnemente, una aurora boreal, visible en todo el norte de Europa, ocasionando la más viva agitación entre los astrólogos.»

«En la catedral de Nápoles, en el día preciso, 20 de septiembre, habíase repetido como cada año el milagro de la licuación de la sangre de San Jenaro.»

«En el frente soviético, entre los prisioneros que las tropas finlandesas habían hecho a los rusos, habían aparecido dos muchachos españoles, uno de ellos llamado Celestino Fernández, natural de Avilés, y el otro Rubén Vicario, natural de Santurce. Ambos habían sido llevados a Rusia en 1937.»

«El Caudillo había firmado gran cantidad de indultos y, prosiguiendo su viaje por el norte de España, había presidido en San Sebastián las tradicionales regatas de traineras.»

«Se había inaugurado el pantano de Muedra, en la provincia de Soria.»

«Los ingleses no movilizados seguían pasando sus fines de semana en el campo, en los parques o en las playas.»

«El Laboratorio Ofe ofrecía a las madres lactantes, esposas de los voluntarios de la División Azul, un tubo semanal de Madresol, que favorecía la crianza.»

«Marcos Redondo, el genial cantante de zarzuela, había obtenido en el Teatro Municipal de Gerona un éxito apoteósico.»

Todas estas noticias habían suscitado en el Café Nacional los correspondientes comentarios, especialmente las referidas a la audiencia concedida por Pío XII, al milagro de la catedral de Nápoles y a la actuación de Marcos Redondo en el Teatro Municipal.

El solterón Galindo no comprendía que Pío XII hubiera recibido a un grupo de soldados alemanes. «Sólo me cabría en la mollera si hubiera recibido simultáneamente a un número igual de soldados ingleses.» Al señor Grote se le hacía cuesta arriba admitir que la sangre de San Jenaro se licuara anualmente con tan asombrosa puntualidad. «¡Ah, esos napolitanos! —exclamó—. No se equivocan ni en los años bisiestos.» Referente a Marcos Redondo, Matías, que había ido a escucharlo, dijo que mientras existiera una voz tan bien impostada como la suya la zarzuela no moriría. «Me ha puesto los pelos de punta —comentó—. En Madrid lo hubieran sacado a hombros.»

No obstante, prodújose en Gerona una novedad que no trascendió a la población pero que repercutió en Ignacio mucho más que todas las noticias precedentes: la visita de Moncho, su inolvidable amigo de la guerra, sobrino de don Carlos Ayestarán, que fue su jefe de Sanidad en Barcelona y que, como tantos otros exiliados, había triunfado de lleno en Sudamérica, en Chile concretamente, en cuya capital había instalado un modernísimo laboratorio farmacéutico, de acuerdo con el consejo que Julio García le diera en París.

Moncho anunció por telegrama su llegada e Ignacio fue a esperarlo a la estación. Los dos muchachos se abrazaron con la misma efusión con que Ignacio, al regreso de Esquiadores, había abrazado a Mateo.

—¡Moncho!

—¡Ignacio!

—¡Mis respetos al ilustre médico!

—¡Mis saludos al ilustre abogado!

—Ya creí que no vendrías...

—¿Desde cuándo dejo de cumplir una promesa?

Ignacio se negó en redondo a que Moncho, que llegaba dispuesto a pasar en Gerona dos o tres días, se instalara en un hotel. Quiso que se quedara en el piso de la Rambla, para lo cual hubo de enviar a Eloy a dormir a casa de Pilar, lo que para el chico —mascota del Gerona Club de Fútbol y, en opinión del masajista Rafa, la máxima figura del equipo juvenil— constituyó una agradable aventura.

Matías y Carmen habían oído hablar tanto de Moncho, que lo recibieron como si fuera un ministro. Carmen le dijo: «Espero que me diga usted lo que le gusta comer. Y si tiene frío en la cama, le pondré otra manta...»

—¡Por Dios! —protestó Ignacio—. Podéis tutear a Moncho. Es como si fuera yo...

—Sí, por favor —suplicó Moncho—. Me sentiré más cómodo.

Moncho, dos años mayor que Ignacio, un poco más alto, con la cabellera de un rubio dorado, ofrecía un aspecto envidiablemente saludable. Y es que desde el fin de la guerra no había abandonado el alpinismo ni el esquí. Continuaba creyendo, mucho más que Cacerola, que la montaña era fuente de salud y un remedio ideal para evacuar los malos humores. Se había pasado medio verano en el Pirineo de su provincia, Lérida, en la región de los lagos, y ahora esperaba con fruición las primeras nevadas para irse a La Molina, a deslizarse por las blancas pistas. Cuando supo que Ignacio apenas si había hecho un par de excursiones a Rocacorba y a la ermita de los Ángeles, Moncho pegó, sonriendo, un puñetazo en la mesa.

—Ignacio, eso está pero que muy mal... ¡Dentro de poco, a criar barriga! Y a quejarte de que te duelen los riñones.

El léxico que Moncho empleaba eran auténticas banderillas para Ignacio, quien recordaba de su amigo que era zurdo; que tenía un reloj de arena; que coleccionaba fotografías del Himalaya; que se ponía mucho azúcar en el café; y recordaba también que tuvo una media novia, a la que llamaba *Bisturí*, porque se dedicaba a pinchar con ácidos corrosivos los neumáticos de los camiones «rojos» que se preparaban para ir al frente de Aragón.

Encuentro afortunado... Recordaron el día en que se conocieron —¡habían pasado ya cuatro años!— en una pensión «barata pero limpia» de la calle de Tallers, de Barcelona.

—¿Te acuerdas de lo que me dijiste, Moncho?

—Pues no, la verdad.

—Me dijiste: «un poco de éter... y todos iguales.» Y que Lutero no debió de ser tan mala persona como nos habían enseñado.

—¿Eso dije? ¡Caramba! —Moncho reflexionó—. Pues mira por dónde sigo pensando lo mismo.

La llegada de Moncho tuvo sobre Ignacio efectos parecidos a la que tuvo en tiempos pasados la de su primo José, de Madrid. Con la diferencia de que José era un terremoto —con preservativos en la maleta— y Moncho un campo fértil, que daría sus frutos.

Al día siguiente Ignacio enseñó Gerona a Moncho con el mismo entusiamo con que se la había enseñado a Ana María. «Ese barrio antiguo no lo tenéis en Lérida... ¡Qué le vamos a hacer! Tampoco tenéis ese Montilivi, ni esas casas colgando sobre el río. ¡Bueno! La verdad es que en Lérida no tenéis nada... Que me perdone el señor obispo, pero aquello es ya un poco Aragón...»

—Eres un tramposo, Ignacio —replicó Moncho—. Me enseñas la cara buena de la medalla. ¿Por qué no nos damos una vuelta por la Gerona moderna? Nunca vi nada más horrible.

Ignacio se rió.

—No te lo niego.

Subieron hacia la ermita del Calvario, cuyo paisaje, por los olivos, los peñascales y el recuerdo de los Viacrucis allí celebrados —Carmen Elgazu cantando: «¡Perdónanos, Señor!»—, continuaba pareciéndose al de Palestina. Sentáronse en la cumbre, dando vista al valle. Y allí se pusieron a revisar sus propias vidas.

Ignacio le detalló a su amigo lo que ya le comunicara por carta: su ruptura con Marta y su noviazgo con Ana María. También le describió a Manolo, su jefe y amigo. «Aprendo mucho a su lado. Creo que dentro de un par de años podré abrir bufete por mi cuenta. ¡Y agárrate!: en diciembre he de defender yo solito, en la Audiencia, mi primer pleito... Precisamente contra los dos estraperlistas más conspicuos de la ciudad...»

Moncho lo felicitó. Entendía que Ignacio tenía todas las cualidades necesarias para triunfar en la abogacía. «Tienes buena presencia, buena voz, facilidad de palabra... e integridad. ¡Ideas un tanto confusas! Contra eso habrás de luchar.»

Ignacio y Moncho estaban tan solos allá arriba, cerca del montículo llamado de las dos Oes, que a no ser por la indumentaria les hubiera parecido que montaban guardia, como antaño, en el frente de Brazato y Brachimaña.

—¿Y tú, Moncho, qué haces? Anda, cuéntame... ¿Continúas reñido con tu padre... porque denunció a más de cien personas?

Moncho hizo una mueca de desagrado.

—Sí, continuamos reñidos... —Luego añadió—: No consigo olvidar aquello.

Ignacio se rascó con la uña una ceja.

—Te comprendo... —dijo—. De todos modos, fuimos unos ingenuos pensando que eso no iba a suceder, ¿no crees?

—¡Oh, por supuesto!

—Recuerdo que tú mismo, cuando te preguntaban por qué luchabas con los nacionales, contestabas: porque los militares garantizan el orden público.

Moncho movió la cabeza.

—Sí, es verdad. Entonces no me daba cuenta de que mantener el orden público costase tan caro...

Ignacio lo miró con fijeza.

—Hablas como si te arrepintieras de algo...

—¿Arrepentirme? No es la palabra exacta, pero en fin... —Moncho modificó su semblante. Miró a su alrededor. Todo aquello era hermoso—. ¿Qué te parecería si abandonáramos el tema?

—Me parecería muy bien —aceptó Ignacio.

Hablaron de la profesión de Moncho. Ahí éste se movió a sus anchas, mientras arrancaba una brizna de hierba y se la llevaba a los labios. Él era analista. Al terminar la carrera dudó entre la cirugía, la anestesia, que era lo suyo —«¿recuerdas en el Hospital Pasteur, con tanto toxicómano?»—, y el análisis. Por fin descubrió que lo que de verdad lo apasionaba era esto último, el análisis. «Mi idea es ésa: estudiar bichitos en el microscopio. Ahí dentro se esconde la verdad. Hay personas que por la calle parecen atletas; analizas su orina y su sangre y dices: dentro de seis meses, la muerte. ¿Te das cuenta? Los analistas somos la policía secreta de los demás...»

A Ignacio no le sorprendió en absoluto la especialidad elegida por su amigo. Moncho era un observador implacable. Lo felicitó a su vez porque entendió que había acertado con lo idóneo para él.

—Dime una cosa —prosiguió Ignacio—: ¿Bisturí... te ha ayudado mucho?

Moncho soltó una carcajada.

—¡Huy, Bisturí...! Se ha dedicado a comer bombones y ahora parece un tonel.

Ignacio se rió también.

—Entonces... ¿a quién le dedicas ahora poesías de Bécquer?

Moncho hizo un mohín expresivo. Titubeó un momento. Por fin contestó:

—A lo mejor te escandalizas; pero vivo con una chica alemana..., con la que me entiendo muy bien.

Ignacio se quedó atónico. Aparte las razones de orden moral, recordó que Moncho, durante la guerra, sentía verdadera alergia por todo lo alemán.

Moncho se anticipó a sus objeciones.

—No vayas a creer que es una chica nazi... ¡Oh, no! En realidad es todo lo contrario. Huyó de Alemania. La conocí en Barcelona, en el Hospital.

Ignacio se preguntó si, en Figueras, en el Servicio de Fronteras, no habría visto él la ficha de la muchacha. Y le pasó por las mientes si no sería judía.

Moncho pareció adivinar su pensamiento.

—No hagas demasiadas cábalas, ¿sabes? De hecho es todo muy sencillo: es una criatura que detesta las guerras, como yo.

Ignacio hubiera deseado conocer más detalles, pero no le pareció el momento oportuno.

—¡Bien! —exclamó—. Es lo último que hubiera podido imaginar...

Moncho sonrió.

—El día que la conozcas —concluyó—, comprenderás perfectamente por qué le recito poesías de Bécquer.

Continuaron charlando, haciendo caso omiso del frío del crespúsculo que empezaba a penetrarles en los huesos.

Ignacio le dijo a su amigo que estaba leyendo a Freud. Moncho hizo un signo aprobatorio.

—Ahí tienes —apuntó— a un analista de primer orden. Aunque a veces se pasa de la raya.

—¿Tú crees?

—Claro...

Ignacio ladeó la cabeza.

—Pues a mí casi todo lo que dice me parece verdadero. Somos impenetrables. Cuando pienso profundamente en mí me doy cuenta de que los demás no tienen idea de cómo soy por dentro...

Moncho ironizó:

—Tanto mejor para ti...

El frío era ya tan intenso que los echó de la cumbre. Bajaron por las murallas, por detrás de la Catedral, asomándose un momento al mirador desde el cual se dominaba el meandro del río Ter.

Moncho comentó:

—¿Ves? Me hubiera quedado a gusto allá arriba, con una tienda de campaña y un saco de dormir.

Ignacio caminaba por las callejuelas empedradas, con las manos en los bolsillos y fumando.

—Moncho, ¿puedo hacerte una pregunta?

—Naturalmente...

—¿Qué les pedirías a los Reyes Magos, si estuviera en tu mano elegir?

Ignacio supuso que Moncho se tomaría algún tiempo para contestar. Y no fue así. Con gran rapidez dijo:

—Conservar todas las facultades hasta los setenta años, y luego morir de repente.

Ignacio se paró un momento.

—No estoy seguro de haber oído bien.

Moncho se detuvo a su vez.

—¿Por qué? ¿Tan raro es lo que he dicho?

Ignacio tiró el pitillo y lo aplastó con el pie.

—No, claro...

Regresaron a casa. La cena en el piso de la Rambla fue tan cordial como la de la víspera. Al terminar, Matías escuchó la BBC, de Londres, y luego Carmen Elgazu, fiel a sí misma, propuso rezar el rosario.

Moncho se pasó la mano por la rubia cabellera.

—¡No faltaría más!

Matías, como de costumbre, se paseó todo el rato a lo largo del pasillo —ahora, por culpa del reuma, daba la vuelta con menos rapidez—, y al contestar rutinariamente la letanía se comía el *ora*, diciendo sólo *pro nobis*.

* * *

Ignacio había trazado un plan para el día siguiente. Quería que Moncho conociera a sus antiguos amigos el profesor Civil y mosén Alberto, de quienes tanto le había hablado, y por supuesto, a Manolo y Esther. También quería que conociera a Pilar y a don Emilio Santos.

Moncho, con toda franqueza, le indicó que lo único que le ilusionaba era conocer a Pilar.

—Por favor, no me hagas subir tantas escaleras... ¡Si quieres cogemos la mochila y nos vamos a Rocacorba! Pero eso de las visitas no se me da bien.

Ignacio se sorprendió. Se desayunaban y la luz entraba suave por los cristales del balcón que daba al río.

—Pero... ¿es que te has vuelto insociable?

Moncho protestó:

—¡Nada de eso!

La expresión de Ignacio lo obligó a explicarse un poco más. Había ido a Gerona a hablar con él, con Ignacio y a conocer la ciudad. «Con eso y con saludar a tu familia me basta.» No le gustaba vivir de prisa, atiborrándose de imágenes. «¿Es que ya no te acuerdas? Prefiero saborear las cosas.»

Ignacio asintió. Pero le dolía no poder exhibir a su amigo,

sobre todo en lo respectivo a Manolo y Esther. Insistió, pero fue en vano.

—Entonces, ¿qué es lo que te apetece?

—Nada. Dar otra vuelta por ahí. Por la Dehesa, por ejemplo.

—Está bien. Luego almorzaremos en casa de Pilar.

Salieron rumbo a la Dehesa. Moncho cogió su máquina fotográfica y aprovechando que la mañana era soleada disparó varias veces. Primero, los soportales de la Rambla; luego, el Oñar, desde el puente de San Agustín; ¡luego, el edificio de Telégrafos! Ignacio le miró con simpatía... Y le resultaba gracioso que Moncho disparase con la mano izquierda.

La Dehesa, desnuda por obra y gracia del otoño, ofrecía un aspecto impresionante. Moncho comentó:

—No es moco de pavo, la verdad...

Anduvieron sin descanso, charlando. ¡Ah, sí, Moncho había evolucionado en aquellos años! Había llegado a determinadas conclusiones. Las dudas permanentes de Ignacio le parecían inútiles y fatigosas. Era preciso creer en algo. Y para ello un sistema eficaz era proceder por eliminación. «¿Andar diciendo "tanto gusto" y "he pasado una velada deliciosa"? Ni hablar... ¿Escuchar palabras altisonantes como "heroísmo", "misticismo", "futuro mejor"? Manotazo limpio...» «Hay que elegir, Ignacio. Pero elegir cosas humildes, que estén a nuestro alcance: el trabajo, los amigos, la marca de tabaco... Con eso es suficiente.»

Ignacio objetó:

—Entonces ¿hay que renunciar a la ambición?

—¿Ambición? Yo soy más ambicioso que tú: ambiciono vivir a la medida de mis fuerzas.

Lo bueno de Moncho era que predicaba con el ejemplo. Allí mismo lo demostró. El muchacho era capaz de pasarse cinco minutos contemplando el tronco de un árbol. Sí, Moncho era un enamorado de lo inmóvil, aunque también, e Ignacio lo sabía, le gustaba ver correr el agua clara de los arroyos. «Fíjate en un detalle: eso de *no tocar, peligro de muerte*, lo ponen en los postes eléctricos, nunca en los árboles, ¡También los insectos se tragan unos a otros! Pero luego no sueltan discursos. Hay cierta diferencia, ¿no te parece?»

Otra alusión a la guerra. Ignacio comprendió. A Moncho la contienda civil lo había marcado profundamente. Y ahora, con la chica alemana fugitiva de su país... El chico admitió que aquello era cierto. Las personas seguían siendo lo que fueron siempre: mitad ángeles, mitad diablos. Rubias como él, morenas como Ignacio. Pero el mundo, el mundo colectivo y amorfo, se había vuelto loco. No había más que leer el periódico cada mañana. ¡Bombardeos, tanques, bajas enemigas! ¿Enemigas de quién? Un perpetuo combate de leucocitos. Nada tendría arreglo si la sociedad volvía la espalda a la naturaleza. Lo peor de las guerras era eso, que impedían amar los pequeños detalles y la naturaleza. Realizaban un lavado de cerebro en esa dirección. Conducían hacia las máquinas y hacia el apelotonamiento en las grandes urbes. Las guerras eran la promiscuidad. Mataban lo íntimo y ello era muy grave.

Ignacio, que escuchaba atento, estaba impresionado. Sin embargo, veía en Moncho un peligro: que desembocara en la inhibición.

—De todos modos, debemos contribuir a mejorar las cosas, ¿no? Mandar el prójimo al cuerno —negarse a decir: «tanto gusto»—, resulta un poco egoísta. Proceder por eliminación puede conducir a esa serenidad de que tú gozas, pero al mismo tiempo a la vanidad personal. Tampoco me gustaría volverles la espalda a los demás...

—Yo no he dicho eso, Ignacio. He hablado precisamente de prestar atención. Más importante que hacer, es sentir. ¿Comprendes adónde voy?

—Creo que sí... Lo único, que en el fondo la actitud es pesimista. Eso de que el dolor purifica ¿te suena también altisonante?

—No, es otra gran verdad. Pero lo que no purifica en modo alguno es el odio.

—¿Y crees que todos los que hicimos la guerra odiamos por definición?

—Sí, sin darnos cuenta. Y también odiarán todos los que la hacen ahora.

—¡Pues mira por dónde —afirmó Ignacio— a mí me parece que soy mejor que antes!

Moncho, en aquel momento, enfocaba con su máquina un alto ciprés. No sabía si fotografiar su base o la punta afilada hacia el cielo, muy parecida al campanario de San Félix.

—No digas tonterías. Antes de la guerra eras ya un ser puro. Tú estás inmunizado. Te lo dice un médico... Y ahora, después de haber conocido a tus padres, comprendo el porqué.

Eso último emocionó a Ignacio. Por un instante se sintió

efectivamente un santo. Amaba a aquel ciprés, al mundo colectivo, amorfo y loco, a sus padres, a Moncho... ¡Lo amaba todo!

—Gracias por el piropo, Moncho.

—No hay de qué.

Por fin se sentaron. Y guardaron un largo silencio. La memoria los llevó de nuevo a recordar las horas que habían pasado juntos en la alta montaña, al lado de una hoguera y bajo el firmamento estrellado. Les llegaba tenue el rumor del Ter que bajaba acariciando, puliendo, afinando los guijarros.

Ignacio rompió la pausa.

—Pensando en todo lo que has dicho, me pregunto si querrás tener hijos...

También en esta ocasión Ignacio supuso que Moncho se tomaría un tiempo para contestar. Y tampoco acertó. Moncho dijo:

—Rotundamente, no.

Ignacio hizo una mueca.

—Ahí está. Me lo temía... Y va a ser una lástima.

—Gracias por el piropo, Ignacio.

* * *

Llegó la hora de ir a casa de Pilar. ¡Paradójica situación! Pilar, ajena a las opiniones de Moncho, estaba a punto de dar a luz. El doctor Morell calculaba que faltaba un par de semanas para el gran acontecimiento. La hermana de Ignacio preparó en honor del huésped un almuerzo de postín. Moncho procuró en el diálogo tratar temas frívolos, pero resultaba difícil. *Amanecer*, dando razón cumplida a sus argumentos, había publicado aquel día la noticia del primer divisionario muerto: el camarada Luis Alcocer Moreno, teniente de aviación, hijo del alcalde de Madrid. Pilar aludió al hecho, aunque consiguió hacerlo sin llorar. Moncho se abstuvo de aplicar sus teorías. Se dedicó a cantar las excelencias del crío que iba a nacer. «¡Estoy seguro —profetizó— de que se parecerá a César!»

La alusión fue del agrado de Pilar, que a medida que iba observando y oyendo a Moncho pensaba: «¡Marta sería feliz con ese hombre! Si pudiera concertar una entrevista...» Don Emilio Santos quedó también prendado de Moncho, entre otras

razones porque éste se interesó mucho por él, por su enfermedad ya superada y por su estancia en la cárcel. Don Emilio
Santos acabó contándole lo que siempre contaba desde que
«La Voz de Alerta» le informó: que las cruces que él había
grabado en la pared con la uña del pulgar, los detenidos de
turno las habían convertido en hoces y martillos. Moncho exclamó: «¡Oh, claro! Es la ley.»

El almuerzo se prolongó. Moncho se puso en el café tal
cantidad de azúcar que Pilar se llevó las manos a la cabeza. El
muchacho dijo: «No te preocupes... Dulce veneno, ¿no te parece?»

Pilar asintió. Y luego, inesperadamente, añadió:

—¡Ojalá hubieras estado aquí cuando se marchó Mateo...!

Ignacio miró a su hermana.

—¿Por qué dices eso? Tampoco hubiera conseguido nada.

Pilar jugueteaba con la cucharilla.

—Sí, claro, ya lo sé...

Segundos después se produjo lo impensado. Pilar se des-
mayó sin más. La cabeza le cayó sobre el pecho. Hubo general
alarma. Menos mal que Moncho estaba allí... Moncho abrió la
ventana y actuó de forma determinante. «Pilar, respira hondo,
así... Eso es...»

Cuando la muchacha recobró el conocimiento, preguntó:

—¿Dónde estoy? —Y a continuación balbuceó—: ¡Oh! Per-
donadme...

Don Emilio Santos le aconsejó que se acostase, pero Moncho desaprobó la idea.

—¿Por qué? Todo eso es natural.

Pilar corroboró:

—Desde luego. Ya estoy bien.

Pero momentos después rompió a llorar inconsolablemente.

Ignacio y don Emilio Santos permanecieron inmóviles, sin
saber qué hacer. Moncho, en cambio, se levantó y acercándose a la ventana, la cerró.

* * *

Moncho e Ignacio salieron en el instante en que el reloj del
despacho de Mateo, al que don Emilio Santos cuidaba siempre
de dar cuerda, marcaba las seis. Se dirigieron hacia el Café

Savoy. Ignacio caminaba inquieto. De pronto, llegados a la plaza del Marqués de Camps, se detuvo. Era evidente que un pensamiento le hervía en la mollera.

—Moncho... —le dijo—. ¿Por qué no te vienes a vivir a Gerona? ¿Por qué no instalas aquí tu laboratorio? No estoy muy seguro, pero creo que en Gerona no hay ningún analista de verdad...

Moncho siguió andando.

—Nos divertiríamos, ¿no es cierto? —comentó, como hablando consigo mismo.

—Eso no lo sé... —contestó Ignacio, reanudando la marcha para no rezagarse—. Pero para mí sería maravilloso.

Moncho empezó a mirar en torno. En una pastelería exhibían sólo licores y unas cajitas, en forma de gatos puestos de pie, que contenían Dios sabe qué clase de caramelos. Delante del espejo de Perfumería Diana un transeúnte se reventaba morosamente un grano que tenía en la nariz. Pasaban parejas cogidas del brazo. Y perros. Y niños.

—Tengo que pensarlo... —dijo Moncho.

Ignacio, al oír esto, casi pegó un salto.

—¿De modo... que admites la posibilidad?

Moncho repuso:

—¿Por qué no? —Se le veía concentrado—. Se me ha ocurrido desde que me apeé en la estación. Además, ya sabes que no quiero vivir en Lérida.

—Pero... —insinuó Ignacio, temeroso—. ¿Y la muchacha alemana?

Moncho alzó el mentón.

—¡Bueno! No es seguro que eso vaya a durar siempre...

Ignacio estuvo a punto de cogerlo de la manga, de obligarle a dar media vuelta y darle un abrazo. Pero habían llegado frente al Café Savoy, en cuyo interior una viejecita solitaria y elegante se tomaba con fruición el extraño mejunje que allí servían.

—¿Entramos?

Ignacio cedió el paso a Moncho. Y una vez dentro, miró el local con aire conocedor, saludando a los camareros detrás de la barra.

—¿Dónde nos sentamos?

¡Por todos los santos, Ana María tuvo razón!: Gerona era un pañuelo. Allá al fondo, en las mesas que solían ocupar los enamorados, se encontraban Manolo y Esther. Ésta acababa de levantarse y Manolo hacía lo propio, como si se dispusieran a marchar.

Ignacio voló a su encuentro.

—¡Un momento! —ordenó—. Quietos ahí...

Manolo y Esther, al reconocer a Ignacio, tuvieron una expresión alegre.

—¿Qué ocurre? —Pensaron que el muchacho los andaba buscando.

—Me gustaría presentaros... a Moncho.

—¡Cómo! ¿Está ahí...?

Ignacio se volvió hacia el aludido, indicándole que se acercase.

—Ése es Moncho. —Segundos después añadía—: Y ésos son Manolo y Esther...

Moncho no parecía contrariado, sino al revés. Manolo y Esther le ofrecieron la mano, también visiblemente complacidos.

—¡Caramba! Ignacio no hace más que hablar de ti...

—Sentémonos —sugirió Esther.

Pronto formaron una reunión alegre, que contrastaba radicalmente con la tenida en casa de Pilar. Por desgracia, la radio estaba conectada y la potente voz del locutor iba facilitando noticias. Era domingo. En la primera jornada del Campeonato Nacional de Fútbol el equipo del Barcelona, «reforzado por Pachín», había ganado por 5-0; el señor obispo pensaba instalar calefacción en el Seminario, cuyas obras de restauración habían empezado; etcétera.

Ignacio, que estaba eufórico, le pidió al camarero:

—Por favor, ¿querría cerrar esa radio?

El camarero, sorprendido al principio, por fin se dirigió al mostrador y obedeció.

—¿Qué queréis tomar?

La conversación se encauzó sin mayores dificultades. Manolo iba dándole vueltas a su verde sombrero tirolés, al tiempo que Esther, que llevaba uno de sus jerseys primorosos, mordisqueaba coquetonamente la medallita de oro que le colgaba del cuello.

Inevitablemente pasaron revista a Gerona, a la impresión que le había causado al forastero. «¿Qué voy a deciros? Aquí no hay más que dos instituciones: la Catedral e Ignacio.» Esther le preguntó a Moncho: «¿Cómo te las arreglas para tener ese color?» Ignacio se anticipó: «La montaña, Esther... ¿Es que ya no te acuerdas?» «¡Es verdad! Tendré que dedicarme al alpinismo...»

Ignacio rubricó:

—Moncho es capaz de pasarse cinco minutos contemplando el tronco de un árbol.

Manolo puso cara de asombro.

—Me parece un ejercicio arriesgado...

Hablaron del *jazz*, pasión de Manolo. A Moncho no le gustaba. «Pero sigues el ritmo con el pie, ¿no es cierto?» «¡Qué remedio!», admitió el muchacho. Hablaron del Gobierno español, que acababa de crear el INI —Instituto Nacional de Industria—, con el propósito de montar en el país grandes plantas industriales. Hablaron de Barcelona, de la Universidad, de toros. En un rincón del café vieron a Mr. Edward Collins y Esther informó: «Es el cónsul inglés.» Moncho sonrió: «También me parece un ejercicio arriesgado.»

Ignacio se dio cuenta de que Moncho había impresionado a la joven pareja y no pudo sustraerse a una reacción celosa. Intentó, como tantas veces le ocurriera, protagonizar el diálogo.

—¿Queréis conocer el principal defecto del aquí presente?

—Vaya... ¿Por qué no?

—Es agresivo por naturaleza. ¡Afirma que he sido siempre un ser puro!

Manolo se acarició la barbita a lo Balbo.

—Cuando quieras le ponemos un pleito y le demuestro lo contrario.

—También afirma que lo más importante de la vida es saber elegir tres cosas: el trabajo, los amigos y la marca de tabaco...

Esther tuvo un expresivo gesto.

—Eso me parece bien.

—¡Pero da la casualidad de que él no fuma!

Manolo enarcó cómicamente las cejas.

—Entonces tienes razón: es un bellaco.

Moncho se rió. Se sentía a gusto. ¡La radio volvió a funcionar! Cante flamenco. Mr. Edward Collins parecía escuchar con suma atención.

—¿Os dais cuenta? —dijo Ignacio—. Hurgando a fondo en nuestro secreto nacional...

El Café Savoy estaba lleno. Era el más elegante de la ciudad.

Moncho, que tenía al lado su máquina fotográfica, se dirigió a Esther y le dijo:

—Es una lástima que se haya hecho de noche. Me hubiera gustado sacarte una foto.

Esther, como siempre en esos casos, esbozó una reverencia... feliz.

* * *

Jornada completa. La última que Moncho pasaba en Gerona. Al día siguiente a primera hora el amigo de Ignacio tomaría el tren.

En el transcurso de la cena en el piso de la Rambla, Carmen Elgazu y Matías se desvivieron por atenderle. Querían a toda costa que Moncho guardara un grato recuerdo de aquella casa.

—¿Más sopa...? ¿Un poco más?

—No, muchas gracias... Tengo bastante.

En el momento del postre, Carmen Elgazu le dijo:

—¡Qué lastima que te marches tan pronto! A Ignacio se le ve dichoso a tu lado.

Ignacio, en tono alegre, comentó:

—¡No alarmarse! A lo mejor Moncho vuelve... y se queda.

Matías y Carmen Elgazu abrieron de par en par los ojos.

—¿De veras?

—No sé, no sé... Tengo que pensarlo.

Matías cabeceó varias veces consecutivas.

—Sí, hombre, anímate... Hay mucho que analizar aquí.

* * *

A la mañana siguiente Moncho se marchó. Con un pie en el estribo, el «analista» leridano, que al entrar en el cuarto para acostarse había encontrado, encima de la cama, una hermosa reproducción del Everest dedicada por Ignacio, con un pie que decía: *No tocar, peligro de muerte*, miró con indisimulable afecto a su entrañable compañero de guerra.

—Ignacio, lo que les dije ayer a tus amigos lo dije en serio: eres una institución.

CAPÍTULO LXIV

EN CUANTO PILAR NOTÓ los primeros síntomas, fue trasladada a la Clínica Chaos, donde había cuatro habitaciones reservadas a Maternidad. En el momento del parto estaban presentes, en la clínica, Carmen Elgazu, Matías, Ignacio y don Emilio Santos.

El doctor Morell y una comadrona llamada Mercedes, que durante años había trabajado con el doctor Rosselló, asistieron a Pilar. Ésta se comportó con plausible valentía y todo se desarrolló normalmente. Una milagro tan sencillo como el de San Jenaro, en Nápoles.

Los hombres permanecieron en el pasillo; Carmen Elgazu quiso presenciar el alumbramiento y el doctor Morell le dio permiso para ello. Carmen Elgazu, en aquellos minutos trascendentales, rezó una tirada de jaculatorias. Con su respiración procuraba ayudar a su hija, a Pilar, y de hecho lo consiguió. En cuanto la cabecita del niño —cumplióse la profecía, fue varón— asomó por entre la enorme herida, notó como si fuera a desmayarse. ¡Un nieto, el primer nieto! ¡Una nueva vida, un nuevo ser! Una nueva alma para Dios.

El doctor Morell operó con pericia extrema. Sus manos daban auténticamente la impresión de que recogían algo que llegaba del más allá. Cuando el recién nacido lloró, la Clínica Chaos estalló de alegría, como en el norte de Europa había aparecido triunfalmente, unos días antes, la aurora boreal. El bebé pesaba tres quilos y medio, y en cuanto estuvo limpio y fajado se lo presentaron a la joven madre, la cual, exhausta y atontada aún, acercó su cabeza a la del niño como si fuera ella la que buscase protección.

Luego entraron todos a verlo. Hubo felicitaciones en cadena; por la valentía demostrada por Pilar y por lo hermoso que era el varón, que tenía los ojos azules.

Carmen Elgazu pretendía que era la viva estampa de su padre, pero Matías y don Emilio dijeron que no, que era una suerte de miniatura de Pilar. A Ignacio le pareció que no tenía la menor semejanza ni con uno ni con otro, que era como un ser autónomo, surgido por generación espontánea.

Pilar de vez en cuando emitía un gemido y giraba la vista en torno a la habitación. Todos pensaban: está buscando a Mateo. Mateo era, por supuesto, el gran ausente. Ninguno de los que rodeaban la cama de Pilar se atrevía a pronunciar su nombre, pero todos lo evocaban y el denominador común era la irritación. El bebé, sin Mateo, era mitad huérfano.

El doctor Morell desapareció rápidamente; pero lo sustituyó, cordial y un tanto solemne, con su bata blanca impecable, el doctor Chaos.

Al ver al doctor Chaos la mente de todos retrocedió hasta la fecha en que en aquella misma clínica le fue practicada a Carmen Elgazu la brutal extirpación. Ésta significó la esterilidad; ahora el alumbramiento que acababa de producirse era una suerte de compensación, una prueba más del movimiento pendular que presidía la vida humana.

Quienes mayor alegría demostraban eran sin duda Matías y don Emilio. La sensación de que su existencia se prolongaba en aquel cuerpecito inerme, pero no inerte, los colmaba de una especie de beatitud. Estaban como embobados y afirmaban que jamás habían visto tan hermosa a Pilar, la cual iba cediendo a unos y a otros, dulcemente y por turno, la mano.

Carmen Elgazu, en cambio, sin poderlo remediar, experimentaba una enorme tristeza. Lloraba. Tal vez fuera cobarde. Tal vez la asustara la responsabilidad. Tal vez pensara que Pilar, a partir de aquel momento, le pertenecería menos aún; o recordara lo mucho que ella sufrió en los tres partos, especialmente en el primero, el de Ignacio.

Ignacio... ¡Qué gran desconcierto el suyo! El doctor Chaos le dijo, sorprendentemente: «A ver si te casas pronto y tu mujer nos trae también una criatura como ésta.»

¡Alegría en la Clínica Chaos! Era, exactamente el 18 de octubre. Mosén Alberto fue advertido en seguida y llegó, con el calendario litúrgico en la mano. Y después de consultarlo dijo: «Festividad de San Lucas.» O sea, la festividad de aquel que escribió el tercer evangelio y que fue discípulo de Pablo y compañero suyo en tantos y tantos viajes...

—¡Pilar, hija! ¿Estás bien?

—Sí, mosén Alberto. Muchas gracias.

Pilar hubiera querido besarle la mano al sacerdote, pero fue éste quien, ante la emoción de todos, tomó la suya y se la besó.

La habitación de Pilar, que daba al jardín de atrás, pronto

había de llenarse de flores. La noticia circuló por la ciudad y enviaron flores el Gobernador, «La Voz de Alerta», Manolo y Esther, los compañeros de Matías en el Café Nacional, la Sección Femenina, la maestra Asunción, Miguel Rosselló, Chelo, Marta... Marta envió el mejor ramo que encontró en Gerona. Era un ramo perfumado y violento. Rosas de color violento, cada una de las cuales tenía un secreto significado.

Matías se encargó de enviar a Rusia un telegrama a nombre de Mateo Santos que decía: *Nacido felizmente varón*. Lo firmó él mismo. Dudó entre añadir *abrazos* o *saludos*. Por fin puso: *abrazos*.

Al día siguiente empezó la ronda de las visitas. Paz se presentó con cara sonriente y expresiva. Felicitó a Pilar y miró al niño con ternura. Llevó consigo un frasco de agua de colonia. Y dijo: «Se te parece mucho, Pilar. De veras. Es tu vivo retrato.»

También acudieron a la clínica Manuel Alvear y Eloy. Manuel entró de puntillas en la habitación, como si ésta fuese un templo. Tardó mucho rato en prestar atención al niño. Miraba a Pilar y pensaba lo que todos: «¡Qué hermosa está!» Por fin, al ver al crío, no supo qué decir. Se rió. Se rió silenciosamente, como si le hubiera tocado un premio inmerecido. Eloy, en cambio, con sus pecas y su pelo cortado a cepillo —igual que Pachín— miró al bebé y al verlo profundamente dormido puso tal cara de susto que regocijó a los presentes. Eloy era muy inocente, no acababa de comprender. Era mucho más inocente que Manuel. Eloy no tenía la menor idea de lo que significaban «placenta» y «cordón umbilical». Le llamaron la atención las uñas del recién nacido, uñas perfectas, diminutas. Quiso contemplarlas una y otra vez. Manuel dijo: «Me gustaría verle los ojos.» Pilar le contestó: «Tiempo tendrás, Manuel...»

Carmen Elgazu se quedó de centinela para que las visitas no se amontonaran. Cuidó de que Marta pudiera ver a Pilar sin coincidir con Ignacio, quien por su parte había enviado un telegrama a Ana María notificándole el acontecimiento. Marta besó a Pilar y rompió en sollozos. Pilar le acarició los cabellos. «No llores, Marta... Algún día...» No terminó la frase. Luego añadió: «Anda, que vas a despertar a mi hijo...»

Mi hijo... Era la primera vez que Pilar empleaba esta palabra. Ella misma se sorprendió al oírla de sus propios labios. Todavía no se había hecho a la idea de que aquel ser era suyo. Hasta entonces lo había mirado un poco como lo había mirado Ignacio: como si fuera una vida neutra, llegada allí por caminos de misterio. Pero de pronto, tal vez debido a Marta, tomó conciencia de que aquello era real. Entonces rompió a sollozar, presa de un arrebato. «Mi hijo», repitió una y otra vez. Ladeando la cabeza lo miró con dulzura infinita. Y estiró el brazo. Y lo atrajo hacia sí. Y al notarlo tan indefenso cerró los ojos y sonrió, pareciéndole que de ese modo lo protegía mejor contra todos los males del mundo.

* * *

Amanecer publicó la fotografía de Pilar y de su hijo, con un pie redactado por Miguel Rosselló; un pie patriótico, que Matías y don Emilio Santos juzgaron desafortunado.

Pilar salió pronto de la clínica y el día 25 de octubre se efectuó el bautizo, en la parroquia del Mercadal. La concurrencia fue numerosa. Mosén Alberto ofició en la ceremonia. Apadrinaron al niño el Gobernador y Carmen Elgazu.

Mosén Alberto pronunció las palabras rituales con visible emoción; el monaguillo fue Manuel Alvear.

Se impusieron al neófito los nombres de César, Emilio y Matías. Y a la hora del refrigerio, en el Hotel del Centro, todos se sorprendieron mucho al enterarse, por boca del profesor Civil, que el nombre de César procedía del latín y significaba: *el que nace con cabellera*; que Matías procedía del hebreo y significaba *don divino*, y que Emilio procedía del griego y significaba *amable*.

Pilar se emocionó al conocer estos detalles. Y bromeó: «¡Llamarle cabellera a esa pelusilla que tiene en la cabeza!»

Ignacio, que empezaba a querer a su sobrino como jamás hubiera podido sospecharlo, reprendió a Pilar.

—¡Nada de pelusilla! La etimología no puede equivocarse. Ese niño será un Sansón.

Matías se pasó todo el rato temiendo que entrara de pronto un representante del Laboratorio Ofe y ofreciera a Pilar, madre lactante, un tubo de Madresol, producto que «beneficiaba la crianza». Y he ahí que en el último momento, cuando los invitados empezaban a despedirse, llegó Marcos con un telegrama dirigido a Pilar y que acababa de captar él mismo en la oficina. Lo firmaba Mateo y decía escuetamente: «Bendito sea Dios.»

César Santos Alvear había nacido precisamente el día que los alemanes ocuparon Odesa, y cuarenta y ocho horas después de que la División Azul entrara por primera vez en contacto con el enemigo.

Ésa fue la espada pendiente minuto a minuto sobre la familia Alvear. *Amanecer* había empezado a publicar a diario la lista de los divisionarios que morían en tierras de Rusia. Eran simples esquelas, sobre las que Moncho hubiera proyectado fulgurantes comentarios. «Ricardo Fuentes Bejarana. ¡Presente!» «Emilio Gómez Aguayo. ¡Presente!» «Teniente Galiana Garmilla. ¡Presente!» Pilar leía estas esquelas y dejando caer el periódico exclamaba: «¿Por qué ponen *¡presente!* si se han ido para siempre?»

El peligro estaba ahí. El peligro estaba en que cualquier día *Amanecer* apareciera con una enorme franja en la cabecera y un nombre y un apellido cubriendo la primera página: «Mateo Santos. ¡Presente!» Si eso ocurría, ¿cómo lo resistiría el corazón? ¿Qué sería de Pilar, de don Emilio Santos, del piso de la plaza de la Estación? ¿Qué sería del otoño, del mundo y del recién nacido César Santos Alvear?

Por si fuera poco, ignorábase incluso el lugar exacto en que la División Azul combatía. Los corresponsales de guerra no lo precisaban jamás, limitándose a decir que «combatía victoriosamente, ocasionando graves pérdidas al enemigo». Había sonado, desde luego, el nombre del lago Ilmen. Pero ¿estaría todavía allí? «¿Dónde estarán, dónde estará Mateo?» El parte alemán mencionaba de vez en cuando a la División, pero siempre en términos puramente encomiásticos. Sólo una vez indicó que había luchado «en el sector septentrional». ¡Bueno, era un punto de referencia! Según el atlas de Manuel, que la familia Alvear consultó con frenesí, el lago Ilmen se hallaba situado efectivamente «en el sector septentrional». ¿Se hallarían, pues, en ese lago? ¿Y por qué en un lago? La radio habló de «cierto número de heridos españoles condecorados por el Führer con la Cruz de Hierro». ¿Condecorados? ¿Tan fuertes habrían sido los combates? ¿Figuraría Mateo entre los heridos? ¡Ay, no haberle cosido en el pecho un detente!

Aquello no era una espada, era un martirio. Y la máquina burocrática se había puesto en marcha, con su espeluznante frialdad. De pronto Pilar recibió un sobre del Gobierno Civil

770

conteniendo «los haberes de Mateo», su paga mensual, más unos pluses «por prestar servicio en campaña». Y al día siguiente otro sobre notificándole que la ciudad de Sevilla había enviado a Rusia, a la División, chorizo, mortadela, ¡y dos mil medallas de la Virgen de los Reyes! Y poco después una invitación para asistir a los funerales que se celebrarían en la Catedral en memoria de los primeros divisionarios caídos. ¿Qué hacer con aquellos haberes? ¿Era posible gastar aquel dinero? ¿Llegaría a tiempo la Virgen de los Reyes? ¿Debía Pilar asistir a los funerales de la Catedral?

Ocurría eso. Todos aquellos que no tenían a ningún familiar luchando «en el sector septentrional», vivían un clima de euforia, pendientes de las gestas de los divisionarios. Organizaban honras fúnebres, y mítines y festivales pro División y leían en voz alta, en los corrillos, la descripción «del arrollador avance alemán en todos los frentes», así como la noticia según la cual varios generales rusos habían sido destituidos por incompetentes, al tiempo que el Gobierno de Stalin se preparaba para abandonar Moscú y trasladarse a los Urales.

Resultaba harto difícil acostumbrarse a la espada y al martirio. Y más lo resultó el día en que los periódicos empezaron a hablar del *aguinaldo de Navidad* que se merecían los voluntarios y «al que debía contribuir España entera».

La palabra Navidad sonó como un escopetazo en casa de los Alvear, y en los oídos del padre de Solita, y en los oídos de Gracia Andújar, quien cada día iba a misa a rezar por Cacerola, y en los oídos del padre Forteza, que tenía también el presentimiento de que no vería nunca más a Alfonso Estrada. Porque Navidad significaba que el «general invierno» de Rusia, tan temido por todos, caería inexorablemente sobre la División, contrariamente a las optimistas previsiones del general Sánchez Bravo.

Pilar estaba azorada, no comprendía. ¡Chorizo, mortadela, aguinaldo de Navidad! ¿Era todo lo que podía hacerse? ¿Y por qué su propia vecina, una mujer que ocupaba el piso del mismo rellano y que por la mañana vendía fruta en la plaza de Abastos, conectaba cada tarde la radio para escuchar tranquilamente el «serial»? ¿A qué pedir «que contribuyese España entera», si la verdad era que todo el mundo continuaba viviendo su vida?

Pilar comprendió que la angustia era intransferible. Entonces se decidió a escribir a Mateo, adjuntándole en la carta una fotografía del neófito César.

Estoy bien, Mateo. Y el niño también, como podrás ver por la foto. Al nacer pesaba tres quilos y medio. Mosén Alberto lo bautizó. A los abuelos se les cae la baba mirándolo. Mi madre está en casa todo el día, ayudándome, aunque como te digo me siento perfectamente. ¡Ojalá tuviera yo la certeza de que tú puedes decir lo mismo! ¿Dónde estás, Mateo? Amanecer publica cada día la lista de los caídos. ¡Oh, Mateo, que Dios te proteja!

Mosén Alberto continuaba visitando a Pilar. Tenía la certeza de que con su presencia la consolaría, y era cierto. Llegó incluso a llevarle bizcochos, pues había oído que a Pilar se le apetecían. Mosén Alberto le aseguraba una y otra vez que a Mateo no le ocurriría nada malo. «Compréndelo, Pilar... Las misiones arriesgadas se las confiarán a los solteros.» Mosén Alberto se había encariñado también con el bebé, y siempre pedía que lo pusieran en la balanza para llevar la cuenta de su aumento de peso. «¿Cuatro quilos doscientos? ¡Qué barbaridad! Ignacio acertó... Ese crío será un Sansón.»

César Santos Alvear era el centro de la casa, su numen y su misterio.

—Pilar, hay que cambiar al niño otra vez. Tráete los pañales.

—Voy, mamá...

—¡Ay, mi cariñito, mi rey, mi pequeñín...!

Cuando llegaba al piso don Emilio Santos, gritaba desde la puerta: «¿Dónde está el gran déspota? ¿Dónde lo habéis metido?»

Matías subía también todos los días, al salir de Telégrafos, al hogar de la plaza de la Estación.

—¿Se puede entrar... o hay que pagar algo?

Ignacio guardaba en la cartera la primera carta que Ana María le escribió a raíz del nacimiento de César. Dicha carta terminaba así: «Nuestro primer hijo se llamará Ignacio.»

CAPÍTULO LXV

Mateo vivía. Vivía perfectamente, como Pilar. Era de los combatientes que con más anhelo habían deseado entrar en contacto con el enemigo. Lucía en el pecho su estrella de alférez. Había nombrado asistente suyo a Alfonso Estrada, con el que se llevaba muy bien, y el cocinero de su sección era Cacerola. En cambio, había perdido de vista a los capitanes Arias y Sandoval, a mosén Falcó, a Solita, a Rogelio e incluso a Salazar y a Núñez Maza. En el reparto de fuerzas que tuvo lugar poco después de relevar a las tropas alemanas en el extenso sector del lago Ilmen, se había producido la dispersión.

Mateo participó con su batallón en la toma de Tigoda y de Nitlikino, y debido a la tenaz resistencia rusa vio caer a su lado a los primeros camaradas; pero el ejemplo dado por los jefes y su propia energía consiguieron que no perdiera ni un solo momento la serenidad. Cacerola temía por él, y también Alfonso Estrada. Hubiérase dicho que Mateo desafiaba a la muerte, la cual andaba siempre al acecho, debido a la artillería rusa. En cambio, los prisioneros rusos de que habían hablado los corresponsales de guerra en los periódicos españoles demostraban una sumisión incomprensible. Una pequeña escolta bastaba para vigilarlos. Cuidaban de arreglar caminos y de otros menesteres, y no aprovechaban las ocasiones que se les presentaban para huir. Al anochecer se recogían en las *isbas* y al día siguiente, con toda puntualidad, se presentaban a sus guardianes para reanudar el trabajo. Mateo decía: «El idioma ruso es un enigma; pero la psicología rusa es mucho peor: es el absurdo.»

La llegada del telegrama puesto por Matías en Gerona coincidió con unos días de tregua concedidos a la sección que mandaba Mateo. Éste, al leer «nacido felizmente varón», lanzó un grito de júbilo que a punto estuvo de llegar a las estrellas. Alfonso Estrada, al oírlo, se acercó a su oficial y amigo y, una vez enterado del texto, se cuadró ante él y lo ascendió, sin más preámbulos, a teniente. Por su parte, Cacerola abandonó por un momento la carta que le estaba escribiendo a Gracia Andújar y juró por lo que él más amaba, que eran los candiles de luz temblorosa, que como fuere había de encontrar en alguna casucha rusa un biberón para regalárselo a Mateo.

Éste sintió muy adentro la paternidad. Y el dolor de no conocer a la criatura que algún día lo relevaría en el servicio de España si él sucumbía en aquella aventura, le punzó en el cerebro y en el vientre. Pero todo aquello lo espoleó, como los jinetes cosacos sabían espolear a los caballos, pues le infundió la idea clara de que teniendo un hijo ya no podía morir del todo.

El resultado fue que se presentó voluntario para varios arriesgados golpes de mano; arriesgados por el terreno fangoso, por la presencia de guerrilleros en el bosque y por la gran cantidad de minas y de artefactos mortíferos que los rusos habían sembrado alrededor. No importaba. Todo lo resistía con tan imperturbable calma que algunos de sus hombres lo llamaban «el suicida». No lo arredraban ni tan sólo las noticias que les llegaban de las muchas bajas que estaba sufriendo la División, la cual editaba una *Hoja de Campaña* en la que alguien escribió que «era una División exacta, porque no iba a dejar ningún resto».

En uno de los dichos golpes de mano Mateo y sus hombres encontraron a varios compañeros divisionarios clavados en el suelo con picos que les traspasaban el cuerpo. Eran divisionarios que se habían infiltrado el día anterior, a los que se había dicho: «Clavaos en el terreno», y que fueron sorprendidos por una patrulla enemiga. La visión era horrible, pero Mateo y sus hombres consiguieron desclavar a todos los muertos y darles sepultura, con cruces que no eran de hierro, como las que regalaba el Führer, sino de palo. Y consiguieron gritar luego, con voz ronca: «¡Presente!»

La divisa de los voluntarios ante el sufrimiento era sencilla: «No importa.» Por lo demás, todos se las ingeniaban para aminorarlo. Mateo no sentía frío en los pies porque había cambiado sus botas por las de un muerto ruso. Un cabo gallego se había colocado, entre la lana y la piel, prendas de seda, de mujer, provocando con ello gran algazara. A su vez, Cacerola le había robado a un *Unterofizier* alemán una linterna de dínamo que se accionaba apretando una palanquilla. La linterna emitía un hilillo de luz, pero al mismo tiempo una especie de silbido continuo que ponía nervioso a Alfonso Estrada. «Por favor, Cacerola, deja eso. Prefiero el acordeón. Y preferiría más aún la armónica de Pablito...»

Mateo tenía miedo, pero lo disimulaba; Alfonso Estrada, no. Alfonso Estrada tenía un miedo atroz, como no lo sintiera nunca en la guerra de España, en el Tercio de Nuestra Señora de Montserrat. Para vencerlo debía evocar la figura y los cilicios y la fe del padre Forteza. El muchacho que en la Delegación de Abastecimientos le había contado a Pilar tantos cuentos tremebundos, ahora temblaba, lo cual no le impedía sonreír y repartir, los domingos, entre las muchachas rusas del contorno, caramelos y miel.

Pero he ahí que el estado de ánimo de Mateo cambió radicalmente cuando, gracias al heroísmo de los encargados del suministro, una noche de noviembre le llegó la carta de Pilar con la fotografía de ésta y del hijo venido al mundo en la Clínica Chaos.

La fotografía se hizo carne en sus manos. César Santos Alvear se convirtió para Mateo en una evidencia sangrante. Mateo le pidió a Cacerola su linterna para contemplar mejor al niño bajo el hilillo de luz. Y al verlo, profundamente dormido, se asustó mucho más que Eloy y se puso a temblar mucho más que Alfonso Estrada. Resultó que, a partir de aquel momento, la muerte ya no le atraía... Mateo se dijo que, teniendo un hijo, si moría, moría doblemente, puesto que mataba de orfandad a una criatura que jamás había oído hablar de Marx, ni de Stalin, ni del Kremlin, ni de los generales rusos destituidos.

Mateo se sintió huérfano. Además, se percató de que vivían aislados, sin saber nada... ni siquiera de la guerra. Su mundo era el sector sembrado de minas —algunas confeccionadas con cajas de cerillas— en que operaban. ¿Qué ocurría en San Petersburgo, que no había sido tomado aún? ¿Qué ocurría en Moscú y en Odesa? Parecióle que la cocina rusa, a base de grasas, le hacía daño... Temió que ya nunca más sus hombres lo llamaran «el suicida». Todo aquello era humillante. Mateo se repetía una y otra vez: «No importa. Es mi deber.» Precisamente en la *Hoja de Campaña* habían insertado en aquellos días un mensaje de aliento que el general Millán Astray, el gran mutilado, le había enviado al general Muñoz Grandes. Y se rumoreaba que les haría a todos prontamente una visita nada menos que el héroe del Alcázar de Toledo, general Moscardó. ¿Había dudado éste en entregar a su hijo? ¿Dudaría ahora en entregar él su propia vida? Pero ¿de dónde sacar el valor? ¡Era tan duro el frente ruso! Sin contar con que, por razones incomprensibles, la División estaba allí, efectivamente, sin la menor protección aérea. La propia *Escuadrilla Azul*, la escuadrilla española, cuya primera víctima, en los entrenamientos realizados en Alemania, fue el teniente Luis Alcocer, había sido enviada a otro sector.

El alférez Mateo Santos comprendió hasta qué punto era sagaz que muchas de las cartas que llegaban de España fueran previamente censuradas. Que se censurase todo aquello que podía lesionar la moral del combatiente. En el frente era permisible todo, menos llorar. Bastaba con que llorasen, de tarde en tarde, las muchachas rusas, cuando algún insolente les pedía con malos modos alguna cosa. Bastaba con que llorase el cielo, con que lloviese a menudo. Bastaba con que llorase el acordeón en manos de *el Charlatán*, un legionario con cien tatuajes en el cuerpo, uno de los cuales era el retrato de un payaso que, según él, se había muerto de risa en África, en la Legión.

Mateo, en este sentido, y puesto que su comandante, el comandante Regoyos, le había advertido que pronto se le encomendaría una «dura misión», casi lamentó que la carta de Pilar le hubiera llegado intacta, sin tachaduras, y que se le hubiera respetado el derecho de conocer a su hijo.

¡Su hijo! *Mi* hijo... Mosén Alberto lo había bautizado ya. Bautismo no de fuego, sino de sal y agua. El Gobernador lo había apadrinado. A los abuelos se les caía la baba mirándolo. «¿Dónde estás, Mateo?», le preguntaba Pilar. «Aquí estoy, esposa querida... —musitó Mateo, al compás del silbido continuo que emitía la linterna de Cacerola—. Aquí estoy, sirviendo a España en Tigoda y Nitlikino. Desclavando picos que traspasan los cuerpos de queridos camaradas. Llamándole "redoble de tambor" al cañoneo ruso de cada mañana... Llamándole "organillo de Stalin" a un artilugio que dispara sucesivamente, a través de unos tubos, treinta y seis proyectiles... Jugando a la baraja, y a la barra, y a la rana... Cantando: *Por el Wolchow bajaba una gabarra, con setenta falangistas gritando Arriba España. Rumba, la rumba, la rumba del cañón...* Observando a los prisioneros rusos que cuando nos oyen cantar levantan la cabeza y nos escuchan con una sonrisa de ingenuo éxtasis.»

La letra de la carta de Pilar no era la de siempre. No era la misma del Diario íntimo que ella empezó a escribir cuando él le regaló aquella caja de bombones con una orquídea en la tapa. Era una letra que temblaba como las llamas de los candiles que utilizaba Cacerola. Letra irregular, líneas inclinadas hacia abajo, signo de pesimismo y de tristeza, según los grafólogos.

Y la última frase de la carta de Pilar, cien veces leída, decía: «¡Oh, Mateo, que Dios te proteja!»

Esta frase se clavó en él como un dardo. ¿Qué significaría la «dura misión» de que le había hablado el comandante Regoyos? Se decía que una compañía alemana había quedado sitiada a veinte kilómetros más al Sur, en un cenagal. ¿Y qué? ¿No habían muerto en la guerra de España muchos alemanes que tenían también esposas, aunque ninguna se llamase Pilar?

—Alfonso... ¿Quieres que recemos juntos el rosario?

—Me apunto... —dijo Cacerola.

Era una noche clara, fría, con muchas estrellas. Mateo, Estrada y Cacerola hicieron la señal de la cruz, mientras *el Charlatán* le recriminaba por enésima vez al cabo gallego que se hubiera puesto ropa de mujer entre la lana y la piel.

El rosario comenzó. Pero le fue imposible, a Mateo, «pasearse a lo largo del pasillo» como, en el piso de la Rambla, lo hacía su suegro, Matías Alvear. La sección se había refugiado, excepto los centinelas, en un *isba*, sin apenas poder moverse: tanta era la promiscuidad. Calentándose las manos en un plato en el que ardía un poco de alcohol, cuya llama tenía un color violáceo que debía parecerse mucho al que presentaba la piel de muchos niños al nacer.

Mateo, al llegar a la letanía, no dijo solamente... *pro nobis*. Por el contrario, cargó todo el acento precisamente sobre el *ora*... Sí, que la Virgen, *turris ebúrnea*, *domus aurea*, *foéderis arca*, rezara, y velara por él, y por Pilar, y por el diminuto César, al que Mateo no sabía si Pilar enseñaría a amar o a odiar a su temerario padre, aquel falangista que una mañana, en la plaza de San Agustín, de Gerona, se alistó bonitamente porque oyó gritar: «¡Rusia es culpable!» Y porque creyó que era su deber.

Rusia culpable... ¿Y aquellos dóciles prisioneros, pues? ¿Y aquellas muchachas de admirable pudor, sensibles a una mirada de afecto, a un poco de miel y a unos caramelos? ¿Y aquellos viejecitos, con sus iconos, que de pronto gritaban: «¡Christus, Christus!»?

No, *Rusia* no era culpable. Los culpables eran la injusticia de los zares; el odio de los bolcheviques; los judíos poderosos de que les había hablado, a él y a Ignacio, el profesor Civil; y los partidos políticos; y Cosme Vila; y aquellos milicianos que mataron a César, al César seminarista, hermano de Pilar, cuyo recuerdo le servía siempre a Mateo de estímulo y de consuelo.

Rusia, la nación rusa, la múltiples razas rusas, el pueblo ruso que cuando se llamaba a la puerta decía *da, da...*, no era culpable de nada. Estaba acostumbrado a sufrir y a humillarse. Llevaba siglos siendo esclavo; y este sentimiento hizo posible el triunfo del comunismo en sus lagos y en sus tierras; el triunfo de Lenin, el hombre de la perilla irónica, aficionado al ajedrez y a los gatos.

El rosario terminó. Se hizo un silencio en el interior de la *isba. El Charlatán* se había dormido y Alfonso Estrada salió a orinar.

—¿Jugamos una partida, Cacerola?

—Si no es una orden, no...

—¿Por qué? ¿Qué te pasa?

—Querría escribir una carta...

—¿A Gracia Andújar?

—No, a Hilda, la alemana...

Mateo sacó su pañuelo azul... ¡y su mechero de yesca! Y encendió un pitillo marca *Juno*. Y dijo:

—Me has dado una idea. Yo voy a escribir también...

—Dale recuerdos.

—¿A quién?

—A Pilar.

—¡No! Te equivocas. Voy a escribir a mi hijo...

—¿Cómo? Estás chiflado...

—Que te crees tú eso. ¡Es un fenómeno! Sabe ya leer...

CAPÍTULO LXVI

Las Ferias y Fiestas de Gerona se celebraron este año normalmente, porque no hubo inundación. Los autos de coche tuvieron un gran éxito, como si la gente joven, aupada por los partes de guerra, gozara embistiéndose de mentirijillas. Las tómbolas se vieron muy concurridas, especialmente las que

decían: «Siempre toca.» El circo hizo las delicias de los pequeñuelos. Sus temas eran eternos aunque los payasos se lamen-
taban de no poder inventar juegos de palabras que rozaran la
política. Echóse de menos la presencia de Paz Alvear en la
barraca de Perfumería Diana. «¡Jabón para todo el mundo!
¡Jabón Diana, para los cutis más finos!» Tal vez la nota más
descollante la constituyera el faquir Campoy, aquel que años
atrás se hacía enterrar en la Dehesa por unas horas y volvía
luego a resucitar. En esa Feria de 1941 el mago Campoy se
paseó descalzo, limpiamente, sobre brasas encendidas. Un en-
domingado campesino, que había bajado de la comarca de
Breda en busca de emociones fuertes, llegó a la conclusión de
que allí había truco. Y para demostrárselo a sus compañeros,
también endomingados, se agachó y tocó las brasas y se quemó la mano. El mago Campoy, entonces, en ademán elegante,
con la izquierda se quitó la chistera y con la diestra le indicó
el camino del Dispensario.

Luego llegó el mes de noviembre. Las especies minerales
se violentaron; las vegetales empezaron a morir, como si dis-
pararan contra ellas innumerables batallones de «organillos
de Stalin».

Por supuesto, aquel noviembre se caracterizó por lo contrario de la monotonía. En algún lugar de la ciudad había
Alguien, no se sabía quién, que parecía dispuesto a amenizar
la existencia. Podía ser Rufina, la medio bruja de los traperos.
Podía ser algún gigante mitológico escondido en las Pedreras.
Podía ser la propia existencia, que se resistía a ser tachada de
vulgar, de falta de imaginación.

Como fuere, se sucedieron las sorpresas. Sorpresas minús-
culas, como el hijo de Pilar y Mateo. Sorpresas regulares, de
tamaño normal, como la mayor parte de las amígdalas que
extirpaban los otorrinos poco escrupulosos. Sorpresas mayús-
culas, que la gente comparaba con la Catedral. «Una sorpresa
como una Catedral», decían el señor Grote o el maestro Torrus,
del Grupo Escolar, o el anestesista Carreras, o Leopoldo, el
ladino secretario de los hermanos Costa.

Sorpresa minúscula: no hacía frío. Los abrigos y las bufandas continuaban llevándolos los maniquíes de los escaparates;
e incluso el aprensivo Marcos se permitía dosificar sin temor
la ración de pastillas Andreu que había previsto para su garganta. Seguía luciendo el sol. Un sol templado que rejuvenecía
a los ancianos que se paseaban por la vía del tren. No faltaba

quien suponía que también allí había truco, que aquello era insólito y que, por tanto, en el momento más impensado, la naturaleza se vengaría, tal vez con una nevada que convertiría a Gerona en una parodia del «sector septentrional» de Rusia. Pero mientras tanto, mientras eso no llegara, aquello era vivir.

Otra sorpresa minúscula fue el comienzo del idilio entre Gracia Andújar y el ex alférez Montero, nombrado director de la Biblioteca Municipal. A nadie podía extrañar que comenzara otro amor. El amor era algo eterno como los números del Circo o como la elegancia de algunas aves. El amor se escondía durante miles de años para, en un segundo predeterminado, tocar sincronizadamente a dos personas. Esas dos personas podían muy bien ser la hija de un psiquiatra católico, enamorado del canto gregoriano, y un muchacho como Montero, hambriento de vida, después de tanto rematar con su pistola a los condenados a muerte por el Tribunal Militar. Así que hubo los comentarios de rigor, especialmente por parte de las mujeres: María del Mar, Esther, la guapetona Adela... Pero nadie se escandalizó por la noticia. Únicamente, la madre de la muchacha, la insignificante esposa del doctor Andújar, al advertir que su hija inventaba mil excusas para ir a la Biblioteca Municipal, le dijo: «¿No crees que eres demasiado joven, hija mía?» ¡Solemne estupidez! Precisamente «La Voz de Alerta», en una de sus espléndidas «Ventanas al mundo», había hablado pocos días antes de ciertas razas de Oceanía en las que las muchachas eran madres a los catorce y a los quince años. Así que Montero podía estar tranquilo. Gracia Andújar tenía edad suficiente para empezar a amarlo, añadiendo de rebote otro leño a la soledad de Marta.

Otra sorpresa minúscula: se produjo el previsto relevo del Delegado Provincial de Sindicatos. El indolente camarada Arjona, casado y con tres hijos, cedió el puesto al activo camarada Jesús Revilla, casado y también con tres hijos. Al camarada Arjona se le agradecieron, de palabra y por escrito, los servicios prestados y partió para Madrid, «donde tenía amigos que le explicarían el porqué de aquella humillación y le echarían una mano». El camarada Jesús Revilla, de oficio profesor mercantil y pedantón de carácter, con treinta y seis años sobre la camisa azul, que en la guerra había perdido un ojo pero se había ganado la amistad de varios consejeros nacionales, en su obligada visita a las autoridades afirmó que llegaba dispuesto a remozar de arriba abajo la organización sindical y a defender los derechos de los «productores» contra cualquier intento de oligarquía.

El general Sánchez Bravo, oyéndolo, tosió varias veces de forma tal que Nebulosa, de guardia en el pasillo, pensó: «Ése no se toma aquí una gota de González Byass.» Por su parte, el obispo le dijo, al tiempo que le daba su bendición: «Que Dios lo ayude en su labor, hijo mío.» El Gobernador fue, sin comparación posible, el más efusivo de los tres. Le pareció que Jesús Revilla, que era vasco, tenía dotes de mando y buena voluntad. «Estaré a tu disposición siempre que me necesites.» Y luego le hizo patente que uno de los principales problemas con que debería enfrentarse sería el de la ironía de los catalanes. «Los vascos sois un poco duros, ésa es la verdad. Aquí la gente tiene una agilidad mental que desconcierta. Su sentido crítico es feroz, sobre todo con respecto a los que ocupamos cargos oficiales. En principio, nos consideran francotiradores. Prefieren un buen carpintero a un Delegado de Hacienda. Procura que de vez en cuando te vean junto a tu mujer y a tus hijos. Esto les impresiona mucho: la familia. Un buen padre de familia es aquí muy respetado. En fin, ya te irás enterando. ¡Y no se te ocurra decir que el Mediterráneo te parece un lago! No te lo perdonarían. Y algún domingo que otro, vístete de paisano... Eso te dará mucho prestigio.»

Otra sorpresa, ésta un poco mayor, la dio el general Sánchez Bravo el día en que, por fin, se puso la primera piedra para la construcción de los nuevos cuarteles, en los solares regalados por la viuda de Oriol, cerca de la estación de Olot. El general, que solía ser parco en sus arengas, en esta ocasión se remontó a las nubes, ante el asombro de su esposa, doña Cecilia, la cual, al regresar a casa le preguntó, mientras se quitaba su nuevo sombrero y sus guantes blancos: «Pero ¿qué te ha pasado? ¿Comiste pico de loro?»

Nada de eso. Simplemente, el general echaba chispas porque un alto jefe militar, compañero suyo de promoción, residente en Madrid, lo había llamado por teléfono asegurándole que todo lo que él pudiera contarle respecto a los manejos del coronel Triguero eran minucias comparado con lo que ocurría en la capital de España. «Te lo dije por carta y no me creíste; pero es así —le informó su amigo—. Están sucediendo cosas graves. Los ingleses ofrecen sistemáticamente el doble de lo que ofrece Alemania por nuestro mercurio, por nuestras piritas, por nuestra badana, etcétera. ¡Y hay compañeros tuyos y míos que están entrando en el juego! ¿Me oyes..., me oyes? ¿Sí? Pues continúo... Vente un día por Madrid y te contaré lo último que ha ocurrido con las veinte mil toneladas de leche en polvo que la Cruz Roja Americana nos ha enviado... Rrrr... Rrr... Rrrr... ¿me oyes...? Rrr... Rrrr... Rrrrr...»

Fue una lástima. El teléfono no funcionaba como era debido, y la conversación se cortó. Pero el general tuvo la impresión de que su colega de Madrid había intercalado nombres importantes, entre los «responsables de las cosas graves que ocurrían». De ahí que su discurso al colocar la primera piedra para los nuevos cuarteles fuera larguísimo, apasionado —Carlos Civil, representante de Emer, se puso a temblar— y terminara diciendo: «No permitiremos que aves de rapiña, sea cual sea su apellido, se aprovechen de la sangre vertida por nuestros soldados. Si es preciso, desenvainaremos de nuevo nuestra espada.»

Todo el mundo se quedó de una pieza. Fue una sorpresa de tamaño natural.

Otra, en el transcurso de aquel mes de noviembre, corrió a cargo de Carlota, condesa de Rubí. Carlota anunció a sus amistades que... era casi seguro que estaba encinta. ¡Ah, las diabluras de su marido, alcalde de la ciudad! Por fin le había hecho caso al doctor Morell y se había ido a Barcelona a operarse; y el resultado ahí estaba. Carlota notaba un temblor inédito en las entrañas. «Puede tratarse de una falsa alarma, pero no lo creo... Tengo el presentimiento de que será verdad.» Sus amigas la felicitaron de corazón. Sabían lo que aquello significaba para Carlota. Una mujer de la nobleza catalana debía tener hijos. No iban a tenerlos únicamente las pobres mujeres que habitaban en los agujeros de Montjuich. «¡Oh, qué alegría, María del Mar! Ésa será la mejor "Ventana al mundo" que mi marido habrá escrito.»

Otra sorpresa, que afectó de manera un poco más trascendental a la colectividad gerundense. Su protagonista fue en esta ocasión el padre de Gracia, el doctor Andújar. En efecto, el hombre consiguió, ¡ya era hora!, que la gente se enterara de una vez para siempre de que él no era simplemente «un médico de locos», sino que podía ayudar con eficacia a muchas personas que, siendo normales, padecían no obstante de trastornos ambiguos, inlocalizables, que ni ellas mismas, y mucho menos sus familiares, podían definir.

La fórmula del éxito del doctor Andújar consistió en unas

charlas radiofónicas diarias, de cinco minutos de duración, tituladas «Píldoras para pensar». Nunca los gerundenses habían oído nada parecido. Hiciéronse tan populares como los seriales y como los discos dedicados. Cabe decir que el prestigio personal del doctor Andújar había ido en aumento, aparte de que en los escaparates de las librerías acababa de aparecer una monografía suya titulada sugestivamente: «¿Está usted triste sin saber por qué?», que llamó mucho la atención y que mereció un muy elogioso comentario del doctor Chaos en *Amanecer*. A todo lo cual cabía añadir la grata simpatía que despertaba en todas partes el modélico comportamiento, sin ñoñerías, de sus ocho hijos, de los que se decía que iban a formar una orquesta «de cámara». «Un hombre que educa así a su familia —decía la gente— es que tiene algo en la cabeza.»

¡Vaya que si tenía algo en la cabeza el doctor Andújar! Sus charlas lo demostraron. En ellas trató, manejando un lenguaje al alcance de la mentalidad común, de las personas que iban encerrándose en sí mismas, rehuyendo el contacto con los demás; de las que tan pronto estaban eufóricas como perdían las ganas de vivir; de las que notaban crecientes sentimientos de aversión hacia sus seres queridos; de las que al encontrarse en un local cerrado sentían que les faltaba el aire; de las que se mareaban al cruzar una plaza desierta; de las mujeres que si se les moría un pajarillo salían fuera de la población y, anegadas en llanto, lo enterraban, etcétera.

«Todas estas personas —dijo el doctor— suelen ser víctimas de incomprensión por parte de quienes las rodean. Se dice de ellas, despectivamente, que son *histéricas*, o *neurasténicas*, que lo que persiguen es *ser miradas*, *que han nacido para dar la lata* y que lo mejor es no hacerles caso o tratarlas con el bastón. Grave error. Los familiares deben saber que tales personas sufren mucho, que su sufrimiento es real, no imaginario ni fingido, y que el hecho de que al preguntárseles: "Pero, vamos a ver, ¿qué te pasa? ¿Por qué estás así? ¿Por qué llevas media hora mirando este jarrón?", no sepan qué contestar, no significa que no necesiten ayuda. Todo lo contrario. La necesitan más que si tuvieran el tifus o padecieran de anemia. Porque su mal no es meramente físico sino que de él participa el alma.»

Aquel lenguaje era nuevo. Raimundo, el barbero, decía: «A mí me ha ocurrido eso en el cine. Asfixiarme y tener que salir.» El patrón del Cocodrilo decía: «Conchi, la madre de Paz, cada vez que cruzaba un puente tenía miedo de caerse abajo.» Mijares, el abogado Mijares, de la Agencia Gerunda y de la Constructora Gerundense, S. A. confesó que, pese a las apariencias, él sólo estaba lozano por las mañanas, mientras que a media tarde acostumbraba a pasar un par de horas durante las cuales por menos de un céntimo lo hubiera mandado todo bonitamente al cuerno. Pablito bebía materialmente las palabras del doctor Andújar. «A mamá le ocurren esas cosas —pensaba—. Y a mí. ¿Y por qué Cristina, el día que descubrió que se había convertido en mujer, dijo que tenía ganas de morirse?»

¡Sorpresa más que regular la provocada por el doctor Andújar! Despertó la curiosidad. Sobre todo porque a lo último anunció que los miércoles y los sábados, por la tarde, recibiría gratis a quienes tuvieran en casa a algún familiar cuya conducta les pareciera incomprensible. Lo cierto es que la sala de espera, en esos días, se le abarrotó. El desfile fue tal que el doctor se reafirmó en su idea: su arma principal debía ser la palabra humilde. Hablar de ciencia como mosén Alberto hablaba de las costumbres de los pescadores del litoral y como si el público al que se dirigía no hubiera rebasado los veinte años. Y mostrar una gran compasión por el universo emocional de las mujeres.

En el plano individual, proporcionaron sorpresas más que regulares don Anselmo Ichaso, director vitalicio de *El Pensamiento Navarro*; y Katy, la madre de Esther.

Don Anselmo Ichaso escribió a «La Voz de Alerta», en papel príncipe timbrado en relieve, dándole dos suculentas noticias. Una, que, de acuerdo con lo que le dijo en Pamplona a raíz de su viaje de boda, estaba a punto de ser entregada a Franco una petición, firmada «por una serie de personajes españoles», rogándole que restaurase la Monarquía, «única forma viable para salvar al país de la encrucijada en que se encontraba, habida cuenta de la prolongación de la guerra mundial». Otra, que su hijo Javier, el mutilado, había prácticamente abandonado sus estudios de arquitectura y se dedicaba a escribir novelas. «Me he puesto furioso con él, pero ha sido inútil. Dice que tiene muchas cosas que contar al mundo y que quiere contárselo con verbos y adjetivos y no con edificios. ¿Ha oído usted, mi querido amigo, tontería semejante? ¡Ah, y le hace a usted responsable de su decisión! Afirma que usted, en San Sebastián, mientras trabajaban juntos, le descubrió *el maravilloso paisaje de las ideas.*»

En cuanto a Katy, de repente llamó a su hija, Esther, y le comunicó que acababa de recibir una carta de Jerez de la Frontera según la cual el Duque de Medinaceli había cedido a sus obreros su finca de Villarejo, en la provincia de Jaén, para que fuera parcelada entre los más necesitados. «¿Te das cuenta, hija mía? Entre esos arranques de generosidad, los Sindicatos y la manía de tu marido de defender pleitos perdidos, vamos a tener que vender nuestro cortijo de Jerez.»

Naturalmente, la muerte no podía faltar a la cita de las sorpresas. La muerte dio la suya, de gran significado para los gerundenses adultos: falleció, en el Penal del Puerto de Santa María, el doctor Rosselló, de «colapso cardíaco», según la nota escueta publicada en *Amanecer*.

El Gobernador recibió oficialmente la noticia y se la comunicó a Miguel Rosselló y a su hermana Chelo. Miguel y Chelo se quedaron anonadados. En esa ocasión fue Jorge de Batlle quien tuvo que consolar a su joven esposa, utilizando argumentos similares a los que con anterioridad ella había utilizado con él. Pero a Miguel, sustituto de Mateo en la Jefatura Provincial de Falange, ¿quién lo consolaba? Con la ausencia había aprendido a querer a su padre, y a perdonarlo. «Pero ¿qué ha ocurrido? —le preguntaba Miguel al Gobernador—. Cuando lo visité lo vi fatigado, pero sano. Y nunca había padecido del corazón.» El Gobernador titubeó un momento... y por fin hizo un gesto de impotencia. «La cárcel es dura, mi querido Miguel. Tienes que resignarte.»

Miguel y Chelo hubieran querido celebrar funerales públicos en memoria de su padre, el doctor Rosselló, pues estaban convencidos de que en Gerona había mucha gente que lo quería; pero el Gobernador se opuso a ello. «Lo lamento —dijo—, pero no lo considero prudente...» Fue la primera vez que Miguel Rosselló miró a su jefe con ojos coléricos. En cuanto a Chelo, se fue a ver a Marta y le dijo: «Es lamentable que la política no respete a los hombres ni aun después de muertos.»

Tampoco podía faltar, a la cita de sorpresas, Pachín... Pachín, en el Club de Fútbol Barcelona, triunfaba en toda línea. En las ocho primeras jornadas del Campeonato de Liga había marcado siete goles como siete soles y se había convertido en hombre popular en España entera. Tan popular, que se pasaba el día entrenándose, durmiendo, leyendo *Tebeos* con displicente satisfacción... y olvidándose de Paz. Todavía no le había hecho a ésta ninguna visita, alegando «que el entrenador no le daba permiso». Y espaciaba las cartas, alegando «que escribir no era su fuerte». La llamaba por teléfono a Perfumería Diana, le decía «mi pichoncito», le prometía que se casarían cuando llegase el momento y colgaba el auricular. Paz echaba una mirada de reto a la tienda y al mundo. Se había prometido a sí misma que aquel hombre no se le escaparía. Pero ¿qué hacer? Su venganza consistió, al pronto, en ocuparse otra vez con tesón del Socorro Rojo y en pedirle a Ignacio las señas de su primo, José Alvear. Paz aseguró que «necesitaba con toda urgencia ponerse en contacto con él». Ignacio le dijo: «No sabemos dónde está, Paz. Te lo juro. Escribimos una carta hace tiempo a Toulouse, a la dirección que tenía antes, pero nadie nos ha contestado.» El primer perjudicado fue Cefe, el pintor de retratos. Paz le dijo al artista: «Ya no me desnudo ante ningún hombre. Sois todos unos bestias.»

Tampoco el señor obispo podía faltar a la cita de las sorpresas... El doctor Gregorio Lascasas, contento por aquellas fechas porque su dilecto amigo, el obispo de Salamanca, doctor Pla y Deniel, acababa de ser nombrado arzobispo de Toledo y Primado de España, comunicó a los feligreses su propósito de abrir otra Causa de Beatificación en la diócesis: la del vicario mosén Francisco...

Al señor obispo le había costado cierto esfuerzo tomar tal determinación. El hecho de que mosén Francisco se hubiese ido en calidad de voluntario con los «rojos» al frente de Aragón, lo había desconcertado, y prefirió meditar una temporada. Pero a medida que pasó el tiempo fue recibiendo más y más noticias de mosén Francisco y todas ellas coincidían en proclamar su santidad. Un miliciano, que fue detenido en Barcelona y que declaró haber sido testigo presencial de la muerte del vicario en la checa comunista de Gorki, relató los últimos momentos de su martirio, verdaderamente patéticos. Las hermanas Campistol, que en los primeros meses de la guerra tuvieron escondido a mosén Francisco en su taller de modistas, fueron llamadas a Palacio y contaron tales detalles que el doctor Gregorio Lascasas, muy sensible a la ejemplaridad de los jóvenes sacerdotes, se las vio y deseó para contener las lágrimas. Si bien el máximo propulsor de la Causa fue, desde el primer momento, mosén Alberto. Mosén Alberto había afirmado una y otra vez que no había razón para suponer santo a

César y no a mosén Francisco. «Eran almas gemelas, cada una según su condición», era su tesis. Por fin vio colmados sus deseos y fue nombrado vicepostulador; tocándole en este caso al padre Forteza el papel de «abogado del diablo». Es decir, se invirtieron los términos, lo que arrancó de ambos un comentario socarrón: «Vamos a ver si sincronizamos nuestros disparos...»

Y sin embargo, la sorpresa mayúscula, la sorpresa que iba a poner un digno colofón a todas las demás, la dio a los gerundenses el mismísimo Gobierno: el día 27 de noviembre, declarado *Día del Maestro*, el Gobernador Civil, el camarada Juan Antonio Dávila, recibió un oficio del Ministerio de la Gobernación en el que se disponía su traslado al Gobierno Civil de Santander.

El oficio era escueto y terminaba diciendo que el 15 de diciembre recibiría en Gerona a su sucesor y que él debería tomar posesión del nuevo destino el día 20 del mismo mes.

El Gobernador sintió, al leer aquel texto, que no le penetraba aire en los pulmones y por unos momentos temió que sus habituales y expertos ejercicios respiratorios no le sirvieran para nada. ¡Inesperado golpe! No conseguía comprender, hacerse a la idea. Estaba en su despacho, solo. Lo miró, con calma inusitada. Miró el techo, las paredes, la mesa, los sillones, las alfombras, los teléfonos... El teléfono amarillo no consiguió, en esta ocasión, hacerlo sonreír. Parecióle incluso que había allí objetos que no había visto nunca. ¿Desde cuándo aquella lámpara, de pie caracoleante, detrás de la puerta?

Su primer impulso fue llamar a Madrid para pedir que se anulase la orden. Pero se dio cuenta de que sería inútil... y ridículo. ¿A quién pedírselo? ¿Al Ministro, que era el firmante del documento? ¿Al Caudillo, al que había jurado fidelidad y obediencia, con la mano puesta sobre los Evangelios?

Inmediatamente después se dijo que aquello no podía ser sino el fruto de alguna maniobra maquiavélica. Pensó seguidamente en el coronel Triguero..., e incluso en su propia esposa, María del Mar. El coronel Triguero, la última vez que le habló, le sonrió de forma más enigmática que de costumbre. ¡Tenía, el muy canalla, tantas agarraderas! En cuanto a María del Mar, no había acabado de aclimatarse en Gerona y ahora cuando fue a buscarla a Santander, la encontró, como es sabido, rejuvenecida, sonrosadas las mejillas y sin la menor prisa por regresar.

El Gobernador acabó irritándose consigo mismo. ¿Por qué pensar en «maniobras maquiavélicas»? Desde un punto de vista objetivo, el traslado significaba un ascenso. Santander era capital más importante que Gerona, y sin duda lo que el Ministro perseguía con su nombramiento era poner al frente de aquella provincia, que había recibido el azote del incendio y del huracán, a alguien que la conociera a fondo: que tuviera, como él tenía, raíces en el propio lugar.

¡Y a lo mejor ni siquiera eso! Los relevos eran frecuentes, formaban parte del juego político habitual. Él mismo había estado jugando al ajedrez con los alcaldes.

Acabó reprochándose el haber pensado mal de María del Mar. ¡Ésta se alegraría del traslado, por supuesto! Se alegraría enormemente, y a duras penas conseguiría disimularlo. Pero le era fiel y por nada del mundo hubiera sido capaz de intrigar a espaldas suyas.

El Gobernador, sin saber a ciencia cierta por qué, se reservó la noticia por espacio de veinticuatro horas. Hasta que comprendió que aquello era absurdo y decidió darla a conocer.

Primero se la comunicó, naturalmente, a la familia; luego, a las autoridades; por fin, a la población.

¡Ah, cuán cierto era el refrán: «De todo hay en la viña del Señor»! María del Mar se tapó la boca con la mano pero sus ojos, efectivamente, gritaron: «¡Viva!» Pablito retrocedió un paso. Hubiérase dicho que se mareaba. «Pero...», balbuceó. Era evidente que su pesar era enorme, tanto o más que el de su padre. «Papá, ¿por qué no llamas a Madrid y procuras arreglarlo?» Cristina miró a los suyos con semblante atónito. A ella lo mismo le daba. Por el momento, las cosas le parecían sustituibles; las cosas y las personas. También en Santander tendría amigas, y una habitación con animalillos de trapo, y graciosos pijamas. También allí sería «la hija del Gobernador».

En cuanto a las autoridades, manifestaron en bloque tal pesadumbre, que el Gobernador se sintió halagado. Lo mismo el general, que el obispo, que «La Voz de Alerta», que el jefe de Policía. «Pero ¿es posible? Nunca tendremos aquí a nadie como usted.» El general, que era quien más acostumbrado estaba a aceptar los hechos, le dijo por fin: «Lo que son las cosas. Yo querría irme y me tienen aquí; usted se siente a gusto y lo mandan a su tierra.»

¿Y la población? En cuanto la noticia circuló por la ciudad y la provincia, produjóse una situación de perplejidad. Muchas personas lamentaron, ¡cómo no!, la marcha del Gobernador. En términos generales, éste había conseguido ganarse las simpatías de la gente. Se reconocía unánimemente que su labor estuvo presidida siempre por el deseo de ser justo. A veces tuvo que mostrarse duro. ¡Natural! ¡Los tunantes, los bribones abundaban como la mala hierba! Pero, cuando el apogeo de los juicios sumarísimos, de la represión, si alguna gestión hizo fue para salvar a los acusados y en ocasiones lo consiguió. Y aparte esto, era preciso reconocer que cuando él llegó a Gerona, en abril de 1939, recién terminada la guerra, Gerona era un solar. No había puentes, ni electricidad, ni agua, ni gas. Montañas de basura y de chatarra y la gente merodeando desnuda por los caminos. ¿Alguien podía negar que, en su gestión de dos años y pico, había levantado aquello, en la medida de lo posible? ¡Los gerundenses, trabajadores de suyo, lo ayudaron! De acuerdo. Pero él fue su conductor y su amparo, preocupándose por todo, desde la pensión asignada a las viudas hasta solicitar para los bomberos la escalera metálica que ahora poseían.

El Gobernador, que era el primer convencido de haber cumplido con su deber, por un momento soñó con que la población sería consecuente y le demostraría masivamente su gratitud. ¡Sí, esperaba que de un momento a otro vería congregarse ante el Gobierno Civil una muchedumbre pidiendo que se asomara al balcón!

Y lo cierto es que eso no ocurrió. Y que no faltó quien supuso que habría sido él mismo quien habría pedido el traslado. «Natural. En Santander tiene sus fincas...» Y otros que se encogieron de hombros diciendo: «¡Qué le vamos a hacer!» y volviendo en seguida a sus ocupaciones.

El Gobernador pulsó muy en breve este punto de aceptación fatalista entre quienes habían sido sus súbditos. Entonces, por un momento, mostró la cara aniñada de su personalidad y pronunció la palabra «desagradecidos». María del Mar le dijo: «No escarmentarás nunca. Eres un ingenuo. También se encoge de hombros la gente cuando lee que en un bombardeo han perecido mil ingleses o mil alemanes.»

Tales palabras, preñadas de lógica, lo hicieron reaccionar. Por otra parte, ¿qué le ocurría? ¿Era posible que anduviese «mendigando» por dentro ovaciones, el delirio? Si llevaba gafas negras era para no ver la molicie. Si vestía uniforme de Falange era para no caer en la tentación de pasar factura. Si mascaba caramelos de eucalipto era para no saborear el placer del halago.

«¡De acuerdo!», dijo. E hizo lo que debía hacer, que no otra cosa podía esperarse de un Dávila. Ordenó a «La Voz de Alerta» que *Amanecer* fuera parco en los elogios de despedida. Enteróse de que algunos organismos oficiales —la Sección Femenina, las alcaldías— querían organizar una manifestación y acompañarlo en caravana, el día de la marcha, hasta el límite de la provincia, y se opuso rotundamente. ¡Ni hablar! Se marcharía silenciosamente... Con su mujer y sus hijos, y con un chófer que le prestara el general. El comisario Diéguez le pidió audiencia. Quería agradecerle no sé qué... «Agradézcaselo usted al clavel blanco que lleva en la solapa.» El doctor Chaos solicitó una entrevista. «Venga, venga usted. Pero nada de lamentaciones. Hablaremos de las necesidades del Hospital, si es que cree usted que ahora, a mi paso por Madrid, puedo conseguir algo.» Lo llamó el profesor Civil...

¡Ah, ése fue otro cantar! Lo recibió. Lo recibió con efusión extraordinaria. Tuvo para él frases en verdad emotivas. Pese a las apariencias, nunca había olvidado el diálogo que sostuvieron en el coche, camino de Barcelona, cuando fueron a esperar al conde Ciano. Y, sobre todo, la conducta del profesor, su extraña mezcla de energía intelectual y de mansedumbre, habían sido para él un ejemplo constante que imitar.

—Profesor Civil..., a veces nos ocurre eso. Que, sin saberlo, influimos sobre determinadas personas. Éste es su caso con respecto a mí. Usted y el padre Forteza han sido en este tiempo mis dos espejos. Se lo puedo garantizar. Más de una vez, a punto de cometer cualquier simpleza, he recordado aquellas cruces que grababa usted, con la uña del pulgar, en las paredes de la cárcel durante la guerra, y he hecho marcha atrás. De manera que lo menos que puedo hacer es manifestarle ahora mi gratitud.

El profesor Civil se emocionó de veras. Quería mucho al Gobernador.

—Mi querido amigo, gracias por sus palabras. Pero creo que ha exagerado usted. Tengo la impresión de que el ángel tutelar de su vida no habrá sido el padre Forteza, y mucho menos yo, que ya soy viejo y anticuado y que me conmuevo con exceso cuando oigo sonar las campanas de la Catedral. Creo que el gran fiscal de su vida —y le ruego que no olvide lo que voy a decirle— va a ser, a la postre, su hijo, Pablito, a quien le ruego que dé en mi nombre un fuerte abrazo. Y ahora, adiós... Y póngame también, por favor, a los pies de su esposa...

* * *

El Gobernador quedó tan impresionado por esta entrevista con el profesor Civil, que se sintió con ánimo para organizar en su casa una reunión de despedida. María del Mar, esta vez, cuidó de escribir de su puño los nombres en los sobres de las invitaciones. Y todo el mundo acudió. El hogar del camarada Dávila presentaba aquella noche un aspecto rutilante y los asistentes —doña Cecilia se dio cuenta de ello en seguida— eran más o menos los mismos que se daban cita en el baile de gala que tenía lugar en el Casino de los Señores, al final de las Ferias y Fiestas de San Narciso.

Un halo de melancolía flotaba, por supuesto, en la reunión, pues todo el mundo tenía plena consciencia del motivo por el cual María del Mar, ayudada por Pablito, por Cristina y por la doncella, ofrecía a todos aquellas copas y aquellos emparedados. Pero el camarada Dávila cumplió con suma elegancia su papel de anfitrión. Realmente supo estar a la altura de las circunstancias.

Fuera de eso, le dio ocasión para sostener breves diálogos con todos aquellos que habían compartido con él más o menos intensamente su estancia en Gerona.

Los primeros en llegar habían sido, como siempre, el notario Noguer y su esposa. Tuvo con ellos un aparte bastante largo, que terminó así:

—Váyase tranquilo, amigo Dávila. Ha sido usted eficiente, no le quepa duda. Nadie hubiera hecho más de lo que usted ha hecho.

—Sí, tal vez sea verdad. Pero a uno siempre le parece que se quedó corto. ¡Hay tantas necesidades!

—La incógnita reside en cómo será su sucesor...

—¡Ah, lo ignoro! Le deseo mucha suerte. Por mi parte, le pondré al corriente lo mejor que sepa y le daré cuenta de las conclusiones a que he llegado en ese tiempo.

—¿Cree usted, mi querido amigo, que ha conseguido entendernos, entender a los catalanes?

—No. Francamente, notario Noguer, no... ¡Son ustedes un problema!

Más tarde dialogó cuanto pudo con Manolo y Esther, que llegaron con cierto retraso.

A lo primero se rieron mucho, recordando cómo al principio de su mandato, cuanto él tenía «la puerta abierta para todo el mundo», algunas aldeanas habían intentado sobornarlo llevándole como regalo una gallina o dejándole sobre la mesa del despacho «un duro para que se tomara un café». También recordaron el grito de: «¡Que se repita!, ¡que se repita!», con que lo obsequiaron en Darnius cuando él y Mateo y otros falangistas, en su primera visita oficial al pueblo, cantaron *Cara al Sol* desde el balcón del Ayuntamiento y los darniuenses pensaron que era una canción folklórica.

Pero pronto hablaron de cosas más serias. De hecho, fue Esther quien decidió que así fuese.

—¿Puedo hacerte una pregunta? —le dijo al Gobernador.

—No faltaría más. Con lo hermosa que estás esta noche...

—¿No has pensado nunca en la posibilidad de abandonar la política?

El Gobernador levantó el dedo e hizo un signo negativo. No, nunca había pensado en tal cosa... Cada día estaba más convencido de que era hombre vocacionalmente político. Lo cual, si bien tenía sus inconvenientes, como se estaba demostrando con ese traslado —y como muy bien sabía María del Mar...— no dejaba de ser, según venía diciéndose desde hacía siglos, «menester muy noble y muy digno de loanza».

—No, Esther... No pienso pedir la excedencia, como Manolo hizo. Nuestro caso es distinto. Aparte de que las ideas de Manolo evolucionaron, mientras que yo sigo estando donde estuve, él es abogado nato y yo no. Y tampoco me veo dándoles ahora la lata a mis hermanos y mezclándome con ellos en asuntos de ganadería, de los que no entiendo ni jota...

Separóse de la pareja, porque reclamó su presencia nada menos que doña Cecilia, la esposa del general.

—¡Juan Antonio...! —le dijo—. Que me tienes olvidada. Dime. ¿Tenéis piso en Santander, o viviréis, como aquí, en el propio Gobierno Civil?

—La verdad, mi querida amiga, no lo sé... No me ha dado tiempo a ocuparme de eso...

—Hazme caso, Juan Antonio —insistió doña Cecilia—. Búscale a María del Mar un piso aparte. A ella esto no le va. ¡Como tampoco a mí me van los cuarteles! Pero tú no eres general, ¿comprendes? Tú puedes darle ese gusto a María del Mar...

Coloquio fuera de lo común, casi extemporáneo en aquel ambiente, fue el que sostuvo con Carlota, quien se presentó con un collar que debía de tener dos o tres siglos. La pregunta que le hizo Carlota le recordó la de Esther, pues la flecha apuntaba en la misma dirección. Carlota, después de un preámbulo halagador, durante el cual le dijo que marchándose él tal vez su marido dejara también la alcaldía, le preguntó si había pensado alguna vez... en la posibilidad de que Hitler perdiera la guerra.

No era aquél el lugar indicado para ahondar en la cuestión; con tanta gente y con Pablito y Cristina pasando de grupo en grupo con bandejas en la mano. Sin embargo, el Gobernador aceptó el envite. En realidad, Carlota no fue nunca santo de su devoción, no sabía exactamente por qué.

Contestó que no, que nunca había pensado en tal posibilidad. De modo que, por ese lado, se iba tranquilo. En primer lugar, él era de Santander, no de Barcelona, donde por lo visto los ingleses habían impreso, a través de los tejidos —como en Jerez de la Frontera a través del coñac— huellas muy vigorosas. En segundo lugar, tenía fe ciega en la superioridad absoluta de los Estados totalitarios sobre los Estados regidos por la democracia. Y por último, y sobre todo, sabía leer. Sabía leer los partes de guerra. Y éstos decían bien a las claras, precisamente en aquellos días, que la campaña de Rusia, decisiva a todas luces, había entrado en su fase final. Hitler había declarado en su último discurso: «Rusia está vencida. Lo que queda por hacer es pura cuestión de trámite.» Tal vez el Führer hubiera exagerado un poco, para calentar a sus soldados, puesto que en Rusia el frío parecía ser verdaderamente intenso; pero la realidad no difería mucho de tan tajante declaración. San Petersburgo estaba al caer, completamente cercado; y sobre todo, estaba al caer Moscú... ¡Todo ello sin que el grueso del Ejército alemán hubiera entrado todavía en acción! Así que, en su opinión, la suerte estaba echada.

Carlota sonrió, inclinó brevemente la cabeza y levantando la copa que tenía en la mano brindó:

—¡Que tengas mucha suerte!

A continuación, el Gobernador habló con don Eusebio Ferrándiz, jefe de Policía, quien como siempre se presentó solo. Habló con él de un tema que calificó de «apasionante»: los hermanos Costa.

—Recibirá usted un informe sobre ellos, mi querido amigo Ferrándiz, idéntico al que mandaré al Fiscal de Tasas, que por cierto no ha llegado aún, según veo... Creo que, en cuanto haya usted leído ese papel, tendrá usted por fin en sus manos a los famosos industriales. ¡Una vez más, gracias al comisario Diéguez!

A don Eusebio Ferrándiz no le gustaba hablar, fuera de la Comisaría, de estos asuntos. Pero en este caso le picó la curiosidad. Y el Gobernador, en cuatro palabras, la satisfizo.

—Sí, esta vez se han pasado de la raya. Por lo visto, andan trapicheando con una Sociedad barcelonesa, Sarró y Compañía, o algo así. Pues bien, por indicación de esa Sociedad, los hermanos Costa han sobornado a un pobre brigada que estaba a cargo de los restos de las baterías artilleras de la costa. En el depósito se guardaban no sé cuántas toneladas de cobre, procedente de Transmisiones; y se han hecho con ellas, a un precio irrisorio. Operación importante, desde luego. Y que supongo cae de lleno en el Código Militar.

Don Eusebio Ferrándiz se quedó de una pieza.

—Pero ¿es posible? ¿Ha dicho usted cobre de Transmisiones? Se referirá usted a los cables, claro...

—Exacto.

—¿Entonces... ese brigada?

—¡Ah!

—Mándeme usted ese informe, por favor.

—Mañana lo tendrá usted en la mesa.

El Gobernador continuó atendiendo a los invitados. Charló un rato con el doctor Chaos, el cual le dijo: «¿Se convence usted, Gobernador, de que el hombre no es libre ni siquiera de elegir el lugar de su residencia?» Charló con el doctor Andújar y con su esposa. «Doctor Andújar, ¡echaré de menos sus píldoras para pensar!» Habló con don Óscar Pinel, Fiscal de Tasas, que por fin llegó: «¿Qué, recibió usted noticias de Solita?» «Sí, ayer. Y por lo que me dice deduzco que se encuentra en Riga, en un hospital. ¿Por qué precisamente en Riga, digo yo?» Habló con Agustín Lago. «Amigo Lago, ¿le mando un par de estufas desde Santander, para sus escuelas?» Lago sonrió. Saludó un momento a Ignacio. «Ilustre abogado, a tus órdenes.» Marta estaba al otro lado, lejos, hablando con el ex alférez Montero... «Marta, eres muy valiente... ¡Te felicito!» El Gobernador se acercó al grupo que formaban Jorge de Batlle, Chelo y Miguel Rosselló. ¡El hombre hizo de tripas corazón! Sí, entre los secretos que se llevaría a su tierra —para no hacer daño a nadie— figuraba uno que afectaba de forma muy directa a los hermanos Rosselló: su padre, el doctor, no había muerto de «colapso cardíaco» en el Penal; se había suicidado. Pero ¿a qué darles semejante noticia? «¡Chelo, el matrimonio te sienta divinamente!» Jorge de Batlle bromeó... ¿Desde cuándo era Jorge capaz de ello? «No es el matrimonio el que le sienta bien. Es el campo, es la granja...» «¡Adelante, pues, con las gallinas!» Habló con Jesús Revilla, el nuevo Delegado Sindical, quien exclamó, en tono algo irónico: «Pero ¡esto es un despilfarro! ¡Ni que fuera una Primera Comunión!» El Gobernador miró al vasco sin darse por aludido. «Es la última, camarada...»

Ahorróse el enfrentarse con el capitán Sánchez Bravo, porque casualmente aquella noche éste tenía guardia en el cuartel. De modo que, a la postre, todo salió a pedir de boca. El general le repitió: «¡Y pensar que puede usted salir de aquí!» El Gobernador había tenido el detalle de invitar a su conserje. Pero éste se sentía cohibido, al lado de su mujer, que era bajita y que se había puesto un lazo rojo en el pelo. El conserje no se atrevió a mezclarse con los huéspedes y hubiera sido más feliz sustituyendo a Pablito con una bandeja.

A una hora muy avanzada, cuando el cansancio había empezado a hacer mella en los invitados, el Gobernador solicitó un momento de silencio y, en medio del respeto general, dedicó a todos unas palabras de gratitud por su asistencia y les rogó... que le desearan el mejor acierto en su nuevo cometido, «para el bien de España».

El Gobernador y María del Mar, que estaba a su lado, húmedos los ojos, escucharon una cerrada, una prolongadísima ovación. Y poco después el salón del hogar del Gobierno Civil quedó vacío, con sólo la familia y, en el suelo, restos de pastas, con algunas botellas en un rincón y copas en todos los muebles.

Fue, para el camarada Dávila y los suyos, un momento un tanto difícil, mezcla de estupor y de nostalgia. Se miraron unos a otros. Les invadió una inevitable tristeza, que cortó Pablito diciendo:

—Bueno, me siento cansado, me voy a dormir... ¡Buenas noches! —Besó a sus padres y se retiró.

También Cristina los besó y tomó el camino de su cuarto. Pero apenas hubo andado unos pasos, se volvió y dijo:

—¡Has estado estupenda, mamá!

Entonces, al quedarse solos el Gobernador y María del Mar, se miraron... y se abrazaron. Y para evitar que aquello se convirtiera definitivamente en un «serial», el camarada Dávila le propuso a su mujer salir a dar una vuelta antes de acostarse.

—¿Te apetece? Vamos a estirar un poco las piernas... A esta hora no habrá nadie por ahí.

María del Mar estaba agotada, pero aceptó. «Espera, que me arregle un poco.» Se fue a la alcoba y regresó al instante. «El rimmel se me había corrido, ¿sabes?»

Minutos después el Gobernador y María del Mar se encontraban en la calle de Ciudadanos. El Gobernador bromeó: «Bien, aprovechando que el señor obispo no nos ve, si me permites te cogeré del brazo...»

Efectivamente, la calle estaba desierta. Los impresionó oír sus propias pisadas en la noche gerundense. El sereno los reconoció y los saludó quitándose la gorra. En un establecimiento de ortopedia, iluminado, había un maniquí, un torso varonil, que arrancó de María del Mar un comentario sorprendente: «¿Por qué Agustín Lago no se coloca un brazo ortopédico articulado?»

—Habrá hecho una promesa... —comentó el Gobernador.

Al llegar a la plaza Municipal contemplaron el balcón del Ayuntamiento, el escudo de la ciudad, el reloj. Oyeron sonar la campana de la Catedral, que tanto emocionaba al profesor Civil. Los soportales de la plaza estaban oscuros y cerrados con tablones de madera los puestos de los limpiabotas. Llegaron al Puente de Piedra y se acodaron en el pretil, para ver el Oñar. De un vertedero a la izquierda salía un poderoso chorro de agua sucia. «Son los residuos de la fábrica Soler.» Las casas sobre el río parecían sostenerse de milagro.

Calle de José Antonio Primo de Rivera... ¡En la Perfumería Diana había un espejo, también iluminado! El Gobernador se acercó a él, se quitó las gafas y se miró. Y le ocurrió lo que en su despacho: parecióle descubrir, esta vez en su rostro, algo que no había visto nunca: varias profundas arrugas a ambos lados de la nariz. «¿Estaban ahí —se preguntó— antes de recibir la orden de traslado?»

—Tengo frío —dijo María del Mar—. ¿Regresamos?

—Sí, querida. Ha sido un día duro para ti.

CAPÍTULO LXVII

DE PRONTO, EL RAYO CAÍDO del cielo. El mundo entero cerró por unos instantes los ojos para volver a abrirlos luego con estupor. El día 7 de diciembre, víspera de la Inmaculada, la aviación japonesa atacó por sorpresa las más importantes bases navales y militares norteamericanas e inglesas en el Pacífico y en el Asia Oriental. El bombardeo más intenso se concentró sobre Pearl Harbour, en Hawai. Parte de la flota de los Estados Unidos fue hundida, mientras tropas japonesas desembarcaban en la península de Malaca. Asimismo fueron bombardeados Singapur, Hong-Kong y diversos puntos de las Islas Filipinas. Entretanto, en Tokio, se declaraba oficialmente que el Japón se encontraba en estado de guerra con los Estados Unidos e Inglaterra. La declaración la firmaba el mismísimo Emperador.

El día 12, Alemania e Italia, solidarizándose con el Japón, declararon también la guerra a los Estados Unidos, los cuales la declararon a su vez a las dos potencias europeas.

¿Qué ocurría en la tierra? ¿Qué ocurría, Señor? ¿Y el mensaje de paz que Pío XII preparaba para la Navidad, ya presentida en los hogares?

¿Tales acontecimientos modificarían las opiniones del Gobernador? ¿Mateo Santos tardaría mucho en enterarse, en su *isba*, de que había caído del cielo aquel rayo?

Gerona se encogió. Desde Montjuich, las mujeres andaluzas, si hubiesen ido a la escuela y hubiesen tenido una idea aproximada del tamaño de los océanos, hubieran visto efectivamente que la ciudad tendida a sus pies se encogía, lo mismo que se encogía el cuerpo de Eloy cuando, alguna noche, soñaba con Guernica.

El general Sánchez Bravo se plantó ante el mapamundi, solo, sin testigos. Y meditó. Nebulosa, en el pasillo, aguardó por si lo llamaba, por si le daba alguna orden; pero el general no lo llamó. El general permaneció encerrado en su despacho más de una hora, mirando el mapa, sumido en el más completo silencio y en una casi inmovilidad.

Fuera, en cambio, por las calles, la gente andaba más de prisa. Encogida, pero más de prisa. Los gerundenses iban y venían un poco sin rumbo fijo, sin saber si debían mirar al río, a los escaparates navideños... o a los cuarteles.

«La Voz de Alerta» cerró su consulta de dentista por unos días. El padre Forteza bajó a la capilla del convento y se arrodilló ante el Sagrario, pensando en su hermano, misionero en Nagasaki. El notario Noguer hizo acto de presencia en la Diputación, pero le dijo al conserje: «No estoy para nadie.» José Luis Martínez de Soria, camino de la Auditoría, recordaba una y otra vez unas palabras que había pronunciado él mismo en Valladolid, durante la guerra: «Creo que la actual epidemia de fanatismo político durará poco. Todo lo más, un siglo: el tiempo justo para que se independicen las colonias. Luego... me temo que Satanás conquiste el mundo precisamente a través de la indiferencia.»

Paz Alvear, sin saber exactamente por qué, experimentó una alegría indescriptible. ¡Los Estados Unidos...! El nombre sonaba fuerte, como sonaba fuerte y rotunda la trompeta de Damián, director de la *Gerona Jazz*. También en la cárcel de Salt, recién estrenada, los reclusos se miraron unos a otros ganados por una súbita e imprecisa esperanza.

Ocurrió eso. Un viento gélido se introdujo en el corazón de muchos «vencedores» de la guerra civil. Comprendieron de golpe que la apuesta era alzada y por un momento les penetró el temor de que el edificio que habían levantado, con la certeza de que iba a durar decenios, se desmoronase. Ya no estaba en sus manos hacer nada. Todo dependía del poderío real que tuviesen las naciones firmantes del pacto tripartito. Si esas naciones perdían la apuesta —porque era forzoso admitir que el nombre de los Estados Unidos sonaba fuerte—, tal vez un día, no se sabía cuál, regresaran a Gerona, montados en tanques ingleses, o belgas, o rusos..., el Responsable y Cosme Vila. Y Julio García, junto con su querida esposa doña Amparo Campo, ésta diciendo *pardon* y *okey*.

La imprecisa esperanza de los reclusos de la cárcel de Salt: y de Manolo y Esther; y de Paz Alvear; y de Jaime, el librero separatista; y de los colonos de Jorge de Batlle; y de Mr. Edward Collins; y de los millares de trabajadores forzados que a lo ancho de la geografía nacional reconstruían carreteras, iglesias y cavaban poco a poco sus tumbas, era ésa: los Estados Unidos. ¡Bendito Japón, que había tenido la osadía de desafiarlos! ¡Un hurra por el general Tojo, que atacó por sorpresa a Pearl Harbour! ¡Un hurra por el emperador, fuera o no fuera dios, que había firmado la declaración de guerra!

La decoración había experimentado tal cambio que a Ignacio le resultó imposible remontarse, como aconsejaba Moncho, a tres mil metros de altura, para desde allí comprobar que el hombre era insignificante. No, el hombre estaba allí, en primer plano. Los hombres estaban tiñendo de sangre toda la tierra y todo el mar. Tiñendo de sangre incluso las altas montañas.

Ignacio experimentó vértigo. Y se refugió en la intimidad. Sintió miedo, un miedo tan intenso como el de Mateo al recibir la fotografía de su hijo. Tuvo ganas de confesarse. Y al mismo tiempo, de llamar a Adela por teléfono. Y de poner una vela bajo los cuadros de Picasso colgados en su habitación, cuadros que según Carmen Elgazu representaban la rotura del mundo.

Por último acertó a concretar y envió un sencillo telegrama a Ana María. «Necesito verte. El día quince iré a Barcelona. Te quiero.» Y firmó.

Matías se abstuvo, por sistema, de hacer el menor comentario —únicamente se tomó en el Café Nacional dos copas seguidas de coñac—, subió al piso de la Rambla y, sosteniendo en la mano el sombrero, le propuso a Carmen Elgazu:

—¿Qué te parece si nos fuéramos a ver a Pilar? Parece que César está un poco pachucho.

Carmen Elgazu, haciéndose cómplice del silencio de Matías respecto al rayo caído del cielo, contestó, con voz tranquila:

—Espera un poco, a que termine de planchar.

Matías esperó. No sabía qué hacer entretanto y, tomando una rebanada de pan, la pinchó con un tenedor y la acercó a la estufa, que estaba al rojo vivo, para hacerse una tostada. Le puso luego un poco de aceite y sal y la mordisqueó. «¡Hum! —exclamó—. Esto es la gloria.»

Por fin salieron, cogidos del brazo, camino de la plaza de la Estación. Allí se enfrentaron con la realidad. Encontraron a Pilar desolada. Lo de César no tenía importancia. Había dormido dos horas con toda normalidad y ahora estaba ya despierto y contento. Pero Pilar tenía el periódico en la mano y los ojos y el alma llenos de grandes palabras: Japón, los Estados Unidos, Rusia, Mateo...

—¿Qué ocurrirá, padre? ¿Qué significa esto?

Matías hizo un gesto triste.

—Nadie lo sabe, hija mía. —Luego añadió, cortando en seco—: ¿Podríamos ver al niño?

Don Emilio Santos, que salía del despacho de Mateo, del que había quitado el pájaro disecado, contestó:

—¡No faltaría más! Entren. Por ahí...

Todos entraron en la alcoba. César Santos Alvear, con su cuerpecito fajado y sus manitas preciosas, yacía en la cuna que Pilar había adquirido para él, colocada junto a la cama. Tenía los ojos azules abiertos de par en par, aunque su mirada no acertaba a fijarse en ningún punto concreto.

Como si adivinara que era el gran protagonista de la escena levantó las piernas y por un momento pareció que pedaleaba en una bicicleta imaginaria.

—¡César! ¡Rico! ¡Pequeñín!

Carmen Elgazu le hizo cosquillas en la barriga y el niño pareció sonreír. Y volvió los labios como si se dispusiera también a pronunciar alguna palabra grande. Pero no fue así. Babeó un poco y Pilar, sacándose el pañuelo de la bocamanga —como solía hacerlo el señor obispo— lo secó.

La inocencia del hijo de Pilar conmovió de pronto a todos. ¿En qué mundo vivía? En un mundo sin guerras; en un mundo de sensaciones; en un mundo como el del amor puro: anterior al pecado original.

Todos pensaban: ¿Qué cosas verá ese niño a medida que crezca, que se haga mayor? ¿Qué herencia le habremos dejado los que llevamos ya muchos años a cuestas? Sintiéronse responsables, aunque tampoco de nada concreto.

Pilar, que lo miraba con arrobo, balbuceó:

—Tengo miedo... Tengo miedo por él...

Carmen Elgazu corroboró:

—Ojalá no creciera nunca. Ojalá continuara así, sintiéndose amado y sonriendo.

Matías movió la cabeza. Aquello era utópico, antinatural. César Santos Alvear iría desarrollándose al margen de los acontecimientos y llegaría a ser como Ignacio; o como Mateo...

—Dejémosle... —propuso—. Tengo la impresión de que se da cuenta de que intentamos leerle la palma de la mano.

Todos obedecieron la indicación de Matías y salieron en dirección al comedor. Todos, excepto Carmen Elgazu. Carmen Elgazu permaneció fraudulentamente en la alcoba, y en cuanto vio que estaba a solas con el niño se encorvó cuanto pudo como para darle un beso... Pero lo que en realidad hizo fue trazarle sobre la tersa frente, con lentitud y extrema dulzura, la señal de la cruz.

Barcelona, Arenys de Mar, Benidorm, Barcelona.
Empezado el 3 de mayo de 1963 y terminado el 20 de abril de 1966.

Índice

Otros títulos de José María Gironella:

Los cipreses creen en Dios

José María Gironella

Un millón
de muertos

Un millón de muertos

Impreso en Black Print CPI Ibérica, S. L.
c/ Torrebovera, s/n (esquina c/ Sevilla), nave 1
08740 Sant Andreu de la Barca (Barcelona)